Ursula Tamussino · Maria von Ungarn

Ursula Tamussino

MARIA
VON UNGARN

Ein Leben im Dienst der
Casa de Austria

STYRIA

Die Deutsche Bibliothek – CIP-Einheitsaufnahme

Tamussino, Ursula:
Maria von Ungarn : ein Leben im Dienst der Casa de Austria /
Ursula Tamussino. – Graz ; Wien ; Köln : Verl. Styria, 1998
ISBN 3-222-12641-0

Printed in Austria
Umschlaggestaltung: Zembsch'Werkstatt, München
Satz: Medienhaus Styria, Graz
Druck und Bindung: Wiener Verlag, Himberg
ISBN 3-222-12641-0

INHALT

Vorwort ... 7

ERSTER TEIL:
SCHACHFIGUR DER DYNASTIE
9
I. Die Waisen von Mecheln ... 9
II. Heiratspolitik ... 14
III. Fürstenkongreß und Doppelhochzeit ... 20
IV. Wartejahre in Wien und Innsbruck ... 34
V. La plus desolée dame du monde ... 53

ZWEITER TEIL:
KÖNIGIN VON UNGARN UND BÖHMEN
61
I. Donaufahrt ... 61
II. Königin von Ungarn ... 65
III. Königin von Böhmen ... 81
IV. Der Weg nach Mohács ... 86
V. Die Schlacht ... 104
VI. Dame de grand coeur ... 110
VII. Pis in mein grub ... 127
VIII. Beim Goldenen Apfel sehen wir uns wieder! ... 148
IX. Fünf Fragen an Martin Luther ... 155

DRITTER TEIL:
STATTHALTERIN DER NIEDERLANDE
169
I. Zu neuen Ufern ... 169
II. Kein Brot, kein Gehorsam ... 189
III. Krieg und Frieden ... 200
IV. Schickt sie ins Kloster! ... 209

V. Gericht über Gent ... 217
VI. Extrème travail ... 223
VII. Kaiser und Reich ... 237
VIII. Campagne des Hasses ... 250
IX. Abschied von der Macht ... 263
X. Tod in Spanien ... 275
XI. Hof und Hofkultur ... 287

Quellen und Literatur ... 307
Zeittafel ... 311
Anmerkungen ... 320
Register ... 325

VORWORT

„Seit dem Tod des verewigten Königs, meines Gemahls", schrieb Maria von Ungarn am Ende ihres Testaments, „habe ich ein goldenes Herz nicht mehr abgelegt, das auch er bis zu seinem Tod getragen hat. Ich wünsche,. daß dieses Herz, zusammen mit der kleinen Kette, an der es hängt, eingeschmolzen und der Erlös den Armen gegeben wird. Denn im Hinblick auf die Tatsache, daß es zwei Menschen bis zu ihrem letzten Atemzug begleitet hat, die zwar lange Zeit körperlich, niemals aber in Liebe und Zuneigung getrennt waren, so ist es angemessen, daß es vergeht und seine Natur sich wandelt, wie es auch mit den Körpern dieser Liebenden geschehen ist." Es war eine der wenigen Gelegenheiten, bei denen sie, und auch dies nur ihren nächsten Angehörigen, einen Blick in ihr eigenes Herz gewährte, das sie vor langer Zeit ihrem jugendlichen Gemahl geschenkt hatte. Er blieb ihre erste und einzige Liebe. Nach seinem Tod lebte sie nur mehr dem Dienst für ihr Haus, die *Casa de Austria*, und für ihre Brüder, vor allem für Karl, *mon tout en ce monde* – mein Alles auf dieser Welt.

In ihrer Entscheidung für den Witwenstand, für die unverbrüchliche Treue zu ihrem verstorbenen Gemahl und zu ihrem Haus glich sie Margarete von Österreich, ihrer Tante und Vorgängerin als Statthalterin der Niederlande, doch sonst sind kaum größere Gegensätze vorstellbar als zwischen diesen beiden Habsburgerinnen. Attestierten die Zeitgenossen der Tochter Kaiser Maximilians I. „österreichischen" Charme, „weibliche" Sensibilität und diplomatisches Geschick, so meinten sie in seiner Enkelin „spanischen" Hochmut zu orten, „männlichen" Geist und Intellekt, aber auch Härte und selbst Grausamkeit. Nachfahren und Geschichtsschreiber übernahmen diese Ansichten und übersahen bisweilen, daß auch Margarete hart und autoritär sein konnte, und daß unter dem Panzer der zur Schau getragenen Unnahbarkeit Marias ein fühlendes Herz schlug. Marias herber und introvertierter Natur fehlte es an dem gewinnenden Zauber, der Margaretes Biographen aus den verschiedensten Nationen durch die Jahrhunderte für sie einnahm. So wurde Maria von der Geschichtsschreibung lange ziemlich stiefmütterlich behandelt. Der Ungar Theodor Ortvay widmete ihr die erste ausführliche Biographie (Budapest 1914), der Deutsche W. Stracke behandelte nur ihre „Anfänge" (Diss. Göttingen 1940). Erst in den fünfziger

7

Jahren erschienen in Belgien und Holland die Biographien von Ghislaine de Boom und Jane de Jongh, denen das Verdienst zukommt, Maria von Ungarn als eine ihrer Tante durchaus ebenbürtige, wenn auch ganz anders geartete Persönlichkeit herausgestellt zu haben. In Wien untersuchte Gernot Heiss vor allem die wirtschaftlichen Interessen der Königin in Österreich, Ungarn und Böhmen (Diss. 1971), während Laetitia V. G. Gorter-van Royen das Hauptgewicht ihrer Arbeit auf die politische Analyse legte, basierend auf den Regierungserlässen der Statthalterin und ihrer Korrespondenz mit Kaiser Karl V. in den Jahren 1532 und 1541/43 (Diss. Leiden 1995). Gorter-van Royen versuchte herauszuarbeiten, daß Maria entgegen landläufiger Auffassung weit mehr gewesen sei als lediglich der ausführende Arm ihres kaiserlichen Bruders, gibt jedoch selbst zu, daß ein umfassendes Urteil erst nach Aufarbeitung der *gesamten* Korrespondenz möglich sein wird, bei deren Umfang und extrem schweren Lesbarkeit wahrscheinlich eine Aufgabe für Generationen von Forschern. Nach Meinung Gorter-van Royens wären Margaretes Verdienste bisher stets überbewertet worden, während man die Marias zu wenig gewürdigt habe.

In der vorliegenden Arbeit, der ersten umfassenden Biographie Marias von Ungarn in deutscher Sprache, soll weder geurteilt noch verurteilt werden, schon gar nicht auf Kosten ihrer Vorgängerin Margarete von Österreich oder ihrer Nachfolgerin Margarete von Parma. Sie will vor allem eine Lebensgeschichte erzählen, die Lebensgeschichte einer bemerkenswerten Frau, die ein schweres Schicksal mit bewundernswerter Energie und Tatkraft zu meistern verstand. Um ein möglichst abgerundetes Bild zu geben, wurden die Lebensabschnitte, die Maria in Österreich und in Ungarn verbrachte, ausführlicher behandelt als in den Biographien der niederländischen Autorinnen, die naturgemäß ihrem Wirken als Statthalterin der Niederlande mehr Platz einräumten. Trotzdem soll nicht der Fehler gemacht werden, die Enkelin Kaiser Maximilians für Österreich zu „vereinnahmen". Als geborene „Burgunderin" war Marias Muttersprache Französisch, das ihre Hauptsprache blieb, auch wenn sie Deutsch später geläufig sprechen und schreiben lernte. Sie entzieht sich der Vereinnahmung durch eine Nation ebenso wie ihre Tante Margarete oder ihr Bruder Karl, die zeit ihres Lebens im Herzen „Burgunder" geblieben sind, Angehörige des übernationalen Hauses „Österreich und Burgund", das als *Casa de Austria* zur Weltgeltung aufstieg.

Erster Teil:
Schachfigur der Dynastie

I. DIE WAISEN VON MECHELN

Die Botschaft, die der berittene Kurier an einem Novembertag des Jahres 1506 im *Prinsenhof* zu Mecheln überbringen mußte, war eine Katastrophennachricht: Philipp „der Schöne", Sohn des römisch-deutschen Königs Maximilian und der Maria von Burgund, Erzherzog von Österreich, Herzog von Burgund und König von Kastilien, war am 25. September in Burgos nach kurzer Krankheit in seinem neunundzwanzigsten Jahr gestorben. Zurück blieben seine schwangere Gemahlin Juana, sein dreijähriger Sohn Ferdinand, der am Hof seines Großvaters Fernando de Aragón in Spanien aufwuchs, und in den Niederlanden seine Kinder Eleonore, Karl, Isabella und Maria, acht, sechs, vier und ein Jahr alt.

Philipps unerwarteter und plötzlicher Tod gab Anlaß zu vielfachen Spekulationen, obwohl der Bericht des Hofarztes de la Parra an Fernando de Aragón (der sich in Italien aufhielt) an Klarheit nichts zu wünschen übrigließ: Don Philipp starb an einem hitzigen Fieber, wahrscheinlich ausgelöst durch einen eiskalten Trunk nach einem „höchst leidenschaftlichen" Pelota-Spiel. De la Parra fügte noch hinzu, man habe unter den Niederländern und Kastiliern behauptet, der König wäre vergiftet worden, es lägen jedoch keinerlei Anhaltspunkte dafür vor. Auch wenn man in Rechnung zieht, daß König Fernando durch den Tod des ungeliebten und unbequemen Schwiegersohns ein unschätzbarer politischer Vorteil erwuchs, so sind doch Beweise, er habe dabei die Hand im Spiel gehabt, nie erbracht worden.[1]

Die kleinen Bewohner des *Prinsenhofs* wären sehr bekümmert, schrieb der Statthalter des verstorbenen Herzogs, Guillaume de Croy, Seigneur de Chièvres, an König Maximilian, und sie meinten, sie würden ihren Großvater nun mehr brauchen als je zuvor. Viel hatten sie ja von ihren Eltern nie gesehen, selbst wenn diese sich nicht auf Reisen befanden. Man führte kein „Familienleben" an den Höfen, und im Falle der burgundischen Herzogskinder war es mit Sicherheit besser, vom „Personal" betreut zu werden, das nicht nur für liebevolle Zuwendung, sondern auch dafür sorgte, daß der Widerhall des turbulenten Ehelebens ihrer Eltern nicht bis in die Kinderstuben drang. Philipp und Juana, die man später „die Wahnsinnige" nannte, der charmante und leichtlebige Habsburger und die melancholische Tochter der Katholischen Könige Spaniens, waren kein glückliches Paar gewesen. Philipps kurze Leidenschaft für Juana hatte bald wieder seiner Vorliebe für unkompliziertere Gefährtinnen Platz gemacht, doch die ihre dauerte über seinen Tod hinaus durch ihr ganzes langes und tragisches Leben, das sie in zunehmender geistiger Umnachtung im Schloß von Tordesillas verbrachte, mit ihrer nachgeborenen Tochter Katharina als einziger vertrauter Gesellschaft.[2]

Das jüngste Kind im *Prinsenhof* hatte am Vormittag des 17. September 1505 im Herzogspalast auf dem Coudenberg zu Brüssel das Licht der Welt erblickt. Die Schwangerschaft war qualvoll, die Geburt schwer gewesen, man fürchtete zuletzt um das Leben der Mutter. Fünf Tage später fand in der Kirche von *Notre-Dame-du-Sablon* die Taufe der neugeborenen Prinzessin statt, deren festlicher Charakter durch die Anwesenheit von König Maximilian noch besonders erhöht wurde. Eine eigens errichtete hölzerne Plattform führte vom herzoglichen Palast zur Taufkirche, damit die herbeigeströmte Volksmenge beim Klang der Kirchenglocken den von Fackelträgern begleiteten Taufzug und die *grande alumerie de flambeaux* auch sehen und bewundern konnte. Tausende von Kerzen erleuchteten das Schiff von *Notre Dame*, kostbare Tapisserien schmückten die Wände, Goldstoff und scharlachfarbener Samt das Podium mit dem Taufbecken, und die Burgundische Hofkapelle mit ihren Sängern und Instrumentalisten intonierte eine dem Anlaß gemäße feierliche Musik. Der Großvater hielt seine jüngste Enkelin über das Becken, und der Bischof von Arras taufte sie auf den Namen der unvergessenen ersten Gemahlin Maximilians: *Marie*.

Nach dem *Te Deum* kam es in der überfüllten Kirche, in der jeder nach vorn drängte, um den König und den Täufling zu sehen, fast zu einer Panik, der Bischof von Arras verlor im Gewühl die Balance und stützte sich so schwer auf seinen Stab, daß dieser in drei Teile zerbrach und die reichverzierte goldene Schnecke unter den Schuhsohlen der Menge zermalmt wurde. Rückblickend wollte man später in diesem Vorfall ein böses Omen sehen, besonders im Hinblick auf die Ereignisse der Reformation.[3]

Maria war noch nicht vier Monate alt, als Philipp und Juana sich mit großem Gefolge im Hafen von Middelburg einschifften, um nach Spanien zu segeln und das Erbe der verstorbenen Königin Isabella anzutreten. König Fernando erwartete sie mit Unbehagen.

Die Residenz der Kinder wurde aus dem „prinzlichen" Brüssel in das stillere und bescheidenere Mecheln verlegt, wo sie besser aufgehoben waren, nicht nur was ihre Ruhe, sondern auch was ihre Sicherheit betraf. Man rechnete mit einer längeren Abwesenheit des Herzogspaares, auch wenn niemand ahnen konnte, daß es ein Abschied für immer war. Der alte Hof der Bischöfe von Cambrai in der Keizerstraat nahm die Kinder und ihren Troß auf, bis vor kurzem noch Witwensitz von *Madame la Grande,* Margarete von York, der dritten Gemahlin Karls des Kühnen. Sie war ihrer Stieftochter Maria eine gütige mütterliche Freundin gewesen und nach deren frühem Tod auch dem jungen Witwer Maximilian und dessen Kindern Philipp und Margarete. Ebenso fromm und wohltätig wie gebildet und kultiviert, hatte sie Gelehrte und Künstler um sich geschart und bei der Bevölkerung große Sympathien genossen. Nun bestimmten Ammen und Kindsfrauen, die auf die Namen Gilette und Barbe, Jeanne und Josine hörten, den Tagesablauf, und Doña Ana de Beaumont, eine würdige Matrone aus Navarra, die mit der Infantin Juana in die Niederlande gekommen war, führte als *Grande Maîtresse* die Oberaufsicht, Charles de Croy, Seigneur de Chimay, bekleidete das Amt des Gouverneurs. Für Maria war eigens eine neue *bercheresse* (Wiegefrau) engagiert worden: Marguerite de Poitiers.[4]

Es konnte nicht ausbleiben, daß sich König Maximilian über das weitere Schicksal seiner Enkel im *Prinsenhof* sorgenvolle Gedanken machte, da sein einziger Sohn tot und auf seine Schwiegertochter nicht zu zählen war. Zu kostbar waren sie für den Fortbestand der Dynastie und seine nach wie vor weit ausgreifenden Pläne. Auch benötigten die Niederlande einen Statthalter, der dem Hause Habsburg enger verbunden war als der von Herzog Philipp eingesetzte Seigneur de Chièvres. Maximilian selbst war viel zu beschäftigt und viel zu viel unterwegs, um dieses Amt persönlich wahrzunehmen, das ihm die Stände gern übertragen hätten. So fiel seine Wahl auf die einzige Person, die wirklich in Frage kam: seine Tochter Margarete.

Maximilian hätte keine bessere Wahl treffen können. Obwohl erst siebenundzwanzig Jahre alt, hatte Margarete bereits drei Ehen hinter sich: Eine Kinderehe mit Karl VIII. von Frankreich, die nie konsumiert worden war, da Karl sich Anne de Bretagne, der Braut mit der interessanteren Mitgift, zugewandt hatte, eine kurze Ehe mit Juan de Aragón y Castilla, dem spanischen Kronprinzen und Schwager ihres Bruders, der nach einem halben Jahr gestorben war, und drei überaus glückliche Jahre an der Seite des Herzogs Philibert von Savoyen. Philibert hieß nicht nur *le Beau,* er hatte auch einen ähnlichen Tod gefunden wie Margaretes Bruder Philipp: Nach einer wilden und anstrengenden Jagd und dem Genuß eines eiskalten Trunkes in erhitztem Zustand war er kurz darauf einer Lungenentzündung erlegen. Als feststand, daß keine Nachkommenschaft mehr zu erwarten war, mußte Margarete die Regierung des Herzogtums an den jungen Halbbruder ihres Gemahls übergeben und sich auf ihre Witwengüter zurückziehen. Sie beschloß, nie wieder zu heiraten, obwohl Vater und Bruder sie bestürmten und ihr vor allem die Werbung des Königs von England (Heinrich VII.)

11

schmackhaft zu machen suchten. *Fortune – infortune – fort – une* lautete ihr Wahlspruch: Im Glück wie im Unglück stark *allein*. Ihm und dem Gedächtnis Philiberts wollte sie treu bleiben.

Margarete brachte für die Aufgabe, die ihr Lebenswerk werden sollte, viele Qualitäten mit. Sie war ein Kind der Niederlande, eine echte Burgunderin, als *princesse naturelle* in Brüssel zur Welt gekommen, Tochter der unvergessenen Maria, Enkelin Karls des Kühnen, des sagenhaften *Téméraire*. Sie hatte nicht nur eine sorgfältige Erziehung genossen, sie hatte auch Gelegenheit gehabt, die Kunst des Regierens zu studieren, zuerst bei Anne de Beaujeu, die für den noch unmündigen Karl VIII. Frankreich regierte, dann bei der großen Isabella in Spanien. In Savoyen schließlich fand sie die Möglichkeit, das Gelernte in die Praxis umzusetzen, da ihr Gemahl sich vor allem für Jagd und Turniersport interessierte und die in seinen Augen langweiligen Staatsgeschäfte gern seiner Gattin überließ. Margarete hatte eine Menge von der Welt gesehen, kannte Sitten und Gebräuche an vielen Höfen und besaß das unschätzbare Talent, fähige und loyale Mitarbeiter zu finden und an sich zu binden. Auch wenn ihrem Wesen ein autoritärer Zug nicht fremd war, so hielten sich doch Selbstbewußtsein und Selbstkritik zumeist die Waage. Wie ihr Vater besaß sie nicht nur Courage, sondern auch die Fähigkeit zur Selbstironie und einen gesunden Sinn für Humor, während sie in der Politik versuchte, immer auf dem Boden der Tatsachen zu bleiben. Die phantastischen Höhenflüge, die sich Maximilian gelegentlich leistete, blieben ihr fremd.[5]

Margarete richtete sich ihre Residenz gegenüber dem *Prinsenhof* (der später in *Keizerhof* umbenannt wurde) in einem bereits bestehenden Gebäude ein, das sie nach ihren Bedürfnissen ausbauen und ausstatten ließ, und schuf sich ein ihrem Geschmack entsprechendes Reich, bescheiden nach außen, innen von großer Erlesenheit. Hier umgab sie sich mit ihrer Sammlung kostbarer Bücher und Kunstwerke, hier versammelte sie Gelehrte und Dichter, Maler und Musiker, Bildhauer und Architekten. Hier arbeitete sie und hier fand sie Entspannung und Zerstreuung nach Erledigung ihrer vielfältigen Pflichten als Statthalterin und Pflegemutter, hier konnte sie von ihrer anstrengenden Reisetätigkeit immer wieder ausruhen. Doch der Hof von *Madame de Savoye* war nicht nur einer, an dem die Musen gern gesehen waren, er war auch einer, an dem Wert auf gute Sitten gelegt wurde, sehr im Gegensatz zu manchen anderen Höfen der Zeit, an denen der Grobianismus herrschte und Freß- und Sauforgien an der Tagesordnung waren, von den lockeren Gebräuchen *in eroticis* ganz zu schweigen. Junge Damen aus den vornehmsten Familien, nicht nur aus den burgundischen Ländern, auch aus Savoyen, England und Kastilien, wurden an den Mechelner Hof gesandt, um Anstand und gute Sitten, frauliche Kunstfertigkeiten und Sprachen zu lernen. Man wußte um die *tenue parfaite* von *Madame,* die bei aller Herzlichkeit keinerlei Freizügigkeit duldete und sich ausdrücklich *paroles deshonestes et sermans ignominieux* verbat, jegliche „unehrenhafte Worte und schändliche Reden". Die Kinder im *Prinsenhof,* die ihre Eltern kaum, im Falle Marias gar nicht gekannt hatten, faßten bald Vertrauen zu ihrer Pflegemutter, die sie *notre tante et bonne mère* nannten, „unsere Tante und gute Mutter", die zwar auch nicht immer anwesend war, aber als oberste Instanz uneingeschränkten Respekt genoß. Sie sorgte jedenfalls dafür, daß die Kinder eine ruhige und fröhliche Zeit des Heranwachsens erleben konnten, bevor auch sie ein wechselvolles dynastisches Schicksal auf sich nehmen mußten. Der englische Gesandte, der die Kinder beim Johannisfest erlebte, berichtete an seinen Hof von ihrer unbeschwerten und ungezwungenen Fröhlichkeit und rühmte bei anderer Gelegenheit, wie „schön und blond" sie wären. In Margaretes Rechnungsbüchern sind allerlei Aufträge zur Unterhaltung der Kinder verzeichnet: ein bunt bemalter Wagen für die Prinzessinnen, für den Winter ein Gefährt, mit dem man über das Eis segeln konnte, Karnevalsbelustigungen und „Mummereien". Sehr früh setzte auch der Unterricht ein, vor allem für Karl, der natürlich eine Sonderstellung einnahm und mit neun Jahren einen eigenen Gouverneur bekam, auf Wunsch seines Großvaters den altburgundischen Edelmann Guillaume de Croy, Seigneur de Chièvres, mit dem *Madame* nicht immer harmonierte. Trotz seiner introvertierten Wesensart und zarten Konstitution interessierte sich Karl mehr für Reiten, Jagen und ritterlichen Turniersport als für Bücher und Sprachlektionen. Er entwickelte zu seinem Erzieher eine innige Beziehung und sah in dem um vieles älteren Mann seinen eigentlichen Vater, was seine Tante Margarete nicht wenig betrübte. *Tout mon coeur et héritier* pflegte sie ihn zu nennen, er besaß ihre besondere Zuneigung, blieb aber ihr gegenüber verschlossen und bereitete ihr manchen Kummer. Allen Geschwistern gemeinsam war die Liebe zur Musik, in deren Welt sie von hervorragenden Meistern eingeführt wurden. Die Mädchen zeigten sich besonders talentiert und beherrschten bald mehrere Instrumente: die Laute, die Viola und das Clavichord.

Über Marias frühkindliche Persönlichkeit berichtet die Überlieferung nichts, auch kein Kinderbrief ist erhalten geblieben. Das Bildnis der Dreijährigen auf der Toledaner Tafel zwischen ihren Schwestern Isabella und Katharina zeigt noch keinerlei persönliche Züge. In den zeitgenössischen Chroniken und diplomatischen Relationen ist immer nur von *Mesdames les princesses* die Rede, oder von *Monseigneur l'archiduc et ses soeurs,* wenn sie, fein herausgeputzt in Roben aus Samt und Seide und adretten Häubchen, bei öffentlichen Zeremonien und Empfängen anwesend waren oder bei den beliebten Spielen und Umzügen zusahen, beim *Ommegang* zu Ehren des Stadtpatrons St. Rombout, bei der

13

Peisprocessie am Mittwoch nach Ostern, oder dem *Onze-Lieve-Frow-Spel*, bei dem die einzelnen Gruppen um die schönste Darstellung der Himmelfahrt Mariä wetteiferten, und mit Wolken, Engeln und Orgelklang nicht gespart wurde. Ganz sicher nicht anwesend waren sie bei dem berüchtigten *Zottenfeest* im Karneval, wo Angehörige des niederen Klerus die Spitzen der Hierarchie als „Eselspapst", „Eselsbischof" oder „Zottenbischof" parodierten und im Gotteshaus schmausten und tanzten.

Auch Kaiser Maximilian (seit 1508 führte er den Titel „Erwählter Römischer Kaiser", die Krönung in Rom hatten die politischen Verhältnisse verhindert), dem seine Enkel sehr am Herzen lagen, sprach in der Korrespondenz mit seiner Tochter zumeist von *nos communs enffans*, von „unseren gemeinsamen Kindern", oder der *lignage de Malines*, der „Mechelner Nachkommenschaft". 1508 kam der Kaiser zur Firmung der ältesten Kinder in Margaretes Residenz, beim nächsten Besuch drei Jahre später begleitete er seine Enkel zur Messe und zur Fronleichnamsprozession, nahm mit ihnen die Mahlzeiten ein und freute sich an ihren abendlichen Tanzveranstaltungen. Er ließ sie zu Schiff nach Antwerpen kommen, als er sich in der Scheldemetropole aufhielt, und nach Brüssel, „damit sie den Park sehen und zwei oder drei Tage herumtollen können". Große Freude bereitete es dem kaiserlichen Großvater, daß Karl so großes Vergnügen an der Jagd fand, auch für Maria sollte sie später zur Passion werden.

Ähnlich wie Margarete, die mit zwei Jahren ihre Mutter verloren hatte, fern von Vater und Bruder am französischen Hof erzogen worden war und trotzdem eine wohlbehütete und harmonische Kindheit erlebt hatte, so wuchsen auch die Kinder ihres Bruders in einer Atmosphäre auf, die ihrer Entwicklung nur zuträglich sein konnte, ein unschätzbares Kapital für ihr künftiges Schicksal, das Prüfungen genug für sie bereithielt.[6]

II. HEIRATSPOLITIK

Dem schlauen Taktiker Friedrich III. war es gelungen, die Ehe seines Sohnes Maximilian mit Maria von Burgund einzufädeln, Maximilian hatte seine Kinder mit denen der Katholischen Könige von Spanien verheiratet, und es sah ganz so aus, als ob sein Enkel Karl das spanische Erbe bald antreten würde. Er war noch unvermählt, auch wenn an präsumptiven Bräuten kein Mangel bestand: zwei englische Marys und drei Französinnen waren zeitweise mit ihm „verlobt" gewesen – je nach dem Stand der Bündnispolitik seines Vaters oder Großvaters. Er würde schließlich selbst seine Braut wählen, während seine Schwestern sich mit der Wahl zufrieden geben mußten, die für sie getroffen wurde.

Kaiser Maximilian hatte von seiner portugiesischen Mutter die rege Phantasie, den Tätigkeitsdrang, die geistige Beweglichkeit und die Lust zum kühnen Wagnis geerbt, von seinem habsburgischen Vater hingegen Zähigkeit und Zuversicht, Geduld und Fleiß und den mystischen Glauben an die künftige Größe seines Hauses. So fand er nach jedem verlorenen Krieg, nach jedem politischen Scheitern wieder die Kraft zum Neuanfang, und wenn Feinde und Neider seine Politik auch bisweilen „unstet" und „bizarr" nannten und seinen ewigen Geldmangel bespöttelten, der seine besten Pläne vereitelte, so ließ er doch nie das Gesamtkonzept aus den Augen: die Erhöhung der *Casa de Austria*. Nach dem gelungenen dynastischen Coup der spanisch-habsburgischen Doppelhochzeit fragte sich Maximilian bald, ob ein solcher Erfolg nicht auch im Osten möglich wäre, denn er war nicht nur im Westen und im Süden unermüdlich tätig, er betrieb auch „Ostgeschäfte".

Ungarn war für Maximilian immer von größtem politischen Interesse gewesen, als Vorposten der Christenheit gegen die Türken und als Aufmarschgebiet für einen immer wieder geplanten (und niemals durchgeführten) Kreuzzug. Nach dem Tod des Matthias Corvinus, der seinen Vater so hart bedrängt und sogar fünf Jahre in Wien residiert hatte, stellte er sich der ungarischen Königswahl, verlor aber gegen Wladislaw Jagiello, der sich durch seine schwache Herrschaft in Böhmen den Magnaten „empfohlen" hatte. Durch ein Heiratsversprechen an die Witwe des Matthias konnte er außerdem die Partei der Corvinen für sich gewinnen. Maximilian stieß mit Heeresmacht gegen Buda vor und konnte sich im Preßburger Frieden von 1491 immerhin Teile Westungarns sichern, zusammen mit dem Recht, neben Wladislaw den ungarischen Königstitel zu führen, und dem Erbrecht auf das Königreich für den Fall des Aussterbens der ungarischen Jagiellonen. Als Wladislaw versuchte, die als unfruchtbar geltende Königin Beatrix wieder loszuwerden, setzte sich Maximilian zuerst beim Papst für die Unauflöslichkeit dieser Ehe ein, änderte aber seine Taktik, als sie nicht mehr erfolgversprechend schien, und brachte seine in Spanien jungverwitwete Tochter Margarete ins Spiel, während Ludwig XII. von Frankreich im Falle der Scheidung eine französische Prinzessin offerierte. Schließlich machten die Franzosen das Rennen, zusammen mit dem willigen Papst Alexander VI., der Wladislaws Ehe mit Beatrix für nichtig erklärte und den Weg für dessen Heirat mit Anne de Foix freimachte. Da hinter Böhmen und Ungarn die ebenfalls von einem Jagiellonen beherrschte Großmacht Polen stand, sah sich Maximilian im Osten einem geschlossenen Machtblock gegenüber, zu dem auch noch Litauen und Kiew zu rechnen waren. Durch die französischen Verbindungen der Jagiellonen tat sich überdies die Möglichkeit einer Einkreisung des Reiches auf – die französische Antwort auf die Einkreisung Frankreichs durch die habsburgisch-spanischen Heiraten.[7]

15

Als König Wladislaw 1504 nach einem Schlaganfall schwer erkrankte und dem Tode nahe schien, ließ Maximilian alle Vorbereitungen für den Erbfall treffen und die ungarischen Magnaten in einem Schreiben wissen, daß ihr Wohlstand und ihre Rettung vor den Türken nur auf der Vereinigung mit den österreichischen Ländern beruhen könne. Dieser Meinung waren die Magnaten der nationalen Partei aber keineswegs. Im Februar 1505 beschlossen sie unter Führung des Woiwoden von Siebenbürgen, János Zápolya, den Preßburger Vertrag von 1491 zu verwerfen und im Falle von Wladislaws Tod keinen „Ausländer", sondern nur einen geborenen Ungarn zum König zu wählen. An den kranken König stellten sie die Forderung, seine Tochter Anna mit einem Ungarn zu verheiraten, wobei sich Zápolya als präsumptiver Bräutigam ins Spiel brachte. Wladislaw antwortete ausweichend, er hoffe noch auf einen Sohn. Maximilian hatte schon 1504 für seinen Enkel Ferdinand um Anna werben lassen und setzte nicht nur seine geheimen Verhandlungen mit Wladislaw fort, sondern sammelte auch ein Heer, um seinen Erbansprüchen gegenüber der nationalen Partei militärischen Nachdruck zu verleihen.

Auf dem Reichstag zu Buda im Oktober 1505 verkündeten die Stände noch einmal, daß nur die Herrschaft des ausländischen Königs (den sie selbst gewählt hatten) am fortschreitenden Verfall Ungarns schuld sei und künftig nur mehr ein geborener Ungar gewählt werden dürfe. Es wurden sogar Stimmen laut, die meinten, es sei besser, die Türken ins Land zu rufen als die Habsburger. Der kaum genesene, seit jeher schwache und ohnmächtige König beschränkte sich darauf, auf die Hilfe Gottes zu vertrauen, während die energischere Königin durch einen engeren Anschluß an den Römischen König und das Reich die Freiheit der Dynastie zu verteidigen suchte. Nach langen Geheimverhandlungen, die im Dezember 1505 in Linz begannen und in Ungarn fortgesetzt wurden, kam es zum Abschluß eines Vertrages, den Maximilian am 20. März 1506 zu Wiener Neustadt und das ungarische Königspaar eine Woche später in Buda unterzeichneten. Beide Könige garantierten einander Frieden und Freundschaft auf ewige Zeiten. Außerdem wurde beschlossen, daß Maximilians Enkel Ferdinand (geb. 1504) Anna von Böhmen und Ungarn (geb. 1503) heiraten sollte und ein noch zu erwartender ungarischer Prinz Maximilians Enkelin Maria, beim Abschluß des Vertrages noch kein halbes Jahr alt. Gegebenenfalls würde Maximilian auch die Vormundschaft über die ungarischen Königskinder zu führen haben. Die Rechtsgrundlagen des Preßburger Vertrages von 1491 schienen somit neu befestigt und Zápolyas Ambitionen vereitelt zu sein, aber Maximilian war sich durchaus im klaren, daß dem Wort König Wladislaws nur durch Waffengewalt Geltung verschafft werden konnte.

Ehe er seinen schon seit Herbst 1505 zusammengezogenen Truppen den Marschbefehl erteilte, versuchte Maximilian noch einmal, die in Buda versammelten Stände zum Einlenken zu bewegen. Er sei schließlich im „Ungarturm" der Burg von Wiener Neustadt zur Welt gekommen, ließ er sie wissen, also ein „geborener Ungar", führe schon von seinem Vater her den rechtmäßigen Titel eines Königs von Ungarn und sei demnach auch der rechtmäßige Erbe der Stephanskrone. Außerdem verwies er auf die uralten historischen Gemeinsamkeiten zwischen Österreich und Ungarn, aber die Ständevertreter blieben bei ihrer ablehnenden Haltung. Sie zwangen König Wladislaw sogar, als Antwort auf den feindlichen Aufmarsch an der Grenze, Maximilian den Krieg zu erklären, was der König zum Schein auch tat, während er seine Geheimverhandlungen mit ihm weiterführte. Anfang Juni 1506 gab Maximilian den Angriffsbefehl, und das aus erbländischen Reichstruppen und Söldnereinheiten bestehende Heer rückte donauabwärts rasch vor Preßburg/Poszony und besetzte die Donauinsel Schütt, während weitere Reichstruppen über Ödenburg und Eisenburg nach Osten vorstießen und im Süden der verbündete kroatische Graf Frankopan heranrückte. Als János Zápolya merkte, daß Maximilian Ernst machte, und weder Venedig noch die Türken ihm zu Hilfe kamen, zog er sich sehr rasch zurück. Auch seine adeligen Standesgenossen, kurz davor noch eifrige Patrioten, die nach einem nationalen König riefen, zeigten plötzlich wenig Lust, für Zápolya ins Feld zu ziehen, und stellten sich an die Seite des offensichtlich Stärkeren. Außer einigen „Husarenstücken" der Ungarn, die über die Leitha stürmten und einige niederösterreichische Ortschaften niederbrannten, kam es nirgends zu einem entscheidenden Treffen. Schließlich trat ein Ereignis ein, daß den Krieg sofort beendete: Am 1. Juli 1506 schenkte die Gemahlin König Wladislaws dem ersehnten Thronfolger das Leben. Das schwache Knäblein, an dessen Aufkommen gezweifelt wurde, erhielt in der Taufe den Namen Ludwig/Lajos, in Erinnerung an den Arpadenkönig Ludwig den Großen. Drei Wochen später starb seine Mutter, ein schwerer Verlust auch für die Dynastie, verlor König Wladislaw in Anne de Foix doch seine einzige vertraute Ratgeberin, die ihn stets tatkräftig und mutig unterstützt hatte. Angesichts der neuen Lage der Dinge strebten nun alle Seiten danach, den Waffengang in Ehren abzubrechen. Am 9. Juli wurde ein Waffenstillstand geschlossen, am 19. Juli folgte der Friedensvertrag zu Wien. Er verpflichtete die Partner, ihre gemeinsame Kraft gegen die Türken zu richten, und erneuerte ausdrücklich das habsburgische Erbrecht und das Heiratsbündnis. Mit seinen diplomatischen Erfolgen und der geglückten militärischen Intervention, die ihn überdies wenig gekostet hatte, konnte Maximilian seinen Einfluß in Ungarn bedeutend verstärken und die seit dem Preßburger Frieden von 1491 verfolgte Politik sichern und ausbauen. Daß er im Begriff war, seine dauerhafteste politische Gründung vorzubereiten, konnten weder er noch seine Bündnispartner ahnen.[8]

Damit die Heiratsverträge in Kraft treten konnten, mußten nicht nur die präsumptiven Ehepartner erst einmal heranwachsen, auch die Diplomaten hatten noch gewaltig viel Arbeit zu leisten, bis das große Werk endlich zum Abschluß kam. Als Vertreter seiner Interessen am ungarischen Königshof wählte Maximilian den aus Schweinfurth stammenden, vielseitigen Humanisten Johannes Cuspinianus (Johann Spießheimer), der nach Studien in Leipzig und Würzburg 1492 nach Wien gekommen war, wo ihn der römische König ein Jahr später zum *poeta laureatus* krönte. Er promovierte zum Doktor der Medizin, wurde nach dem Tod von Konrad Celtis Professor der Dichtkunst und wirkte ausschließlich im akademischen und ärztlichen Beruf, bis ihn der Auftrag des Kaisers aus seiner Studierstube in die Welt der hohen Politik berief. Unzählige Male reiste er zwischen 1510 und 1519 von Wien nach Buda, oft nur von einem einzigen Gefährten begleitet, wozu in jenen unsicheren Zeiten auch eine gehörige Portion Mut gehörte. Begabt mit ungewöhnlicher geistiger Energie und unermüdlicher Arbeitskraft, vernachlässigte er trotz seiner diplomatischen Tätigkeit auch seine gelehrten Arbeiten keineswegs und diente der Wissenschaft ebenso wie er dem Kaiser diente. Seine erste Gesandtschaftsreise nach Ungarn machte Cuspinian noch im Gefolge des Grafen zum Hag als eine Art Privatsekretär (*geschigkt und frumb*, wie der Graf dem Kaiser berichtete), doch schon im folgenden Jahr berief ihn ein eigenes kaiserliches Mandat zur Teilnahme an einer Gesandtschaft. Bei dieser Mission ging es vor allem um einen möglichen Beitritt Ungarns zur „Liga von Cambrai" (Erzherzogin Margaretes erstes diplomatisches Meisterstück). Die projektierte Doppelheirat zwischen den Kindern König Wladislaws und den Enkeln des Kaisers wurde nur insofern gestreift, als im Gesandtschaftsbericht der fünfjährige Prinz Ludwig erwähnt wird, der bereits „nach Schwert und Waffen verlange", während seine achtjährige Schwester Anna den Kaiser bitte, er möge „von Gott einen Bräutigam für sie erflehen". Bei den folgenden Sendungen Cuspinians nach Ungarn (die ihm viel Ehre, aber wenig *solt und provision* einbrachten) trat die Doppelheirat immer mehr in den Vordergrund. Dabei gab es zwischen Maximilian und Wladislaw kaum Differenzen, während die Nationalpartei um János Zápolya, der sich nach wie vor Chancen auf die Hand der Prinzessin Anna und somit auf den Thron ausrechnete, weiterhin opponierte. Auch Wladislaws Bruder, König Sigismund von Polen, stand dem Projekt nicht wohlwollend gegenüber, besonders seit seiner Eheschließung mit Barbara Zápolya, der Schwester des Woiwoden János. Trotz diverser gegen ihn gesponnener Intrigen, blieb Cuspinian der meistbeschäftigte kaiserliche Agent in Ungarn, wo nach der Thronbesteigung des kriegerischen türkischen Sultans Selim die Türkengefahr wieder akut wurde. *Solt der kunig* [Wladislaw] *abgen,* schrieb der österreichische Vizedom Laurenz Saurer an den Kanzler Cyprian von Sernthein, *es wurd sich warlich vil zuetragen; nun ist er stets kranck, trinckt vast, zu pesorgen, der schlag möcht in nochmals peruern.* Von *pösen practicen* ist die Rede, von Einmischungsversuchen, etwa des Herzogs Kasimir von Teschen, der *auch in die handlung schlachen* wolle, *der heyrat und gerhabschaft halben mit dem jungen kunig und kunigin. Zwischen disen hendl ist not, ain fleissig aussehen zu haben.* Auch König Sigismund von Polen, schwer verstimmt durch Verhandlungen des Kaisers mit dem Großfürsten von Moskau, versuchte immer wieder, seinen Bruder Wladislaw davon abzuhalten, die beabsichtigte verwandtschaftliche Verbindung mit Maximilian einzugehen, und János Zápolya, nach der Niederwerfung des Kuruzzenaufstandes in ganz Ungarn als *liberator regni* gefeiert, bekam wieder Oberwasser. Das große Projekt hing also immer wieder am sprichwörtlichen seidenen Faden. Cuspinian hoffte, aus der Verwirrung der ungarischen Verhältnisse Nutzen ziehen zu können, und bekannte ganz offen: *so große freud hab ich, in solicher irrung steen all sach, das sy selbs nit wissen, was sy thun solln.* Er bemühte sich nach Kräften, für seinen kaiserlichen Herrn Stimmung zu machen, obwohl das Mißtrauen groß war, und Antworten keine Seltenheit, in denen es hieß, *was sollen wir mit dem Kaiser handln, der also unsteet ist und so vil anhebt und kains vollendt.* Mittlerweile hatte die Nationalpartei um János Zápolya einen Plan ausgeheckt, um sämtlichen Aspirationen des Kaisers in Ungarn mit einem Schlag ein Ende zu bereiten. König Wladislaw sollte seinen Bruder Sigismund zum Gubernator in Ungarn ernennen, da das Reich einer starken und sicheren Hand bedürfe, Wladislaw aber zu alt und zu kränklich sei, um in die verfahrenen Verhältnisse Ordnung zu bringen. Ginge Wladislaw auf diesen Vorschlag ein, würde Sigismund erklären, er könne wegen der Zustände in seinem eigenen Land nicht nach Ungarn kommen, ernenne aber einstweilen seinen Schwager János Zápolya zu seinem Statthalter. Der sollte dann auch die Hand der Prinzessin Anna zu erringen suchen, worauf es ihm als Schwiegersohn des Königs ein leichtes sein würde, an Stelle des minderjährigen und schwächlichen Prinzen Ludwig den ungarischen Thron zu besteigen. Gegen diesen Plan mußten umgehend Vorkehrungen getroffen werden, und Cuspinian vereinbarte mit König Wladislaw, daß die beiden königlichen Kinder Ludwig und Anna in aller Stille von Buda nach Preßburg gebracht werden sollten, wo die Heirat des Kronprinzen mit der Kaiserenkelin stattfinden sollte. Seit Juni 1514 befand sich Erzherzogin Maria nämlich bereits in Wien.[9]

Im Frühjahr hatte der Kaiser seiner Tochter Margarete mitgeteilt, er wünsche, daß *Madame Marye* die Niederlande verlasse, um nach Österreich zu kommen, nicht nur um dort ihre Erziehung zu vollenden, sondern auch um zur Hand zu sein, falls sie gebraucht werde. Der Statthalterin blieb es überlassen, das Geld für die Reise aufzubringen und alles Nötige zu organisieren.

Eine Prinzessin, auch wenn sie erst im neunten Lebensjahr stand, konnte natürlich nicht wie eine Privatperson reisen, also möglichst einfach und billig. Sie mußte ihren ganzen Hofstaat mit auf die Reise nehmen, mit Ehrenkavalieren und Ehrendamen, Kammerfrauen und Pagen und einem ganzen Troß von Personal, das sich um die Quartiere, um die Tafel, um die Garderobe und die Wäsche kümmerte. Alle diese Personen mußten sorgfältig ausgewählt und mit detaillierten Instruktionen versehen werden. Sie sollten Erzherzogin Maria bis nach Österreich begleiten und nach Etablierung eines österreichischen Hofstaates wieder in die Niederlande zurückkehren. Nur Marguerite de Poitiers, Marias *bercheresse* und eigentliche Mutter, die sie seit ihrer Geburt betreute, sollte bei ihr bleiben, zusammen mit ihrer ganzen Familie und einer *damoiselle* Cerf, damit die kleine Prinzessin in der neuen Umwelt wenigstens ein paar vertraute Gesichter um sich hatte. Auch eine militärische Eskorte, kommandiert von Floris van Egmond, Graf von Buren, durfte nicht fehlen, denn die Zeiten waren unsicherer denn je. Die Regentin Margarete konnte sich noch gut erinnern, wie sie selbst auf der Rückreise aus Frankreich beinahe von marodierenden Landsknechten „gekidnappt" worden war. Damals war sie dreizehn gewesen, etwas älter als ihre Nichte, und hatte schon eine „Ehe" mit König Karl VIII. von Frankreich hinter sich, vor deren Vollzug sich der König aber für eine andere Braut entschied (Anne de Bretagne) und seiner *petite reine* den Laufpaß gab. Welchem Schicksal würde nun Maria entgegenreisen?

Am 4. Mai 1514 informierte die Statthalterin den Kaiser aus Löwen, daß die Reisegesellschaft in Richtung Maastricht aufgebrochen war: *Le seigneur de Flagy et autres ordonnez pour le service et conduycte de madame Marie, ma niepce, en son présent voyage d'Austrice, s'en vont, et se trouveront avec madite niepce le plus tost qu'ilz pourront devers vous; par lesquelz entendrez tout à plain l'estat, conduicte et gouvernement dudit voyage.* Herr de Flagy, der Reisemarschall, würde ihn über den Verlauf der Reise und das Befinden von *Madame Marie* ständig auf dem laufenden halten.

An der Spitze des Zuges ritten die farbenfroh gekleideten Vorreiter mit ihren fähnchengeschmückten Lanzen, gefolgt von der von Pferden getragenen, komfortablen Sänfte mit *Madame Marie* und ihrer *dame d'honneur,* während die übrigen Damen des Gefolges sich in schwerfälligen und knarrenden Planwagen zusammendrängen mußten. Die Ehrenkavaliere und Gardeoffiziere hatten es leichter, sie waren zu Pferde unterwegs, umschwärmten die langsam dahinrumpelnden Gefährte im Trab oder Galopp und nützten jede Gelegenheit für einen kleinen Jagdausflug. Eine lange Reihe von Lastkarren folgte mit Marias Gepäck und dem Gepäck ihrer Begleitung, schwer beladen mit Kleidern und Wäsche, mit Betten und Teppichen, mit Möbeln, Geschirr und Wegzehrung. Von einer Vergnügungsreise konnte nicht gesprochen werden, vor allem im ersten Abschnitt, wo die Route unweit der Territorien des Herzogs Karl von Geldern verlief, der den Krieg gegen die Niederlande zuletzt mit französischer Hilfe wieder erneuert hatte. Nicht auszudenken, wenn *Madame Marie* dem Herzog als Geisel in die Hände gefallen wäre! Die Erleichterung des Grafen Floris muß groß gewesen sein, als er der Regentin aus Maastricht melden konnte, daß *Madame Marie* bei bester Gesundheit dort eingetroffen war, „ohne während der Reise irgendeiner Gefahr ausgesetzt gewesen zu sein. Offensichtlich gibt es in der Nachbarschaft keinerlei Truppenkonzentrationen, welche die Passage von *Madame* behindern könnten. Der Überbringer dieser Botschaft verlor sein Pferd auf einem Erkundungsritt im Interesse der Sicherheit unserer Reise. Aus diesem Grund bitte ich Euch, ihn freundlich zu empfangen und mit einem neuen Pferd zu belohnen." Auf der Weiterreise nach Aachen und Köln befand man sich bereits auf sicherem Reichsterritorium, und der Graf von Buren mußte keine Kundschafter mehr aussenden, nur seine Quartiermeister, die auch nicht wenig zu tun hatten, um halbwegs bequeme Übernachtungsmöglichkeiten ausfindig zu machen. Sechs Wochen lang bewegte sich der Zug langsam nach Südosten, durch immer neue Landschaften, Dörfer und Städte, deren Bewohner herbeieilten, um die Enkelin des Kaisers zu sehen und zu begrüßen, mit Geschenken von Wein und Wildbret, mit musikalischen Darbietungen und freundlichen Willkommenswünschen in einer Sprache, die Maria noch nicht verstand, aber bald lernen würde. Über Passau und Linz zog man auf der alten Reichsstraße donauabwärts und erreichte am 12. Juni endlich Wien, wo eine Abordnung von Geistlichkeit und Bürgerschaft vor den Toren erschienen war, um die Kaiserenkelin und ihr Gefolge zu begrüßen und in feierlicher Prozession in die Stadt zu geleiten.[10]

Als Wiener „Residenz" für Maria hatte Kaiser Maximilian den „Cillierhof" bestimmt, der ursprünglich den Grafen von Cilli gehört hatte und nun schon seit längerer Zeit in kaiserlichem Besitz war. Er stand an der Stelle der heutigen „Amalienburg" (im Hof sind noch Quaderreste des alten Cillierhofes zu sehen), nahe der eigentlichen Burg, die von Přemysl Ottokar begonnen und von den frühen Habsburgern weiter ausgebaut worden war. Sie hatte noch ihr mittelalter-

21

liches Aussehen, eine rechteckige Anlage rund um den heutigen „Schweizerhof“, mit vier Türmen und der Burgkapelle im Schutz des Südturms. Der Cillierhof, der lange Zeit als städtisches Zeughaus gedient hatte, glich mehr einem Arsenal als einer Residenz, nicht zu vergleichen mit dem komfortablen Mechelner *Prinsenhof*, in dem Maria aufgewachsen war, oder dem eleganten Palais ihrer Tante Margarete. So bemühte man sich, die ungemütlichen Räumlichkeiten mit den aus den Niederlanden mitgebrachten Tapisserien und Möbeln wohnlicher zu gestalten, denn niemand wußte genau, wie lange der Aufenthalt dauern und wie es überhaupt weitergehen sollte. Der Kaiser hatte Wien nach einem kurzen Aufenthalt im Mai wieder Richtung Westen verlassen, sicher eine große Enttäuschung für Maria, die sich in einer fremden Umgebung, in der man eine ihr noch fremde Sprache sprach, allein zurechtfinden mußte. Keine Klage, überhaupt keine persönliche Äußerung Marias aus dieser Zeit sind erhalten geblieben, doch man braucht wenig Phantasie, um sich die Einsamkeit eines noch nicht neunjährigen Mädchens vorzustellen, das nicht nur aus seiner vertrauten Umgebung in die Fremde verpflanzt worden war, sondern auch nicht weiter Kind unter Kindern sein durfte, sondern Prinzessin und königliche Braut inmitten eines eigenen kleinen Hofstaates.[11]

Im Vergleich zu den blühenden Städten der Niederlande, dem „prinzlichen“ Brüssel, der Stadt der Adelspaläste, Grandseigneurs und Vliesritter, oder dem kosmopolitischen Antwerpen, einem der bedeutendsten Handels- und Finanzplätze Europas, nahm sich das Wien von 1514 recht bescheiden aus. Die Stadt war sowohl von Friedrich III., der unangenehme Erfahrungen mit den Wienern gemacht hatte und sich lieber in Wiener Neustadt und zuletzt in Linz aufhielt, als auch von Kaiser Maximilian, der Innsbruck als Residenz vorzog, vernachlässigt worden. Als Handelsplatz war es in die Hände der süddeutschen Konkurrenz geraten, deren unternehmungslustige und kapitalkräftige Kaufleute das nicht mehr wirksam geschützte Stapelrecht brachen, den gewinnbringenden Handel mit Ungarn beherrschten und die Wiener sogar aus dem Weinhandel verdrängten. Auch Matthias Corvinus, der fünf Jahre in Wien residierte, beließ die Wareneinfuhr nach Ungarn bei den oberdeutschen Kaufleuten, und Maximilian war in seiner ständigen Geldnot viel zu sehr auf die Kapitalkraft der deutschen Handelsstädte angewiesen, als daß er ihren Kaufleuten die Gewinne auf dem Wiener Handelsplatz hätte schmälern dürfen. So war Wien schon 1500 zu einer Stadt von politischer und wirtschaftlicher Bedeutungslosigkeit herabgesunken, erlebte aber, auf diesem Gebiet von Maximilian tatkräftig gefördert, eine kulturelle Blüte, die von der gebildeten Oberschicht des Bürgertums getragen war. Die Wiener Universität entwickelte sich zu einem Zentrum des europäischen Humanismus, wo akademische Lehrer von internationalem Rang Studenten aus ganz Europa anlockten. Der aus Unterfranken stammende Dichter, Geograph und Historiker Konrad Celtis gründete die *Sodalitas Danubiana*, eine Gelehrtengesellschaft, die sich im Haus des ebenfalls aus Franken stammenden Johannes Cuspinianus traf, ein Kreis, dem auch der kaiserliche Rat Konrad Peutinger aus Augsburg, der Genealoge und Topograph Ladislaus Sunthaym aus Ravensburg und der in Steyr geborene Hofhistoriograph Johannes Stabius angehörten. 1501 gründete Maximilian das *Collegium Poetarum et Mathematicorum*, eine Art Akademie der Wissenschaften, drei Jahre zuvor hatte er nach dem Vorbild der Burgundischen die Wiener Hofmusikkapelle ins Leben gerufen, an der auch „Kapellknaben" wirkten, die Vorläufer der heute noch bestehenden „Wiener Sängerknaben". Das humanistische Schuldrama wurde an der Universität und an den Klosterschulen gepflegt, aber auch an volkstümlicher Kunst herrschte kein Mangel: Man sang und musizierte bei jeder sich bietenden Gelegenheit und erfreute sich an Fastnachts- und Mysterienspielen, an winterlichen Schlittenfahrten und Mummenschanz.

Das Bild des spätmittelalterlichen Wien kennen wir von den Tafeln des Schottenmeisters (um 1470) oder aus der Schedelschen Weltchronik (1493), es war eine Stadt, in der die Gotik in späten Ausformungen noch breiten Raum einnahm. Unter dem Einfluß des Humanismus tauchten aber bereits Elemente eines neuen Stils auf, dem der Renaissance, der „Wiedergeburt", oder besser gesagt Neuinterpretation antiker Stilformen. Dies läßt sich auch am Bau des Stephansdomes ablesen. Zwischen 1495 und 1502 entstand das Hauptwerk des Anton Pilgram, die Kanzel, mit den fast vollplastisch gearbeiteten Halbfiguren der vier Kirchenväter und seinem Selbstporträt als „Fenstergucker", 1513 seine Bildnisbüste unter dem Orgelfuß. Von spätgotischer Ornamentik umgeben, weisen diese Meisterwerke der Charakterisierungskunst bereits auf die neue Zeit. Während die Kapelle des niederösterreichischen Landhauses in der Herrengasse (1513–1516) mit ihren verschlungenen Netz- und Sternrippengewölben noch ein Musterbeispiel der letzten Stilstufe der Gotik darstellte, erhielt die Salvatorkapelle in der Nähe des Rathauses wenige Jahre später bereits ein neues Portal im neuen Stil der oberitalienischen Renaissance.

Aus der Feder des Enea Silvio di Piccolomini, Sekretär Friedrichs III. und später Papst Pius II., stammt die berühmte Beschreibung (1438), die die Wiener als ein genußfreudiges Volk ausweist, ein Ruf, den sie sich bis heute erhalten haben: „Wien ist im Umkreis von zweitausend Schritt mit Mauern umgeben; doch hat es sehr ausgedehnte Vorstädte, die selbst befestigt sind ... Die Wohnhäuser der Bürger sind groß, reichlich ausgeschmückt und gut gebaut, mit breit gewölbten Hausfluren. An Stelle der Halle hat man hier heizbare Zimmer, welche ‚Stuben' genannt werden; denn nur auf diese Weise erwehrt man sich der strengen Winterkälte. Überall gibt es Glasfenster und eiserne Türen. Vielfach hält man Singvögel, schönen Hausrat findet man in den Wohnungen, von Pferden, Zugtieren und allen Arten von Haustieren sind die Ställe voll. Die Häuser sind hochgegiebelt und machen einen stattlichen Eindruck; unschön ist nur, daß die Dächer meist mit Schindeln und nur wenige mit Ziegeln gedeckt sind. Gebaut sind übrigens die meisten aus Stein, Malereien schmücken sie innen und außen ... Die Weinkeller sind so tief und ausgedehnt, daß man sagt, unter der Erde wäre ein zweites Wien. Die Straßen bedeckt Granitpflaster, das den Wagenrädern gut widersteht. Der Herr des Himmels und seine Heiligen haben prächtige Kirchen aus gehauenem Stein, sehr hell und mit schönen Säulenhallen ... Was an Lebensmitteln täglich in die Stadt gebracht wird, das möchte man nicht für möglich halten. Wagen voll von Eiern und Krebsen kommen an, Brot, Fleisch, Fische und Geflügel wird in ungeheuren Mengen herbeigeschafft. Und davon kann man am Abend schon nichts mehr zu kaufen kriegen. Die Weinlese dauert vierzig Tage, dreihundert mit Weintrauben beladene Wagen fahren täglich zwei- oder dreimal in die Stadt ein, zwölfhundert Pferde stehen bei der Weinlese in Verwendung ... Alle Augenblick artet eine Rauferei in förmlichen Kampf aus ... Die unteren Volksschichten denken nur an den Magen und ans gute Essen und verbrauchen, was sie die Woche über verdient haben, am Feiertag bis auf den letzten Kreuzer. Ein lockeres und schlampiges Volk, groß ist die Zahl der Dirnen, selten ist ein Weib mit seinem Mann zufrieden ..." Auch wenn das Leben im damaligen Wien (nach heutigen Begriffen) recht beengt, wenig sauber und mit vielfacher Lärm- und Geruchsbelästigung verbunden war, so verfügte es doch über einige Lebensqualität. Es gab bereits Ansätze einer Kanalisation, allerdings auch viele Häuser ohne eigenen Abtritt. Ein Bad im eigenen Haus stellte eine Seltenheit dar (ein Zustand, der noch Jahrhunderte andauern sollte), dafür bestanden zahlreiche öffentliche Badestuben, wo man auch Schwitz- und Dampfbäder nehmen konnte. Die mittelalterliche Badefreudigkeit mit Essen, Trinken, Spiel und ungezwungener Begegnung der Geschlechter erlitt jedoch um 1500 durch vermehrtes Auftreten von Seuchen (vor allem durch die Syphilis) eine starke Beschränkung. Aus Angst vor der Lustseuche ging man nicht mehr baden und handelte sich durch die steigende Unsauberkeit wieder neue Krankheiten ein. Gegessen wurde möglichst viel, schwer und stark gewürzt, wobei sich natürlich nur die Reichen so exotische und teure Gewürze wie Pfeffer, Safran, Ingwer und Zimt leisten konnten. Wenn die Lebensmittelpreise stiegen, kam es für die weniger Begüterten nicht selten zu Hungersnöten, und die Armen waren auf die Wohltätigkeit von reichen Mitbürgern oder Ordensgemeinschaften angewiesen. Eine ständige Bedrohung der Bevölkerung stellten die häufigen sommerlichen Hochwässer und winterlichen

Eisstöße der in zahlreiche Arme geteilten Donau und ihrer Nebenflüsse dar, eine Gefahr, die erst durch die Donauregulierung im 19. Jahrhundert beseitigt wurde.[12]

Wir wissen nichts über Marias Leben in- und außerhalb des ungemütlichen Cillierhofes, und es ist zu hoffen, daß es nicht nur mit Sprachstudien (Latein und Deutsch) und der Vorbereitung auf ihre künftige Stellung als Königin von Ungarn ausgefüllt war, daß sie mit ihren Damen und Kavalieren nicht nur religiöse Zeremonien in den Kirchen besuchte, sondern auch ein wenig die Umgebung der Stadt kennenlernte, die Ebene im Süden und die grünen Hügel des Wienerwalds im Westen, wohin die Herren ihres Gefolges auf die Jagd ritten.

Inzwischen machte sich die Regentin Margarete im fernen Mecheln Sorgen um das künftige Geschick ihrer Nichte und entsandte Marias Oberstallmeister Hugues de Bulliaux als persönlichen Botschafter nach Buda, um König Wladislaw und dem Kronprinzen Ludwig einen Besuch abzustatten, *à celle fin qu'il sceust rapporter nouvelles de pardeca de la disposition, sancté et qualité dudit prince.* Er sollte über Wesen, Gesundheit und Fähigkeiten des Prinzen berichten. Möglicherweise schilderte Messire Hugues seine Eindrücke in mündlicher Form, ein schriftlicher Bericht ist nicht erhalten geblieben. Gut können sie nicht gewesen sein, denn selbst ein kurzer Aufenthalt am ungarischen Königshof muß ihn die Machtlosigkeit des Königs, die zarte Gesundheit des Prinzen und die Dürftigkeit des Hoflebens haben erkennen lassen, während die Magnaten und die hohe Geistlichkeit mit den Mitteln, die sie aus der königlichen Kasse abgezweigt hatten, ein Luxusleben führten. Auch die Lage der Bauern kann ihm nicht verborgen geblieben sein, die unter einer unerträglichen Steuerlast zu leiden hatten. Unbestellte Felder, verlassene Bauernhöfe und eine zerlumpte, hungernde Landbevölkerung sprachen eine zu deutliche Sprache von Mißwirtschaft und Niedergang. Die Informationen aus Ungarn, zusammen mit den nicht weniger trüben, die bald vom dänischen Hof eintrafen, an dem Marias Schwester Isabella als Gemahlin von König Christian II. lebte, sorgten für schlechte Stimmung in den Niederlanden, wo man burgundischen Stolz gegen die Heiratspolitik Maximilians setzte und sich fragte, wie die Enkelinnen der letzten Herzogin von Burgund dazukämen, an schäbige Höfe und unwürdige Ehepartner verschachert zu werden. Auch Margarete selbst scheute sich nicht, ihren Vater über die Verbitterung ihrer Räte zu informieren, und beklagte offen die Wahl, die er für seine Enkelinnen getroffen hatte.[13]

Inzwischen waren trotz aller Heimlichkeit, mit der man die beabsichtigte Reise der königlichen Familie nach Preßburg betrieben hatte, doch Gerüchte darüber in weitere Kreise gelangt, und es war zu befürchten, daß man dieser

Reise Hindernisse in den Weg legen würde. Deshalb ließ der unermüdlich zwischen Wien und Ofen tätige Cuspinian dem Kaiser durch Mittelspersonen nahelegen, er möge doch eine Anzahl von Kriegsvolk an die ungarische Grenze entsenden, um Wladislaw und seine Kinder gegen einen allfälligen Handstreich der ungarischen Gegenpartei zu sichern. Auch solle er einen seiner Enkel nach Österreich kommen lassen, weil die Ungarn darüber Beschwerde führten, daß Prinzessin Anna nach Preßburg reisen solle, während ihr Bräutigam noch gar nicht in Österreich eingetroffen sei. Zusätzlich gab es nach wie vor Schwierigkeiten mit König Sigismund von Polen bezüglich der Probleme mit dem Deutschen Ritterorden im Osten, was die Verhandlungen weiter verzögerte.

Schon früher war davon gesprochen worden, daß eine gütliche Beilegung aller Streitigkeiten am besten durch eine persönliche Zusammenkunft der beteiligten Herrscher erzielt werden könnte. Auf diesen Plan griff man jetzt zurück und kam nach weiteren langwierigen Verhandlungen zu einem Ergebnis, das sowohl von König Wladislaw wie auch von Cuspinian und dem polnischen Gesandten Christoph Szydlowiecki gebilligt wurde: Am 20. Februar des nächsten Jahres sollten die beiden Könige von Ungarn und Polen nach Preßburg, der Kaiser aber nach dem unweit davon noch auf österreichischem Boden gelegenen Hainburg kommen. Dort würde man sich dann über den Ort der beabsichtigten Zusammenkunft einigen, zu der auch Vertreter des Großfürsten von Moskau und des Deutschen Ordens einzuladen wären. Ende November verließen Cuspinian und Szydlowiecki Ofen, um ihren Monarchen zu berichten, am 23. Dezember traf Cuspinian in Innsbruck ein, wo Maximilian Hof hielt. Nach Rücksprache mit Kardinal Matthäus Lang, dem Leiter der kaiserlichen Außenpolitik, erschien er vor dem Kaiser, der nicht sofort auf die Vorschläge einging. Er äußerte Bedenken gegen die Anwesenheit des polnischen Königs, auch der Termin schien ihm nicht günstig und er drang auf eine Verlegung bis nach Ostern. Anfang Februar war Cuspinian wieder in Ofen, wo man ihm mitteilte, daß König Sigismund bereits nach Preßburg aufgebrochen sei. Von der neuen Lage der Dinge informiert, ließ der Kaiser Cuspinian wissen, daß er selbst zu dem ins Auge gefaßten Zeitpunkt nicht erscheinen könne, den Kardinal Matthäus Lang aber mit allen Vollmachten ausstatten und mit seiner Vertretung betrauen werde. Die Absage des Kaisers rief zuerst große Enttäuschung hervor, die Könige hielten jedoch an Preßburg als Tagungsort fest. Am 23. Februar traf Kardinal Lang mit zahlreichem Gefolge in Wien ein und sandte Nachricht nach Buda, für König Wladislaw das Signal, sich mit seinen Kindern auf die Reise zu machen.[14]

Zu Ehren des Kardinals und der Erzherzogin fand in einem Saal der Hofburg die Aufführung der *Voluptatis cum virtute disceptatio* statt, eines burlesk-pädagogischen Huldigungsspiels, das die adeligen Schüler des Wiener Schottenklosters unter Leitung ihres Lehrers Johannes Chilimarus in einem Saal der Hofburg in Szene setzten (*apud D. Mariam serenissimam Hungarorum Reginam designatam*, wie es in der Widmung des Druckes heißt). Sie fand wahrscheinlich am 24. Februar statt, dem Geburtstag von Marias Bruder Erzherzog Karl, der im Januar für großjährig erklärt und feierlich zum Herzog von Burgund proklamiert worden war. Sie gipfelte darin, daß Karl (dargestellt von dem jungen Grafen Niklas Salm) als Richter im Streit zwischen Wollust und Tugend auftrat. Als Motiv-Vorbilder dienten nicht nur Sebastian Brants „Narrenschiff" in der lateinischen Übersetzung von Jakob Locher, sondern auch mittelalterliche Salbenkrämer-spiele und die Teufelsszenen der Mysterienaufführungen, Fastnachts- und Bauernspiele. Chelidonius vereinte in seinem Werk den volkstümlichen Gestaltenkreis mit der humanistischen Bildungswelt zu einem lebendigen Ganzen, in dem pädagogische Ziele, Huldigungsspiel und Fastnachtsspaß zusammenflossen. Den Beginn machte die *praefatio ad spectatores*, wahrscheinlich von Chilimarus selbst gesprochen, der das *argumentum* folgte, vorgetragen von einem der jungen Schauspieler. Ein zweiter Darsteller hatte die Aufgabe des Praecursors oder Einschreiers, wie sie in den Fastnachtsspielen üblich war. Er wiederholte den Inhalt in deutscher Sprache, forderte die Spielfiguren auf, hervorzutreten und wirkte im weiteren Verlauf auch als Spielordner. Dekorationen gab es außer einem riesigen Höllenschlund wahrscheinlich keine, desto bunter muß man sich die Kostüme und Requisiten vorstellen: Pallas mit Helm und Lanze, die Amazonenkönigin Hippolyta in einem Gürtelgewand, der gewaltige Hercules und die mit furchterregenden Kopfmasken ausgestatteten wilden Männer Gerion, Antaeus und Cacus, der feiste und verkommene Epicur, der betrunken schwankend und aus übervollem Magen rülpsend auftrat. Er bekam Hiebe *in podice* und wurde als „alberner Greis" und „schmutziger Esel" beschimpft. Reich geschmückt und verführerisch trat Venus auf, begleitet von ihrem Sohn Cupido mit Bogen und Pfeilköcher. Satan erschien als gräßliches altes Monstrum, das den Zuschauern als Salbenkrämer allerlei verführerischen Tand, Büchsen und Arzneien anbot. Den unersättlichen Epicur versorgte er mit Wein und fettem Fleisch, dem wie ein zottiger Esel kostümierten Praeco schlug er in einer Prügelei die Kinnbacken blutig. In der Mitte der im Halbkreis angeordneten Spieler thronte Erzherzog Karl als *iudex* und *princeps formosissimus*, „von adel groß und wolgeporgener art", dem am Schluß Pallas den Kranz und Hercules *lucentem stellis ardentibus axem*, eine Nachbildung des Himmelsgewölbes überreichten. Der Komponist der vierstimmigen Chöre ist nicht bekannt, die (vermutete) Autorschaft Paul Hofhaimers nicht bewiesen. Am Schluß des Spiels fand noch ein feierlicher Epilog statt, an die Zuschauer im allgemeinen und an Erzherzogin Maria und den Kardinal im besonderen gerichtet.[15]

Nachdem Botschaft eingetroffen war, daß König Wladislaw am 18. und König Sigismund am 24. März in Preßburg eingetroffen waren, begab sich Kardinal Lang mit großem Gefolge, dem auch Cuspinian angehörte, zu Schiff in die Stadt an der Donau, wo er unterhalb der Burg von den beiden Königen und von Prinz Ludwig begrüßt wurde. Nach einem feierlichen Hochamt zur Eröffnung begannen am 2. April die Verhandlungen, ließen sich jedoch schwierig an. Die Heiratsfrage war zwar mit König Wladislaw so gut wie geklärt, doch König Sigismund wollte die Heiratsverträge noch von der endgültigen Bereinigung des kaiserlich-polnischen Streites um den Deutschen Orden abhängig machen. Außerdem lauerte die Zápolya-Partei im Hintergrund, um die habsburgisch-ungarische Heirat noch im letzten Moment zu verhindern. János Zápolya selbst hatte es vorgezogen, die an ihn ergangenen Einladungen zu ignorieren, und war zu einer Expedition gegen die Türken aufgebrochen. Trotz der üblichen Festveranstaltungen, Reiterspiele und Auszeichnungen herrschte also eher ein gespanntes als freundschaftliches Klima. Die allgemeine Unruhe und Unsicherheit steigerte sich noch, als eine verheerende Feuersbrunst fast ein Drittel der Stadt vernichtete, auch die Unterkunft des ungarischen Königs fiel ihr zum Opfer. Man empfand dies als schlechtes Vorzeichen und beschuldigte auf kaiserlicher Seite die Zápolya-Partei, das Feuer gelegt zu haben, umso mehr, als es an drei Orten zugleich ausbrach. Beweise wurden dafür allerdings keine gefunden. Nachdem Kardinal Lang beim Kaiser neue Weisungen und Vollmachten eingeholt hatte, konnten am 20. Mai endlich die Vorverträge über die Doppelheirat und ein großes Friedens- und Freundschaftsbündnis mit den jagiellonischen Königen unterzeichnet werden. Der Kaiser ließ allerdings nach wie vor auf sich warten, und zahlreiche Botschaften gingen zwischen Innsbruck und Preßburg hin und her, ungeduldige von seiten der Könige und beschwichtigende und hinhaltende von seiten des Kaisers. Maximilian mußte nicht nur eine Krankheit auskurieren, auch die Thronbesteigung des jungen Königs Franz von Frankreich bereitete ihm im Hinblick auf Italien Sorgen. Außerdem mußte Geld aufgetrieben werden, und zwar sehr viel, denn der Kaiser wollte die Könige des Ostens auch kaiserlich empfangen.

Maximilian befahl zum Fürstenkongreß einen festlichen Truppenaufmarsch nach Wien, der an Aufwand einem Feldzug gleichkam, auch die Fürsten und Stände sollten möglichst vollzählig erscheinen, dazu die besten Renner und Stecher aus dem ganzen Reich. Der Kaiser ließ auch seinen Hausschatz nach Wien überführen, um ihn bei den Festlichkeiten zur Schau zu stellen, mußte aber einiges davon bei den Fuggern und anderen Geschäftsleuten „ausleihen", wo es verpfändet war. Jakob Fugger, „der Reiche", erklärte sich nach einigem Zögern bereit, das nötige Bargeld vorzuschießen, nicht ohne große Sicherstellungen auf die Niederlande und die Tiroler Kupferbergwerke, die ihm zusammen mit seinen Bergwerksbetrieben in Oberungarn die Marktführung einbrachten. Albrecht Dürer, der gerade das riesige Holzschnittwerk der „Ehrenpforte des Hauses Österreich" vollendet hatte, wurde dafür gewonnen, Entwürfe für die Festkleider und Hoftrachten zu liefern. Schmuck und Ausstattung des Stephansdomes, der Wiener Burg und anderer Gebäude, die Vorbereitungen für die festlichen Veranstaltungen, Turniere und Feuerwerke erforderten ein ganzes Heer an Künstlern und Handwerkern, einen überaus kostspieligen Aufwand an Schaugerüsten, Prunkteppichen und kostbaren Dekorationsstoffen.

Am 10. Juli traf der Kaiser endlich selbst in Wien ein, feierlich begrüßt von vielen großen Herren des Reiches sowie einer ungarischen und polnischen Gesandtschaft. Da Preßburg nach dem verheerenden Brand als Versammlungsort ausfiel, lud der Kaiser die jagiellonischen Monarchen ein, die erste Begegnung auf dem Hartfeld bei Trautmannsdorf unweit Bruck an der Leitha abzuhalten. Die verbleibenden Tage nützte er, um sich von der Reise zu erholen und sein „Fußleiden" zu pflegen (eine Folge des Schlaganfalls). Der einstmals so glänzende „letzte Ritter" war alt und recht gebrechlich geworden. Es ist anzunehmen, daß er auch Zeit fand, mit seiner Enkelin Maria vertraute Gespräche zu führen.

Am frühen Morgen des 16. Juli brach man von allen Seiten auf (Cuspinian hatte das Zeremoniell der Zusammenkunft mit den Königen in allen Einzelheiten vorbesprochen) und näherte sich dem Hartfeld, wo auf einem Hügel ein Birnbaum gepflanzt worden war, als Zeichen des Glücks und der Fruchtbarkeit. 2000 Reisige in roten Röcken und funkelnden Harnischen führten das Gefolge des Kaisers an, gefolgt von den Mitgliedern des kaiserlichen Hofstaates, dem Gefolge des Kardinals Lang und der Reichsfürsten, prächtig gewandeten Herolden, Trompetern und Heerpaukern. Der Kaiser ließ sich in einer Roßsänfte tragen, begleitet von den vornehmsten weltlichen und geistlichen Herren, den Gesandten von Spanien und England, den Hofwürdenträgern und kaiserlichen Räten. Die Nachhut bildeten der Hofmarschall mit seinen Reisigen, die Reichsfürsten mit ihren Aufgeboten und der erbländische Adel, an die 9000 Reiter mit hohen, wehenden Federbüschen, goldenen Ketten, Perlen und Edelsteinen. Nicht weniger prunkvoll rückten die Könige von Ungarn und Polen mit ihren Reitern heran, die nicht nur durch die Pracht ihrer Kleider und Waffen, sondern auch durch ihre exotische Erscheinung beeindruckten, die ungarischen Husaren mit ihren Fahnenlanzen, die Moskowiter Bogenschützen mit ihren hohen weißen Hüten und die Tataren mit ihrer dröhnenden Trompetenmusik. Nach den ungarischen und böhmischen Herren und Würdenträgern erschien der neunjährige Prinz Ludwig auf geschmücktem Roß, in Gold und Purpur gekleidet, dahinter die elfjährige Prinzessin Anna in einer vergoldeten Kutsche, von acht weißen Pferden gezogen. König Wladislaw wurde, wie der Kaiser, in einer Sänfte getragen, während König Sigismund mit den polnischen Herren und Prälaten heranritt.

Als man sich unter dem Birnbaum traf, grüßte der Kaiser mit den Worten des Psalmisten: *Haec est dies quam fecit dominus* – „Dies ist der Tag, den der Herr gemacht hat; freuen wir uns daran und seien wir fröhlich!" Ebenfalls auf lateinisch antwortete der König von Polen: „Walte Gott, daß unsere Zusammenkunft unseren Untertanen und der ganzen Christenheit zum Heile gereiche", was König Wladislaw gerührt und unter Tränen wiederholte. Prinz Ludwig begrüßte den Kaiser als seinen Vater.

Als der feierliche Empfang vorüber war und Kardinal Lang die Gäste im Namen des Kaisers nach Wien einlud, gab es ein kurzes Zögern bei den Ungarn, und die Hofleute warnten ihren König vor einem möglichen Hinterhalt. Nun war es ausgerechnet Sigismund, der langjährige Gegner der Doppelhochzeit, der den Bann brach und freimütig erklärte, daß er dem Kaiser vertrauensvoll nach Wien folge, wer sich fürchte, solle zurückbleiben. Einem solchen König zuliebe werde er in seinen alten Tagen noch nach Polen reisen und dort Auerochsen und Büffel jagen, meinte Maximilian gut gelaunt. Die beiden Monarchen, der noch jugendliche Sigismund und der alte Kaiser, dessen majestätisches Charisma ungebrochen war, hatten bei der ersten Begegnung eine spontane Sympathie füreinander gefaßt. Fröhlich und entspannt konnte man den ereignisreichen Tag mit einer Jagd auf der umliegenden Heide beschließen.

Am nächsten Tag sammelte man sich in Schwechat zum feierlichen Einzug in die Hauptstadt, den ein starker Dauerregen zwar beeinträchtigte, aber nicht wirklich stören konnte. Gegen Abend erreichte der bunte Zug in durchweichten Festgewändern die Stadt und bewegte sich unter großem Zulauf der Bevölkerung zwei Stunden lang über den alten Rennweg und die Kärntnerstraße nach St. Stephan, wobei die fremdländischen Trachten und Waffen wieder das größte Aufsehen erregten. Der Bürgermeister stand zusammen mit den Mitgliedern des Stadtrats und des Klerus, den Abordnungen der Universität und der Zünfte zum Empfang bereit, Bischof Slatkonia und das Domkapitel begrüßten den Kaiser, die Könige und Herrschaften vor dem „Riesentor", dem Haupttor des Domes. Nach einer kurzen Andacht begaben sie sich in ihre Quartiere, der Kaiser mit König Wladislaw, Ludwig und Anna in die Hofburg, König Sigismund in das „Hasenhaus" in der Kärnterstraße.[16]

Maximilian hatte das Gebäude (dem Typus nach ein süddeutsches Bürgerhaus) 1508 errichten lassen und zum Sitz des „Haspelmeisteramtes" (Landesfürstliche Jagdverwaltung) gemacht. Die durch Fenster und Erker durchbrochene Fassade wurde von drei hohen Giebeln überragt, die verbliebenen Wand-felder ließ der Kaiser mit kriegerischen und mythologischen Szenen bemalen. Salomon Kleiner hat das Aussehen dieses frühen Wiener Renaissancebaus festge-halten, bevor er 1749 abgerissen wurde.[17]

Nach einem Ruhetag wurde der Kongreß mit einem großen Festakt in der Hofburg eröffnet. Der Kaiser und die beiden Könige nahmen unter einem Thronhimmel Platz, an den Längsseiten des Saales saßen Prinz Ludwig, die weltlichen und geistlichen Würdenträger, die Fürsten und die Räte. Cuspinian verglich die Versammlung in seinem „Diarium" mit dem römischen Senat in den Tagen seiner Blüte. Maximilian hielt eine einstündige Eröffnungsrede, dankte den Königen für ihr Kommen und geduldiges Ausharren und beschwor die Eintracht der christlichen Mächte im gemeinsamen Kampf gegen die Türken als eigentlichen Leitgedanken des Kongresses und aller Verträge. Der ungarische Kardinal Tamás Bakócz dankte im Namen seines Königs und versprach, nach Abschluß der Verhandlungen einen gemeinsamen Türkenkrieg zu beraten.

Am Abend gab es im *Groes Tantzhaws* der Hofburg einen Empfang mit Reigentanz für die vornehmsten Gäste. Nun wurde auch Erzherzogin Maria mit großem Gefolge im Cillierhof feierlich eingeholt, um ihrem künftigen Gemahl, den beiden Königen und den Gästen vorgestellt zu werden. Inmitten der glän-zenden Entourage von Kavalieren und Damen, Kammerherren und Kammer-frauen, Offizieren und Edelknaben erschien ein zartes, dunkelhaariges Geschöpf mit großen, ernsten Augen in einem schmalen, blassen Gesicht und dem charak-teristischen, ein wenig vorgeschobenen Unterkiefer, wie es auch ihre Brüder besaßen. In vollendeter Haltung durchschritt sie den Saal und sank vor ihrem Großvater in einen ebenso vollendeten Hofknicks, den sie vor den Königen und dem ungarischen Geschwisterpaar wiederholte, bevor sie ihren eigenen Sitz zur Rechten von König Wladislaw einnahm. Erzherzogin Maria hatte nicht nur den Tanzsaal, sie hatte die Bühne der Geschichte betreten.

Während der Begrüßungsansprachen fand Maria sicher Gelegenheit, ihren „Bräutigam" etwas näher zu betrachten, einen pausbäckigen kleinen Jungen mit blaugrün schimmernden Augen und goldblonden Haaren, die in langen Locken auf seine Schultern fielen. Nach dem offiziellen Teil begann der Reigentanz, den der Kaiser gemessenen Schrittes mit den Prinzessinnen Maria und Anna anführ-te, jeder der Tänzer trug eine brennende Fackel. So zahlreich waren die Besu-cher, daß sie der große Saal kaum fassen konnte, und schließlich herrschte ein derart beängstigendes Gedränge, daß man den Saal sperren mußte.

Der 20. und der 21. Juli waren den Schlußverhandlungen gewidmet, wobei in einer Geheimurkunde Prinz Ludwig vom Kaiser an Sohnes statt angenom-men, zum Generalreichsvikar bestellt und den Kurfürsten zur Königs- und späteren Kaiserwahl empfohlen wurde (bei gleichzeitiger Wahrung der Erbrechte Karls und Ferdinands) – ein ungewöhnlicher Schritt, offenbar als politisches Geschenk an die Jagiellonen und als „lockendes Schaugericht" zur Eröffnung des Kongresses gedacht. Das habsburgisch-jagiellonische Familienbild, das der Kaiser bei dieser Gelegenheit von seinem Hofmaler Bernhard Strigel anfertigen ließ, zeigt ihn im Kreise seiner ersten Gemahlin Maria von Burgund und seines Sohnes Philipp, zusammen mit den Erzherzögen Ferdinand und Karl und dem Prinzen Ludwig von Ungarn. Noch wichtiger als die Adoptionsurkunde war die Ratifikation des Doppelheiratsvertrages zwischen Ludwig von Ungarn und Erzherzogin Maria einerseits und zwischen Maximilian (als Stellvertreter eines seiner Enkel) und Anna von Ungarn andererseits. Sollte keiner der beiden Prinzen sich als verfügbar erweisen, würde Maximilian persönlich Prinzessin Anna heimführen. Das Beilager wurde wegen der Jugend der kindlichen Ehepartner auf später verschoben, die Zeit bis dahin sollte Prinzessin Anna in Österreich verbringen, um dem Zugriff der ungarischen Opposition und der Zápolya-Partei entzogen zu sein. Die hohen Mitgiften von je 200.000 Gulden hoben sich glücklicherweise auf, weder Maximilian noch Wladislaw hätten sie bezahlen können. Auch der Friedens- und Freundschaftsvertrag zwischen dem Kaiser und dem König von Polen erhielt nun seine letzte Fassung, die Streitigkeiten bezüglich des Deutschen Ordens wurden bis auf weiteres beigelegt.

Am Morgen des 22. Juli, einem Sonntag, erschien der Kaiser in kostbarer Kleidung und reichem Schmuck vor den Königen, den hohen Gästen und Gesandtschaften im großen Saal der Hofburg und erklärte feierlich, daß Prinzessin Anna entweder seinem älteren Enkel Karl oder dem jüngeren Ferdinand zugedacht sei, nur wenn keine dieser Verbindungen zustandekomme, werde er selbst ihr die Hand reichen. Dann setzte ihr Maximilian die Krone des Ladislaus Postumus auf – Andeutung ihrer königlichen Würde und der zukünftigen Vereinigung der österreichischen, böhmischen und ungarischen Länder in der einen oder anderen Hand. Was Annas künftige Stellung betraf, so würde sie entweder an Karls Seite Königin von Kastilien, an Ferdinands Seite Königin von Neapel oder der zum Königreich zu erhebenden österreichischen Länder sein, allenfalls an Maximilians Seite römische Königin und Kaiserin. Niemand schien sich daran zu stoßen, daß die mögliche Braut erst zwölf, der Kaiser aber bereits sechsundfünfzig Jahre zählte. Als Anna ihm aber ein kostbares Hochzeitskränzlein aus Perlen und Edelsteinen überreichte, flüsterte er ihr zu: „Kind, bitte Gott um meine Gesundheit!" Vielleicht ahnte er, daß seine Jahre bereits gezählt waren.

Von der Burg bewegte sich der festliche Zug an den dichtgedrängten Zuschauern vorbei zum Stephansdom, der mit burgundischen Teppichen, purpurnen und goldenen Prunkstoffen geschmückt und von Landsknechten abgesperrt war. Nur die vornehmsten Gäste hatten Zutritt. Der Kaiser, die beiden Könige und Prinz Ludwig nahmen an der rechten Seite des Chores Platz, an der linken die Kardinäle, Erzbischöfe und Bischöfe, ringsum verteilten sich die Fürsten des Reiches, die ungarischen, böhmischen und polnischen Herren und führenden Hofleute. In der Mitte knieten die beiden königlichen Bräute Anna und Maria auf ihren Betschemeln. Bischof Slatkonia feierte das Hochamt, begleitet von den Sängern und Instrumentalisten der Hofkapelle. Paul Hofhaimer „blies die Orgel so stark, daß die ganze Kirche einzustürzen schien, tausend Stimmen zugleich, einem rasenden Wagen vergleichbar". Nicht ganz so gut gefiel die Feldmusik der Ostvölker, die man mit dem „dumpfen Surren von Wespen und Hornissen" verglich. Nach der Meßfeier legte Maximilian den kaiserlichen Ornat an und ließ sich die Kaiserkrone aufsetzen. Die Zeit bis zur Trauungszeremonie sollte der Humanist Riccardo Bartholinus mit einer großen Hochzeitsrede füllen, doch seine wohlgesetzten Worte gingen im allgemeinen Lärm unter. Verärgert schrieb er später in sein Tagebuch, was seine hohe Kunst bei so ungebildetem Volk verloren habe, „bei diesen Ungarn und Polacken, Leuten, die Pferdefleisch essen und ein Gemisch von Milch und Pferdeblut trinken!"

Nachdem der Kaiser in vollem Ornat unter einem Thronhimmel Platz genommen hatte, traute ihn der Erzbischof von Gran, Kardinal Tamás Bakócz, als Stellvertreter Karls (oder Ferdinands) mit Prinzessin Anna und vermählte Prinz Ludwig mit Erzherzogin Maria. Am Schluß der Feier wurde allen Teilnehmern nach altem Brauch ein vollkommener Ablaß ihrer Sünden gewährt, und Bischof Slatkonia stimmte das *Tedeum* an, gefolgt von den Sängern, der Orgel und den Trompeten, die schmetternd einfielen. Gemeinsam mit den Königen von Ungarn und Polen schlug der Kaiser viele Herren aus den verschiedenen Nationen zu Rittern, wobei sich im allgemeinen Getümmel auch manche gemeine Leute zum Ritterschlag drängten, wie Cuspinian hämisch bemerkte.

Es folgten ein „babylonisches" Festmahl, ein großes Rennen und Stechen auf dem großen Platz „am Hof" und Reiterspiele der polnischen Kosaken. Humanisten, die aus allen Himmelsrichtungen herbeigeströmt waren, hielten gelehrte Akademien ab und produzierten eine Fülle von Lobgedichten und Huldigungsreden – nicht zuletzt, um dafür klingenden Lohn zu ernten. Den Tag beschloß eine festliche Tafel in der Hofburg, mit zahllosen Gerichten auf goldenen und silbernen Schüsseln, und ein prachtvolles Feuerwerk, das der Kaiser bei den Feuerwerkern seines Innsbrucker Zeughauses bestellt hatte.

Am nächsten Morgen wurden den Bräuten die Morgengaben dargebracht und unter den neuen Verwandten Geschenke ausgetauscht. Auch an den folgenden Tagen gingen die Festlichkeiten weiter, mit großen Renn- und Reiterspielen vor den Mauern und einem Massenturnier „am Hof". Trotz der Überfüllung der Stadt mit Gästen aus aller Herren Ländern, mit Kriegsvolk, Rossen und Wagen verlief alles in Ruhe und Ordnung, und zur Beruhigung der Stadtväter brach weder Feuer aus noch kam es zu Reibereien zwischen den verschiedenen Völkerschaften.

Am Abend des 28. Juli fand in der Hofburg die feierliche Schlußkundgebung statt. Der Kaiser schloß den Kongreß mit einer Dankesrede, die Kardinal Bakócz mit Glückwünschen erwiderte. Von einem Balkon aus verlas Cuspinian dem wartenden Volk in deutscher und lateinischer Sprache die Kundmachung, die für die Öffentlichkeit des Reiches und der Christenheit bestimmt war: den Abschluß des ewigen Friedens- und unlösbaren Freundschaftsbündnisses und der Doppelheirat zur Ehre Gottes, zur Erhaltung der Christenheit und zu gegenseitigem Schutz und Schirm gegen alle Feinde, vor allem gegen die ungläubigen Türken. Trompetengeschmetter, Paukenschlag und Geschrei der begeisterten Massen drangen „bis an die Sterne".

Beim Abschied flossen viele Tränen, besonders bei König Wladislaw und seiner Tochter Anna, die nun bis auf weiteres zusammen mit Maria im Cillierhof „residieren" würde. Den Kaiser riefen beunruhigende Nachrichten aus Italien nach Westen (König Franz von Frankreich hatte die Alpen überschritten und näherte sich Mailand), und König Sigismund von Polen wollte noch rechtzeitig vor der Niederkunft seiner Gemahlin zu Hause sein.

Die Wiener Verträge von 1515 waren für Kaiser Maximilian der Lohn einer lebenslang beharrlich verfolgten Politik, die Geburtsstunde seiner dauerhaftesten Schöpfung, der habsburgischen Donaumonarchie, auch wenn dies damals noch keiner der Beteiligten ahnen konnte. Wenn polnische Historiker meinen, König Sigismund hätte für ein „Linsengericht" den Habsburgern den Donauraum überlassen, so übersehen sie, daß niemand den ungarisch-böhmischen Erbfall zugunsten der Habsburger voraussehen konnte (ebensowenig wie den spanischen). Und wie konkret die türkische Bedrohung war, bewies Sultan Süleyman schon wenige Jahre später, als er Ungarn überrannte und vor den Mauern Wiens erschien.[18]

IV. Wartejahre in Wien und Innsbruck

In den betroffenen Ländern hielt sich die Begeisterung für die Wiener Verträge allerdings in Grenzen, auch wenn die allgemeine Stimmung in Ungarn etwas freundlicher geworden war, seit sich János Zápolya bei seiner Unternehmung gegen die Türken eine Schlappe geholt hatte. Die Polen konnten bezüglich der

Streitigkeiten um den Deutschen Orden zwar einige Zugeständnisse verbuchen, doch wie sicher diese waren, würde sich erst erweisen, das Reichskammergericht lehnte sie jedenfalls sofort ab. Überhaupt bestand im Reich seit jeher wenig Verständnis für die Ostpolitik der Habsburger, und mit dem neuen „General-reichsvikar" Ludwig von Ungarn hätte man sich keineswegs einverstanden er-klärt, wäre die Kunde davon bereits ins Reich gedrungen.

Auch in den Niederlanden, wo man traditionell nach Westen orientiert war, stand man der Heiratspolitik Maximilians skeptisch gegenüber, umso mehr als nach dem Tod der Gemahlin König Sigismunds von Polen (Barbara Zápolya war im Kindbett gestorben) ein neuer Plan auftauchte: Sigismund sollte Prinzes-sin Eleonore heiraten, die älteste Enkelin des Kaisers.

Monseigneur, ist in einem undatierten Briefentwurf Margaretes an ihren Vater zu lesen, *à vostre désir et pour savoir d'elle son intencion, suis veneue parler à elle, comme de moy-mesmes, en luy disant les vertus et biautez de la personne dudit roy, avec la grandeur du réaume, et au surplus tout se qui se peut dire; laquelle, Monseigneur, m'a ouy, hécouté de bonne sorte et bien dousement avecq ung peu de crainte et après plusieurs devises ... Il me semble, Monseigneur, que sy désirerés ladite alianse, on peut escrire à Monsieur et à ceux de son conseil; et au regart de moy, Monseigneur, je tiendray tousjours la main en se que conoiteray vous complere, et en ceste afferes et tous autres comme j'ay fet jusques à issy ...* „Eurem Wunsche gemäß und zur Erkundung ihrer Meinung habe ich mit ihr gesprochen so wie mit mir selbst und ihr die Tugenden und die Schönheit besagten Königs dargelegt, zusammen mit der Bedeutung des Königreichs, und darüber noch alles, was sich sagen läßt; dieselbe hat mir aufmerksam und artig zugehört, mit ein wenig Angst und nach vielen Ausflüchten ... Es scheint mir, *Monseigneur,* wenn Ihr diese Allianz anstrebt, dann müßte man an *Monsieur* und seine Räte schreiben; was mich betrifft, so werde ich stets meine Hand zu allem reichen, von dem ich weiß, daß es Euren Wünschen entspricht, in dieser und in allen anderen Angelegenhei-ten, wie ich es bisher getan habe ..." Man gewinnt den Eindruck, daß Margare-tes Gesprächspartnerin zwar „artig" zuhörte, über den Vorschlag aber keineswegs erbaut war, so daß Margarete empfiehlt, an Erzherzog Karl zu appellieren. Er war jetzt der Herzog und sie, Margarete, als Regentin bis auf weiteres „beurlaubt".

Ma bonne fylle, antwortete Kaiser Maximilian, *j'ay resceu vos lestres responsives à celles je vous ay escript touchant le mariage du roy de Polan, sur quoy je ne puis point respondre; mesment que vous nous escrivés que nous niepses et fylles soent mal adressés avec elor mariages, Ysabel et Maria; dont nous sumus fort ébay, veu que nous avons fort avancé ces deux mariages d'Ungerie et de Denemarke. Et sumus délibéré sur cela surattendre aveq stila* [celui] *de Polaen* [...]. „Meine gute Tochter, ich habe Eure Briefe in Beantwortung der meinen bezüglich der Heirat des Königs von Polen erhalten, über die ich nicht antworten kann; inzwischen schreibt Ihr, daß unsere Nichten und Töchter Isabella und Maria mit ihren Heiraten nicht zufrieden sind; darüber sind Wir sehr verblüfft, denn Wir haben diese beiden Heiraten mit Ungarn und Dänemark sehr gefördert. Und Wir sind entschlossen mit der von Polen zu warten …" Nicht nur Erzherzogin Eleonore scheint versucht zu haben sich zu wehren, auch Isabella und Maria gaben ihrer „Unzufriedenheit" Ausdruck. Es nützte ihnen wenig, zu wichtig waren sie als Figuren im dynastischen Spiel, als kostbare Unterpfänder für Friedensschlüsse und Allianzen, als Hoffnungsträgerinnen für eine immer weiter ausgreifende Heiratspolitik der *Casa de Austria*. Die polnische Heirat blieb Eleonore zwar erspart (die neue Königin von Polen wurde Bona Sforza, eine Nichte von Maximilians zweiter Gemahlin Bianca Maria), doch die hoffnungsvolle Romanze, die sie bald darauf mit dem Pfalzgrafen Friedrich bei Rhein erlebte, wurde durch ihren Bruder Karl grausam zerstört. Ein Fürstensohn ohne Land und ohne Vermögen kam für eine Kaiserenkelin und Königstochter nicht in Betracht. Eleonore mußte in erster Ehe ihren Onkel Manoel von Portugal heiraten und in zweiter König Franz von Frankreich. Isabella hatte mit Christian II. von Dänemark, der nicht umsonst „der Böse" oder „Nero des Nordens" genannt wurde, das schlimmste Los gezogen. Ihr Gemahl stand völlig unter dem Einfluß von zwei Holländerinnen dunkler Herkunft und zeigte wenig Neigung für sie. *Madame tante et bonne mère*, schrieb sie am 7. August 1515 an Margarete, „könnte ich für mich selbst wählen, so wäre ich jetzt bei Euch. Von Euch getrennt zu sein ist mein größter Schmerz, besonders da ich nicht weiß, wann ich hoffen darf, Euch wiederzusehen." Als das Wiedersehen dann Jahre später stattfand, war es ein trauriges: Der vom Adel des Landes abgesetzte Dänenkönig mußte mit Frau und drei Kindern in den Niederlanden um Asyl bitten.[19]

Nach den rauschenden Festen des Fürstenkongresses ging das Leben im Cillierhof wieder seinen alltäglichen Gang, nur daß jetzt zwei *reginulae* ihn bewohnten, zwei kleine Königinnen, wobei sich Anna nicht ungern „Römische Kaiserin" titulieren ließ, was zu ständigen Rangstreitigkeiten führte, vor allem unter dem Gefolge. Die Unterrichtsstunden, die Maria bisher allein besucht hatte, nahmen sie nun gemeinsam und warteten der Dinge, die da kommen sollten.

In der Welt draußen sorgte der junge König von Frankreich mit seinem glänzenden Sieg über die Eidgenossen bei Marignano (13./14. September) für einen Paukenschlag, der ganz Europa aufschreckte. Anfang Oktober hielt er seinen Einzug in Mailand, ein Alarmzeichen, nicht nur für den Kaiser, auch für die Könige von England und Spanien und für den Papst, denn man fürchtete nicht ohne Grund, daß die Franzosen sich ganz Italiens bemächtigen könnten.

Eine neue antifranzösische Liga bildete sich, Heinrich VIII. versprach Hilfsgelder, ebenso Fernando de Aragón (sie blieben dann weitgehend aus), und die Eidgenossen zeigten sich bereit, die Schmach von Marignano zu rächen. Der Kaiser, obwohl gesundheitlich schwer angeschlagen und ohne ausreichende Mittel, übernahm im Frühjahr 1516 persönlich die Leitung des Feldzuges, mußte ihn jedoch vor Mailand abbrechen, als er die Aussichtslosigkeit des Unternehmens einsah. Die französische Propaganda rühmte sich eines glänzenden Sieges und trompetete die „Flucht des Kaisers" in alle Welt, obwohl es weder eine Belagerung noch eine Schlacht gegeben hatte. Auch der englische Gesandte Richard Pace sprach in seinen Geheimberichten von des „Kaisers Flucht vor Mailand", doch über das Ausbleiben der englischen Hilfsgelder, ein Hauptgrund des Ungehorsams der Schweizer Landsknechte und in weiterer Folge der Auflösung der Armee, ging er großzügig hinweg. Kaum ein Jahr nach seinem großen Erfolg im Osten hatte Maximilian Mailand und die Lombardei an die Franzosen verloren, auch Verona mußte er an seine alten „Erbfeinde", die Venezianer, abtreten.

Noch bevor der Kaiser nach Italien zog, trat jedoch ein bereits erwarteter „Erbfall" ein: am 23. Januar 1516 starb Fernando de Aragón ohne einen legitimen Erben zu hinterlassen, und Erzherzog Karl ließ sich in Brüssel zum König von Aragón *und* Kastilien ausrufen, was man in Spanien als unzulässig empfand, da die in Tordesillas internierte Königin Juana, seine Mutter, durch keinerlei Erklärung ihre königlichen Rechte aufgegeben hatte. König Fernando hätte lieber seinen in Spanien erzogenen Enkel Ferdinand als Nachfolger gesehen, auch die ungarische Hochzeit war ihm ein Dorn im Auge gewesen. Nun stand der Vermählung des Kaiserenkels mit Anna von Ungarn nichts mehr im Wege. Sie wurde am 20. Juli in Wien zwischen Anna und Ferdinands Vertreter Cyprian von Sernthein, Kanzler von Tirol, *per verba de praesenti* geschlossen.

Ende März 1516 erlag auch Annas Vater Wladislaw seiner langjährigen Krankheit, und der Streit zwischen der Nationalpartei, die János Zápolya als Regenten für den unmündigen Ludwig sehen wollte, und dem noch von Wladislaw bestellten Regentschaftsrat brach erneut aus. Zápolya und seine Anhänger stürmten die Burg von Buda, um sich des jungen Königs zu versichern, und es war zu fürchten, daß sie auch versuchen würden, sich seiner Schwester Anna zu bemächtigen. So schien dem Kaiser das so nahe zur ungarischen Grenze gelegene Wien als Aufenthaltsort für die beiden *reginulae* nicht länger sicher genug, und er ordnete an, ihre Hofhaltungen nach Innsbruck zu transferieren, wo sie vor etwaigen Handstreichen János Zápolyas sicher waren.

Die Reise nach Westen ging langsam vor sich, mit längeren Aufenthalten in Steyr und in Salzburg, die sich vor allem deswegen in die Länge zogen, weil der

Kaiser noch mit den Innsbruckern über die Finanzierung von Reise und Hofhaltung verhandeln mußte. Am 14. März 1517 erteilten Regiment und Raitkammer dem späteren Hausmeister am Hof zu Innsbruck, Hans Rauscher, eine Instruktion zur Vorbereitung der Reise über Rosenheim, Kufstein, Rattenberg und Schwaz nach Hall, wo die *reginulae* und ihr Gefolge am 26. März eintrafen. Die Stadtväter der Salinenstadt, damals mit über 5000 Einwohnern gleich groß wie Innsbruck, hatten sich ganz besonders ins Zeug gelegt und umfassende Vorbereitungen für einen solennen Empfang getroffen. Am Aichersteg vor dem Milser Tor war ein Brettergerüst errichtet worden, wo die Priesterschaft der Stadt *mit der kirchen heiltumb* Aufstellung nahm, und von Mauern und Türmen donnerten die Geschütze, als der Zug sich näherte. Auch die Herren vom Innsbrucker Regiment und der Bischof von Brixen, Christoph von Schrofenstein, hatten sich eingefunden, und mehr als 300 Bürger wohnten ebenfalls dem festlichen Ereignis bei. Unter ihrem Jubel wurden die hohen Gäste in die Stadt geleitet und erhielten ein Ehrengeschenk von mehreren *lagln* Wein, Fischen aus der städtischen Fischtruhe, Pferdefutter in *zwilchein säckn* und das Stadtwappen, vom Maler Gotthard in den schönsten Farben ausgemalt. Es zeigte eine weiße, von Goldreifen umfaßte Salzkufe mit zwei goldenen Löwen als Kufenhalter, das Landesfürst Maximilian, ein besonderer Gönner der Stadt, den Hallern 1502 verliehen hatte. Die *reginulae* nahmen in der Burg Hasegg Quartier und wurden am nächsten Tag von 40 Haller Bürgern bis vor die Tore der Landeshauptstadt geleitet.[20]

Die *skyline* des spätmittelalterlichen Innsbruck, so wie sie sich der Reisegesellschaft von Norden her darbot, hat uns kein geringerer als Albrecht Dürer überliefert: Auf seiner ersten Italienreise, die er im September 1494 antrat, kam er auf der alten Handels- und Pilgerstraße von Nürnberg über Augsburg auch in die Stadt am Inn, wo er sich kurz aufhielt, bevor er über den Brenner nach Süden weiterzog. Er aquarellierte die Stadt mit ihren Mauern, Toren und Türmen über dem bleigrau schimmernden Fluß, in dem sich die Bauwerke spiegeln, im Hintergrund erhebt sich mit schneebedecktem Gipfel der Patscherkofel – die erste malerisch gesehene Stadtansicht, die erste „Vedute", in der Geschichte der europäischen Kunst.[21]

Tirol war für Kaiser Maximilian nicht nur Schatzkammer, Waffenschmiede, Zeughaus und Aufmarschraum für seine italienischen Feldzüge, Innsbruck war neben Augsburg auch der liebste und häufigste Aufenthaltsort des Kaisers und seines wandernden Hofes, eine Art Hauptstadt der Länder und des Reiches mit den entsprechenden Regierungs- und Verwaltungsbehörden. Der Kaiser liebte es, das Land Tirol mit einem guten Bauernrock zu vergleichen, der warm halte, und mit einer Geldbörse, in die man immer wieder greifen könne. Er griff oft hinein, und die Kupfer- und Silberschätze von Schwaz und Taufers und vieler kleinerer Gruben sicherten ihm die ständig nötigen Kredite bei den süddeutschen Bankiers. Es sei ein Glück, daß seine Schätze so tief in den Bergen lägen, bekannte er einmal freimütig, sonst hätte er längst alles verbraucht. Soviel er aber auch aus den österreichischen Ländern herausholte, die Mittel reichten bei weitem nicht aus, um seine zahlreichen Unternehmungen zu finanzieren. „Hätte man die Blätter der Pappeln ganz Italiens in Gold verwandelt, so wäre das für den Kaiser auch nicht genug gewesen", urteilte Niccoló Machiavelli. Wenn die Tiroler auch manchmal wehmütig der besseren Zeiten unter früheren Landesfürsten gedachten, die ihnen nicht so viele Steuern auferlegt hatten, so war die Regierungszeit Maximilians (1490–1519) doch die wichtigste Zeit des „alten" Tirol. Sie brachte nach dem Aussterben der Görzer Grafen das görzische Pustertal samt Lienz zu Tirol, bei der Aufteilung des niederbayrischen Erbes nach dem Bayrischen Erbfolgekrieg die Unterinntaler Gerichte Wörgl, Rattenberg, Kufstein und Kitzbühel und nach dem Venezianerkrieg Cortina und Rovereto, Ala und Riva. Nicht nur die Tiroler Landschaft mit ihren vielfältigen jagdlichen Möglichkeiten war dem passionierten Jäger und Naturfreund Maximilian besonders lieb, die geographische Lage des Landes, seine Brückenfunktion zwischen den oberdeutschen und den reichsitalienischen Gebieten kamen auch den politischen Ambitionen des Kaisers entgegen. Von hier aus ließ sich auf den Reichstagen von Augsburg, Lindau oder Konstanz nicht nur Reichspolitik betreiben, sondern auch Kaiserpolitik in Italien. Und des Kaisers *gedechtnus*, für das er schon zu Lebzeiten so eifrig gearbeitet hatte, dauert bis zum heutigen Tag, „wie denn überhaupt die Erinnerung an den ritterlichen Max in Tirol immer noch blüht und klingt". Das Wort Heinrich Heines hat mehr denn je seine Gültigkeit.

Seit 1996 kann man entlang der zehn Routen der „Tiroler Ausstellungsstraße Maximilian I." auf den Spuren von „Kaiser Max" wandeln, die auch nach Südtirol und ins Trentino führen und ein „Fenster" nach Füssen und Augsburg öffnen. An den Jäger „aus angeborener Natur und königlichem Gemüth" erinnern viele Plätze im Inntal und seinen Seitenregionen, so der Gnadenwald bei Hall, die Reviere um den Achensee, den Heiterwanger und den Plansee, wo er sich sowohl dem Pirschen wie dem Fischen widmen konnte, und vor allem die Kaiser-Max-Grotte in der Martinswand bei Zirl, westlich von Innsbruck, Schauplatz der populärsten Legende um den Kaiser. Auf einer Gemsjagd soll er sich in der Wand verstiegen haben und erst nach drei Tagen von einem unbekannten jungen Mann gerettet worden sein, in dem man einen von Gott gesandten Engel vermutete. Maximilian stiftete jedenfalls ein Kreuz zum Andenken an die wundersame Rettung, und auf einem Gedenkstein an der heutigen Bundesstraße ist zu lesen: „Wanderer, blick empor zur Martinswand, wo Kaiser Max am Rande seines Grabes stand!" Geübte Kletterer, die sich mit dem Emporblicken nicht begnügen wollen, können die Grotte über den Kaiser-Max-Klettersteig oder über einen mit Drahtseilen gesicherten Weg vom Zirler Weinhof aus erreichen.

In Schwaz lagen Maximilians ertragreichste Bergwerke, in denen das Silber gefördert wurde, mit dem schon sein Vorgänger Sigmund „der Münzreiche" seine verschwenderische Hofhaltung finanziert hatte. Sie waren Garant für Maximilians Bonität als Schuldner. Die Bürgschaft für die Lieferung an die süddeutschen Geldgeber, die Fugger, Welser und Höchstetter, übernahmen die Gewerken (Bergbauunternehmer), die vom Kaiser wie hohe Herren behandelt wurden. Er hörte auf ihren Rat und erhob die, denen er am meisten schuldete, in den Adelsstand, wie etwa die Brüder Tänzl, die die abgebrannte Burg Tratzberg zu einem luxuriösen Wohnschloß ausbauten, in dem Maximilian häufig zu Gast weilte. Nicht nur der „Habsburgersaal" mit dem Familienstammbaum von Rudolf von Habsburg bis zu Maximilians Enkeln erinnert dort an ihn, sondern auch „Maximilianstube" und „Maximiliankammer", an deren getäfelter Wand der Leibspruch des Kaisers als Inschrift zu lesen ist: *Leb, waiß nit wie lang und stürb, waiß nit wann mueß faren, waiß nit wohin mich wundert, das ich so frelich bin.*

Im Bayrischen Erbfolgekrieg belagerte Maximilian Stadt und Festung Kufstein, und die schwersten zur damaligen Zeit verfügbaren Geschütze mit den klingenden Namen „Türkische Kaiserin" und „Schöne Kathl", oder „Purlepauß" und „Weckauf von Österreich" trugen dazu bei, daß die Belagerung zur Übergabe der Stadt führte. Er ließ die Kufsteiner Burg zu einer der größten und modernsten Festungsanlagen seines Reiches ausbauen. Der mächtige, viergeschossige „Kaiserturm" mit seinen fast acht Meter dicken Mauern ist heute noch das Wahrzeichen Kufsteins wie die von Maximilian zur Festung umgebaute Stadtburg von Rattenberg, zu deren Füßen sich die Stadt ausbreitet, die ihren mittelalterlichen Charakter in so einzigartiger Weise bewahren konnte.

In Hall befand sich Maximilians Hauptmünzstätte, von seinem Vorgänger Erzherzog Sigmund aus Meran hierher verlegt und mit einem gut organisierten Münzbetrieb ausgestattet. Als Landesfürst legte er auf Schaumünzen mit Medaillencharakter den größten Wert und nützte die Münzprägung zur politischen Propaganda für seine Person und sein Haus. Durch die Verpflichtung hervorragender Stempelschneider erlebte die Haller Münze unter Maximilian ihren absoluten künstlerischen Höhepunkt. Bis heute beherrscht der mächtige „Münzerturm" der Burg Hasegg im Süden das Stadtbild von Hall, und wer die 200 Stufen Aufstieg bis in die Türmerstube nicht scheut, genießt einen herrlichen Ausblick über die Altstadt und das ehemalige Salinengelände. In Hasegg traf Maximilian 1494 seine zweite Gemahlin Bianca Maria Sforza, die ihm schon ein Jahr zuvor in Mailand *per procuram* angetraut worden war. In der alten Burgkapelle wurde der Ehebund noch einmal feierlich gesegnet, bevor man nach Innsbruck zog, um dort „gemeinsamen Kirchgang unter der Krone" zu halten. Die prächtige Georgskapelle, das Prunkstück der Burg, ließ Maximilian erst nach 1515 errichten. Die Ehe mit Bianca Maria brachte Maximilian zwar eine Menge Geld (das bald verbraucht war), aber wenig Glück. Die nicht unhübsche, aber ziemlich beschränkte und ständig kränkelnde Italienerin, die überdies seine Hoffnung auf weitere Nachkommenschaft nicht erfüllte, konnte einem Vergleich mit der unvergessenen Maria von Burgund nicht standhalten. Er vernachlässigte sie bald, und Bianca Maria war zu einer bedauernswerten Existenz in Einsamkeit und Bedeutungslosigkeit verurteilt, mit „Schmuck, Essen und Religion" als einzigem Trost (soweit der Mailänder Gesandte). Sie starb 1510 und wurde im Kloster Stams begraben.[22]

Als die beiden *reginulae* in Innsbruck einzogen, kamen sie in eine ummauerte Stadt, die nach jeder Himmelsrichtung Tore besaß, die heute alle verschwunden sind. Die Stadt hatte sich aber bereits damals über die Mauern und Gräben hinweg ausgedehnt, in der heutigen Maria-Theresien-Straße, damals Vorstadt genannt, standen Handwerkerhäuser und ein Hospital, auch an den Südhängen der Nordkette wuchs die Zahl der Siedler. Seit Beginn des 13. Jahrhunderts mit dem Stadtrecht ausgestattet, beruhte der wirtschaftliche Aufschwung Innsbrucks auf dem Zusammentreffen der Straßen, die den Inn aufwärts und abwärts nach Westen und Osten und über die Innbrücke nach Norden und Süden verliefen, er entwickelte sich aber viel zögernder als im benachbarten Hall, wo seit den Salzfunden Handel und Schiffahrt blühten. Die Grafen von Andechs betrieben seit 1230 in Innsbruck eine Münze, doch die folgenden Grafen von Tirol, die von Meran aus regierten, stellten diese ein, und die Stadt verlor wieder an Bedeutung. Das änderte sich erst wieder, als Tirol durch den mit Margarete „Maultasch" geschlossenen Vertrag 1363 an die Habsburger fiel. Friedrich IV., „Friedl mit der leeren Tasche" (Tiroler Landesfürst 1404 bis 1439), erhob Innsbruck zur Residenz und begann hier eine neue repräsentative Burg zu bauen, die sein Sohn Sigmund und schließlich Maximilian weiter ausgestalteten. Sie ist im 18. Jahrhundert in der Rokokoarchitektur der Maria-Theresianischen Hofburg fast völlig aufgegangen, die erhaltenen schriftlichen und bildlichen Dokumente, vor allem Dürers Schloßhofaquarelle und die in späterer Zeit gemalte Ansicht des prachtvollen Wappenturms vermitteln jedoch eine anschauliche Vorstellung der ursprünglichen Anlage. Der Baukörper des Turms am Eingang zur Altstadt ist zwar noch vollständig erhalten (auf dem Weg von der Hofkirche zum „Goldenen Dachl" geht man durch ihn hindurch), doch seine Bemalung mit 54 Wappen der habsburgischen Länder und zwei Porträtgruppen (Maximilian mit seinen beiden Frauen) ist hinter den neuen Mauern und ihrem Putz verschwunden.

Nahezu unverändert erhalten ist hingegen das Zeughaus, das Maximilian am Ufer des Sillflusses errichten ließ, dessen Hof noch den gleichen Eindruck vermittelt wie die Zeichnung Jörg Kölderers aus dem Jahr 1507. Zur Zeit Maximilians erfüllte das Innsbrucker Zeughaus die Funktion eines zentralen Waffenplatzes der gesamten habsburgischen Erblande, und prominente Gäste hatten die Möglichkeit, dieses „Büchsenparadies" zu besuchen und die berühmte Artillerie zu bestaunen, neben den bereits erwähnten Geschützen, die vor Kufstein eine Rolle spielten, auch „Purrhindurch", „Schnurrhindurch" und „Leopard von Wilten".

Die Vorstadt Mühlau, am Nordufer des Inns, seit der zweiten Hälfte des 15. Jahrhunderts Sitz der Harnischplattner und Polierer, machte Maximilian zu einem Zentrum der Metallgießerei, wo ab 1511 fast alle Bronzestatuen seines Grabmals gegossen wurden. Im sogenannten „Bilderhaus" in der Ferdinand-Weyrer-Straße ist heute noch die gewölbte, von Säulen getragene Lagerungshalle der Statuen erhalten. 1517 waren erst wenige Statuen fertiggestellt, unter ihnen die Philipps des Schönen, der man besonders große Porträtähnlichkeit nachsagt, weil der Gießer Gilg Sesselschreiber die Totenmaske als Vorlage benützen konnte. Vielleicht hat Maria die Gußhütte besucht und in das Antlitz ihres Vaters geblickt, den sie bewußt nicht mehr kennengelernt hatte.

Den größten Ruhm unter den Bauten Maximilians kann jedoch der Prunkerker am „Neuen Hof", der alten Residenz Herzog Sigmunds, für sich buchen, *das guldin dach, gar wol bekannt, sein ruemb erschallen in weytte land*t, wie ein Tiroler Dichter 1558 reimte. Die Reliefs zeigen nicht nur Maximilian selbst mit seinen beiden Gemahlinnen Maria von Burgund und Bianca Maria Sforza, sondern auch groteske Tänzer, Narren und Tiere. Gesicherte Daten über Bau und Umbau des mit kupfervergoldeten Schindeln gedeckten Erkers gibt es wenig, und als die Stadt Innsbruck daranging, 1996 „500 Jahre Goldenes Dachl" zu feiern, brach ein regelrechter Datumsstreit aus. Der Erker selbst trägt in römischen Ziffern die Jahreszahl 1500, der plastische Schmuck, auf dem auch die heraldische Datierung 1494/96 basiert, reicht von 1494 (Hochzeit Maximilians mit Bianca Maria Sforza) bis 1508 (Kaiserproklamation), eine vorgenommene Prüfung des Holzalters im Dachgebälk ergab als Fälldatum 1497/98 – man einigte sich schließlich auf die Formulierung *Zirka* 500 Jahre" und feierte trotzdem, vor allem mit der Errichtung des „Maximilianeums", einer Weihestätte für den „letzten Ritter" in dem Haus, an dem der Prunkerker angebracht ist. Der Gedenkraum soll nicht nur Maximilians Bedeutung als Tiroler Landesfürst, sondern auch die europäische Dimension seiner politischen und kulturellen Tätigkeit in wenigen, ausgewählten Objekten veranschaulichen.[23]

Die von Maximilian ausgebaute „Neue Burg" zu Innsbruck, die den *reginulae* nun für eine Zeit als „Residenz" dienen sollte, war ein breitgelagertes Schloß, das aus der „Vorderburg", der „Mitterburg" und der „Hinteren Burg" bestand. Die „Hintere Burg" hieß auch das „Frauenzimmer", ein hoher, mit Erkern geschmückter Trakt in spätgotischem Stil, mit einem goldenen Saal für Festakte und Empfänge und der „Paradeisstube", in der Paradies-Szenen mit Adam und Eva die Wände schmückten. Über die Innenausstattung geben einige Inventare Auskunft. Sie ist mit dem Prunk späterer Zeit nicht zu vergleichen, muß jedoch trotz aller zweckmäßigen Einfachheit wohnlich und bequem gewesen sein. Kammern und Stuben waren fast durchwegs getäfelt, auch die Decken mit Balkenwerk versehen. Am reichsten waren die Gemächer des Landesfürsten eingerichtet. Lange Truhen, Bänke und Kästen von verschiedener Größe, Himmel-, Spann- und Gutschenbetten füllten die Räume, seidene Kissen und Decken, teilweise gefüttert und mit breiten, farbigen Borten benäht, gaben ihnen ein auch für heutige Begriffe „gemütliches" Aussehen. Dazu kamen noch bemalte *fürhenng* und *panncktüecher,* unter denen es auch solche mit *haidnischem gewürckt* gab. Das Bettzeug bestand aus Strohsäcken und Federbetten, Leintüchern und Decken. Polster und Kissen waren mit gestreiften oder einfarbigen *ziechen* überzogen, Leinbat, Barchent oder Hirschhäute lieferten das Material. Zur Beleuchtung dienten vor allem Messingleuchter, seltener solche aus Zinn, Eisen oder Silber. Man brannte vorwiegend Unschlittkerzen, die am Hof selbst aus dem Talg von Tieren hergestellt wurden, nur die reinen, weißen Wachskerzen für festliche Gelegenheiten bezog man aus Venedig. Als Wandschmuck diente Zinngeschirr, blank und glänzend geriebene Kannen und Krüge, Becher und Schüsseln, Teller, Gießfäßchen und Becken. Aufgestellte Schachbretter, oft kostbar mit Gold und *parillen stein* verziert, ergänzten das Mobiliar. Auch eine Badestube war vorhanden, mit *zwei kupfrinen padwannen* und einem Badeofen, daneben eine Kammer mit einem Ruhebett. Zum Mitterhof hin lag die noch von Erzherzog Sigmund gestiftete Kapelle, im obersten Stockwerk der Mitterburg befand sich ein großer Saal, den Maximilian 1510 neu aufbauen ließ. Er diente repräsentativen Zwecken, Empfängen und Gastmählern.

Bei solchen Gelegenheiten ging es oft hoch her, besonders anläßlich der Vermählung Maximilians mit Bianca Maria Sforza, wo der Küchenmeister eine große Anzahl von Gästen zu versorgen und die Tafel mit auserlesenen Gerichten zu beschicken hatte. Die Kopialbücher verzeichneten gewaltige Ausgaben. In der Zeit, in der Bianca Maria allein in Innsbruck residierte, sollten die Auslagen *zu notturft der kuchen* aus ihrem monatlichen Unterhaltsgeld bezahlt werden, doch es reichte häufig nicht aus, und man mußte „anschreiben" lassen. Oft stand die Lieferung für Küche und Keller aus Geldmangel völlig still, und Jörg Knab, der

Küchenmeister, mußte zusehen, wie er den Hunger der zahlreichen Edelknaben, Kapläne, Schreiber, Ärzte, Balbierer, Tafelknechte, Schenken, Köche, Türhüter, Trabanten, Schneider, Schuster, Wäscherinnen, Stall- und Wagenknechte stillen konnte. Dazu kamen noch an die 25 deutsche und ebenso viele italienische Hofdamen mit Hofnarr, Närrin und Mohrin. Manchmal mußte er aus eigener Tasche zusetzen, und bis zum letzten Türhüter war niemand sicher, nicht eines Tages um eine Anleihe angegangen zu werden. Für einen königlich/kaiserlichen Haushalt eine beschämende Situation, an der jedoch auch schlechtes Wirtschaften seinen Anteil hatte: War Geld da, wurde gepraßt, war es verbraucht, nahm man wieder Zuflucht beim Schuldenmachen und schrieb verzweifelte Briefe an den fernen Maximilian. Nach Bianca Marias Tod (1510) dauerte die Befriedigung der Gläubiger über zwei Jahre, in den Raitbüchern kann man ihre Namen und die Summen nachlesen, die für die Lieferungen von *peckh* und *metzger*, *vischmaister*, *appotegker* (der für Gewürze, Konfekt und kandierte Früchte zuständig war) und Weinhändler aufgelaufen waren.

Was wurde nun an der landesfürstlichen Tafel gegessen? Vor allem Fleisch, Fleisch von Ochsen und Kälbern, Schafen und Schweinen. Als feinere Kost kamen Wildbret und Geflügel auf den Tisch. Alles zur Strecke gebrachte Wild mußte am Hof abgeliefert werden, Hirsche und Rehe, Hasen und Wildschweine, auch Murmeltiere fanden in der Küche Verwendung. Stein-, Schnee- und Rebhühner, Fasane und Kapaune galten als besondere Leckerbissen. Der Innsbrucker Küchenmeister scheint über besondere Talente verfügt zu haben, denn oft kamen schriftliche Bestellungen Maximilians, ihm diesen oder jenen Leckerbissen, geselchte *welsch würst* und Zungen oder ein *fäßl* eingemachtes Wildbret nachzuschicken. Man legte Wert auf scharf gewürzte Speisen, denn *senif* und *salssen* mußten laufend eingemacht werden, und Latwerge (ein Mus aus Früchten, Gewürzen und Honig), gestoßener Ingwer, Pfeffer, Nelken, Zimtrinden, Safran und Muskat waren zur Geschmacksverbesserung ebenfalls sehr begehrt. Während der Fastenzeit nützte man den Fischreichtum der heimischen Gewässer, und die Fischmeister lieferten Reinanken und Karpfen, Hechte und Forellen, Reischen und Forchen, Hausen und Stockfische an den Hof. Auch Krebse standen auf der Speisekarte, und von Bianca Maria wußte der Volksmund zu berichten, daß sie leidenschaftlich gern Schnecken gegessen habe und schrieb dem überreichlichen Genuß dieser Tiere sogar die Ursache ihres Todes zu.

Das Fleisch wurde gebraten oder gesotten, man verstand aber auch, aus Schweinefleisch und Gewürzen feine Pasteten herzustellen, deren Rezepte von den Pastetenköchen als strenges Geheimnis gehütet wurden. Auch Gemüse kam auf den Tisch (ohne daß die Bücher einzelne Sorten ausweisen) und sehr viel

Obst, für dessen Lieferung der *commissari im Etschland* zuständig war, der *auf k. m. tafl und für k. m. mundt kerschen, pfersich, manndl, feygen, maryln* und anderes mehr von den Ämtern sammeln mußte und durch Knechte ohne Aufenthalt zu befördern hatte. Maximilian selbst gab Anweisung für einen möglichst schonenden Transport der Früchte: … *item vnnser kellner zu Meran vnd der Ridler sollen die hernach volgenden frücht in zway puttl mit vleiß einmachen vnd in jedes puttl vil löcher machen vnd die löcher, so in das puttl gemacht sein eyssen plech auch mit vil löcher machen lassen vnd für die eysnen plech ain grob rupffeins tuech, damit der stawb nit in die frucht khumb vnd der lufft allenthalben durch die puttl vnd zu den fruchtn kumen müge* … Der Kaiser kümmerte sich wirklich um alles.

Bei den Getränken stand der Wein obenan, vor allem der aus den Weinbaugebieten in Südtirol um Tramin, Kaltern und Eppan, aber auch Weine aus der niederösterreichischen Wachau und aus Istrien. Auch Most wurde gern getrunken (lieber als Bier und Gewürzweine, die mit Alandt, Rosmarin und Salbei versetzt waren). Außerhalb der Mahlzeiten nahm man Wein als *schlaftrunkh vnd suppenwein,* und die Hofdamen bekamen zwischen den Mahlzeiten und nachts einen *zimlichen* Trunk, dessen Maß von der Hofmeisterin bestimmt wurde. Selbst die Edelknaben konnten sich morgens mit einem Becher und abends mit einem *trinnkl* (Maß) laben.

Zum Dessert gab es neben dem Obst auch Süßspeisen, *confett* mit Honig oder Käse. Alle diese Angaben und Beschreibungen stammen zwar aus der Zeit vor der Ankunft der *reginulae,* doch es ist nicht anzunehmen, daß sich die Tafelsitten wesentlich geändert haben.[24]

Ein ganz besonderes Dokument bezieht sich jedoch direkt auf *irer baider gnaden,* es ist die *Ordnung hofmaisters und hofmaistrin, wie das frauenzimer verwart sol werden,* die Ordnung des Hofstaates im „Frauenzimmer" der Hinterburg, dem Trakt, den die *reginulae* mit ihrem Gefolge bewohnten:

So ain hofmaister verordnet wirdet, der ain hausfrau hat und desselben hausfrauen auch im zimer ist, derselb hofmaister mitsambt seiner hausfrauen mag zu hof zu nechst vnnder den versperrten des frauen zimers gemachen ligen und wonen.

Wo aber ein hofmaister verordnet wirdet, der kain hausfrauen hat, oder ains hofmaisters hausfrauen nit im zimer were, so sol derselb hofmaister sein wonung und ligerstat nit im zimer haben, und alle nacht zu acht ur ausgehn und beuselben das frauen zimer zuzrschließn und on merklich notdurfftig ursachen dasselb nit zeöffnen, bis morgens, so meß im frauen zimer gehalten sol werden.

Sonst sol auch kain manns person zu hof wonen noch ligen, dann allain zwen thurhuetter, der munndtschenk und der silbercamrer, die dann auf den diennst warten. Und die auch in ainem gemach sein sollen bey der undrissten versperten thür, damit das frauen zimer beslossen wirdet.

Es sol auch ain gloggen bey derselben undrissten thür gericht werden, daselbst dann albey der ain thurhuetter warten sol, damit ain hofmaistrin oder camerfrau, so sy etwas notdurfftig sein, demselben thurhuetter leitten mögen.

Und sol das frauen zimer morgens zu der zeit so gewönlich meß gehalten wirdet geöffnet werden, alsdann sol der caplan und zwen edlknaben zu alter diennen, an welhenn dann der dienst ist, und sonst kain annder mannsperson hinauf gen unnd so die meß für ist, so sullen derselb caplan und edlknabn von stund an widerumb aus dem zimer gen.

In mitler zeit, als zwischen der gehalten meß und malzeit, sol das frauen zimer beslossen sein.

Zu der tafl sol das frauen zimmer widerumb geöffnet und darein gelassen werden. Zum dienst und taflrichten der silbercamrer, ain mundtschenk mit dem wein, auch der furschneider und der junckfrauen taflknecht, so dieselben tafl deckt und richt.

So das essen aufgetragen wirdet, sol der hofmaister mit denen so auf baider fürstin trinnkgeschirr warten und die so iren gnaden und den junckfrauen das essen tragen und der tafl warten und sonst nyemannds eingelassen werden.

Wann die ordnung wievorstet und annderem aufgericht wirdet, so sol auch verordnet werden, das alt junckfrauen umb merer zucht und ordnung willen in angesicht baider fürstin in der stuben darinn dann beder fürstin irer gnaden tafl sizn haben essen. Wo aber die junnckfrauen nit all in derselben stuben sizen mögen, das doch die edln junnckfrauen darinn sitzen und essen. Dieweil aber die gemach hir nit darnach gericht sein, das solchs wol sein mag, stet zu K. M. [Kaiserlicher Majestät], was derselben hierinn gefallen will.

Und dieweil baid fürstin und ir gnaden frauen zimer zu tisch sitzen und essen, sol der ain thurhuetter bey der oberen thür steen und warten und nyemanndts einlassen, dann die personen so zum dienst gehören und das essen auftragen.

Wenn die malzeit für ist, als dann sollen die so bey den tafln warten, auch ihr malzeit in ainem gemach zu nechst under des frauen zimers versperrten gemachen nemen, und das frauen zimer dieweil auch versperrt beleiben, hynnz dieselben ir essen auch gethann haben, unnd als dann hofmaister und annder, wo es not ist, auch auf den dienst warten mögen.

Ob die K. M. verordnen und derselben gefallen wurde, das zuzeiten jemanndts als potschafftin, adl, hofgesindt oder frembd herren zwischen malzeit in das frauen zimer gen solten, so sol das geschehen ain stundt nach dem morgenmal (mit wissen ains hofmaisters) und sollen ain stundt vor dem nachtmal widerumb ausgehen und das auch solchs mit ordnung als in der wochn 3 tag zu tanzn und nach gelegenheit in jeder zwit und mit mer vergönnt noch gestatt werden, als am Sontag, Erichtag und Pfinztag, damit die junckfrauen die annderen täg ire arbeiten warten und lernen mögen.

Zu dem nachtmal einlassen, sol es wievor zum morgenmal verordnet ist, gehalten, und nach ausgang hofmaisters und der unnderen tafl officier, das zimer beslossen werden.

So von der tafl aufgestanden wirdet, sollen die junckfrauen ain jede nach irem stat in ordnung baiden fürstin in angesicht beleiben, steen oder sizen, wie inen dann durch die hofmaisterin befolhen wirdet.

Wann auch potschafftn den vom adl hofgesind oder annder frömden herren in dem frauen zimer ze sein vergonnt wirdet, sollen die junckfrauen alle den fürstin under augen, yede in irem stannt beleiben, zuchtiglich stilsteen oder sizen, wie sy dann verordnet werden unnd sich kain one bevuel oder vergönnen in sten noch sizen, nit hin und wider geen nit veränndern.

Item und dergleichen sollen sich die junckfrauen alle an dem tannz auch also halten.

Item man sol keinen koral tanzen, ist nicht der gebrauch bey den fürsten unnd ob sy solchs ze tun begern, sol inen durch den hofmaister unnd hofmaisterin nit gestatt, aber ain rundtanz mag iren gnaden für den koral vergonnt und zugelassen werden.

Die potschafftn herrn und edln, denen in das frauenzimmer zu gen vergönnt wirdet, sollen sich auch wie sich gepurt beschaidentlich und zuchticklich halten und in ainer thur iren ein- und ausgang haben, und weiterzu gen nit understen und also in ainen gemach, der inen durch den hofmaister angezaigt und der darzue verordnet werdet und sonst in kainen anderen gemach gen,

So sollen auch die junckfrauen iren ein und ausgang in der anderen thur haben wie in durch die hofmaisterin angezeigt und bevolhen wirdet.

Wann aber die fürstin kirchfärttn oder an das gejaid, oder in die gärten ausfaren, reiten oder gen, sollen die junckfrauen auch beyeinander, jede nach irem stannt und sitz, wie sy geordnet werden beleiben sten oder sizen, den fürstin unnder augen und nicht voneinannder gen.

Und am ausreiten und faren, kirchfartten und an gejaid sollen bed fürstin und irer gd. frauen zimer nit rennen, damit inen kain schad beschehe vnd die knecht und knabn so inen zugeordnet werden und sonst kain knacht noch knabn on des hofmaisters wissen aufnehmen.

Item, so die fürstin ausreiten vnd faren, kirchferttn oder am gejaid, sollen hofmaister und annder officier, so beritten sein, auf den dienst warten.

Und darzue sollen ainer zwen oder drei herren vom regiment auch auf irer baider gnaden dienst warten und mit iren gnaden ausreiten, damit dannoch nicht destweniger die annderen herren, annderen des regiments hanndln vnnd sachen aufwarttn unnd ferttigen mögen.[25]

Die *reginulae* am Innsbrucker Hof wurden recht streng, man könnte sogar sagen, sie wurden unter Verschluß gehalten. Sie mußten ihre Studien fortsetzen, nicht nur die Sprachstudien, auch ein Tanzmeister, Oswald Josler, war engagiert, und Hans Sattler, Mitglied der Hofkapelle, gab Musiklektionen. Aus den Rechnungsbüchern geht hervor, daß er für Maria zwei Instrumente anschaffte, ein *klavecimbel* und ein *klavichord*. Im Sommer 1517 schickte Maximilian seinen Gemsenjäger nach Innsbruck, der mit den jungen Damen jagen sollte, und besonders Maria erwies sich als gelehrige und begeisterte Schülerin. Auch in ihrem Leben würde die Jagd einen ähnlich hohen Stellenwert einnehmen wie bei ihren Großeltern Maximilian und Maria oder bei ihrem Bruder Karl.

In Burgund hatte Maximilian die Parforcejagd kennengelernt, die Hetzjagd auf Hirsche vom Pferd aus, die als Ausdruck höfischer Repräsentation gepflegt wurde. Er veranstaltete Jagden dieser Art auch in Tirol, vor allem als Schaujagden für prominente Gäste, als gesellschaftliches Ereignis unter Einbeziehung der Damen des Hofes, mit Speis und Trank, Spiel und Tanz zur Abrundung der jagdlichen Veranstaltung. Für sich persönlich empfand Maximilian vor allem die Jagd auf Steinbock und Gemse als besonderes Erlebnis, wobei er das Naturerlebnis ebenso schätzte wie die sportliche Herausforderung. Gemse und Steinbock wurden üblicherweise mit dem langen Spieß, hin und wieder mit der Armbrust gejagt, Handfeuerwaffen lehnte Maximilian ab. Für seinen Geschmack betonten sie die Überlegenheit des Menschen über das Tier zu sehr, er fand sie „unsportlich". Jagd auf „Raubwild", auf Bären oder Wölfe, betrieb Maximilian nur selten, auch die „Falkenbeize", die seine erste Gemahlin Maria so geliebt hatte, überließ er mehr den Damen. In seinen autobiographischen Werken „Theuerdank" und „Weißkunig" sind zahlreiche Jagdabenteuer verzeichnet, auch das berühmteste in der Martinswand bei Zirl, von dem schon die Rede war.[26]

Maximilian schickte nicht nur seinen Gemsenjäger. Da ihn die Geschäfte im Reich festhielten, versuchte er, den *reginulae* wenigstens aus der Ferne ein wenig Freude zu bereiten. Zwei kostbare Schmuckstücke, die er ihnen gern geschenkt hätte, waren allerdings verpfändet, und das Geld, um sie auszulösen, nicht aufzutreiben. Die jungen Damen freuten sich aber auch über zwei juwelengezierte Samthüte, wie sie bei den deutschen Damen gerade große Mode waren. Für ein *perlein huet,* einen perlengeschmückten Hut aus dem Nachlaß der Bianca Maria Sforza, der Maria zugedacht war, mußte sie allerdings für die Verstorbene eine Messe lesen lassen, denn der Kaiser hatte ursprünglich geplant, die Juwelen seiner Gemahlin frommen Zwecken zuzuführen. Er mußte jedoch öfter in diesen „Schatz" greifen, auch wenn er für andere Personen Geschenke brauchte.[27]

Der Kardinal Luigi d'Aragona, der 1517/18 das Deutsche Reich, Frankreich und Oberitalien bereiste, kam auf seiner Reise auch nach Innsbruck. Ihm, oder besser seinem Chronisten Antonio de Beatis, verdanken wir eine der ersten Beschreibungen der *reginulae*: „Im Empfangssaal standen an der einen Seite mehr als fünfzig Hofdamen, sorgfältig nach der letzten deutschen Mode gekleidet und sämtlich sehr schmuck. Eine der beiden Königinnen, Anna, ist sehr hübsch und fröhlich, sie hat feurige Augen und einen frischen Teint wie Milch und Blut. Sie trug ein schwarzes Samtkleid und auf ihrem Haupt ein ebenfalls schwarzes Samtbarett. Die andere Königin, Maria, zehn oder elf Jahre alt [sie war mittlerweile zwölf], hat einen dunkleren Teint, und ist meiner Meinung nach nicht sehr hübsch. Sie war nach derselben Mode in hellere Seide gekleidet und trug ein Männerbarett von schwarzem Samt." Einen wesentlich größeren Eindruck machte Maria auf den venezianischen Gesandten Gasparo Contarini, der an die Signoria berichtete, daß die „Habsburger Prinzessin zwar mager, aber intelligent, von großem Verstand und sehr vielversprechend sei" – *costei è magra, acuta, ha fama d'avere grande ingegno e valere assai.*[28]

Für Januar 1518 berief der Kaiser einen allgemeinen Ausschußlandtag nach Innsbruck, und die *reginulae* konnten sich endlich auf ein Wiedersehen freuen, das sich allerdings noch etwas verzögerte. Erst Mitte März traf Maximilian, von Augsburg kommend, in Innsbruck ein, und umarmte seine *lieben töchter*, die schon so lange auf ihn warteten. Bei aller Wiedersehensfreude konnte es ihnen wohl nicht entgehen, daß der Kaiser seit den Wiener Tagen sichtlich gealtert war und mit großen gesundheitlichen Problemen zu kämpfen hatte. Trotzdem war er weiterhin unermüdlich tätig, und in langwierigen, mitunter stürmischen Verhandlungen fanden sich Kaiser und Landstände schließlich zu Zusammenarbeit und gesamtstaatlicher Politik und taten einen ersten und entscheidenden Schritt zum österreichischen Gesamtstaat.

In der Zwischenzeit kamen beunruhigende Berichte aus Ungarn über die unsichere Stellung des jungen Königs Ludwig und die Umtriebe des János Zápolya, so daß der Kaiser den erst kürzlich aus Moskau zurückgekehrten Sigismund von Herberstein mit einer Gesandtschaft nach Ungarn betraute und dem minderjährigen König mitteilen ließ, daß er ihm nötigenfalls 4000 Fußsoldaten und 500 Reiter zur Hilfeleistung zur Verfügung stellen könne.

Neben vielen großen Problemen war auch das gar nicht kleine Problem der Innsbrucker Hofhaltung zu lösen, die viel zu viel Geld kostete, und man sann auf Möglichkeiten, *der lieben töchter hofhaltung und stat zu ordnen und zu mäsigen.* Immer wieder kam es zu finanziellen Engpässen, da die Innsbrucker Raitkammer wegen der langjährigen Überforderung für die vierteljährliche Zahlung des Hofunterhalts nicht mehr aufkommen konnte. Maximilian gab dem Innsbrucker Regiment den Auftrag, die Vorschläge bezüglich einer Verringerung des Hofstaates der *reginulae* schriftlich zusammenzufassen. Er selbst mußte sich zum

Reichstag nach Augsburg begeben, wo er noch einmal seine großen Anliegen vorbringen wollte: den Kreuzzug gegen die Türken und die Nachfolge seines Enkels Karl im Reich.[29]

Seit der kriegerische Sultan Selim Syrien und Ägypten erobert hatte und zum Großangriff auf das Abendland rüstete, versuchte Papst Leo X. die christlichen Fürsten gegen die Osmanen zu einigen. Seine Legaten, die Kardinäle Thomas Cajetan und Matthäus Lang, sollten Kaiser und Reich dafür gewinnen, dann würden die übrigen Mächte schon folgen. Trotz seines angeschlagenen Gesundheitszustandes wollte sich Maximilian selbst an die Spitze des Kreuzfahrerheeres stellen, und die Legaten überreichten ihm im Rahmen eines feierlichen Gottesdienstes den geweihten Hut und das Schwert. Der Kaiser legte dem Reichstag die alten Kreuzzugspläne vor, die bereits seit den neunziger Jahren des vorigen Jahrhunderts bestanden: Drei christliche Heere sollten innerhalb von drei Jahren unter Mithilfe des Großfürsten von Moskau und des Schahs von Persien Konstantinopel und Jerusalem erreichen, aber auch die Berberstaaten in Nordafrika und Ägypten erobern und das Osmanische Reich vernichten. Diese weit ausgreifenden Pläne erregten bei den Reichsständen von Anfang an Mißtrauen und heftigen Widerstand. Man wollte an die heraufziehende Gefahr aus dem Osten nicht glauben und bezichtigte die römische Kurie eines Plünderungszuges um die deutschen Kreuzzugsgelder. Die Verbindung des Kreuzzuges mit Steuerforderungen und Ablaß löste besondere Empörung aus, seit der Wittenberger Mönch und Doktor der Theologie, Martin Luther, im Oktober des Vorjahres in seinen Thesen das Ablaßunwesen öffentlich angeprangert hatte. Der Kaiser fand Luthers Thesen, die er offenbar gelesen hatte, nicht uninteressant und meinte gegenüber dem sächsischen Rat Degenhard Pfeffinger, dieser Mönch werde den Geistlichen noch viel zu schaffen machen. Auch wenn er antipäpstlichen Regungen immer ein gewisses Verständnis entgegenbrachte, so konnte ihm Luthers Ablaßsturm doch nicht gefallen, wenn er sich daran erinnerte, wieviel Geld gerade er selbst aus Kruziat und Jubilat gezogen hatte. Daher fiel es dem päpstlichen Legaten Cajetan auch nicht schwer, Maximilian für die römische Auffassung und gegen Luther zu gewinnen, da er sich den Papst ja auch im Hinblick auf die Königswahl seines Enkels günstig stimmen mußte. Luthers Beschützer, dem Kurfürsten von Sachsen, gab er zu verstehen, der Mönch solle sich dem Papst unterwerfen. Zu einem Erscheinen Luthers vor dem Kaiser kam es nicht, er hatte Augsburg bereits verlassen, bevor der Wittenberger Doktor eintraf. Offenbar war er aber an einer Aussprache interessiert gewesen, denn seine Kanzlei erhielt den Befehl, Luther einen kaiserlichen Geleitbrief auszustellen. Es ist verlockend, sich eine solche Begegnung zwischen dem alten Kaiser und dem jungen Reformator vorzustellen, und es wäre sicher zu einem Gespräch gekommen, nicht, wie später in Worms vor Karl V., zu einer Konfrontation. Immerhin sprachen Maximilian und Dr. Martinus dieselbe Sprache. Die lutherische Reformation hätte der Kaiser aber wohl ebenso wenig angenommen wie sein Enkel, wenn auch weniger aus Gründen der Treue zur römischen Kirche, deren Päpste er oft genug getadelt hatte. Aber kaum würde er die universalkaiserliche Idee der Christenheit, die Einheit von Reich und Kirche preisgegeben haben für die neue lutherische Landeskirche, die den ohnedies schon übermächtigen Landesfürsten auch noch die Kirchenherrschaft übertrug.

Die führenden Stände des Augsburger Reichstages hatten sich die Luthersche Ablaßkritik aber bereits zu eigen gemacht. Feindselige Flugschriften gegen die „römischen Türken" wurden verbreitet, und der Widerstand gegen die Kreuzzugssteuer nahm zu. Da halfen auch die prunkvollen Aufzüge und Festgottesdienste, die feierlichen Belehnungen und glänzenden Turniere nichts oder das prächtige Hochzeitsfest des Markgrafen Kasimir von Brandenburg mit des Kaisers Nichte Susanne von Bayern, wo Maximilian persönlich hoch zu Roß erschien. Auch Albrecht Dürer war in die Stadt am Lech gekommen, und der Kaiser gewährte ihm *hoch oben auff der pfaltz in seine kleinen stüble* eine Sitzung, in der er seine berühmte Kohlezeichnung verfertigte, das beste und lebensechteste Bildnis Maximilians, Vorlage für das große Kaiserporträt „mit dem Granatapfel", Kernstück der Wiener Dürersammlung.

Weit mehr Glück als mit dem Kreuzzugsplan hatte der Kaiser mit seinem anderen Projekt, der Vorbereitung zur Königswahl seines Enkels Karl, der keineswegs der einzige Kandidat war, denn auch Heinrich von England und Franz von Frankreich zeigten Ambitionen auf den magischen Reif der „Krone Karls des Großen". Hinter verschlossenen Türen wurde eifrig verhandelt, und es gelang dem Kaiser, die Mehrheit der Kurfürsten für Karls Wahl, die eines „geborenen Deutschen aus den Niederlanden", zu gewinnen, allerdings nicht ohne horrende Bestechungsgelder (ein für beide Seiten gleich beschämender Umstand), für die der Augsburger Bankier Jakob Fugger („der Reiche") die nötigen Darlehen in Aussicht stellte.

Obwohl *am Leib und Gesund ganz baufällig,* bat Maximilian in einer eindrucksvollen Abschiedsrede die Kurfürsten, nach seinem Tod Karl zum Römischen König zu wählen. Sie antworteten bewegt, wie sehr sie die Ankündigung seines Todes betrübe. Der Kaiser habe in Ehren regiert, sie würden seine Verdienste nicht vergessen und die Königswürde an das Haus Österreich vergeben.[30]

Ende September verließ Maximilian Augsburg und wandte sich wieder nach Tirol, in der Hoffnung, sich in der frischen und gesunden Bergluft noch einmal zu kurieren. Es war nicht nur eine alte Halsentzündung, die ihm zu schaffen machte, nicht nur die Folgen des Schlaganfalls, die ihn ein Bein nachziehen ließen und beim Reiten behinderten; auch ein inneres Übel hatte ihn befallen, eine hartnäckige Erkrankung der Verdauungsorgane, die ihn immer mehr schwächte. Die *reginulae* müssen bestürzt gewesen sein, als ihnen der abgemagerte und gelbgesichtige alte Herr gegenübertrat. Trotzdem wohnte er anläßlich des Erntedankes der St.-Ursula-Prozession beim Stift Wilten bei, zog sich aber anschließend auf das nahe Schloß Fragenstein zurück. Ärger und Sorgen um Regiment und Raitkammer rissen nicht ab, der Innsbrucker Generallandtag hatte es an Forderungen und hartem Tadel nicht fehlen lassen, es wurde angeregt, der Kaiser solle sich „entlasten", und man bedrängte ihn, eine endgültige Fassung seines Testaments und eine klare Ordnung der Nachfolge in den österreichischen Ländern zu erlassen. Das bitterste Erlebnis bereiteten ihm aber die Innsbrucker Wirte, die dem kaiserlichen Troß alter Schulden wegen Stallungen und Quartiere verweigerten und die Wagenpferde auf der Gasse stehen ließen. Die Nachricht über diese Schmach brachte ihn in polterenden Zorn, trotz ernsten Unwohlseins wünschte er abzureisen. Auch die Bitten und Tränen der *reginulae,* die ahnen mochten, daß sie ihn nicht wiedersehen würden, konnten ihn nicht zurückhalten. Zutiefst empört und verletzt und von Todesahnungen begleitet, verließ er Anfang November in der Sänfte die einst so geliebte und jetzt so undankbare Stadt und reiste über Kufstein und Rosenheim ins österreichische Salzkammergut. Auf einem Landtag in Linz wollte er Regimentsfragen und Grenzhändel mit Böhmen ordnen und mit dem aus den Erbländern beschickten neuen Hofrat zusammentreffen. Trotz einer Infektion der Atemwege durch das kalte und feuchte Wetter machte er eine Wallfahrt nach St. Wolfgang und schwelgte mit dem Abt von Kremsmünster noch einmal in phantastischen Plänen, der Errichtung einer Grabeskirche samt Ordensburg für seine Georgsritter, hoch über dem See auf den Höhen des Falkensteins. In Ischl gebrauchte er das Heilwasser und besuchte noch einmal die alten Jagdgründe und Fischweiden, am 10. Dezember erreichte er die Burg zu Wels.

Obwohl fiebernd und von Krämpfen und Schmerzanfällen gequält, beschäftigte den Kaiser bis zuletzt die große Politik. Er empfing Gesandte und Räte, erledigte die laufenden Akten, ließ sich täglich zur Messe tragen und aus der habsburgischen Stammeschronik und der Leidensgeschichte Christi vorlesen, wenn er nicht schlafen konnte. Durch Eilboten schickte man nach den berühmtesten Ärzten, doch auch sie waren nicht imstande, den Verfall aufzuhalten oder dem Leidenden Linderung zu verschaffen. Es war ein Martyrium, das der Todkranke mit großer Geduld und Seelengröße ertrug. Johannes Cuspinianus diagnostizierte Ruhr, doch nach heutigen Begriffen waren es wohl ein altes Leber- und Gallenleiden und eine Entzündung der Lungen, die schließlich, begleitet von mehreren Schlaganfällen, zum Tod führten. In der Nacht vom 30. zum 31. Dezember diktierte der Kaiser sein Testament und verfügte die Beisetzung seines

Leichnams in der St.-Georgs-Kirche seiner Geburtsstadt Wiener Neustadt. Seine österreichischen Erbländer übergab er den Enkeln Karl und Ferdinand, politische Einzelheiten ließ er offen, um ihnen nicht vorzugreifen. Besonders lag ihm am Herzen, daß seine Schulden bezahlt und die alten Diener abgefunden würden, auch seine Jagdgeräte, Bücher und Chroniken wollte er gut verwahrt wissen. Am 6. Januar 1519 traf endlich sein Beichtvater, der Kartäuserprior Gregor Reisch aus Freiburg, in Wels ein, fünf Tage später empfing der Kaiser die Sterbesakramente. In den frühen Morgenstunden des 12. Januar verschied er ohne Todeskampf, der Kaplan Waldner hatte „all sein Tage keinen geduldigeren Menschen sterben sehen". Ein Welser Künstler malte des Kaisers Totenbildnis.

Nach öffentlicher Aufbahrung und Totengottesdienst bewegte sich der Leichenzug unter Glockengeläute über Linz und Wien nach Wiener Neustadt, wo Maximilian am 3. Februar 1519 unter dem Hochaltar der Georgskirche in der Burg beigesetzt wurde. Für sein Grabmal in Innsbruck, „das großartigste Kaisergrab des Abendlandes", waren erst einige Statuen gegossen. Sein Enkel Ferdinand I. und dessen Sohn Ferdinand von Tirol konnten es nach Errichtung der Hofkirche einigermaßen fertigstellen – nicht ganz so, wie es der Kaiser geplant hatte, darum aber nicht weniger eindrucksvoll. *Wer ime in seinem leben kain gedächtnus macht, der hat nach seinem tod kain gedechtnus und desselben menschen wird mit dem glockendon vergessen,* spricht er durch den Mund seines „Weißkunig", und an *gedächtnus* fehlt es nicht, bis auf den heutigen Tag.

Maximilian hinterließ seinen Erben nicht nur „unglaubliche Schulden", er hinterließ ihnen ein Weltreich: österreichisches und burgundisches Erbgut, das Erbe der Katholischen Könige in Europa und Übersee, das er seinen Enkeln, trotz vieler Widrigkeiten, teils erwerben, teils erhalten konnte. Die Wahl Karls zu seinem Nachfolger hatte er noch selbst vorbereitet, durch die Wiener Doppelhochzeit auch den Grundstein zum Erwerb Böhmens und Ungarns gelegt. In seinen Träumen und Vorstellungen hatte er das Reich der Cäsaren, der Karolinger, Ottonen und Staufer erneuern wollen, tatsächlich aber das Haus Österreich, die *Casa de Austria,* in Burgund und in Spanien etabliert und die Fundamente der Donaumonarchie gelegt.[31]

V. LA PLUS DESOLÉE DAME DU MONDE

Der Tod des Großvaters bekümmerte Maria zutiefst. Die elternlos aufgewachsene war ihm in inniger Zuneigung verbunden gewesen, weit mehr als ihrer Tante Margarete. *Monseigneur mon bon frère,* schrieb sie an ihren Bruder Ferdinand, der erst kürzlich aus Spanien in die Niederlande gekommen war, aber wohl als

Annas zukünftiger Gemahl bald auch in Österreich erscheinen und über ihrer beider Schicksal wachen würde, wie es bisher der Großvater getan hatte, „ergeben empfehle ich mich Eurer Gnade. *Monseigneur,* ich habe alles verloren durch den Tod des Kaisers, unseres guten Herrn und Großvaters, dem unser Herr und Gott gnädig sein möge. Ich kann Euch meinen Kummer gar nicht ausreichend beschreiben, denn stets bezeigte er mir so viel der Liebe und Ehre. Nun, da wir nicht wissen, was der Wille Gottes sein wird, so muß man Geduld haben und ich tröste mich [im Gedanken] an den Katholischen König, unseren guten Herrn und Bruder [Karl] und an Euch und bitte Euch sehr herzlich, mich immer zu achten und so zu behandeln, wie unser Großvater es stets getan hat, denn Euch schenke ich all mein Vertrauen, daß Ihr mich stets für Eure gute und getreue Schwester halten werdet, die ich bin und mein ganzes Leben bleiben werde. Ich versichere Euch, wären nicht die Hoffnung und das Vertrauen in Euch beide als meine guten Herren und Brüder, ich wäre *la plus desolée dame du monde,* die verlassenste Dame der Welt, wie Ihr selbst feststellen könnt, *car je suis ici long de tous mes amis, gouvernée par gens estranges,* denn hier bin ich weit weg von all meinen Freunden, beherrscht von Fremden.

Inzwischen, *Monseigneur,* wenn es eine Freude gibt [die ich Euch machen] oder einen Dienst, den ich Euch erweisen kann, so will ich dies tun, soweit meine Kräfte es erlauben und mit Gottes Hilfe, den ich bitte, Euch ein gutes und langes Leben zu gewähren und die Erfüllung all Eurer Wünsche. Für immer Eure gute und treue Schwester Marie."[32]

Dieser Brief, die früheste erhaltene persönliche Äußerung Marias, läßt nicht nur Rückschlüsse auf ihr Inneres, sondern auf ihr ganzes bisheriges Leben zu, seit sie vor nicht ganz fünf Jahren ihre niederländische Heimat verlassen hatte. Daß sie dem (noch unbekannten) Bruder Ferdinand ihr Herz öffnete und nicht ihrer Tante, legt die Vermutung nahe, daß ihre emotionale Bindung an die Regentin nicht besonders stark war, jedenfalls nicht so stark wie die ihrer Schwester Isabella (s. S. 36). An Margarete war nach des Kaisers Tod nur ein offizielles Kondolenzschreiben in Kanzlei-Latein abgegangen, an die *Serenissima princeps et domina ac mater nostra amantissima,* das die guten Töchter und Königinnen *manu propria* unterzeichnet hatten.[33]

„Weit weg von all meinen Freunden" kann nur bedeuten, daß niemand in ihrer Umgebung ihr nahestand, auch mit Anna scheint sie sich nicht angefreundet zu haben, die Verschiedenheit der Temperamente und Interessen war wohl zu groß. Mitunter kam es zu Verstimmungen, die ihren Niederschlag sogar in der Korrespondenz fanden.[34]

„Beherrscht von Fremden" meint wohl, daß Maria sich herumkommandiert fühlte von Leuten, die ihr fremd geblieben waren, auch wenn die Sprachbarriere längst gefallen war und sie Deutsch ebenso gut sprach wie ihre Muttersprache Französisch. Und die Wendung „ich wäre die verlassenste Dame der Welt, wenn ihr nicht wärt, meine Brüder" kann nur rhetorisch verstanden werden, denn verlassen war sie in der Tat, seit der Großvater nicht mehr lebte, der wohl selten anwesend, aber als schützende Macht und liebevolle Bezugsperson stets gegenwärtig gewesen war. Dazu kam die Ungewißheit, wie die nächste Zukunft sich gestalten würde, denn auch Maria muß sich darüber klar gewesen sein, daß der Thron, auf dem ihr „Gemahl", der jugendliche König von Ungarn, saß, ein recht schwankender war.

Im Reich löste der Tod des Kaisers, der alle Abmachungen zwischen ihm und den Kurfürsten über den Haufen warf, eine fieberhafte Tätigkeit aus. Jetzt, da die Karten neu gemischt waren, begann der Kampf um die römische Kaiserkrone von vorn, eine aufgeregte Stimmung herrschte, angeheizt von wahren und falschen Nachrichten, von vagen Vermutungen und wilden Gerüchten. Auch Erzherzogin Margarete, die seit der Abreise ihres Neffen Karl in seine spanischen Reiche wieder die Regentschaft in den Niederlanden führte, war über den Tod ihres Vaters zutiefst betrübt, doch es hätte ihrem Charakter nicht entsprochen, allzu lange in untätiger Trauer zu verharren. Ihre ganze Energie galt nun dem Wahlkampf für Karl und sie sandte ihren Sekretär Jean de Marnix als persönlichen Beauftragten nach Augsburg, um den mit reichlichen „Handsalben" und vielfachen Intrigen arbeitenden französischen Werbern entgegenzuwirken. Neben Marnix reisten weitere Beauftragte und Vertrauensleute durch das Reich und besuchten die Kurfürsten, vorerst nur mit dem Ergebnis, daß diese die Preise für ihre Stimmen erhöhten, für die schon Kaiser Maximilian genug Geld ausgegeben hatte. Ende Februar war die Verwirrung so groß, die Haltung der Kurfürsten so unbestimmt, daß Margarete an den Chancen Karls zu zweifeln begann und als Alternativlösung eine Kandidatur Ferdinands ins Spiel brachte, was Karl mit schroffer Ablehnung quittierte. Auch Papst Leo X. mengte sich ein, versicherte sowohl Heinrich VIII. von England wie Franz I. von Frankreich wechselweise seiner Unterstützung und schlug, als sich gegen die „Ausländer" eine nationale Stimmung breitmachte, als deutschen Kandidaten den Protektor Martin Luthers, den Kurfürsten Friedrich von Sachsen vor. Es schien ihm jeder recht zu sein, wenn es nur nicht Karl war, der als möglicher deutscher Kaiser und König von Spanien und Neapel das alte Staufertrauma wieder geweckt hatte. Karl machte schließlich doch das Rennen, wobei man den Fuggerschen Goldgulden nicht das größte Verdienst zuschreiben sollte. Weder der Franzose noch der Engländer wären eine echte Alternative zu Maximilians Enkel gewesen, und Friedrich von Sachsen ließ sich für eine Kandidatur nicht gewinnen.

Obwohl in seinen spanischen Reichen alles andere als Frieden herrschte, legte Karl die Führung der Geschäfte in die Hände seines alten Erziehers Adrian von

Utrecht und kehrte in die Niederlande zurück, wo seine Tante Margarete bereits Vorbereitungen für den Krönungszug traf. Am 22. Oktober 1520 zog er in Aachen ein, am nächsten Tag fand in der Pfalzkapelle unter der achteckigen Lichterkrone Friedrich Barbarossas die Krönungsfeier statt, und der zwanzigjährige Habsburger bestieg den ehrwürdigen Thron Karls des Großen. Drei Tage nach dem feierlichen Akt empfing Karl die Einwilligung des Papstes zur Annahme des Titels *Imperator electus* – Erwählter Römischer Kaiser.[35]

Neben der Vorbereitung für seinen ersten Reichstag, der die Konfrontation mit Martin Luther bringen sollte, mußte sich der junge Kaiser auch mit der Regelung der Heiratsangelegenheiten befassen. Kaiser Maximilian hatte in Wien *per procuram* „für einen seiner Enkel" Anna von Böhmen und Ungarn geheiratet – welcher sollte nun tatsächlich ihr Gemahl werden? Unbeschadet der bereits 1516 in Wien zwischen Anna und Ferdinands Vertreter *per verba de praesenti* geschlossenen Ehe hofften die Vertreter König Ludwigs mehr denn je, ihre Prinzessin würde zur Kaiserin erhoben werden. Schließlich war ja sogar Ludwig selbst einmal als Nachfolger Maximilians im Reich im Gespräch gewesen. Karl konnte sich zu keinem klaren Entschluß durchringen, eine rege Reisediplomatie zwischen Buda und dem Rheinland und langwierige Verhandlungen setzten ein, bis Abgesandte König Ludwigs in Worms vor dem Kaiser erschienen und eine endgültige Regelung einmahnten. Sie verzichteten auf ihre ursprüngliche Forderung, daß Anna Karl vermählt werde, und willigten in ihre Ehe mit Ferdinand ein, sofern er mit den österreichischen Erbländern ausgestattet würde. Dies sagte der Kaiser zu und ließ es in einem Dokument festhalten. Außerdem kam man überein, daß die beiden Bräute, Anna und Maria, im kommenden Jahr mit ihren Ehepartnern zusammengeführt werden sollten.[36]

Inzwischen waren die Probleme der Innsbrucker Hofhaltung nach wie vor ungelöst. Karl hatte das Innsbrucker Regiment angewiesen, weiterhin für den Unterhalt Annas und Marias zu sorgen, was man auch zu tun versprach, aber die Bitte vorbrachte, entweder zur Hofhaltung der „Königinnen" eine gleichbleibende Summe zu überweisen oder die gesamten Kosten zu übernehmen. Auch die noch von Kaiser Maximilian in Auftrag gegebene Denkschrift mit Vorschlägen zur Reduzierung des Hofstaates war Karl durch den Gesandten des Regiments, Franz von Castalto, vorgelegt worden. Man berief sich vor allem darauf, daß die Hofhaltung mehr als doppelt soviel koste als zu den Zeiten der Kaiserin Bianca Maria und schlug Entlassungen vor. Karl nahm die Vorschläge des Regiments mit einigen Abstrichen an (er lehnte die Entlassung jener Höflinge ab, die mit Maria aus den Niederlanden und mit Anna aus Ungarn gekommen waren) und sandte die Liste nach Innsbruck, mit Briefen an Anna und Maria, sich der Neuordnung nicht zu widersetzen. Sie widersetzten sich aber, vor allem Maria, die einen Brief in französischer Sprache an Karl aufsetzte, den auch Anna unterzeichnete. Die Neuordnung des Hofes dürfte schließlich unterblieben sein, da die Abreise der „Königinnen" aus Innsbruck vorbereitet wurde. Vorher sollten beide Ehen noch einmal in Innsbruck zwischen Anna und Maria und Vertretern der beiden Gatten *per verba de praesenti* geschlossen werden.

Die Zeit der Ungewißheit war nun vorbei, und eilig waren Vorbereitungen zu treffen, um die Gesandtschaften würdig zu empfangen. Auch die Garderobe der „Königinnen", nunmehr fünfzehn und siebzehn Jahre alt und aus vielem „herausgewachsen", mußte gesichtet und vieles neu angefertigt werden – eine Fülle von Arbeit für die Hofschneider und erneut enorme Ausgaben für das Regiment.

Zwei Gemälde des damals in Schwaz tätigen schwäbischen Künstlers Hans Maler zeigen uns Anna und Maria, wie sie damals aussahen, in eleganten Roben, mit modischen Baretten und kostbarem Schmuck, ein wenig steif in Haltung und Ausdruck, aber doch von ausgeprägter Individualität: die hellhäutige, blonde und blauäugige Anna strahlt Weichheit und Sanftmut, vielleicht auch ein wenig Naivität aus, während das schmälere und dunklere Antlitz Marias mit der charakteristischen Unterlippe Skepsis und Energie ahnen läßt.

Am 11. Dezember trafen der Vertreter Erzherzog Ferdinands, Wilhelm von Roggendorf, und der Bevollmächtigte König Ludwigs, Graf Ambrus Sárkány, mit Gefolge in Innsbruck ein, und das Volk hatte viel zu staunen, vor allem über die höchst exotisch wirkenden Ungarn mit ihren feurigen Augen und blauschwarzen Schnurrbärten, prächtigen, juwelenbesetzten Gewändern, kostbaren Waffen und wehenden Federbüschen.

In der Pfarrkirche St. Jakob nächst der Burg (Vorgängerin der heutigen Domkirche) wurden die Ehen der „Königinnen" mit den Vertretern ihrer Gatten noch einmal gesegnet und die Ringe getauscht. Am Abend, nach einem festlichen Bankett mit Tanz, fand in der Hofburg die symbolische Vollzugszeremonie statt, wobei die jeweilige Braut sich für einige Augenblicke auf ein mit Goldbrokat bedecktes Staatsbett legte, während der „Bräutigam", ein Bein entblößt, den Platz an ihrer Seite einnahm.

Anfang Januar 1521 erhielt das Regiment in Innsbruck genaue Anweisungen zur Vorbereitung der Reise, Wertgegenstände und Kleider aus dem Nachlaß der Kaiserin Bianca Maria und das Silber Erzherzog Sigmunds sollten zur Ausstattung verwendet werden. Eine fieberhafte Tätigkeit setzte ein, neue Inventare wurden aufgestellt, Teppiche, Decken und Kissen gezählt, Sattel und Zaumzeug der Pferde auf Glanz gebracht, Sänften und Reisewagen repariert und wenn nötig neu vergoldet und gepolstert. Aus Augsburg und selbst aus den Niederlanden wurden Tapisserien gesandt, aber auch die Innsbrucker Handwerker konnten über einen Mangel an Aufträgen nicht klagen. Selbst Marias Bücher wurden durchgesehen, und ein kostbarer, in Samt gebundener Band neu mit Gold verziert.

Nachdem noch längere Zeit nicht geklärt war, wohin die Reise eigentlich gehen sollte (auch eine Zusammenkunft Kaiser Karls mit König Ludwig stand zur Debatte), vereinbarten die Brüder Karl und Ferdinand mit den ungarischen Gesandten Ende April in Worms, daß die beiden Königinnen sich nach Linz begeben sollten, das zum Schauplatz der endgültigen Hochzeit Ferdinands mit Anna bestimmt war. Anschließend würde Maria nach Preßburg weiterreisen, um dort ihren Gemahl zu treffen. Zur Tilgung der Schulden (um die Abfahrt nicht zu verzögern) und zur Bestreitung der Reisekosten hatte der Kaiser entsprechende Geldsummen nach Innsbruck gesandt und außerdem verfügt, daß der Schmuck der Kaiserin Bianca Maria zwischen Schwester und Schwägerin aufzuteilen sei.

Am 14. Mai, dem Dienstag vor dem Pfingstfest, verließ der Reisezug Innsbruck und bewegte sich über Kufstein, Rosenheim und Mühldorf nach Passau, wo am Pfingstsonntag ein Rasttag eingelegt wurde. Am Pfingstmontag zogen Anna und Maria in Linz ein und nahmen in der Burg hoch über der Donau Quartier, in der Marias Urgroßvater Friedrich III. von 1489 bis 1493 residiert hatte und auch gestorben war. Dort mußten sie sich jedoch noch eine Weile in Geduld fassen, denn Erzherzog Ferdinand war noch nicht eingetroffen.[37]

In Spanien geboren und aufgewachsen (sein Großvater Fernando de Aragón hätte ihn gern als Nachfolger gesehen), war Ferdinand auf Wunsch seines Bruders Karl im Herbst 1517 in die Niederlande, an der Hof seiner Tante Margarete gekommen. Er gewann nicht nur Margaretes Herz im Fluge, auch die Niederländer fanden ihn charmant, intelligent und lebhaft. Sein gewinnendes Wesen erinnerte sowohl an seinen Großvater Maximilian wie an seinen Vater Philipp, auch wenn er dessen Schönheit ebensowenig geerbt hatte wie seine Geschwister. Zart und blond, von kleinerer Statur als der Kaiser, wußte er doch mit Pferden und Waffen umzugehen und liebte die Jagd ebenso wie seine Geschwister Karl und Maria. Er hatte große Freude an Musik und bildender Kunst, an Büchern und Münzen und war nicht nur ein Verehrer, sondern auch ein Kenner des großen Erasmus, den er im lateinischen Original las. Außergewöhnlich war sein Sprachtalent: neben Spanisch sprach er Französisch, Italienisch und Flämisch und bald auch Deutsch. Die Abmachungen mit Karl in Worms (die endgültigen Verträge wurden 1522 in Brüssel geschlossen) hatten aus dem zweitgeborenen Infanten einen selbständigen Fürsten gemacht, Statthalter des Kaisers in den fünf österreichischen Herzogtümern und den vorderösterreichischen Ländern von Tirol bis zum Oberrhein. Jubel und Sympathiekundgebungen begleiteten den Enkel des „letzten Ritters", dessen Persönlichkeit bereits die Legende zu umranken begann, während seine Niederlagen und Mißerfolge dem Vergessen anheimfielen.

Am 26. Mai traf Ferdinand in Linz ein, umarmte zum ersten Mal seine Schwester Maria und begrüßte seine Braut Anna, der er mit dem Segen des Kardinals Matthäus Lang, Erzbischof von Salzburg, in der Linzer Pfarrkirche nun endgültig angetraut wurde. Die Harmonie dieser Ehe würde bald sprichwörtlich sein und ihr Kindersegen reich – von vier Söhnen und elf Töchtern starben nur zwei im Kindesalter. Drei Tage wurde gefeiert, festlich getafelt (die Linzer mußten von der Stadt Steyr zusätzlich 200 Zinnschüsseln ausborgen) und turniert. Berühmtheit erlangte der erbitterte Kampf des Sebastian von Losenstein gegen einen spanischen Ritter, der ihn zuvor beleidigt hatte. Nur die persönliche Intervention Erzherzog Ferdinands konnte verhindern, daß Losenstein dem Spanier mit seinem Schwert den Schädel spaltete.

Die Festlichkeiten konnten nur kurz darüber hinwegtäuschen, daß die Zeiten keine friedlichen waren. Aus dem Osten kamen bedrohliche Nachrichten vom Vormarsch der Türken, und in den österreichischen Ländern gärte es in den Ständen, rebellierten die Ritter und murrten die Bauern. Ferdinand hatte sich als neuer Landesfürst unverzüglich mit den anstehenden Problemen zu befassen und war gezwungen, auf die geplante Donaureise nach Wien und Preßburg, auf der er seine Schwester begleiten wollte, zu verzichten.[38]

So mußte sich Maria von dem Bruder, den sie kaum kennengelernt hatte, wieder verabschieden und, erneut auf sich allein gestellt, eine Reise ins Ungewisse antreten, in ein Land, dessen Volkssprache sie nicht verstand (die Sprache der Magnaten war Latein), dessen Herrscher, ihr zukünftiger Gemahl, noch ein halbes Kind war, und dessen Grenzen im Südosten gerade jetzt wieder gefährlich bedroht waren.

Vorerst glich Marias Reise stromabwärts, auf dem königlich geschmückten Schiff, einer Reise ins Glück, und ihre Umgebung wetteiferte, sie ihr so angenehm wie möglich zu machen: Die Vertreter des Kaisers, der junge Bischof von Trient, Bernhard von Cles, und der altgediente Diplomat Andrea da Burgo, die Abgesandten König Ludwigs, Graf Ambrus Sárkány, György Szatmáry, der Bischof von Fünfkirchen/Pécs und vor allem der Markgraf Georg von Brandenburg, langjähriger Erzieher und militärischer Berater des jungen Königs, über den er die besten und schmeichelhaftesten Dinge zu erzählen wußte.[39]

Zweiter Teil:
Königin von Ungarn und Böhmen

I. DONAUFAHRT

Seit urdenklichen Zeiten wurde die Donau als Verkehrsweg benützt und mit Schiffen befahren, schon lange bevor die Römer die Bedeutung des Stromes erkannten und für Militär- und Handelstransporte nützten. Die Triumphsäulen der römischen Kaiser Trajan und Marc Aurel tragen die ersten Abbildungen von Donauschiffen und zeigen neben den Liburnen für Kriegszwecke auch landesübliche Wasserfahrzeuge, eine Schiffform, die sich in ihren Grundzügen bis zum Ende der Ruderschiffahrt erhalten hat. Je nach Verwendungszweck gab es verschiedene Typen und Größen. Den flachen Boden hatten alle gemeinsam, da sich Kielschiffe auf der oberen Donau mit ihren Schotter- und Sandhaufen, Felskugeln, Furten und anderen Hindernissen, teilweise auch wegen der unregelmäßigen Strömungsverhältnisse nicht bewährt hatten. Ein Holzschiff bestand aus verschiedenen Teilen, dem mehr oder weniger stark aufgebogenen vorderen oder „Gransel" und dem hinteren oder „Stoir" (auch „Stur"), wo sich das Steuerruder befand. Er konnte spitz zulaufend oder breit sein. Mittschiffs war an der tiefsten Stelle der „Sößstall", wo man das Wasser ausschöpfte („sößen"), das durch die undichte Schoppung oder durch Regen eingedrungen war. Der Sößstall mußte eine freie Öffnung zum Fluß haben, bei Hausschiffen war zu diesem Zweck ein Fenster eingebaut. Manche Schiffe waren eingedeckt, um verderbliche Waren oder Passagiere vor schlechter Witterung zu schützen. Es gab Fahrzeuge, die fast in der ganzen Länge mit einer soliden Hütte verbaut waren. Für vornehme Reisende war das Haus mit bequem eingerichteten Zimmern versehen und das Dach als Terrasse gestaltet, von der man bei schönem Wetter die Gegend betrachten und die freie Natur genießen konnte. Ein Schiff wurde nach Bedarf „zuagricht", d. h. mit den notwendigen Einrichtungen und Ausrüstungsgegenständen versehen. Holzschiffe wurden mit Rudern gesteuert und fortbewegt, ein Steuerruder, der „Doanabaum", konnte die beachtliche Länge von 22 Metern erreichen. Auch das Schiff, auf dem Maria donauabwärts fuhr, wird auf besondere Weise „zuagricht" gewesen sein, wenn auch von dem Prunk, mit dem in späterer Zeit fürstliche „Leibschiffe" ausgestattet waren, noch keine Rede sein konnte.

Der Rückzug der Römer aus den Donauprovinzen und die Wirren der Völker-wanderungszeit brachten einen Rückgang der Donauschiffahrt mit sich, ganz zum Erliegen kam sie jedoch nie. In der zweiten Hälfte des 5. Jahrhunderts reiste der heilige Severin zu Schiff von *Batavis* (Passau) nach *Favianae* (Mautern), auch der heilige Wolfgang soll 696 auf einem Schiff nach Pannonien gezogen sein. Kaiser Karl der Große setzte in den Awarenkriegen von 791 bis 796 große Donauflottilen ein, was eine schon länger vorher betriebene Donauschiffahrt voraussetzte. Aus der „Raffelstettener Zollordnung" (um 903 niedergeschrieben) geht hervor, daß auf der Donau ein reger Handelsverkehr stattfand, mit Salz und Vieh, Lebensmitteln und Wachs, aber auch mit Sklaven. Das Fortschreiten der Kolonisation und der Wiederbesiedlung sowie reiche Schenkungen von Land an die bayrischen Klöster bildeten im weiteren die Grundlagen des Donauverkehrs. Die Erträgnisse dieser Güter, hauptsächlich Wein, mußten an die Stammklöster in Bayern auf der Donau verfrachtet werden. In der Ungarnschlacht bei Preßburg (907) wurde allerdings der gesamte bayrische Heerbann aufgerieben und das Land bis zur Enns durch die meist als „Hunnen" bezeichneten Ungarn besetzt. Nach ihrer Niederlage gegen den deutschen König Otto I. auf dem Lechfeld bei Augsburg (955) räumten die Ungarn kampflos das Feld bis zum Wienerwald, doch wie man bei Otto von Freising († 1158) lesen kann, behielten Vorstellungen von den Ungarn als Halbwilde und menschliche Ungeheuer („Leute mit häßlichem Gesicht, tiefliegenden Augen, klein von Gestalt, barbarisch wild in Sitte und Sprache") noch lange Geltung, auch dann noch, als das gefürchtete Reitervolk längst seßhaft geworden war und von einem christlichen König regiert wurde. Der eigentliche Hunnensturm (Mitte des 5. Jahrhunderts), die Katastrophe von Preßburg und die ungarische Besetzung wirk-ten in Bayern noch Jahrhunderte nach. Um das Jahr 1200 fanden sie im „Nibelun-genlied" ihren Niederschlag. Das Epos des unbekannten Dichters hätte Maria und ihrer Begleitung als Reiseführer dienen können, wäre es damals bekannt gewesen, denn auch die „Nibelungen" zogen der Donau entlang und streckenweise zu Schiff ins „Heunenland", wo die Burgunderprinzessin Kriemhild als Gemahlin von König Etzel ihr blutiges Rachewerk vollbrachte.

Nach der Überwindung der Ungarngefahr begann eine Hochblüte der Donauschiffahrt durch die Neubelebung der von den Magyaren geräumten Gebiete. Auch die Heere der Kreuzfahrer benützten den Donauweg auf ihrer Fahrt ins Heilige Land, im 12. Jahrhundert der deutsche König Konrad III., der Babenberger Heinrich II. „Jasomirgott", König Ludwig VII. von Frankreich und schließlich Kaiser Friedrich I. „Barbarossa", dessen Flottille aus 4000 Schiffen bestanden haben soll.

Um 1200 konnte der Raum der österreichischen Donau als ein Mittelpunkt des europäischen Handels angesehen werden, der Wien, Krems und Stein zu bedeutenden Häfen und Stützpunkten machte und Stadt- und Landesherren bedeutende Einnahmen aus Stapelrechten und Zöllen brachte. Gehandelt wurden Gold und Häute, Wachs und Tuch, Felle und Erze, auch Heringe aus den Fängen der norddeutschen Hanse. Die Steiner Zollrolle erwähnt sogar Waren aus Griechenland und Indien, und zu den Linzer Märkten kamen Kaufleute aus Italien, aus Flandern und Brabant, sogar aus Nowgorod. Die zunehmende Bedeutung der Republik Venedig im Orienthandel und das Vordringen der Türken nach dem Fall Konstantinopels (1453) trugen dazu bei, daß der Orienthandel den Seeweg durch das Mittelmehr nahm, der Donauhandel wurde wieder mehr zu einem Binnenhandel. Nach großer Erschwernis der Schiffahrt durch Flußräuber und Raubritterunwesen, kam es durch den Frieden zwischen dem Habsburger Albrecht I. und Andreas III. von Ungarn (1291) und die Aufhebung vieler Zölle und Mauten wieder zu einem Aufschwung des Donauverkehrs, der bis in die Mitte des 14. Jahrhunderts anhielt und vor allem durch den Handel mit Wein und Salz geprägt war. Vom wachsenden Einfluß der süddeutschen Kaufleute und dem Niedergang Wiens als Handelsplatz gegen Ende des 15. Jahrhunderts war schon die Rede (s. S. 22).[40]

Die wilde und naturbelassene Anmut, die der Donaulandschaft bis weit ins 19. Jahrhundert hinein eigen war, ist heute weitgehend gezähmt und reguliert. Nur mehr wenige Reste urtümlicher Aulandschaft, wie im Dreieck zwischen Donau, Rußbach und March östlich von Wien, erinnern noch an den über lange Strecken von dichten Auwäldern, Inseln, Teichen und Altwasserarmen begleiteten Strom. Die Strecke zwischen Grein und Persenbeug trägt den Namen „Strudengau", einst das gefürchtetste Stück des gesamten Stromes, auf dem zur Zeit der alten Donauschiffahrt so manches Schiff zerbrach und so mancher Schiffer Ladung und Leben verlor. 25 Kilometer östlich von Linz verengt sich das breite Machtal bei Ardagger auf wenige hundert Meter, und die Ausläufer des Böhmischen Granitmassivs stellen sich der Donau in den Weg, eine natürliche Barriere, durch die sich der Strom hindurcharbeiten mußte. So entstand ein schmaler, fjordartiger Einschnitt, der den Fluß auf weniger als die Hälfte seiner normalen Breite einengte und dafür sorgte, daß Strudel, Stromschnellen und Untiefen das Bild in der Enge zwischen den steilen Waldhängen beherrschten. Bei Niedrigwasser ragten die polierten Felsen aus dem Wasser, bei Hochwasser bedrohten tosende Strudelwellen die Schiffe. *Ein wenig weiter herabwärts sind auf diesem Donau-Fluß zwey gefährliche Passagien,* schrieb ein Donaureisender im 17. Jahrhundert, *davon der eine Strudel genennet wird, allwo der Fluß zwischen grausamen Felsen lauffet, deren etliche oberhalb, etliche aber unter dem Wasser stehen, und an welchen Felsen die Wasser-Wellen mit grosser Macht gebrochen werden, auch gehet der Strom alldar, weiln er beederseits zwischen hohen*

63

Bergen eingeschlossen wird, als ein Pfeil aus einem Bogen, gantz schaumende und ungestüm. Zu dieser Durchfahrt gehöret eine gute Wissenschaft des Schiffers, um zwischen den Klippen, die unter dem Wasser liegen, hinzufahren, und wann das Wasser niedrig ist, so fället diese Durchfahrt sehr beschwerlich. Die zwyte gefährliche Durchfahrt nennet man den Wirbel, der gleich als ein drehender Schlund oder Kessel anzusehen ist, allwo sich das Wasser mit grossem Gewalt umdrehet, und an seinem geraden Lauff durch einen grossen entgegen stehenden Felsen verhindert wird. Auf der Spitzen eines hohen klippichten Felsens stehet ein großes Kreutz aufgerichtet, und unten an dessen Fuß ein kleines Kirchlein, welches dem St. Niclas zugeweihet ist, als welcher ein Patron oder Beschirmer dieses gefährlichen Platzes ist, und, wie man glaube, eine besondere Sorge träget vor die jenigen, die allhier durch wollen; um welches Willen sich ein kleines Schifflein, nachdem man durch den Wirbel gekommen, nähert und empfängt etwas von den Reisenden zur Danckbarkeit, was einem jeden beliebet, oder was man, als man in Gefahr gewesen, belobet hat.[41]

Um diese gefährliche Passage zu überwinden, mußten Lotsen an Bord genommen werden, und nicht selten zogen es die Schiffer vor, ihre Schiffe vorher zu entladen, um die kostbare Fracht über den Uferweg zu befördern. Über diese Transporte hielt die Bügerschaft von Grein die offene Hand, denn Grein hatte das Ladstattrecht für die ganze Strecke von Neheim bei Perg bis zur Burg Werfenstein. Niemand durfte auf dieser Strecke ohne Wissen und Zustimmung der Bürgerschaft Kaufmannswaren auf Schiffe laden oder von ihnen an Land bringen. Die Genehmigung war an die Entrichtung von Ladstattgebühren und Stegerechtsgeldern für die Anlegeerlaubnis gekoppelt.

Gegen Ende des 18. Jahrhunderts begann man mit Felsabsprengungen im Struden unterhalb von Grein, um die ärgste Gefahr für die Schiffahrt zu bannen, doch erst zwischen 1853 und 1866 wurde der „Hausstein" im Struden gesprengt und der Wirbel beseitigt. Zu Beginn des 20. Jahrhunderts war die Strudenregulierung dann endgültig abgeschlossen.[42]

Es ist nicht überliefert, ob Maria Strudel und Wirbel durchfahren oder den Landweg genommen hat, besondere Zwischenfälle scheint es keine gegeben zu haben. Nach dem Strudengau passierte die kleine Flottille die Donauschlinge zwischen Persenbeug und Säusenstein, durch herausragende Felsen und starke Strömung auch nicht ungefährlich, zog an Pöchlarn vorbei, dem Sitz des Rüdiger von Bechelaren im „Nibelungenlied", und erreichte schließlich bei Melk die Wachau, nicht nur das schönste Stück der österreichischen Donau, sondern, wie manche meinen, das schönste Stück der Donau überhaupt. Das auf seinem steilen Felsen hoch über dem Fluß thronende Benediktinerstift präsentierte sich noch in seiner mittelalterlichen Bauform, und von den bis hoch hinauf mit Weinreben bepflanzten Hügeln grüßten die prächtigen Burgen von Aggstein

64

und Dürnstein, die wir heute nur mehr als pittoreske Ruinen kennen. Vielleicht hörte Maria auch die Geschichte des englischen Königs Richard Löwenherz, der auf Dürnstein gefangensaß, und die Legende von seinem treuen Gefolgsmann Blondel, der am Fuß der Burgmauer die Harfe schlug und ein Lied anstimmte, dessen zweite Strophe der gefangene König weitersang.

Von den wichtigen Handelsplätzen Krems, Stein und Mautern am Ausgang der Wachau war es dann nicht mehr weit nach Wien und Preßburg, wo Braut und Bräutigam endlich zusammentreffen sollten.

II. KÖNIGIN VON UNGARN

Die sogenannte „Thebener Pforte", der Donaudurchgang zwischen Alpen und Karpaten, war schon in prähistorischer Zeit ein Kreuzungspunkt großer Handelsstraßen: des Wasserweges auf der Donau und des Landweges zwischen Ostsee und Mittelmeer, der „Bernsteinstraße". Um 15 v. Chr. erreichten die Römer nach der Eroberung von Rätien und Pannonien die mittlere Donau und errichteten zum Schutz der Großstadt *Carnuntum* (bei Deutsch Altenburg) befestigte Militärlager wie *Vindobona*, davon einige im Preßburger Raum. Nach dem Zusammenbruch der Römerherrschaft an der Donau kamen Goten, Heruler, Hunnen, Awaren und im 6. Jahrhundert schließlich Slawen. Im 9. Jahrhundert oblag der Burg auf dem Hügel von Theben/Devín der Schutz des Großmährischen Reiches vor Angriffen der Franken. In der zweiten Hälfte errichtete der großmährische Fürst Breslaw auf dem Burgberg von Preßburg eine mächtige Burganlage, der Name *Brezlauspurc* in einer Urkunde des Jahres 907 könnte auf diesen Fürsten zurückgehen. Die deutschen Einwanderer, die ab dem 12. Jahrhundert für ein rasches Aufblühen der Stadt sorgten, machten daraus „Preßburg". Die Ungarn, die Preßburg *Pozsony* nennen, führen ihren Stadt-namen auf einen sagenhaften römischen Feldherrn namens Piso zurück, der Preßburg als *Posonium* gegründet haben soll. Die heutige Form Bratislava ist eine slowakische Neubildung aus *brat* (Bruder) und *slavit* (rühmen, feiern), die mit den alten Namen nichts zu tun hat. Nach dem Untergang des Großmährischen Reiches gehörte der Ort vorübergehend zum Reich der Přemysliden, bis ihn der Ungarnkönig Stephan I. (997–1038) seinem Reich einverleibte. Er rief die ersten bayrischen Kolonisten ins Land. Preßburgs günstige Lage machte es schon früh zur „Kongreßstadt". Béla IV. von Ungarn schloß hier 1262 Verträge mit Přemysl Ottokar II. von Böhmen, der Stadt und Burg jedoch 1271 eroberte und nieder-brannte. 1278 unterlag der Böhmenkönig auf dem Marchfeld bei Dürnkrut Rudolf von Habsburg. Der ungarische König Ladislaus IV., der den Habsburger unterstützt hatte, stiftete zum Dank für den Sieg in Preßburg die Franziskaner-kirche. Der Luxemburger Sigismund (deutscher Kaiser und König von Böhmen und Ungarn) versammelte im Dezember 1429 die deutschen Fürsten in Preßburg zu einem Reichstag, und Maximilian I. schloß hier im November 1491 mit Wladislaw II. jenen Frieden, in dem die habsburgische Erbfolge in Ungarn und Böhmen für den Fall der Kinderlosgkeit Wladislaws festgeschrieben wurde. 1515 fanden dann, wie in Kapitel III des 1. Teils geschildert, die Vorverhand-lungen für den Wiener Fürstenkongreß statt.

1217 zur Stadt, 1405 zur königlichen Freistadt erhoben, erhielt Preßburg im gleichen Jahr auch eine Donaubrücke. 1467 gründete Erzbischof János Vitéz auf Wunsch von Matthias Corvinus die erste ungarische Universität, die *Academia Istropolitana*, der jedoch keine lange Lebensdauer beschieden war. Das Gebäude diente danach als Arsenal und Münzamt, Wohnhaus und Arbeiterakademie, seit 1975 ist es Heimstatt der Akademie der Musischen Künste.

Im heutigen Bratislava finden sich nur mehr wenige Spuren des spätmittel-alterlichen Preßburg/Pozsony, auch die Burg, das viertürmige, weithin sichtbare Wahrzeichen der Stadt, erhielt ihre charakteristische Form erst in späterer Zeit. An der Gestaltung der Gewölbe des St.-Martins-Domes (1452 geweiht) hat der Wiener Dombaumeister Hans Puchsbaum mitgearbeitet, er lag damals unmit-telbar an der Stadtmauer (1563 bis 1830 war er Krönungskirche der Könige von Ungarn). Das Alte Rathaus an der Ostseite des früheren Hauptplatzes der Altstadt entwickelte sich im ausgehenden 13. Jahrhundert aus mehreren Bürger-häusern zu einem gotischen „Haus mit dem Turm". Die rippengewölbte spät-gotische Durchfahrt mündet heute in einen prächtigen Hof mit Renaissance-arkaden, Attika und Giebelchen. Auf fast zwei Jahrtausende Geschichte kann der Wasserturm zurückblicken (in der Nähe des heutigen Ludvík-Svoboda-Kais), dessen Mauerfundamente aus dem 1. und 2. Jahrhundert stammen und zu einem römischen Wachturm gehörten, der die strategisch wichtige Furt über die Donau und damit die Bernsteinstraße kontrollierte. Im 13. Jahrhundert erneuerten die Zisterzienser den Turm als Mautstelle. Im 18. Jahrhundert ver-schwand das Turmgemäuer zwischen armseligen Wohnhäusern und wurde erst in den sechziger Jahren des 20. Jahrhunderts beim Abriß baufälliger Gebäude wiederentdeckt.[43]

Als Maria im Preßburger Donauhafen an Land ging und zum ersten Mal ungarischen Boden betrat, wurde sie nicht von König Ludwig erwartet, sondern nur von seinen Abgesandten. Sie brachten die bestürzende Nachricht, daß türkische Truppen sich der ungarischen Grenze näherten und die Festungen Belgrad und Szábács bedrohten. Der König konnte die Hauptstadt nicht verlas-sen und ließ Maria bitten, in Preßburg auszuharren, bis die Lage sich geklärt habe. Auch die ungarischen Herren rieten zu einem Verbleib in Preßburg, was ganz natürlich war, auch wenn vielleicht unterschwellig der Wunsch eine Rolle spielte, die Heirat noch in letzter Minute zu hintertreiben. Sie mußten allerdings bald einsehen, daß sie es nicht mit einem furchtsamen Prinzeßchen, das sich willig gängeln ließ, sondern mit einer Persönlichkeit zu tun hatten. Maria befand sich nun auf ungarischem Boden, sie war, wenn auch noch nicht gekrönt, auf Grund der abgeschlossenen Verträge Königin von Ungarn, und sie weigerte sich entschieden, noch einmal eine Zeit des Wartens auf sich zu nehmen. Ihr Platz war an der Seite des Königs, und sie verlangte mit Nachdruck, zu ihm gebracht zu werden. Die königlichen Gesandten trugen diese erstaunliche Botschaft nach Buda und kehrten mit dem Vorschlag zurück, Maria solle bis Gran/Esztergom oder allenfalls bis Visegrád reisen, wo Ludwig sie von Buda aus besuchen könne. Maria lehnte auch diesen Vorschlag ab. Der König war in der Hauptstadt, also wollte auch sie dorthin. Den Herren blieb nichts anderes übrig, als ihrem Wunsch nachzukommen. Die Flottille wurde also wieder klargemacht und nahm ihren Weg weiter nach Südosten, vorbei an den beiden riesigen Donauinseln der Großen und der Kleinen Schütt mit ihren Sumpfgebieten, Auwäldern und Vogelschwärmen, hinein in die Weite der Kleinen Ungarischen Tiefebene. Bei Komorn/Komárom wurde Station gemacht, wo Ambrus Sárkány Maria und ihr Gefolge auf seiner Burg Nagyszarva festlich bewirtete, dann ging es weiter nach Gran, dem Sitz des Primas von Ungarn, der allerdings nicht anwesend war. Maria wurde von Dorottya Kanizai, der Witwe des Palatins Imre Perényi, willkommen geheißen.

In Gran, wo der Sage nach König Etzel residierte und die Nibelungen ihr blutiges Ende fanden, lag auch die erste Residenz der Herrscher aus dem Arpadenhaus, die erste Hauptstadt des Reiches der Stephanskrone. Hier wurden Fürst Géza und sein Sohn Vajk (Stephan) getauft, hier wurde Stephan mit der Krone gekrönt, die ihm Papst Sylvester II. um die Jahrtausendwende aus Rom gesandt hatte. So will es jedenfalls die Überlieferung. Gran ist das älteste Erzbistum von Ungarn, und seine Erzbischöfe tragen den Titel eines Primas von Ungarn, der ihnen auch eine besondere politische Stellung verlieh, die sie ermächtigte, in Zeiten politischer Wirren und Thronstreitigkeiten eine Art von Statthalterfunktion auszuüben. Von dem prächtigen Palast, in dem zuerst die Könige und später die Erzbischöfe residierten, ist nur mehr wenig zu sehen. Die Burgkapelle ist noch vorhanden, mit ihrem romanischen Portal, der gotischen Fensterrose und Fresken aus dem 13. Jahrhundert, doch von dem Palast, in dem König Béla III. 1189 Kaiser Friedrich Barbarossa beherbergte, haben sich nur Mauerreste und ein Rundbogenportal erhalten. Von der Kirche St. Adalbert ist kaum ein Stein übrig, nur die Grabkapelle des Erzbischofs Tamás Bákocz, eines der schönsten Renaissancebauwerke Ungarns. Man hat sie beim Bau der Basilika Mariä Himmelfahrt, deren bombastische Kuppelarchitektur sich seit 1890 auf dem Burgberg erhebt, vorsichtig auseinandergenommen und in der neuen Kathedrale wieder zusammengefügt. Mit ihren Wänden und Schmuckelementen aus rotem Marmor und dem weißen Marmoraltar des Florentiner Bildhauers Andrea Ferucci da Fiesole stellt sie heute eine Hauptsehenswürdigkeit dar.

Von Gran ging es donauabwärts, vorbei an Visegrád, dem *paradisum terrestris,* wie es einst genannt wurde. „Man begreift die hochstrebenden Ideen der Ungarn, wenn man ihr Land sieht", schrieb Franz Grillparzer 1843 über die Donaulandschaft bei Visegrád, „ich habe mich ein wenig mit ihren Superlativen ausgesöhnt. Die Sonne geht unter und entzündet Wasser und Luft. Der junge Mond macht sich geltend ... Es lag ein unbeschreiblicher Zauber über der Gegend ..." Von der stolzen Königsburg, die Maria noch in ihrer ganzen Pracht erleben konnte, war zu Grillparzers Zeiten allerdings kaum mehr etwas vorhanden.

Visegráds Aufstieg (der Name ist slawischen Ursprungs und bedeutet „Hohe Felsenburg", die Deutschen nannten den Ort Plintenburg) begann in der ersten Hälfte des 14. Jahrhunderts unter Karl Robert, dem ersten ungarischen König aus dem Hause Anjou-Neapel, einem Enkel des letzten Arpadenkönigs Andreas III. In Buda hatte Karl Robert große Schwierigkeiten mit der deutschen Bürgerschaft, die seinen Rivalen um die Stephanskrone, Otto III. von Bayern, unterstützte. Voll Zorn verlegte er den Hof nach Visegrád und begann dort, die vorhandene, alte Zitadelle zu einem Palast auszubauen. Karl Roberts Nachfolger, unter ihnen Ludwig I., der Große (Anjou), und Sigismund von Luxemburg, residierten wieder in der Burg zu Buda, bauten aber in Visegrád weiter. Seinen vollen Glanz erreichte der Königspalast erst unter Matthias Corvinus in der zweiten Hälfte des 15. Jahrhunderts. „Gegen Morgen zu ist die Königsburg mehr als man sagen kann schön und reich", schrieb Miklós Oláh, Sekretär Marias und später Erzbischof von Gran, 1536 in seiner Chronik „Hungaria", „strahlend durch Paläste und wahrhaft königliche Gebäude, die zu gleicher Zeit vier Königen mit ihrem Hofstaate bequeme Wohnung darbot. Das Tor öffnet sich gegen die Donau, die an zweihundert Schritt entfernt ist. Auf der anderen Seite der Burg ist der Garten, angenehm durch Weinreben und Obstbäume. Wer durch das Tor in die Burg schreitet, gelangt in den großen Burghof, der, von allen Seiten grün, eine Menge Feldblumen aufweist. Beiläufig hundert Schritt vom Tor beginnt die Stiege aus Mauerquadern. Sie führt wieder zu einem viereckigen Hof, der auf lauter Gewölben ruht, die königlichen Wein aufbewahren. Der Hof ist mit Steinplatten gepflastert und in gleichen Entfernungen mit Linden bepflanzt, die im Frühjahr höchst angenehm duften und einen heiteren Anblick gewähren. In der Mitte ist ein Brunnen, mit bewundernswerter Kunst aus rotem Marmor gearbeitet, mit den Bildnissen der Musen geziert. Auf der Spitze sitzt Cupido auf einem marmornen Gefäß, aus dem er Wasser gießt, welches, ebenso schmackhaft wie kalt von einer Quelle des nahen Berges durch Kanäle hingeleitet, mit fröhlichem Geräusch in das Bassin rauscht. Dieser Brunnen ist von Matthias Corvinus gebaut, wie alle Gebäude, die ich beschreibe. Die Alten haben mir erzählt, daß Matthias, wenn er Triumphe feierte, aus diesem Brunnen abwechselnd roten und weißen Wein fließen ließ, der kunstreich auf dem Berg in Kanäle geleitet wurde. Im Frühjahr und Sommer, wenn die Bäume blühten, pflegte der König sich hier zu ergehen, zu speisen und auch Gesandte zu empfangen. An der Seite des Hofes gegen den Berg zu, etwas erhöht, ist eine sehr angenehme Kapelle, in Mosaikarbeit gepflastert, wie meistenteils die Gebäude. In der Kapelle ist ein kostbares musikalisches Instrument, welches man Orgel nennt. Die Pfeifen sind von Silber, der Tabernakel und die Altäre, mit allem, was dazu gehört, sind vom reinsten Alabaster und Gold. Von hier gegen Morgen erstreckt sich in zwei Reihen die Wohnung des Königs, das Getäfel vergoldet und mit vieler Kunst gearbeitet ..."

Während der Herrschaft des Königs Matthias Corvinus war nicht nur der Hof zu Buda, sondern auch die Somerresidenz Visegrád ein kulturelles Zentrum von europäischem Rang, woran auch die dritte Gemahlin des Königs, Beatrix von Aragón-Neapel, großen Anteil hatte. In ihrem Gefolge befanden sich zahlreiche italienische Meister, die den Palast im Renaissance-Stil weiter ausgestalteten und ihm die perfekte Harmonie verliehen, mit der er sich in die Landschaft einfügte und an Vorbilder in Florenz, Montefeltre oder Ferrara erinnerte. Der neue Stil, außerhalb von Italien noch so gut wie unbekannt, erlebte in Ungarn einen Frühling, auf den allerdings kein Sommer folgen sollte. Nach dem Tod des Matthias Corvinus lebte sein natürlicher Sohn Johannes im Palast von Visegrád, später kam er in den Besitz der Kronwächter, da die Krönungsinsignien hier aufbewahrt wurden.

Heute ist von der einstigen Herrlichkeit nur mehr der „Salomonsturm" erhalten, ein 31 Meter hoher, massiver Wohn- und Burgturm, Kernstück der unteren Burg, und Reste einer mittelalterlichen Mauer, die Unterburg und Hochburg miteinander verband. Dazwischen lag das eigentliche Wohnschloß, der Marmorpalast des Matthias Corvinus, von dem die Archäologen trotz des Verfalls und der Zerstörungen nicht nur die Grundmauern, sondern auch allerlei Kostbares ausgegraben haben, vor allem den Löwenbrunnen aus rotem Marmor, aus dem das köstliche Wasser (und gelegentlich Wein) geflossen ist, wie Miklós Oláh so anschaulich schilderte.[44]

Noch bedeutender als *Carnuntum* war die Römerstadt *Aquincum,* errichtet gegen Ende des ersten Jahrhunderts auf dem Boden der keltischen Siedlung *Ak-*

ink (Wasserstadt), mit der Aufgabe, Bedrohungen aus dem Osten und Südosten zu begegnen. Die Lage der Stadt war dafür ausgezeichnet geeignet: In ihrem Rücken lagen die westlichen Ausläufer der Karpaten, nach Süden zu breiteten sich am linken Donauufer großräumige Sumpfgebiete aus – damals ein perfekter Sperriegel gegen unwillkommene Besucher. Wer aus dem Südosten angreifen wollte, mußte das in Richtung auf das heutige Budapest tun und stieß auf das stark gesicherte *Aquincum,* das Kaiser Hadrian in den Rang eines *municipium* und Septimius Severus zur *colonia* erhob. Kaiser Trajan schließlich machte *Aquincum* zur Hauptstadt der Provinz Unter-Pannonien und zum Sitz des kaiserlichen Statthalters. Sein Palast stand auf der Donauinsel oberhalb der heutigen Arpád-Brücke.

Nach dem Abzug der Römer stritten sich verschiedene Völkerschaften um die Herrschaft im Karpatenbecken. Zuerst kamen die turkstämmigen Hunnen aus Innerasien, zerschlugen Ende des 4. Jahrhunderts das Ostgoten-Reich am Schwarzen Meer und drangen weiter nach Westen vor. Ihr berühmtester Anführer war Attila (der Etzel des „Nibelungenliedes"), der sich selbst den „Schmiedehammer der Welt" nannte. Er führte großangelegte Kriegszüge gegen das Weströmische Reich, zog sich aber nach seiner Niederlage auf den Katalaunischen Feldern in Gallien (451) in seine Residenz an der Theiß zurück, wo er 453 plötzlich starb. Nach seinem Tod zerfiel sein Reich, und die Mehrheit der Hunnen kehrte an den Unterlauf von Wolga und Don zurück. Den Hunnen folgten germanische Stämme, Rugier und Heruler, Ostgoten und Langobarden, Skiren und Gepiden. Als die Ostgoten und Langobarden nach Italien weitergezogen waren, traten die ebenfalls turkstämmigen Awaren das Erbe der Hunnen an und ließen sich an der Donau nieder. Karl der Große zerschlug in zwei Feldzügen Ende des 8. Jahrhunderts das Awarenreich und gründete die Pannonische oder Karolingische Mark (Ostmark), die bis zur Raab reichte und von Siedlern aus Bayern und Salzburg kolonisiert wurde. Der Großteil der Awaren zog sich nach Osten zurück, ein Teil verblieb zwischen Neusiedler- und Plattensee, einige Stämme vermischten sich in den Karpaten mit Slawen und Resten der germanischen Gepiden. 835 erhielt der Slawenfürst Pribina das Gebiet um den Plattensee als Lehen, während das nordungarische Bergland zum Großmährischen Reich gehörte, die Tiefebene und das heutige Rumänien zum bulgarischen Zarenreich. In diese Machtverhältnisse stießen Ende des 9. Jahrhunderts die landnehmenden Ungarn/Magyaren.

Bevor die Magyaren das Karpatenbecken in Besitz nahmen, hatten sie schon eine mehrtausendjährige Geschichte und lange Wander- und Eroberungszüge vom Ural über die südrussische Steppe und das Donaudelta hinter sich. Einziger zuverlässiger Nachweis ihrer Herkunft ist die Sprache, die in Mitteleuropa völlig vereinzelt dasteht, die südlichste und stärkste Gruppe der finno-ugrischen Sprachfamilie (gefolgt von Finnisch und Estnisch). Die Urheimat der Finno-Ugrier lag am mittleren Ural-Gebirge. Während die Ahnen der Finnen westwärts bis zur Ostsee zogen, nahmen die Ahnen der Ungarn den Weg über den Ural und gerieten in den Bannkreis des Reiternomadentums der eurasischen Steppe. Von iranisch-skythischen Völkern aus der Gegend um den Aral-See übernahmen sie den Gebrauch des Pferdes als Reittier, den Reflexbogen und religiöses Gedankengut. Um 500 v. Chr. erreichten sie die Flußauen an Wolga und Kama und die Steppenregion südwestlich des Ural-Gebirges. Hier formte sich in einem Zeitraum von tausend Jahren das altungarische Volk. Die Selbstbenennung *Megyer (Magyar, Magyaren)* setzt sich vermutlich aus den finno-ugrischen Wörtern für „reden" und „Mann" zusammen und bedeutet etwa „die Redenden". Zwischen 500 und 700 n. Chr. gehörten die Magyaren zeitweilig zum Stammesverband der *Onoguren,* den zehn mächtigsten Stämmen im Bulgarischen Großreich an Wolga und Don, das aus westtürkischen und hunnischen Scharen entstanden war. Aus dem Namen der Onoguren, der „zehn Pfeile" (Stämme) bedeutet, entwickelten sich *Hungarus* und schließlich *Ungar.* Nach dem Zerfall des Bulgarenreiches gerieten die Magyaren unter die Herrschaft der Chasaren, von der sich ein Großteil um 830 befreite. Sieben Magyaren-Stämme zogen nach Westen und erreichten schließlich über das Zwischenstromland vom Dnjepr bis zum Unterlauf der Donau den Karpatenbogen. Die eigentliche Landnahme begann im Herbst 895. Die Tiefebene zwischen Donau und Theiß mit ihren saftigen Weidegründen erschien dem Reitervolk aus der südrussischen Steppe wie das Gelobte Land. Von dort aus eroberten die Magyaren das von Slawen und Awaren bewohnte nördliche Bergland (heute Slowakei) und zuletzt das seit Karl dem Großen von Bayern und Slawen besiedelte Gebiet westlich der Donau. Die Überlieferung schreibt die Anführerschaft während der Landnahme dem Fürsten Árpád zu, doch byzantinische und islamische Quellen nennen Kurszán als religiöses Oberhaupt und Árpád und Tétény als Heerführer. 881 kam es *ad Uueniam* (bei Wien) zu ersten Kämpfen mit den Magyaren, 905 vernichteten sie das Großmährische Reich, 907 ein bayrisches Heer vor Preßburg, unter Führung des Markgrafen Luitpold, des Ahnherrn der Babenberger. Die Karolingische Ostmark zerfiel und Wien geriet unter ungarische Oberhoheit. Von da an suchten magyarische Reiterscharen etwa sechzig Jahre lang das Abendland mit Raubzügen heim, die Angst und Schrecken verbreiteten. *De sagittis Hungarorum libera nos, Domine* – „vor den Pfeilen der Ungarn errette uns, o Herr!" betete man in Kirchen und Klöstern lange Zeit vergeblich. Erst dem deutschen Kaiser Otto I., dem Großen, gelang es, dem barbarischen Treiben ein Ende zu setzen. Er vereinte Sachsen, Franken, Bayern und Schwaben zur

„ersten gesamtdeutschen Leistung" (Theodor Heuss) und schlug die Ungarn 955 auf dem Lechfeld bei Augsburg. Der später heiliggesprochene Bischof Ulrich von Augsburg ritt Seite an Seite mit dem Kaiser in die Schlacht. Diese Niederlage erschütterte den Glauben an die Unbesiegbarkeit der ungarischen Reiterscharen. Großfürst Géza (972–997), ein Urenkel Árpáds, erkannte schließlich die Notwendigkeit, mit seinem Volk einen christlichen Kulturstaat aufzubauen, um ihm das Schicksal der Hunnen und Awaren zu ersparen. Einige Magyarenfürsten hatten sich schon in Byzanz taufen lassen, aber Géza wandte sich der lateinisch-germanischen Kulturgemeinschaft zu. Als erster Missionar ist der heilige Wolf-gang überliefert, Kaiser Otto I. sandte weitere Priester und deutsche Ritter zu den Ungarn. Géza begann, eine starke Zentralmacht aufzubauen, und heiratete Sarolta, die Tochter des Fürsten von Siebenbürgen (ungar. Erdély, „Waldland", lat. *Transsilvania*). Sein Sohn Vajk erhielt in der Taufe durch einen Glaubens-boten aus Passau den Namen Stephan/István, des Schutzheiligen des Passauer Bistums. Mit der Erziehung Stephans und der Bekehrung seines Volkes betraute Géza den Bischof Adalbert/Vojtech von Prag. 996 vermählte sich Stephan mit Gisela von Bayern, der Schwester des späteren Kaisers Heinrich II., 997 folgte er seinem Vater als Großfürst, zu Weihnachten des Jahres 1000 (oder 1001) wurde er mit einer von Papst Sylvester II. übersandten Krone zum ersten König von Ungarn gekrönt. Er vollendete das Werk seines Vaters Géza und schuf einen christlichen Feudalstaat nach westlichem Vorbild. 1083 wurde er zusammen mit seinem Sohn Emmerich/Imre von Papst Gregor VII. kanonisiert.

Die heute im großen Museumssaal des Ungarischen Nationalmuseums ge-zeigte „Stephanskrone" ist, wie die Wissenschaft längst herausgefunden hat, *nicht* mit der Krone des ersten Königs von Ungarn identisch. Trotzdem haben die ungarischen Krönungsinsignien in ihrer Gesamtheit unter all den erhaltenen Herrschaftszeichen aus dem Mittelalter am stärksten ihren Mythos bewahrt, und die Erkenntnisse der Wissenschaft konnten der sakralen Verehrung, die die ungarischen Könige und die ganze Nation ihnen seit jeher entgegenbrachten, keinen Abbruch tun. Dieser Mythos wirkt immer noch, obwohl es schon längst keine Länder der „Sankt-Stephans-Krone" als staatsrechtlichen Begriff und keine ungarischen Könige mehr gibt.

Fürst Árpád und sein Stamm setzten sich auf dem Burghügel über der Donau, dem Boden des römischen *Aquincum* fest (dem späteren Ofen/Buda), Fürst Tétény übernahm die Gegenfestung *Contra-Aquincum*, aus der sich die Stadt Pest entwickelte. An den Donauübergängen bildeten sich Fährsiedlungen mit ungarischen Schiffern und Fischern, slawischen und bulgarischen Kaufleu-ten islamischen Glaubens, die einen regen Handelsverkehr mit Ost- und Südost-europa unterhielten. Im 12. und 13. Jahrhundert wuchs die strategische und wirtschaftliche Bedeutung am Knotenpunkt der Handels- und Verkehrswege nach Osteuropa, Byzanz und ins Heilige Land. König Andreas II. vertrieb die Muslime und holte Deutsche nach Pest, denen er 1230 das Stadtrecht verlieh. Chroniken erwähnen auch die „ansehnliche, von deutschen Einwohnern besetzte Stadt Ofen". Gemeint war die alte Fährsiedlung (das heutige Óbuda), deren Name sich wahrscheinlich von Kalk- und Ziegelbrennereien ableitet. Auch die aus dem Slawischen kommende Bezeichnung Pest für die Stadt am anderen Donauufer bedeutet „Ofen". Der ungarische Stadtname Buda soll hingegen der Sage nach von Bleda, dem Bruder des Hunnenkönigs Attila herrühren. Im Winter 1241/42 machten die Tataren beide Städte dem Erdboden gleich. Um 1250 erbaute König Béla IV. ein neues „Groß-Pest" und gründete auf dem Hügelplateau am rechten Donauufer die neue Stadt Ofen/Buda. Das ursprüngliche Ofen an der Stelle des römischen *Aquincum* hieß fortan Alt-Ofen/Óbuda. Politisch, wirtschaftlich und kulturell erlebten die Städte unter Sigismund von Luxemburg (1387–1437) und Matthias Hunyadi Corvinus (1458–1490) Perioden der Hochblüte. 1872/73 wurden Buda, Pest und Óbuda zur ungarischen Hauptstadt Budapest vereint.

Aus der mittelalterlichen Glanzzeit Alt-Ofens hat sich auf dem Burghügel nur wenig erhalten. Beherrschend erhebt sich die Liebfrauenkirche, heute Matthias-Kirche genannt, die König Béla IV. um 1250 als Pfarrkirche der deutschen Bürgerschaft von Ofen stiftete. Um 1370 wurde sie zu einer gotischen, dreischiffigen Hallenkirche umgebaut. König Matthias ließ das königliche Oratorium im Chor einfügen, den eingestürzten Südturm („Matthias-Turm") wiederherstellen und ein großes Steinwappen anbringen, das den Raben (*corvus*) der Hunyadi zeigt, die ihre Abstammung vom altrömischen Patriziergeschlecht der Corvini herleiteten. Obwohl als Pfarrkirche gegründet, galt die Liebfrauenkirche schon im 14. Jahrhundert als „königliche Kapelle", wo sich die Herrscher nach ihrer Krönung in Stuhlweißenburg/Székesfehérvár zum ersten Mal der Bürgerschaft zeigten. Das heutige Erscheinungsbild der Kirche geht auf den großangelegten Umbau im 19. Jahrhundert zurück und zeigt neogotische und neoromanische Anklänge. Links von der Matthias-Kirche steht heute das Hotel Hilton, bei dessen Erbauung Reste des gotischen Dominikaner-Klosters eingebunden wurden. Im langgestreckten, frühgotischen Mönchschor steht ein Denkmal der Domikaner Julianus (*Gyula*) und Gerhard (*Gellért*), die von Béla IV. nach Osten geschickt wurden, um die Mongolengefahr zu erkunden. Der *Hess András tér* vor dem Hotel erinnert an den Buchdrucker Andreas Heß, der, von Matthias Corvinus in die Stadt gerufen, vermutlich im Haus Nr. 4 die erste Druckerpresse in Ungarn in Betrieb nahm. In den Gassen des Burgviertels bewahren noch viele Häuser ihren gotischen Mauerkern oder zeigen freigelegte

Fenster- und Türlaibungen, Arkaden, Konsolen und charakteristische Sitznischen. Von der Maria-Magdalena-Kirche, Mitte des 13. Jahrhunderts für die ungarische Bevölkerung von Buda gegründet, hat sich nur der eindrucksvolle, spätgotische Turm erhalten, die dreischiffige Hallenkirche wurde ein Opfer des Zweiten Weltkriegs.[45]

Am 11. Juli 1521 ging Maria im Hafen von Buda an Land und legte die letzte Wegstrecke zu Pferd zurück, geleitet von László More, Ferenc Batthyány und Lukács Rehazy. Vor den Mauern der Stadt trafen sie auf die Kavalkade des Königs.

Ludwig war am 1. Juli fünfzehn geworden, aber groß für sein Alter und gut gewachsen. Er sah dem zarten und pausbäckigen Knaben kaum mehr ähnlich, von dem sich Maria vor bald sechs Jahren in Wien verabschiedet hatte. Die Begrüßung geschah der Hofetikette gemäß, doch die Begleiter registrierten, daß die beiden jungen Leute einander in freudiger Überraschung anlächelten. Der erste Eindruck, den sie gewannen, schien kein enttäuschender zu sein. Umso mehr Erstaunen weckte der Anzug des jungen Königs: einige kostbare Juwelen konnten nicht darüber hinwegtäuschen, daß sein Mantel schäbig und seine Beinkleider abgewetzt waren. Inmitten der pompös gekleideten und geschmückten Magnaten wirkte er wie ein armer Verwandter. Nach den lateinischen Begrüßungsreden des Bischofs von Waitzen/Vác, László Szálkay (für Ludwig), und Andrea da Burgos (für Maria) zog man gemeinsam auf den Burgberg. Waffengeklirr und das Getrappel von Pferdehufen erwarteten sie dort, eine „Welt in Waffen", wie der venezianische Botschafter feststellte, für einen festlichen Empfang fehlten Zeit und Geld.

Die königliche Burg auf dem Stadt und Fluß beherrschenden Burghügel, in die Ludwig und Maria einzogen, war allerdings eine der prächtigsten in ganz Europa, noch monumentaler als der Sommerpalast in Visegrád. Matthias Corvinus hatte die gotische Burg der Anjou und König Sigismunds von seinen italienischen Baumeistern und Kunsthandwerkern im Stil der Renaissance ausbauen und ausschmücken lassen. Die Säle erhielten Tonnengewölbe oder geschnitzte Kassettendecken, Wände und Gewölbe waren mit Fresken verziert, Türen und Fenster mit feinstem Schmuck, glasierte Kachelöfen mit figuralen Elementen und Wappen versehen. Im Hof standen lebensgroße Bronzestatuen und ein Pallas-Brunnen aus rotem Marmor. Davon sind heute nur mehr die Grundmauern und Unterbauten vorhanden, auch wenn die Archäologen im Schutt der Jahrhunderte auf eine Fülle architektonischer und bauplastischer Fragmente des Palastes gestoßen sind, die man im Burgmuseum besichtigen kann.

Das bedeutendste und schönste Zeugnis der ungarischen Renaissancekultur war allerdings die Bibliothek, die *Biblioteca Corviniana,* die größte und vollständigste fürstliche Privatbibliothek jenseits der Alpen, mit in rund zweitausend

Bänden vereinigten lateinischen und griechischen Handschriften und einer Buchmaler- und Kopistenwerkstatt. Die „Corvinen", wie die mit dem königlichen Wappen geschmückten Bände hießen, waren in zwei hellen Sälen in vergoldeten Regalen untergebracht und mit silbernen Kettchen befestigt. Nach dem Tod von König Matthias versiegte die Sammeltätigkeit und die Arbeiten zur Vervollständigung der Bibliothek wurden nicht mehr fortgesetzt. König Wladislaw II. hatte weder Geld noch Interesse und machte es sich zur Gewohnheit, prominenten Besuchern eine „Corvine" als Gastgeschenk zu überreichen. Heute sind noch an die zweihundert dieser Prachtbände erhalten, verteilt auf 44 Bibliotheken in der ganzen Welt.[46]

Das junge Paar hatte wenig Gelegenheit, sich näher kennenzulernen, denn schon wenig später verließ Ludwig die Hauptstadt, um sich ins Feldlager von Tétény zu begeben, wo seine Truppen sich sammeln sollten, was in der üblichen, schleppenden Weise geschah. Während Ludwig noch wartete, war die Festung Szábács bereits gefallen (9. Juli), die Verteidiger bis zum letzten Mann niedergemacht. Ihre auf Piken gespießten Köpfe zierten die Straße, auf der Sultan Süleyman selbst in die Festung einzog. Drei Tage nach Szábács fiel Semlin und am 29. August, nach 26 Tagen Belagerung, auch Belgrad. Mit den drei Schlüsselfestungen kontrollierte Süleyman nun die Einfallstore in das Königreich, frei schien der Weg durch die Tiefebene, die Donau aufwärts bis nach Buda, und Gerüchte verbreiteten sich mit Windeseile, daß die Hohe Pforte nun ganz Ungarn unterwerfen werde. Doch die Hohe Pforte beschloß vorerst noch abzuwarten. Sie hatte ihre Macht demonstriert, mehr lag zu diesem Zeitpunkt nicht in ihrer Absicht. Militärisch war sie an die Grenze ihres Aktionsradius, des militärischen Nachschubs und der verwaltungstechnischen Kapazität gestoßen, außerdem bestanden poltische Gründe, das militärische Potential des Reiches anderswo einzusetzen.

Während Maria sich von Buda aus bemühte, ihre Brüder Karl und Ferdinand zu einer wirksamen Hilfe gegen die Türken zu bewegen, aber nur sehr wenig erreichen konnte, da beide mit ihren eigenen Problemen zu sehr beschäftigt waren (Karl mit dem Wormser Reichstag und dem heraufziehenden Krieg mit Frankreich, Ferdinand mit seinen rebellischen österreichischen Ständen), wurde im ungarischen Lager noch monatelang der Plan diskutiert, Belgrad zurückzuerobern, bevor die Türken die zerstörten Befestigungen erneuern konnten. Es blieb bei dem Plan. Der ganze „Feldzug" erwies sich als ein Schlag ins Wasser, und man versteht die Ruhe, mit der sich der stets wohlinformierte Sultan anderen Problemen seines Großreichs zuwandte.[47]

Maria nützte die Zeit von Ludwigs Abwesenheit nicht nur um Briefe zu schreiben, sie mußte sich auch in ihrer neuen Umgebung zurechtfinden und ihre neuen Landsleute studieren, zumindest die, mit denen sie in Berührung kam. Ob sie ähnliche Schlüsse zog wie die venezianischen Gesandten? *Hongari in universali sono la pegior generation del mondo,* schrieb Francesco Massaro an die Signoria, *sono la fece del mondo,* die Ungarn sind das Schlimmste, was es gibt, sie sind der Dreck der Welt. Er habe sie als Leute kennengelernt, die nur sich selbst liebten, deren Interesse für den Staat sich darauf beschränkte, was sie von ihm stehlen konnten. Obwohl sie einander haßten, verkehrten sie doch miteinander und feierten glänzende Gelage. Die schlimmsten Verbrechen blieben ungeahndet, wenn man einige hochgestellte Persönlichkeiten bestechen konnte. Sie wären stolz und grenzenlos arrogant. Sie hätten keine Ahnung von der Kunst des Regierens und von der Verwaltung schon gar nicht. Sie akzeptierten niemandes Ratschläge, und die Beschlüsse, die sie mit großer Schnelligkeit faßten, führten sie mit der allergrößten Langsamkeit aus. Das waren, nach Meinung Massaros, die Eigenschaften aller Magnaten und Kleriker und aller Mitglieder des niederen Adels. Sie alle wären am Niedergang des Königreiches schuld. Wäre König Ludwig nicht so nobel und so unschuldig, so würde die göttliche Gerechtigkeit nichts dazu tun, um die Zerstörung dieser Nation zu verhindern. Einer von Massaros Nachfolgern, Lorenzo Contarini, nannte die einzige Methode, mit der diese boshaften und treulosen Leute (*uomini di mala natura, mancatori di fede*) regiert werden könnten: Durch einen König, der ihnen ständig das Schwert unter die Nase hielt. Sie wußten aus Erfahrung, was es bedeutete, einen solchen König zu haben. Matthias hatte es verstanden, sie unter der Knute zu halten, und unbeschadet der Erfolge seiner Regierungszeit wünschten sie nach seinem plötzlichen Tod nur eines: Nie wieder einen starken König! Deshalb entschieden sie sich für den sanften und nachgiebigen Wladislaw Jagiello, einen Herrscher, den sie, wie der alte Woiwode von Siebenbürgen es ausdrückte, „an den Haaren ziehen" und dem sie, wie der böhmische Adel, sagen konnten: *du pist unser kunig wir sein dein herren.* Sie hatten bekommen, was sie wollten, aber nicht, was ihr Land brauchte. Unter der Regentschaft für den minderjährigen Ludwig gingen sie noch weiter. Die Bischöfe, die auch die höchsten Staatsämter innehatten, sammelten die größten Reichtümer, lebten ein Leben in Luxus und Verschwendung, hielten Truppen, als ob sie Könige wären, und zögerten nicht, den größeren Teil der königlichen Einkünfte in die eigenen Taschen zu leiten. Sie liehen der Krone Geld zu Wucherzinsen und belasteten den königlichen Haushalt mit enormen Extrasummen zur Bezahlung ihrer offiziellen Pflichten. Schon Kaiser Maximilians Botschafter am Hof zu Buda, Sigismund von Herberstein, schrieb in sein Tagebuch: *Ach Gott, was grosses wesenns unnd pomp oder, ob man die wahrheit dörffte sagen, grosser hochfart dazumall in Hungern gesehen was. Das maiste von den bischoven und gleichwoll auch von etlichen weltlichen ambtleuten.*

76

Wie sy mit grosser anzahl phärdt, gerüsst und hussarisch mit silber und gold geziert,
da eingeritten seind! Wie ire trumetter zu den malzeiten in allen gassen gehört sein
worden! Wie grossmachtige Pankhet und mallzeit sy gehalten. Ire vill diener da woll
geclaidt gestanden. Mit vill unnd grossen hauffen sy geen hof und uber die gassen
gangen oder geritten. Ir khunig offt nit gehabt sein notdurfft! Herberstein hatte
nicht übertrieben. Unter seinen Magnaten und Prälaten, die suchten, einander
in Glanz und Luxus zu übertreffen, war König Ludwig so arm, daß er oft nicht
genug Geld hatte, um zu leben. „Manchmal gibt es in seinen Küchen nichts zu
kochen", schrieb Massaro, „kürzlich schickte der Hof einen Diener aus, um
vierzehn Dukaten zu borgen …" Die Einkünfte der Krone, unter Matthias bis zu
800.000 Dukaten jährlich, waren auf 140.000 geschrumpft, und selbst diese
Summe war für Jahre im voraus verpfändet. Wenn der König ein Kloster
besuchte, gab man ihm vorher ein paar Dukaten für eine Messe oder als Almosen
für die Armen. Wenn er einem ausländischen Gesandten ein Geldgeschenk
machen sollte, mußte der Betrag gegen Wucherzinsen geliehen werden. Nur der
Markgraf von Brandenburg erbarmte sich seines hilflosen Schülers und gab bis
zu 4000 Dukaten jährlich für seinen mittellosen Neffen aus, aber anscheinend
hielt er es nicht für nötig, ihn standesgemäß auszustaffieren. Unter diesen
Umständen konnte kaum von einer Regierung gesprochen werden. Der König
war ein Kind, der Reichstag eine durch Parteienhader zerrissene Institution, in
der sich die dem habsburgischen Bündnis zugeneigte Hofpartei und die
Nationalpartei des János Zápolya ebenso bekriegten wie die Magnaten und der
niedere Adel. Selbst in sich konnten die Gruppierungen nicht als geschlossen
angesehen werden, denn innerhalb der Hofpartei und unter den Magnaten gab
es ebenso Habsburggegner, wie es unter den Kleinadeligen solche des János
Zápolya gab. Wie hätte auf dieser Basis eine einheitliche Linie gefunden werden
können, um die tödliche Gefahr aus dem Osten abzuwehren? Der hoffnungslose
Zustand der Finanzen erlaubte weder, die Truppen ausreichend zu bezahlen
noch die Grenzbefestigungen in verteidigungsfähigem Zustand zu halten. „Sie
denken nur an ihren eigenen Vorteil, selbst, wenn das ganze Königreich vor dem
Untergang stünde", schrieb Marias Bruder Ferdinand einige Jahre später, als die
Verhältnisse sich noch mehr verschlechtert hatten, „sie sind mutlos und haben
keine Verteidigung als die ihrer Zungen und bösartige Worte und Klagen und
verlangen jeden Tag einen neuen König, eine neue Regierung und Vergünsti-
gungen, ohne den Wunsch zu haben, sie auch zu verdienen".[48]

Dies klingt alles sehr negativ und stellt dem „Nationalcharakter" der Ungarn
kein gutes Zeugnis aus, und oft genug ist von Nichtungarn über ihren Hang zu
Superlativen und überzogener Selbstdarstellung geklagt worden. Man sollte
jedoch nicht vergessen, daß dieses Volk, aus dem fernen Asien eingewandert und

in der weiten Tiefebene an Donau und Theiß seßhaft geworden, immer von einer fremden, oft feindlichen Welt umgeben war, eingeschlossen zwischen Deutschen, Slawen und Romanen, schließlich bedrängt und tödlich bedroht von den Türken. Die einzige magyarische Dynastie, die der Arpaden, starb zu Beginn des 14. Jahrhunderts aus, und es folgten (mit Ausnahme der glänzenden Einzelerscheinung des Matthias Hunyadi Corvinus) ausschließlich Angehörige fremder Herrscherdynastien. Es ist begreiflich, daß ein Volk, das immer wieder Gefahr lief, seine Identität und Kontinuität zu verlieren, ein anderen übertrieben erscheinendes Nationalgefühl entwickelte, das aus der als zwingend empfundenen Notwendigkeit entstand, sich immer und überall behaupten zu müssen, um nicht unterzugehen. Was die Nichtungarn allerdings immer irritierte, war der Umstand, daß sich dieses Nationalgefühl im Äußerlichen erschöpfte, in Glanz und Prunk und verbalem Bramarbasieren, dem keine effizienten Taten und Handlungen folgten.

Was immer Maria in diesen Sommer- und Herbstmonaten des Jahres 1521 auch erfahren haben mochte – es war mit Sicherheit genug, um sie in hohem Maße zu beunruhigen. Sie spürte die Feindseligkeit der königlichen Räte, die auf ihre Fragen immer ausweichende Antworten gaben, besonders auf die, wann denn nun endlich die eigentliche Hochzeit stattfinden sollte. Zuerst müsse der König für großjährig erklärt werden, setzten sie ihr auseinander, außerdem könne der König unmöglich eine Prinzessin heiraten, bevor diese nicht zur Königin gekrönt sei. All diese Zeremonien benötigten eine lange Vorbereitungszeit, doch wie solle man die in Zeiten wie diesen in Angriff nehmen?

Maria nahm also Naheliegenderes in Angriff und kümmerte sich um die persönlichen Bedürfnisse ihres Bräutigams. Sie erneuerte auf eigene Kosten seine schäbige Garderobe und warf Höflinge und Hofdamen, die sich in den besten Räumlichkeiten des Palastes eingenistet und den König verdrängt hatten, kurzerhand hinaus. *Das hat sy ein grossen Verdruss empfangen*, berichtete Hanns Schweinpeckh, ein Herr in Marias österreichischem Gefolge, nach Hause, *aber hilft nichts, haben den Kopfh gespitzt, muess hindurch Maister oder knecht zu werden!* Maria wußte genau, daß sie jetzt zeigen mußte, wer Herr(in) im Hause war – jetzt oder nie. Zum Glück stand sie nicht ganz allein da, Markgraf Georg von Brandenburg und Andrea da Burgo unterstützten sie, wo sie konnten, auch auf die Loyalität der Österreicher konnte sie sich verlassen. *Muss euch ein wenig anzeigen*, schilderte Hanns Schweinpeckh weiter die Situation, *dass wir in keinem guten und treuen land sein, uns das Volk gross unt klein wenig guts gönnt, und je höher, je weniger möchten leiden – Sie wollten das Schwert gerne selbs in der Hand behalten, und dem Kunig mit der Kuniginn den Namen lassen unt sy den nuz haben, als auch ist. Haben alle einkomen des Kunigs also zugericht, das er nit zu essen, noch ein gueten Rockh hat, die Kunigin hat ihn kleiden müssen – Hat kein gewalt, muss tanzen was sie pfeifen. Für wahr der Kunig ist rechtschaffen, haben einander aus dermassen lieb, das sehen die valschen hund, unt wo sy konnten davor sein, Sy lassen den Kunig nit gehen zu meiner Gnedigsten Frauen, möchten leiden, wir zugen wider haimb ein jar oder zwei, damit sie ir sach desto pass* [besser] *machen kunnten, aber wird nit geschehen, sind noch des synns, zu nechst und möglich bei dem Kunig zu bleiben unt allen abenteur zu besteen.*[49]

Maria war in der Tat entschlossen zu bleiben „und alle Abenteuer zu bestehen", auch wenn Gerüchte davon wissen wollten, die Königin wolle sich in Sicherheit bringen und nach Deutschland fliehen, wenn die Türken näher kämen. Den Gegenbeweis lieferte sie selbst. Begleitet von Andrea da Burgo erschien sie im Feldlager von Adony, um den König und die Truppen zu besuchen. Sie saß auf einem feurigen Pferd, das sie souverän beherrschte, was die Ungarn naturgemäß in Begeisterung versetzte. *Éljen*-Rufe erschallten, Trompeten schmetterten, Blut und Leben wollte man für König und Königin einsetzen, *vitam et sanguinem.* Doch, wie so oft, der Enthusiasmus dauerte nicht lange. Als Nachrichten eintrafen, daß die türkischen Truppen sich zurückzogen, breitete sich Erleichterung aus, das Land war „gerettet" – für wie lange? Man beschloß, das Feldlager in einen Reichstag zu verwandeln, um endlich die notwendigen Beschlüsse zu einer umfassenden Landesverteidigung zu fassen. Doch auch hier blieb es bei der guten Absicht. Im Heer brach eine Seuche aus, und die Truppen zerstreuten sich in ängstlicher Hast. Auch König Ludwig erkrankte und mußte in einer Sänfte nach Buda zurückgebracht werden. Maria erwartete ihn an der Zugbrücke, stützte ihn und führte ihn in die Kapelle der Burg, wo beide niederknieten, um Gott zu danken für ihre Wiedervereinigung. Sie mochten beide zum ersten Mal gefühlt haben, daß sie zusammengehörten.

Vom 19. November bis 6. Dezember wurde nun auf dem Rákosfeld bei Buda Reichstag gehalten, unter dem Eindruck der gefallenen Grenzfestungen war der Zuspruch zahlreich, die Bereitschaft zur Steuerbewilligung größer als sonst. Vier Schatzmeister zur Einahme und Verwaltung der Steuern wurden ernannt, zwei aus dem hohen, zwei aus dem niederen Adel. Die Prälaten und Herren, von denen ebenfalls große Beiträge zur allgemeinen Steuer und vor allem auch die Rückgabe der königlichen Güter und Einkünfte ohne Vergütung der Pfandsumme gefordert wurden, bestätigten erst nach heftigen Auseinandersetzungen die gefaßten Beschlüsse. Außerdem ermächtigte die Reichstagsversammlung den König, neue geringwertige Silbermünze neben der alten vollwertigen zu prägen, um den Gewinn zur Landesverteidigung zu verwenden.

Nun stand auch der Volljährigkeitserklärung des Königs, der Krönung der Königin und der Hochzeit nichts mehr im Wege.

Am 7. Dezember brachen Ludwig und Maria mit großem Gefolge von Buda auf, um sich in die alte Krönungsstadt Stuhlweißenburg/Székesfehérvár zu begeben, wo ihnen nur ein bescheidener Empfang bereitet wurde, nicht zu vergleichen mit der Pracht, die für Beatrix von Aragón, die Gemahlin des Matthias Corvinus, oder für Ludwigs Mutter Anne de Foix aufgewendet worden war. Am 10. Dezember leistete Ludwig den Ständen den Eid, und der Palatin István Báthory übertrug ihm die Regierungsgewalt. Am nächsten Tag fand im Stephansdom die Krönungszeremonie für Maria statt. Da es für die Königin keine eigene Krone gab, ergriff der Bischof von Agram, Simon Erdödy, die Krone des heiligen Stephan und berührte Maria damit an der Schulter. Nun fehlte nur mehr die Hochzeit. Sie wurde am 13. Januar 1522 in der Liebfrauenkirche zu Buda gefeiert. Marias Brautkleid ist erhalten geblieben: ein grün-golden gemustertes Gewand aus schwerer Seide, von schlichter Eleganz (Nationalmuseum Budapest). Ludwig und Maria, deren Bund 1515 im Wiener Stephansdom und dann noch einmal in Innsbruck *per procuram* gesegnet worden war, waren nun endlich ein Paar und sie waren ein glückliches Paar. An Anne de Croy, Prinzessin von Chimay, die Gemahlin ihres Erziehers, schrieb Maria bald darauf nach Mecheln, sie hätte *le paragon des mariz*, das Muster eines Ehemannes.[50]

Ludwig war in der Tat ein idealer Gefährte: liebenswürdig, herzlich, charmant, großzügig – sein sonniges und fröhliches Wesen kannte keinen Zorn, keine Rachsucht, kein Mißtrauen. Niemand hatte ihn je wütend gesehen, er vergab jede Beleidigung und jeden Schimpf, wie sein Vater Wladislaw wollte er von jedermann nur das Beste denken. Der venezianische Botschafter, sonst nicht geizig mit scharfen Worten, nannte ihn geradezu „engelgleich" – *si pol dir esser anzelicho*. Alles höchst sympathische Eigenschaften, für einen Herrscher aber geradezu gefährlich, denn es fehlte ihm auch jegliche Bereitschaft, sich mit seiner Stellung und seinen Aufgaben auseinanderzusetzen. Welch ein Gegensatz zu seinem Schwager Karl und dessen Ernst und Verantwortungsgefühl, mit dem er die Ämter, die ihm in ebenso jungen Jahren zugefallen waren, auf sich nahm (Karl war fünfzehn, als er Herzog von Burgund, sechzehn, als er König von Kastilien und Aragón, neunzehn, als er deutscher Kaiser wurde). Ludwig war weder dumm noch unbegabt (er sprach geläufig vier Sprachen und war ein talentierter Holzschnitzer und Lautenspieler), aber seine Lehrer (unter ihnen die Humanisten Hieronymus Balbi und Jacobus Piso) mußten immer wieder feststellen, daß ihn jede geistige Tätigkeit langweilte. Viel mehr als Bücher faszinierte ihn der Gebrauch von Waffen, viel lieber als zu studieren ritt er auf die Jagd, spielte mit seinen Hunden oder turnierte mit den jungen Herren seines Hofstaates. Die Staatsgeschäfte sollten seine Räte besorgen, die um so vieles älter und klüger waren als er selbst – so wie sie es seit jeher getan hatten. Dieser Meinung war seine junge Gemahlin nun keineswegs. Zwar liebte auch Maria es zu reiten und zu jagen und wie eine Amazone durch die Wälder zu streifen, doch sie war reifer, intelligenter und vor allem energischer als Ludwig. Sie sah die Dinge mit wacheren Augen und war sich ihrer Stellung als Königin und ihrer Würde als Enkelin Kaiser Maximilians und Schwester Kaiser Karls durchaus bewußt, was ihre Sympathiewerte nicht unbedingt steigerte. Lorenzo Orio hatte sie bei ihrer Ankunft in Buda noch „charmant und intelligent" gefunden, doch Francesco Massaro berichtete auch anderes. „Königin Maria ist lebendig und amüsant, versessen auf Luxus, klein, häßlich, hochmütig, herzlos und rachsüchtig", schrieb er an die Signoria. „Die Ungarn verabscheuen sie, sie macht ihrem Mann allerlei Probleme. Sie haßt die Venezianer. Sie reitet auf wilden Pferden, hält Feste ab und leckere Gelage zu jeder Stunde, so daß sie sich eine Magenverstimmung nach der anderen einhandelt, was auch die Ursache ihrer Unfruchtbarkeit ist. Weder draußen noch drinnen sitzt sie still. Sie ist stolz und kann ihren Hochmut nicht im Zaum halten." Freilich, einem „Engel" glich sie nicht, und ihr „Haß" auf die Venezianer mag die gleichen Gründe gehabt haben wie die Abneigung der Venezianer gegen sie. Der Gegensatz Venedig – Habsburg reichte weit zurück, Kaiser Maximilian hatte viele erbitterte Sträuße mit den Lagunenbewohnern ausgefochten, schließlich waren es auch die nach seiner Ansicht, „aus den Sümpfen gekrochenen Giftmischer und Krämer" gewesen, die seinen Romzug und die Kaiserkrönung verhindert hatten.[51]

III. Königin von Böhmen

Maria fand bald Gelegenheit, ihren Einfluß auf ihren Gemahl geltend zu machen. Zur Hochzeit war eine böhmische Gesandtschaft mit dem Auftrag erschienen, das Königspaar nach Böhmen einzuladen. Ludwig war schon als Dreijähriger in Prag gekrönt worden, doch seit dem Tod seines Vaters Wladislaw hatten es die Ungarn zu verhindern gewußt, daß er in seine böhmischen Länder reise. Auch jetzt versuchten sie, ihn davon abzuhalten, vor allem mit dem Argument, es sei ein neuerlicher Angriff der Türken zu erwarten. Die Abreise des Königspaares könne als Flucht ausgelegt werden und einen solchen Angriff beschleunigen. Die böhmischen Herren machten jedoch jede Hilfe gegen die Türken von dieser Reise abhängig. Käme der König rasch nach Prag, um die Königin zu krönen und die Streitigkeiten zwischen den Adeligen und Bürgern zu schlichten, dann könne er schon zu Ostern wieder mit einem böhmischen Heer von 50.000

Mann in Ungarn sein. Dieses Angebot war verlockend und bewog die Ungarn, einzulenken. König Ludwig war durch den Rat Andrea da Burgos und das „eifrige Bemühen" der Königin ohnedies bereits gewonnen.[52]

Vor ihrer Abreise, am 8. Februar 1522, unterzeichnete Ludwig noch ein Dokument, das Marias Apanage sicherte, alles in allem ein beachtlicher Besitz: die oberungarischen Bergstädte Kremnitz/Körmöczbánya, Schemnitz/Selmeczbánya und Bresnitz/Breznobánya mit ihren Gold- und Silberminen und die Burg Neusohl/Beszterczebánya. Ferner Stadt und Schloß von Alt-Ofen/Óbuda und die Donauinsel Csepel, ein bevorzugtes Jagdgebiet. Im Osten und Nordosten noch die Salzbergwerke von Máramaros und die Erzbergwerke von Diósgyör und weitere Städte und Schlösser, auch einige Güter in Böhmen. In einem Begleitschreiben erklärte Ludwig noch zusätzlich, daß seine Gemahlin imstande sein müsse, einen ihrer Abkunft und Stellung entsprechenden Hofstaat zu unterhalten. Eine königliche Apanage – zumindest auf dem Papier. Tatsächlich brachten die reichen Besitztümer vorläufig keine Einkünfte für Maria, da die meisten noch von König Wladislaw bis 1524 an die Firma Fugger-Thurzó verpachtet worden waren. Erst nach Ablauf der Frist konnte sie sie in Besitz nehmen und wurde mit einem Schlag eine der reichsten Frauen Ungarns, was naturgemäß auch ihre politische Position stärkte. Sie geriet allerdings auch in Konflikt mit den Fuggern, die die reichen Minen nicht aufgeben wollten. Als sie sie enteignen ließ, sandte Jakob Fugger von Augsburg aus Protestbriefe an den Kaiser, den Papst, Erzherzog Ferdinand und viele deutsche Fürsten, die schließlich gemeinsam bei König Ludwig intervenierten. Niemand konnte es sich leisten, Jakob Fugger zum Feind zu haben, und so mußte schließlich auch Maria nachgeben und sich mit den Fuggern verständigen.[53]

König Ludwig betraute den Palatin István Báthory mit der Statthalterschaft und verließ mit seiner Gemahlin und großem Gefolge, dem auch der Markgraf von Brandenburg, der Bischof von Waitzen, Andrea da Burgo und der Venezianer Lorenzo Orio angehörten, am 24. Februar Buda, um sich nach Prag zu begeben.

Es wurde eine schwierige und anstrengende Reise, die über weite Strecken durch Gebiete führte, in denen Nahrungsmittel und Futter für Reit- und Zugtiere schwer zu bekommen waren. Früh einsetzendes Tauwetter verwandelte Wege und Pfade in grundlose Sümpfe, oft konnten im Tag nur wenige Meilen mühsam bewältigt werden.

Von 9. bis 23. März machte der königliche Reisezug in der mährischen Hauptstadt Brünn/Brno Station, wo Ludwig einen Landtag abhielt und den mährischen Ständen den Eid leistete. Im Auftrag von Erzherzog Ferdinand erschienen Cyriak von Polhaim und Johannes Cuspinianus vor dem König und berichteten von der Absicht Ferdinands, sich auf dem bereits eröffneten Reichstag zu Nürnberg für eine ausreichende Türkenhilfe einzusetzen. Er selbst wolle zusammen mit dem Markgrafen Kasimir von Brandenburg und dem Herzog Wilhelm von Bayern am nächsten Feldzug teilnehmen. Nach Wien zurückgekehrt, wußte Polhaim allerdings nicht viel Gutes vom ungarischen Hof zu berichten. Obwohl die Ungarn sich am letzten Landtag über die Finanzierung der Truppen geeinigt hätten, sei nun alles wieder in der alten Unordnung. Verbotene Zusammenkünfte würden gehalten und ein Bündnis mit den Türken oder die Wahl eines neuen Königs erwogen. Auch die Mährer seien untereinander uneins, und es sei keineswegs klar, ob von ihnen Hilfe zu erwarten sei. Außerdem wären die Ungarn gegenüber mährischen Hilfstruppen so feindselig eingestellt, daß sie ihre Waffen lieber gegen die Mährer als gegen die Türken erheben würden.

Von Brünn zogen Ludwig und Maria weiter zur böhmischen Grenze, wo sie in der Nähe von Polná vom Oberstburggrafen von Prag, Leo von Rosental (Rozmitál), und einer großen Anzahl böhmischer Herren und Ritter festlich empfangen wurden. Den unverschämten Vorschlag, den Eid gleich an Ort und Stelle zu leisten, nahm Ludwig nicht an. Schließlich war er bereits gekrönter König von Böhmen, und ein solcher konnte den Eid nur in Prag ablegen. Der Zug bewegte sich weiter über Deutsch Brod, Tschaslau und Kuttenberg und erreichte schließlich am 28. März die böhmische Hauptstadt Prag.

Der gewaltige Burgberg des Hradschin hoch über der Moldau, mit Dom, Kirchen und Palastgebäuden, seit dem Eintritt Böhmens in die Geschichte der weltliche und geistliche Mittelpunkt des Landes, hat Maria gewiß beeindruckt. Auch Ludwig sah ihn bewußt zum ersten Mal, denn bei seiner Krönung zum König von Böhmen war er erst drei Jahre alt gewesen. Sein Vater Wladislaw hatte für ihn einen eigenen Trakt errichten lassen, den „Ludwigstrakt", einen an der Südseite des Palas kühn vorspringenden Gebäudeteil. Auf König Wladislaw geht auch der großartige Festraum zurück, der „Wladislawsche Saal", an dem fast zehn Jahre gebaut wurde, ein spätgotisches Meisterwerk des deutschen Baumeisters Benedikt Ried, dessen „Bogenrippengewölbe den Zeitgenossen wie eine Absage an alle hergebrachten Regeln der Wölbekunst erscheinen mußten, als architektonische Zauberei, die von völlig neuen Methoden des Bauens kündete".[54]

Trotz alarmierender Nachrichten über neuerliche Rüstungen der Türken zogen sich die Verhandlungen mit den Ständen in die Länge, ein erster Landtag wurde ohne Ergebnis aufgelöst, ein zweiter für Anfang Mai einberufen. Am 9. Mai leistete Ludwig in der Wenzelskapelle des Domes den Eid, für den 29. wurde die Krönung Marias angesetzt. Es trat jedoch wieder eine Verzögerung ein, da sich die böhmischen Herren nicht über das Protokoll der Feierlichkeiten einigen konnten. Es war Maria, die schließlich ein „Machtwort" sprach. Wenn die Herren zu keiner Einigung kommen könnten, wer welche Insignien tragen solle, dann werde man eben ganz auf ihre Mitwirkung verzichten. Als sie am 1. Juni, dem Krönungstag, die königliche Residenz verließ, um sich in den Veitsdom zu begeben, trug König Ludwig die Wenzelskrone, das Szepter und den Reichsapfel und Markgraf Georg von Brandenburg das Staatsschwert. Während einer feierlichen Messe am Hochaltar erfolgten nach der Epistel die Salbung und Krönung, bei der nur die eigentlich politischen Akte unterblieben (Vorstellung, Akklamation, Eid und Bekenntnis waren dem König vorbehalten).[55]

Um die Autorität des Königs stand es in Böhmen nicht besser als in Ungarn, denn die obersten Beamten waren längst daran gewöhnt, nach eigenem Gutdünken zu regieren. Sie hatten sich schon von Wladislaw wenig sagen lassen, wie erst von dessen Sohn, der noch ein halbes Kind war? Und was die Hilfe gegen die Türken betraf, so war das Gefühl der Bedrohung naturgemäß in Böhmen weit geringer und ebenso gering die Bereitschaft, Geld und Truppen zur Verteidigung einer Grenze zu investieren, die weit weg im Südosten lag. Als dann noch Nachrichten eintrafen, daß Sultan Süleyman in diesem Sommer keinen Feldzug gegen Ungarn plante, sondern die Vertreibung der Johanniter von der Insel Rhodos in Angriff nahm, da meinten die Herren, der König müsse sich mit der Rückreise nicht beeilen und könne sich mit den böhmischen Problemen befassen.

Auch hier ging es um Parteienhader und Geldangelegenheiten. Die königlichen Finanzen befanden sich in ähnlicher Unordnung wie in Ungarn, Schulden aus der Zeit König Wladislaws waren noch nicht getilgt und die königlichen Güter verpfändet. Auf den Landtagsversammlungen wurde um die Steuerbewilligung verhandelt, diskutiert und gestritten – mit dürftigem Ergebnis. Als schließlich das Geld für den Unterhalt des Hofes knapp wurde, fanden sich die Stände endlich bereit, die nötige Steuer zu bewilligen. Die Gegensätze zwischen den verschiedenen Gruppierungen blieben aber bestehen, einerseits zwischen den für die Einbringung und Verwaltung der Steuern zuständigen königlichen Beamten und den Ständen und Städten, die sie bewilligen mußten, andererseits zwischen den böhmischen Herren und der „ausländischen" Umgebung des Königs. Während die Böhmen an einer Stärkung der königlichen Autorität nicht interessiert waren, so erhofften sich die Ungarn von einer solchen eine wirksamere Hilfe gegen die Türken. Der Streit wogte hin und her und kein Ende war abzusehen, so daß König Ludwig eine Gesandtschaft an seinen Onkel Sigismund von Polen abfertigte und um seine Unterstützung bat. Die Gesandten führten Klage, daß die böhmischen Herren nur deshalb ohne die ausländischen Räte mit dem König verhandeln wollten, um seine politische Unerfahrenheit auszunützen. Sie hätten in den Rat, in die Ämter und als Richter vor allem ihre Parteigänger berufen und legten dem König Urkunden zur Ratifizierung vor, ohne ihn über deren wahren Inhalt aufzuklären. Zu den Landtagen beriefen sie nur ihre Anhänger und verzögerten die Verhandlungen so lange, bis ihre Gegner aus Geldmangel abreisen müßten. Vergeblich habe der König bisher die Rechnungslegung der Beamten und ein Verzeichnis aller seiner Gläubiger und verpfändeten Besitzungen verlangt. Das vor der Reise gegebene Versprechen, die Güter zu entlasten, hätten sie nicht gehalten, der König habe deshalb keine Einkünfte, keine Macht und keinen Gehorsam. Gegen die Türken sei aus Böhmen keine Hilfe zu erwarten, sie hätten auch niemand zu diesbezüglichen Verhandlungen nach Nürnberg und nach Wien gesandt. Leo von Rosental, der Oberstburggraf von Prag, habe König Ludwig sogar geraten, sich von dem Bündnis mit den Habsburgern Karl und Ferdinand loszumachen, sich dem König von Frankreich anzuschließen und mit französischen Hilfsgeldern Schweizer gegen die Türken anzuwerben (französische Agenten waren nicht nur in Böhmen, sondern auch in Ungarn und Polen tätig, um gegen die Habsburger Stimmung zu machen).

Die Ungarn, die der Meinung waren, der König halte sich völlig nutzlos in Böhmen auf, forderten mit Nachdruck seine Heimkehr, während der König auf einem Landtag in Prag noch einmal versuchen wollte, Hilfe gegen die Türken zu bekommen. Außerdem fürchtete er, sollte er Böhmen verlassen, ohne geordnete Verhältnisse geschaffen zu haben, beide Königreiche zu verlieren, Böhmen durch inneren Aufruhr und Ungarn durch äußere Feinde.[56]

Am 22. Januar 1523 trat der neue Landtag in Prag zusammen und brachte erstaunlicherweise einen völligen Umschwung. Da Leo von Rosental und seine Parteigänger nicht rechtzeitig erscheinen konnten, berief der König viele Herren, die bisher noch nie geladen worden waren. Sie zeigten sich wesentlich entgegenkommender, und die Ständeversammlung beschloß, dem König die Schlösser Podebrad, Kolin, Puglitz, Tachau und Preitenstein ohne Auflagen zu übergeben, ebenso alle königlichen Einkünfte von den Bergwerken, Städten, Klöstern und Juden. Adalbert von Pernstein tat ein übriges und trat freiwillig und ohne Forderungen zu stellen die königliche Herrschaft Frauenberg an der Moldau ab, die an ihn verpfändet war. Schließlich entließ der König in der Landtagssitzung vom 5. Februar sämtliche Landesbeamten, ohne auf Widerstand zu stoßen. Den einen war für ihr Einverständnis eine Belohnung in Aussicht gestellt worden, die anderen mußten zufrieden sein, daß man nicht Anklage gegen sie erhob. Der König verlangte nun von den Herren, die bisher für die Eintreibung der Steuern verantwortlich gewesen waren, die Rechnungslegung, und von jenen, die königliche Güter und Einkünfte als Pfand innehatten, die Vorlage der Pfandbriefe zur Überprüfung ihrer Rechtmäßigkeit. Auf einem neuen Landtag Ende Februar wurden die Neubesetzung der Ämter, die Türkenhilfe und die Einbringung bereits bewilligter Steuern beschlossen. Die neuen Beamten waren fast ausschließlich Utraquisten oder standen den „Böhmischen Brüdern" nahe (aus den Hussiten hervorgegangene religiöse Gemeinschaften), manchen von ihnen wurden sogar Sympathien für Luther nachgesagt. Ausschlaggebend war jedoch ihre Gegnerschaft zur (katholischen) Partei des Leo von Rosental. Eine Kommission sollte sich mit der Durchsicht der Landesordnung und der Bereinigung des Privilegienstreits zwischen Adel und Städten befassen, brachte jedoch nicht die erhoffte Klärung der Rechtslage.

Inzwischen war die innenpolitische Situation in Ungarn während der Abwesenheit des Königs nicht besser geworden. Die Herren zeigten sich nach wie vor uneinig und außerstande, eine gemeinsame Aktion gegen die Türken zusammenzubringen. Die Ignoranz sei groß, schrieb János Bornemisza an Andrea da Burgo, und es wäre besser zu schweigen als irgendetwas zu reden, bevor der König nicht anwesend sei. Man setzte große Hoffnungen auf den kommenden ungarischen Reichstag, umso mehr als Nachrichten über den Erfolg Ludwigs in Böhmen und über seine charakterliche und geistige Reifung eingetroffen seien.

Am 16. März 1523 verließen Ludwig und Maria Prag und reisten über Kuttenberg und Pardubitz nach Olmütz, zum Landtag der mährischen Stände, wo erneut über die Auslösung der königlichen Güter und über die Türkenhilfe mit wenig Erfolg verhandelt wurde. Sie war dringender denn je, denn János Zápolya erschien mit der Nachricht in Olmütz, daß Rhodos gefallen sei und neuerliche Rüstungen im Gange wären. Er selbst legte vor der Versammlung des ungarischen, böhmischen, mährischen und schlesischen Rates sein Amt als Oberster Feldhauptmann von Ungarn zurück, da er ohne Geld und Hilfsmittel keine Möglichkeit zu einer ehrenhaften Erfüllung seiner Aufgabe sehe. Mit dem König scheint es in Olmütz zu persönlichen Aussprachen und Treueversprechen von Seiten des Woiwoden gekommen zu sein, so ist es jedenfalls einem Bericht Sigismund von Herbersteins an Gabriel von Salamanca, den Schatzmeister Erzherzog Ferdinands, zu entnehmen.

Am 16. April brach der Hof endlich zur Heimreise auf und erreichte nach festlichen Empfängen an der Grenze, auf Burgen des Adels und in Gran am 27. April die Hauptstadt Buda.[57]

IV. Der Weg nach Mohács

Schon zwei Tage nach der Ankunft des Königspaares, am 29. April 1523, trat der Reichstag zusammen und brachte die üblichen heftigen Auseinandersetzungen zwischen Magnaten und Prälaten auf der einen und dem niedrigen Adel auf der anderen Seite. Der Kleinadel votierte zwar die zur Landesverteidigung nötigen Maßnahmen und Steuern, verlangte aber auch, daß die Verwaltung der königlichen Einkünfte offengelegt und gegen die Falschmünzer vorgegangen werde, was den großen Herren wenig paßte, denn die meisten Falschmünzer waren in den Reihen der Magnaten zu finden. Heftige Klagen wurden gegen den Palatin István Báthory vorgebracht, dessen Amtsführung heftiger Kritik ausgesetzt war. Man warf ihm vor, als Statthalter des Königs zwar eine große Summe zum Schutz der Grenzen eingenommen, aber wenig dafür getan zu haben, sogar von einer Zusammenarbeit mit den Türken war die Rede. Außerdem schien eine korrekte Amtsführung schon deshalb nicht möglich, weil er (wie Francesco Massaro berichtete) ständig betrunken war, und zwar „von morgens bis abends und von abends bis morgens". Der König entließ den Palatin und übernahm vorläufig dessen Befugnisse.

Weiters beschloß die Reichstagsversammlung, daß Hofämter nur mit Ungarn zu besetzen seien, was sich gegen den Einfluß der ausländischen Höflinge richtete, vor allem gegen die Deutschen am Hof und die Deutschen in Ungarn im allgemeinen, denen man außerdem nachsagte, sie würden mit Martin Luther sympathisieren. Man forderte für die Lutheraner sogar die Todesstrafe. Sie hatten in Markgraf Georg von Brandenburg eine mächtige Stütze, doch auch Königin Maria stellte sich schützend vor sie. Die Räte des Königs (keinesfalls nur Ausländer) verständigten sich nun untereinander und schlossen ein Bündnis, das die Einigkeit herstellen, Intrigen verhindern und ein gemeinsames Auftreten gegenüber dem Adel und der Zápolya-Partei ermöglichen sollte. Es waren dies der Kanzler László Szálkay, der Burghauptmann von Buda und Preßburg, János Bornemisza, der Schatzmeister Alexius Thurzó, der Hofmeister der Königin, János Goszthony, der kaiserliche Gesandte Andrea da Burgo und Markgraf Georg von Brandenburg.

Nicht nur dem Palatin, auch János Zápolya, zumindest seiner Dienerschaft, wurden verräterische Umtriebe vorgeworfen, und der Woiwode mußte dem König, der ihn an sein in Olmütz gegebenes Treueversprechen erinnerte, Rede und Antwort stehen. Zápolya wußte geschickt auszuweichen und erbat sich Bedenkzeit, doch scheint seine Stellung (laut Herberstein) keine sehr gesicherte gewesen zu sein, denn weder er noch einer seiner Anhänger wurde mit dem Amt des Palatin betraut.

Im Sinne einer Stärkung der königlichen Macht konnte dieser Reichstag als Erfolg verbucht werden, die Macht der Magnaten war durch einige Beschlüsse geschwächt worden, und der niedere Adel hatte ebenfalls einige Ansprüche zugunsten des Königs aufgegeben. Nun müßten die günstigen Beschlüsse nur mehr durchgeführt werden, schrieb Andrea da Burgo an den Bischof von Trient.

Doch dies geschah nur zum Teil und mit viel zu wenig Nachdruck. Die ganze Reform blieb in den Ansätzen stecken, und man schob die Schuld daran der Jugend und Unfähigkeit des Königs zu, den man zwar immer wieder aufforderte, eine starke Regierung zu führen, die nötigen Mittel dazu aber verweigerte.

Auch bezüglich der Landesverteidigung geschah nichts Wesentliches. Aus Geldmangel blieben die Grenzen nach wie vor ungenügend geschützt, an eine Rückeroberung Belgrads war nicht zu denken, ausländische Hilfe erschöpfte sich zumeist im Verbalen, wie dem Aufruf Papst Hadrians VI., der unter Androhung der Exkommunikation einen Waffenstillstand unter den christlichen Fürsten auf drei Jahre zur Durchführung eines gemeinsamen Krieges gegen die Türken befahl. Große Erwartungen setzten der König und seine Räte in eine geplante Zusammenkunft Ludwigs mit seinem Onkel Sigismund von Polen und seinem Schwager Erzherzog Ferdinand, die im Herbst stattfinden, eine wirkungsvollere Türkenhilfe bringen und die Rüstung in den drei Herrschaftsbereichen koordinieren sollte. Außerdem hoffte man (auf seiten der Räte), daß eine persönliche Aussprache unter den Verwandten Lebenswandel und Regierungsstil Ludwigs günstig beeinflussen könnte.[58]

Wie sah dieser allseits kritisierte „Lebensstil" nun aus? Kurz gefaßt könnte man sagen, daß er angesichts der finanziellen Lage zu aufwendig und angesichts der politischen erschreckend sorglos war. Warnungen wurden in den Wind geschlagen, Ratschläge überhört, das junge Königspaar schien nichts anderes im Sinn zu haben, als seine Zweisamkeit zu genießen und die endlich erreichte Freiheit auszuleben. *Rex est valde captus amore reginae non solum corporis sed vertutum ejus,* schrieb Andrea da Burgo, *et Regina mutuo eum amat et ambo sunt satis in etate* – „der König liebt die Königin sehr, nicht nur ihres Körpers, sondern auch ihrer Tugend wegen, und die Königin liebt ihn ebenfalls, beide haben sie das erforderliche Alter" (d. h. zur Zeugung von Nachkommenschaft, die jedoch ausblieb). Obwohl man wahrlich nichts zu feiern hatte (oder gerade deswegen), jagte ein Bankett das andere (manche dauerten bis in die frühen Morgenstunden), wechselten Tanzfeste und „Mummereien", Turniere und Jagdpartien einander ab. Die königliche Tafel war reichlich bestellt, mit Fleisch und Wildbret, mit Fischen aus Flüssen und Seen, Ausgrabungen haben sogar Austernschalen zutage gebracht. Dazu trank man Malvasier, kräftige Weißweine oder den süßen Szerémség, Bier bevorzugten vor allem die Deutschen. Zahlreiche Speisemeister waren mit dem zeremoniellen Auftragen der Gerichte beschäftigt, die Getränke standen auf einem Buffet bereit, zwischen Kannen, Pokalen und Trinkhörnern. An Besteck verwendete man vor allem Löffel und Messer, seltener Gabeln, man aß noch vielfach mit den Fingern und benützte auch keine Teller, sondern Brot oder ausgehöhlte Brotkrusten. Zu Beginn und am Ende der

Mahlzeiten wurde in silbernen Schalen Wasser zur Reinigung der Hände gereicht. Instrumentalisten und Sänger besorgten die Tafelmusik. Anschließend wurden die Tische abgeschlagen und aus dem Saal getragen, und die Paare fanden sich zum Tanz.

Als liebsten Zeitvertreib schätzten Ludwig und Maria allerdings die Jagd, kein Wunder in einem Jagdparadies wie Ungarn, dessen Wälder und Flußauen reich an Wildtieren waren, an Hirschen, Rehen und Wildschweinen, an Bären und Wölfen, an Luchsen, Wildkatzen und Füchsen, an Hasen, Hermelinen und Mardern und zahlreichen Vogelarten. Man veranstaltete Treibjagden mit Treibern und Hunden, doch die Königin liebte vor allem die Falkenbeize, und ihr Gemahl zögerte nicht, ein eigenes Darlehen aufzunehmen, um ihr einen besonderen Jagdfalken zum Geschenk zu machen.

Ein für die Vogeljagd besonders geeignetes Gebiet war die an Sümpfen und Gewässern reiche Gegend um Tata, unweit der Donau, auf halbem Weg zwischen Buda und Raab/Györ gelegen. Schon König Sigismund hatte eine ältere, am Ufer des „Alten Sees" errichtete Burg ausbauen und befestigen lassen, Matthias Corvinus ließ sie in einen Renaissancepalast umwandeln und mit einer zum See hin geöffneten Terrasse versehen. Der Italiener Bonfini beschrieb die Anlage als eine der schönsten Burgen in Ungarn, mit „goldverzierten Speisesälen und prachtvollen Schlafzimmern, üppig vergoldeten und mit schönen Schnitzwerken ausgestatteten Gebälkdecken". Auch der türkische Geschichtsschreiber Mustapha Dschelalzade zeigte sich beeindruckt von der mit „himmelhohen Mauern umgebenen Festung, die von allen Seiten mit wohlschmeckendem Wasser und mit Tulpen- und Rosenhainen umgeben war, deren Ecken und Winkel alle dem Paradies ähnlich waren." 1727 gelangte die Burg, bzw. das, was nach den Türkenstürmen von ihr übrig war, in den Besitz der Familie Esterházy (bis 1945), die mit dem Wiederaufbau begann, der bis zum Ende des 19. Jahrhunderts weitergeführt wurde. In den fünfziger und sechziger Jahren nahm sich das Landesdenkmalamt erneut des Burgkomplexes an, brachte die Ausgrabungs- und Rekonstruktionsarbeiten zum Abschluß und richtete ein Museum ein. Heute präsentiert sich das Gebäude als eine etwas seltsam anmutende Mischung aus originalen und rekonstruierten Teilen. Auf der Wiese, die sich vom spätbarocken Esterházy-Schloß zum See hin ausbreitet, steht seit 1929 das Reiterstandbild einer eleganten Jägerin mit dem Falken auf der Faust. Bei dem Standbild handelt es sich *nicht,* wie Gorter-van Royen meint, um ein Denkmal Marias, mit der diese „Jagende Diana" auch nicht die geringste physiognomische Ähnlichkeit aufweist. Laut Auskunft der Direktorin des Museums in Tata, Dr. Eva Fülöp, erinnert sie ganz allgemein an die Jagdtradition im Gebiet um Tata und den im 19. Jahrhundert entwickelten Pferdesport.[59]

Es konnte nicht ausbleiben, daß das lustige In-den-Tag-hinein-Leben des jugendlichen Königspaares auf massive Kritik stieß, vor allem auch deshalb, weil die Sitten am Hof ganz allgemein nicht die besten waren. Der Hofkaplan György Szerémi beschuldigte vor allem Maria, an diesem Sittenverfall schuld zu sein, und nannte sie eine *latruncula,* eine Banditin. Zusammen mit ihren Hofdamen, die ungeniert mit den Herren auf den Bänken und hinter den Vorhängen poussierten, hätte sie aus der königlichen Burg ein Bordell gemacht – *Regina Maria fecit arcem in luppanarem cum ancillis suis.* Andere schoben die Schuld auf Georg von Brandenburg, der am Hof immer noch den Ton angab und das Königspaar in seiner Lebensführung noch bestärkte. Der Brandenburger kenne kein größeres Vergnügen, berichtete der päpstliche Nuntius Antonio Burgio nach Rom, als jeden Tag zu tanzen, am liebsten vor dem Mittagsmahl, manchmal auch vor dem Frühstück, und ungeheure Mengen von Speisen und Getränken zu vertilgen. Er habe den König auch gelehrt, nicht zweimal, sondern siebenmal am Tag zu essen. Außerdem habe er den Hof mit seinen deutschen Kreaturen überschwemmt, und der König fände in seinem Rat, in seinen Räumen, bei Tisch und im Bett nichts anderes als: Deutschland. Nicht nur der Nuntius war der Meinung, daß die am Hof herrschende Verschwendungs- und Vergnügungssucht deutschen Ursprungs sei, auch die Ungarn machten den Markgrafen zum Sündenbock für alles, was ihnen nicht paßte. Er hatte den König schlecht erzogen, er war ein Lebemann, ein verantwortungloser Wüstling, und was das Schlimmste war: ein Häretiker. Er zeigte offen seine Sympathie für die Lehren Martin Luthers, und man meinte bereits, er beeinflusse die religiöse Einstellung des Königspaares. Hatte König Ludwig in Böhmen nicht alle königlichen Beamten entlassen und durch Utraquisten oder andere Häretiker ersetzt? Selbst der für Böhmen ernannte Statthalter, Herzog Karl von Münsterberg, stand in persönlichem Kontakt mit dem in Acht und Bann geratenen Mönch aus Wittenberg.

Vielleicht war die Entrüstung des Nuntius tatsächlich eine moralische, die der Ungarn hatte mehr nationalen und politischen Charakter. Ihre Aversion richtete sich weniger gegen Feste und Gelage als gegen alles „Ausländische", vor allem gegen alles Deutsche. Für Festivitäten, *mulaczág,* hatten sie selbst sehr viel übrig, und derselbe Berichterstatter, der Georg von Brandenburg einen „Wüstling" nannte, beschrieb auch die notorische Verschwendungssucht und Zügellosigkeit der ungarischen Magnaten und Prälaten.

Die Klagen über die Lebensführung des ungarischen Königspaares drangen auch an das Ohr von König Sigismund, der seinem Neffen brieflich ernste Vorstellungen machte. Beide, Ludwig und Maria, sollten bei all ihren Handlungen stets Gott vor Augen haben, denn ihre königliche Macht ruhe in Seiner

„erlauchtesten Prinzen, in eine wundervolle Herrschaft hineingeboren und für eine größere ausersehen". Unbeschadet der politischen Verwirrungen herrschte am Hof zu Buda ein ausgesprochen intellektuelles Klima, das von humanistisch gebildeten Männern geprägt war, zu denen der Graecist und Freund Melanchthons, Simon Grynaeus, zählte, der Rhetorikprofessor und *poeta laureatus* Caspar Ursinus Velius, Johannes, Stanislaus und Alexius Thurzó, die drei Söhne des Kammergrafen und Mäzens Johannes Thurzó, László Szálkay, der Erzbischof von Gran, und der Sekretär der Königin, Miklós Oláh. Auch in Ludwigs Erzieher Georg von Brandenburg und in seinen Lehrern Hieronymus Balbi und Jacobus Piso fand Maria neue, interessante Gesprächspartner. Piso korrespondierte mit Erasmus und berichtete aus Prag an seinen Brieffreund, daß an der königlichen Tafel über ihn diskutiert worden sei. Der Markgraf von Brandenburg habe behauptet, daß Luther alle Ideen von Erasmus bezogen hätte und die beiden einer Meinung seien. Darauf habe er, Piso, ins Treffen geführt, daß er einen Originalbrief des Erasmus besitze, der das Gegenteil beweise. Auf Befehl der Königin mußte er sofort vom Tisch aufstehen und den Brief holen, den ihm die Königin geradezu „aus der Hand gerissen" habe. Nach Verlesen des Briefes hätten sich dann alle der Meinung des Piso angeschlossen. Erasmus hatte zwar viele der „Eier" gelegt, die Luther dann ausbrütete, mit dessen rüder Vorgangsweise war er jedoch keineswegs einverstanden. Luther war das große Gesprächsthema in dieser Zeit, und die Lager begannen sich bereits zu formieren. Markgraf Georg von Brandenburg sympathisierte wie sein Bruder Albrecht schon länger mit dem von Kaiser und Papst gebannten Mönch, doch auch Maria konnte sich der Einsicht nicht verschließen, daß er nur offen aussprach, was viele Christen über die Mißstände in der Kirche fühlten und dachten. Das Jahr in Böhmen, dem Land des Jan Hus, der Utraquisten und Böhmischen Brüder, die sich in dem Bestreben einig waren, daß die Kirche aus dem beklagenswerten Zustand, in den sie geraten war, herauszuführen sei, hatte in Maria seine Spuren hinterlassen. So konnte der in sächsischen Diensten stehende Diplomat Hans von der Planitz an den Kurfürsten Friedrich den Weisen schreiben, daß *man hatt zu Ungernn die Lutherischen lehr und sein anhenger vast verfolget auch bis in den tott, aber es seind zeitung anher komen, das die konnigin zu Ungernn sehr gut evangelisch worden sei und mit dem konig deshalben ssovill gehandelt, das man die Lutherischen weiter nicht vorfolget und nunalls das evangelium frei in Ungernn geprediget werde. Welches mir nicht ungleublich; dan ich weiss, das ir der hoemeister aus Preussen* [Albrecht von Brandenburg, damals noch Hochmeister des Deutschen Ritterordens] *von hinnen vill Lutherisch bucher auf ir begere zugeschigkt.*

Viele ungarische Adelige sahen das Eindringen der neuen Ideen höchst ungern, umso mehr als diese wieder durch Deutsche verbreitet wurden, durch deutsche Prediger und deutsche Bürger, die deren Lehren begierig aufnahmen. Als der Hof 1523 aus Prag zurückkehrte, ernannte Maria den Böhmen Johannes Hess zu ihrem Hofprediger, der schon seit 1519 mit der Wittenberger Universität in Kontakt stand, und sie fand in Conrad Cordatus, Freund und Verteidiger Luthers, einen noch geeigneteren Kandidaten. Bald machten Gerüchte in ganz Europa die Runde, daß viele Lutheraner die Gunst des jungen ungarischen Königspaares genossen. Cordatus schien sich allerdings zu sicher zu fühlen, denn er wagte es, in Gegenwart des ganzen Hofes und des päpstlichen Nuntius, den Papst und die Kardinäle in heftiger Form anzugreifen. Der katholische Adel revoltierte und der schockierte Nuntius legte vor den Majestäten Protest ein, konnte aber nur das Versprechen erreichen, daß gegen Cordatus vorgegangen würde, sollte er sich tatsächlich als Häretiker erweisen. László Szálkay, der Erzbischof von Gran, wurde mit der Untersuchung des Falls betraut, doch sie machte keine Fortschritte. Ungeachtet seines hohen Amtes war Szálkay nie geweiht worden und er sah sich weit mehr als Politiker und Diplomat denn als Kirchenmann. Dem Königspaar loyal ergeben, lag es nicht in seiner Absicht, den Hofprediger zu verdammen und die Majestäten zu desavouieren, also ließ er die Angelegenheit im Sande verlaufen. Daraufhin erschienen einige Adelige vor dem Königspaar und schworen, sie würden den vor ihren Augen in Stücke reißen, der es gewagt habe, seine gottlose Stimme gegen den Heiligen Vater in Rom zu erheben. Die Situation drohte gefährlich zu werden. Cordatus wurde nun doch entlassen, und seine überstürzte Abreise aus der Hauptstadt glich einer Flucht. Die antideutschen Katholiken konnten einen Sieg verbuchen, und Maria raste vor Zorn. Trotzdem berichtete Nuntius Antonio Burgio nach Rom, daß er die Königin nach wie vor für eine gute Tochter der Kirche halte. Er meinte, daß sie die Deutschen in Ungarn nicht deshalb unterstütze, weil sie Lutheraner waren, sondern weil sie sie in ihrem Kampf gegen die ungarischen Magnaten an ihrer Seite wußte. Nachfolger des Conrad Cordatus als Hofprediger wurde Johannes Henckel, der in Padua und in Bologna studiert hatte und mit Erasmus in Briefverkehr stand. Wie der große Gelehrte und Philosoph aus Rotterdam war auch er Anhänger einer *moderaten* Kirchenreform. Luther wäre ein zu grober Chirurg, schrieb Erasmus an Henckel, er hingegen setze seine Hoffnung in neue Evangelisten, die jeden Aufruhr vermieden und das Evangelium in friedlicher und kompetenter Weise predigten. Zu dieser Kategorie gehörten Henckel und seine Protektorin, die „fromme und kluge Königin Maria", die dafür Dankbarkeit verdiene.

Gewiß war die lebenslustige und „vergnügungssüchtige" Maria dieser Tage auch fromm, schließlich war sie von Kindheit an dazu erzogen worden, doch ihrer Frömmigkeit fehlte jener fanatische Ernst, der nicht nur bei den „Altkirchlichen", sondern bald auch unter den Anhängern Luthers zu finden war, gar nicht zu reden von denen des Johannes Calvin. *Liber, pöser Vetter,* schrieb sie am 25. Juni 1523 an Albrecht von Brandenburg, mit dem sie in Prag in regem Gedankenaustausch gestanden war, *Ich glaub Ir habt die frumme Mum gar vergessen, dass Ir nun so lang nit geschriben habet. Ich hab Euch in mein andechtig Gepet nit fergessen. Ich hab Gott alle Tag fleissiglich gepeten, dass er Euch well frumm machen als ich pin. Ich pitt Euch Ir wellt mir schreiben ob mein Gepet geholfen hat oder nit? Wo es nit geholfen hat, wollt Ir mir um ein Pfennich oder zween Frumkait abkaufen, Vill ichs Euch gern verkaufen, wenn ich hab vil zu vil Frummkait. Ich wollt Euch gern mer schreiben, so muss ich in Eures Bruders Marggraf Jorg Garten gen essen, so will der Pot nit lenger warten. Datum Ofen eilens am Sunntag nach unsers Herrn Fronleichnamstag anno Di im XXIIIten, Euere frumme Mum Maria.*[61]

Mitte Oktober 1523 fand endlich die geplante Zusammenkunft der Schwäger und Geschwister statt, zwei junge Paare, denen viel zu früh eine viel zu große Last der Verantwortung auferlegt war, die aber in ihrer privaten Sphäre, mit ihren von der Politik „verordneten" Ehepartnern glücklich waren. Man traf einander in großer Begleitung vor Ödenburg/Sopron und ritt gemeinsam nach Wiener Neustadt, wo sich Ferdinand als großzügiger Gastgeber erwies und für festliche Unterhaltung sorgte. Auch an Kaiser Maximilians Grab werden sie wohl gemeinsam gestanden haben, des Stifters ihrer Ehen, der nun schon mehr als vier Jahre unter dem Altar der Georgskapelle in der Neustädter Burg begraben lag. Von Wiener Neustadt zog das ungarische Königspaar weiter nach Preßburg, um dort bis Februar 1524 hofzuhalten. Auch dort taten sie sich keinerlei Zwang an und feierten weiterhin ihre Feste. Der Maler Hans Krell notierte, er habe *zu ainer mummerei die klaider gemalt, seiner maj. essen verguldt, Zimetrinden, negelein und melaw* [Melonen], *auch fendlein und knopf verguldt und manigerlai angestrichen zu ainem schaw-essen".*

Zu den Beratungen hatte König Sigismund seinen Kanzler Christoph Szydlowiecki geschickt, auch Abgesandte des Papstes und hohe böhmische Würdenträger nahmen daran teil. Hauptthema war die Türkenabwehr, aber auch die Bereinigung von Grenzstreitigkeiten und die Neuordnung des ungarischen Hofstaates standen auf der Tagesordnung.

Im nächsten Sommer (1524) sollten aus den Ländern Ludwigs 60.000 Soldaten und 100 Kanonen bereitgestellt werden, während Ferdinand versprach, 10.000 Fußknechte, 2000 Reiter und 30 Kanonen auf sechs Monate zur Verfügung zu stellen – eine unrealistische Abmachung, an deren Durchführungsmöglichkeit wohl keiner der Beteiligten wirklich glaubte.

Bezüglich der Neuordnung des Hofstaates hatte Sigismund von Herberstein schon anläßlich seines Besuches in Buda mit Maria Gespräche geführt, nun wurde beschlossen, einen „Geheimen Rat" des Königs zu begründen, was von Ludwig und Maria angenommen wurde. Vielleicht erhoffte man sich, daß der König mit der Unterstützung eines Rates seinen Aufgaben besser nachkommen würde, in den Besprechungen mit Szydlowiecki und Ferdinands Vertreter Salamanca beklagten sich László Szálkay und Andrea da Burgo offen über seine Unfähigkeit, auch in den Gesandtenberichten tauchten immer öfter negative Beurteilungen auf, so schrieb der polnische Bischof Andreas Krisicki an einen Amtskollegen, in Ungarn sitze nur „der Schatten eines Fürsten" auf dem Thron.

Als Andrea da Burgo zu Jahresende abberufen wurde, rückte auf Wunsch Marias Johannes Schnaitpeck Freiherr von Schönkirch, in dessen Position. Zum Mißvergnügen der Ungarn verstärkte er nicht nur den deutschen Beraterstab, sondern schürte auch die Abneigung der Königin gegenüber den Ungarn und unterstützte ihre kostspieligen Extravaganzen und ihren Leichtsinn in Geldangelegenheiten. Er verstand es, immer wieder neue, oft sehr dubiose Geldquellen aufzutun, und der Schuldenberg der Königin wuchs trotz beachtlicher Einnahmen aus den ihr vom König überschriebenen Gütern.

Trotz endloser Besprechungen und Verhandlungen nahm der Plan, die christlichen Fürsten zu einem gemeinsamen Vorgehen gegen die türkische Gefahr zu einen, keine Gestalt an. Der eine verlangte vom anderen den Einsatz von Geld und Truppen, doch keiner wollte mit den kostspieligen Rüstungen beginnen, bevor der andere nicht den Anfang gemacht hatte. Noch von Preßburg aus schrieb König Ludwig an Kaiser Karl V., an Heinrich VIII. von England, an die deutschen Reichsfürsten und an den neugewählten Papst Clemens VII. und bat um Hilfe. Besonders in den Papst, der als Kardinal Giulio de`Medici Protektor Ungarns gewesen war, setzte er große Hoffnungen. Er verwies auch darauf, daß er sich nicht in so großer Bedrängnis befände, wenn er nicht vor einigen Jahren die Friedensangebote Sultan Süleymans auf den Rat von Papst Leo X. abgelehnt hätte. Seither sei Belgrad verloren gegangen, und Ungarn stehe vor der Katastrophe. Der Papst gab nicht nur seine Zustimmung, daß Kircheneinnahmen in Ungarn zur Landesverteidigung verwendet würden, er schickte auch Geld und ließ durch seinen Gesandten Antonio Burgio versprechen, daß er 8000 Fußknechte und 2000 Reiter ausrüsten würde. Clemens stellte allerdings die Bedingung, daß Ludwig mit dem Sultan keinen Frieden schlösse. Auf den Rat Sigismunds von Polen hatten mit einem Abgesandten der Hohen Pforte geheime Verhandlungen stattgefunden, die nun abgebrochen wurden. Weder der Papst noch Erzherzog Ferdinand waren an einem Frieden mit dem Sultan interessiert, denn sie fürchteten nicht zu Unrecht, er könne als Bedingung das freie Durchmarschrecht durch Ungarn verlangen. Außerdem hätte sich Ungarn durch die Annahme eines solchen Angebots gewissermaßen zum Verbündeten des Sultans gemacht und sich die (wenn auch nur theoretische) Hilfsbereitschaft der christlichen Fürsten ganz verscherzt. Als „Pufferstaat" zwischen West und Ost stand Ungarn vor einem unlösbaren Dilemma: Verband es sich mit der Pforte, handelte es sich die Feindschaft des Abendlandes ein, lehnte es den Frieden mit der Pforte ab, mußte es sich dem Kampf mit einem übermächtigen Gegner stellen. Noch war es allerdings nicht so weit, denn die Türken sorgten insoweit für eine Atempause, als sie im Sommer 1524 nicht gegen Ungarn, sondern gegen den rebellierenden Statthalter von Ägypten, Achmed Pascha, ins Feld zogen. Nur mit der Eroberung der Festung Severin/Szörény stellten sie den Ungarn die Rute ins Fenster. Sowohl János Zápolya als auch Péter Perényi, der Graf von Temesvár, hatten den königlichen Befehl ignoriert, der Festung mit ihren Banderien (Aufgeboten) zu Hilfe zu eilen.

Die Erleichterung darüber, daß der große Sturm wieder einmal ausgeblieben war, belebte den Streit der Parteien, und machte die Stimmung vor dem Reichstag, den der König nicht im Frühjahr, sondern erst im Herbst einberief, höchst explosiv. „Die Herren leben in großer Angst", schrieb Antonio Burgio an den Erzbischof von Capua, „insgeheim hetzt einer gegen den anderen, und sie suchen die Ungarn gegen die Deutschen, die Deutschen gegen die Ungarn aufzuwiegeln. Die Räte intrigieren gegeneinander. Das Ergebnis wird sein, daß jene, die an der Regierung sind, sich angesichts der drohenden Gefahr einigen und die Adeligen durch papierene Versprechungen hintergehen, wie sie es bisher noch auf jedem Landtag taten." Man sprach, schrieb, diskutierte ständig über die „drohende Gefahr", aber scheinbar hatte man sich auch an sie gewöhnt, denn anders ist es nicht zu verstehen, daß sich die Reichstagsversammlung in endlosen Diskussionen um Macht und Einfluß verzettelte, wobei die Brandreden gegen die Ausländer den meisten Raum einnahmen. Es wurde verlangt, daß alle Ausländer innerhalb von vier Wochen den Hof zu verlassen hätten, man würde sie sonst töten, wo immer man sie anträfe. Der Kronrat solle nur aus dem Palatin (dem wieder eingesetzten István Báthory), vier ungarischen Bischöfen, dem Woiwoden János Zápolya und noch einigen Herren bestehen und die Führung des Staates übernehmen. Der König solle mit seinem Heer im kommenden Jahr bereit sein, um gegen Belgrad zu ziehen und ebenso alle Herren mit ihren Banderien. Im „kommenden Jahr" – die Festung Severin war allerdings *jetzt* schon gefallen (und mit ihr ein wesentlicher Schutz Siebenbürgens), ebenso die Burgen Path und Orsava.

Als Redner einer Abordnung des Adels hielt István Verböczy dem König vor, daß er zwar andere Länder besitze und fürstliche Verwandte, zu denen er

Kaiser Maximilian I. mit seiner Familie. Gemälde von Bernhard Strigel. KHM, Wien

Juana von Kastilien (die Wahnsinnige) († 1555).
Sammlung Thyssen-Bornemisza, Lugano

Kopf der Bronzestatue König Philipps des Schönen († 1506).
Hofkirche in Innsbruck

Bernard van Orley: Margarete von Österreich († 1530).
Archiv Verlag Styria

Die Kinder Philipps und Juanas: Ferdinand, Karl, Eleonore, Isabella, Maria und Katharina.
Meister der St. Jorisgilde, Museo de Santa Cruz, Toledo (verschollen). Instituto Mas, Barcelona

VIENNA PANNONIE

Wien 1493. Holzschnitt aus Hartmann Schedels „Liber chronicarum". ÖNB, Wien

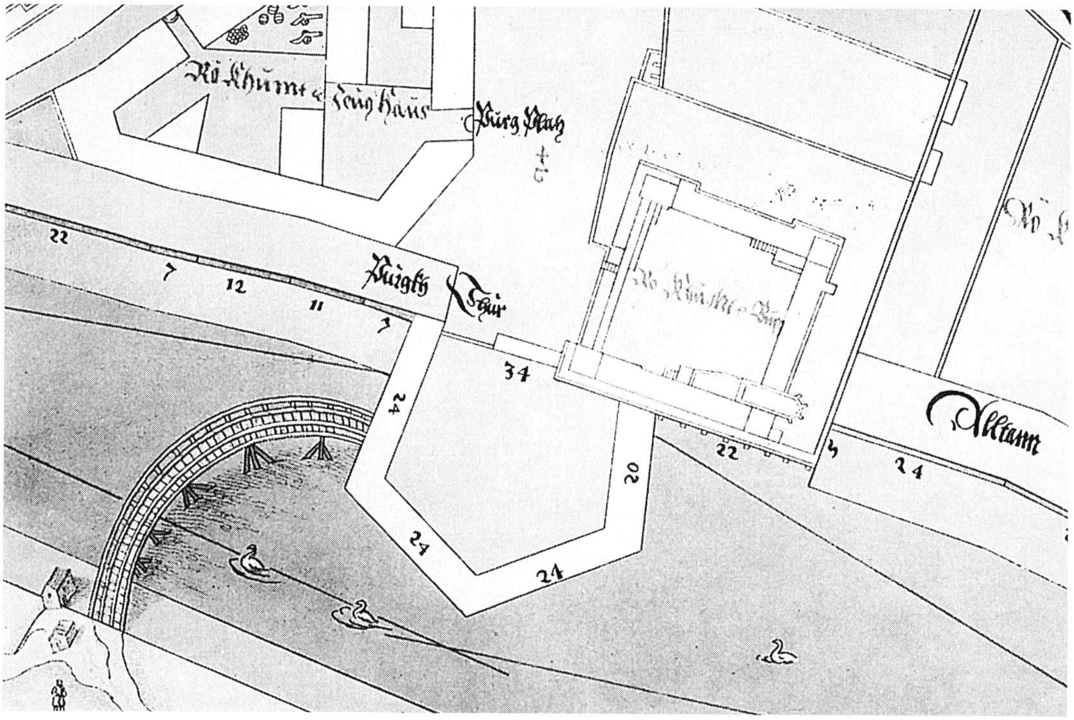

Ausschnitt aus dem Stadtplan von Wien von Bonifazius Wolmuet, 1547

Titelblatt „Voluptatis cum Virtute disceptatio" von Benedikt Chelidonius. ÖNB, Wien

Die österreichisch-ungarische Doppelhochzeit 1515. Holzschnitt von Albrecht Dürer.
Archiv Verlag Styria, Graz

Albrecht Dürer: Hof der Burg in Innsbruck. Archiv Verlag Styria

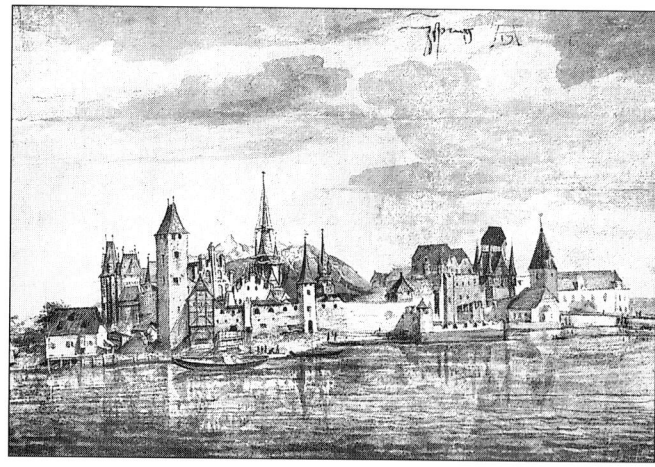

Albrecht Dürer: Ansicht von Innsbruck über den Inn nach Norden.
Archiv Verlag Styria

Hans Maler: Maria von Ungarn im Alter von 14 Jahren. ÖNB, Wien

Abenteuer auf einer Gemsenjagd bei Innsbruck. Holzschnitt aus Theuerdank.
Kunsthistorisches Institut, Universität Graz

Ferdinand I. († 1564). KHM, Wien

Anna von Ungarn († 1547), Holzschnitt. ÖNB, Wien

flüchten könne, die Ungarn aber mit ihrem Land unzertrennlich verbunden seien. Der König möge die Regierung des Landes kräftiger führen und könne dabei auf die Hilfe des Adels zählen. Andernfalls würde man Wege finden, die Gefahr selbst abzuwenden, welche, sagte er nicht. Schöne Reden, temperamentvoll vorgebracht und mit Beifall aufgenommen, aber ohne greifbare Wirkung. Der König ließ durch László Szálkay eine ausweichende Antwort geben, und schließlich ging der Landtag auseinander. Ohne Beschlußfassung. Dabei war die Hoffnung, Hilfe aus dem Ausland zu erhalten, geringer denn je. Die Söldnertruppen Karls V. (der sich in Spanien aufhielt) standen in Oberitalien gegen Franz von Frankreich, der Papst hatte die Fronten gewechselt und unterstützte die Franzosen (seine italienischen Interessen schienen ihm zur Zeit wichtiger als der Türkenkreuzzug), Erzherzog Ferdinand hatte seine geringen Kräfte dem Bruder zur Verfügung gestellt, und Sigismund von Polen führte mit der Hohen Pforte Friedensverhandlungen. Ungarn stand allein und trieb auf die Katastrophe zu, doch niemand schien sich dessen wirklich bewußt zu sein.[62]

Für Mai 1525 wurde ein neuer Landtag nach Buda einberufen. Da die Schwäche des Königs offensichtlich und eine Besserung nicht zu erwarten war, versuchte man nun von seiten der Hofpartei, die Königin mehr in das Geschehen einzubinden. Antonio Burgio schrieb nach Rom, ein „ehrenwerter" kaiserlicher Gesandter wäre nötig, um die Königin günstig zu beeinflussen – ein Seitenhieb auf Johannes Schnaitpeck, dessen Einfluß er (wie auch der Kardinallegat Campeggio) für überaus schädlich hielt.

Am 7. Mai trat der Landtag auf dem Rákosfeld in der Nähe der Hauptstadt zusammen. Eine Abordnung von sechzig Adeligen erschien vor dem König und legte ihm vier Punkte vor. Alle deutschen Höflinge wären innerhalb von vier Tagen zu entlassen, auch der kaiserliche und der venezianische Gesandte müßten gehen, da sie Spione seien. Weiters sei der Kanzler László Szálkay zu ersetzen, denn als Nichtadeliger hasse er den Adel und beute das Land zu seinem Vorteil aus. Der Vizeschatzmeister Imre Szerencsés, ein getaufter Jude, gehöre überhaupt auf den Scheiterhaufen, denn er habe durch Prägung geringwertiger Silbermünze die schlechte Wirtschaftslage verursacht. Stimme der König zu, würden die Stände neue Steuern bewilligen. Wenn nicht, so lehnten sie für die Folgen jede Verantwortung ab. Maria stellte sich schützend vor die deutschen Höflinge und vor Szerencsés, der ihr oft aus finanziellen Engpässen geholfen hatte, und ließ ihn, den man vorsorglich in Schutzhaft genommen hatte, in großer Begleitung nach Hause führen. Der schon seit längerer Zeit im Volk schwelende (und vom Adel geschürte) Haß gegen die Juden brach sich nun Bahn, und eine Rotte stürmte plündernd in das Haus des Szerencsés, der nur mit Mühe entkam. Anschließend versuchte die aufgebrachte Menge, auch in das

Palais des László Szálkay einzudringen, doch es war zu gut bewacht und mit Artillerie gesichert, so schlug der Angriff fehl. Nun stürzte sich die Meute auf das Judenviertel, das so gründlich verwüstet und geplündert wurde, daß der venezianische Botschafter an die Signoria schrieb, das wilde Chaos erinnere ihn an die Zerstörung Trojas. Der Kardinallegat Campeggio verbarrikadierte sich in seinem Haus und Antonio Burgio hielt Wache in der Burg, in der Furcht, die aufgebrachten Plünderer könnten auch einen Überfall auf das Königspaar wagen.

Während der König sich bemühte, die aufgeregte Stimmung durch die Ankündigung zu beruhigen, er habe bereits begonnen, die deutschen Höflinge zu entlassen, sammelte sich der Adel zu einem bewaffneten Treffen in Hátvan. Der Geruch von Revolution und Bürgerkrieg lag in der Luft. Es war László Szálkay, der der Königin riet, eine politische Volte zu schlagen, und sich mit der Partei des János Zápolya zu verbünden, die über eine überwältigende Mehrheit in der Landtagsversammlung verfügte. Zápolya und Verböczy waren bereits gewonnen, auch sie sahen in einem Bündnis mit der Königin die einzige Möglichkeit, Ungarn im letzten Moment vor dem völligen Zusammenbruch zu retten. Maria mochte sich darüber klar sein, daß der Vorschlag gefährlich war, aber sie hatte den Mut, darauf einzugehen. *Ha core di far ogni cosa,* schrieb der Venezianer Vincenzo Guidoto, „sie hat das Herz, alles zu machen", und Johannes Henckel, Hofprediger und Freund des Erasmus, meinte, „wenn man sie nur in einen *König* verwandeln könnte, dann würden die Dinge besser laufen". Maria brachte sogar die Stärke auf, ihren langjährigen Berater und treuesten Paladin, den Markgrafen Georg von Brandenburg zu opfern, der den Hof ebenso verlassen mußte wie der verhaßte Johannes Schnaitpeck. Viele deutsche Höflinge gingen freiwillig, da sie sich nicht länger sicher fühlten. Auch der Palatin István Báthory und der Hofrichter Ambrus Sárkány mußten ihre Ämter niederlegen. Dem Schatzmeister Alexius Thurzó, aufs engste mit den Fuggern liiert, wurden enorme Unterschlagungen zur Last gelegt, der Besitz der Fugger (auch die verpfändeten Bergwerke aus der Apanage der Königin) wurde enteignet.

Unter diesen Umständen gestaltete sich das Treffen des Adels in Hátvan zu einer glänzenden Parade, auf der Waffen zwar getragen, aber nicht geschwungen und keinerlei revolutionäre Parolen gehört wurden, nur *Éljen*-Rufe für den jungen König, der, umgeben von einer von Zápolyas Leuten gestellten Sicherheitstruppe, erschienen war. Das Geld für die Reise hatte er sich vom päpstlichen Nuntius ausborgen müssen. István Verböczy wurde nun zum neuen Palatin ernannt und eine neue Kriegssteuer bewilligt, ein Viertel davon Königin Maria versprochen, als Geschenk für ihre kooperative Haltung.

Doch wie so oft – all die Beteuerungen gegenseitiger Freundschaft erwiesen sich als Täuschung. Die Macht János Zápolyas war nun so stark, daß die

Königin einen Staatsstreich fürchten mußte, der sie und ihren Gemahl vom Thron stieß. Der Nuntius, der zu Beginn die neue Allianz befürwortet hatte, schrieb an die Kurie, es sei zu befürchten, daß man den König „in eine andere Welt befördern" werde. Zápolya würde ihm dann auf dem Thron nachfolgen und die Königin heiraten. Die ihrer Ämter beraubten Magnaten beeilten sich, solche Gerüchte noch zu verstärken und Maria einzureden, sie wäre keinen Augenblick mehr sicher. Verzweifelt hielt sie nach Hilfe Ausschau, bat den polnischen Gesandten, ein persönliches Zusammentreffen mit König Sigismund in die Wege zu leiten und sandte dringende Botschaft an ihren Bruder Ferdinand, an diesem Treffen teilzunehmen. Beide nahmen die Einladung prinzipiell an, verschoben das Treffen jedoch auf das kommende Jahr. Inzwischen wußten die neuesten Gerüchte zu melden, daß Zápolya Verbindung mit abtrünnigen böhmischen Kreisen aufgenommen hätte, die ihn bei seinem Griff nach der Krone unterstützen wollten.

In dieser kritischen Situation fand Maria Helfer und Mitarbeiter in der „Kalands-Bruderschaft", einer frommen Laienvereinigung. István Báthory, der entlassene Palatin, und Alexius Thurzó, der entlassene Schatzmeister, die ihre Ämter wieder erlangen wollten, schlossen sich der Verschwörung auf höchster Ebene an. Auch viele Adelige, die sich in ihrer enthusiastischen Erwartung, István Verböczy werde die Dinge umgehend zum besseren wenden, getäuscht sahen, liehen ihr Ohr nun willig den Einflüsterungen der Bruderschaft.

Als Ende April 1526 der neue Reichstag zusammentrat, erschienen sowohl Verböczy wie Báthory mit bewaffnetem Gefolge, während János Zápolya fernblieb, worüber sich König und Königin (laut Burgio) wie Kinder freuten und sogleich begannen, die Herren zu brüskieren. Sie sagten, daß sie entschlossen wären, Ordnung zu schaffen, und erwarteten, daß dieser Reichstag neue Steuern bewillige und eine Vermehrung der königlichen Einkünfte erreicht werde. Dem Palatin Verböczy werde man „die Haut abziehen", Zápolya das Amt des Woiwoden abnehmen, den Erzbischof von Gran einsperren und die Übelstände, die seit vierzig Jahren das Land zugrunderichteten, in zwei Wochen beheben. Einen Reichstag werde man in Zukunft nur mehr in äußersten Notfällen einberufen.

Wohl um einer bewaffneten Auseinandersetzung zuvorzukommen, legte István Verböczy sein Amt als Palatin nieder, verließ Buda, bevor Báthory seiner habhaft werden konnte, und zog sich auf seine Burg Dobring in Oberungarn zurück. Die Versammlung bestätigte nun Báthory und Thurzó als Palatin und Schatzmeister, brachte jedoch wieder die alten Klagen gegen den Erzbischof von Gran (László Szálkay), den päpstlichen Nuntius und die ausländischen Berater der Königin vor. Die Steuerbewilligung fiel äußerst mager aus, außerdem wurde die Einsetzung von Kommissären zur Überprüfung des Schatzmeisters verlangt.

Als der Beschluß am 2. Mai dem König vorgelegt wurde, strich Maria den Passus bezüglich der Kontrolle des Schatzmeisters durch und schrieb an den Rand: *Unus Rex, Unus Princeps.* Daraufhin regte sich viel Unmut gegen die Königin und die „Deutschen", doch in der endgültigen Fassung des Reichstagsabschieds blieben die Rechte des Königs bezüglich Ernennung und Kontrolle des Schatzmeisters unangetastet. Weiters wurde der König ersucht, Verwaltung und Verteidigung des Landes selbst zu übernehmen, zur Leitung des Heeres erfahrene Männer zu bestimmen und den Papst und alle christlichen Herrscher um Hilfe zu ersuchen – als ob er dies nicht zu wiederholten Malen (vergeblich) getan hätte! Zum Abschluß des Reichstags riefen die Stände die Vertreter der ausländischen Mächte zu Zeugen auf, daß sie nichts brennender wünschten, als den König bei der Verteidigung des Landes zu unterstützen (nur Steuern wollten sie nicht in der erforderlichen Höhe zahlen), doch Ludwig mußte denselben Gesandten erklären, daß seine Mittellosigkeit ihn handlungsunfähig mache. Es fehlten ihm allerdings nicht nur die Mittel, es fehlten ihm auch Wille und Energie. Er besaß zwar theoretisch die Macht, zu regieren, doch er nützte sie nicht. Nach wie vor schlief er bis weit in den Tag hinein, anstatt dringende Staatsgeschäfte zu erledigen und Entscheidungen zu treffen, und verbrachte den größten Teil seiner Zeit auf der Jagd. „Was für eine Komödie", schrieb der Nuntius Burgio nach Rom, „in der sich König und Untertanen gegenseitig die Verantwortung zuschieben, während sich bereits die Wolken eines zerstörerischen Sturms zusammenballen, und die gewaltigen Armeen Süleymans sich den Grenzen nähern ... Sie zwingen den König, mit seiner Armee gegen den Feind zu marschieren, und er besitzt nicht einmal ein ordentliches Paar Stiefel ..."

Nicht nur die Türken bedrohten die Ungarn, auch die Natur schien sich gegen sie verschworen zu haben. In den letzten Jahren waren immer wieder Überschwemmungen, Mißernten und Hungersnöte aufgetreten, auch die Pest forderte zahlreiche Opfer. Selbst in Gegenden, die von marodierenden türkischen Banden nicht beunruhigt wurden, machten sich Unruhe und Katastrophenangst breit, und wer es sich leisten konnte, verließ das Land oder sandte zumindest wertvollen Besitz in sichere Gegenden. Im Sommer 1525 wurde Buda von einem Unwetter heimgesucht, wie man es seit Menschengedenken nicht erlebt hatte. Blitze zerschmetterten die Türme des bischöflichen Palastes, zerbrachen das Wappen über dem Tor und die Inschrift EPISCOPUS. Die sintflutartigen Regengüsse, die ihnen folgten, erhöhten noch den Schrecken und versetzten die ganze Stadt in eine apokalyptische Stimmung.

Papst Clemens VII. rief die christlichen Fürsten zur Hilfe für Ungarn auf, versprach selbst finanzielle Unterstützung und stellte die von den ungarischen Prälaten nach Rom zu entrichtenden Taxen zur Verfügung. Er erlaubte auch die

Besteuerung von Kirchengütern und die Einziehung von Kirchenschätzen und versprach allen jenen, die in den Krieg zogen, einen vollkommenen Ablaß ihrer Sünden. Denen, die sich weigerten, drohte er mit Kirchenstrafen. Der päpstliche Nuntius zögerte jedoch mit der Bekanntgabe dieser Zugeständnisse, da er befürchtete, die ungarischen Herren würden beim ersten Anzeichen ausländischer Hilfe die eigene Opferbereitschaft verlieren. Doch die ausländische Hilfe bestand nach wie vor ohnehin nur in Versprechungen. Der Kaiser im fernen Spanien ersuchte zwar den Papst um die Verkündigung eines allgemeinen Kreuzzuges, doch er schien am Ernst der Lage zu zweifeln. Außerdem beschäftigte ihn viel mehr der Vertragsbruch des Königs von Frankreich und das Glück seiner jungen Ehe mit Isabella von Portugal, die er im März in Sevilla geheiratet hatte. Daran konnten auch die Warnungen seines Bruders Ferdinand nichts ändern, der ihm vor Augen hielt, daß nicht nur Ungarn, sondern auch die österreichischen Länder verloren wären, falls nicht rasch Frieden in der Christenheit geschlossen und dem König von Ungarn die Geldmittel zur Ausrüstung von Truppen gegeben würden. Obwohl Ferdinand die Gefahr viel klarer erkannte, unterstützte er zwar die Verteidigung Kroatiens, beschäftigte sich aber vorrangig mit der Organisation des Nachschubs für die kaiserliche Armee in Oberitalien. Auch die Reichsstände, die sich im Sommer in Speyer versammelten, befaßten sich mehr mit Religionsproblemen und den Folgen der blutigen Bauernaufstände, die im Vorjahr das Reich erschüttert hatten. Den verzweifelten Bitten um Hilfe, die König Ludwig durch seinen Gesandten Tamás Nádasdy vorbringen ließ, lauschten sie eher gelangweilt – zu oft hatte man dergleichen in den letzten Jahren gehört, ohne daß etwas Entscheidendes passiert war. Als sie schließlich die Ausrüstung einer kleinen Truppe bewilligten, die sie schon zwei Jahre davor versprochen hatten, war es längst zu spät. Auch von Seiten Heinrichs VIII. von England und Joãos III. von Portugal blieb es bei leeren Versprechungen.[63]

Inzwischen hatte sich die Armee Sultan Süleymans längst in Bewegung gesetzt. „Am 11. Tag des Monats Redscheb im Jahr 923 [23. April 1526]" berichtete der türkische Chronist Dschelaldzade, „an jenem glückvollen Tag, als der Aufbruch des Schahs des glückvollen Sternes, des Padishahs, der mit dem heiligen Feldzug sich rühmen konnte, beschlossen war, erhob Ibrahim Pascha [der Großwesir] zusammen mit den sich nach dem Sieg sehnenden und den heiligen Krieg gewohnten Glaubenskriegern die Fahne und zog mit den Säulen des Staates und allen Vornehmen des hohen Hofes hinaus auf die Wiese [zu einer glänzenden Parade]. Es standen die Reihen der giaurenvernichtenden und windschnellen Janitscharen, welche die Eigenart von Löwen hatten und wie Wölfe anzugreifen pflegten, hinter ihnen die gepanzerten, wolkenschnellen Spahis, mit ihren Helmen und Lanzen, Bogen und Pfeilen. Alle Säulen der

Vornehmen des siegreichen Hofes warteten auf die Ankunft des Glückseligen, bis der Schah der Welt, der Schatten Gottes, der Sultan von Rum, Arabien und Adsem, der Salomo seines Zeitalters, wie die Sonne des vierten Himmels durch das Tor der Glückseligkeit trat. Nun erscholl der brüllende Ruf der Tschaus, ihr *Allah akbar* tönte bis zum Himmel, das kaiserliche Orchester begann zu spielen, die Fahnen wurden entrollt, und als die Musketiere ihre Gewehre abfeuerten, erbebte die Erde. Die Straßen der Stadt Istanbul waren voll mit Unmengen von Menschen, so daß man nicht einmal atmen konnte. Während der engelhafte, erobernde Padischah mit außerordentlichem Pomp und Würde dahinschritt, hauchte alles Volk Gebete für das Fortbestehen des Reiches und des Sultanats." Die Mannschaftszahl der Kampftruppen kann mit 150.000 angenommen werden, davon 70.000 Mann Eliteeinheiten. Dazu kamen die Mannschaften des Trosses, zu denen nicht nur die Verwaltungsbeamten zählten, sondern auch die verschiedenen Diener und Leibwächter im Lager des Sultans und der einzelnen Heerführer, die Kameltreiber, Träger und Pferdeführer. Insgesamt wurden etwa 300.000 Mann in Marsch gesetzt. Am 3. Mai erreichten der Sultan und sein Gefolge Adrianopel, am 19. Mai Philippopel, am 29. Mai Sofia, am 9. Juni traf Süleyman in Niš ein, wo eine Brücke über die Save geschlagen wurde, obwohl starke Regengüsse die Arbeit der Pioniere behinderten. Am 9. Juli zog er in Belgrad ein. Er hatte die beinahe 1000 Kilometer lange Strecke von Istanbul bis Belgrad in 77 Tagen zurückgelegt.

Bis zum Eintreffen des Sultans und der Hauptmacht des türkischen Heeres im Raum Belgrad vermochte der ungarische Königshof trotz aller zugetragenen Berichte von Kundschaftern und Spionen die Stoßrichtung des türkischen Heeres nicht zu erkennen. Als die ersten Schiffbrücken von den Fluten der Save zerstört und weggeschwemmt wurden, meinte man sich schon gerettet, und der Nuntius gab sich in einem Schreiben nach Rom frommen Illusionen hin: „Die Save erinnert sich an ihre Aufgabe als treue Beschützerin und an ihre Pflicht, das Land zu bewahren. Gott und die Heilige Jungfrau streiten für uns!"

Inzwischen war auch in Ungarn so etwas wie eine Mobilmachung angelaufen. Am 2. Juni hatte König Ludwig alle in Buda anwesenden Herren und Gesandten zu sich gerufen und verkündet, daß sich die Nachrichten vom Herannahen des türkischen Heeres verdichteten. Er wolle selbst am Feldzug teilnehmen und sei bereit, sein Leben zu opfern. Es wurde beschlossen, der König möge das allgemeine Aufgebot erlassen und sich selbst am 2. Juli ins Feldlager bei Tolna begeben (etwa 130 Kilometer südlich der Hauptstadt), wo die Truppenkontingente sich sammeln sollten.

In fieberhafter Eile versuchte man nun, Geld aufzutreiben. Die 30.000 Gulden, die für die Ausrüstung des königlichen Banderiums nötig waren, kamen durch Spenden zusammen, goldene und silberne Kirchengeräte wurden in die königlichen Münzen gesandt, die Königin beauftragte ihren Kammergrafen mit der Geldbeschaffung und gab ihren Schmuck als Sicherstellung, in Mähren verpfändete sie die Stadt Znaim, um mit dem Geld Fußknechte anwerben zu lassen. Auch Privatpersonen, wie Imre Szerencsés und Alexius Thurzó gewährten beachtliche Darlehen. Verteidigungsbereitschaft, Begeisterung und Entschlossenheit schienen nun auf das ganze Land überzugreifen, doch es fehlte nicht nur an (genügend) Geld, es fehlte auch an Organisation und Disziplin. „Hier werkt jeder mit größter Anstrengung an der Verteidigung des Landes", schrieb Nuntius Burgio nach Rom, „doch alle Arbeit stößt auf große Schwierigkeiten und geht nur langsam vonstatten, weil es an Geld mangelt … Nur das eine tröstet mich, daß jung und alt von den Magyaren, jeder, mit dem ich spreche, zum Krieg entschlossen ist, sie ziehen mutig aus, um das Land zu verteidigen, und wenn zum entschlossenen Willen auch noch die nötige Ausrüstung beizusteuern wäre, könnte ich wirklich hoffen, daß wir siegen werden."

Dabei war nicht einmal die Frage des Oberbefehls noch geklärt, da niemand die Verantwortung übernehmen wollte. Der berühmte kaiserliche General Niklas Graf Salm führte sein fortgeschrittenes Alter ins Treffen (er war 67) und lehnte ab, ebenso einige ungarische Heerführer. Schließlich fiel die Wahl auf Pál Tomori, Erzbischof von Kalocsa und Oberster Feldhauptmann der südlichen Militärbezirke. Er hatte die türkischen Truppen der Grenzregion bei ihren unzähligen Raubzügen immer wieder blutig zurückgewiesen und oft selbst Überfälle auf türkisch besetzte Gebiete unternommen. Die Türken fürchteten und achteten ihn für seinen persönlichen Mut. Er war es auch gewesen, der im Frühjahr einen letzten (geheimen) Versuch gemacht hatte, den Türken ein Friedens- oder Waffenstillstandsangebot zu machen, doch das Angebot erreichte den Sultan zu einer Zeit, da die überaus kostspielige Mobilmachung bereits vollzogen war und die Truppen sich der ungarischen Grenze näherten. Es bestärkte nur Süleymans Siegeszuversicht.

Am 1. Juli feierte König Ludwig seinen 20. Geburtstag, ein rauschendes Fest wird es angesichts der allgemeinen Lage wohl nicht gegeben haben. Trotzdem ließ er sich mit der Abreise Zeit und verließ nicht, wie vorgesehen, am 2., sondern erst am 20. Juli die Hauptstadt. Die Königin, Palatin Báthory, Erzbischof Szálkay und Kanzler Brodarics begleiteten ihn. Im Schloß auf der Donauinsel Csepel, wo sie so oft unbeschwert auf die Jagd geritten waren, nahmen Ludwig und Maria von einander Abschied. Die Königin kehrte mit János Bornemisza, dem Schatzmeister Alexius Thurzó, der die Versorgung des Heeres zu organisieren hatte, Bischof Szalaházy von Veszprém und einer Leibgarde von einigen hundert Mann in die Burg von Buda zurück. Auch Nuntius Burgio blieb in Buda, weiterhin unermüdlich damit beschäftigt, Geld aufzutreiben und Truppen auszurüsten.

Das königliche Heer marschierte langsam in südlicher Richtung auf Tolna zu, damit die zu erwartenden Kontingente sich ihm anschließen konnten. Am 4. August traf die Nachricht vom Fall Peterwardeins/Pétervárad im Lager ein und rief Trauer und Bestürzung hervor. Kuriere wurden in alle Komitate Ungarns und in die Länder der Stephanskrone entsandt, um die Stände zum letzten Aufgebot zu rufen. Viele Bischöfe und Bannerherren folgten dem Ruf, unter ihnen auch György Zápolya, der Bruder des Woiwoden von Siebenbürgen.

Dem Eroberer Peterwardeins, Ibrahim Pascha, blieben die Vorbereitungen der Ungarn natürlich nicht verborgen. Um einer Vereinigung der Truppeneinheiten aus Kroatien und Siebenbürgen mit dem Heer des Königs zuvorzukommen, nahm er am 8. August die Festung Neusatz/Ujlak und marschierte weiter nach Esseg/Eszék an der Drau. Wieder machten sich die Pioniere ans Werk und schlugen bis zum 19. August eine Brücke über den Fluß. Am Morgen des 23. war die gesamte türkische Armee, kämpfende Truppe und Troß, mit allen Lasttieren, am anderen Ufer angelangt, 50 Kilometer südlich von Mohács.[64]

V. Die Schlacht

Selten in der Geschichte hat eine einzige Schlacht zu so weitreichenden Konsequenzen geführt wie die Schlacht von Mohács. Aber wie bei vielen militärischen Aktionen des Mittelalters und der frühen Neuzeit ist die Quellenlage lückenhaft und widersprüchlich (besonders, was die Berichte der Augenzeugen betrifft), und ebenso widersprüchlich sind die Interpretationen der Historiker über ihren Ablauf. Zu Beginn sei noch einmal zusammenfassend an die Vorgeschichte erinnert.

1456 belagerte eine türkische Armee unter Sultan Mehmed II. die Stadt Griechisch-Weißenburg/Nándorfejérvár, die heute unter dem Namen Belgrad bekannt ist, Schlüsselfestung in der südlichen Verteidigungskette des Königreichs Ungarn. Damals gelang es den Ungarn unter ihrem Reichsverweser und Obersten Feldhauptmann János Hunyadi, dem Vater des Matthias Corvinus, die Türken in die Flucht zu schlagen. Dieser glänzende Sieg des Kreuzes über den Halbmond bestärkte das westliche Europa in der Überzeugung, daß Ungarn als eine verläßliche Bastion gegen die türkischen Expansionsbestrebungen anzusehen sei. Während der Herrschaft des Matthias Corvinus verfügte das Königreich sowohl über Ordnung im Inneren wie militärische Stärke nach außen und erfreute sich einer blühenden Wirtschaft und Kultur. Nach dem plötzlichen Tod des Königs, der keinen legitimen Erben hinterließ, wählten die ungarischen Stände den schwachen Jagiellonen Wladislaw, der nicht imstande war, das Werk des Matthias weiterzuführen. Das stehende Heer wurde aufgelöst, der königliche Schatz leerte sich, der Adel verlor den Respekt vor Gesetz und König. Auch unter Wladislaws Sohn Ludwig entwickelten sich die Dinge, wie wir gesehen haben, nicht zum Besseren. Dies war die Situation, in der Süleyman II. 1521 seine erste Offensive gegen Ungarn ins Werk setzte. Sie war gegen die drei Grenzfestungen Szabács, Belgrad und Semlin gerichtet, die das Einfallstor zur ungarischen Tiefebene bewachten. Obwohl man in Ungarn über die Pläne der Türken informiert war, versäumte man, entsprechende Gegenmaßnahmen zu ergreifen. Die Befestigungen, die Ausrüstung und die Besatzungen der drei Hauptfestungen wurden ebenso vernachlässigt wie die der kleineren Stützpunkte. So fielen sie, eine nach der anderen, im Sommer 1521 in die Hände der Türken: zuerst Szabács, dann Semlin, zum Schluß Belgrad, nach 26 Tagen Belagerung. Als die Türken ihren Eroberungszug nicht fortsetzten, sondern sich anderen Problemen in ihrem Reich zuwandten, wurden immer wieder Pläne zur Rückeroberung der Festungen, vor allem Belgrads, geschmiedet, aber es blieb bei den Plänen. Fünf Jahre dauerte es, bis Süleyman wiederkehrte, und, wie wir gesehen haben, geschah in diesen fünf Jahren so gut wie nichts, um die Verteidigungsbereitschaft des Landes entscheidend zu verbessern.

Die Armee Süleymans war eine der bestorganisierten und ausgerüsteten Armeen ihrer Zeit. Ihre Stärke lag vor allem darin, daß die meisten ihrer Offiziere aus den Sklaven des Sultans rekrutiert wurden und nicht aus der Aristokratie. Sie befolgten blind jeden Befehl, während die adeligen Truppenführer im Westen um Ränge und Stellungen stritten und nicht selten gegen ihre Fürsten rebellierten. Einen weiteren wichtigen Faktor bildete die Religion. Ein Muslim kämpfte furchtlos, und die Gewißheit, daß der Tod auf dem Schlachtfeld ihn unmittelbar ins Paradies führen würde, erhöhte noch seine Kampfkraft. Dazu kam, daß der Sultan sowohl als Herrscher in seinem Reich wie als Oberbefehlshaber seiner Streitkräfte absolute Macht besaß. War der Krieg beschlossen, setzte unmittelbar darauf die Mobilisierung ein, ausgezeichnet organisiert durch ein effizientes Botensystem. Das stehende Heer bestand aus hervorragend ausgebildeten, ausgerüsteten und disziplinierten Truppen. Den Kern bildeten die *kapi kulu*, die Garde des Sultans, durchwegs Sklaven, viele unter ihnen Söhne christlicher Eltern, mit den Eliteeinheiten der Janitscharen und Spahis (schwere Infanterie und Kavallerie). Den *kapi kulu* waren auch alle technischen Verbände angeschlossen, die Pioniere, Transporteinheiten und die Artillerie. Viele ausländische Spezialisten, vor allem Franzosen, Deutsche und Italiener, arbeiteten im Dienst des Sultans, um gegen großzügige Honorierung den bestmöglichen (westlichen)

Standard zu gewährleisten. Zu den *kapi kulu* kamen noch die *akincis,* türkische Reiterverbände, die an den Grenzen der europäischen Gebiete des Reiches stationiert waren und hauptsächlich zu Aufgaben herangezogen wurden, die viel Beweglichkeit und rasches Eingreifen erforderten, wie plötzliche Überfälle, Aufklärung, Verfolgung und Nachschubsicherung. In Kriegszeiten wurde das stehende Heer noch durch Kontingente aus den Provinzen verstärkt, wo der Adel verpflichtet war, eine der jeweiligen Größe der Besitzungen entsprechende Streitmacht zu stellen. Dann gab es noch die *azaps,* die in Ägypten, auf der Krim, in der Walachei und in Moldavien rekrutiert wurden. Sie waren weniger gut ausgebildet und ausgerüstet, wurden zum Bau von Brücken und Befestigungen herangezogen und dienten nicht selten als Kanonenfutter. Wo immer es möglich war, unterstützte die türkische Marine die Landtruppen durch Brückenbau, Teilnahme an Belagerungen und den Transport von Truppen und Munition. Zehntausende von Kamelen schleppten Lasten durch unwegsames Gelände.

Dieser perfekten Kriegsmaschine gegenüber stand das schlecht organisierte, unzulänglich ausgebildete und mangelhaft ausgerüstete ungarische Aufgebot. Seit der Entlassung der aus ausländischen Söldnern bestehenden „Schwarzen Armee" des Matthias Corvinus gab es in Ungarn keine reguläre Truppe mehr. Im Kriegsfall rief der König die „Banderien" der Adeligen zusammen, die zwar glänzende und wagemutige Reiter stellten, deren Disziplin aber sehr zu wünschen übrig ließ. Die Infanterie bestand hauptsächlich aus Söldnern, die nur für die Dauer eines Feldzugs angeworben, schlecht oder gar nicht bezahlt wurden und dementsprechend unverläßlich waren. Die Artillerie war zahlenmäßig gering und hoffnungslos veraltet, technische und Nachschubeinheiten existierten überhaupt nicht.

Im Dezember 1525 ordnete der Sultan die Mobilmachung an, und der militärische Apparat, der mit der Präzision eines Uhrwerks arbeitete, setzte sich in Bewegung. Das Ziel war, die restlichen Festungen an Donau und Drau zu erobern und die ungarische Armee in offener Feldschlacht zu besiegen.

Ende März brachte Pál Tomori, der Erzbischof von Kalocsa und Oberste Feldhauptmann, die Nachricht nach Buda, daß die türkische Armee sich der Grenze näherte. Der König rief den Landtag zusammen, der am 23. April beschloß, daß die Banderien des Adels sich am 2. Juli in Tolna zu versammeln hätten. Zur gleichen Zeit wurden Boten mit dem Befehl nach Böhmen und Mähren geschickt, die versprochenen Kontingente nach Ungarn in Marsch zu setzen. Mit dem von der Kirche zur Verfügung gestellten Geld rekrutierte der König noch 4000 deutsche und 1500 polnische Fußknechte. János Zápolya, der Woiwode von Siebenbürgen, wurde angewiesen, die Karpaten zu überqueren und in der Walachei einzufallen, um die Aufmerksamkeit der Türken abzulenken. Als der Sultan bereits Belgrad erreicht hatte, war in Tolna erst ein dürftiges Aufgebot zusammengekommen. Der Palatin István Báthory sollte nun bis zur Save vorrücken, um die Türken daran zu hindern, den Fluß zu übersetzen, doch die Adeligen weigerten sich, Tolna zu verlassen, bevor der König eingetroffen war. Es wäre ihr Vorrecht und ihre Pflicht, nur unter dem Banner des Königs zu dienen. Inzwischen gingen die Türken, wie nicht anders zu erwarten, über die Save und im Anschluß daran über die Drau. Peterwardein und Neusatz fielen, am 28. August erreichten sie die Gegend südlich von Mohács.

Nachdem der König Ende Juli endlich in Tolna eingetroffen war, setzte sich das königliche Aufgebot in Marsch und schlug, durch einigen Zuzug verstärkt, in der Ebene nördlich des Ortes Mohács ein Lager auf, in unmittelbarer Nachbarschaft der Truppe des Erzbischofs Pál Tomori. Im Osten zogen sich dichte Auwälder mit Sümpfen und Wasserläufen die Donau entlang, im Westen erhoben sich die Villányi-Hügel mit ihren Wäldern und Weinbergen. Zwei Oberbefehlshaber wurden ernannt, neben Tomori noch György Zápolya, der Bruder des Woiwoden. Nun wurde tagelang beraten, was zu tun sei. Eine Partei empfahl, das Eintreffen der restlichen Truppen abzuwarten, sowohl Zápolya als auch die böhmischen und mährischen Kontingente befanden sich bereits auf dem Marsch. Eine andere Partei setzte sich für die Taktik der verbrannten Erde ein. Die Ebene bis nach Buda sollte unter Feuer gesetzt und eine Gegenoffensive erst begonnen werden, wenn die Türken tief in das verwüstete Land eingedrungen wären. Der Kommandant der polnischen Söldner riet den Ungarn, sich zu verschanzen, den türkischen Ansturm abzuwarten und erst anzugreifen, wenn sich der Gegner erschöpft hätte. Die vierte Partei, die des Erzbischofs Tomori, führte ins Treffen, daß man Kundschaft erhalten habe, das türkische Heer sei nur deshalb so groß, weil sich in ihm zahlreiche verkleidete Frauen befänden, der Rest sei feiges Gesindel und die Kanoniere Christen, die im richtigen Augenblick überlaufen würden. Es wäre skandalös, sich zurückzuziehen, gerade jetzt, wo die königliche Streitmacht auf eine respektable Stärke angewachsen war. Die „respektable Stärke" belief sich auf ca. 25.000 Mann (die von den meisten Forschern angenommene Zahl) gegenüber 70.000 auf der türkischen Seite. Natürlich keine verkleideten Weiber, sondern bestens ausgerüstete und disziplinierte Eliteeinheiten. Auf der ungarischen Seite siegten schließlich „verhängnisvoller Leichtsinn und theatralischer Mut" (Stephan Vajda) und die Angst vor der Schande eines Rückzugs ohne vorangegangene Schlacht. Tomoris Plan, den Kampf zu wagen, wurde angenommen.

In den frühen Morgenstunden des 29. August setzte sich die türkische Armee in Bewegung, und die Ungarn nahmen ihre Positionen ein, kampflustig, übermütig und voll Siegeszuversicht. König Ludwig scheint diese Zuversicht nicht geteilt zu haben. Augenzeugen berichteten später, er sei leichenblaß gewesen, als er sich seinen Helm aufsetzte, und habe sich in seiner schweren Rüstung kaum auf dem Pferd halten können. Bis in den Nachmittag hinein geschah außer einigem Vorgeplänkel nichts Wesentliches, erst gegen vier Uhr begann die eigentliche Schlacht. „Der böse König hatte seine teufelsartigen und übelgeratenen halsstarrigen Nichtsnutze von Kopf bis Fuß in Stahl gesteckt und erschien nun mit ihnen auf dem Schlachtfeld, dessen aufsteigende Staubwolke Ost und West bedeckte", heißt es im „Mohács-Name" (Lied von Mohács) des Kemalpaszade. „Er hielt die welterobernde Fahne des erleuchteten Padischahs im Auge, stürmte direkt gegen die Mitte des unbesiegbaren Heeres und, das Niederprasseln der Kanonen- und Musketenkugeln mißachtend, lenkte er unerschrocken den Angriff seiner einem Fluß gleich strömenden Reiterei. Mit deren ganzer Masse griff er die Janitscharen an, die unter den Kriegern des Glaubens die tapfersten sind ..."

Die Ungarn kämpften in der Tat bravourös und schneidig, teilweise sogar erfolgreich, ein Reitertrupp gelangte sogar bis vor das Zelt des Sultans, bevor er niedergemacht wurde, aber sie hatten keine echte Chance. Nach zwei Stunden war alles vorbei, die ungarische Armee vernichtet, ihre Niederlage besiegelt. Tausende von gefallenen Reitern und Fußsoldaten bedeckten das Feld, unter ihnen 28 Bannerherren und Magnaten, sieben Bischöfe, 500 Adelige und die beiden Oberbefehlshaber Tomori und Zápolya. 2000 fielen lebend in die Hände der Türken und wurden geköpft. Die türkischen Verluste beliefen sich auf höchstens 3000 Tote und Verwundete. König Ludwig, der am Kampf persönlich teilgenommen hatte, wurde von seinen Getreuen im letzten Augenblick aus dem Gemetzel gerettet, doch auf der Flucht, beim Übersetzen des hochgehenden Baches Csele, stürzte sein ermüdetes Pferd. Der König versank in voller Rüstung in der sumpfigen Flut und ertrank. „Der bösartige und unglückselige König", so Kemalpaszade, „lief vom Kampffeld davon, verwundet, besiegt, ausgeplündert, zugrundegerichtet, seiner Würde beraubt und von seiner Umgebung allein gelassen. Seine Seele wurde von Feuer und Schande gemartert, er selbst sprang mit seinem Pferd und seinen Waffen ins Wasser und mehrte die Zahl jener, die gefallen oder ertrunken waren ... Aug und Herz des plündernden Heeres wurden satt von Gold und Silber."

Süleyman II. ist nicht nur als „der Prächtige" und „der Gesetzgeber", er ist auch als militärisches Genie gefeiert worden, doch sein überwältigender Erfolg bei Mohács ist nicht nur seiner numerischen und strategischen Überlegenheit zuzuschreiben. Die Erklärung für die katastrophale Niederlage der Ungarn ist in den chaotischen Verhältnissen zu suchen, die seit langem im Lande herrschten, in der Schwäche des Königs, in der Ignoranz und Indolenz des Adels, der lieber

untereinander intrigierte, als sich gegen den gemeinsamen Feind zusammenzu-
schließen. Während auf türkischer Seite die absolute Macht und der militärische
Oberbefehl in einer Hand, in der des Sultans, lagen, besaßen die Ungarn neben
ihrem viel zu jungen und schwachen König auch keinen militärischen Führer
von Weitblick und Durchsetzungskraft, der die rivalisierenden Unterführer hätte einigen und ein weitreichendes strategisches Konzept hätte entwerfen können.
Deshalb die verfehlte Taktik, auf der einen Seite die Verteidigungslinie an Save
und Drau zu vernachlässigen, und auf der anderen Seite Zápolya zuerst von
Siebenbürgen in Richtung Walachei in Marsch zu setzen und dann zurückzu-
beordern, bevor er noch den ursprünglichen Plan, die türkischen Nachschubli-
nien zu unterbrechen, ausführen konnte. So vertat Zápolya wertvolle Zeit mit
Märschen durch schwieriges Gelände und war nicht mehr imstande, sich rechtzeitig mit der Hauptarmee zu vereinigen. Natürlich gab es auch Gerüchte, er
hätte bereits Kontakt mit den Türken aufgenommen und *absichtlich* gezögert,
dem König zu Hilfe zu kommen, um sich nach der erwarteten Niederlage selbst
zum König von Ungarn krönen zu lassen, doch hieb- und stichfeste Beweise sind
dafür nicht erbracht worden. Außerdem wird als Gegenargument angeführt, daß
Zápolyas Bruder György sich bei den Königlichen befand.

Der entscheidende Fehler der ungarischen Führung bestand schließlich im
Verwerfen der Pläne, die auf Verzögerung und Zeitgewinn aus waren, und der
Annahme der Schlacht, ohne über Stärke und Aufmarschplan des Gegners hinreichend informiert zu sein. Statt zu rekognoszieren, glaubte man lieber den Gerüchten über verkleidete Weiber und hoffentlich überlaufende Christen, angesichts des
erfolgreichen türkischen Vormarsches ein geradezu wahnwitziger Leichtsinn.

Die Debatte über Verlauf und Ausgang der Schlacht von Mohács und darüber, wie man sie vielleicht doch hätte gewinnen können, ist bis zum heutigen
Tag nicht verstummt und naturgemäß unter ungarischen Historikern ein uner-
schöpfliches Thema, das hier nicht weiter ausgeführt werden soll. So bleibt als
allgemein anerkanntes Fazit, daß die Katastrophe angesichts der ungleichen
Kräfteverhältnisse und der organisatorischen und disziplinären Überlegenheit
der Türken nicht abzuwenden war, trotz der unbezweifelbaren persönlichen
Tapferkeit, mit der die Ungarn und ihr junger König bei Mohács in den Kampf
zogen und untergingen. Die Katastrophe brachte für Ungarn den Verlust seiner
Souveränität, türkische Besetzung im Herzen des Landes und den Kampf zweier
rivalisierender Könige im Westen und im Osten, in weiterer Folge eine ständige
Bedrohung für das übrige christliche Europa, besonders für die an Ungarn
grenzenden österreichischen Länder, in denen die Angst umging, bald das nächste Opfer der ottomanischen Expansion zu werden (drei Jahre nach Mohács
standen die Türken zum ersten Mal vor Wien).[65]

Als man in den siebziger Jahren unseres Jahrhunderts begann, zum 450. Jahrestag der Schlacht bei Mohács eine Gedenkstätte zu schaffen, stieß man auf ein weites Gräberfeld. Am Abend des verhängnisvollen Tages war nämlich Dorottya Kanizai, Herrin auf Burg Siklós und Witwe des Palatins Imre Perényi (dieselbe, die Maria in Gran willkommen geheißen hatte), mit kleinem Gefolge und tief verschleiert im türkischen Lager erschienen, um den Großwesir zu bitten, die gefallenen Ungarn bestatten zu dürfen. Der Großwesir stimmte nicht nur zu, er kommandierte sogar zwei Kompanien Janitscharen dazu ab, der ungarischen Dame und ihren Leuten zu helfen. Eine ganze Woche, auch in der Nacht beim Schein brennender Fackeln, waren Ungarn und Türken beschäftigt, die Toten zu begraben. Über ihren Gräbern erhebt sich heute eine weitläufige Anlage, die man durch ein eisernes Tor betritt, das an das Panzerhemd eines Ritters erinnert und von zwei massiven Torsäulen aus Marmor gehalten wird. Eine breite Steintreppe führt abwärts in einen Hof, in dessen Mitte ein Brunnen plätschert, umgeben von den ringsherum angeordneten Gebäuden der Gedenkstätte. Dahinter gelangt man wieder über eine Steintreppe auf ein weites Feld, auf dem etwa 120 symbolische Holzpfähle, die Formen altungarischer Grabhölzer mit türkisch-asiatischen Motiven verbinden, an die Gefallenen erinnern und dem Schauplatz dieses folgenreichen historischen Ereignisses eine eindringliche Atmosphäre verleihen. Eine Gedenkplatte in der Mitte schmücken Kränze in den ungarischen Nationalfarben Rot-Weiß-Grün und frische Blumen.[66]

VI. Dame de grand coeur

Am Rande des Schlachtfelds von Mohács thronte nun der siegreiche Sultan Süleyman unter dem goldenen Baldachin seines Zeltes, verteilte angesichts von 2000 enthaupteten und aufgespießten Gegnern Auszeichnungen an seine Wesire und Heerführer und gewährte die Erlaubnis zur Plünderung. Mohács wurde in Schutt und Asche gelegt, und Tausende Einwohner aus den umliegenden Dörfern ins türkische Lager geschleppt, von denen die Frauen vergewaltigt und die Männer einige Tage später hingerichtet wurden. Frauen und Kinder jagte man in die verwüsteten Dörfer zurück, dem sicheren Hungertod entgegen. Dann setzte sich die türkische Armee wieder in Bewegung, ihr Ziel war die Hauptstadt.

Schon am späten Abend des 30. August, einen Tag nach der Katastrophe, brachte ein deutscher Kriegsknecht die schreckliche Nachricht nach Buda. Er war 24 Stunden unterwegs gewesen, erschöpft und verwirrt in Erinnerung an das Entsetzliche: die Schlacht war verloren, das Heer vernichtet, der König verschwunden, der Türke im Anmarsch. Flüchtlinge wußten zu berichten, daß

110

König Ludwig sicher die Grenze nach Österreich passiert habe, andere erklärten mit der gleichen Überzeugung, er wäre von János Zápolya ermordet worden. Sicher war nur eines: Der Sultan und sein Heer marschierten in Richtung auf die Hauptstadt, und auf ihrem Weg lag keine Festung, die sie aufhalten, keine Armee, die sich ihnen entgegenstellen konnte. So blieb nur die Flucht.

König Ludwig selbst hatte es so vorgesehen und am 11. August für Alexius Thurzó eine Urkunde ausgestellt, die ihn von der Teilnahme am Feldzug befreite, damit er in Buda der Königin dienen und sie bei Gefahr in die „oberen Teile" des Landes bringen könne.

Obwohl es ihrem Charakter widerstrebte, „feige" davonzulaufen, mußte Maria einsehen, daß ihr keine andere Möglichkeit blieb. Ein Ausharren hätte ihr unweigerlich Gefangenschaft, möglicherweise Verschleppung und in weiterer Folge unsägliche politische Komplikationen eingetragen. Die später gegen sie erhobenen Vorwürfe, Buda wäre besser verteidigt worden, wäre sie geblieben, sind müßig. Wer hätte die Stadt gegen die siegreiche Armee Süleymans verteidigen sollen? Die 50 Bogenschützen der Burgwache? Um in der Stadt keine Panik hervorzurufen, gab Maria Befehl, Falken und Hunde zur Jagd bereitzuhalten, zu der sie in den frühen Morgenstunden aufbrechen wollte. So verließ sie die Stadt erhobenen Hauptes, nicht als gebrochene, vertriebene Königin, sondern als Jägerin zu Pferde, mit dem Falken auf der Faust, umgeben von ihren Hofdamen, Jägern und Jagdhunden.

Alles, was sich in der Eile zusammenraffen ließ, war auf Schiffe verladen worden, einige Schätze aus der *Biblioteca Corviniana,* wie das Missale des Attavante, der *Codex aureus,* Kisten mit Münzen und Kirchensilber, Schmuck und persönliche Besitztümer. Als die Schiffe den Hafen verließen, mußten auch die Bürger erkennen, daß es sich nicht um einen königlichen Jagdausflug, sondern um eine Flucht handelte: Die Hauptstadt war aufgegeben. Wer die Möglichkeit und die Mittel besaß, vor allem der Adel und die wohlhabenden Bürger, folgte der Königin, und in den nächsten Tagen bedeckten unzählige Schiffe, Flöße und Barken den Strom, und Hunderte von Ruderern kämpften sich stromaufwärts, um dem nahenden Desaster zu entkommen, das sich am Horizont mit Feuerschein und Rauchschwaden bereits ankündigte.

Am achten tag des Monats Septembris / Hat der Türck vnd sein volck / nach der schlacht oben angetzeygt / die Stett Pescht vnnd Ofen yngenommen, heißt es in einem 1526 gedruckten Bericht über die Ereignisse nach der Schlacht bei Mohács, *Auch als bald Pescht in einer stund erobert verbrennt / vnd alles volck darinn gewesen vnnd gelegen zu tod zerhackt vnnd erschlagen. Darnach für Ofen die Statt geruckt / die belegert / vnd angefangen zu schiessen vnnd stürmen. Als aber der mererteyl des volcks daselbst geflohen / die Statt thor auch vermauret gewesen seind /*

111

so hat sich doch das überig volck so in der Statt beliben / dannoch drey stund lang gewört. Als auch der grossen Herren heuser daselbst vil thürn an den gemeuren gehabt / seind durch dieselben die feynd vnnd Türcken yngetrungen / vnd dardurch die Statt vnd Schloß gewunnen. Auch alles Christlich volck / alt vnd jungs / weyb vnd kindt erschlagen. Den Juden erging es nicht anders: *Als sich aber die Juden so fast gewört - - - haben die Türcken die thor zerschossen / in die gassen gefallen / und was athem gehabt hat / alles zerhackt / und dermassen mit inen gehandelt das von vierdhalb tausent Juden / nit mer dann zweintzig entrunnen sind.*

Er [der Türke] ruckt auch teglichs weyter / und zeucht im land allenthalb hin und wider / Was sie der jungen weyber vnd meidlin erwüschen / treyben sie iren mutwillen mit / schenckts einer dem andern. Wann sie sich dann dero genüten / so schlahen sie inen die köpff ab. Es kan also jemerlich vnnd ellend nit antzeygt werden / es wirt noch vil hündischer vnd thyrannischer gehandelt.

Es ist ein Woscha oder Capitan vff die statt Fünffkirchen mit seinem volck die zu erobern gezogen. Haben inen die von Fünffkirchen die Stattschlüssel / zwo meyl wegs entgegen gebracht / mit beger vnd nidergefalner bitt / sie zegnaden vffzenemen. Wiewol er inen das zugesagt / also in die statt gezogen / vnd zwen tag mit frid darinn beliben ist / So hat er doch am dritten tag lassen vffblasen / das yederman Alts vnd jungs etc. vff den marckt keme / mit antzeygung inen was fürzehalten. Als sie nun wie die gehorsamen / vnnd als die so gern mit friden vnd ruw gewesen weren / dahin kommen seind / hat sie der angetzeygt Woscha / das Christenlich volck alles beyeinander zerhacken vnd zu tod schlahen lassen.

Es steet leider vmb das Hungerland nit wol. Wo die gantz Christenheit nit dartzue thut – so ist zu besorgen / das es Österreych bald auch treffen werd.

In alle Himmelsrichtungen schwärmten die türkischen Horden aus, mordend, plündernd und brennend, bis an die Grenzen Niederösterreichs und der Steiermark, doch der Verteidigungswille der Bevölkerung war trotz alledem nicht ganz zum Erliegen gekommen. In Gran feuerte Mihály Nagy, ein einfacher Soldat, die Einwohner zum Widerstand an, geflohene Bauern und Mönche verteidigten Visegrád, beide Städte wurden nicht eingenommen. Zwischen Gran und Dömös verschanzten sich 25.000 Bauern aus der Umgebung, um sich und ihre Familien gegen die anstürmenden Horden zu verteidigen, doch sie hatten keine Chance gegen die türkischen Kanonen, die Erdwälle und Schanzen vernichteten und keinen einzigen Ungarn am Leben ließen.

Inzwischen floh die „Jagdgesellschaft" der Königin Richtung Preßburg. Im ersten Dorf, in dem Maria Rast machte, fertigte sie Kuriere an ihren Bruder Ferdinand nach Speyer und an den Freiherrn Johann Lamberg nach Wien ab, um von der Katastrophe zu berichten. *Lieber her Hans,* schrieb sie an Lamberg, *ich kan euch nichs anders schreyben denn das leyder der Turk meinen hern und*

gemahl vollens In der schlacht geschlagen hatt, vnd vyl redlich leyt vmbkomen, was
seiner lieb person antrifft, wie mir angesagt das er daruon Ist got gib das es war sey
denn Ich hab khain gewisse kunntschafft von Ime. Ich wil euch auch ermant haben,
dieweyl das mein her vund bruder nicht In seinen Österreichischen Landen ist, das
Ir wölt die hoffritt [Hofräte] ermanen, das sy wol auffsehen, wen ich besorg der Turk
wiert khain auffhaltung haben biss auff m.H. bruder gränitz [Grenze]. Ich hoff in
3 tagen nit fern von Ew. zu sein wan ich heut vmb 3 vr tags von offen zogen pin.
Lieber Her Hans Ich wayss euch nichs anders zu schreyben denn Ir kundt gedenken
In was fürder ych pin, doch muss vnd wils got beuelhen vnd haimsetzen. Dat.
Netzmyll [Neszmély] den Freytag nach Bartholomej [31. August] anno 1526.
Maria regina.

Nicht nur die Angst um ihren Gemahl und die Sorge vor dem Kommenden bedrückten die Königin, sie mußte nun erfahren, daß das Volk, um das sie sich nie gekümmert hatte, auch an ihrem Schicksal keinen Anteil nahm. Wo immer sie durchkam, stieß sie weit mehr auf drohende Ablehnung als auf Hilfsbereitschaft. Mit Gold versuchte sie ihre Gefährten an sich zu binden, mit Gold die Loyalität der Besatzung von Gran zu erkaufen, alles vergeblich. In der allgemeinen Untergangsstimmung versuchte jeder, sein eigenes Schäfchen ins Trockene zu bringen. Die königlichen Schiffe wurden zum Teil geplündert und versenkt, Husaren der Graner Garnison erbrachen die Truhen, kleideten sich in die Gewänder der Königin und ihrer Hofdamen und veranstalteten nach reichlichem Weingenuß makabre Maskentänze. Nuntius Burgio, der im Gefolge Marias die Reise mitmachte, berichtete nach Rom, er hätte nicht nur vor den Türken, sondern auch vor den Ungarn und Deutschen fliehen müssen.

In Komorn erreichte der Kämmerer König Ludwigs, Ulrich Zetritz, den fliehenden Hof der Königin. Er brachte die traurige Nachricht, daß der König dem Schlachtgetümmel glücklich entronnen, bei der Überquerung des Baches Csele jedoch ertrunken sei. Obwohl Maria an den Tod Ludwigs noch nicht glauben wollte und sich an die Hoffnung klammerte, er sei doch am Leben geblieben, sandte sie Zetritz zusammen mit dem Feldhauptmann von Raab/ Györ an die Unglücksstelle zurück, um nach der Leiche zu suchen, was allerdings erst nach Abzug der Türken geschehen konnte. „Euer Hochwürden möge überzeugt sein", berichtete der Feldhauptmann schließlich dem Kanzler Brodarics, „daß alles, was Zetritz seinerzeit vom Tode des Königs gesagt hat, die reine Wahrheit ist. Denn kaum näherten wir uns jenem Ort und waren dort noch gar nicht angelangt, da zeigte schon Zetritz mit dem Finger darauf. Wir eilten dorthin und erblickten im Morast einen Pferdekadaver. Zetritz glaubte, daß auch der Leichnam der königlichen Majestät dort sein müsse, und sprang, des Sumpfes ungeachtet, in den Morast und suchte nach dem königlichen Leichnam und dessen Begleitern. Doch dort fand er nicht sie, sondern nur die Waffen des Königs. Wir gingen einige Schritte weiter und trafen auf einen leblosen Körper, den wir als den Leichnam des Hofmeisters Trpka seiner Majestät wiedererkannten. Wir untersuchten noch andere Leichen, doch den Leichnam seiner Majestät fanden wir nicht. Endlich erblickten wir unweit dieses Sumpfes ein frisches Grab und trafen darin auf den begrabenen Leichnam seiner königlichen Majestät. Sofort begann Zetritz die Erde mit bloßen Händen wegzuscharren, und wir folgten seinem Beispiel: Zuerst legten wir die Beine frei. Zetritz ergriff das rechte Bein des Leichnams, wusch es sorgsam, indem er seinen Hut zweimal mit Wasser füllte, und entdeckte dann das Mal, das auf dem rechten Bein seiner Majestät war. Daraufhin rief er laut aus, ‚Das ist der Leichnam seiner Majestät des Königs, meines stets allergnädigsten Herrn, das ist gewiß‘, fiel in die Knie und küßte den Leichnam. Wir legten ihn frei und wuschen zunächst den Kopf, dann das Gesicht und erkannten seine Majestät an den Malen seiner Zähne wieder. Dann legten wir den Körper der Majestät auf eine Decke und wuschen ihn sauber. Ich möchte nicht schmeicheln, aber Euer Hochwürden geruhe mir zu glauben, daß ich noch nie eine menschliche Leiche gesehen habe, die so unversehrt geblieben, so wenig abstoßend und furchterregend gewesen wäre. Denn nicht einmal der kleinste Köperteil der Majestät war in Verwesung begriffen [offenbar hatte ihn der moorige Grund konserviert], und es war keinerlei Wunde auf ihm, nicht einmal wie eine von einem Nadelstich, nur eine ganz kleine auf seiner Lippe. Nachdem all dies mit größter Ehrfurcht getan, kleideten wir den königlichen Leichnam in ein sauberes Hemd, das ich zu diesem Zweck aus Raab mitgenommen hatte, und legten ihn in den Sarg, den ich ebenfalls aus Raab mitgenommen hatte. Dann brachen wir mit Gottes Hilfe auf und reisten überall unbehelligt. Vor Stuhlweißenburg angelangt, ritt Zetritz in die Stadt und trug dem Richter und den anderen Standesherren vor, wen wir mit uns führten. Daraufhin kamen sie, wie es sich ziemt, zusammen mit dem ganzen Klerus in feierlicher Prozession aus der Stadt und zum Sarg des Königs. Dann trugen wir den Leichnam der Majestät in die Stadt und legten ihn mit großer Ehrfurcht auf einen Schild. Danach öffneten wir den Sarg und zeigten ihn dem Richter, der daran seinen Herrn ebenfalls wiedererkannte …"

Es war so gewesen, daß Leibeigene aus der nahen Umgebung den König heimlich begraben und seine Kleidung, seinen Siegelring und ein kleines goldenes Herz, das er stets um den Hals getragen, zu sich genommen hatten. Diese Gegenstände händigten sie dem Bevollmächtigten der Königin aus. Als Maria sie schließlich in Händen hielt, wußte sie, daß am Tod ihres Gemahls nicht mehr zu zweifeln war. Sie vertauschte nun ihre kostbaren Roben, ihre goldenen Haarnetze und juwelenbesetzten Hüte mit den schwarzen Gewändern und der klösterlich strengen, weißen Witwenhaube. Sie würde sie bis zum Ende ihres Lebens nicht mehr ablegen, ebensowenig wie Ludwigs Halskette mit dem goldenen Herzen.

Von der im Jahr 1018 von König Stephan gestifteten Basilika „Mariä Himmelfahrt" in Stuhlweißenburg, in der 37 ungarische Könige gekrönt und elf beigesetzt wurden, sind im „Lapidarium" der Stadt nur mehr Fragmente erhalten, die Königsgräber bis auf wenige Reste verschwunden. Ob im Boden des Ruinengartens auch die Gebeine König Ludwigs ruhen, ist heute wohl nicht mehr zu klären.

Am 3. September erreichte Maria Preßburg, wo sie sich einigermaßen sicher fühlen konnte. Eine österreichische Abordnung, geführt von Niklas Graf Salm, begrüßte sie, und die Stadtregierung sorgte für ein reichliches Abendessen. Zehn Karpfen, 17 Hechte, ein Wels und eine Menge kleinerer Fische wurden zusammen mit 200 Kuchen und einem Eimer Landwein als Geschenk der Stadt auf die Burg geschickt. Obwohl die Räume kaum bewohnbar waren, richtete man sich ein, so gut es ging, und kampierte auf Stroh, in Erwartung der Schiffe mit dem Gepäck, soweit es nicht verlorengegangen war. Die Angst vor feindlichen Bauern und marodierenden Soldaten war jedenfalls vorbei.

Marias Botschaft an den Freiherrn von Lamberg hatte in Wien große Besorgnis hervorgerufen. Die Mitglieder des Hofrates tagten bis spät in die Nacht, um Maßnahmen für den Fall zu beraten, daß die Türken bis auf Wien vorstoßen würden. Ein Kurier eilte nach Innsbruck, um Erzherzog Ferdinand zu berichten, „von den traurigen und tragischen Ereignissen, die nicht nur die Ungarische Krone und das Haus Österreich, sondern auch das Heilige Römische Reich und die gesamte Christenheit für schrecklich erachten werden". Man beschwor Seine Fürstliche Durchlaucht, sich von nichts abhalten zu lassen, sondern „eilends und eilends" in seine Länder zu kommen, aber nicht ohne zuvor das Reich, Tirol und die Nachbarstaaten um Hilfe zu bitten. Man habe beschlossen, Königin Maria so viele Fußknechte zu senden, wie aufzutreiben wären (1000 bis 1500 Mann), und ihr zu raten, in Ungarn zu bleiben (in Preßburg oder an einem anderen sicheren Ort), „so daß wir das Königreich nicht völlig verlieren, und Eure Hoheit besser nach Ungarn gelangen kann mit ihrer Hilfe". Der Hofrat wußte sehr gut, daß Ferdinand im Falle des Todes von König Ludwig durch seine Ehe mit dessen Schwester Anna, gemäß den von seinem Großvater abgeschlossenen Verträgen, der legale Erbe der Stephanskrone war.[67]

Noch in Unkenntnis von Ludwigs Tod schrieb Ferdinand am 8. September aus Innsbruck an seine Schwester, es wäre Gottes Wille gewesen, gegen den niemand aufbegehren dürfe, *et vous suplie, Madame, comme à dame de grant coeur, vous consoler et conforter, car à l'adversité cognoit on les vertueusses personnes*

– „und ich bitte Euch, Madame, als eine Dame hohen und edlen Herzens, Euch zu trösten und zu stärken, denn erst im Unglück erkennt man die wahre Tugend einer Person. Und was meinen Teil betrifft", so fuhr er fort, „so bin ich entschlossen, Euch weder beiseitezuschieben noch zu verlassen, sondern Person und Mittel einzusetzen, um Euch zu beschützen und zu helfen, wie die Vernunft es fordert."[68]

Einen Tag später empfing auch Erzherzog Ferdinand die Nachricht vom Tod seines Schwagers. Er schrieb erneut an seine Schwester, wiederholte die Worte des Mitgefühls, versäumte jedoch nicht, seinen Anspruch auf die ungarische Krone anzumelden. *Madame,* fügte er in einem *post scriptum* hinzu, *je vous suplie me mustrer tour de bone seur en cest afaire et de ma part j`en faire le semblable* – „ich bitte Euch, zeigt Euch in dieser Angelegenheit als gute Schwester, ich für meinen Teil werde ein gleiches tun." Es hätte dieses Appells nicht bedurft – schon von ihrem Großvater hatte Maria gelernt, die Dynastie als höchstes Gut zu achten, nun, da ihr Mann tot war, würde sie dies mehr denn je tun. Doch bis auf weiteres hieß es warten – warten, wie die Dinge sich entwickelten, warten auf Ferdinands Ankunft. Nur ein kleines Häuflein Getreuer war der verwitweten Königin verblieben, unter ihnen der Palatin István Báthory, der Schatzmeister Alexius Thurzó, der Kanzler István Brodarics, Ferenc Batthyány, der Ban von Kroatien, der Burghauptmann János Bornemisza, die Bischöfe von Waitzen und Veszprém, der Hofprediger Johannes Henckel, der Sekretär Miklós Oláh und Ludwigs alter Lehrer, der Humanist Piso. Ihrer aller Schicksal war ungewiß, und welche Stimmung in der Preßburger Burg herrschte, beleuchtet am besten ein Schreiben, das der Sohn des Grafen Salm an Erzherzog Ferdinand richtete: *Hat Ir kuniglich wiertt Mich vill geffragt wan E.F.D.* [Eure Fürstliche Durchlaucht] *kume unndt ob E.F.D. vill volks pringe unndt wie es kume das E.F.D. so lang auspleyben … Ir kuniglich wiertt Ist ganz wie pillich pedrükt, von allen ungern verlassen, da ist nichts dan armutt, petrübnüs, unordnung unndt meniglich gantz erschrocken.*[69]

Trauer und Betrübnis hielten Maria allerdings nicht davon ab, soweit es in ihrer Macht stand, für ihren Bruder Ferdinand tätig zu werden. Am 14. Oktober waren die Geschwister im niederösterreichischen Hainburg endlich zusammengetroffen, um sich über ihre weiteren Schritte zu einigen. Noch während der Besprechungen traf die Nachricht ein, daß János Zápolya einen Landtag nach Tokaj einberufen hatte (in einer sicheren Gegend, östlich von Miskolc). Nach Preßburg zurückgekehrt, erließ Maria zusammen mit dem Palatin Báthory Einladungsschreiben an die ungarischen Stände, um der Gegenpartei zuvorzukommen. Ihr Landtag sollte am 25. November in Komorn stattfinden. Dem Anspruch Ferdinands auf die Stephanskrone war mittlerweile noch größeres Gewicht beizumessen, denn die böhmischen Stände hatten ihn am 22. Oktober auf dem Hradschin zu Prag zum König von Böhmen gewählt.

In Ungarn herrschten allenthalben chaotische Zustände. Die Armeen des Sultans waren aus den Landstrichen, die sie devastiert und geplündert hatten, abgezogen, nur einige Grenzfestungen behielten ihre Garnisonen. Süleyman selbst ließ die wertvollsten Stücke aus der *Biblioteca Corviniana* und die Kunstschätze der königlichen Burg (darunter einige antike Statuen) auf Donauschiffe verladen und kehrte an den Bosporus zurück. Nun schlug die Stunde des János Zápolya. Er brachte die in Visegrád aufbewahrte Stephanskrone in seinen Besitz und besetzte mit seinen Truppen Gran, Ofen und Stuhlweißenburg. Dort ließ er die Leiche König Ludwigs feierlich beisetzen und eröffnete am 10. November eine neue Magnatentafel, die ihn auf Vorschlag des István Verbőczy *per acclamationem* zum König wählte. Ein Abgesandter Erzherzog Ferdinands wies die Adelsversammlung darauf hin, daß sie nicht vollständig sei, doch Verbőczy präsentierte die alte Urkunde, die den Beschluß der Komitate und Herren enthielt, niemals mehr einen Fremden zum König zu wählen. Die Atmosphäre war leidenschaftlich und geladen, voll Zorn verlangte man den Kopf des Abgesandten und richtete die Waffen gegen ihn, so daß er nur mit knapper Not entkommen konnte. So wurde János Zápolya am nächsten Tag in der Basilika Stephans des Heiligen zum König gekrönt. Der Bischof von Neutra setzte ihm die Stephanskrone auf. Kurz darauf erschien ein Abgesandter von „König János I." in Preßburg vor Maria, um sie im Namen der „gesamten ungarischen Nation" (so sagte er jedenfalls) zu bitten, dem neuen König die Hand zu reichen. Vor diesem Schritt hatte Zápolya sogar den Rat seines Ex-Schwagers Sigismund von Polen eingeholt und betont, durch diese Verbindung könnte viel Blutvergießen verhindert werden, *wie woll es ihm schien sie wäre gewont on Ihren forigen Herrn Selbst zu regieren, wer auch dazu nicht fruchtbar* (Bericht des Gesandten von Erzherzog Ferdinand am polnischen Hof). Maria wies das Ansinnen voll Empörung von sich. „Wollte ich so etwas jemals tun, wovor Gott mich bewahren möge", antwortete sie dem Boten Zápolyas, „so würden mich meine Brüder, der Kaiser und Ferdinand, als ihre Feindin betrachten. Mein Bruder Ferdinand hat geschworen, daß er bereit ist, für die Krone dieses Königreiches zu leben und zu sterben. Ich bin nicht gewillt, meinen Bruder zu verraten."[70]

Im Gegenzug ließ Erzherzog Ferdinand am 30. November für dreizehn ungarische Magnaten eine Urkunde ausstellen und verkündete feierlich, er werde „die Stände Ungarns in ihren Freiheiten und Gesetzen, in welchen sie seit der Zeit der weiland Könige lebten, selbst wenn er das Land mit Waffengewalt in Besitz nähme, ebenso schützen, als wäre er mit dem Willen aller zum König gewählt worden; er werde die geistlichen und weltlichen Besitztümer nicht an

Fremde übertragen; Ausländer nicht in den Rat des Landes berufen; er werde die Anordnungen des Königs Andreas II. (besonders das in der „Goldenen Bulle" von 1222 garantierte „Widerstandsrecht" des Adels) heilig befolgen". Auch seinen Bruder hatte Ferdinand gebeten, Gesandte nach Ungarn zu schicken, um die Hilfe von Kaiser und Reich gegen die Türken anzubieten. Karl V. kam diesem Wunsch nach und richtete auch einen persönlichen Brief an die Stände:

„Seit wir die Regierung des Römischen Reiches und die Schirmherrschaft über die christliche Gemeinschaft übernommen haben, war es unser Bestreben, sie in Frieden auszuüben, unsere Waffen mit der Hilfe der christlichen Fürsten gegen den ewigen Feind des Glaubens zu wenden. Daher schlossen wir, als sich die Gelegenheit dazu ergab, mit dem durchlauchtigsten französischen König, der damals unser Gefangener war [nach der Schlacht von Pavia, 24. Februar 1525], Frieden und vereinbarten mit ihm einen mit den Türken zu führenden Krieg, erlaubten ihm unter dieser Bedingung die Rückkehr nach Frankreich [Frieden von Madrid, 14. Januar 1526]. Um die Angelegenheiten zu ordnen, gingen wir im vergangenen Sommer nach Italien, um von dort aus die Feinde der christlichen Gemeinschaft aus Eurem Vaterland und den Grenzgebieten zu verjagen, da schlossen derselbe französische König – den eigenen Eid und unsere Liebe und unser Wohlwollen vergessend – und der römische Papst zusammen mit anderen Mächten Italiens einen Angriffsbund gegen uns [Liga von Cognac], teilten unsere Länder und Besitztümer [theoretisch] unter sich auf, begannen einen ungeahnten Krieg, damit wir gezwungen werden, die Waffe, die wir zur Verteidigung der Gemeinschaft und zu Eurem Schutz bereitgestellt hatten, zum Schutz der eigenen Untertanen zu verwenden. Wir aber, nicht erschrocken durch diese Bewegungen des Feindes, traten von unsrem Entschluß, Euch Hilfe zu schicken, nicht zurück, ja, wir begannen sogar entsprechende Maßnahmen zu ergreifen, als ein zufälliger Bote den durch Jahrhunderte zu beweinenden Verderb Eures Königs Ludwig ruhmreichen Angedenkens meldete. Was wir wahrlich mit solchem Schmerz und einer Ergriffenheit der Seele vernahmen, daß wir Eurem erwähnten König den ruhmesvollen und ewig zu preisenden Tod neideten. Denn wir sehen, daß Er, der die Schuld der Menschheit gegenüber – für das Vaterland, die eigenen Untertanen, für die christliche Gemeinschaft und den Glauben mannhaft kämpfend – abgetragen hat, nicht gestorben, sondern nur in ein glücklicheres Leben eingegangen ist. Doch Euren und der Eueren Niedergang darf man nicht einen Verderb, sondern einen wahren Ruhm und großartigen Triumph nennen. Verstorben sind zwar jene beherzten und starken Kämpfer, doch so, wie es guten Untertanen ziemte: an der Seite ihres Königs. Sie opferten ihre Seelen dem Erlöser, dem allmächtigen und gnädigen Gott. Was sollten wir sonst noch sagen als dies: Wenn Ihr auch den besten Fürsten in der

Blüte seines Lebens und seiner Kraft verloren habt, so ist doch der durchlauchtigste Ferdinand da, Infant von Spanien, Erzherzog von Österreich, unser lieber Bruder, der jene Länder auf Grund des natürlichen Erbrechts und gemäß den früheren Verträgen und Vereinbarungen geerbt hat, der nicht zulassen wird, was die Pflicht eines guten Fürsten ist, damit Ihr alle Euch selbst, Eure Häuser und Güter verteidigen und das Verlorene wiedererwerben könnt – und den wir mit unserer Macht, Autorität, sogar mit der eigenen Person niemals verlassen werden, ja wir sind in dieser Sache in größter Bereitschaft und beginnen die eigenen und der Untertanen Kraft darauf auszurichten, den Türken, soweit dies in Anbetracht der Größe der Sache möglich ist, innerhalb kurzer Zeit und schnell von Eurer Schwelle zu verjagen und sogar, so Gott hilft, Euren Grenzgebieten fernzuhalten – und so unsren Bruder in den Besitz jener Länder und Provinzen zu versetzen und ihn darin zu erhalten. Wollt Ihr, wie wir dies von Eurer unerschütterlichen Treue erhoffen, unsrem erwähnten durchlauchtigsten Bruder, Eurem natürlichen König im Bestrafen der Unvernunft der Tyrannen, wenn sie sich im Auf und Ab der menschlichen Dinge erhöben, mit einer Seele und einem Herzen beistehen, dann werdet Ihr unser Wohlwollen und unsre Großzügigkeit erfahren; wenn andre aber, dem eigenen Verlangen eher denn der allgemeinen Ruhe zu dienen wünschend, Eure Leidenschaften zu verführen trachteten, so wisset: Wir werden weder Euer Wohlergehen noch Fortbestehen noch unsren durchlauchtigsten Bruder vernachlässigen, sofern dazu unsere und unserer Untertanen Macht ausreicht, sondern wir beschlossen, unsere ganze Kriegsmacht, ja, sogar unsere Person, wenn nötig, dazu zu verwenden. Ihr habt also dies zu tun: Euch so zu verhalten, daß es nicht den Anschein habe, Ihr hättet auf Eure Treue und auf Euer Fortbestehen vergessen – zugleich von uns all das zu erhoffen, was die Pflicht eines guten Fürsten und Kaisers ist. Dieses und anderes werden Euch unsere Räte und Gesandten, Hochwürden Fürstbischof Christoph von Augsburg, unser frommer Getreuer, und der edle Friedrich Graf Fürstenberg mit eigenen Worten auseinandersetzen; ihnen in allem diesen vollen Glauben zu schenken, ermahnen wir Euch wieder und wieder. Gegeben in unsrer Stadt Granada, am 26. des Monats des hl. Andreas [November], anno Domini 1526, im achten Jahr unsrer römischen, im elften unsrer übrigen Herrschaft."[71]

Ein trotz aller zweckbedingten Interpretation der Ereignisse bemerkenswertes Dokument, das zeigt, mit welch großer Klarheit der Kaiser im fernen Granada die Geschehnisse betrachtete und beurteilte.

In einem Brief ähnlichen Inhalts bat Karl V. König Sigismund von Polen, Ferdinand beizustehen. Auch an die Stände Kroatiens erging ein kaiserliches Schreiben.

Ferdinand sandte nun eine Kommission unter der Leitung des Fürstbischofs von Laibach, Christoph Rauber, nach Preßburg, das Beglaubigungsschreiben unterzeichnete er gemeinsam mit seiner Gemahlin Anna. Nach vorbereitenden Verhandlungen wurde der 16. Dezember zum Tag der Königswahl bestimmt. Auch diese Wahlversammlung, die im Franziskanerkloster zu Preßburg alle jene vereinigte, die János Zápolya ablehnten, und sich mehr Nutzen von einer Verbindung mit dem Reich versprachen, war naturgemäß unvollständig. „Da die Bresche an der Schutzmauer des Landes", führte der Palatin István Báthory in seiner Eröffnungsrede aus, „so breit und groß ist, daß die Macht einer Privatperson [d. h. Zápolyas] nicht ausreicht, um sie zu schließen, bedarf Ungarn jetzt mehr denn je eines mächtigen Fürsten, der die verlassenen Burgen mit Kanonen und andrem Kriegsgerät versorge, die im letzten Sommer verlorenen Grenzfesten zurückerobere und dem Türken, sollte er wiederkehren, mit einer ausgerüsteten Streitmacht zu Lande und zu Wasser widerstehe – einen Fürsten aber, der zu all dem fähig wäre, kenne ich unter den Nachbarfürsten nur einen: König Ferdinand, sonst niemanden." Nach ihm sprach der Fürstbischof von Laibach und trug die bekannten Argumente vom Erbrecht des Erzherzogs vor, der sein böhmisches Erbe ja bereits angetreten hatte. Kraft des gültigen Erbrechts stünde es dem König von Böhmen frei, „gegen den usurpierenden Wojwoden zu den berechtigten Waffen zu greifen. Doch er will das Blut der Christen und besonders der Ungarn schonen, die für die Religion und für den Glauben viele Jahre tapfer gekämpft haben, und erwartet von Euch Vereinbarung und Wahl; er sehnt sich nach der Liebe und der Achtung eines freien Volkes und nicht nach dessen Haß."

Der Beauftragte der Königinwitwe erging sich in historischen Argumentationen, wonach bereits drei Könige kraft des Erbrechts ihrer Gemahlinnen den Thron Ungarns erlangt hätten, und mahnte die Stände, sich die Unterstützung des römischen Kaisers und des Königs von Böhmen nicht zu verscherzen. Würden sie Ferdinand und seiner Gemahlin huldigen, so werde auch Königin Maria bei ihren beiden Brüdern Partei für die Stände ergreifen.

Die Herren berieten und diskutierten zwei Tage lang und kamen schließlich zu dem Schluß, daß János Zápolya zu Unrecht zum König gewählt worden sei, und erklärten alle Beschlüsse des Landtags von Stuhlweißenburg für ungültig. Am 17. Dezember wählten sie *per acclamationem* Ferdinand zum *Rex Hungariae*. Das Ergebnis wurde unverzüglich verkündet, alle Glocken der Stadt ertönten und die Mörser auf den Mauern feuerten Salut. In der *Declaratio Eleccionis Ferdinandi in Regem Hungariae* wurde nicht ohne Stolz ausdrücklich vermerkt, daß die Wahl frei, ohne Drohungen und ohne Angst vor sich gegangen sei, *eleccio fuit facta libera non coacta minis nec timore.* Man erwartete nun allgemein, daß der neue König auf schnellstem Wege in sein Königreich reisen würde, doch Ferdinand begab sich vorerst noch nach Prag, um sich zum König von Böhmen krönen zu lassen. Seine Schwester Maria ernannte er zur Statthalterin in Ungarn.[72]

Der Hauptauftrag an Maria und ihre Räte bestand darin, die Stellung so lange zu halten, bis Ferdinand persönlich erscheinen würde, bei den geringen finanziellen und militärischen Ressourcen, die zur Verfügung standen, eine fast unlösbare Aufgabe. Ende Januar 1527 ließ Maria ihren Bruder wissen, daß die Stimmung im Lande sehr wohl zu seinen Gunsten zu beeinflussen wäre, wenn sie nur entsprechende Mittel zur Verfügung hätte. Die Anhänger Zápolyas wären bereits dabei, zu erkennen, daß ihr König habgierig, ehrgeizig und ungerecht sei und seine Versprechungen nicht gehalten habe. Sie brauche Geld für ihre *practicques*, wie sie ihre Tätigkeit nannte, aber ihre Armut wäre so groß, daß sie nicht einmal Leute zum Ausspionieren des feindlichen Lagers bezahlen könne. Hätte sie das nötige Kapital, so wäre sie imstande, ganz Ungarn für ihn zu erobern, und das ohne Blutvergießen. „Gegenwärtig könnt Ihr mit einem Dukaten erreichen, was Euch später nicht mit vielen gelingen würde" – *vous poes asteure* [à cette heure] *faire quelque chose avec ung floring que après ne feres avec biaucop*.[73]

Nicht nur der Schmerz um den Verlust ihres Gemahls, auch die schwierige und angespannte Situation, in der sie sich nun schon seit Monaten befand, trugen dazu bei, Marias Gesundheit zu untergraben, und zeitigten die ersten Symptome eines Leidens, das sie später *un continuel tremblement de coeur* nannte, ein fortwährendes Zittern des Herzens, das mit Atemnot und Schwellungen an Armen und Beinen einherging. Es schien sich um Kreislaufschwäche und (psychosomatische?) Herzrhythmusstörungen gehandelt zu haben. Sie fühlte sich krank und niedergeschlagen, ihrer Aufgabe nicht gewachsen und bat ihren Bruder, die Bürde der Statthalterschaft von ihren Schultern zu nehmen. Ferdinand versuchte, sie zu beruhigen und aufzumuntern, versicherte sie seines ungebrochenen Vertrauens und stellte ihr frei, einen anderen Aufenthaltsort zu suchen, falls sie sich in Preßburg nicht sicher fühle. Darauf antwortete Maria, daß sie nur eine Furcht kenne, und zwar die, ihm nicht entsprechend nützen zu können, vor allem wegen ihres Geldmangels. Könne er dem abhelfen, so würde sie sich in jede Gefahr stürzen – *je ne say pericle en quoy ne me vouldroie mectre pour vous pooir faire service profitable*.[74]

So blieb Maria weiterhin auf ihrem Posten, doch ihre finanzielle Notlage wurde immer bedrückender, auch dadurch, daß die ungarischen Herren, die durch die Türken oder durch Zápolya ihre Besitzungen verloren hatten oder von ihren Einkünften getrennt waren, von Maria Unterhalt und Bezahlung verlangten. Von der niederösterreichischen Kammer wurden zwar größere Beträge zur Verfügung gestellt, aber sie reichten nicht aus, und Maria mußte sich von einer Vertröstung in die andere retten. Ihr eigenes Geld und die geretteten Wertgegenstände waren längst ausgegeben oder verpfändet. Auch der Burggraf János Bornemisza hatte einiges in Verwahrung genommen und wollte es nur dem „rechtmäßigen" König von Ungarn ausfolgen, wobei man lange nicht wußte, wen er nun als rechtmäßig ansah, Ferdinand oder János Zápolya. Er war nicht der einzige, der zwischen den Fronten lavierte und abwarten wollte, welche Seite die größeren persönlichen Vorteile bot. Ferenc Batthyány etwa, der Ban von Kroatien, lief zu Zápolya über, nachdem seine (überzogenen) Forderungen nicht erfüllt worden waren.

Auch in Preßburg selbst war die Lage nicht ungefährlich, denn zwischen der Bürgerschaft und den in der Stadt untergebrachten deutschen Knechten und der Burgbesatzung unter Bornemisza, der sich „neutral" verhielt (d. h. er versicherte Ferdinand seiner Loyalität, empfing aber auch Abgesandte Zápolyas), kam es zu Animositäten und blutigen Auseinandersetzungen. Ende Januar rebellierten die Fußknechte und verlangten bessere und pünktlichere Bezahlung, da die Preise stark gestiegen waren, und konnten nur mit Mühe von ihren Hauptleuten beruhigt werden. Die Residenz Marias in einem Preßburger Stadthaus schien nicht länger sicher, eine Übersiedlung auf die Burg angezeigt, doch die Verhandlungen zogen sich hin. Es wurden sogar Pläne geschmiedet, sich durch Verrat in den Besitz der Burg zu setzen (Alexius Thurzó hatte geheime Kontakte mit einem Unterhauptmann der Burgbesatzung aufgenommen), doch der Plan kam nicht zur Ausführung. János Szalay, der sich Chancen ausrechnete, dem betagten und kranken Bornemisza bald als Burghauptmann nachzufolgen, machte zwar Zusagen, aber geheim und nur mündlich. Mit Hilfe seines Freundes János Iwanzi, der im Auftrag Bornemiszas nach Venedig gereist war, um dort zwei Büchsenmeister anzuwerben, soll Szalay sogar beabsichtigt haben, Bornemisza durch (in Venedig besorgtes) Gift aus dem Weg zu räumen – eine sehr undurchsichtige Affäre, die Iwanzi über zwei Monate Haft in Wien und in Prag eintrug. Schließlich wurde er freigelassen, wahrscheinlich aus Mangel an Beweisen.

Um der Wahl Ferdinands entgegenzuwirken, berief János Zápolya für den 17. März einen Landtag nach Buda, und man erklärte jene, die Ferdinand gewählt hatten und ihn weiterhin unterstützten, zu „Feinden des Vaterlandes und der heiligen Krone". Nun trat König Sigismund von Polen als Vermittler auf und erreichte, daß die beiden Kontrahenten einen Waffenstillstand schlossen. Anfang Juni sollten sie Bevollmächtigte nach Olmütz senden, um dort über Möglichkeiten eines friedlichen Ausgleichs zu beraten. Die Bedingungen Ferdinands waren, daß seine Schwester, die verwitwete Königin, ihre Heiratsgüter frei genießen könne, während seine Anhänger und Parteigänger ihre Besitzungen, Rechte und Ämter in Ungarn behalten sollten. Offenbar wollte er Zeit gewinnen, um die böhmischen Angelegenheiten zu ordnen und für eine eventuelle bewaffnete Auseinandersetzung zu rüsten. Der Waffenstillstand nährte das Gerücht, Ferdinand wolle auf Ungarn verzichten, und Zápolya meinte schon, durch einen „Verzicht" seinerseits (auf Mähren, Schlesien und die Lausitz) Ungarn auf billige Weise gewinnen zu können. Vielleicht deshalb, vielleicht auch aus Hochmut und Indolenz versäumte er, rechtzeitig Vorkehrungen zu treffen, falls doch die Waffen sprechen würden.

Eine rege Reisetätigkeit von Unterhändlern, Vertrauensleuten und Beauftragten setzte ein, doch wurden wenig konkrete Ergebnisse erzielt. Maria und ihre Räte in Preßburg hielten wenig von dieser Verzögerungstaktik, sie fürchteten, Zápolya werde die Zeit für Rüstungen nützen, und drängten Ferdinand immer wieder, endlich nach Ungarn zu kommen. Ferdinand versicherte seinen Anhängern jedoch, er werde von seinen Rechten nicht abgehen, ja sie nicht einmal zur Diskussion stellen lassen. Inzwischen fuhr er mit seinen Feldzugsvorbereitungen fort, erwirkte von den Ständen Böhmens, Mährens und Schlesiens Steuerbewilligungen zur Rüstung und traf Vorkehrungen gegen einen eventuellen Angriff Zápolyas auf Mähren und die österreichischen Länder. Mitte Juni traf er in Wien ein, zusammen mit seiner Gemahlin Anna, die hochschwanger war und für Ende Juli ihr zweites Kind erwartete. Der Waffenstillstand mit Zápolya war mittlerweile abgelaufen, und Ferdinand erließ ein Manifest an die Ungarn, in dem er verkündete, er werde seinen Rechten mit Waffengewalt Nachdruck verleihen. Unter dem Oberbefehl des Markgrafen Kasimir von Brandenburg rückten Ferdinands Truppen in Ungarn ein, ohne auf wesentlichen Widerstand zu stoßen, und sammelten sich bei Ungarisch-Altenburg/Mosonmagyarovár (ca. 30 Kilometer östlich des Neusiedler Sees).

Aus Sicherheitsgründen war auch Maria nach Wien gekommen und nahm in der Hofburg Quartier, wo Königin Anna am 31. Juli einem Sohn das Leben schenkte, der in der Taufe den Namen seines Urgroßvaters Maximilian erhielt. Am 1. August überschritt Ferdinand die Grenze nach Ungarn bei Kittsee (im heutigen Burgenland). Vor den ungarischen Herren, die zu seinem Empfang gekommen waren, bekräftigte er neuerlich seinen Schwur, die Rechte und Freiheiten der Nation zu achten.

Ferdinands Vormarsch in Ungarn glich eher einer friedlichen Besitznahme als einem Feldzug. Der völlig überraschte Zápolya wagte es nicht, sich zu stellen, und zog sich immer weiter nach Osten zurück, während Ferdinands Truppen alle wichtigen Festungen auf dem Weg nach Buda besetzten. Raab und Martinsberg leisteten keinen Widerstand, Komorn ergab sich nach kurzer Belagerung, ohne Gewalt fielen Tata, die Stadt Gran (die Burgbesatzung leistete kurzen Widerstand) und Visegrád in die Hand Ferdinands. Seine Anhängerschaft wuchs von Tag zu Tag, denn auch viele Parteigänger Zápolyas wandten sich von dem offenbar glücklosen Woiwoden ab und der neuen Sonne zu. Am 20. August zog Ferdinand in Buda ein.

Noch am gleichen Tag berief er einen Reichstag für den 8. September, der jedoch erst am 6. Oktober zustandekam. Der Erfolg von Niklas Salm bei Tokaj (27. September), der Zápolya endlich gestellt und geschlagen hatte, überzeugte nun auch die Parteigänger des Woiwoden, die noch gezögert hatten, zu Ferdinand überzugehen.

Ferdinand eröffnete den Reichstag mit einer lateinischen Ansprache und rief Gott zum Zeugen auf, daß er den Krieg gegen seinen Willen begonnen habe, der glückliche Ausgang jedoch die Gerechtigkeit seiner Sache zeige. „Da ich also von Gottes unzweifelhaft geoffenbartem Willen und mit Eurer Zustimmung über Euch zu herrschen berufen bin", schloß er seine Rede, „bleibt nun nichts anderes übrig, als unsere Bestrebungen darauf auszurichten, das im Auflösen begriffene, beinahe in all seinen Gliedern zerfallende Land wiederherzustellen, ihm die Feinde mit unseren Waffen fernzuhalten und schließlich seine Grenzen auszudehnen. Zur Durchführung alles dessen bieten wir unsere ganze Kraft auf, scheuen keine Mühe und fürchten keine Gefahr, also ist es nur zu billig, daß Ihr mich in der Lösung dieser wichtigen und für Euch so heiligen Aufgabe mit Rat und Opferbereitschaft unterstützt." Im Namen der Magnatentafel ergriff nun der Erzbischof von Gran, Pál Varday, das Wort und erklärte, daß sie die Wahl von Preßburg anerkennen und in Ferdinand den mächtigeren Beschützer wählen wollten (nicht lange davor war er noch ein eifriger Anhänger Zápolyas gewesen). Ferdinand solle unverzüglich die Regierung des Landes übernehmen und sich in Stuhlweißenburg krönen lassen.

Zwei Tage später sprach Ferdinand auch vor dem niederen Adel und unterstrich die beiden stärksten Motive seiner erstrebten Herrschaft über Ungarn, Erbrecht und Wahl, und hob die Freiheit der Nation hervor, mit der sie ihn gewählt hatte. „Euch allen", sagte er, „sind meine Absichten bekannt, mit welchen ich in Euer Vaterland gekommen bin: Euch von der Tyrannei zu befreien, Euch und Eure Güter vor dem Feind zu schützen, den alten Glanz Eures von inneren Zwistigkeiten und vielen Schicksalsschlägen aufgewühlten Vaterlandes wiederherzustellen. Erstrebt habe ich den Thron des Landes, den ich rechtmäßig beanspruchen kann, eher aus Mitgefühl, um Eurer beinahe schon verlorenen Sache zu helfen, denn aus Eigennutz. Da ich nun das Land mit Euer aller Zustimmung übernehme, gelobe ich, Gott als Zeugen anrufend, Euch eher die väterliche Gnade und Milde als die königliche Macht fühlen zu lassen. Es kann mir nicht als

Nachteil angerechnet werden, daß ich ein Fremder bin. Das Land hatte auch vor mir schon mehrere fremde Herrscher, die es besser regierten als manche einheimische. Am wichtigsten ist die Frage, wie man ist, und nicht, woher man stammt … Unter meinen Ahnen kann ich römische Kaiser und spanische Könige aufweisen. Mein Vater trug ebenfalls eine Königskrone, und hätte nicht ein früher Tod ihn dahingerafft, dann wäre er meinem Großvater auf den kaiserlichen Thron nachgefolgt. Mein Bruder, Kaiser Karl, hat von seinen Ahnen viele Länder und Reiche geerbt … Welche Meinung die Welt von unserer Person hegt, mögen zwei mächtige Nationen veranschaulichen: die deutsche, die einst uns zum Kaiser hat wählen wollen, und die böhmische, die uns im vergangenen Jahr den Thron einstimmig angeboten hat. Gemäß unserem Vermögen und unseren Kräften werden wir nichts versäumen, was die Untertanen von einem gerechten, gnädigen, wohlwollenden Herrscher erwarten mögen. Befürchtet nicht, daß wir die von unseren königlichen Vorfahren gegebenen Gesetze aufheben werden. Wir werden Eure Rechte und Privilegien zu allen Zeiten in Gänze wahren. Ihr könnt Euch in allem vertrauensvoll an uns wenden. Wir werden uns eifrig bemühen, damit Ihr uns für einen gerechten, gnädigen und gütigen Fürsten haltet. Wir werden keinen Unterschied machen zwischen den Vornehmen und Niedrigen – wir werden jedem gleichermaßen Gerechtigkeit widerfahren lassen. Wir werden die vom grausamen Feind eroberten Festungen zurückgewinnen, die Grenzen des Landes mit dem Rat und der Hilfe aller ausdehnen. Wir können auf die Armeen des Kaisers und auf die Hilfe vieler Fürsten und Völker rechnen. Für Euch, für Eure Kinder und Frauen, wollen wir nicht nur unsere Schätze opfern, sondern wir sind auch bereit, unser Leben aufs Spiel zu setzen. Nehmt unser Angebot an, wir aber wünschen, daß Ihr treu gehorcht: uns und unserer Gemahlin, Eurer Königin, die in Eurem Vaterland geboren wurde."[75]

Was der junge Herr mit psychologischem Einfühlungsvermögen und gewinnendem Charme vorgetragen hatte (der Kanzler übersetzte für die des Lateinischen nicht mächtigen ins Ungarische), war eine Regierungserklärung, wie sie sich der Adel nicht besser wünschen konnte, auch wenn Ferdinand naturgemäß mehr versprach, als er je würde halten können. Die Herren entschuldigten sich für die Wahl Zápolyas, erklärten die Gefolgsleute des Woiwoden zu Hochverrätern und bestimmten den 3. November zum Krönungstag, zu dem die Stände mit gesonderten Schreiben eingeladen wurden. Die Kronenwächter in Visegrád wurden verständigt, daß die heilige Stephanskrone in die Krönungsstadt zu bringen sei.

Schon Anfang September hatte Ferdinand seiner Gemahlin nach Wien geschrieben, sie möge sich für die Reise nach Ungarn bereithalten, und Maria drängte den Bruder, sie nicht zu vergessen und mit nach Ungarn zu rufen. Die

Königinwitwe residierte in Wiener Neustadt südlich von Wien und befand sich nach wie vor in großen Geldschwierigkeiten, da sie von ihren ungarischen Einkünften abgeschnitten war, und die niederösterreichische Kammer die von Ferdinand versprochenen Summen nicht bezahlte. Deshalb wollte sie nach Ungarn reisen, um ihre Angelegenheiten mit Ferdinands Hilfe zu ordnen. Als Ferdinand sie um die Reste ihres Tafelsilbers bat, um es zu Geld zu machen, zögerte sie jedoch keinen Augenblick. Nicht nur das Silber, sondern alles, selbst ihr Hemd wolle sie verpfänden, sollte es notwendig sein – *car pas tant seullement ceste argentrie, mes ausy tout ce que j'ayjusques à la chemise seroie preste a vous bailler, voiant vostre necessité.*[76]

Am 13. Oktober brachen die beiden Königinnen, Anna und Maria, von Wien aus auf, um sich zu Schiff donauabwärts nach Buda zu begeben. Ihre letzte gemeinsame Reise (von Innsbruck nach Linz) lag erst sechs Jahre zurück, schicksalhafte Jahre für beide. Maria hatte ein kurzes Glück erlebt und mit der Katastrophe von Mohács nicht nur ihren Gemahl, sondern auch ihre Reiche verloren, deren Kronen nun Anna tragen sollte, gemeinsam mit Ferdinand. Die beiden jungen Frauen, einundzwanzig und vierundzwanzig Jahre alt, trauernde Witwe die eine und glückliche, zweifache Mutter die andere, bildeten ein höchst gegensätzliches Paar.

Ferdinand bereitete Gemahlin und Schwester in Óbuda einen festlichen Empfang und geleitete sie auf die Burg. Wie mochten die Empfindungen Marias gewesen sein, als sie die Verwüstungen sah und in die geplünderte Burg einzog, in der sie so viele fröhliche Feste gefeiert hatte? Viel Zeit für traurige Gedanken mag ihr nicht geblieben sein, denn schon nach wenigen Tagen brach man mit großem Geleit von Husaren und Fußknechten nach Stuhlweißenburg auf.

Mit Anna an seiner rechten und Maria an seiner linken Seite zog Ferdinand am 3. November in die reich geschmückte Krönungsbasilika ein, wo ihn die Oberhirten und Würdenträger des Landes erwarteten. Voran schritten die Bannerherren mit der heiligen Krone und den Insignien. Derselbe Bischof von Neutra, der ein Jahr zuvor János Zápolya gekrönt hatte, nahm nun wieder die Krönungszeremonie vor. Zu Beginn der Messe legte Ferdinand den bescheidenen Mantel des heiligen Stephan über sein Prunkgewand, kniete vor dem Altar nieder und hörte die Ermahnungen des Bischofs. Nun wandte sich der Palatin an den versammelten Adel und fragte dem Brauch gemäß dreimal: „Wollt Ihr König Ferdinand von Böhmen zu Eurem König?" Und dreimal kam die Antwort: *Volumus* – wir wollen! Zu den Klängen des *Te Deum laudamus* setzte der Bischof Ferdinand die Stephanskrone aufs Haupt, reichte ihm Zepter und Reichsapfel und umgürtete ihn mit dem Schwert des Heiligen. Dann bestieg der königliche Historiograph Ursinus Velius die Kanzel und hielt eine lateinische *laudatio* auf Ferdinand, das Haus Habsburg, das Land Ungarn und seine Menschen, die so tapfer für die Christenheit gekämpft hatten. Nach der Messe schlug König Ferdinand einige Herren zu Rittern, dann bestieg er sein Pferd und ritt in die Außenstadt vor die Kapelle des heiligen Martin, wo er unter freiem Himmel von einem Podest aus seinen Schwur erneuerte, die Rechte, Freiheiten und Gesetze des Landes zu achten. Unter den Vivat-Rufen des Volkes schwang er sich wieder in den Sattel und ritt zum Krönungshügel, von dem aus er die vier Schwerthiebe in die vier Himmelsrichtungen führte, um seinen Willen kundzutun, das Land gegen jeden Feind zu schützen.

Am nächsten Tag wurde Anna gekrönt. Dann setzte Ferdinand seinen bisherigen Gegnern eine letzte Frist, vom 11. November an innerhalb von 15 Tagen zu erscheinen und ihm zu huldigen, sonst würden sie zu Landesverrätern und ihrer Besitzungen für verlustig erklärt werden. Die wichtigsten Ämter wurden den Parteigängern Ferdinands bestätigt oder neu vergeben, Pál Varday behielt das Erzbistum Gran zum Dank für seinen Frontwechsel. Auch János Szalay machte den erhofften Karrieresprung und folgte dem mittlerweile (eines natürlichen Todes) gestorbenen János Bornemisza als Burghauptmann von Preßburg.

Mit einer nochmaligen Einsegnung der Leiche König Ludwigs fanden die Krönungsfeierlichkeiten am 11. November ihren Abschluß. Danach verabschiedete sich Maria von Ferdinand und Anna und begab sich über Raab nach Ungarisch-Altenburg, wo sie am 21. November eintraf.[77]

VII. Pis in mein Grub

Nach den festlichen Tagen in Buda und Stuhlweißenburg, die ihr ebensoviel Schmerz wie Freude gebracht hatten, mochte Maria nun Muße genug haben, um sich Gedanken über die Zukunft zu machen, die dunkel vor ihr lag. Doch müßig zu sein entsprach nicht ihrem Temperament, das nach Tätigkeit und Bewegung verlangte. Da es nichts anderes zu tun gab, widmete sie sich vor allem der Jagd und zog ruhelos durch die Wälder und über die Ebenen Westungarns und des östlichen Niederösterreich. Selten blieb sie länger als einige Wochen an einem Ort. Wenn sie in einem der leerstehenden Schlösser ihr Quartier aufgeschlagen und sich mit den wenigen Möbeln und Einrichtungsgegenständen, die sie ständig mit sich führte, notdürftig etabliert hatte, verbrachte sie die Tage im Sattel, begleitet von ihren Hunden, Jägern und Falknern. Von Ungarisch-Altenburg zog sie nach Neusiedl, von Neusiedl nach Ödenburg, von Ödenburg nach Trautmannsdorf, von Trautmannsdorf nach Orth an der Donau und über Bruck an der Leitha und Kaiserebersdorf wieder nach Ungarisch-Altenburg.

Wenn er all die Plätze benennen müßte, an denen er mit der Königin seit ihrem Abschied von Buda gewesen sei, schrieb ihr Sekretär Miklós Oláh an einen Freund, dann würde kein Brief daraus, sondern eine ganze Historie. Ihre nervöse Energie und unermüdliche Aktivität wurden allerdings immer wieder von fiebrigen Erschöpfungszuständen unterbrochen, die sie dazu zwangen, das Bett zu hüten. Kaum fühlte sie sich besser, stieg sie wieder in den Sattel und dirigierte ihre Jagdgesellschaft zur nächsten Unterkunft, wo der Kastellan sie nicht selten mit leeren Händen empfing, so daß erst Nahrungsmittel herbeigeschafft werden mußten, oft von weither und unter erheblichen Kosten. Die hauptsächliche Nahrungsquelle bildete das erjagte Wild, von dem sie, wenn sie erfolgreich war, auch an ihren Bruder Ferdinand schicken ließ, damit er sähe, welch gute Jägerin sie war – *affin que vous voies que suis bonne veneresse.*[78]

Marias ganzes Leben in dieser Zeit, ihre Einsamkeit, ihr zielloses Umherziehen, ihre finanziellen Sorgen, ihre gesundheitlichen Probleme, aber auch ihr ungebrochener Stolz – all dies ist in der Korrespondenz mit ihrem Bruder Ferdinand nachzulesen. Niemals klagte sie über ihre ruhelose und schwierige Existenz. Sie beschwerte sich zwar über Sorgen und Ärgernisse, die ihr das Leben verbitterten, doch kein Wort des Selbstmitleids kam über ihre Lippen oder floß in ihre Feder. Als der Schatzmeister Támas Nádasdy die Herausgabe der von König Ludwig hinterlassenen Kleinodien immer wieder verzögerte, zeigte sie zwar Zorn und Empörung, aber keinerlei Schwäche und Niedergeschlagenheit. „Ich schäme mich in der Tat, *Monseigneur*", schrieb sie an Ferdinand, „Euch mit dieser verdammenswerten Affäre zu belästigen, aber der Schmerz, den sie mir verursacht, und der Zorn, den ich fühle, daß eine solche Person mir das antun konnte, zwingt mich Euch damit zu behelligen – denn die Scham verletzt mich mehr als der Verlust, *car la honte me fait plus mal que le domage.* Der Verlust von Geld und Besitz bedeutete Maria nicht viel, und wenn man ihr unrecht tat, so war es vor allem die Beleidigung, die sie kränkte. In diesen ersten Jahren ihrer Witwenschaft, als sie weder ein Königreich noch persönliche Macht besaß, war der Stolz das einzige, was sie aufrecht hielt, die Liebe zu den Mitgliedern ihrer Familie ihr kostbarster Besitz. Als Ferdinand das Ansinnen stellte, sie möge ihm ihre Einkünfte aus den Minen und den Zöllen von Preßburg für seine Rüstungen zur Verfügung stellen, schrieb sie zwar an den Rand seines Briefes *wo solches geschich, mit was ich mich unteralten sol*, doch wollte sie lieber betteln gehen, als durch die Verweigerung von Geld eine Verstimmung verursachen: *Das Gott verhuett, lieber pettel gen, dan das es des ferfluchten guett halben geschehen solt.* Wenn sie auf ihre Einkünfte verzichtete, müßte allerdings Ferdinand für ihren und den Unterhalt ihres kleinen Hofes sorgen, denn wenn, dann wollte sie nur von ihm abhängig sein – *Lieber wolt ich, wie wol es mich hart ankem, selbs neen* [nähen] *mit der hilff Gottes.* Mit der Nähnadel in der Hand kann man sich die königliche Amazone allerdings nur schwer vorstellen.[79]

Die Katastrophe von Mohács und das Schicksal des jungen ungarischen Königspaares hatte nicht nur an den Höfen Mitgefühl und Anteilnahme erregt, auch die Volkspoesie beschäftigte sich mit den Ereignissen. *Von der königin von Hungern* nannte ein unbekannter Dichter sein Lied, das nach der Melodie von *Es wonet lieb bei liebe* zu singen war:

1 *Ach got, was sol ich singen?*
mein freud die ist mir ferr,
seit sich von mir wil schwingen
mein allerliebster herr,
seit daß im ist kummen potschaft,
daß lig im Hungerlande
der Türk mit heres kraft!

2 *Wölt ir euch von mir schaiden?*
o wee ob allem wee!
bringt meinem herzen leiden,
förcht, ich sech euch nicht mee!
Er sprach: „Es mag nit anders sein,
ich mueß helfen erretten
das vaterlande mein.“

3 *„Wann mich thuet hart erbarmen*
in meines herzen grund
im ganzen land der armen,
die der türkische hund
ellend erwürgt in disem krieg;
ich wil bald wider kummen,
verleicht uns got den sieg.“

4 *Also schied er von hinnen,*
der außerwelte mein,
mit ritterlichen sinnen,
bot mir die hande sein,
den ich darnach sach nimmer mehr,
mit seiner ritterschafte,
mit ross, harnisch und wer.

5 *Mein herz das war mir schwere*
mit seufzen, jamer, klag,
ie lenger und ie mere
die nacht biß an den tag
wol umb den liebsten herren mein
mit senen und verlangen,
mit angestlicher pein.

6 *Darnach in dreien tagen*
kam mir traurig potschaft,
wie der türk hett geschlagen
mit seiner hereskraft
das hungrisch her mit großer schlacht
ee dann mein lieber herre
sein volk zuesamen bracht.

7 *Darzue wer auch verloren*
mein allerliebster herr
könig Ludwig hochgeboren
daß man in weit und ferr
nit weste oder finden kund
ob er noch wer bei leben
gefangen oder wund.

8 *Erst ward mein herz im leibe*
durchgoßen mit onmacht;
wer fand betruebters weibe?
mein herz schrai und gedacht:
o du liebster gemahel mein
sol ich dich nimmer sehen
und ewig on dich sein?

9 *Erst meret sich mein schmerzen*
und unaussprechlich klag,
mit ganz betrübtem herzen
verzer ich manchen tag.
Hin was mein freude, wunn und trost
fürbaß kein freud auf erden
meim herzen wird genoß!

11 *Nun mueß mich immer rewen*
mein edler herre frumb,
daß er in solchen trewen
für sein volk kame umb
und mich verließ trostlos ellend,
die weil ich leb auf erden;
got es zum besten wend![80]

10 *Nach dem der Türk auch kame*
und Ofen die haubtstat
gewaltiglich einname
und auch verwüstet hat
das guet und reiche Hungerland
die leut fieng und erwürget,
stet und dörfer verbrant.

Ein anderes Lied trägt den Titel *Künig Ludwig aus Ungern,* zu singen nach der Melodie des geistlichen Liedes *O reicher Gott im Throne:*

1 *Frölich so wil ich singen,*
wol hewr zu diser frist,
wo von dem künig aus Ungern
der unschuldig gestorben ist.
Er war bei zwenzig jaren
ein künig in Ungerland
und was von edlem stamme
künig ludwig was sein name,
ein künig in Ungern und Behemen land.

3 *Die zwei lebten in freuden*
bis in das fünfte jar.
In freundschaft und in eren,
das tet den Ungern zorn,
Die Behem und die Teutschen
die fiengen vil kurzweil an,
das wolten die Ungern nicht leiden,
wolten iren künig vertreiben,
sie halfen im kürzlich aus dem land.

2 *Im ward kürzlich verheirat*
ein frewlein was hochgeborn
von keiserlichem stammen,
das tet den Ungern zorn;
Man saumet sich nicht lange
man fürt sie in das land,
da gab man sie zusamen:
Maria was ir namen
ir lob stet weit bekant.

4 *Einer heist Janus Weyda* [János Zápolya]
der was dem künig gram,
Dem Turken tet er schreiben
solt im hilf und beistand tun
Den künig zu vertreiben,
im helfen unter die kron,
darnach wolt er im geben
bei allem seinem leben
den tribut wol aus dem land.

5 Der Türk saumt sich nicht lange,
er zog wol in das feld
Mit hundert tausend manne,
kam er in das Ungerland;
Griechisch Weißenburg [Belgrad]
ward übergeben
Städt, schlösser waren eingenommen,
stat, schlösser und das land,
die bischöf und prelaten
haben iren künig verraten
ist immer und ewig ein schand.

6 Es get gegen disen sumer,
gegen diser summerzeit,
Die büchsen hört man krachen
in Ungerland so weit;
das wolten die Ungern rächen,
wolten mit den Türken fechten,
sie waren frölich bei dem wein.

7 Die Ungern saumten sich nit lange
sie zogen wol in das feld;
Ein Wagenburg sie schließen
auf schlugen sie ire gezelt,
Sie machten einen haufen
iren künig zuvorderst daran,
iren künig teten sie verkaufen,
er mocht in nit entlaufen,
künig Ludwig, der junge küne man.

8 Die schlacht die was verloren;
einer heißt Thumer Paul [Pál Tomori]
Der Türk hat im geschoren
ein platt, ist nicht zu schmal;
Graf Jörg ward sein innen   [György
Zápolya]
ders künigs Öberster war,
aus dem feld tet er entrinnen,
in der Donau tet er schwimmen;
also empfieng er seinen lon.[81]

Der Dichter scheint erstaunlich gut informiert gewesen zu sein, auch wenn er Dichtung und Wahrheit ein wenig vermischt.

In verschiedenen Fassungen ist auch ein Lied überliefert, das Maria persönlich zugeschrieben wurde, *Der Königin Maria von Ungern Lied:*

1 Mag ich unglück nicht widderstan,
mus ungnad han
der welt umb meynen glauben,
So weyß ich doch, Got ist mein kunst,
seyn huld und gunst
die mueß man mir erlauben.
Gott ist nicht weit,
ein kleyne zeit
er sich verbirgt,
biß er erwürgt
die mich auch seyn –

2 Richt, wie ich wöll, yetzund meyn sach,
weyl ich bin schwach
und mich Gott forcht leßt finden,
So weyß ich doch, keyn gwalt bleybt fest,
der nicht zue letzt
als zeitlich mueß verschwinden.
Das ewig guet
macht rechten muet,
darbey ich bleyb,
wag guet unnd leyb:

131

es worts so reyn
berauben hie mit list
sterck meynen glauben, Jesu Christ!

3 All dig ein weil ein sprichwort ist:
Herr Jhesu Christ,
du selbs wirst für mich streyten
Und sehen auff das unglück meyn
als wer es deyn,
soß wider mich wirdt reyten.
Mueß ich dann dran
auff diser pan:
welt, wie du wilt,
Got ist meyn schilt!
glück zue, glück zue,
spat unde frue
auff unser seyten schnel
O Herre Got, hilff meyner seel.

Der Text ist als einzelner Druck überliefert (Georg Wachter, Nürnberg, um 1526), zusammen mit dem Lied *Ach Got, was sol ich singen*, das in dieser Publikation ebenfalls der Königin von Ungarn zugeschrieben wird. Eine andere, etwas weltlichere Fassung, wurde ebenfalls von Georg Wachter gedruckt:

1 Mag ich unglück nit widerstan,
guet hoffnung han,
es wirdt nicht allzeyt weren.
Mancher der fürt ein grossen pracht,
wirdt hoch geacht,
gschicht als mit kleynen ehren,
Wenn er die gnad
von Got nicht hat,
wenn er gedecht
was im gebrecht
all ding sie thuen verkeren.

2 Richt, wie ich wöll, yetzund meyn sach,
so thuen ich gemach,
merck eben auff die schantze.
Ich thue nit dergleich, sams mich angehe,
darbey ich verstehe
ir schalckheit und finantze
Die sie stäts treyben,
voller untrew bleyben
gegen irem herren,
des rayen sie werden
noch selber müssen tantzen.

3 Als dings ein weyl ein sprichwort
ist zue diser frist:
ich wil sein wol erbeyten.
Mit gedult man vil sach noch uberwindt,
sie seind so geschwind,
hilfft nit zue allen zeiten
Auff diser erden,

132

erst wil ich mich ergeben
gegen meinem herrn
gantz willig und gern
glück zue auff unser seyten!

Im Erfurter Gesangbüchlein von 1531 findet sich folgende Fassung, ohne den Namen der Königin zu nennen:

1 **MA**g *ich unglück nicht widderstan,*
mus ungnad han
der welt für mein recht glauben:
So weis ich doch, es ist mein kunst
Gotts huld und gunst,
die mus man mir erlauben.
Gott ist nicht weit,
ein kleine zeit
er sich verbirgt,
bis er erwürgt
die mich seins worts berauben.

2 **RI**cht, *wie ich wöll, ytzundt mein sach,*
weil ich bin schwach
und Got mich furcht lest finden,
So weis ich daß kein gwalt bleibt fest,
ists aller best, das zeitlich muß ver-
schwinden:
Das ewig gut
macht rechte mut!
dabey ich bleyb,
mag gut unnd leib,
Gott helff mir uberwinden!

3 **All** *ding ein weil ein sprichwort ist:*
Herr Jhesu Christ,
du wirst mir stehn zur seyten,
Unnd sehen auff das unglück mein,
als wer es dein,
das widder mich wirdt streitten.
Mus ich denn dran
auff diser ban:
Welt, wie du wilt!
Got ist mein schilt,
der wird mich wol beleiten.
Amen

Die Anfangsbuchstaben der Strophen ergeben den Namen MARIA, Verfasser wird keiner genannt. Der Text ging im Laufe der Zeit in alle lutherischen Gesangsbücher ein und wurde vielfach gedruckt. Nach Franz Magnus Böhme (Altdeutsches Liederbuch) handelt es sich um die geistliche Umbildung eines weltlichen Meisterliedes durch einen protestantischen Lieddichter. Die Autorschaft Luthers ist möglich, aber nicht bewiesen, ebensowenig die Autorschaft Marias.[82]

133

Das „Lied der Königin von Ungarn" führt mitten in ein heikles Thema: Marias zeitweilige „Sympathie" für den Protestantismus. Fest steht, daß Maria Schriften Luthers las und sich mit ihnen auseinandersetzte. Wie schon erwähnt, war Luther auch am ungarischen Hof Gesprächsthema, umso mehr als Georg von Brandenburg aus seiner Wertschätzung für den rebellischen Mönch kein Hehl machte. Die Hofprediger Johannes Hess und Conrad Cordatus standen mit der Wittenberger Universität und mit Luther in Kontakt, und in ganz Europa machten Gerüchte die Runde, daß viele Lutheraner die Gunst des ungarischen Königspaares genossen. Sie kamen auch Luther selbst zu Ohren, der sie offenbar für bare Münze nahm und in der Königin von Ungarn eine Parteigängerin vermutete. Vielleicht durch Christian und Isabella von Dänemark dazu angeregt (sie hörten Luther im April 1526 in Wittenberg predigen), widmete er Maria „Vier tröstliche Psalmen", um sie zu ermahnen, in der Begünstigung des Evangeliums fortzufahren. Während der Arbeit (zwischen Anfang März und Ende Oktober 1526) erhielt er die Nachricht vom Tod König Ludwigs bei Mohács und arbeitete seine Widmung dementsprechend um:

Der durhleuchtigisten hochgebornen frawen, frawen Mariae, geborne königyn zu Hispanien etc., konigyn zu Hungern und Behemen etc., meiner gnedigsten frawen.

Gnad und trost von Gott unserm vater und Herrn Jhesu Christo. Gnedigste frwa königyn, ich hatte mir furgenomen durch frumer leute angeben [Christian und Isabella?], E.K.M. diese vier Psalmen zu zuschreiben zur vermanung, das E.K.M. solte frisch und frolich anhalten, das heylige Gotts wort ynn Hungernland zufoddern, weyl mir die gute mehr zukamen, das E.K.M. dem Euangelio geneigt were und doch durch die gotlosen Bisschove (wilche ynn Hungern mechtig und fast das meiste drynnen haben sollen) seer verhindert und abgewendet wurde, also das sie auch etlich unschuldig blut haben vergissen lassen und grewlich widder die warheit Gottis getobet. Aber nu sich ynn des leider die sache durch Gottes gewalt und versehung also gekeret hat, das der Turcke diesen jamer und elend hat angericht und das edle junge blut König Ludwig, E.K.M. liebes gemahl, nyddergeschlagen, hat sich mein furnemen auch mussen umbkeren. Hetten nu die Bisschove das Euangelion lassen gehen, so muste itzt alle welt vol geschreyes seyn, das solcher fal uber Hungern land komen were der Lutherischen ketzerey halben. Wilch eyn lestern solt da worden seyn? Wem sie nu wollen die schuld geben, mugen sie zusehen. Gott hats, als ich sehe, verweret, das solch lesteren keine ursache entstunde.

Wie dem allen, weil S. Paulus schreibt zu Romern, das die heilige schrifft sey eine trostliche schrifft und lere uns gedult, So hab ich dennoch fort gefaren und die selbigen Psalmen lassen ausgehen, E.K.M. zu trosten (So vil Gott uns trostet und gibt) ynn diesem grossen, plotzlichen ungluck und elende, damit der almechtige gott E.K.M. zu

*dieser zeit heymsucht, nicht aus zorn odder ungnaden, als wir billich sollen hoffen,
sonder zu zuchtigen und zu versuchen, auff das E.K.M. lerne trawen allein auff den
rechten vater, der ym hymel ist, und sich trosten des rechten breutgames Jhesu Christi,
der auch unser bruder, ja unser fleisch und blut ist, und sich ergetzen mit den rechten
freunden und trewen gesellen, den lieben engeln, die umb uns sind und unser pflegen.
Denn wie wol es E.K.M. ein bitterer, schwerer tod ist und billich sein sol, so frue eine
widwe und des lieben gemalhs beraubt zu werden, so wird doch widderumb die
schrifft, sonderlich die Psalmen, E.K.M. da gegen viel guts trosts geben und den
sussen, lieblichen vater und son gar reichlich zeigen, darynn das gewisse und ewiges
leben verborgen ligt. Und furwar, welchem es da mag hinkomen, das er des vaters
liebe gegen uns yn der schrifft kan sehen und fulen, der kan auch leichtiglich ertragen
alle das ungluck, das auff erden sein mag. Widderumb: Wer die selbige nicht fulet,
der kan auch nicht recht frolich sein, wenn er gleich ynn aller welt wolust und
freuden schwumme. Es kan ja keinem menschen solch gros unfal widderfaren, als
Gott dem vater selbs widderfaren ist, das man sein liebstes kind fur alle seine wunder
und wolthat zuletzt verspeyt, verflucht und des aller schendlichsten tods am creutz
todtet: wie wol eim iglichen sein ungluck das grossest dunckt und mehr zu hertzen
denn Christus creutz, wenn er gleich zehen creutze hette erlitten. Das macht, wir sind
nicht so starck von gedult, als gott ist, drumb thun uns geringer creutze mehr wehe
denn Christus creutze. Aber der vater der barmherzickeit und Gott alles trostes wolte
E.K.M. trosten ynn seinem son Jhesu Christo durch seinen heyligen geist, da sie dieses
elendes bald vergesse odder doch menlichen tragen kunde, Amen. Zu Wittemberg am
irsten des Winter monds* [1. November] *1526.*

E.K.M.
Williger diener
Martinus Luther.

Es folgten die Psalmen Nr. 37 (Erzürne dich nicht über die Bösen), 62
(Meine Seele ist stille zu Gott, der mir hilft), 94 (Herr Gott, deß die Rache ist,
Gott, deß die Rache ist, erscheine) und 109 (Gott, mein Ruhm, schweige nicht)
in Luthers Auslegung. Das Büchlein wurde bei Hans Barth in Wittenberg
gedruckt und erregte kein geringes Aufsehen, da Luther Maria offen als Sympathisantin der neuen Lehre ansprach.[83]

Es gelangte sehr schnell auch in die Hände Ferdinands, der seiner Schwester
ein Exemplar zusandte, nicht ohne eine strenge Rüge beizufügen. Marias Antwort war ein Meisterstück der Diplomatie. Sie dankte ihm „so ergeben sie nur
konnte" für die Liebe, die er ihr dadurch bezeigte, daß er ihre Aufmerksamkeit
auf etwas lenkte, das ihm an ihr nicht gefiel und bat ihn, darin fortzufahren.
Andererseits müßte der Bruder auch verstehen, daß sie Luther nicht verbieten

135

könne, zu schreiben, was ihm beliebe, ob ihr das nun zum Vorteil oder zum Nachteil gereiche. Hatte er dies nicht immer schon getan, angesichts vieler christlicher Fürsten, ja selbst des Kaisers und Ferdinands selbst, die ihn nicht hatten zum Schweigen bringen können? Sie könne ihm versichern, daß sie von dem Buch nichts gewußt habe, und daß es ohne ihre Erlaubnis geschrieben worden sei, wie aus dem Vorwort klar hervorgehe. Ferdinand habe sie gewarnt, niemals den Namen ihres Hauses durch ihr Betragen zu kompromittieren, und sie schwor, sie habe sich niemals etwas dergleichen zuschulden kommen lassen. Ferdinand antwortete, daß weder er noch Maria Luther davon abhalten könnten zu schreiben, was er wünschte. Er hoffe jedoch, der Mann würde ihm niemals ein Buch widmen, das ihn dafür preise, die Lehre, die er das Evangelium nenne, zu schützen und zu unterstützen – *mais j'espère que à moy ne me escripra iames livre de louuangies de ce que je garde et maigtiens sa doctrine que apele l'evangile.* Warum habe sie nicht auf die beiden Punkte in seinem ersten Brief geantwortet, daß man sage, sie lese Luthers Schriften und umgebe sich mit Männern und Frauen, die herätischen Lehren zugeneigt wären? Aus diesen beiden Gründen nenne man sie eine Anhängerin Luthers, wie zahlreiche Leute bereits fürchteten und herumerzählten. In ihrer Antwort gab Maria zu, daß sie vor längerer Zeit Bücher von Luther gelesen habe, aber nun, da der Bruder sie warne, würde sie sie nicht mehr öffnen. Sollten ihre Diener ohne ihr Wissen in Glaubensdingen gefehlt haben, könne man sie wohl nicht verantwortlich machen. Aber da manche Leute fürchteten und sogar das Gerücht ausstreuten, sie sei lutherisch gesinnt, könne sie nicht länger schweigen. Würde Ferdinand gelegentlich erforschen, was sie getan habe, das einer guten Christin von der Kirche verboten wäre? Ja, sie habe an Fasttagen Fleisch gegessen, aber nur aus gesundheitlichen Gründen. Die Gerüchte, die Ferdinand erreicht hatten, wären zweifellos Einflüsterungen des Teufels, „der Feind alles Guten, der auch der Vater der Zwietracht ist". Der Teufel hätte an der Zuneigung, die Ferdinand und sie füreinander fühlten, sein Mißfallen gefunden und böse Zungen in Bewegung gesetzt, um die Harmonie zu stören. Aus diesem Grunde wünsche sie, völlig aufrichtig zu sein, denn zwischen Schwester und Bruder solle keine Verstellung herrschen – *aulcune dissimulacion.*

War Maria wirklich „völlig aufrichtig"? Eine klare und unmißverständliche Antwort gab sie nicht, sie schrieb *nicht,* daß sie Luther und seine Lehren verabscheute. Sie hatte seine Schriften gelesen, darüber nachgedacht und diskutiert und sicher manches gefunden, was sie für richtig hielt. Sie war fromm, laut eigener Aussage besaß sie eher zuviel als zuwenig *Frumkait.* Doch diese war von anderer Art als die ihrer Brüder, des von Adrian von Utrecht erzogenen Karl und des in Spanien aufgewachsenen Ferdinand. Sie war nicht „fundamentalistisch", sondern aufgeschlossen und kritisch. Sie hielt Luther nicht *a priori* für einen „notorischen Ketzer" wie ihr Bruder Karl, sondern für einen Mann, dessen Ansichten immerhin bedenkenswert waren. Hier glich sie ihrem Großvater Maximilian, der noch kurz vor seinem Tod den Wunsch geäußert hatte, mit Luther zusammenzutreffen. Maria gehörte zu dem großen europäischen Kreis religiös empfindender und humanistisch denkender Verehrer des Erasmus, die von der Notwendigkeit kirchlicher Reformen überzeugt waren, doch mehr als eine private Sympathisantin der neuen Lehre kann man in ihr nicht sehen. Niemals wäre sie ihren Brüdern durch ein offenes Bekenntnis in den Rücken gefallen.[84]

Als Erzherzog Ferdinand die Regierung in den österreichischen Ländern antrat, hatte er ein Exempel im Sinne des fürstlichen Absolutismus statuiert und die ständische Eigenmächtigkeit, die ihre mittelalterlichen Traditionen gegen die zentralistischen Neuerungen bewahren wollte, in die Schranken gewiesen. Beim „Wiener Neustädter Blutgericht" im Juli 1522 wurden die Rädelsführer der nach dem Tod von Kaiser Maximilian von den niederösterreichischen Ständen eingerichteten „Revolutionsregierung" zum Tode verurteilt, zwei Adelige, der Wiener Bürgermeister Dr. Siebenbürger und fünf Wiener Ratsherren, was den jungen Regenten in den Ruf eines erbarmungslosen Tyrannen brachte – zu Unrecht. Das Gericht beseitigte nur – zeitgemäß durch Hinrichtung – ein unfähiges Pseudoregiment. Ferdinand setzte die erste aus juristisch gebildeten Beamten bestehende Landesregierung ein und wurde zum Schöpfer der österreichischen Zentralverwaltung. Der Zwiespalt zwischen dem Landesfürsten und den Ständen erleichterte jedoch dem Protestantismus das Eindringen in die österreichischen Länder, da der Adel schon aus Opposition zum streng katholischen Landesfürsten für die Lehre Luthers ein geneigtes Ohr zeigte. Bereits 1521 wurde in Wien die erste reformatorische Schrift Joachim Vadians gedruckt, und Paul Speratus konnte 1522 von der Kanzel des Stephansdomes Luthers Lehre öffentlich verkünden, ungeachtet des Dekrets gegen Luther, das Kaiser Karl V. am 14. April 1521 erlassen hatte. Zur selben Zeit erschien allerdings auch die erste Schrift gegen Luther. Der Dominikaner Ambrosius Catherinus hatte sie in Italien veröffentlicht, und der bedeutende ungarische Jurist István Verböczy veranlaßte in Wien ihre Drucklegung und Verteilung auf eigene Kosten. Die Gegenschrift Luthers ließ nicht lange auf sich warten. Nach dem Tod des toleranten Bischofs Georg von Slatkonia ernannte Ferdinand 1523 seinen Beichtvater Johann von Revellis zum neuen Bischof von Wien und stellte ihn an die Spitze eines Gerichtshofes zur Aburteilung der Irrlehrer. Dieser Gerichtshof verurteilte einige Geistliche zum Widerruf oder zur Ausweisung, andere konnten sich rechtfertigen. Auch der Wiedertäufer Kaspar Tauber wurde zur Ausweisung verurteilt (die Wiedertäufer waren eine besonders radikale Sekte, die mit der Forderung der Erwachsenentaufe auch die Aufrichtung eines Reiches Christi auf Erden, Einführung der Gütergemeinschaft u. ä. verbanden). Als er trotzdem nicht aufhörte, seine Lehre öffentlich zu verkünden, wurde er als verstockter Häretiker zum Feuertod verurteilt. Nicht anders erging es dem ehemaligen Pfarrer zu Regensburg, Dr. Balthasar Hubmayr, Schüler und Freund Thomas Müntzers, der nach seiner Ausweisung aus Süddeutschland mit seinen Anhängern ins mährische Nikolsburg geflüchtet war. Er wurde 1527 festgenommen, auf Burg Kreuzenstein gefangengesetzt und gefoltert. Er versuchte vergeblich, sich zu rechtfertigen und wurde am 10. März 1528 verbrannt, seine Frau drei Tage später in der Donau ertränkt.

In der Bevölkerung war die Verwirrung nicht weniger groß als bei der Geistlichkeit, wo man Reformwünsche mit der Sehnsucht nach Lockerung der geistlichen Zucht verquickte. Mangelnde theologische Bildung erschwerte noch zusätzlich die Unterscheidung der Lehren. Um dem allgemeinen Verfall entgegenzuwirken, ordnete Ferdinand eine Kirchenvisitation an, in deren Verlauf in zahlreichen Klöstern und Pfarren Mißstände aufgedeckt, Übergriffe auf Kirchenbesitz festgestellt und lutherisches Gedankengut wahrgenommen wurden. Ganz in Ordnung befanden die Visitatoren nur zwei Klöster: den Wiener Minoritenkonvent und das Stift Klosterneuburg – ein niederschmetterndes Ergebnis, das zeigte, wie berechtigt der Ruf nach Reformen war. Auch Ferdinand hielt solche für dringend notwendig, doch an der überkommenen katholischen Lehre durfte nicht gerüttelt werden. Deshalb erließ er am 12. März 1523 ein Edikt, das sich auf die Bulle Papst Leos X. und ein Mandat Karls V. bezog und die Ausbreitung lutherischer Schriften untersagte, „damit niemand mit solchen Schriften und Lehren in Zweifel gesetzt und bei unserem christlichen Glauben Einigkeit und Frieden behalten werde. Demnach empfehlen Wir auch allen und einem jeden insonderheit ernstlich und wollen, daß ihr künftighin keine Schriften, Bücher und Lehren, so von M. Luther oder seinen Nachfolgern bisher ausgegangen sind oder noch ausgehen werden, nicht mehr annehmet, haltet, kaufet, verkaufet, leset, abschreibet, drucket noch drucken lasset noch solches jemand anderm zu tun gestattet."[85]

Vor diesem Hintergrund ist es verständlich, daß ihn die Nachricht, seine eigene Schwester werde lutherischer Sympathien verdächtigt und lese verbotene Schriften, wie ein Donnerschlag rühren mußte.

Als Marias Hofprediger Johannes Henckel seine junge Königin in Ödenburg wiedersah, war er tief berührt von dem Wandel, der seit ihrer Flucht aus Buda eingetreten war. Sie streifte zwar immer noch als nimmermüde Amazone durch Wald und Feld, um in den Gefahren der Jagd Vergnügen und Ablenkung zu suchen. Aber durch den Schmerz und die Leiden, die sie hatte ertragen müssen, waren die ernsten Seiten ihres Charakters zum Vorschein gekommen. Die Unpäßlichkeiten, die sie immer wieder dazu zwangen, zu Hause zu bleiben, hatten sie gelehrt, Trost und Erbauung in der Lektüre zu suchen. „Ihr könnt Euch keinen friedvolleren, bescheideneren und frömmeren Hof vorstellen", schrieb Henckel voll Begeisterung an Erasmus von Rotterdam, „wenn Ihr die Königin sehen könntet, Ihr würdet glauben in einer Schule zu sein, nicht in den Räumlichkeiten einer Frau. Sie ist ständig von Büchern umgeben; sie lehrt, sie studiert, und sie tröstet ihre Witwenschaft mit erbaulicher Lektüre. Sie hat die klassischen Autoren nicht vergessen, und was andere unter den günstigsten Umständen mit Schwierigkeit lernen, hat sie sich in Kummer und Sorge zu eigen gemacht. Denn Eure Paraphrasen [des Neuen Testaments], die sie in deutscher Übersetzung zu lesen pflegte, liest sie nun täglich in Latein, so wie Ihr sie geschrieben habt, und kein Detail entgeht ihrer Aufmerksamkeit. Sie hat in der Tat die größte Bewunderung für Euch und Euer erhabenes Werk. Warum sollt Ihr sie nicht Euch, mein Erasmus, durch das eine oder andere kleine Geschenk auch weiterhin verpflichten? Sicherlich habt Ihr irgendein Thema im Sinne, das nicht alltäglich und einer solchen bemerkenswerten Frau angemessen ist. Nicht um sie zu rühmen, denn keiner kann dies je ihren Verdiensten entsprechend tun. Doch so, wie alle Ehefrauen Euch Dank für das schulden, was Ihr für eine königliche Gemahlin geschrieben habt [*Institutio christiani matrimonii* für Katharina von Aragón, die erste Frau Heinrichs VIII., Marias Tante], so werden alle Witwen (deren Zahl nach der Niederlage von Mohács in Ungarn und an diesem Hof größer ist als anderswo) gewärtig sein, um einer königlichen Witwe willen eine unsterbliche Wohltat von Erasmus erhalten zu haben und Euch dafür dankbar sein."[86]

Erasmus ließ sich die Gelegenheit nicht entgehen, die junge Königinwitwe von Ungarn unter seine Bewunderer einzureihen. 1530 veröffentlichte er in Basel seine Abhandlung *De Vidua Christiana* („Über die christliche Witwe"), der Königin Maria von Ungarn gewidmet. Erasmus bringt eingangs eine Reihe von Beispielen aus klassischen, biblischen und frühchristlichen Quellen, die das vorbildliche Leben von Witwen zum Thema haben, um schließlich auch Maria als ein solches Vorbild zu preisen. Sie habe das Leid, das ihr widerfahren sei, mit Beherrschung und Willenskraft getragen, ihre Frömmigkeit habe ihr geholfen, ihre Gefühle zu beherrschen. Alle Frauen, vor allem adelige, sollten sich ihre maßvolle Haltung im Glück wie im Unglück zum Beispiel nehmen. Maria bedankte sich eigenhändig bei Erasmus, Miklós Oláh sandte im Auftrag seiner Herrin einen kostbaren Pokal und betonte in seinem Begleitschreiben, wie sehr die Königin sich über die Abhandlung gefreut habe (die allerdings nicht zu seinen bedeutendsten zählt, was sicherlich auch Maria nicht entgangen ist).

Maria blieb Erasmus zeit ihres Lebens verbunden und lud ihn noch kurz vor seinem Tod dazu ein, an ihren Hof nach Brüssel zu kommen, eine Einladung, der er nicht mehr folgen konnte.[87]

Als sich König Ferdinand im Frühjahr 1528 von Buda aus wieder ins Reich begab, um auch dort Reichstag zu halten (in Regensburg), ersuchte er seine Schwester, die Statthalterschaft in Ungarn erneut zu übernehmen, stieß jedoch auf Ablehnung. Sie bedanke sich für das Vertrauen, fühle sich der Aufgabe aber nicht gewachsen, die eine weisere und ältere Person verlange, *personne quy soie plus sage et plus vielle que moy*, schrieb sie an Ferdinand, das Amt gebühre dem Palatin. Weitere Gründe für ihre Entscheidung wolle sie nicht dem Kurier anvertrauen, hoffe aber, sie dem Bruder persönlich auseinandersetzen zu können. Maria hat diese Gründe eigenhändig in einem „Memorandum" zusammengefaßt, dem *Memorial der unschuldigung annemung das ampt gegen den kunig etc.*, das im folgenden im originalen Wortlaut zitiert sei:

1) *Erstlich mein unverstant den niemandt passer erkendt an ich.*
2) *Das solches von alterher den grosgraffen gepierdt.*
3) *Das er selbs waist die geschwindickait dessen leitten mecht durch unverstandt verfierdt werden und miest unschuldiglich die purdt am maisten tragen.*
4) *Die weil das sy alle durch einander unains seindt, wurdt mein verstandt zw klain sein mich darin wissen zu richten.*
5) *Wo ich wurdt mercken, das sy nicht recht daran wollten, so wer es mier unleidlich, wie ich den schuldig zu than wer und ich erken mein wunderlichen kopff, das ich vileicht mer S.L. [Seiner Liebden] sachen irren dan guett machen und mier selbs wurd es gros feinschaff bringen, das mier zw nachteil mecht kumen.*
9) *In seine abwessen mechten fil abfallen und mier zw gemessen werden, wie for geschehen.*
10) *Das ich die arbait nicht vermecht.*

Da entgegen:

1) *Die gros begier, die ich hab im zw dienen.*
2) *Ich bewegett auch die er, besorg mecht umkert werden, so migen S.L. mit anderen basser versehen dan mit mier; wo ie nicht helffen wil mein kranckhait zw anzaigen, nota ursach den tott gern leiden ... Ich kump solches fier mit kurtzweil, das dan ist waidwerg und musica.*
   Zwm lesten zw pitten, mich nicht fier ubel haben, das ich mich so fast ausredt, die grosse nott dringt mich darzw, wie er aus den ursachen vernemen kan [etwas gekürzt].

Maria war eine Meisterin des *understatement,* denn von „Unverstand" konnte bei ihr wahrlich nicht die Rede sein. Gerade *weil* sie Bescheid wußte und die Lage sehr gut beurteilen konnte, weigerte sie sich, dieses Himmelfahrtskommando noch einmal zu übernehmen.

Nicht nur die ungarische Statthalterschaft, auch andere Anträge wurden in dieser Zeit an Maria herangetragen. Man schmiedete Heiratspläne für sie, wobei vor allem ihre Tante Margarete in den Niederlanden federführend war. Sie selbst hatte sich zwar vor vielen Jahren geweigert, an der Seite Heinrichs VII. Königin von England zu werden, aber jetzt strebte sie eine Verbindung ihres Hauses mit James V., dem jungen König von Schottland, an und hatte ihm bereits die Ehe mit einer ihrer dänischen Nichten vorgeschlagen. König James antwortete, er wäre nicht daran interessiert, sich auf eine lange Wartezeit einzulassen (die dänischen Prinzessinnen zählten erst acht bzw. sieben Jahre), fügte jedoch hinzu, er würde sich freuen, die verwitwete Königin von Ungarn zu heiraten. So schrieb Margarete an Ferdinand, er solle Maria bewegen, eine solche Ehe in Erwägung zu ziehen. Ferdinand beauftragte den Freiherrn Joseph von Lamberg mit der Königinwitwe diesbezügliche Gespräche zu führen. In seinem Begleitschreiben an Maria führte er aus, er habe über ihre Witwenschaft und über ihr Alter nachgedacht und die Einsicht gewonnen, daß es schade wäre, würde sie in diesem Stand weiterhin verbleiben. „Nachdem ich alles bedacht habe", fuhr er fort, „so habe ich keinen geeigneteren Partner gefunden als den König von Schottland, der, wie ich höre, jung ist und gutaussehend, zwischen 19 und 20 Jahre alt [James war 1512 geboren, also in Wirklichkeit erst 16], und, obwohl es nicht eines der reichsten ist, so liegt sein Königreich doch nicht weit von den Niederlanden und ebenfalls nicht weit von Spanien" (eine Landkarte scheint Ferdinand nicht konsultiert zu haben). Maria solle bedenken, daß er diesen Vorschlag nicht nur aus brüderlicher Liebe und zu ihrem Vorteil unterbreite, sondern auch um dem Kaiser zu helfen, denn er hoffe, daß durch eine solche Heirat der König von England leichter zu handhaben sei – *que par ce mariaige gardaroit on le roy d`Angleterre en sa maison et le tiendroit sur corde.* (In den einstmals so herzlichen Beziehungen zwischen den Tudors und den Habsburgern war seit den Kontakten Heinrichs VIII. mit Franz von Frankreich eine starke Abkühlung eingetreten, die durch Heinrichs Absicht, seine Gemahlin Katharina von Aragón zu verstoßen und Anne Boleyn zu heiraten, noch intensiviert worden war.)

Mit auf den Weg erhielt der Sonderbeauftragte Ferdinands eine *Instruction auf unnsern rat und getrewen lieben Josephen von Lamberg, was der bei der durchleuchtigsten hochgebornen fürstin unnser freuntlichen lieben swestern frawen Maria zu Hungern und Behem etc. kunigin witwen von unnsern wegen werben, anbringen und handlen sol.* Darin heißt es, *das der durchleuchtig hochgeborne furst und kunig von Schotten von den jaren nunmehr manmässig und auch ein geschikhter, verstendiger, eerlicher junger furst, darzue von kunigclichem stam und geburd herkumen ist, haben wir denselben jungen fursten aus solhen ursachen I.L. gemäß und zu einem gemahel anzunemen eerlichen zu sein freundlich angesehen; daneben auch erwegen ... das unnser veindt der kunig von Frankhreich in uebung und practik sein sol mit demselben kunig von Schotten ein punntnuß und verainigung zu machen, welhe durch solhen heyrat abgestellt werden ... und nicht wenig nutz und frummen daraus volgen und kumen mechte ... Und zudem, dieweil derselb kunig von Schotten des ytzigen kunig von Engellands swestersun ist und derselb kunig nit mer erben als ein ainige tochter hat ... dasselb kunigreich Engelland auch an den kunig von Schotten kumen und fallen und vil nutzlichs daraus volgen wurd ...*

Maria hörte sich aufmerksam an, was der Freiherr von Lamberg ihr zu sagen hatte, doch überzeugen konnte er sie nicht. Wieder legte sie ihre Argumente schriftlich nieder, bevor sie antwortete, mündlich an Lamberg, schriftlich an ihren Bruder Ferdinand: *Andwurdt an mein herrn und bruder auff die heiratt.* Nach einleitenden Worten des Dankes, *das S.L. mein sachen so frundlichen und vatterlich zw hertzen nemen, und dieweil ich solches um S.L. zw verdienen nicht waiss,* kam Maria nach einigen weiteren gewundenen Phrasen zur Sache: *Aber dieweil der almechtig durch sein gottlichen willen meinen freundlichen hertzliebsten hern und gemahel genomen hatt und mich in dissen standt haben weellen, so hab ich mier gantzlich fiergenomen mit seiner gottlichen hilff, an des ich wol wais, das ich das noch vil ein wenigers nicht folpringen kan, in denselben die kurtz zeitt, die ich verhoff in diser weldt zw leben, und pis in mein grub zw bleiben. Deshalben pitt ich S.L. wel mich in dise und ander heiratt an zw nemen frundlichen unschuldigt haben; und dieweil ich mier von kindthait auff dissen fiersatz gehab, wo mier einmal mein gemahel sturb, nimer mer mein stant zw verkern, und ich nach dissen laidigen und mier bedriebten fal nicht anderst befunden ... Ich pitt auch, S.L. wel nicht gedencken, das ich solches aus ainige ausredt, scham halben oder am kunig von Schotten west etwas zw verwerffen, sunder allain zaig ich wie es mier ums hertz ist und durch gnad gottes pis in mein endt bleiben soldt und S.L. fier mein herrn, bruder, vatter und gemahel behalten ... Mecht auch anzaigen, das ich aigendtlich glaub, das den kaiser wenig hilff durch solche heiratt geschehen wurdt, wen S.L. der waist fil basser als ich, wie die von Schotten allewegen guett fransesisch gewessen, das von meinetwegen nicht erlassen, wen ein man oder landschaff nicht alleweg schwagerschaff oder frundschaff auch das gemit oder ratt der weiber ansicht, als den ietz und vormals mit England und Frankreich und in fil ander weg gesehen ist worden ... Ich besorg auch, die weil die von Schotten so lang sich mitt den francesisch gemischt, mechten auch haben gelernt wie sitte, fil zw zwsagen und wenig halten. Solches saig ich S.L. nur zw eim*

142

uberflus und alles als meinam frundlichen hertzlieben hern, bruder, vatter und gemahelan in pitten, mich in dem frundlichen unschuldigt und in allen ander frundlich pefolhen zw haben.

Daß ein Mann oder ein Land sich gewöhnlich „nicht um Familien- oder Freundschaftsbande, noch um Gefühl oder Rat der Weiber" kümmern würde, ist ein erstaunlicher Standpunkt für ein Mitglied der *Casa de Austria*, deren Politik den Spruch *tu felix Austria nube* geprägt hat. James V., dessen Frankophilie Maria ganz richtig eingeschätzt hatte, heiratete schließlich in erster Ehe Madeleine de France, Tochter von Franz I., und nach deren frühem Tod Marie de Guise. Als er nach der unglücklichen Schlacht von Solway Moss 1542 starb, hinterließ er eine neugeborene Tochter: Maria Stuart.

An Ferdinand schrieb Maria, sie hoffe, daß es Gott gefallen möge, ihr nach einem so guten Herrn und Gemahl keinen anderen zu geben, da er diesen von ihr genommen, dem sie, wie es recht gewesen, all ihre Liebe geschenkt habe, *que apres sy bon seigneur et mary jamais en aie aultre puisqu`il a plut à nostre seigneur à me prendre sty* [celui] *en quy, comme la raison estoit, avoie entierement mis mon amour.*

Die Haltung ihrer Nichte mag Margarete von Österreich an ihr eigenes Schicksal erinnert haben, an ihre kurzen und glücklichen Ehen mit Juan de Aragón und Philibert de Savoie und ihren nach dem Tod Philiberts gefaßten, unwiderruflichen Entschluß, nie mehr zu heiraten. Ihre *Albums poètiques* enthalten ein Gedicht (vielleicht von ihr selbst), das ihre Einstellung poetisch ausdrückt:

> *Tant que je vive, mon coeur ne changera*
> *Pour nul vivant, tant soit il bon ou saige*
> *Fort et puissant, riche, de hault lignaige*
> *Mon chois est fait, aultre ne se fera.*

> Mein Leben lang wird sich mein Herz nicht wandeln
> Für keinen Mann, sei er so gut und weise,
> So stark und mächtig, reich, von hoher Abkunft,
> Getroffen ist die Wahl, anders wird's nicht sein.

Das Gedicht hätte von Maria sein können, hätte sie eine poetische Ader gehabt, doch es lag ihr mehr, sich in prägnanter Prosa auszudrücken. Sie wollte ihrem Gemahl bis ins Grab treu bleiben, *pis in mein grub.*[88]

Der glückliche Ländergewinn der Habsburger durch eine geschickte Heiratspolitik ist oft beschrieben worden (auch abfällig), selten ist von dem Glück die Rede, das viele von ihnen mit ihren von der Politik verordneten Partnern erlebten. Maximilian konnte Maria von Burgund nicht vergessen und heiratete nach dem Tod der Bianca Maria Sforza, die er nur *pecuniae causa* geehelicht hatte, nicht mehr, was ihn allerdings nicht hinderte, mit seinen „Schlafweibern" zahlreiche Kinder zu haben. Von Margarete und Maria war soeben die Rede. Karl V. wählte nach dem Tod seiner geliebten Frau Isabella keine zweite Gemahlin (seine natürlichen Kinder Margarete und Juan wurden vor seiner Eheschließung bzw. nach Isabellas Tod geboren). Auch sein Bruder Ferdinand führte eine sprichwörtlich gute Ehe. Wann immer es möglich war, ließ er sich auf seinen Reisen von Anna begleiten, und dem Vorwurf, damit würden unnötige Kosten verursacht, begegnete er mit den Worten: „Einem frommen Herrn gebührt, seinen Ehestand zu halten; es ist besser, einige Unkosten auf seine Ehegattin zu verwenden als auf Buhlerei." Über die vier Ehen von Karls Sohn Philipp II. wird berichtet, sie seien allesamt glücklich gewesen, die Reihe ließe sich nach Belieben fortsetzen, über Leopold I., Karl VI. und Maria Theresia bis zu ihrem Enkel Franz II./I., der, wie Philipp, viermal glücklich verheiratet war. Ausnahmen bestätigen, wie immer, die Regel. Natürlich weiß man, daß manche dieser braven Ehemänner gelegentlich auch schwach geworden sind, aber eine „Mätressenwirtschaft" wie in Frankreich oder England hat es an den Höfen der Habsburger niemals gegeben.[89]

Es waren nicht nur „brüderliche Liebe" und politische Erwägung, die Ferdinand bewogen, seiner Schwester eine Wiederverheiratung nahezulegen. Auch finanzielle Gründe spielten eine Rolle. In einer neuen Ehe wäre Maria nicht nur „versorgt" gewesen, sie hätte Ferdinand auch den Zugriff auf ihr Witwengut ermöglicht, denn er brauchte Geld für Rüstungen und das dringender denn je.

Schon begannen Ferdinands Parteigänger in Ungarn zu murren, weil er sich außerhalb des Landes aufhielt, und öffneten Ohren und Börsen bereitwillig den Agenten des János Zápolya. „Ihr wißt, wie treu wir Ungarn unseren Herrschern sind", warnte Maria mit ironischem Unterton. Plötzlich war Ferdinand wieder der unerwünschte „Ausländer", der die Ungarn ihrem Schicksal und seinen Truppen überließ, die, schlecht oder gar nicht bezahlt, im Lande wüteten. Sagten manche Leute nicht schon, sie würden lieber unter den Türken leben als unter den Deutschen? Ihr Wunsch sollte bald in Erfüllung gehen.

János Zápolya war nach seiner Niederlage gegen Ferdinand zwar fürs erste nach Polen geflohen (sein Schwager König Sigismund war mittlerweile auch sein Schwiegervater geworden), aber keineswegs untätig geblieben. Beraten und beeinflußt von dem Polen Hieronymus de Lasky und dem Gesandten des Königs von Frankreich, Antoine Rincon, schloß er am 29. Februar 1528 ein Bündnis mit Sultan Süleyman, das die Abtretung Ungarns, das nach islamischem Kriegsrecht dem Sultan gehörte, an ihn vorsah und vollen Beistand gegen König

Ferdinand versprach. Auch Ferdinand versuchte, mit der Pforte zu einem Abkommen zu gelangen, und sandte im Frühjahr 1528 Johann Habordanecz von Zalathnock und Sigismund Weixelberger nach Istanbul, einen Ungarn und einen Krainer, die sich in den ungarischen Kämpfen ausgezeichnet hatten. Als Voraussetzung für Verhandlungen forderten die Türken die Räumung Ungarns, denn in ihrer Sichtweise war alles, „was der Huf des Pferdes des Padischah berührt hat, sein Eigentum". In der Abschiedsaudienz am 28. Juni wurde den Gesandten dann hohnvoll angekündigt, der Sultan werde sich an die Spitze seiner Heeresmacht stellen, um bei Ferdinand zu erscheinen und die von ihm geforderten Grenzfestungen (Belgrad und Peterwardein) auszuliefern. Süleyman war an einem friedlichen Ausgleich gar nicht interessiert, vor allem nicht an einem gefestigteren und verteidigungsfähigeren Königreich Ungarn unter habsburgischer Herrschaft. Anschließend wurden die Legaten auf Betreiben der Venezianer, die sich ihrer Handelsinteressen wegen längst mit den Türken geeinigt hatten (man nannte die Signoria deshalb „eine Hure, die mit dem Türken schlief"), unter dem Vorwand der Spionage noch bis November festgehalten. Deshalb konnte Habordanecz nicht vor Februar 1529 einen türkisch geschriebenen Brief des Sultans in Innsbruck an König Ferdinand übergeben, der in Ermangelung eines geeigneten Dolmetschers erst im Juli durch einen türkischen Gefangenen übersetzt wurde. Der Gesandte war sich allerdings über die bedrohlichen Absichten Süleymans im klaren, auch ohne den Text des Briefes zu kennen, und konnte dementsprechend berichten.

In Ungarn eskalierten inzwischen die blutigen Streitigkeiten zwischen den Anhängern der beiden Könige, eine Situation, die der vor Mohács nicht unähnlich war. Alles geschah im Hinblick auf kurzfristige Opportunität: Die Festungen huldigten bald dem einen, bald dem anderen, einmal war Buda im Besitz Ferdinands, dann wieder in dem Zápolyas, der mit angeworbenen Truppen die nordöstlichen und östlichen Teile des Landes wieder unter seine Herrschaft gebracht hatte. Es gab geteilte Komitate, und die Magnaten wechselten die Fronten wie ihre Hemden. Auf die Nachricht, daß der Sultan mit Zápolya ein Bündnis geschlossen habe und ihm mit einem Heer zu Hilfe kommen werde, während Ferdinand weder die Anhänger seines Rivalen unterdrücken und die Ruhe im Inneren herstellen noch eine wirksame Streitmacht gegen die Türken auf die Beine stellen konnte, ging das Vertrauen in den Habsburger verloren. Wie so oft, so bedachte man auch jetzt nicht, daß Ferdinand ganz anders gehandelt hätte, wären ihm Mittel und Möglichkeiten gegeben gewesen.

So konnte Sultan Süleyman in aller Ruhe seinen „Heiligen Krieg" (*dschihad*) gegen die Ungläubigen vorbereiten, und am 10. Mai 1529, dem 2. Ramadan im Jahr 935 nach der Hedschra, von Istanbul aus aufbrechen.

Trotz aller Schwierigkeiten, die sich ihm entgegenstellten, war Ferdinand keineswegs untätig und versuchte nicht nur die österreichischen und böhmischen Länder, sondern auch das Reich zu ausgiebiger Türkenhilfe zu bewegen. Nahezu ununterbrochen war er unterwegs: Ende März in Znaim beim mährischen, anschließend in Prag beim böhmischen Landtag (beide Landtage bewilligten Truppen), dann wieder in Wien, in Graz, in den letzten Wochen des Jahres schließlich in St. Veit in Kärnten und in Innsbruck, wo er bis Februar 1529 blieb und den Bericht seines Gesandten bei der Pforte entgegennahm. Von Innsbruck eilte er Anfang März zum Reichstag nach Speyer, wo ihm die deutschen Fürsten die üblichen Schwierigkeiten machten und die Größe der Türkengefahr in Abrede stellten. Außerdem war der Glaubenszwist Thema Nummer eins, die altkirchliche Majorität hatte sich behauptet und das Verbot der Lehren Luthers und Zwinglis durchgesetzt. Dagegen legte eine Reihe deutscher Fürsten und Städte Protest ein, der Begriff „Protestanten" war geboren, die Spaltung innerhalb der Christenheit und des Reiches vollzogen. Schließlich wurde eine „eilende Türkenhilfe" bewilligt, aber mit außerordentlich einengenden Bestimmungen versehen, die sie fast unwirksam machten. Auch an seinen Bruder wandte sich Ferdinand um Hilfe, doch der Friede von Cambrai zwischen Karl V. und Franz I. von Frankreich (bekannt als „Damenfrieden", weil Louise von Savoyen und Margarete von Österreich die Verhandlungen führten) kam erst Anfang August zum Abschluß, viel zu spät, um die in Italien freigewordenen Truppen des Kaisers noch gegen die Türken einsetzen zu können.

Von Speyer eilte Ferdinand nach Linz, wo ihn der Kundschafterbericht erreichte, daß die Spitze des türkischen Heeres bereits an der Save angelangt sei. Ferdinand berief die zur Leitung der Reichshilfe gewählten Fürsten neuerlich nach Regensburg ein, doch es wurden lediglich vorbereitende Maßnahmen beschlossen. Die Böhmen erwiesen sich als wesentlich kooperativer und bewilligten im Juli in Budweis mit Rücksicht auf die größere Gefahr eine bedeutendere Hilfe als im Vorjahr, der sich auch Schlesien und die Lausitz anschlossen. Eine neuerliche Tagung in Regensburg brachte keine Entscheidung, nur weitere Verhandlungen. Als die Reichsdeputation am 18. August zum letzten Mal zusammentrat, brachten Kundschafter die Nachricht, daß Süleyman die Drau überschritten und Mohács erreicht habe, wo János Zápolya ihn erwartete. Trotz dieser alarmierenden Nachrichten wurden die mit dem 20. August zu vollziehenden Hilfeleistungen nur für drei Monate bereitgestellt. Der Oberste Feldhauptmann, Pfalzgraf Friedrich bei Rhein, hatte sich mit seinen Kriegsräten und Hauptleuten eidlich zu verpflichten, die Reichstruppen allein zur Abwehr der Türken zu verwenden. Auf diese Weise kam die Reichshilfe nicht nur zum Schutz Ungarns zu spät, die enge zeitliche Begrenzung vereitelte auch alle weiteren Aktionen und stellte die Existenz Wiens in Frage.

Am 28. August erließ Ferdinand in Linz ein Manifest an die „gesamte Christenheit", in dem es hieß, „es brennt fürwahr, es brennt das Dach eures nächsten Nachbars, in Gefahr steht euer eigenes Heil, euer ganzes Besitztum wird bedroht." Er forderte jeden auf, von dem Vermögen, das er der göttlichen Güte verdanke, gleichsam als dessen guter Verwalter zum Werk der Verteidigung gegen den Feind beizusteuern. Doch die Christenheit ließ sich Zeit.

Auch der Sultan legte seine Absichten dar, in einem *fethname*, einer „Siegesschrift", in der das politische Ziel des Feldzugs klar formuliert war. „Der böse Ungläubige namens Ferendus", hieß es da, „hat einige Provinzen und Länder erobert, nachdem der niederträchtige König von Ungarn [Ludwig II.] im Feld untergegangen war. Der an seiner Stelle zum König gewählte János [Zápolya] schickte aus Angst vor dem Angriff einer größeren Macht einen Gesandten zur Hohen Pforte und flehte mich, seine Treue offenbarend, um Parteinahme und Schutz an, und ich nahm seine Huldigung entgegen. Da kam jener Verfluchte [Ferdinand] mit einer Armee gegen mich, eroberte die Residenzstadt Buda und besetzte sie mit Soldaten. Ungarn – das unter den Ländern der tugendlosen Ungläubigen zu den größeren zählt – hat aus alter Zeit eine als *korona* gekannte, mit Gold und Edelsteinen geschmückte Fürstenkrone, die auf der Burg Visegrád in der Nähe von Buda aufbewahrt wird und die ein Gegenstand des eitlen Stolzes und der Prahlerei der ungarischen Könige ist. Da es bei ihnen Sitte ist, daß jener, der sich dieser Krone bemächtigt und sie sich auf den Kopf setzt, König wird und ihm das ganze Land huldigt, so setzte sich jener Niederträchtige [Ferdinand] auch die Krone auf den Kopf und, König im ganzen Land, mischte sich ungesetzlich in die Angelegenheiten des genannten Landes. Daher forderten es von mir mein Pflichtbewußtsein und mein Ehrgefühl als Lehnsherr, daß die Fahnen des Islams ein zweites Mal in jenes Land getragen werden ..." Das klassische Beispiel einer „getürkten" Sichtweise.

Nachdem er sich einen Monat (von Mitte Juli bis Mitte August) in Belgrad aufgehalten hatte, zog Süleyman auf der bekannten Route nach Norden und schlug auf dem symbolträchtigen Schlachtfeld von Mohács sein Prunkzelt auf. Dort empfing er mit großem Pomp und Zeremoniell János Zápolya. „König János", heißt es im *fethname* des Sultans, „küßte die Schwelle meines Sultanenthrons [nach anderen Quellen auch die Hand] und ich ließ ihn meiner Gnade als Padischah teilhaftig werden und schenkte ihm das Königreich Ungarn." So bekräftigte Süleyman die osmanische Rechtsauffassung, daß Ungarn *iure gladii* das Eigentum des Padischahs war, das er nun großzügig dem János Zápolya zum Geschenk machte. Er verzichtete sogar auf eine offizielle Anerkennung der osmanischen Oberhoheit und auf Tributzahlungen, denn er sah sein politisches Ziel verwirklicht: Der König von Ungarn wurde sein Verbündeter und das Land ein Pufferstaat, ein Bollwerk gegen die habsburgische Macht, vor der er großen Respekt zu haben schien, obwohl die letzte Aggression ja von der Pforte ausgegangen war, keineswegs von den Habsburgern. Die ungarische Geschichtsschreibung möchte János Zápolya gern als „Gefangenen einer unabänderlichen Schicksalsfügung" sehen, der „eine tiefe Demütigung auf sich nahm – nicht um irgendwelcher kleinlicher Vorteile willen, sondern um von seinem Volk weitere Demütigung und Schande abzuwenden und ihm endlich den Frieden zu bringen" (Simányi). Das bisherige (und fernere) Verhalten Zápolyas läßt aber eher den Schluß zu, daß es ihm weit eher um seine persönliche Machtstellung ging als um „sein Volk" oder andere „hehre" Visionen. Zápolya war ein unsentimentaler Praktiker, kein Visionär. Wäre er sonst imstande gewesen, ausgerechnet auf dem Schlachtfeld von Mohács dem Sultan zu huldigen?[90]

VIII. BEIM GOLDENEN APFEL SEHEN WIR UNS WIEDER!

Von Mohács zog Süleyman nach Buda, das nach kurzer Belagerung eingenommen wurde, inthronisierte János Zápolya und übergab ihm die Stephanskrone. Dann wälzte sich das türkische Heer (ca. 150.000 Mann) in Richtung auf den „Goldenen Apfel", wie Wien bei den Türken hieß. *Kizil Elmada görüsürüz* – „beim Goldenen Apfel sehen wir uns wieder!" So lautete der traditionelle Zuruf des Padischahs an die Janitscharen vor dem Aufbruch zum Kriegszug.

Wie immer waren die tatsächlichen Kräfteverhältnisse viel zu lange völlig falsch eingeschätzt worden. Nun, da die Entscheidung herannahte, standen vor Wien kaum mehr als 17.000 Mann Verteidigungstruppen zur Verfügung. Da an eine offene Feldschlacht nicht zu denken war (man hatte aus der Katastrophe von Mohács gelernt), entschloß man sich zur Verteidigung der Stadt und suchte in letzter Minute, die lange Zeit vernachlässigten Verteidigungsanlagen in besseren Stand zu setzen. Die einzige fortifikatorische Anlage von realem Kampfwert stellte die aus der Mitte des 13. Jahrhunderts stammende Ringmauer dar, 4,5 Kilometer im Umfang, 6 Meter hoch und 1 bis 2 Meter breit, mit zahlreichen Türmen, Bollwerken und durch Zwinger geschützten Torbauten, Zinnen, Schlitzscharten und Gußlöchern für siedendes Wasser oder Pech. Zusätzlich gab es als Annäherungshindernisse Palisadenreihen, niedere Mauern und Zäune aus oben zugespitzten, mannshohen Stangen mit durchflochtenen Ästen, auf der Haupteinzugsstraße mit leichten Geschützen bestückte Türme, die das Heranbringen von Belagerungsartillerie verhindern sollten. Eine unverbaute Fläche vor dem Stadtgraben, der durch Müllablagerung noch dazu an vielen Stellen fast eingeebnet war, bestand nicht, viele Häuser der „Lucken"

(Vorstädte) waren noch dazu so dicht an den Grabenrand angebaut, daß ihre Ruinen den Belagerern schußsichere Deckungsmöglichkeiten boten. Dem heranziehenden türkischen Heer standen nur die Standhaftigkeit der die Stadt verteidigenden Truppen und die Improvisationskunst der militärischen Führer gegenüber.

Als Vorboten erschienen die Akindschi, die Tod und Entsetzen verbreitenden leichten Reiter der Türken, gegen die es keinerlei natürlichen oder künstlichen Hindernisse gab, die der wehrlosen Bevölkerung Schutz geboten hätten. In breiter Front überfluteten sie das Wiener Becken und verheerten das offene Land, was nicht geraubt wurde, zerstörte das Feuer: „Die Greise wurden niedergehauen, die Jünglinge fortgeschleppt, und die Weiber, nachdem sie unter den Augen ihrer Männer das Schändlichste erduldet, sammt den Kindern verstümmelt und an dem nächsten besten Pfeiler aufgehängt. Dieses und Ähnliches, was zu erzählen schon ein Verbrechen, verübten die Heillosen, wohin sie kamen; das Volk, von unnennbarem Schrecken ergriffen, irrte ohne Leitung, ohne Führer umher, unwissend, wohin es sich wenden und wen es um Schutz und Rettung anrufen sollte ...“ Den Akindschi folgten auf der alten Heerstraße südlich der Donau die „Königsfalken von Semendria“ unter Mohamed Beg, als Vorhut des Hauptheeres unter Ibrahim Pascha. Der Fall von Buda hatte auch in Westungarn viele Anhänger König Ferdinands zum Abfall bewogen, umso schwieriger gestaltete sich die Lage der Besatzungen in den wenigen festen Plätzen. Nachdem sich die Stadt Gran ergeben hatte, mußte der Bischof das zunächst gehaltene Schloß verlassen und nach Preßburg fliehen, auch Komorn wurde von seiner Besatzung aufgegeben. In Raab hielt Christoph von Lamberg bis zur Ankunft Süleymans aus, dann erst brannte er die Stadt nieder und zog sich unter dem Schutz der leichten Reiterei unter dem Kroaten Pavle Bakić gegen Wien zurück. Die Türken mußten sich den Flußübergang erst durch ein Umgehungsmanöver erkämpfen, wodurch ihr Vormarsch einen wesentlichen Aufschub erlitt. Während sich die böhmische Besatzung von Ungarisch-Altenburg ergab (Königin Maria hatte ihren Hof schon im Sommer nach Znaim verlegt), leistete das durch den Donaustrom geschützte Preßburg der Aufforderung zur Kapitulation keine Folge. Die Befehlshaber der Burgbesatzung, János Szalay (der Nachfolger János Bornemiszas) und Wolfgang Öder, nahmen die flußaufwärts rudernde türkische Flotte erfolgreich unter Artilleriefeuer und versenkten mehrere, mit schweren Geschützen beladene Schiffe. Dagegen fiel Hainburg den Osmanen ohne Gegenwehr in die Hände: die 600 Fußknechte der Garnison ergriffen die Flucht, setzten über die Donau und marschierten nach Korneuburg, wo sie sich zu so schweren Ausschreitungen hinreißen ließen, daß sie entwaffnet werden mußten. Diplomatisch zog sich Bruck an der Leitha aus der Schlinge: Man

wolle sich dem Sultan unterwerfen, sobald er Wien erobert habe. Trautmannsdorf folgte diesem Beispiel – beide Orte blieben unversehrt.

Mühselig bahnten sich die Türken ihren Weg durch die von zahlreichen
Wasseradern durchzogenen und in diesem Jahr besonders versumpften Gebiete,
die leichtgebauten Brücken brachen ein, Geschütze blieben stecken oder versan-
ken im Morast, die Marschsäule zog sich in die Länge.

In Wien wurden inzwischen letzte Vorbereitungen getroffen, nachdem der
Kriegsrat am 20. September den Entschluß gefaßt hatte, die Stadt bis zum
Eintreffen des von Erzherzog Ferdinand angekündigten Entsatzheeres zu vertei-
digen. Das Gros der Reichstruppen unter ihrem Obersten Feldhauptmann Pfalz-
graf Friedrich bei Rhein war allerdings bei Krems stehengeblieben. Nur Teile
dieser Einheiten (14 Fähnlein), die unter dem Befehl des tatkräftigen Pfalzgrafen
Philipp standen, eines Neffen des Obersten Feldhauptmanns, trafen bis zum
Abend des 15. September in Wien ein. Philipp nahm auf eigenen Wunsch an der
Verteidigung der Stadt teil und stellte sich an die Seite des Kommandanten
Niklas Graf Salm. Als die Stoßrichtung des osmanischen Heeres nicht mehr zu
bezweifeln war, hatte Salm die in Ungarn stehenden Truppen nach Wien berufen
und somit zusätzlich zu den von Ferdinand aufgestellten Truppen auch kampfer-
probte Einheiten zur Verfügung, außerdem etwa 700 spanische Hakenbüchsen-
schützen unter dem Kommando ihres *Maister de Campo* Loys de Avalos.

Ein Großteil der Stadtbevölkerung hatte in panischer Angst donauaufwärts
die Flucht ergriffen, von etwa 3500 wehrfähigen Männern waren kaum 400
zurückgeblieben, unter ihnen der Bürgermeister Wolfgang Treu, einige Stadträte
und der Stadtrichter. *Die weyber un kind sind den merern teyl in der türcken hand
kumen*, schrieb ein Augenzeuge, *und so tyrannisch un erbermlich mit jnen gehandelt worden das nit wol außzusprechen und zu beschreiben ist.*

Inzwischen vollzog sich der Aufmarsch des Belagerungsheeres zu Land und
auf der Donau ziemlich ungestört von den Truppen der Reichshilfe und den
Aufgeboten der böhmischen Krone. Nach den Akindschi und Sipahi traf am 25.
September die Hauptmacht des türkischen Heeres vor Wien ein, am nächsten
Tag bezog Sultan Süleyman seine prächtige Zeltburg bei Kaiserebersdorf (dem
Gelände des später von Maximilian II. errichteten „Neugebäudes"). Wien war
von einem Lagerbogen (mit der Donau als Sehne) eingeschlossen. Als es den
Matrosen der türkischen Donauflotte auch noch gelang, die Donaubrücken
samt ihren Bollwerken durch Brand zu zerstören, war jede Verbindung zum
linken Donauufer und damit die Möglichkeit einer Unterstützung auf dem
Landweg abgeschnitten. Fieberhaft wurden die Verteidigungsanlagen, vor allem
an der besonders bedrohten, für den Angriff günstigsten Südostfront, weiterhin
verstärkt, die Geschütze auf den Dachböden abgedeckter Häuser oder auf Holz-

plattformen an der Mauerinnenseite in Stellung gebracht, die Stadt in sechs Verteidigungsabschnitte (Quartiere) geteilt.

Die Hauptmacht der Türken lagerte zwischen der Donau und dem Gebiet östlich des Wienflusses. Trotz des weithin sumpfigen Geländes erschien der Abschnitt beiderseits des Kärntnerturmes bis zur Burg für die direkten Angriffe der Belagerer am erfolgversprechendsten. Die Ruinen der Kärntnervorstadt wurden zur Ausgangsstellung bestimmt, die zerstörten Brücken und Stege über die Wien durch behelfsmäßige Übergänge ersetzt, zu beiden Seiten der Spittelmühle beim Neuen Turm und am St. Koloman-Freithof mit dem Bau der Artilleriestellungen begonnen. Die beiden einzigen schweren Geschütze, die man bis vor Wien hatte transportieren können (die anderen waren liegengeblieben), beschossen vor allem den Kärntnerturm, der von nun an zum Angelpunkt für Verteidiger und Angreifer wurde. Die übrige (kleinkalibrige) türkische Belagerungsartillerie beschränkte sich auf ein Störfeuer gegen die Schützen auf der Mauerkrone.

Schon am 27. und 28. September gelangen den Verteidigern im Zuge zweier Ausfälle Überraschungserfolge gegen die schanzenden Janitscharen, und die türkische Heeresleitung mußte erkennen, daß der „Goldene Apfel" keineswegs im Handstreich zu nehmen war. Im Diwan vom 1. Oktober wurden daher die Befehle zum Minenkrieg erteilt. Als man davon in der Stadt durch einen Überläufer Kenntnis erhielt, traf man alle Vorbereitungen für das Gegenminieren, wobei sich eine Reihe von Tiroler Bergknappen durch das Graben von Gegenstollen, Gegensprengungen und das Ausräumen bereits gefüllter Sprengkammern als besonders umsichtig und mutig erwies.

Die Tage vom 2. bis zum 8. Oktober waren auf seiten der Verteidiger durch hektische Aktivität (zahlreiche verlustreiche Ausfälle) und auf Seiten der Belagerer durch die systematische Vorbereitung zum Sturmangriff gekennzeichnet. Die Türken wollten einen raschen Fall Wiens erzwingen, denn die weit fortgeschrittene Jahreszeit, das Nachlassen der Disziplin und die Befürchtung eines baldigen Entsatzversuches stellten sie unter Zeitdruck. Am 9. Oktober erfolgte der erste Sturm, nachdem die Minen zwei Breschen in die Mauer gerissen hatten. Zum Glück waren sie schmal, die Verteidiger wehrten den Angriff unter der persönlichen Führung des Grafen Salm erfolgreich ab. Salm wurde allerdings dabei am Schenkel verwundet und konnte fortan nur noch an den Beratungen teilnehmen. Am 11. Oktober erfolgte der zweite Sturm, der trotz dreimaligen Anrennens der Belagerer mit hohen Verlusten für die Türken abgewiesen werden konnte, ebenso wie der dritte Sturm am folgenden Tag. Trotzdem verschlechterte sich die Lage der Eingeschlossenen zusehends, denn die Breschen wurden immer breiter, und die abgekämpfte, durch Verluste immer schwächer werdende Besatzung konnte sie kaum mehr füllen. Nur durch eine Hilfe von außen war eine Änderung der Lage zu erhoffen, doch alle Botschaften an den Pfalzgrafen nach Krems blieben erfolglos. Auf die Nachricht, daß alle Übergänge über die Donau ungangbar wären, hatte er seinen Marsch gegen Wien entlang des linken Donauufers angehalten und war wieder nach Krems zurückgekehrt. Seine einzige „Tat" war die Installierung eines Beobachtungspostens auf dem Bisamberg, dessen Feuerzeichen bei den Eingeschlossenen die trügerische Hoffnung nährten, das Entsatzheer sei bereits nahe.

Nicht nur die Verteidiger waren erschöpft. Auch im Heer der Belagerer machten sich Mangelerscheinungen bemerkbar, außerdem war nach den drei Sturmangriffen den Kriegsgepflogenheiten der Osmanen Genüge getan. Allahs unerforschlicher Ratschluß hatte eben die Eroberung der Festung nicht vorherbestimmt. Trotzdem beschloß man einen allerletzten Sturm für den 14. Oktober. Bei Tagesanbruch formierten sich drei mächtige Kolonnen zum Angriff auf die notdürftig geschlossenen Breschen beiderseits des Kärntnerturmes, doch die Verteidiger konnten einen Einbruch verhindern. Der Schwung war den Türken allerdings verlorengegangen, und die Offiziere konnten die Mannschaften nur mehr mit Gewalt zum Angriff treiben. Trotzdem setzten sie am frühen Nachmittag, gleichzeitig mit den letzten Minensprengungen, zum Sturm an, doch die anrennenden Janitscharen und Sipahi scheiterten an der Standhaftigkeit der Knechte und abgesessenen Panzerreiter. Kurz nach drei endeten die Kämpfe, und am Abend mußte der Großwesir Ibrahim im Diwan das Scheitern der Belagerung bekennen. Die Beendigung des Feldzuges und der Rückzug wurden beschlossen, rund 2000 Gefangene (vor allem ältere Leute und Kinder) niedergemacht oder ins Feuer geworfen, die übrigen in die Sklaverei verschleppt. Als man am folgenden Tag in der Stadt wahrnahm, daß das türkische Heer Vorbereitungen für den Abmarsch traf, donnerten Freudensalven aus allen Geschützen, im Stephansdom fand ein feierlicher Dankgottesdienst statt und alle Kirchenglocken läuteten. Mut, Beharrlichkeit und beispielhafte Ausdauer aller Verteidiger hatten den Griff des „Selbstherrschers beider Landfesten, Asiens und Europas" nach dem „Goldenen Apfel" vereitelt.

Zum letzten Mal hielt Süleyman Diwan vor Wien: Trotz des Mißerfolgs beschenkte er den Großwesir, die Begs und Paschahs mit kostbaren Waffen, Ehrenkleidern und Geld. Die Janitscharen erhielten ihren versprochenen Sturmsold. Dann traten sie den Rückmarsch an, einen Marsch durch verwüstetes Land, auf morastigen und überschwemmten Straßen. Ein verfrühter Wintereinbruch brachte zusätzliche Erschwernisse durch Schneefall und bittere Kälte.

Nicht nur die Mühsal des Rückzuges quälte die türkische Armee, auch die unerbittlich bohrende Frage, warum Allah über das glänzende und sieggewohnte

Heer Süleymans diese furchtbare Niederlage verhängt hatte. Für den frommen Muslim konnte es nur eine Antwort geben: Die Kämpfer hatten sich des fast schon erstrittenen Sieges als unwürdig erwiesen. Schon war man bis fast in die Mitte der Stadt vorgedrungen, berichtet die türkische Legende, von den Mauern ertönte bereits der islamische Gebetsruf der Muezzins. Da begannen die Krieger zu plündern und unsägliche Schätze an sich zu raffen. Dadurch vermochten die Giauren (Ungläubigen) sich zu sammeln und den Sturm abzuwehren. Von den Seinen im Stich gelassen, erlag der alte Haudegen Dayi Cerkes der Übermacht, nachdem er unter den Feinden ein schreckliches Blutbad angerichtet hatte. König Ferdinand ließ den Helden und sein Pferd mumifizieren und als Denkmal unter dem Mauerbogen eines Hauses aufstellen. Und dort sitzt der Sehid (Blutzeuge) Dayi Cerkes noch heute auf seinem Roß, in voller Rüstung und mit allen seinen Waffen. Soweit die türkische Überlieferung. Die Legende meint den mit einer bekannten Wiener Türkensage verbundenen „Heidenschuß" und das Hauszeichen des gleichnamigen Hauses, das einen bogenschießenden, später als Türken gedeuteten Reiter darstellt. Das Hauszeichen befindet sich heute am ehemaligen Palais Montenuovo (in der Strauchgasse unweit der Freyung im 1. Bezirk) und wurde Mitte des 19. Jahrhunderts wahrscheinlich einer alten Plastik nachgebildet.

Am 20. Oktober traf endlich auch Pfalzgraf Friedrich bei Rhein in Wien ein, wo man ihm einen äußerst kühlen Empfang bereitete. Sein Neffe Philipp übergab ihm das Kommando, und Friedrich befahl nach einer am frühen Morgen des 21. Oktober erfolgten Beratung mit dem Wiener Kriegsrat, das Kriegsvolk zu mustern und zu bezahlen. Die Knechte forderten durch ihre Sprecher den fünffachen Monatssold, der sich aus dem zweimonatigen Rückstand der Zahlungen und einem dreifachen Sturmsold zusammensetzte, sowie Befreiung vom Proviantgeld (ein Söldner mußte von seinem Sold gewöhnlich Ausrüstung, Bewaffnung und Verpflegung bestreiten). Der Pfalzgraf bot dagegen nur den einfachen Sturmsold und den Nachlaß des Proviantgeldes, was unter den Reichstruppen einen Aufruhr hervorrief, der auch auf die anderen Söldner übergriff. Schließlich hatten *sie* Wien und das Abendland vor den Türken gerettet, während das Gros der „eilenden Türkenhilfe" des Reiches untätig bei Krems stehengeblieben war. Die Truppen meuterten und die Gefahr eines *Sacco di Vienna* (ähnlich dem, den die führerlosen Landsknechte der Italienarmee im Mai 1527 in Rom angerichtet hatten) stand drohend im Raum. Schließlich einigte man sich auf einen Vergleich, und die *verordnet kriegßcommissary und ratte* konnten König Ferdinand am 8. November in Krems berichten, daß die Krise bewältigt war.

Da Pfalzgraf Friedrich sich eidlich verpflichtet hatte, die Reichstruppen allein zur Abwehr der Türken einzusetzen und dies nur innerhalb eines Zeitraumes von zwölf Wochen, verweigerte er nicht nur jede weitere Aktion gegen die durch Ungarn abziehenden Türken, sondern selbst die Beistellung von Besatzungen zur Sicherung von Burgen und Grenzstädten. Ein einziges Fähnlein Augsburger Knechte wurde bis zur Ablösung durch königliche Truppen in der Grenzstadt Hainburg belassen. Es war das Verdienst des Grafen Niklas Salm und des Freiherrn Wolfgang zu Roggendorf, daß wenigstens königliche Truppen die Verfolgung des Feindes aufnahmen. So gelang es Ödenburg, Ungarisch-Altenburg und Bruck an der Leitha zu besetzen, die Augsburger in Hainburg wurden abgelöst, und drei Fähnlein Tiroler Knechte, die erst nach Abzug der Türken in Wien eingetroffen waren, zur Verstärkung der Burgbesatzung nach Preßburg weitergeleitet. Die leichten Reiter unter Pavle Bakić und Hans Katzianer rückten in Oberungarn ein und vertrieben die Truppen János Zápolyas aus Thyrnau und Trentschin. Graf Salm übernahm selbst das Kommando einer Expedition donauabwärts und besetzte Raab, Komorn und Martinsberg. Anschließend wurden in Preßburg die Winterquartiere bezogen. Salms Befinden schien sich auf diesem Zug wieder verschlechtert zu haben (er laborierte nach wie vor an seiner während der Belagerung erlittenen Verwundung), so daß er am 24. März 1530 um seine Enthebung vom Kommando ersuchte. König Ferdinand entsprach dem Ansuchen am 16. April von Prag aus, mit der Bitte, Salm möge bis zum Eintreffen der Kriegskommissäre im Amt bleiben. Doch der Tod war schneller: Am 4. Mai starb Niklas Graf Salm-Neuburg auf seinem Gut Salmhof bei Marchegg, 71 Jahre alt, ein habsburgischer Paladin, der in die Legende eingegangen ist.

1459 zu Obersalm in den Ardennen geboren, also ein „Burgunder", kämpfte Salm unter der Fahne des gleichaltrigen Maximilian in den Niederlanden, später unter dem Tiroler Söldnerführer Georg von Frundsberg in Italien. Kurzfristig in Ungnade gefallen, wurde er ab 1514 im Küstenland gegen die Venezianer eingesetzt und 1522 zum Obersten Feldhauptmann ernannt. In der Schlacht von Pavia (1525) stand er in persönlichem Gefecht gegen Franz I. von Frankreich, später gegen die aufrührerischen Bauern in der Obersteiermark und ab 1526 in Ungarn, wo er die Truppen Zápolyas zersprengte und die Krönung Ferdinands in Stuhlweißenburg ermöglichte. Wie schon erwähnt, lehnte er den Oberbefehl bei Mohács ab, wohl in der klugen Einsicht, daß die Schlacht unter den gegebenen Umständen nicht zu gewinnen war. Salm war gewiß kein Märtyrer, zu dem ihn romantische Hagiographen in späterer Zeit machen wollten, sondern ein fähiger Kriegsmann und ein treuer Diener seiner Herren. Als solchen ehrten ihn auch Karl V. und sein Bruder Ferdinand und ließen ihm in der

Wiener Dorotheerkirche ein prachtvolles Grabmal errichten. Als die Kirche 1790 abgebrochen wurde, kam das Grabmal auf die Salmsche Herrschaft Raitz bei Brünn, kehrte aber später wieder nach Wien zurück, wo es heute in der Votivkirche aufgestellt ist.[91]

IX. FÜNF FRAGEN AN MARTIN LUTHER

Schon zu Beginn des Sommers von 1529 wollten die Geschwister Ferdinand und Maria zusammenkommen, um wichtige Dinge persönlich zu besprechen, Ferdinand die immer noch nicht *ad acta* gelegten Heiratspläne, ihre finanzielle Lage und die ihrer gefährdeten Besitzungen in Ungarn. Aber die Vorbereitungen zur Türkenabwehr ließen Ferdinand keine Zeit. Mitte September kam Maria zu Ferdinand nach Linz, doch als die Nachricht eintraf, daß die Türken den Belagerungsring um Wien geschlossen hatten, übersiedelten Maria, Anna und die Kinder Elisabeth, Maximilian, Anna und Ferdinand, der am 14. Juni in Linz zur Welt gekommen war, nach Passau. Es war geplant, daß Anna mit den Kindern von hier nach Innsbruck, Maria aber nach Böhmen auf eines ihrer oder Ferdinands Schlösser gehen sollte, da das Leben in Innsbruck besonders teuer war. Der Abzug der Türken machte eine Reise der Königinnen in sichere Gebiete zur allgemeinen Erleichterung unnötig, und sie kehrten nach Linz zurück, wo sie mit Ferdinand zusammentrafen, der nach einem Besuch bei den Reichstruppen in Krems zum böhmischen Landtag nach Budweis und Prag reiste. Auf dem für Januar 1530 einberufenen Landtag der oberösterreichischen Stände in Linz sollten ihn Maria und Anna vertreten, doch Anna folgte Ferdinand nach Prag und Maria mußte die Verhandlungen allein führen.

Sie gestalteten sich schwierig, denn es ging um weitere Türkenhilfe, und die Stände wollten nur gemeinsam mit den Ständen der übrigen Länder Ferdinands darüber verhandeln, um nicht mehr zu bewilligen als die anderen. Der Landtagsbeschluß, den Maria Anfang Februar dem Bruder übersandte, fiel nicht sehr günstig aus.

Zahlreiche Briefe gingen in dieser Zeit zwischen den Geschwistern hin und her, und Maria sparte nicht mit Ratschlägen, die sie gerne „närrisch" nannte, *sott conseil* und *sott avis*, obwohl sie dies keineswegs waren. Sie beschuldigte sich selbst, sich in Dinge zu mischen, die sie nichts angingen, *affin que face comme fames, quy ce mellent de biaucop de choses qu`il ne leur est commandé*, doch die Überzeugung wuchs in ihr, daß sie dem Bruder auf anderem Feld und in größeren Dingen weit nützlicher sein könne, wenn Gott es so wolle, *pleut à dieu, monseigneur, que en plus grande chose vous puise faire service, car de tout mon pooir,* *comme me sens tenue, m'y vodroie emploier.* Maria fühlte ihre Lebensgeister zurückkehren und ein neuer Ton machte sich in ihren Briefen bemerkbar. Zwischen politischen Erörterungen und wiederholten Bitten um finanzielle Hilfe fand sie auch Zeit für kurze, humorvolle Kommentare, spottete über ihre Armut und über ihre Schwächen und geißelte die Feinde des Hauses Habsburg mit beißender Ironie. Sie zeigte sich nicht länger als die vom Schicksal geschlagene Frau, die vom Leben nichts mehr erwartete, sondern schien neue Hoffnung und Lebensfreude gewonnen zu haben. Zum ersten Mal tönte aus ihren Briefen das „sarkastische Gelächter", das ihre Freunde schätzten und ihre Feinde als gefährliche Waffe kennenlernen sollten.[92]

Noch vor der erfolgreichen Abwehr der Türken vor Wien konnte das Haus Habsburg auch einen großen diplomatischen Erfolg buchen, den Frieden von Cambrai, *la paix des dames,* verhandelt von Margarete von Österreich und Louise von Savoyen, der Mutter Franz' I. von Frankreich. Auf beiden Seiten mußte ein Traum begraben werden: Der Traum des Kaisers, sein Stammland Burgund wiederzugewinnen, und der Traum des französischen Königs, auf den Spuren seiner Vorgänger in Italien Fuß zu fassen. Es war Margarete gelungen, für ihren Neffen einen höchst vorteilhaften Frieden abzuschließen, im Zuge dessen die Söhne von Franz I., die in Spanien als Geiseln gehalten wurden, nach Hause zurückkehren und des Kaisers älteste Schwester Eleonore Franz von Frankreich heiraten sollte (dem sie *per procuram* bereits seit drei Jahren angetraut war). Nun konnte Karl V. auch die lang geplante und immer wieder verschobene Reise nach Italien antreten, um mit Papst Clemens VII. zusammenzutreffen.

Die beiden Häupter der Christenheit, kurz davor noch verfeindet, residierten ab Dezember 1529 in friedlicher Eintracht im Palazzo Comunale zu Bologna und trafen einander zu vertraulichen Gesprächen. Für den 24. Februar, Karls 30. Geburtstag, wurde die Kaiserkrönung angesetzt. Man blieb dafür in Bologna, wahrscheinlich aus verschiedenen Gründen; wegen der Deutschen, die auf Rom schlecht zu sprechen waren, und wegen der Erinnerung an den erst drei Jahre zurückliegenden *Sacco di Roma,* dessen Spuren längst nicht alle beseitigt waren. Am 22. Februar empfing Karl die Eiserne Krone der Lombardei aus den Händen des Papstes, zwei Tage später die Kaiserkrone. Nur ein einziger deutscher Fürst, der junge Pfalzgraf Philipp, der sich um die Verteidigung Wiens so verdient gemacht hatte, war anwesend und trug im Krönungszug den Reichsapfel. Es war die letzte Krönung eines *imperator electus* durch einen Papst.

Von Bologna begab sich der Kaiser ins Reich, machte aber vorerst in Innsbruck Station, um dort mit seinen Geschwistern zusammenzutreffen.

Ungeachtet ihrer prekären finanziellen Situation traf Maria kostspielige Vorbereitungen für ihre Reise nach Innsbruck, um vor ihrem kaiserlichen Bruder standesgemäß auftreten zu können. Ferdinand sandte Seidenstoffe aus Böhmen, doch die Linzer Kaufleute zeigten sich nur bereit, weitere kostbare Materialien zur Verfügung zu stellen, wenn Ferdinand schriftlich für seine Schwester bürgte. Gemeinsam mit Ferdinand und Anna, die aus Prag nach Linz gekommen waren, brach Maria schließlich Ende Mai nach Innsbruck auf, wo sie am 4. Juni eintrafen.

Als Maria im Jahr 1514 Mecheln verlassen hatte, um nach Wien zu reisen, war sie neun, Karl vierzehn Jahre alt gewesen. Nun sahen sie einander nach sechzehn Jahren zum erstenmal wieder. Die Wiedersehensfreude mag groß gewesen sein, und trotz der anliegenden großen Probleme, die zu beraten waren, werden die Geschwister auch Zeit zu persönlichen Gesprächen gefunden haben. Karl wird Ferdinand und Maria von seiner glücklichen Verbindung mit Isabella von Portugal berichtet haben, die ihm bereits einen Sohn (Philipp) und eine Tochter (Maria) geschenkt hatte, aber auch von der erschütternden Begegnung mit ihrer Mutter Juana, nach wie vor rechtmäßige Königin von Kastilien, im Schloß von Tordesillas. Anläßlich seiner ersten Spanienreise (1517) hatte er sie noch vor den offiziellen Huldigungen zusammen mit seiner Schwester Eleonore aufgesucht. Als er den Versuch machte, die jüngste Schwester Katharina (damals elf Jahre alt) der düsteren und bedrückenden Atmosphäre zu entziehen, wehrte sich Juana so energisch gegen eine Trennung, daß er seine Absicht aufgab. Katharina blieb bis zu ihrer Vermählung mit João III. von Portugal bei ihrer Mutter. Karl wiederholte seine Besuche und brachte seiner Mutter stets die gleiche Ehrerbietung entgegen. Für eine Regierung des Landes kam sie nicht in Betracht, auch wenn man annehmen will, daß sie *nicht* geisteskrank war. Wer tatsächlich der Meinung ist (wie manche feministisch orientierte Autorinnen), eine seit Jahren internierte, mit Regierungsgeschäften niemals befaßte, geistig zumindest äußerst *labile* Frau wäre imstande gewesen, die spanischen Reiche tatsächlich zu „regieren", entfernt sich vom Boden der Tatsachen.

Die Wiedersehensfreude der Geschwister wurde durch einen traurigen Verlust getrübt: Am 5. Juni starb in Innsbruck Karls Großkanzler, der Piemontese Mercurino di Gattinara, eine Entdeckung seiner Tante Margarete aus ihrer Zeit als Herzogin von Savoyen. Er hatte sein Leben und seine Arbeitskraft der *Casa de Austria* gewidmet, zuerst im Dienst Margaretes, dann im Dienst des Königs von Spanien und Römischen Kaisers. Er hatte die Erfüllung seines Lebensziels noch erleben dürfen: die Befriedung Italiens und die Krönung Karls durch den Papst. Gattinara ließ Karl noch vereinsamter zurück, als er es bisher schon gewesen war, trotz des Stabes von Ratgebern und Diplomaten, der ihn umgab. Keiner von ihnen vermochte je wieder eine so einflußreiche Stellung einzunehmen, wie sie der Seigneur de Chièvres, Adrian von Utrecht oder Gattinara innegehabt hatten. Der Tod des Großkanzlers bedeutete für seine innere Entwicklung den Abschluß, fortan traf er seine Entscheidungen allein. Er wurde sein eigener Großkanzler, unterstützt von dem Staatssekretär Francisco de los Cobos und dem Diplomaten und Staatsmann Nicholas Perrenot de Granvelle, einem Burgunder aus der Freigrafschaft (*Franche Comté*), ebenfalls eine Entdeckung seiner Tante Margarete.

Auch König Christian von Dänemark, der aus seinem Land vertriebene Schwager der kaiserlichen Geschwister, war nach Innsbruck gekommen, um des Kaisers Gnade und Hilfe zur Rückeroberung seiner nordischen Reiche zu gewinnen. Zu diesem Zweck war er sogar bereit, reumütig zur römischen Kirche zurückzukehren, was er vor dem päpstlichen Legaten Lorenzo Campeggio in aller Form auch tat.

Die Ehe der zweitältesten Tochter Philipps und Juanas mit dem „Nero des Nordens" war unter keinem glücklichen Stern gestanden. Am 9. August 1515 zog die 14jährige Isabella unter dem Jubel der Bevölkerung in Kopenhagen ein, doch ihr Gemahl, mehr als 20 Jahre älter, zeigte wenig Neigung für sie. Ihn beherrschten zwei Holländerinnen dunkler Herkunft, Duveke Willems sein Herz und seine Sinne und deren Mutter Siegebrit seinen Verstand. Man sagte ihr nach, der wahre erste Minister des Reiches zu sein. Auch ein resoluteres Geschöpf als die zarte und schüchterne Isabella (ganz anders geartet als ihre Schwester Maria) hätte wahrscheinlich in einer solchen Konstellation keine Chance gehabt. Als Kunde von der erniedrigenden Situation seiner Enkelin an das Ohr Kaiser Maximilians drang, sandte er einen Sondergesandten an Christian, der sich eine veritable kaiserliche Strafpredigt anhören mußte. Isabellas Lage besserte sich aber daraufhin keineswegs. Nicht einmal Duvekes Tod brachte Erleichterung, denn Siegebrit erweiterte nun ihren Einflußbereich und übernahm die Erziehung von Isabellas Sohn Johan. Als die Skandinavier wenige Jahre später gegen das Regiment Christians revoltierten (im „Stockholmer Blutbad" von 1520 hatte er 600 seiner Gegner enthaupten lassen) und der dänische Adel ihn absetzte, stand in der Absetzungserklärung der Adelsversammlung, daß in erster Linie seine Lieblosigkeit und Untreue gegenüber der so noblen und tugendhaften Königin sie zu ihrem Schritt bewogen hätten, die sie nach wie vor als ihre legitime Souveränin betrachteten. Hätte Isabella Intelligenz und Energie wie ihre Tante oder ihre Schwester Maria besessen, sie hätte im Namen ihrer Kinder die Regentschaft übernehmen können. Doch die einsamen und demütigenden Jahre hatten ihre ohnedies schwachen Kräfte verbraucht, und sie sah sich zu nicht mehr imstande, als mit ihrem Gemahl, dem sie trotz allem in Liebe ergeben war, der unvermeidlichen Siegebrit und den Kindern Johan, Dorothea und Christine ins Exil zu gehen, zurück in die Niederlande. Margarete installierte den kleinen

„Hof von Dänemark" in Lier, doch während Christian auf ständiger Suche nach Bundesgenossen zur Rückeroberung seines Thrones unterwegs war, welkte Isabella dahin und starb bereits 1526 im Alter von 25 Jahren. Nach ihrem Tod machten Gerüchte die Runde, daß auch sie sich, wie ihr Gemahl, dem neuen Glauben der lutherischen Herätiker zugewandt habe. Was sollte nun mit den Kindern geschehen? Würden auch sie dem alten Glauben untreu werden, ihrem brutalen und unberechenbaren Vater sogar als Geiseln dienen? Nach endlosen Verhandlungen, denen sich Christian wiederholt durch Flucht zu entziehen suchte, gelang es Margarete, ihm seine Kinder im buchstäblichen Sinn abzukaufen. Sie zahlte seine Schulden und setzte ihm eine jährliche Pension aus, was ihr zu dem Recht verhalf, die Kinder an ihrem Hof erziehen zu lassen, die zweite Generation elternloser Waisen, denen sie ihre mütterliche Fürsorge widmete. Im „Vertrag von Lier" verpflichtete sich Christian einige Jahre später, stets dem Willen des Kaisers, König Ferdinands und Margaretes zu folgen und bei dem katholischen Glauben zu „verbleiben", mitsamt seinen Reichen, wenn er darin mit kaiserlicher Hilfe wieder eingesetzt sei. Weiters versprach er, ein treuer Bundesgenosse zu sein, besonders gegen die Türken, und den Untertanen des Kaisers im ganzen Norden Handelsfreiheit zu gewähren. Er war nun zu allem bereit, um seinen Endzweck zu erreichen, nachdem ihm Karl schon 1519 den Beistand zu einem „Rachefeldzug" gegen Schweden (auf den Rat Margaretes) abgeschlagen hatte. Ein nordischer Krieg hätte für die Niederlande und ihre Handelsbeziehungen eine Katastrophe bedeutet. Hier setzte sich die Regentin der Niederlande gegenüber dynastischen Erwägungen durch.

Nicht nur der Dänenkönig demütigte sich vor Karl V., auch Heinrich VIII. von England. Um seine Ehescheidung von Katharina von Aragón durchzubringen und Anne Boleyn heiraten zu können, setzte er alles in Bewegung, um durch theologische und juristische Gutachten seinem Vorhaben den Anschein von Rechtmäßigkeit zu verleihen. Vor allem an der Zustimmung des Kaisers war ihm gelegen, weil er wußte, daß von ihr das Verhalten des Papstes abhing. Um Weihnachten 1529 ließ er den kaiserlichen Gesandten Eustache Chapuys wissen, daß er dem Kaiser ganz England (!) übereignen wolle, wenn er ihm helfe. Acht Jahre zuvor hatte er noch von Papst Leo X. den Ehrentitel *Fidei defensor* erhalten, Verteidiger des Glaubens, für seine Schrift gegen Luther (*Assertio Septem Sacramentorum* – „Verteidigung der sieben Sakramente"), einer kämpferischen Streitschrift im grobianischen Stil der Zeit. „Der gefräßigste Wolf der Hölle hat Luther überrumpelt", hieß es da, „verschlungen und hinuntergeschluckt bis in die tiefsten Tiefen seines Bauches, wo er jetzt halb tot und halb lebendig liegt. Und während der fromme Hirte nach ihm ruft, rülpst er aus dem dreckigen Maul des Höllenwolfs diese unflätigen Beschimpfungen." Luther zahlte in seiner Schrift *Contra Henricum Regem Angliae* mit gleicher Münze zurück, nannte den König einen „erbärmlichen Schreiberling, der eine Menge Papier bekleckert" und spottete über „König Heinz oder Kunz, von Gottes Ungnaden König von England". In Heinrichs Schrift ist die bemerkenswerteste Passage zweifellos die folgende: „Was Gott zusammengefügt hat, das soll der Mensch nicht scheiden. Welch vortrefflicher Satz! Kein anderer hätte ihn aussprechen können als das fleischgewordene Wort!" Natürlich schrieb Heinrich diese Zeilen, *bevor* er zu tief in Anne Boleyns Augen geblickt hatte. Die ganze Schrift, in der er sich so vehement für den Papst einsetzte, war ihm später äußerst peinlich, und er beschuldigte Kardinal Wolsey, ihn dazu angestiftet zu haben.

Mit seinem „Angebot" hatte der englische König bei Karl V. jedenfalls kein Glück. Der Kaiser empfand Heinrichs Vorgehen gegen Katharina als Beleidigung für die ganze Familie und schrieb seiner Gemahlin Isabella nach Spanien, sie möge ihrerseits zum Schutz ihrer Tante alle Theologen und Juristen, Einzelgelehrte und Universitäten aufbieten – und das „mit aller Sorgfalt und Rührigkeit". Wir wissen, wie die Sache ausging: Heinrich trennte sich von der römischen Kirche, verstieß Katharina und heiratete Anne Boleyn. Drei Jahre später verlor sie wegen angeblicher Untreue ihr Leben auf dem Schafott. Ihre Tochter Elizabeth, Nachfolgerin Heinrichs nach ihren Halbgeschwistern Edward und Mary, machte England endgültig protestantisch und wurde zur großen Gegnerin von Karls Sohn Philipp II. Den päpstlichen Ehrentitel *Defensor fidei* tragen die englischen Herrscher bis heute.[93]

Hauptthema für Karl und Ferdinand in den Innsbrucker Tagen waren aber keineswegs die Probleme Heinrichs und Christians, sondern der für Juni ausgeschriebene Reichstag zu Augsburg, für den Karl sich vorgenommen hatte, „alle Meinungen zu einer einigen christlichen Wahrheit zu vergleichen und alles, so zu beiden Teilen nicht recht ausgelegt oder gehandelt ist, abzutun". Der Kampf gegen Frankreich, die Konsolidierung Italiens, die Auseinandersetzung mit dem Papst hatten ihn so sehr in Anspruch genommen, daß er sich um die Vorgänge im Reich, dem er überdies fast acht Jahre ferngeblieben war, nicht kümmern konnte. Nun mußte er erkennen, daß die Entwicklung in Deutschland längst ihren eigenen Gesetzen folgte. Das Edikt gegen Luthers Lehre, das er 1521 in Worms erlassen hatte, war nicht eingehalten worden, die Reformationsbewegungen hatten sich verstärkt, die Bauernkriege, die schwärmerischen und gewalttätigen Bewegungen der Wiedertäufer und Bilderstürmer und nicht zuletzt die zunehmende Selbständigkeit der deutschen Landesfürsten widersprachen der mittelalterlichen Vorstellung einer sakralen kaiserlichen Ordnung und stellten die Rolle des Kaisers als Schutzherr der Kirche in Frage. Trotzdem hatte Karl die Hoffnung, die Kircheneinheit zu erhalten oder wiederherzustellen, noch nicht aufgegeben. Am 6. Juni reiste er mit Ferdinand nach Augsburg ab, die beiden Königinnen blieben vorerst in Innsbruck.

Naturgemäß hatten die Brüder wenig oder gar keine Zeit gehabt, sich um Marias Finanzprobleme zu kümmern, und Maria drängte Ferdinand brieflich, sie endlich aus ihrem „Fegefeuer" zu befreien, d. h. von der Last ihrer Schulden und den Forderungen der sie bedrängenden Gläubiger. Ende Juni erging Nachricht an Anna und Maria, Innsbruck zu verlassen und nach Augsburg zu kommen. Sie reisten gemeinsam, und Maria nahm zuerst in der Wellenburg Quartier, einem Landschloß der Fugger, dann in der Augsburger Dompropstei.

„Du wirst nicht leicht ein anderes Gemeinwesen finden, das sie übertrifft, Du magst den Glanz der Stadt, den Reichtum des Volkes und des Klerus oder die Form des Staatswesens betrachten", schrieb Enea Silvio de Piccolomini 1458 über die Stadt am Lech, deren „Bürgermeister" sich Kaiser Maximilian im Scherz gern genannt hatte. „Zu Augspurg endet sich das Schwabenland, darinn sie noch ligen thut", schrieb Matthäus Merian in seiner *Topographia Sueviae*, etwa zweihundert Jahre später. „Hat eine freye heilsame Lufft und ist der Boden herumb gar eben und fruchtbar an allerhand Früchten, jedoch ohne Weinwachs. Hat umb und umb eine weitschweifige Weyd, ein feyst lettticht Erdreich, lustige Felder, zum Gevögel und anderem Wildpret bequem, mit den schönsten Försten umbgeben, mit lustigen fliessenden Bächen von lauteren und klaren Brunnenwassern begossen, mit den schönesten Gärten und Lußthäusern darinnen gezieret. Diese der Licatier Vindelicier Haupt-Statt haben die Römer eingenommen und hier ein Coloniam geführet. Und bekame sie vom Kayser Augusto den Namen Augustae."

Von den Prachtbauten, die noch heute Augsburgs Stolz ausmachen (Rathaus, Zeughaus, Schaezler-Palais und die drei berühmten Brunnen) stand um 1530 noch kein einziger. Das Stadtbild beherrschte der Dom St. Maria, errichtet an der Stelle der ersten Römersiedlung (*Augusta Vindelicum*) und des ersten Dombaus unter Bischof Ulrich dem Heiligen, zuerst als romanische Pfeilerbasilika mit flankierenden Seitentürmen, später gotisiert und mit einem gotischen Hallenchor versehen. Die Kirche St. Ulrich und Afra, heute Gegenpol zum Dom am anderen Ende der Altstadt, lag damals noch außerhalb der Stadtmauer. Die spätgotische Neugestaltung war 1467 begonnen (Kaiser Maximilian legte 1500 den Grundstein zum Chor) und erst 1526 beendet worden, während die Familie Fugger ihre Grabkapelle in der St. Annakirche (1509 von Jakob und Ulrich Fugger gestiftet) bereits im modernen Renaissance-Stil errichten ließ. Jakob Fugger stiftete auch die „Fuggerei", die erste soziale Wohnsiedlung, „darinnen allein haußarme Leut, so das Almosen nit nehmen, jährlich einer umb ein Gülden unterhalten werden". Die rechtwinkelig angelegte Siedlung von 53

Häusern mit 106 Wohnungen besteht noch heute, die Miete beträgt laut Stiftungsurkunde von 1521 einen rheinischen Gulden pro Jahr, in moderner Währung 1,71 DM (1976).

Anders als in Worms wurde in Augsburg die neue Lehre nicht von einem einzelnen „Ketzer", sondern von einer ganzen Reihe deutscher Fürsten und Städte vertreten. Am 25. Juni legte Philipp Melanchthon dem Kaiser die von ihm redigierte Fassung der *Confessio Augustana* vor, die dogmatische Grundlage des Protestantismus, in der zwar die Absage an den Hierarchismus der römischen Kirche ausgesprochen, zugleich aber betont wurde, daß man die Glaubenseinheit des Abendlandes nicht preisgeben wolle. Noch immer blieb der Kaiser auf einen Ausgleich bedacht und nahm der *Confutatio,* die er am 3. August den Ständen vorlesen ließ, in vielen Punkten die Schärfe, die ihr die altkirchlichen Theologen geben wollten. Zugleich schrieb er an den Papst und schlug ihm noch einmal die Einberufung eines allgemeinen Konzils vor. „Gibt es kein Konzil", äußerte er prophetisch, „so gerät Deutschland in die größte Gefahr. Jetzt haben wir Frieden in der Welt, ohne den das Konzil nicht sein könnte und eher ein Schisma zu befürchten hätte. Sollte es aber wieder zum Kriege kommen, so würde man schlimmstenfalls das Konzil auflösen können. Wir aber, Eure Heiligkeit und ich, hätten das Unsere getan und andere trügen die Schuld ... Es würde gut sein, wenn Eure Heiligkeit inzwischen schleunigst das Eure täten gegen die Mißbräuche, die sich abstellen lassen; das würde angesichts der Lage eine große Hilfe sein." Doch Clemens VII. war kein Hadrian VI., der vor dem Reichstag in Nürnberg (1523) ein Schuldbekenntnis der römischen Kirche hatte ablegen lassen. Er sträubte sich heftig gegen ein Konzil, bei dem er nur Partei, nicht Richter sein würde, und versäumte so die vielleicht letzte Gelegenheit, die Kirchenspaltung zu verhindern.[94]

Da es sich herumgesprochen hatte, daß die Schwester des Kaisers für die Ideen der Reformatoren ein geneigtes Ohr habe, bemühten sich einige von ihnen, Kontakt zu Johannes Henckel, dem Hofprediger Marias, aufzunehmen. Auf der katholischen Seite wurde daraufhin behauptet, sie hätte sich in der Tat bei ihrem Bruder für die Evangelischen verwendet, was der Bischof von Wien, Johannes Fabri, zum Anlaß nahm, in einer Predigt darauf hinzuweisen, daß auch Moses und Aron eine aussätzige Schwester mit dem Namen Maria gehabt hätten. Für diese unverschämte Bemerkung mußte er sich bei der Königin in aller Form entschuldigen. Luthers Freund Johannes Agricola wiederum wollte auf einem Gartenfest in Augsburg gehört haben, daß Maria von ihrem kaiserlichen Bruder auf die Frage, wie er es mit den Lutheranern halten wolle, folgende Antwort erteilt worden sei: „Liebe Schwester, da bin ich ausgezogen ins Heilige Reich, da ist große Klage gekommen über die Leute, die diese Lehre bekennen, daß sie auch ärger sein sollten als die Teufel. Aber der Bischof von Sevilla hat mir den Rat gegeben, ich sollte ja nicht Tyrannei üben, sondern fleißig erkunden, ob die Lehre streitig wäre mit den Artikeln unseres christlichen Glaubens. Dieser Rat gefiel mir. So befinde ich, daß die Leute nicht so teuflisch sind, wie vorgebracht ist, es betrifft auch nicht die 12 Artikel [das Apostolische Glaubensbekenntnis], sondern äußerlich Ding, darum hab ich's auch den Gelehrten übergeben. Wenn aber ihre Lehre streitig ist mit den 12 Artikeln unseres christlichen Glaubens, so habe ich mit der Schärfe des Schwertes dazutun wollen."

Auch Philipp Melanchthon schrieb an Luther, „die Schwester des Autokraten, eine Frau von mutigem Charakter und außerordentlicher Frömmigkeit und Bescheidenheit, bemüht sich, ihren Bruder gegen uns günstig zu stimmen, sie ist aber gezwungen, dies auf sehr vorsichtige und zurückhaltende Weise zu tun (*timide et verecunde*)." Und Adam Weiss notierte in seinem *Diarium*, daß Maria zu wiederholten Malen ernsthaft in Ferdinand drang, seinen Widerstand gegen die Evangelischen aufzugeben. Noch mehr Gerüchte verschiedenster Art machten die Runde, deren Wahrheitsgehalt nicht mehr zu überprüfen ist. Fest steht, daß sich Maria mit religiösen Fragen intensiv beschäftigte und fünf Fragen konzipierte, die Johannes Henckel an Melanchthon übergab, der sie an Luther weiterleitete (*Quaestiones D. Reginae Mariae, 1530 Augustae*, zusammen mit der *Responsio D.M. Lutheri* in der Herzog August Bibliothek, Wolfenbüttel). Sie lauteten wie folgt:

1. Ob es genügt, die Eucharistie nur in der Gestalt des Brotes anzunehmen, und es nicht notwendig sei, aus dem Kelch zu trinken, da der Gebrauch des Kelchs an vielen Orten verboten ist?

2. Ob jemand, der das Sakrament in seiner ganzen Gestalt verlangt, dem aber der Kelch verboten ist, entschuldigt werden kann, wenn er allein das Brot nimmt, oder er einen Ort suchen muß, wo ihm nichts verweigert wird?

3. Ob er geheim in seiner Kammer die ganze Eucharistie empfangen darf, ohne öffentliches Bekenntnis?

4. Ob vor Gott entschuldigt werden kann, wer aus Gehorsam gegen die Obrigkeit nur das Brot empfängt, da doch viele Obrigkeiten Ungehorsam mit Verbannung bestrafen?

5. Ob es für jemand, der kein heftiges Verlangen nach dem ganzen Sakrament kennt, genug ist, nach altem und allgemeinem Gebrauch nur das Brot zu empfangen?

Was hinter Marias Fragen stand, tritt klar zutage: Sie wollte Luthers Zugeständnis, der neuen Lehre *privat* zu folgen, während sie in der Öffentlichkeit auf der Seite der Altkirchlichen verblieb. Einen solchen „Nikodemismus" wollte Luther allerdings nicht dulden, vor allem deshalb, weil er sich Hoffnungen gemacht hatte, in der Schwester des Kaisers eine öffentliche Schirmherrin der Reformation zu gewinnen. In seiner Antwort legte er dar, daß der Empfang der Eucharistie *sub utraque specie* Gottes Auftrag und Befehl entspreche, und der das wisse, der müsse Gott mehr gehorchen als den Menschen. Wem der Kelch verweigert würde, der müsse sich anderswohin begeben, oder, sollte ihm dies unmöglich sein, vom Gebrauch *sub una specie* absehen und im Geiste kommunizieren, durch das Überdenken der Sakramentsworte und der Leidensgeschichte. Es sei ihm ebensowenig erlaubt, das Sakrament im Verborgenen zu empfangen, denn Christus habe es zur öffentlichen Erteilung eingesetzt und zu seinem Gedächtnis. Wenn die Obrigkeit das Trinken aus dem Kelch verbiete, dann sei ihr nicht zu gehorchen, denn es hieße sonst, das Geschöpf über Gott zu stellen. Nicht das Verlangen des Menschen nach dem Sakrament und der Art seiner Erteilung sei ausschlaggebend, sondern allein der Auftrag und das Wort Gottes. Vielleicht hoffte Luther, mit dieser strengen Erwiderung bei Maria einen „Durchbruch" zu erzielen und sie ganz für sich zu gewinnen. In Wirklichkeit erreichte er das Gegenteil. Ebensowenig wie Luther bereit war, in religiösen Dingen einer Trennung von öffentlicher und privater Sphäre zuzustimmen, war Maria bereit, die Loyalität zu ihrem Haus ihren religiösen Neigungen zu opfern. Sie entschied sich nicht für die neue Lehre, sondern für ihre Brüder, die der alten Kirche die Treue bewahrten, auch wenn sie immer wieder versuchte, vermittelnd einzugreifen.[95]

Im Verlauf des Reichstages verschärften sich jedoch die Gegensätze zwischen den Altkirchlichen und denen, die sich auf das Evangelium und ihr Gewissen beriefen, immer mehr. Der Reichstagsabschied, den die Protestierenden nicht annahmen, richtete an die Abtrünnigen eindeutige Drohungen, gab ihnen aber Bedenkzeit bis zum nächsten Frühjahr. Der Kaiser mußte erkennen, daß er mit seiner Absicht, einen Kompromiß mit den Protestanten zu erreichen, gescheitert war. Der so verheißungsvoll angesagte Reichstag endete in schrillen Dissonanzen, doch der Kaiser und die altkirchlichen Fürsten sahen von Gewaltmaßnahmen ab. Die Ketzer auszurotten, schrieb Don Garcia Loaysa, Kardinal und ehemaliger Beichtvater des Kaisers, an Karl V., sei gewiß seine Pflicht, aber die Schwierigkeiten unüberwindlich. Das Konzil wäre ein sicheres Mittel, indessen „Papst und Kardinäle wünschen es zum Teufel". Die Altgläubigen seien kleinmütig, von den Franzosen kein dauernder Friede zu erwarten; auch der König von England würde mit dem Teufel selbst gegen den Kaiser ziehen. „So wage ich es, Eure Majestät zu bitten", faßte er seine Meinung zusammen, „weil das Gewissen dabei beruhigt bleiben kann, Euch wohl oder übel mit diesen Ketzern abzufinden und sie Eurem Bruder in der Art untertan sein zu lassen, wie es die Böhmen sind ... Arbeitet darauf hin, daß sie einige ihrer Irrtümer aufgeben und im übrigen Euch als Ihrem Herrn dienen und gehorchen, um Deutschland und Ungarn gegen die Türken zu verteidigen." Ein bemerkenswerter Rat des strengen spanischen Kardinals, der unumwunden aussprach, daß die religiöse Einheit der politischen Notwendigkeit unterzuordnen sei.[96]

Trotz aller aufregenden, ermüdenden und schließlich enttäuschenden Vorgänge dieses Reichstags fanden sich die Geschwister Karl, Ferdinand und Maria zu Gesprächen zusammen, die Marias Zukunft zum Gegenstand hatten. Noch einmal wurde die Heiratsfrage erörtert. Kandidat war diesmal der Pfalzgraf Friedrich bei Rhein, ein Jugendfreund des Kaisers, der vor Jahren mit der älteren Kaiserschwester Eleonore eine Romanze erlebt hatte, die von Karl in sehr schroffer Weise beendet worden war. Nun wäre er als Schwager plötzlich willkommen gewesen, doch Maria blieb fest. Als Hauptargument führte sie ins Treffen, daß sie keine Kinder bekommen könne (durch ihre fünfjährige kinderlose Ehe wahrscheinlich, aber nicht erwiesen), und das Thema wurde schließlich endgültig *ad acta* gelegt. Was ihre Schulden betraf, so fanden sich die Brüder bereit, die bedrückendsten zu übernehmen, ebenso einen Teil der Kosten für ihren Unterhalt. Möglicherweise planten sie bereits, Maria politische Aufgaben zu übertragen, bei denen ihre Ehe- und Kinderlosigkeit von Vorteil war. Auch Maria selbst schienen solche Pläne nicht unbekannt geblieben zu sein, denn Ferdinand erinnerte sich später, Maria habe ihn gebeten, Karl von solchen Plänen abzubringen.

Auch Erzherzogin Margarete, die Statthalterin der Niederlande, schien ähnliche Gedanken gehegt zu haben. Nach ihrem diplomatischen Triumph in Cambrai war sie wieder an ihren Hof nach Mecheln zurückgekehrt, doch ihre Gesundheit war nicht mehr die beste und sie sehnte sich nach Ruhe. Der Kaiser hatte angekündigt, er werde nach Abschluß des Augsburger Reichstages in die Niederlande kommen, und Margarete hoffte, er werde ihr dann erlauben, sich ins Privatleben zurückzuziehen und das Amt der Statthalterschaft in jüngere Hände zu legen. Sie schien in diesem Sinn auch eine Botschaft an Maria gerichtet zu haben, die ihr vertrauter Ratgeber François de Rosimbos in Augsburg überbrachte. „*Madame*", antwortete Maria ihrer Tante, „ich habe von Herrn de Rosimbos gehört, daß es gut mit Euch geht und daß Ihr mich wiedersehen wollt. Auch hörte ich von dem lieben und mütterlichen Angebot, das Ihr mir aus der Ferne gemacht habt ... Leider, *Madame*, der Wunsch Euch zu sehen ist auf meiner Seite nicht geringer, denn von allen Dingen wäre mir das größte Vergnügen, gesellig mit Euch zu plaudern! Da die große Entfernung die

Ursache ist, daß unser Wunsch nicht in Erfüllung gehen kann, so müssen wir Geduld üben. Aber ich nehme an, daß ich, wenn auch aus Eurem Auge so doch in Eurem Herzen bin, wie es auch die Angebote deutlich machen, die Ihr mir durch Herrn de Rosimbos habt machen lassen." Wir wissen nicht, was Margarete ihrer Nichte angeboten hat, da ihr Brief nicht erhalten geblieben ist, doch schwer ist es nicht zu erraten. Die Statthalterin fühlte sich alt und müde, sie sehnte sich nach Gesellschaft, nach vertrauten Gesprächen mit einem Mitglied ihrer Familie. Sie wußte, daß auch Maria allein war und mit großen finanziellen Schwierigkeiten zu kämpfen hatte. Ein Aufenthalt an Margaretes Hof hätte ihr Unterstützung und Erleichterung bringen können. Vielleicht wollte sie sie auch als Nachfolgerin heranziehen, obwohl die letzte Entscheidung natürlich beim Kaiser lag, dessen Kommen sie ungeduldig herbeisehnte.

Keiner der Wünsche der Regentin sollte mehr in Erfüllung gehen, auch nicht der einer Reise nach Bourg-en-Bresse, wo sie in jahrzehntelanger Bauzeit über dem Grab ihres unvergessenen Gemahls Philibert von Savoyen als Denkmal ihrer Liebe und Treue eine prachtvolle Kirche hatte errichten lassen. Das Beinleiden, das sie in den letzten Jahren ständig gequält hatte (wahrscheinlich eine Varikosis mit chronischer venöser Zirkulationsstörung), verschlimmerte sich in den ersten Novembertagen zusehends, und sie war sich bald im klaren, daß sie von dieser Krankheit nicht mehr genesen würde. Ende November fühlte sie sich so erschöpft, daß sie die Regierung in die Hände des Grafen von Hoogstraaten legte, ihres langjährigen Vertrauten und Freundes. Einen letzten Brief wollte sie noch schreiben, an Karl, *tout mon coeur et héritier,* wie sie ihn immer genannt hatte, aber sie konnte die Feder nicht mehr selbst führen. *Monseigneur,* diktierte sie ihrem Sekretär, „die Stunde ist gekommen, da ich Euch nicht mehr mit eigener Hand schreiben kann, denn es hat mich ein solches Unwohlsein ergriffen, daß ich nicht daran zweifle, daß mein Leben nur mehr kurz dauern wird. Ich bin bereit, mein Gewissen ist ruhig, und ich bin in jeder Hinsicht entschlossen, das zu empfangen, was Gott mir zu senden beliebt. Ich habe nichts zu bedauern, außer daß Ihr nicht hier seid und ich Euch vor meinem Tod nicht noch einmal sehen und sprechen kann. Ich werde dies durch diesen Brief wettmachen, der, so fürchte ich, der letzte ist, den Ihr von mir empfangen werdet. Ich habe Euch zu meinem einzigen und universalen Erben eingesetzt und zum Vollstrecker meines Willens, den ich Euch anempfehle. Ich lasse Euch Eure Länder hier, die ich während Eurer Abwesenheit nicht nur so bewahrt, wie Ihr sie verlassen habt, sondern bedeutend vermehrt habe; ich lege deren Regierung in Eure Hände zurück, für die ich mich, so glaube ich, loyal eingesetzt habe, so sehr, daß ich dafür Gottes Lohn erwarte, Eure Zufriedenheit, *monseigneur,* und den guten Willen Eurer Untertanen. Ich lege Euch besonders den Frieden ans Herz, vor allem mit den Königen von Frankreich und England. Und schließlich flehe ich Euch an, *monseigneur,* daß die Liebe, die Ihr diesem armen Körper entgegengebracht habt, eine Erinnerung sein soll an das Heil der Seele und eine Empfehlung für meine armen Diener und Dienerinnen. Zuletzt empfehle ich Euch dem Herrn, den ich demütig bitte, Euch ein glückliches Gedeihen und ein langes Leben zu schenken. Mecheln, am letzten Tag des November, 1530. Eure sehr ergebene Tante Margarete."

Sie ist als „Margarete von Österreich" in die Geschichte eingegangen, obwohl sie in Brüssel geboren wurde, ihr Leben in Frankreich, Spanien, Savoyen und vor allem in den Niederlanden verbrachte und die österreichischen Erblande ihres Vaters nie besuchte. Als Tochter Maximilians von Österreich und der Maria von Burgund, eines Habsburgers und einer Valois, war sie nach den Worten Johan Huizingas die „Verkörperung des Begriffes Burgund" und entzieht sich der Vereinnahmung durch eine Nation. Habsburgerin mit französischer Muttersprache, fühlte sie sich zutiefst ihrem Haus verpflichtet, dem „Haus Österreich und Burgund", aus dem die *Casa de Austria* hervorging, an deren Aufstieg zur Weltgeltung sie einen nicht unwesentlichen Anteil hatte. Trotz aller Loyalität gegenüber ihrem Vater Maximilian (I.) und ihrem Neffen Karl (V.) verlor sie das Wohl der ihr anvertrauten Länder nie aus den Augen und versuchte, eine eigenständige, „burgundische" Politik zu machen, was ihr nicht immer gelang. In jungen Jahren bereits verwitwet, widmete sie ihr diplomatisches Talent und ihre nie versiegende Energie und unermüdliche Arbeitskraft den ihr gestellten Aufgaben, wobei sie sich in einer feindlichen Männerwelt nicht als kämpferische *virago,* sondern als vollendete Dame zu behaupten wußte, die in der Bedrängnis nie die Haltung, im Glück nie die Demut und im Unglück nie die Würde verlor. Schon die Zeitgenossen waren sich in ihrem Urteil einig und rühmten die Weisheit der Dahingegangenen, ihren Scharfblick und ihr tatkräftiges Wirken, ihr makelloses und exemplarisches Leben in 26 Jahren der Witwenschaft. Die Stadt Mecheln, die sie sich zur Residenz erwählte und zu einem Zentrum der Kunst und Kultur gestaltete, setzte ihr im 19. Jahrhundert auf dem Großen Markt ein würdiges Denkmal, ihr Palais, der *Hof van Margareta van Oostenrijk,* dient heute der Rechtsprechung. Das schönste Denkmal hat sie sich mit dem spätgotischen Juwel der Grabeskirche von Brou (Bourg-en-Bresse/Frankreich) selbst errichtet, wo sie an der Seite ihres Gemahls Philibert de Savoie begraben liegt, *irrécusable preuve d'un amour infini* – als unbestreitbares Zeugnis einer unendlichen Liebe, wie es ein romantischer Dichter ausgedrückt hat.[97]

In der letzten Dezemberwoche gelangte eine Nachricht Ferdinands in die Hände Marias, die sich in Krems an der Donau aufhielt. Auf den ersten Blick von geringem Interesse, mit Bemerkungen über Jagdliches und die Situation in Ungarn, schloß der Brief mit einem bedeutungsschweren Satz: „Ich teile Euch mit, daß es Gott gefallen hat, *Madame,* unsere Tante, am ersten Tag dieses Monats zu sich zu nehmen. Gott gebe ihrer Seele Frieden. Ich denke, dies könnte vielleicht Eure Angelegenheiten in eine andere Richtung lenken …"

Wie ihr Bruder schrieb Maria in ihrer Antwort zuerst über Ungarn und die Chancen von Ferdinands Truppen gegen Zápolya, über ihr Witwengut und dessen mögliche Freigabe nach einem Waffenstillstand. Dann erst gab sie ihrem Schmerz über den Tod der Tante Ausdruck und wandte sich der von Ferdinand angedeuteten, möglichen Wandlung der Dinge zu. Sie wisse nicht, schrieb sie, ob sie ihm für sein Versprechen danken solle, die Angelegenheit beim Kaiser voranzutreiben. Sie selbst könne vieles dafür ins Treffen führen, ebensoviel aber auch dagegen. Sie wolle aber nicht an sich denken, sondern das Angebot wiederholen, das sie ihren Brüdern in Augsburg gemacht habe, aus Dankbarkeit für die Bereitschaft, sie von der drückenden Bürde ihrer Schulden zu erlösen, die ihr zuletzt jede Freude am Leben verdorben habe: *l´ofre que ay fait à l´empereur que à vous … que vous voroie servir et obeir en tout jusques à la mort* – „das Angebot, das ich dem Kaiser und Euch gemacht habe, daß ich Euch dienen und gehorchen will mit meiner ganzen Person, bis zum Tod."

Es dauerte nicht lange und Maria erhielt ein Schreiben des Kaisers, datiert Köln, 3. Januar 1531, in welchem er sie *manu propria* ersuchte, die Regentschaft der Niederlande zu übernehmen. Nun waren die Weichen gestellt, die Jahre ihrer wurzel- und ruhelosen Existenz vorüber. Eine Aufgabe harrte ihrer, der sie sich mit allen Kräften und Energien ihrer Persönlichkeit widmen würde.[98]

Isabella von Portugal († 1539), Gemälde von Tizian. Prado, Madrid

Karl V. mit seiner Ulmer Dogge, Gemälde von Jakob Seisenegger. KHM, Wien

Ludwig II. († 1526), König von Böhmen und Ungarn. KHM, Ambras

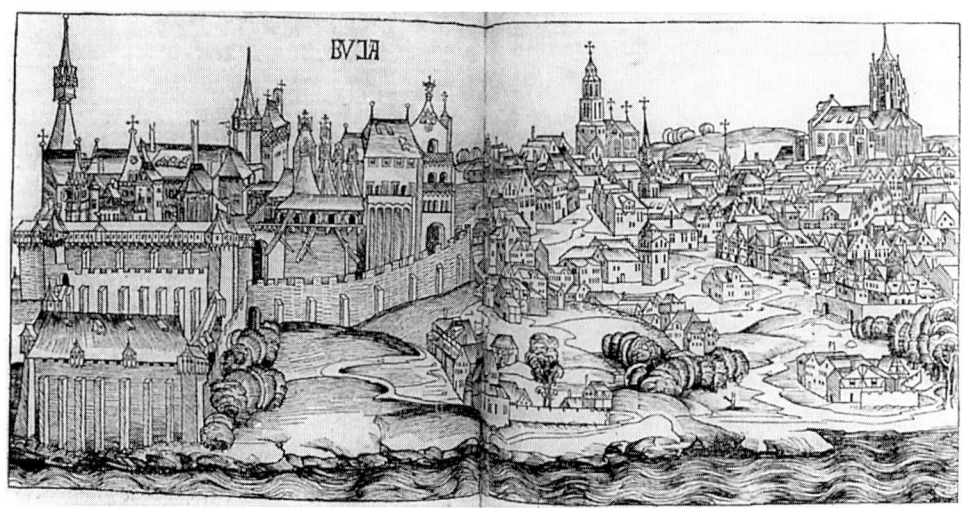

Budapest 1493, Holzschnitt aus Hartmann Schedels „Liber chronicarum". ÖNB, Wien

Hans Krell: Maria von Ungarn. Bayerische Staatsgemäldesammlungen, München

Prag um 1493, Holzschnitt aus Hartmann Schedels „Liber chronicarum". ÖNB, Wien

Blick über die Heerlager der Türken auf Wien 1529. Zeichnung von B. Beham. ÖNB, Wien

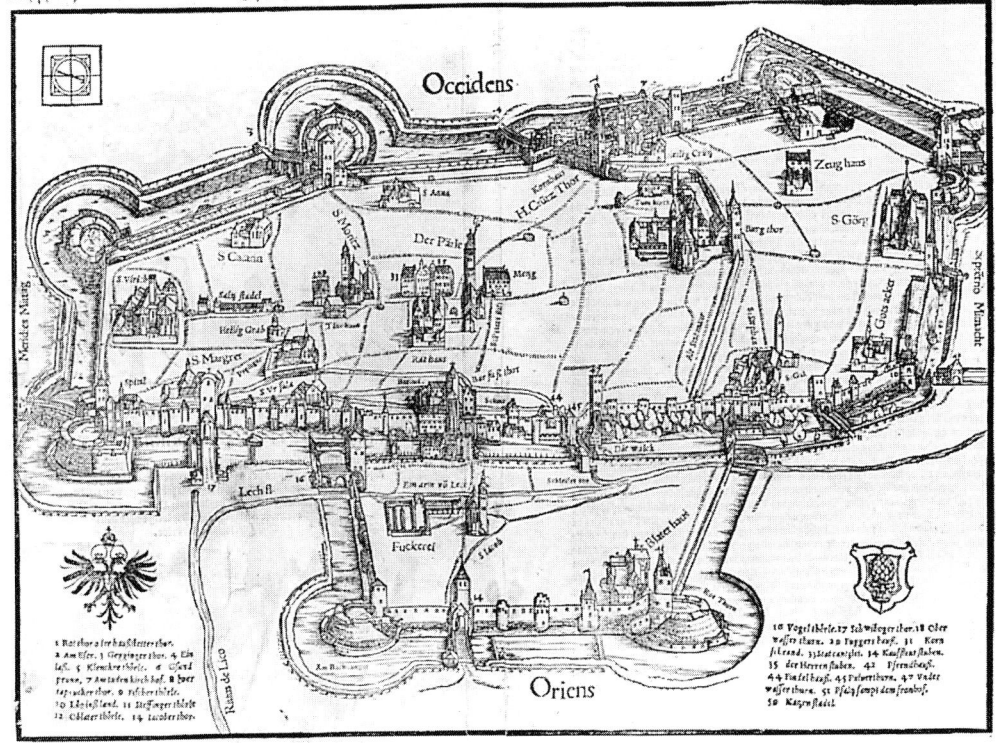

Stadtplan von Augsburg, um 1550. Städtische Kunstsammlungen Augsburg

Schlittenfahrt Kaiser Karls V. und Ferdinands I. in Augsburg. Holzschnitt, ÖNB, Wien

Das Schloß in Brüssel. Prado, Madrid

Bernard van Orley: Jagdszene – Karl V. und Maria von Ungarn. Archiv Verlag Styria

„Die Jagden Maximilians" – Tapisserien-Serie.
Hier Maria von Ungarn als Oberjagdmeister bei der Hirschjagd. Louvre, Paris

Hans Holbein: Christine von Dänemark († 1590).
National Gallery, London

Eleonore von Österreich († 1558), Königin von Frankreich.
Archiv Verlag Styria

Dritter Teil:
Statthalterin der Niederlande

I. Zu neuen Ufern

Schon seit Karls Krönung in Aachen (1519) war von der Krönung Ferdinands zum römischen König die Rede gewesen, die nach altem Reichsrecht erst nach der Krönung des Kaisers erfolgen konnte, was nun in Bologna geschehen war. Allerdings entsprach die Wahl eines Bruders zu Lebzeiten des Kaisers nicht der „Goldenen Bulle", dem von Kaiser Karl IV. 1356 erlassenen Reichsgrundgesetz, welches das Recht der Königswahl und die Stellung der Kurfürsten festlegte. Aus diesem Grund bat Karl die Kurfürsten am Vorabend von Weihnachten 1530 in seine Residenz zu Köln, um ihnen seine Absichten auseinanderzusetzen. Es sei angebracht, führte er aus, ein Haupt im Reich zurückzulassen, das Ansehen und Macht, Verstand und Erfahrung besitze, eine Person, zu welcher der Kaiser wie zu sich selbst Vertrauen habe. Zwar gebe es unter den Fürsten und Kurfürsten gewiß auch geeignete Personen für die hohe Würde, doch Ferdinand sei ein mächtiger Fürst und gleichsam eine Bastei und Vormauer gegen den Türken. Es fehlte nicht an Einwendungen der Fürsten, doch konnten die meisten Skrupel der hohen Herren durch die bei solchen Anlässen üblichen „Handsalben" beseitigt werden. Wie so oft sprang das Bankhaus Fugger hilfreich ein. Eine besondere Schwierigkeit stellte die religiöse Einstellung des Kurfürsten von Sachsen dar, dessen Ausschluß von der Wahl die anderen Kurfürsten nicht zulassen wollten. Also wurde vom Papst Dispens erbeten (und gewährt), daß der Kurfürst an der Wahl teilnehmen dürfe, obwohl er Ketzer sei. Kurfürst Johann erschien jedoch nicht persönlich, sondern ließ durch den Kurprinzen Johann Friedrich gegen die Wahl Protest erheben.

In der Sakristei des Doms erklärten die fünf versammelten Kurfürsten, sie seien vom Erzkanzler rechtmäßig zur Wahl aufgerufen worden und wollten nun die *Election in gebührlicher Zeit continuiren*. Die Abwesenheit Kursachsens könne nur als Ungehorsam betrachtet werden. So fehlten bei der Wahl Ferdinands am 5. Januar 1531 zwei Stimmen: die Kursachsens und seine eigene (als König von Böhmen). Als dem Kaiser die erfolgte Wahl gemeldet wurde, erschien auch er in der Sakristei, und man bat ihn, das Trauerkleid, das er wegen des Ablebens der

169

Erzherzogin Margarete trug, in Anbetracht des nunmehrigen freudigen Ereignisses abzulegen. Die Wahl wurde im Dom verkündet und der Lobgesang angestimmt. In der Wahlkapitulation hatte Ferdinand beschworen, daß er die „hergebrachte Religion" beschirmen wolle. Drei Tage danach zogen Kaiser und König in Aachen ein. Am nächsten Tag wurde Ferdinand in der Pfalzkapelle gekrönt und auf dem Stuhl Karls des Großen feierlich inthronisiert wie vor ihm sein Bruder Karl und sein Großvater Maximilian. „Behalte von nun an den Sitz des Reichs", hieß es, „das dir, wie du weißt, nicht nach Erbrecht und väterlicher Nachfolge, sondern durch die Fürsten oder Wähler im Reich Alemanniens übertragen ist."

Nach den Feierlichkeiten schlugen Kaiser und König verschiedene Wege ein: Karl reiste rheinabwärts in die Niederlande, Ferdinand rheinaufwärts bis Bingen und weiter über Speyer und Donauwörth nach Regensburg, wo er wieder ein Schiff bestieg, das ihn nach Linz zu seiner Familie brachte. Als die Brüder sich trennten, konnten sie sich eines großen Erfolges freuen, doch am Horizont ballten sich bereits die Wolken: die protestierenden Fürsten und Städte, die sich am 27. Februar 1531 zum „Verständnis" von Schmalkalden zusammenschlossen.[99]

Maria residierte nach wie vor in der Donaustadt Krems am Ausgang der Wachau, deren „malerischer" Charakter sich bis heute erhalten hat, weil den Kremsern im 19. Jahrhundert glücklicherweise die Mittel für Neubauten und architektonische Umgestaltungen fehlten. So finden sich noch Reste der Stadtbefestigung, vor allem das prächtige Steiner Tor aus dem späten 15. Jahrhundert mit den flankierenden gotischen Rundtürmen, das Wachtertor und der Pulverturm, 1477 als „Luginsland" errichtet. Die Gozzo-Burg auf dem Hohen Markt wurde von 1260 bis 1270 von dem wohlhabenden Kremser Bürger Gozzo nach dem Vorbild italienischer Stadtpaläste erbaut, zu Beginn des 14. Jahrhunderts von den Habsburgern übernommen und ging später wieder in Privatbesitz über. Palas, Bergfried, ein Saalbau und eine Kapelle sind noch erhalten, die sich um zwei Höfe mit Arkaden und Wappenschildern gruppieren. Die Pfarrkirche zum hl. Veit stammt in ihren Ursprüngen aus dem 12. Jahrhundert, wurde aber später barock umgestaltet. Die mächtige Piaristenkirche mit ihren hohen und reichen Maßwerkfenstern hat ihren spätgotischen Charakter noch weitgehend behalten (wenn man von der barocken Einrichtung absieht), ebenso die Bürgerspitalkirche und die ehemalige Dominikanerkirche (Baubeginn 1239), die nach der Aufhebung des Klosters (1785) eine Reihe seltsamer Metamorphosen durchmachen mußte und als Knopffabrik, Theater, Kino und Feuerwehrdepot zweckentfremdet wurde. Heute sind Kirche und Kloster restauriert und dienen musealen Zwecken. Von den Profanbauten standen neben der Gozzo-Burg zu Marias

Zeiten bereits der Passauerhof, der Spital- oder Sängerhof, das Göglhaus und der Klosterneuburgerhof, das Rathaus erhielt erst 1548/49 seinen fünfseitigen Erker und die prachtvolle, zweischiffige Säulenhalle. Krems wurde im 9. Jahrhundert gegründet und 995 als *urbs chremisa* erstmals erwähnt. Mit berechtigtem Stolz feierten die Kremser 1995 ihr „Millenium", ein Jahr *vor* der Ostarrîchi-Urkunde.[100]

Noch bevor Maria Karls Schreiben vom 3. Januar erhielt, hatte sie den Seigneur de Bredan als Vertrauensmann zu ihrem Bruder entsandt, der ihren Entschluß, nicht mehr zu heiraten, noch einmal bekräftigen sollte. Ein zweiter Punkt betraf die Religion. Schon in Augsburg hatte Maria darauf hingewiesen, daß sie fürchte, ihre Haltung gegenüber den Lutheranern würde Kritik hervorrufen. Bredan sollte dem Kaiser gegenüber betonen, daß sie dem Glauben ihrer Väter treu geblieben und bereit wäre, alle der Häresie verdächtigen Personen an ihrem Hof zu entlassen, falls er dies wünsche.

Karls Antwort, die sein Sondergesandter Seigneur de Boussu überbrachte, ließ an Klarheit keinen Wunsch offen. Er bat seine Schwester nicht nur, die Statthalterschaft in den Niederlanden zu übernehmen, er fügte noch hinzu, er wäre überzeugt, daß sie für dieses wichtige Amt noch besser geeignet sei als die verstorbene Regentin, und es schiene ihm unmöglich, eine Person zu finden, die fähiger sei als sie – *il m`a semblé impossible de trouver une personne plus qualifiée que vous.* Sie solle also annehmen und so schnell wie möglich in die Niederlande kommen, damit er eine Weile mit ihr zusammenbleiben und sie persönlich instruieren könne. Wäre in Augsburg vorauszusehen gewesen, daß das Ende der Regentin Margarete so nahe bevorstünde, so hätte er die Angelegenheit gewiß mit Maria besprochen und ihr die Mühe erspart, in die österreichischen Länder zurückzukehren, nur um sie gleich wieder zu verlassen.

Was ihre Furcht betraf, man könne sie zu einer Heirat zwingen, so sei diese völlig unbegründet, ihr Wunsch, Witwe zu bleiben, sogar einer der Hauptgründe für seine Bitte an sie, den Posten anzunehmen.

Bezüglich der Religion versicherte der Kaiser seine Schwester ebenfalls seines vollkommenen Vertrauens. So sehr ihn der Tod ihrer Tante Margarete bekümmere, so wäre er doch froh, daß er ihm Gelegenheit gebe, Maria in dieser Hinsicht seine größte Hochachtung zu erweisen. Sie könne sicher sein, hätte er den geringsten Zweifel an ihrer religiösen Überzeugung, er würde sie nicht mit einer so bedeutenden Aufgabe betrauen. In einem solchen Fall wäre es ihm nicht einmal möglich, für sie brüderliche Liebe zu empfinden. Was die Entlassung ihrer Höflinge betraf, die ernsthaft der Ketzerei verdächtig wären, so überlasse er diese Angelegenheit völlig ihrem Urteil. Sie möge sich jedoch einprägen, daß manches auf dem Gebiet der Religion, das in Deutschland entschuldigt oder als

Nebensache angesehen würde, in den Niederlanden unter keinen Umständen toleriert werden könne und von größter Wichtigkeit sei.

Karl ließ sich nicht auf eine Diskussion über religiöse Grundsätze ein. Für ihn war der religiöse Meinungsstreit in erster Linie von politischer Bedeutung, da Martin Luther in seinen Augen vor allem die Autorität von Kaiser und Papst angegriffen hatte. Seine Schwester sollte als Statthalterin der Provinzen wirken, deren Reichtum er für seine weitausgreifenden Pläne benötigte, unbeschadet ihrer religiösen Ansichten, solange ihr Benehmen in der Öffentlichkeit und das ihrer Höflinge nicht dazu beitrug, die gefährlichen neuen Ideen in die ohnedies bereits rebellischen Niederlande zu tragen. Maria würde schwere Schuld auf sich laden, wenn die herätischen Ideen durch Personen ihrer Umgebung in die Niederlande gelangten. Da die Leute in den niederländischen Provinzen ohnedies gegen Fremde im Umkreis ihrer Regenten eingenommen wären, so schlug Karl vor, daß sie ihre prominentesten Höflinge in den österreichischen Ländern zurücklassen solle, vor allem natürlich jene, die man verdächtige, Anhänger Luthers zu sein. Er nannte sie auch namentlich und gab ihr zu verstehen (ohne den leisesten Vorwurf), daß er über ihre ausschließlich lutherische Umgebung völlig informiert war. Ferdinand würde sich um eine passende Begleitung für die Reise in die Niederlande kümmern, und sobald sie einmal dort angelangt sei, könnten sie die Mitglieder ihres Hofstaates aus niederländischen Kreisen wählen. Die zu entlassenden Höflinge wären mit Stellungen in Österreich oder Ungarn zu entschädigen. Von Versprechungen bezüglich ihres niederländischen Haushalts solle sie absehen, eine solche Auswahl würden sie am besten gemeinsam treffen. Mit diesen Instruktionen schloß der Kaiser sein Handschreiben, *escript de Coulogne le 3 janvier de la mayn de vostre bon frere Charles.*[101]

Maria war nun endgültig vor die Wahl gestellt, sich zwischen zwei sehr verschiedenen Lebensperspektiven zu entscheiden: Auf der einen Seite stand die nomadische Existenz einer Königin ohne Krone, ohne Land und ohne Geld, zwar frei zu tun und zu lassen, wonach ihr der Sinn stand, aber auch einsam, ohne Aufgabe und Ziel, ständig bedrückt von finanziellen Sorgen. Auf der anderen Seite winkte die Aufgabe der Regentschaft in den Niederlanden, die ihr ein hohes Maß an Verantwortung und eine Fülle von Pflichten bescheren würde. Für eine Frau wie Maria, die dazu geboren war, tätig zu sein und zu handeln, konnte es keine Frage sein, welcher Weg einzuschlagen sei, trotz gelegentlicher Zweifel an den eigenen Fähigkeiten und der Befürchtung, sie werde der Aufgabe nicht gewachsen sein. Deshalb traf sie ihre Entscheidung erst nach reiflicher Überlegung, nachdem sie ihre Gedanken in einem *Mémorial pour répondre a monsr de Bossu* zusammengefaßt hatte. Daraus die wichtigsten Punkte in deutscher Übersetzung:

Meine Trauer über den Tod der Dahingeschiedenen [Margarete].

Dank für Ehre und Vertrauen ungeachtet meiner Unfähigkeit und Jugend, Unerfahrenheit in Geschäften und schwachen Gesundheit.

Ich nehme nur die Personen mit, die bei mir bleiben. Sie sind alle schon lange Zeit in meinem Dienst und haben gute und schlechte Zeiten mit mir durchgemacht. Darum kann ich sie nicht gut entlassen.

Aber das verhindert nicht, daß ich Personen aus den Niederlanden auf anderen Posten in meinen Dienst nehme. Wenn ich mich auch lange fern von diesen Ländern aufgehalten habe, so habe ich doch nicht die Liebe vergessen, die ich dort empfangen habe, was man auch daran sehen kann, daß ich nie ohne sie [Niederländer] gewesen bin.

Werde seinem Befehl folgen, nicht die Personen mitzunehmen, die er namentlich genannt hat, obwohl ich in ihnen nur gute Christen sehe. [Es waren dies der Hofmeister Wilhelm von Zelking, der Kammergraf Bernhard Beheim, der Hofprediger und Beichtvater Dr. Johannes Henckel, die Hofmeisterin Margarethe von Ungnad und der Prediger und Almosenier Johann von Neuburg.]

Fragen, ob mein Hofmeister und seine Frau mich bis dorthin begleiten dürfen, denn für die Mädchen, die ich zur Zeit habe, möchte ich keine andere ausländische Frau mitnehmen. Er wird unverzüglich zurückkehren, denn ich werde ihm mit anderen die Verwaltung meiner Besitzungen in diesen Ländern übertragen. Möchte ihn mitnehmen, weil ich sonst allein für die Reise jemand anderen in Dienst nehmen müßte, was ich für einen so kurzen Termin für unmöglich halte. Außerdem würde er, bevor er sich an mich und meine Leute gewöhnt hat, Mühe haben, die Sache zu handhaben, und so läuft alles besser.

Da es sehr schwierig ist, meine Sachen zu vertreten – nicht zu reden von denen, die so in Unordnung geraten sind, so werde ich die Möglichkeit haben, ihn zu informieren und zu instruieren. Ich habe niemanden andern, dem ich das überlassen kann, und alles kommt auf mich, was mich viel Kopfzerbrechen kosten wird.

Werde Versprechen halten. Werde seine Befehle befolgen. Kurz und gut, ich komme einzig, um ihm zu dienen und zu gehorchen.

Ich habe auch daran gedacht, mich zurückzuziehen (in ein Kloster), um Gott zu dienen, der für mich zur Zeit alles bedeutet. Aber da er es nun so will, gebe ich mich ganz in seine Hände, wobei ich ihm völlig vertraue. [Noch viel später kam Maria auf diese Absicht zurück und erwähnte in einem Brief an Karl, sie habe sich damals zurückziehen und ihre Mutter pflegen wollen.]

Ohne seine Hilfe kann ich nicht weggehen, denn ich brauche Geld, um Leute auszuzahlen und um zu reisen. Auch habe ich Nachricht erhalten, daß ich von meinen ungarischen Besitzungen kein Geld bekommen kann. Da er will, daß ich mich beeile, bitte ich ihn, mir zu helfen, sonst kann ich nicht so schnell abreisen.[102]

Dienen und gehorchen – *servir et obeir* – würde von nun an ihre Lebensmaxime sein, der Dienst für ihre Brüder und somit für die Dynastie Aufgabe und Lebenszweck.

Am 10. Februar 1531 verließ Maria mit ihrem Hofstaat Krems und traf zwei Tage später in Linz mit Ferdinand zusammen, um die Ordnung ihrer Angelegenheiten zu beraten. Als Ferdinand nach zwei Wochen Linz wieder verließ, waren aber nur wenige Fragen geklärt und nur die wichtigsten Schulden Marias gedeckt. Zahlreiche Gesandtschaften gingen noch in den folgenden Jahren im Auftrag Marias zu Ferdinand, um über ihre Besitzungen in Ungarn, deren Rückgabe oder Ersatz, und zahlreiche weitere strittige Fragen und Forderungen zu verhandeln. Dabei verwendete Maria weiterhin diejenigen als Bevollmächtigte, die ihr seit jeher in wichtigen Ämtern gedient hatten, ihr auf Befehl des Kaisers aber nicht in die Niederlande folgen durften.

Am 16. März 1531 brach Maria von Linz auf und begab sich über Regensburg, Nürnberg und Frankfurt in die Niederlande. Am 6. April erreichte sie Köln. Nicht nur jagdliche Unternehmungen machten die Reise abwechslungsreich, Maria traf auch mit einigen deutschen Fürsten zusammen und führte im Auftrag ihres Bruders Ferdinand Gespräche bezüglich der Türkenhilfe. Der Kaiser kam ihr bis nach Löwen entgegen, um sie auf niederländischem Boden zu begrüßen.[103]

Die Situation, in der sich die Niederlande befanden, deren Statthalterin Maria werden sollte, konnte keineswegs rosig genannt werden. Trotz der Bemühungen der Regentin Margarete, die versucht hatte, die ihr anvertrauten Provinzen aus Konflikten herauszuhalten und einen neutralen Kurs zu steuern, waren die zehn Jahre vor dem „Damenfrieden" (1529) von Kriegen erfüllt gewesen. Aufgestachelt oder ermutigt von Frankreich hatten die Gelderner und Friesen immer wieder den Frieden der nördlichen Provinzen gestört, während im Süden, in Flandern und Brabant, im Artois, im Hennegau und in Limburg Städte und Dörfer geplündert, Wiesen und Felder verwüstet und das Vieh weggetrieben wurden, einmal von den Franzosen und einmal von den Kaiserlichen, die sich im Gefolge der Konflikte zwischen Franz I. und Karl V. in den Grenzgebieten ständig in den Haaren lagen. Selbst wenn ein Waffenstillstand geschlossen wurde, besserte sich die Lage wenig, denn die demobilisierten Landsknechte und Marodeure verbreiteten noch größeren Schrecken als die regulären Truppen. Dazu kamen die üblichen Begleiterscheinungen wie Pestepidemien, Mißernten, der Niedergang von Handel und Industrie, steigende Preise, Armut und Elend.

All dies hatte während der letzten Jahre von Margaretes Regentschaft zum Entstehen einer revolutionären Stimmung geführt, nicht zuletzt aufgeheizt durch die Maßnahmen, die auf Anordnung des Kaisers gegen die Anhänger Martin Luthers ergriffen wurden. Schon im Frühling 1518, kaum ein halbes Jahr nach der Veröffentlichung von Luthers Thesen, waren auch in den Niederlanden erste Anzeichen einer reformatorischen Bewegung zu bemerken, zuerst in Antwerpen, das eine ziemlich große deutsche Kolonie besaß. Luthers Schriften wurden verbreitet und Prediger traten auf, die Luthers Lehre öffentlich verkündeten. Die leidenschaftliche Begeisterung, mit der sie die Mißstände in der Kirche und die Ausschweifungen der Geistlichkeit anprangerten (beides zu Recht), brachte ihnen lebhaften Zulauf. Auch die Humanisten verhehlten keineswegs ihre Sympathien für die Bestrebungen Luthers, selbst wenn sie nicht alle seine Thesen billigten und vor der Radikalität seiner Forderungen zurückschreckten. „Vieles hat Luther trefflich getadelt", schrieb Erasmus von Rotterdam, der große Antipode des Wittenbergers, „wenn er es nur maßvoller getan hätte." Auch andere Humanisten wünschten zwischen Rom und Wittenberg ihre Unabhängigkeit zu wahren, um im gegebenen Fall als Vermittler und Schiedsrichter aufzutreten, ohne zu merken, daß sie der Gang der Ereignisse längst überrollt hatte. Niemand war sich der Tragweite der Bewegung bewußt (konnte sich ihrer gar nicht bewußt sein), auch die Regentin Margarete meinte wie viele andere, es handle sich um eine durch die Liederlichkeit und Unwissenheit vieler Geistlicher hervorgerufene Gärung, um „Mönchsgezänk", wie Papst Leo X. verächtlich konstatierte. Erst als die Gültigkeit des Wormser Edikts Karls V. (8. Mai 1521) auch auf die niederländischen Provinzen ausgedehnt und die ersten kaiserlichen „Plakate" (Edikte wider die Ketzerei) erlassen wurden, begann man „ketzerische" oder auch nur „verdächtige" Bücher zu verbrennen. Gleichzeitig setzte ein durch den päpstlichen Legaten Aleander geförderter und von den Dominikanern und Karmeliten vorangetragener Kampf gegen Erasmus ein, der ihn aus den Niederlanden vertrieb. Er ging zuerst nach Basel, doch auch dort erreichte ihn der verhaßte Fanatismus (diesmal der protestantische), und er übersiedelte ins stillere österreichische Freiburg. Als Statthalterin wollte Maria den großen Humanisten in die Niederlande zurückholen, doch er starb auf der Reise dahin 1536 in Basel. An Margaretes Hof hatte er sich nicht ziehen lassen, weil er nicht *wollte,* an Marias Hof *konnte* er nicht mehr kommen. Er hätte sich auch zum Hofmann wenig geeignet, obwohl er beide verehrte, Margarete *und* Maria, und sie „die beiden vollendetsten Fürstinnen ihrer Zeit" nannte. Maria fühlte sich dem großen Humanisten auch über den Tod hinaus verbunden, nahm an der Enthüllung seines Denkmals in Rotterdam teil und besuchte bei dieser Gelegenheit sein Geburtshaus.

Die Altkirchlichen mußten bald einsehen, daß sich die Ketzerei nicht so einfach ausrotten ließ. Die bischöfliche Inquisition war den Anforderungen der

Lage zunehmend nicht mehr gewachsen, während viele weltliche Richter, mit der Durchführung der Religionsplakate beauftragt, absichtlich die Augen zudrückten. Die Ideen der Toleranz, die Thomas Morus in seiner *Utopia* und Erasmus in den *Colloquia* vertreten hatte, waren auf fruchtbaren Boden gefallen. Am 1. Juli 1523 fanden zwei Antwerpener Augustinermönche als erste Märtyrer der Reformation den Tod auf dem Scheiterhaufen. Das Urteil war von Franz van der Hulst gesprochen worden, Rat im Brabanter Gerichtshof, vom Kaiser zum Richter und von Papst Hadrian VI. zum Inquisitor bestellt, obwohl er kein Geistlicher war. Als van der Hulst durch seine rohe Vorgangsweise gefährliche Konflikte heraufbeschwor, entzog ihm Margarete seine Vollmachten und der neue Papst Clemens VII. die Würde eines apostolischen Ketzerrichters. Drei neue geistliche Inquisitoren wurden nominiert, diesmal auf Vorschlag der Statthalterin. Doch die „Seuche" verbreitete sich immer mehr, nicht nur in Antwerpen, auch in anderen Gegenden vermochten weder Inquisition noch Plakate dem Übel Einhalt zu tun. Luthers Lehre fand in den Niederlanden, deren Bürger ein unbändiger Freiheitsdrang auszeichnete, immer mehr Anhänger. Man zog das eigene Urteil dem Gehorsam vor, besonders wenn die Obrigkeit versuchte, Gehorsam durch Gewalt zu erzwingen.

Als Maria eintraf, hielt sich der Kaiser schon seit Januar in den Niederlanden auf, wo er in Brüssel eine leere Schatzkammer, hohe Schulden und keinerlei Kredit vorgefunden hatte. Die deutschen Bankiers, die Fugger und die Welser, bei denen Margarete immer wieder geliehen hatte, stellten nun klar, daß sie nur unter bestimmten Voraussetzungen bereit waren, mit dem Kaiser Geschäfte zu machen. Sie verlangten die Garantie, daß ihr Besitztum in den Niederlanden nicht beschlagnahmt würde, auch wenn die kaiserlichen Gesetze eine solche Konfiskation (aus religiösen Gründen) gestatteten. Das war schlichte Erpressung, doch in Ermangelung anderer Möglichkeiten mußte sich der Kaiser beugen. Auch die Generalstaaten fanden sich erst bereit, Geldmittel zu bewilligen, nachdem Karl auf Einfuhrzölle (auf baltisches Getreide) und Exportlizenzen verzichtet hatte.

Maria war sich sehr schnell darüber im klaren, daß ihre Aufgabe keine leichte sein würde. Am 5. Mai schrieb sie aus Gent an Ferdinand, sie habe das Gefühl, man habe ihr einen Strick um den Hals gelegt – *m`a mis la corde au col*, denn die Dinge befänden sich in ziemlicher Unordnung – *les affaires asses broulées*.

Von der Universitätsstadt Löwen aus reisten Karl und Maria einige Wochen durch Brabant und Flandern, um die Bürger mit ihrer neuen Statthalterin bekannt zu machen. Sie besuchten Mecheln, die Residenzstadt Margaretes, wo sie ihre Kinderjahre verbracht hatten, das kosmopolitische Antwerpen, das sich zu einem der bedeutendsten Handels- und Finanzplätze Europas entwickelt hatte, und Gent, die Geburtsstadt Karls, die nicht nur tüchtige Handwerker und mächtige Zünfte, sondern auch aufmüpfige Unruhestifter beherbergte, ebenso wie Brügge, das aber durch das unaufhaltsame Versanden seines Zugangs zum Meer bereits im Niedergang begriffen war. Am Ende der Reise stand das prächtige, „prinzliche" Brüssel, die *prinzelijke stad*, die Stadt der Adelspaläste, der Grandseigneurs und Vliesritter, aber auch der Handwerksmeister und Handelsherren, deren prächtig geschmückte Häuser die *Grand'Place (Grote Markt)* im Zentrum der Stadt umgaben. Die Geschwister nahmen im Herzogspalast auf dem Coudenberg Quartier, wo Maria vor 26 Jahren geboren worden war, wie schon vor ihr ihre Tante Margarete und ihre Großmutter Maria von Burgund.[104]

Bis heute läßt sich Brüssel auf keinen einfachen Nenner bringen. Flämisch vom Namen her (*de Brugsels* – die Brückchen), aber kräftig wallonisch „durchwachsen", hat es sich von der Zweisprachigkeit zur modernen Vielsprachigkeit entwickelt und zur heimlichen Hauptstadt Europas, die die Institutionen des wirtschaftlichen und politischen Zusammenschlusses der westlichen Welt beherbergt.

Die Stadt geht auf eine niederlothringische Burg zurück, errichtet auf einer Insel im Sennefluß, in einer Urkunde aus dem 7. Jahrhundert wird *Bruocsella* erstmals erwähnt. Als zu Beginn des 11. Jahrhunderts die Grafschaft Brüssel mit der Grafschaft Löwen vereinigt wurde, entstand oberhalb der ersten eine zweite Burg, und im Schutz der beiden Anlagen entwickelte sich die Unterstadt auf so kraftvolle Weise, daß Brüssel schon um 1400 die ältere Nachbarin Löwen überflügelte und zur Hauptstadt des Herzogtums Brabant aufstieg. Die ehemalige Umwallung ist noch in der Führung der großen Boulevards zu erkennen, von der Stadtbefestigung hat sich nur die *Porte de Hal* erhalten. Der *Grote Markt,* die *Grand'Place,* eine der eindrucksvollsten Platzarchitekturen Europas, entstand nach dem Sieg der Zünfte über das aristokratische Stadtregiment (1426). Rund um den durch Rathaus und Brothaus (auch *Maison du Roi*) dominierten Platz schufen sich die Gilden in prächtigen, hochgiebeligen Zunfthäusern eine imponierende Selbstdarstellung. Ihr heutiges Erscheinungsbild entstammt allerdings weitgehend der Barockzeit, denn nur das Rathaus trotzte der Beschießung des französischen Marschalls Villeroy mit „rotglühenden Kanonenkugeln" (1695). „Stilrein" im Sinne flandrischer Spätgotik ist nur das in der Zeit des Historismus als Pendant zum Rathaus errichtete Brothaus (1873–1896).

Zu den wichtigsten, aus alter Zeit stammenden Kirchen zählt vor allem die Kathedrale, *St-Michiel-et-Ste-Gudule*, erbaut im Stil der französischen Gotik zwischen dem 13. und 15. Jahrhundert. Die hohen Glasfenster in Langhaus, Querschiff und Chor mit ihren Stifterfiguren erscheinen wie eine Porträtgalerie des Hauses Habsburg und der ihm durch Heirat verbundenen Fürstlichkeiten:

Maximilian und Maria von Burgund, Philipp der Schöne und Juana von Spanien, Margarete von Österreich und Philibert von Savoyen, Karl V. und Isabella von Portugal, Ferdinand I. und Anna von Ungarn und ihre Schwestern Eleonore (mit Franz I. von Frankreich), Maria (mit Ludwig II. von Ungarn) und Katharina (mit João III. von Portugal). Isabella und Christian II. von Dänemark sind nicht vertreten, ihren Platz nehmen Karls Sohn Philipp und seine erste Gemahlin Maria von Portugal ein. Die Kirche *Notre-Dame-des-Victoires-au-Sablon*, von der Gilde der Armbrustschützen 1304 gegründet, in der heutigen Erscheinungsform ein Beispiel flämischer Flamboyantgotik, wurde als Taufkirche Marias bereits erwähnt (s. S. 10). Eine dritte charakteristische Sakralarchitektur der Gotik hat sich im Zentrum des alten Weberviertels, in *Notre-Dame-de-la-Chapelle* erhalten (begonnen im 13., fertiggestellt im 17. Jahrhundert). In einer Kapelle des rechten Seitenschiffes wurde 1569 Pieter Bruegel beigesetzt, der große flämische Maler, dessen Hauptwerke das Wiener Kunsthistorische Museum besitzt.[105]

Maria wählte Brüssel zu ihrer künftigen Residenz, das stillere und bescheidenere Mecheln mochte ihr zu eng erschienen sein, das Palais ihrer verstorbenen Tante trotz aller Eleganz der Inneneinrichtung zu wenig repräsentativ. Sie hatte ihre königlichen Residenzen in Ungarn nicht vergessen und sie wollte auch in den Niederlanden königlich residieren. Der Herzogspalast auf dem Coudenberg, auch Karls Residenz, wenn er sich in den Niederlanden aufhielt, sollte das Zentrum ihres neuen Lebens werden, und er gewährte in der Tat ein Ambiente von königlicher Pracht. Prunkvolle Tapisserien aus den flandrischen Webereien schmückten die Wände, kostbares Gold- und Silbergeschirr und venezianische Gläser zierten die marmornen Kamine, kostbare geschnitzte Möbel füllten die Räume und die Werke niederländischer und italienischer Maler die Galerien und Korridore. Ein riesiger Naturpark mit Teichen und Tiergehegen, weiten Wiesen und schattigen Baumgruppen umgab das Schloß von drei Seiten, und nur eine Mauer trennte es vom *Zonienwoud*, dem dichten und wildreichen Forst, der bis an das Stadtgebiet heranreichte, die ideale Umgebung für eine passionierte Reiterin und Jägerin wie Maria.

Wir kennen den Herzogspalast heute nur mehr von Abbildungen und Beschreibungen, da die ganze Herrlichkeit im 18. Jahrhundert der Unachtsamkeit eines Kochs und der daraus entstandenen Feuersbrunst zum Opfer fiel. In ihm waren noch Größe und Pracht des alten Burgund und seiner Herzöge, der *Grands Ducs d'Occident,* gegenwärtig, die die uneinheitlichen Länder ihres romanisch-germanischen Zwischenreiches zum Burgundischen Staat, dem „allen Nationen gemeinschaftlich gehörenden Boden" geformt hatten: Am Anfang stand Philipp „der Kühne" oder „der Tapfere" (*Philippe le Hardi*), jüngerer Sohn

König Johanns II. von Frankreich aus dem Hause Valois, der 1363 von seinem Vater mit der *Bourgogne,* dem Herzogtum Burgund, belehnt wurde und durch seine Heirat mit Margarete von Flandern die Basis für die burgundische Staatsbildung schuf. Ihm folgte sein Sohn Johann „Ohnefurcht" (*Jean sans Peur*), der durch Heirat Holland, Seeland und den Hennegau hinzugewann, eine gewagte, antifranzösische Politik betrieb und unter dem Beil eines Mörders endete. Der französisch-burgundische Gegensatz geht auf seine Zeit zurück. Auf Johann folgte Philipp, den zeitgenössische Geschichtsschreiber *le Bon,* den „Guten", nannten – *le Somptueux,* der „Prachtliebende", hätte besser zu ihm gepaßt. Er gewann neue Gebiete hinzu, darunter Namur und Luxembourg, schuf das ausgeklügelte burgundische Hofzeremoniell und begründete den Hohen Orden vom Goldenen Vlies. Im Hundertjährigen Krieg stand er auf britischer Seite und lieferte Jeanne d`Arc an die Engländer aus. Unter seiner Herrschaft erreichten Reichtum und Glanz Burgunds ihren Höhepunkt. Er verstand es, seine angesammelten Schätze und alle Künste des Bauens, der Malerei und Bildhauerei, des Dichtens und der Musik in den Dienst der höfischen Repräsentation zu stellen und eine Hofkultur zu entfalten, die zu seiner Zeit ihresgleichen nicht hatte und alle Besucher überwältigte. Sein Sohn *Charles le Téméraire* (übersetzt als der „Kühne", obwohl der „Tollkühne" oder der „Vermessene" passender wäre), übernahm ein gewaltiges Erbe, doch es erschien ihm nicht gewaltig genug, er strebte nach Höherem, er wollte König werden, König eines souveränen Burgund, und nicht länger mit einem Teil seiner Länder Vasall des Königs von Frankreich und mit dem anderen ein solcher des Kaisers sein. Karls Träume endeten 1477 vor Nancy, wo er Schlacht und Leben verlor. Seine einzige Tochter und Erbin Maria heiratete Maximilian von Österreich, dessen Haus von da an seinen Aufstieg zur Weltgeltung nahm und in Karls gleichnamigem Urenkel neue Träume Gestalt werden ließ: die von der Erneuerung der mittelalterlichen Universalmonarchie.

Der Verlust des Stammlandes Burgund, das Ludwig XI. von Frankreich nach dem frühen Tod Marias ihrem jungen Gemahl Maximilian entrissen hatte, war nie verwunden worden. Wider alle „realpolitische" Vernunft versuchte Karl V. es zurückzugewinnen und beugte sich schließlich nur, weil ihm keine andere Wahl blieb. Auch seine Tante Margarete hatte bis zuletzt „burgundisch" gedacht und ein eigenes Kodizill ihres Testaments der Bewahrung des Namens der *maison de Bourgogne* gewidmet: „Damit der Name des Hauses Burgund nicht vergessen werde, richtet *Madame* an den *Seigneur Empereur* die flehentliche Bitte, daß es ihm gefallen möge, die *comté de Bourgogne* [Freigrafschaft Burgund] und alles, was dazugehört, so lange er lebe in seinen Händen zu behalten, und nach seinem Hinscheiden dem seiner Kinder oder anderen Erben zu hinterlassen, dem auch *les pays par decà* [die Niederlande] verbleiben würden, ohne Trennung und ohne Teilung."[106]

Am Brüsseler Hof fand die designierte Regentin nur mehr wenige der alten Ratgeber ihrer Tante vor, von denen einige schon vor ihrer Herrin gestorben waren. Doch in Nicolas Perrenot, Seigneur de Granvelle, der aus den Diensten Margaretes in die des Kaisers übergewechselt war, einem Altburgunder aus der *Franche Comté,* stand ihr ein „Spezialist" für die niederländischen Verhältnisse zur Verfügung, dem die Probleme, die sie erwarteten, wie keinem anderen vertraut waren. Er konnte sie über den Charakter der hohen Adeligen und Vliesritter aufklären, die ihre nächste Umgebung bilden würden und keinesfalls leicht zu handhaben waren, ebensowenig wie die Bürger, deren Neigung zur Aufmüpfigkeit die Regenten der Niederlande zu allen Zeiten leidvoll erfahren mußten. Die Geschichte seiner vierzehnwöchigen Gefangenschaft in der „Cranenburg" zu Brügge hatte ihr Großvater Maximilian sicher selbst erzählt. Granvelle nannte die verwickelte niederländische Staatsverfassung „weder monarchisch noch aristokratisch, noch weniger aber republikanisch". Im Grunde bestand sie aus zwei Elementen, die eigentlich unvereinbar waren: Auf der einen Seite der Fürst mit den absoluten und zentralistischen Ansprüchen eines modernen Landesherrn, auf der anderen die Vielheit der Provinzen mit ihren altüberkommenen und eifersüchtig gehüteten Privilegien und „Freiheiten", die noch dazu in den „Generalstaaten" (oder „Generalständen") über ein Zentralorgan für ihr wechselseitiges Einvernehmen und ihren gemeinsamen Widerstand verfügten. Nach den heftigen Auseinandersetzungen des ausgehenden 15. Jahrhunderts hatte sich unter Philipp dem Schönen ein *modus vivendi* herausgebildet, der in großen Zügen auch während der Statthalterschaft Margaretes beibehalten wurde. Fürst und Stände standen zwar fast immer in Opposition zueinander, doch so lange dieses empfindliche Gleichgewicht zu halten war, erwies es sich als segensreich für alle Beteiligten: Es verlieh der Zentralgewalt die nötige Macht, um das Land vor Anarchie im Inneren und Angriffen von außen zu schützen, und bewahrte seine Bürger vor fürstlicher Willkür.

Am 5. Juli 1531 nahm Maria im Ständesaal des Herzogspalastes an der Seite des Kaisers zum ersten Mal an der Versammlung der Generalstände teil. Der Kaiser teilte ihnen mit, daß er sich binnen kurzem nach dem Reich und anschließend nach Spanien begeben werde und daß sich seine Schwester, die Königinwitwe von Ungarn, bereit erklärt habe, die Statthalterschaft zu übernehmen. Wieder eine Frau und wieder eine Witwe, werden sich die Herren vielleicht gedacht haben, aber eine Persönlichkeit von ganz anderem Zuschnitt als ihre Vorgängerin. Schmal und blaß, die dunklen Farben ihrer Witwenkleidung nur durch das Weiß der Haube aufgehellt, stand sie neben ihrem kaiserlichen Bruder, dem sie im Gesichtsschnitt mehr glich als alle anderen Geschwister.

Wenn Margarete trotz mancher autoritärer Züge durch liebenswürdiges Wesen, Charme und Humor gewinnen konnte, so schien Marias Charakter vor allem ernst und verschlossen zu sein, ein Ernst, den bald viele für übertriebenen Stolz und für Hochmut hielten. Margarete war klug und gebildet gewesen, hatte an ihrem Mechelner „Musenhof" Künstler und Gelehrte um sich versammelt, selbst musiziert und gedichtet und kostbare Handarbeiten verfertigt. Sie war ein „weiblicher" Mensch gewesen, hatte sich auch in ihrer politischen Tätigkeit oft auf Instinkt und guten „Hausverstand" verlassen. Maria hingegen, wir haben es bereits gesehen, verfügte über einen scharfen, „männlichen" Intellekt, liebte es, zu reflektieren und zu „hinterfragen", und neigte bisweilen zu Spottlust und Zynismus. Von frühester Jugend an interessierte sie sich für die Kriegskunst, für das Hantieren mit Waffen, aber auch für Technik und Strategie (in ihrer Bibliothek besaß sie zwölf einschlägige Werke). Ihre große Passion aber war die Jagd, an der sie nicht als dekorative Begleiterin teilzunehmen pflegte, sondern aktiv, mit großer Courage und Kühnheit. Vor allem bei Parforcejagden konnte sie sich ausleben, ihrem Temperament, das sie zweifellos besaß, freien Lauf lassen, ihre Reitkünste unter Beweis stellen, die bereits in ganz Europa berühmt waren.

Im „Leben der galanten Damen" des Seigneur de Brantôme, einer Sammlung von pikanten Histörchen und Tratschgeschichten, wo viel von Damen die Rede ist, „die der Liebe leben und ihre Gatten zu Hahnreien machen", erscheinen sowohl Margarete wie Maria als makellose Fürstinnen. Margarete bezeichnet Brantôme als „sehr kluge Prinzessin, die ihre Niederlande mit Milde, wie sie die andere [Maria] mit Strenge regierte", aber trotz ihrer Tugend und Sittsamkeit unglücklicher war, als ihre Tüchtigkeit verdiente (nämlich zweimal verwitwet). „Um wieder auf unsere Königin Maria zu kommen", berichtet Brantôme weiter, „verblieb sie nach jenem Unglück mit ihrem königlichen Gemahl eine sehr junge und schöne Witwe, wie ich von mehreren Leuten hörte, die sie gesehen haben, und aus den Bildnissen schließe, die ich sah, die sie so zeigen, ohne etwas Häßliches oder Tadelhaftes an ihr erkennen zu lassen, mit Ausnahme ihres großen und auf österreichische Art vorstehenden Mundes, der indessen nicht vom Hause Österreich stammt, sondern von Burgund, wie ich zu jener Zeit eine Dame vom Hofe erzählen hörte: Als einmal die Königin Eleonore [Marias ältere Schwester] durch Dijon kam und im Kloster der Kartäuser daselbst ihre Andacht halten ging und die ehrwürdigen Gräber ihrer Ahnen, der Herzöge von Burgund, aufsuchte, ergriff sie die Begierde, sie öffnen zu lassen, wie es manche Könige mit den ihrigen getan. Manche Verstorbene darunter sah sie so wohl erhalten und vollständig, daß sie verschiedene Formen an ihnen wiedererkannte, unter anderem den Mund in ihrem Gesicht. Sofort rief sie dabei aus: Na, ich dachte, wir hätten unseren Mund von den Österreichern; wie ich aber sehe, haben wir ihn von Marie von Burgund, unserer Ahnin, und andern Herzögen von Burgund, unsern Ahnen. Wenn ich je meinen kaiserlichen Bruder sehe, will ich's ihm sagen; ich will es ihm sogar sagen lassen. Jene Dame, die damals dabei war, sagte mir, sie hätte es gehört, und meinte, jene Königin sei darüber gleichsam freudig erregt gewesen, und das zu Recht; denn das Haus Burgund galt gewiß soviel als das von Österreich, da es von einem Sprossen von Frankreich, Philipp dem Kühnen, stammte und sie hohen Reichtum, großen Adel und hochgemute Tapferkeit daraus gewonnen hatten; denn ich glaube, es gab niemals vier größere Herzöge nebeneinander als jene vier Herzöge von Burgund. [Eine hübsche Geschichte, wenn man davon absieht, daß Maria von Burgund nicht in Dijon, sondern in Brügge begraben liegt, und die erhaltenen Porträts nicht die Spur einer Progenie zeigen.] ... Unsere Königin Maria von Ungarn war also sehr schön und angenehm und sehr liebenswürdig, obwohl ein wenig männlich – *un peu hommasse*; darum zeigte sie für die Liebe und den Krieg und alles, was sie unter ihre hauptsächliche Verwaltung nahm, kein geringes Geschick. Der Kaiser, ihr Bruder, der sie als sehr geeignet dafür erkannte, ließ sie holen und bitten, zu ihm zu kommen, um von ihm das Amt zu übernehmen, das ihre Tante innegehabt hatte ... Jene seine Schwester, die er vor allen liebte, machte er zur Generalstatthalterin seiner ganzen Niederlande, die sie für ihn verwaltete, und ich wüßte nicht, wie er sich ohne sie hätte helfen sollen. Der Kaiser vertraute ihr aber auch vollkommen in seinen Staatsangelegenheiten. Sie führte ihm auch glückliche Kriege, entweder durch ihre Feldherren oder persönlich, immer zu Pferd, wie eine edle Amazone."[107]

Die unmittelbaren Zeitgenossen (Brantôme gehörte der nächsten Generation an) standen der Wahl des Kaisers teilweise skeptisch gegenüber, sein früherer Beichtvater Kardinal Loaysa protestierte geradezu und warnte ihn von Rom aus, die Königin von Ungarn wäre viel zu jung und würde ihren guten Namen riskieren, wenn sie unverheiratet bliebe. Der Kaiser solle entsprechende Maßregeln treffen, damit er nicht „in der Angst leben müsse, von einem schlichten Vater einen Neffen zu bekommen". Der Kardinal hatte offensichtlich einiges über das „lustige" Leben des jungen ungarischen Königspaares gehört, anscheinend aber wenig über Marias Lebensführung seit dem Tod ihres Gemahls vor immerhin sechs Jahren. Der französische Hof, der jeden Fehler auf Karls Seite mit Schadenfreude registrierte, war überzeugt, die junge Witwe in den Niederlanden würde eher damit beschäftigt sein, ihr Leben zu genießen, als sich mit Staatsangelegenheiten zu befassen und somit bald wieder von der Bildfläche verschwinden. Ein anderes als ein „galantes" Leben konnte man sich am französischen Hof eben schwer vorstellen.[108]

Der Kaiser hatte feststellen müssen, daß während der letzten Regentschaftsjahre seiner Tante Margarete, trotz deren unbestreitbaren politischen Talenten, manche Dinge nicht gut gelaufen waren, nicht zuletzt deshalb, weil sie die Meinung ihrer Räte nicht mehr hören wollte. Diese führten Klage beim Kaiser, daß man sie zu Beratungen nicht hinzuziehe, daß sie „vor der Tür" warten müßten, „wenn sie kämen, um mit Ihrer Hoheit zu reden". Karl V. war daher bestrebt, durch eine Neuordnung des Regentschaftssystems einerseits Marias mangelnde Erfahrung auszugleichen, andererseits aber auch mögliche autokratische Tendenzen ihrerseits von vorneherein auszuschalten. Die notwendigen Überlegungen und Beratungen nahmen viel Zeit in Anspruch, so daß die offizielle Bestellungsurkunde der neuen Regentin erst am 26. September 1531 ausgestellt wurde. Sie räumte ihr zwar *de iure* bedeutende Vollmachten ein, doch die letzte Entscheidung in Regierungssachen blieb dem Kaiser vorbehalten. Ein Staatsrat (*Conseil d'état*), ein Geheimer Rat (*Conseil privé*) und ein Finanzrat (*Conseil des finances*) würden ihr beratend zur Seite stehen, die Erlässe von Nicholas Perrenot, Seigneur de Granvelle, ausgefertigt werden, dem Ersten Ratsherrn für die Angelegenheiten der Niederlande, Burgunds und Deutschlands. Der Staatsrat würde unter dem Vorsitz der Regentin während der Abwesenheit des Herzogs und Kaisers die Geschäfte führen, während den Vliesrittern, den Mitgliedern der Räte und des Großen Rats von Mecheln (des obersten Gerichtshofs), den Gouverneuren (*stadhouders*) der verschiedenen Provinzen und den Bischöfen beratende Funktionen eingeräumt waren. Der Kaiser gewährte dem Staatsrat sogar das Recht, zusammenzutreten, ohne von der Regentin einberufen zu sein. Louis de Praet (Lodewijk van Praat), kaiserlicher Rat und verdienter Diplomat, war angewiesen, alle Schritte der Regentin zu beobachten und dem Kaiser Bericht zu erstatten. Oberste Richtschnur für alle war der Wille des Kaisers, und der neuen Statthalterin blieb – trotz größerer Vollmachten – viel weniger Spielraum für eine persönliche Politik als ihrer Vorgängerin.

Eine wichtige Frage bildete auch die der Zusammensetzung des Hofstaates. Der Kaiser wollte vor allem Niederländer in den wichtigsten Positionen sehen und keinesfalls Personen, auf die der leiseste Verdacht ketzerischer Sympathien fiel. Oberkammerherr, *chevalier d'honneur,* wurde Antoine de Croy, Seigneur de Sempy (sein älterer Bruder Charles war Oberkammerherr und Erzieher im *Prinsenhof* zu Mecheln gewesen, als Maria und ihre Geschwister klein waren), Obersthofmeister, *grand maître d'hôtel,* Philippe de Lannoy, Seigneur de Molembaix, Stallmeister Guillaume de Blois, Nicolas Perrenot de Granvelle *oficier de la maison.* Auch Österreicher waren in Marias Hofstaat vertreten, so

Wolfgang Puchaim, der schon König Ludwig als Kriegsmann gedient hatte, oder Leopold Schreibersdorfer. Als persönlichen Sekretär behielt Maria den bewährten Miklós Oláh, dessen katholische Überzeugung über jeden Zweifel erhaben war. Oláh war gar nicht leicht zu gewinnen, fürchtete sich vor dem fremden Land und den fremden Menschen, ließ sich aber schließlich doch überreden, das „ungewisse Abenteuer" zu wagen. So recht wohlfühlen konnte er sich in den Niederlanden nicht, obwohl er die freundschaftlichen Kontakte mit den niederländischen Humanisten sehr hoch schätzte. Nach einigen Jahren wechselte er in den Dienst König Ferdinands und beendete schließlich seine Karriere als Erzbischof von Gran und ungarischer Kanzler.

Bei den Damen erwies sich die Wahl einer geeigneten *dame d`honneur* als wesentlich schwieriger, keine fand Gnade vor Marias Augen, die von den Damen ihres Hofstaates unter anderem auch erwartete, daß sie schneidige Reiterinnen waren. Madame de Chièvres (die Witwe von Karls Erzieher Guillaume de Croy), war bereits zu alt, außerdem kränklich und fast taub, Françoise de Luxembourg, die Witwe des Grafen Johann von Egmont, zu jung. Ein weiterer Grund, die Gräfin nicht zu wählen, war möglicherweise auch der, daß sie eine Zeit lang dem Kaiser nahegestanden war. So gelang es Maria doch, eine „Ausländerin" durchzusetzen, die Gräfin Elisabeth Salm, geborene Freiin von Roggendorf, Witwe des Verteidigers von Wien, Niklas Graf Salm. Die Gräfin muß große Qualitäten besessen haben, denn auch Ferdinands Gemahlin Anna schätzte sie sehr und wollte sie nicht ziehen lassen. Auf Drängen Marias sprach Ferdinand mit dem Bruder der Gräfin, Wilhelm von Roggendorf, und mit ihrem Sohn, Niklas Graf Salm dem Jüngeren, die die Gräfin zur Übernahme des Amtes überredeten. Erst im Frühjahr 1532 begab sich Elisabeth Salm dann in Begleitung ihres Bruders auf die Reise und machte in Regensburg Station, wo sie eine Unterredung mit dem Kaiser hatte. Ein weiteres Mitglied der Reisegesellschaft war eine uneheliche Tochter Kaiser Maximilians, die am Hof Marias dienen und gut verheiratet werden sollte, da, wie Ferdinand seiner Schwester schrieb, „Bastarde in den Niederlanden mehr geschätzt würden als in den Erblanden" (Maximilian hatte vier Söhne und drei Töchter hinterlassen, die alle untergebracht und versorgt werden mußten).

Auch die natürliche Tochter Kaiser Karls aus seiner Verbindung mit der Niederländerin Johanna van der Gheynst, geboren 1522 in Oudenaarde und auf den Namen seiner Tante Margarete getauft, war von dieser an den Mechelner Hof geholt und dort wie eine Prinzessin erzogen worden. Man fand sie „sehr klein, nicht über ihre Jahre hinaus entwickelt, aber ziemlich hübsch und liebenswürdig". Sie bewunderte ihre Tante Maria, vor allem in ihren sportlichen Aktivitäten, und suchte ihr nachzueifern, besonders als Reiterin und Jägerin, worin sie ebenfalls Meisterschaft erlangte. Weder hübsch noch liebenswürdig war der Bräutigam, der im Gefolge ihres kaiserlichen Vaters nach Brüssel gekommen war, Alessandro de'Medici, von Kaisers und Papstes Gnaden Herzog von Florenz, offiziell der „Neffe" von Papst Clemens VII., in Wirklichkeit aber sein Sohn, den er mit einer afrikanischen Magd gezeugt hatte. Zeitgenossen bezeichneten ihn als „bösartigen und reizbaren Bastard", und man fragt sich, wie der Kaiser eine solche Verbindung auch nur in Erwägung ziehen konnte. In Sachen Heiratspolitik dachte Karl jedoch ausschließlich politisch und dynastisch, persönliche Wünsche oder gar Gefühle hatten keine Rolle zu spielen. So mußte Margarete schon im Januar 1532 die Niederlande verlassen und über Verona, Florenz und Rom nach Neapel reisen, wo *la duchessina Margarita* zu einer *sposa italiana* geformt werden sollte. Ihre Briefe hatte die *figliola di Cesare* auf Wunsch des Vaters mit *Margarita d'Austria* zu unterzeichnen.

Am 7. Oktober wurde Marias Bestellungsurkunde in einer Versammlung der Generalstände feierlich verlesen. Maria wurde ermächtigt, für die Einhaltung der Gesetze zu sorgen, Petitionen entgegenzunehmen, die Vliesritter, General- und Provinzstände einzuberufen. Sie wurde mit der Oberaufsicht über Gesetzgebung und Finanzen und dem Oberbefehl über die Armee betraut und als oberste Instanz über die Provinzgouverneure, die Generäle und die Judikatur gesetzt. Sie wurde ermächtigt, Edikte und Verordnungen zu erlassen, Stellen zu vergeben und Begnadigungen zu gewähren. Sie empfing also das Recht, alles zu tun, was der Autorität des Souveräns und dem Wohl des Landes nützlich war. Höchste Instanz blieb allerdings der Souverän selbst, ob er nun anwesend war oder nicht. Die Kosten der Hofhaltung wurden auf 67.000 fl kalkuliert, die jährliche Apanage der Regentin betrug allerdings nur 47.000 fl, da der Kaiser der Meinung war, Maria könne den Rest leicht aus ihren österreichischen und ungarischen Einnahmen decken. Dagegen setzte sich Maria zur Wehr und führte ins Treffen, daß ihre Witwengüter, soweit sie nicht überhaupt verloren waren, nicht nur ständig gefährdet, sondern auch mit Schulden belastet seien und wenig bis gar nichts abwürfen. Das Geldproblem im allgemeinen und Marias Witwengüter im besonderen entwickelten sich zu einem Dauerthema zwischen den Geschwistern, wobei jeder die eigenen Interessen durchzusetzen versuchte. Der Kaiser wünschte, daß Marias Einkünfte die niederländische Staatskasse entlasteten, Ferdinand und seine ungarischen Räte wollten, daß die Gelder im Land blieben und für das Land genützt würden, und Maria bestand auf ihren Besitzansprüchen, nicht „um Schätze zu sammeln", wie sie an Ferdinand schrieb, sondern um unabhängig zu sein und gegebenenfalls Überbrückungshilfe zu haben, wenn die Bewilligungen der Stände oder die Geldsendungen Karls auf sich warten ließen. Die Finanzfrage blieb noch jahrelang ungelöst, bis sie im Augsburger Vertrag vom 7. März 1548 endlich bereinigt wurde.

Trotz mancher Meinungsverschiedenheiten, die zumeist in sehr sachlichem Ton ausgetragen wurden, herrschte große Eintracht zwischen den Geschwistern, wobei sich die jüngeren dem älteren Bruder als Familienchef zumeist widerspruchslos unterordneten. War in Marias ungarischer und österreichischer Zeit ihre Nähe zu Ferdinand naturgemäß größer gewesen, so festigte sich jetzt das Vertrauensverhältnis zu Karl immer mehr. Erst jetzt, in den Monaten ihres Zusammenseins in den Niederlanden, lernte sie den Bruder richtig kennen, der ihr selbst nach Innsbruck und Augsburg noch ein Fremder gewesen war. Nicht nur in ihrer äußeren Erscheinung, auch im Wesen waren sie einander ähnlicher als den anderen Geschwistern, der sanften und eher passiven Eleonore und dem temperamentvollen und charmanten Ferdinand. Karl und Maria waren beide von großem Ernst, beide neigten zu melancholischen Stimmungen und zur Weltflucht, beide waren von der Größe und Auserwähltheit ihres Hauses durchdrungen, dem zu dienen sie als ihre vornehmste Berufung ansahen. Nur im Temperament gab es größere Unterschiede. Wo Maria oft hektisch und rasch reagierte, blieb Karl gemessen, langsam und schwer von Entschluß. Beiden gemeinsam war die Passion für die Jagd, von Karl nicht nur aus sportlichen Gründen und zur körperlichen Ertüchtigung geübt, sondern auch „um überflüssige Säfte zu verbrauchen, so daß er keusch leben könne" (was ihm im Gegensatz zu Maria nicht immer gelang). Die Geschwister nützten die reichen Jagdmöglichkeiten in der Nähe von Brüssel oft zu gemeinsamen Unternehmungen, eine Zeichnung von Barend van Orley zeigt sie hoch zu Roß, umgeben von Jagdgehilfen, Falknern und Hunden – auch der Hofnarr ist dabei. Neben die hohe Politik trat in der Korrespondenz der Geschwister immer wieder die Schilderung von Jagderlebnissen, von Unfällen und Krankheiten, von Gefühlen und Stimmungen. Auch Humor ist keineswegs ausgespart, und manche Dinge schrieben sie einander, „um zu lachen und um uns selbst lächerlich zu machen, denn das habe ich sehr nötig", wie es der Kaiser einmal formulierte. Als Karl nach einem Sturz vom Pferd an einer schmerzhaften Wundrose litt, und seine Ärzte sogar an Amputation dachten, meinte er, „er ziehe die eigenen Knochen von Fleisch und Blut den hölzernen vor", gab aber auch zu, daß sich die Heilung verzögerte, weil er sich nicht an den Rat der Ärzte hielt, zu früh ausging und die juckenden Stellen kratzte, bis sich blutige Striemen zeigten. Während seine Gemahlin ein offizielles medizinisches Bulletin erhielt, konnte er sich vor Maria „gehenlassen" und seine Schwächen zugeben.

Eine Woche nach der Versammlung der Generalstände fand erneut eine feierliche Zusammenkunft aller geistlichen und weltlichen Würdenträger statt. In einer einstündigen Rede verabschiedete sich der Kaiser von seinen niederländischen Untertanen, nicht ohne die dringende Bitte, dem katholischen Glauben treu zu bleiben und keine herätischen Bücher zu berühren. Allen Anwesenden legte er den Gehorsam gegenüber der Königin Maria ans Herz, selbst wenn sie noch unerfahren sei, so stünden ihr doch weise und erfahrene Räte zur Seite. Auch Maria sprach zu den Ständen, doch durch die nervöse Erregung, die sie ergriffen hatte, waren ihre Worte nicht einmal den zunächst Stehenden verständlich. So schien ihr erster Auftritt nicht geeignet, das Gerücht aus der Welt zu schaffen, der Kaiser habe seine Erblande einer viel zu jungen und unerfahrenen Frau überantwortet, und manch einer der Herren mochte sich gedacht haben, die neue Regentin würde leichter zu handhaben sein als ihre Vorgängerin.

Noch immer konnte der Kaiser nicht abreisen. Dieses Mal war der Grund der Verzögerung sein Schwager Christian, der exilierte König von Dänemark, seit Jahren nicht besonders erwünschter Gast in den Niederlanden, wo er auf eine Gelegenheit wartete, sein Reich zurückzuerobern. Die Niederländer fürchteten zu Recht, daß Christians Anwesenheit ihre guten Beziehungen zu dem neuen König von Dänemark stören könne, Beziehungen, die für ihren Ostseehandel unerläßlich waren. Sie hatten deshalb des öfteren bei Margarete protestiert, deren Sympathie für Christian sich ebenfalls in Grenzen hielt. Sie untersagte den von Christian ausgerüsteten Kaperschiffen das Einlaufen in niederländische Häfen, schloß mit Friedrich I. von Dänemark und den mit ihm verbündeten Hansestädten einen Friedensvertrag und verweigerte auch weiterhin jegliche Hilfeleistung für den königlichen Desperado, während sie sich seiner unglücklichen Gemahlin Isabella, und, nach deren frühem Tod, seiner Kinder in rührender Weise annahm. Auch für Karl V. waren die „Kinder von Dänemark", die Margarete ihrem Vater „abgekauft" und an ihren Hof nach Mecheln geholt hatte, der Hauptgrund für seine Langmut gegenüber Christian, nicht nur, weil sie dynastische „Pfänder" darstellten, sondern auch, weil er eine große Zuneigung zu ihnen gefaßt hatte, besonders zu dem elfjährigen Johan, der ihm seinen eigenen Sohn Philipp ersetzen mußte, der im fernen Spanien aufwuchs.

Nun war *ce fou roy* Christian nach Brüssel gekommen, um von seinem Schwager erneut „verwandtschaftliche" Hilfe zu erbitten. Er schämte sich auch nicht, den noch ausstehenden Rest der Mitgift seiner längst verstorbenen und so schmählich behandelten Gemahlin einzufordern. Als er auf große Zurückhaltung stieß, beschloß er, selbst die Initiative zu ergreifen. Mit in Ostfriesland geworbenen Truppen zog er über Overijssel nach Holland und verlangte von der Landesregierung Schiffe, Waffen und Munition. Es gab genug Abenteurer und Herumtreiber in Holland, die bereit waren, einem *condottiere* wie Christian auf See zu folgen, Beute und Ruhm mochte er ihnen genug versprochen haben. Ehe die Holländer reagieren konnten, unterstrich er seine Forderungen mit Gewaltakten und plünderte mit seinen Vagabunden und Piraten die Stadt Alkmaar, während der Rest der Bande das Land um Utrecht verwüstete. Um noch Schlimmeres zu verhüten, gab der Kaiser nach, stellte ihm Geld und zwölf Kriegsschiffe zur Verfügung, auf denen er sich am 26. Oktober 1531 in Medemblik einschiffte. Sein Ziel war, in Seeland einzufallen, doch im Skagerrak geriet seine kleine Flotte in einen Sturm, der ausgerechnet die Schiffe zerstörte, die seine Kriegskasse und sein Geschütz transportierten. Nun segelte er weiter Richtung Norwegen und landete südlich von Arendal, wo man ihn als König begrüßte. Christian meinte, seine Sache wäre bereits gewonnen, und versäumte es, die Burg von Bergen und das Oslo beherrschende Akershus zu besetzen, die beide in der Hand seiner dänischen Gegner blieben. Er verlegte sich aufs Verhandeln und versicherte seinen Onkel Friedrich von Holstein seiner treuen evangelischen Gesinnung (erst vor einem Jahr war er in Innsbruck „reumütig" zur katholischen Kirche zurückgekehrt, um das Wohlwollen des Kaisers und dessen Hilfe zu gewinnen). Für eine Weile sah es so aus, als ob er seine Pläne verwirklichen könnte.[109]

Vor der endgültigen Abreise des Kaisers ins Reich wurde noch ausgiebig gefeiert. Als Veranstalter einer ganzen Reihe von Festlichkeiten fungierte der portugiesische Botschafter, Anlaß war die glückliche Niederkunft der Königin Katharina von Portugal. Katharina war Karls jüngste Schwester, die 1525 ihrem eintönigen und freudlosen Dasein im Schloß von Tordesillas endlich entronnen war und König João III. von Portugal geheiratet hatte, den Bruder von Karls Gemahlin Isabella. Es handelte sich also in mehrfacher Hinsicht um ein Familienfest.

Auf dem Platz vor dem Haus des Botschafters fanden im Licht unzähliger Fackeln ritterliche Kampfspiele, Schwert- und Fackeltänze statt, denen der Kaiser mit Maria und den Kindern von Dänemark vom Balkon aus zusah. Beim anschließenden Bankett saß der Kaiser gut gelaunt zwischen Maria und seiner älteren Nichte Dorothea, genoß die hervorragende Tafelmusik und sprach den unzähligen, üppigen Gängen in der üblichen Unmäßigkeit zu. Sie stellte eine seiner großen Schwächen dar und führte zum Kummer seiner Ärzte, auf die er nicht hörte, immer häufiger zu gesundheitlichen Problemen. Nach dem Mahl führten maskierte italienische und spanische Adelige eine italienische Komödie auf, die in einer Apotheose von König Cupido endete, der in einem Triumphwagen erschien, von Göttinnen umgeben. In goldenen Pokalen wurden portugiesische Weine kredenzt und exotische Früchte auf chinesischem Porzellan herumgereicht. Jede der anwesenden Damen erhielt ein elegantes Geschenk, Maria und die kleinen Prinzessinnen kostbare Kristallvasen und mit Parfum gefüllte Flakons. Bis tief in die Nacht war aus den Räumen der Botschaft festliche Tanzmusik zu hören, und die Brüsseler Bürger, die sich an den Fenstern und auf den Dächern der umliegenden Häuser drängten, um etwas von dem glänzenden Spektakel zu erspähen, sahen, wie die vornehmen Damen und Herren in ihren prächtigen Roben sich in gemessenen Schreittänzen bewegten.

Auch in den folgenden Tagen schmetterten immer wieder die Trompeten, sprengten prachtvoll gerüstete Ritter durch die Straßen und bahnten sich bunte Prozessionen ihren Weg durch die schaulustige Menge. Die Bürger konnten mit Stolz feststellen, daß ihre Stadt nicht nur eine prinzliche, sondern eine kaiserliche war, Mittelpunkt eines Weltreiches, wo weltpolitische Probleme beraten und Entscheidungen von bedeutender Tragweite getroffen wurden. Doch mit der Abreise des Kaisers verging der Glanz, und die Probleme, mit denen sich die junge Regentin bald zu befassen hatte, waren nicht weltpolitischer Natur, sondern berührten den unmittelbaren Lebensnerv der ihr anvertrauten Provinzen.[110]

II. KEIN BROT, KEIN GEHORSAM

Die Niederländer bekamen sehr bald die Nachgiebigkeit des Kaisers gegenüber seinem dänischen Schwager zu spüren. König Friedrich I. von Dänemark, angestachelt von den Hansestädten Hamburg und Lübeck, die hofften, der niederländischen Konkurrenz empfindlich zu schaden, traf die einzige Maßnahme, die Holland und Seeland mehr fürchteten als Flut und Seuchen: er verwehrte ihren Schiffen die Durchfahrt durch den Sund, dem Tor zum Baltikum, was eine ökonomische Krise zur Folge hatte, mit allem, was dazugehörte: Arbeitslosigkeit, Hunger und Revolte.

Auf eigene Verantwortung sandten die holländischen Generalstaaten Vertreter nach Kopenhagen, um zu erklären, daß die Unterstützung Christians gegen ihren Willen geschehen sei, und baten die Regentin, offiziell zu intervenieren. Maria beauftragte einige Vertrauensleute (unter ihnen befand sich auch Georg von Österreich, ein natürlicher Sohn Kaiser Maximilians), an der Mission teilzunehmen, gegen die Sperre des Sunds zu protestieren und friedliche Verhandlungen anzubieten. Der Vorschlag wurde angenommen, doch die Hansestädte fanden die Gelegenheit, der Konkurrenz zu schaden, zu günstig, beschlagnahmten holländische Schiffe, blockierten mit einer Flotte die Insel Texel vor der Nordspitze Hollands und brachten die nördlichen Provinzen in eine äußerst gefährliche Situation. Sie besäßen wenig Land und viele Einwohner, betonte ihr *stadhouder*, der Graf von Hoogstraten, in einem Bericht an die Regentin, und müßten aus diesem Grund ihr tägliches Brot auf dem Wasser verdienen. Hoogstratens Bericht ließ außerdem klar erkennen, daß die Einwohner der nördlichen Provinzen die Hauptschuld an der Katastrophe der Politik des Kaisers gaben. Sollten sie nicht sehr schnell aus ihrer kritischen Situation befreit werden, würden sie sich einen anderen Herrn suchen. Das war eine Sprache, deren aufmüpfiger Ton für die Zukunft nichts Gutes ahnen ließ.[111]

Der Kaiser war mittlerweile beim Reichstag zu Regensburg mit seinem Bruder Ferdinand zusammengetroffen. Das neuerliche Vorrücken der Türken in Richtung auf die österreichischen Länder gab Anlaß zu größter Sorge. Am 21. Juni war Sultan Süleyman mit seinem Heer in Belgrad eingetroffen und bewegte sich weiter donauaufwärts. Ferdinands Gesandte, die durch Verhandlungen zumindest Zeit zu gewinnen suchten, ernteten lediglich Hohn. In einem Brief des Sultans vom 12. Juli aus Esseg an König Ferdinand hieß es, der Sultan ziehe gegen den König von Spanien, der sich so oft gebrüstet habe, gegen den Padischah zu marschieren. Wenn der König von Spanien Mut habe, dann möge er den Sultan im Felde erwarten, sonst aber Tribut zahlen.

Dem König von Spanien und deutschen Kaiser fehlte es nicht an Mut, wohl aber an einem Heer, das (wie das des Sultans) Gewehr bei Fuß stand, um jeden seiner Befehle sofort auszuführen. Einen Aufmarsch gegen die Türken zustandezubringen war das Gebot der Stunde, auch um den Preis gewisser Konzessionen gegenüber den Protestanten. Trotz der Bemühungen des französischen Geschäftsträgers Du Bellay und des Gesandten von János Zápolya, Hieronymus Lasky, die Türkenhilfe zu vereiteln, fanden sich die durch kurzsichtige Interessensgegensätze und Religionskämpfe zersplitterten Fürsten und Stände in einem christlichen Zusammengehörigkeitsgefühl. Ein Religionsfriede wurde ausgehandelt, am 23. Juli 1532 in Nürnberg von den Protestanten unterzeichnet und am 2. August in Regensburg vom Kaiser bestätigt. Nun konnte die Armee aufbrechen, die nicht nur aus Reichstruppen unter Pfalzgraf Friedrich bei Rhein und den königlichen Truppen Ferdinands unter Johann Katzianer bestand, sondern auch aus Niederländern unter Heinrich von Nassau und Adrian de Roeulx sowie aus Italienern unter Antonio Leyva und dem Marchese del Vasto. Am 25. August sollte sie in Wien eintreffen. Der große Augenblick, von Kaiser Karl so lange ersehnt, schien gekommen, das burgundische „Gelöbnis des Fasanenfestes" endlich einzulösen, das Vermächtnis des Goldenen Vlieses zu erfüllen: die Vernichtung des türkischen Erbfeindes im Osten.

Es ist verständlich, daß der Kaiser in diesen kritischen Wochen und Monaten kaum Zeit fand, sich mit den niederländischen Angelegenheiten zu befassen und auf Marias dringende Briefe zu antworten. Als er schließlich, am Vorabend seines Aufbruchs donauabwärts am 13. August zur Feder griff, war es ein trauriges Ereignis, das er seiner Schwester in ungewöhnlich bewegten Worten mitteilte: Prinz Hans, der zwölfjährige Johan von Dänemark, der ihn seit seinem

Aufenthalt in den Niederlanden begleitet hatte, war nach einem heftigen Fieber plötzlich gestorben. „Ich bin zutiefst betrübt", schrieb Karl, „denn er war der hübscheste kleine Junge, den man sich vorstellen kann. Ich bin durch seinen Tod nicht weniger berührt als wenn er mein eigener Sohn gewesen wäre, denn ich kannte ihn besser, er war auch schon größer und ich sah ihn an wie mein eigenes Kind. Gottes Wille konnte es gewiß an jedem Ort so fügen, aber mir ist es nun doch sehr leid, daß ich ihn hierin mitgenommen habe. Gott wolle es vergeben, aber ich wünschte seinen Vater an seiner Stelle. Aber vielleicht ist der kleine Kerl dort, wo er nun ist, besser aufgehoben als hier, wo ich wünsche, daß er wäre, und vielleicht lacht er herzlich über mich, weil ich ihn so vermisse. Er ist ohne Sünden so gestorben, daß ihm, selbst belastet mit den meinigen, die ewige Seligkeit sicher gewesen wäre; im Sterben noch rief er: Jesus. Ich werde auch meinen kleinen Nichten schreiben, um sie zu trösten, und ich nehme an, Ihr werdet dies auch tun. Das einzige, was wir für die Mädchen tun können, ist, ihnen zwei Ehemänner zu finden."

Fast zur gleichen Zeit wie das Schicksal des kleinen Johan erfüllte sich auch das seines Vaters, wenn auch auf andere Weise. In törichter Selbstüberschätzung nahm er den Vorschlag der Dänen und Hanseaten an, zu seinem Onkel Friedrich nach Dänemark zu segeln, um die Verhandlungen persönlich zu führen. Trotz zugesicherten freien Geleites ging er in eine wohlvorbereitete Falle. Unter der Vorspiegelung, er würde dort den König Friedrich treffen, brachte man ihn in das feste Schloß Sønderburg auf der Insel Alsen im Kleinen Belt zwischen Jütland und Fünen, wo er bis zu seinem Verzicht auf die Krone (1546) in strengem Gewahrsam gehalten wurde. Seine letzten Lebensjahre verbrachte er in milderer Haft in Kallundborg auf Seeland und starb 1559 mit 78 Jahren.

Während die Verhandlungen in Nürnberg und Regensburg noch im Gange waren, fiel vor den Mauern des Städtchens Güns/Köszeg an der steiermärkischen Grenze bereits die Entscheidung. Niklas Jurisić, Feldhauptmann und Diplomat König Ferdinands, leitete die Verteidigung, wehrte mit seinen Soldaten und Bürgern insgesamt 18 Stürme des türkischen Heeres unter dem Großwesir Ibrahim Pascha bravourös ab und hielt 21 Tage aus, vom 7. bis zum 28. August. Als die Stadt zur Übergabe schon so gut wie reif war, brachen die Türken den Sturm ab und zogen sich zurück. Der Großwesir empfing den verwundeten Feldhauptmann Jurisić huldvoll in seinem Lager und teilte ihm mit, der Padischah schenke ihm Stadt und Schloß. Dann zog das türkische Heer weiter nach Eisenstadt, wo die Gesandten König Ferdinands mit der Botschaft entlassen wurden, der Sultan habe den Rückmarsch angetreten, weil er dem so eifrig gesuchten „König Karlo" nicht begegnet sei. Raubend, plündernd und mordend zog sich das türkische Heer weiter zurück, die Nachhut, die bis in die Nähe von

Graz vorgedrungen war, wurde am 13. September von deutschen Truppen bei Fernitz geschlagen. Am 18. November traf Süleyman in Istanbul ein und fünf Tage lang feierte man den „Sieg" im „alemanischen Krieg gegen den König von Ispania". Etwa 30.000 Männer, Frauen und Kinder aus der Steiermark, aus Ungarn und Kroatien waren als Gefangene mitgeschleppt worden.

Die Frage, warum Sultan Süleyman diesen Feldzug unternommen und vor allem warum er ihn so plötzlich abgebrochen hat, ist nie schlüssig beantwortet worden. Möglicherweise spielten Nachrichten von den Erfolgen des Admirals Andrea Doria vor der griechischen Küste eine Rolle, am ehesten aber wohl die Berichte der Gesandten von den Reichstagen, wo die „Ungläubigen" im Begriffe waren, zum erstenmal eine einheitliche Front zu bilden. Elf Jahre waren verstrichen seit dem Fall Belgrads (1521), fünf seit Mohács (1526), zwei seit der Belagerung von Wien (1529), bis sich das Reich zu einer gemeinsamen Aktion aufraffen konnte. Nun hatte scheinbar schon die Nachricht allein den Sultan bewogen, den Rückzug anzutreten. Wäre nicht *jetzt* der Moment gewesen, die Türken zu verfolgen und zu stellen? Den türkischen Vasallen Zápolya aus Ungarn hinauszudrängen? Aber die Reichskontingente beriefen sich auf ihre Instruktion, nur die Reichsgrenzen zu verteidigen und verweigerten den Kampf außerhalb des Reichsgebietes, namentlich in Ungarn gegen János Zápolya.

So mischte sich, zumindest für Ferdinand, auch einiges an Bitterkeit in den Jubel der Wiener Bevölkerung, als er am 23. September zusammen mit Karl in Wien seinen Einzug hielt. Da auch die böhmischen und mährischen Einheiten die weitere Heeresfolge verweigerten, mußte Ferdinand tatenlos zusehen, wie sich die stolze Armee, auf die er so große Hoffnungen gesetzt hatte, wieder auflöste. „Hätte ich mehr zu erhalten gewußt", schrieb er am 2. Oktober an Maria, „so wäre ich in Person nach Ungarn gegangen, aber mit so wenig Macht ist es mir weder ratsam noch durchführbar erschienen, und ich muß das jetzt Gott anvertrauen und an einen Frieden denken, wie man ihn wird haben können." Maria suchte den Bruder mit dem Hinweis zu trösten, daß wenigstens Gran entsetzt worden sei und fügte hinzu, *comme on dit en aleman – Es ist peser ein laus ins Kraut den gar kain Fleisch.*[112]

Unmittelbar nach den Wiener Festlichkeiten brach der Kaiser wieder auf und reiste über die Steiermark und Kärnten nach Oberitalien, um von dort in seine spanischen Reiche zurückzukehren, während Ferdinand Vorkehrungen traf, um sein Hoflager endgültig von Prag nach Wien zu transferieren. Die Verlegung der Residenz und die Einrichtung eines angemessenen Hofstaates machten Ausbau und Erweiterung der mittelalterlichen Burg notwendig, so daß Ferdinand unter die größten Bauherren der Hofburg zu zählen ist. Das prachtvolle „Schweizertor" zwischen (heutigem) Franzensplatz und Schweizerhof zeigt zu beiden Seiten seines gekrönten Wappens seine Titel und die Jahreszahl MDLII (1552).[113]

Während die Regentin verzweifelt auf kaiserliche Instruktionen bezüglich der Differenzen mit Dänemark wartete, entschloß sie sich, selbst die Initiative zu ergreifen. Sie befahl, alle Hanseschiffe in holländischen Häfen zu beschlagnahmen, und ordnete den beschleunigten Bau von vierzig Kriegsschiffen an, die die Verhandler in Kopenhagen mit stärkeren Argumenten unterstützen sollten.

Bevor diese Maßnahmen jedoch zum Tragen kommen konnten, wurde Maria mit politischen und sozialen Bedingungen in ihren Provinzen konfrontiert, von denen sie bisher keine Vorstellung gehabt hatte. „Keine Schiffahrt im Baltikum, kein Brot auf dem Tisch", war eines der Gesetze der niederländischen Wirtschaft. Und in weiterer Folge: „Kein Brot, kein Gehorsam." Im Sommer 1532, als der Kaiser in Regensburg seine ganze Energie einsetzte, um die Reichshilfe gegen die Türken zu mobilisieren, brach in Brüssel eine Revolte aus. Eine hungrige Menge plünderte das Haus eines Kaufmanns, der angeblich Getreide hortete, weitere Plünderungen folgten, und das Volk hatte die Oberhand, bevor die Stadtregierung sich zu einer Reaktion aufraffen konnte. Nun beschloß man, die Tore zu schließen und rief die Gilden zu den Waffen, um die Ruhe in der Stadt wiederherzustellen. Als die Regentin am Abend von einem Jagdausflug zurückkehrte, fand sie sich ausgesperrt. Nicht nur das, auch daß ihre Hofbäckerei ausgeraubt worden war, empfand sie als *lèse-majesté*, als Majestätsbeleidigung. Als es den bewaffneten Gilden am nächsten Tag gelang, einige der Rädelsführer zu verhaften, verlangte sie, die Gefangenen an sie auszuliefern, ohne zu bedenken, daß es das verbriefte Recht der Bürger war, ihren eigenen Stadtrichtern vorgeführt zu werden. Die Kunde machte schnell die Runde und war das Signal für die Bürger, das Rathaus zu stürmen und die Gefangenen zu befreien. Bürgermeister und Magistratsbeamte entkamen nur mit Mühe dem Tumult.

Die Regentin stand vor einem Rätsel. Sie wollte für Recht und Ordnung sorgen und die Verbrecher bestrafen und mußte erfahren, daß die Bürger den Bruch ihrer Privilegien als schwerwiegender ansahen als die Taten der Plünderer. Größte Vorsicht war nötig, um die explosive Situation zu meistern, und ihre Räte empfahlen Maria, sich die Forderungen der Bürger schriftlich vorlegen zu lassen, um Zeit zu gewinnen. Als Maria nicht nachgeben wollte, brach die Revolte erneut aus, und sie sah nun keinen anderen Weg, als die Forderungen zu erfüllen. Die bewaffneten Gilden ergriffen erneut 40 Plünderer, die binnen weniger Tage verurteilt und hingerichtet wurden. „Ich habe den Verdacht, daß sich dieses Gewitter schon zusammenbraute, als Eure Majestät noch hier waren", schrieb die Regentin ihrem kaiserlichen Bruder, dem sie auch berichtete, daß man gewisse Zugeständnisse ihrerseits erzwungen habe. „Ich kann Euch meine Entscheidung in zwei Worten sagen", antwortete der Kaiser, „diese niedrigen Rebellen müssen strengstens bestraft werden, als Exempel für andere. Was sie Euch gezwungen haben, zuzugestehen, muß sofort widerrufen werden, und nicht nur das, auch weitere verwerfliche Privilegien, falls sie solche haben sollten …" Nun führte der Marquis von Aarschot Truppen nach Brüssel, und Maria zog sich auf Empfehlung ihrer Räte in die feste Stadt Binche im Hennegau zurück, um alles Weitere aus sicherer Distanz zu beobachten. Die militärische Präsenz genügte bereits, die Hitzköpfe abzukühlen. Die Stadtregierung sandte eine Abordnung nach Binche, und die Bitte um Vergebung begleitete ein kostbares Geschenk: ein weißer Jagdfalke mit einer goldenen Kappe. Maria mußte sich jedoch an die Anweisung des Kaisers halten, der die bedingungslose Unterwerfung unter seinen Willen forderte. Um zu zeigen, daß von Verhandlungen keine Rede sein konnte, verließ sie Binche und begab sich nach Mons. Nach wochenlangem Ringen zwischen den Räten (denen der Stadt und denen der Regentin), sahen sich die Bürger von Brüssel gezwungen, nachzugeben. Am letzten Tag des Jahres 1532 erschien eine Abordnung in Mons vor der Regentin, die sich mit einer glänzenden Entourage von Vliesrittern, Räten und Höflingen umgeben hatte, und bat kniefällig um Vergebung, die huldvoll gewährt wurde, allerdings unter erniedrigenden Bedingungen.

Nach vier Monaten, am 8. Januar 1533, kehrte Maria nach Brüssel zurück. Man empfing sie an der *Porte de Hal* und von dort ritt sie nach *St-Michiel-et-Ste-Gudule*, durch ein schweigendes Spalier von schwarzgekleideten, barhäuptigen und barfüßigen Bürgern, mit weißen Kerzen in den Händen. Wie eine schwere Wolke hing das Schweigen über der Menge, kein Jubelruf ertönte, nur das Geratter der Wagenräder war zu hören, das Getrappel der Pferdehufe und die Marschtritte der Soldaten. Die Regentin kehrte in ihre Hauptstadt zurück, aber es war keine freudige Rückkehr. Die Befehle des Kaisers waren ausgeführt, doch die spürbare Welle von Furcht und Haß, die ihr entgegenschlug, verstärkte ihre melancholische Stimmung, das Gefühl von Einsamkeit und Hoffnungslosigkeit und die Zweifel an ihren Fähigkeiten, die sie in diesem Winter erneut und in verstärktem Maß quälten.

Auch die Einladung zu einem privaten Treffen mit ihrer Schwester Eleonore, die sie seit ihrer Kinderzeit nicht gesehen hatte, mußte sie auf Wunsch des Kaisers ablehnen. Eleonore war Königin von Frankreich, und niemand konnte wissen, welche geheime Absicht ihres Gemahls hinter dieser Einladung steckte. Die Enttäuschung tat ein übriges, und kurz nach ihrer Rückkehr nach Brüssel erkrankte Maria so schwer, daß man für ihr Leben fürchtete. Ihr Sekretär Miklós

Oláh registrierte die gleichen Symptome wie nach dem Tod ihres Gemahls: Herzrhythmusstörungen und Fieber. Die Ärzte waren überzeugt, daß die Regentin an ihrem schlechten Gesundheitszustand selbst schuld sei, es wäre einfach zuviel, was sie ihrem zarten Körper beim Reiten und Jagen zumute. „Wenn die Königin vier Tage nicht gejagt hat", schrieb der englische Gesandte John Hutton an Thomas Cromwell, „dann meint sie schon, sie sei krank. Ich habe sie oft auf ihren Ausflügen begleitet, und der Mann, der ihr Tag für Tag zu folgen vermag, braucht ein starkes Pferd und ein starkes Herz." Ebensowenig wie ihr Bruder Karl auf seine Ärzte hörte, wenn sie seine Eßgewohnheiten kritisierten, so wollte Maria von Einschränkungen wissen, die ihre sportlichen Aktivitäten betrafen. Ihre Pferde, Hunde und Jagdfalken waren schließlich ihr einziges Vergnügen. *Cant à moy, se m`est aincore tout ung, soit mort ou vie,* hatte sie einmal an Ferdinand geschrieben, „was mich betrifft, so ist es mir völlig gleich, ob ich lebe oder sterbe." Sie schien ihre Meinung noch nicht geändert zu haben.

Das Leben der Regentin war aber doch nicht ganz freudlos. Auch nach dem Tod von Prinz Johan, nach der Abreise der kleinen Margarete nach Italien, tönte das Lachen von Kindern durch die endlosen Zimmerfluchten des riesigen Herzogspalastes. Von den beiden dänischen Prinzessinnen galt die zwölfjährige Dorothea nun als „Kronprinzessin" von Dänemark, ein fröhliches Kind mit lockigen Haaren, das sich um seine Zukunft keine Sorgen machte. Die noch nicht elfjährige Christine wirkte ernster und klüger und versprach, eine Schönheit zu werden. Ihr Charme und ihre schüchterne Zurückhaltung erinnerten an ihre frühverstorbene Mutter Isabella. Das Herz der Regentin hatte sie vor allem dadurch gewonnen, daß ihr nichts lieber war, als zu reiten und zu jagen, mit ähnlicher Energie und Ausdauer wie ihre Tante.

Es mußte Maria wie ein Donnerschlag treffen, als ihr der Kaiser mitteilte, er habe beschlossen, seine Nichte Christine mit Francesco Sforza zu vermählen und zur Herzogin von Mailand zu machen. Der Herzog war achtunddreißig, halb gelähmt und erst seit kurzem wieder in seinem Herzogtum installiert. Trotzdem sollte die Ehe so bald wie möglich *per procuram* geschlossen werden und Christine nach Italien aufbrechen. In ihrer Antwort schlug Maria Töne an, die bisher in ihrer Korrespondenz mit dem kaiserlichen Bruder nicht vorgekommen waren. „Ich antworte Eurer Majestät nur, um mein Gewissen zu erleichtern", schrieb sie, „und um Euch vor den Schwierigkeiten zu warnen, die ich zu erkennen meine, so daß Eure Majestät bestmöglich entscheiden mögen, sofern an dem Vertrag noch etwas geändert werden kann. Ich zweifle nicht, daß unsere Nichte ihre Zustimmung zu besagter Heirat geben wird. Sie wird immer annehmen, was E. M. für sie zu entscheiden wünscht, da sie Euch als ihrem Herrn und Vater vollkommen vertraut und als ergebene Tochter und Dienerin stets gehorchen wird. *Monseigneur*, obwohl ich mich dem Kind zutiefst verbunden fühle, so unterwerfe ich mich doch völlig Eurem Befehl; andererseits möchte ich E. M. doch informieren, daß aus dem Vertrag klar hervorgeht, daß die Ehe innerhalb eines sehr kurzen Zeitraums konsumiert werden soll. Wenn ihre Abreise jetzt so hastig betrieben wird, so wird sie gemäß dem geschriebenen Gesetz nicht ehefähig sein, denn sie ist erst elfeinhalb; und was das natürliche Gesetz betrifft, so meine ich, es geht gegen Gottes Gesetz und alle Vernunft, sie so jung zu verheiraten, bevor sie zwölf Jahre alt ist. Nicht alle Mädchen werden im gleichen Alter reif, und sie ist es noch keineswegs. Ich finde, es ist nicht nur gegen den Befehl Gottes, sondern ich bin auch überzeugt, man würde ihr Leben gefährden, wenn sie schwanger würde, bevor sie eine ganze Frau ist. Es ist oft vorgekommen, daß in solchen Fällen weder die Mutter noch das Kind die Geburt überlebt haben.

Monseigneur, ich bin mir dessen bewußt, daß ich über diese Angelegenheit mehr gesagt und mich ungeschickter ausgedrückt habe als wünschenswert ist. Ich bitte Euch, mir zu vergeben, denn mein Gewissen und die Liebe, die ich für das Kind fühle, zwingen mich dazu."

Selten hat Maria in ihren Briefen soviel Gefühl und menschliche Anteilnahme gezeigt, doch die Antwort des Kaisers fiel „sehr derbe und schnöde" aus. Er verfüge an Vaters Statt – der sei so gut wie gestorben – und im Interesse des Reiches; für diesen schiefen Herzog sei Christine reif genug. Er opfere sich selbst seinen Reichen, aber er fordere das Opfer ebenso rücksichtslos von Schwestern und Nichten, wie das herkömmlich sei. Wie wir bei Margarete und Maria gesehen haben, konnte die Opferbereitschaft aber auch an ihre Grenzen stoßen – trotz aller dynastischen Loyalität.

Ohne der Instruktion des Kaisers direkt zuwider zu handeln, wußte Maria es doch so einzurichten, daß mehr Zeit verstrich als vorgesehen. Der aus Mailand eingetroffene Graf Massimiliano Stampa, der den Herzog bei der Hochzeit vertreten sollte, mußte sich immer wieder erneut gedulden: Einmal war es ein Jagdunfall, der die Regentin ans Bett fesselte, dann wieder riefen sie wichtige Geschäfte an die Südgrenze ihrer Länder. Das Spiel ließ sich aber nicht endlos fortsetzen, und die Hochzeit fand schließlich am 28. September in der Schloß-kapelle der alten Burgunderresidenz in Lille statt, mit allem Glanz und Pomp, der bei solchen Gelegenheiten entfaltet wurde. Noch einmal gelang ein Aufschub, als Maria dem Grafen Stampa plausibel machen konnte, daß die kleine Herzogin die beschwerliche Reise über die Alpen nicht in den Wintermonaten antreten könne. Doch zu Beginn des Jahres 1533 wurde Christine zwölf und somit für damalige Begriffe „heiratsfähig". Am 11. März nahm sie in einer mit schwarzem Samt ausgeschlagenen Sänfte Platz und verließ die Niederlande, begleitet von Kavalieren und Damen, Pagen und Zofen und einer Eskorte von hundertdreißig Rittern. Zwanzig Maultiere und drei Gepäckwagen folgten, die den kostbaren Trousseau transportierten, den ihre Tante für sie zusammengestellt hatte.

Marias Gesundheitszustand hatte sich in den letzten Monaten, die Christine in Brüssel verbrachte, wieder verschlechtert. Ihr Ruhelosigkeit hatte zugenommen, und zu den üblichen Magen- und Herzbeschwerden kamen noch häufige Ohnmachtsanfälle, von denen sie sich aber immer wieder rasch erholte. In ihrer Umgebung sprach man von einem „schrecklichen Geheimnis", das ihre Gesundheit betraf, über dessen Natur man sich aber völlig im Unklaren war. Maria sprach jedenfalls nicht darüber und konnte auch nicht dazu bewegt werden, ihre ermüdenden Lebensgewohnheiten zu ändern. Wenn sie sich nicht zu krank fühlte, stand sie gewöhnlich um fünf Uhr auf und verbrachte den größten Teil des Tages im Sattel. Um neun Uhr zog sie sich in ihre Appartements zurück. Der riesige Palast, aus dem nun auch Christine und ihr kleiner Hofstaat ausgezogen waren, schien Marias depressive Stimmung noch zu verstärken, und sie übersiedelte zeitweilig in das Palais Nassau, in dessen intimeren Räumlichkeiten es schien, als würde sie wieder zur Ruhe kommen. Den Doktoren, die von nah und fern herbeiströmten, weil sie hofften, die Regentin zu kurieren und damit ein Vermögen zu machen, lieh sie nach wie vor kein gnädiges Ohr. Nur die Tränke aus Kräuterabsud und Gerstenschleim, die ihr eine alte Frau in Brüssel zubereitete, nahm sie zu sich, und sie schienen ihr auch zu helfen, wenigstens zeitweise. Überzeugt, daß ihr Tod nahe bevorstünde, versank sie in apathische Melancholie, verlor jedes Interesse an ihrer Arbeit und bat ihren Bruder, das drückende Amt von ihren Schultern zu nehmen.

Der Hauptgrund für Marias depressive Zustände scheint die Sorge um Christine gewesen zu sein, nicht nur der Trennungsschmerz, auch der Kummer, daß sie dieses liebenswürdige Kind in ein weit entferntes, fremdes Land schicken und einem nicht mehr jungen und kränklichen Mann überantworten mußte. Man kann auch nicht umhin, an ihre Mutter Juana zu denken, von der sie die Neigung zu depressiven Stimmungen geerbt haben mochte.

Der Kaiser teilte seiner Schwester in ziemlich schroffem Ton mit, daß er nicht daran denke, sie von ihrem Amt zu entbinden, sandte ihr beste Genesungswünsche und Rezepte für Kuren, die eine der Damen seiner Gemahlin (oder seine Gemahlin selbst) von ähnlichen Symptomen befreit hätten.

Marias depressiver Zustand dauerte fast ein Jahr, bis in den Frühling 1534. Sie beschäftigte sich kaum mehr mit Staatsgeschäften, verließ selten ihre Räumlichkeiten und wartete auf den Tod. Bis ein italienischer Arzt erschien, den der Herzog von Mailand, Christines Gemahl, geschickt hatte. Ihm gelang es nicht nur, überhaupt vorgelassen zu werden, es gelang ihm auch, das Vertrauen der Regentin zu gewinnen, und langsam kehrten ihre Lebensgeister zurück. Vielleicht waren es auch gar nicht die Medizinen des Italieners, die den Umschwung bewirkten, vielleicht waren es seine Erzählungen vom Mailänder Hof, denen Maria entnehmen konnte, daß es Christine so schlecht nicht getroffen hatte. Ihr kränklicher Gemahl konnte sich zwar nur mit Hilfe eines Krückstocks fortbewegen, doch er war voll Sanftmut und Höflichkeit, verstand viel von Pflanzen und Blumen und vor allem von der Kunst, die am Hofe der Sforzas seit jeher geblüht hatte. Der große Leonardo, 1516 von König Franz nach Frankreich „entführt", hatte am Hof seiner Eltern Lodovico *Il Moro* und Beatrice d`Este als Maler, Bildhauer und Kriegsingenieur gewirkt. Im Refektorium des Dominikanerklosters *S. Maria delle Grazie* vollendete er 1497 sein „Abendmahl".

Das „mysteriöse Leiden" der Regentin kehrte zwar gelegentlich zurück, und manchmal war sie gezwungen, wegen eines Fieberanfalls das Bett zu hüten, aber langsam besserte sich ihr Gesundheitszustand, und Ende Mai fühlte sie sich stark genug für einen Jagdausflug in die Wälder um Löwen, der nicht weniger als zwölf Tage dauerte.[114]

Inzwischen hatte die niederländischen Provinzen eine neue Unruhewelle erfaßt, diesmal religiöser Natur, die im Aufstand der „Wiedertäufer" ihren Höhepunkt erreichte. Sie machten die Einwilligung des gläubigen Täuflings zur Vorbedingung der Taufe und verwarfen die Kindertaufe. Als Ideal schwebte ihnen eine von der Welt, vor allem der Verbindung mit dem Staat losgelöste „Gemeinschaft der Heiligen" vor, und sie verbanden mit der Forderung der Wiedertaufe Einführung der Gütergemeinschaft, Glauben an neue Offenbarungen und die Aufrichtung des Reiches Christi auf Erden. Der schwäbische Kürschnergeselle und „Prophet" Melchior Hoffmann verkündete, daß das „Tausendjährige Reich Gottes" 1533 in Straßburg seinen Anfang nehmen werde. Er wurde gefangengenommen und eingekerkert, doch seine Lehre konnte in den Niederlanden Wurzeln fassen, die Verfolgung seiner Anhänger durch die staatlichen Behörden steigerten nur ihren Fanatismus. Der Bäcker Jan Mathys aus Haarlem predigte die gewaltsame Vernichtung aller Gegner, und der ehemalige Schneider und Wanderprophet Jan Beuckelszoon (Bockelson) aus Leyden errichtete im westfälischen Münster das „Neue Jerusalem". Alle Gläubigen sollten sich dort sammeln, um sich vor den Klauen des Teufels zu retten. Der Ruf wurde gehört, die durch Überschwemmungen, Mißernten und Arbeitslosigkeit verzweifelte Lage vieler Menschen machte sie noch empfänglicher, und Hunderte von Männern, Frauen und Kindern aus den Städten und Dörfern Hollands und Frieslands brachen auf und strebten in Barken, auf Karren oder zu Fuß ohne Schutz und ohne Versorgung dem neuen Zion zu, ergriffen vom Fieber dieses religiösen Aufbruchs. Der schöne, beredte und schwärmerische „Prophet" (Meyerbeer hat ihm im 19. Jahrhundert eine Oper gewidmet) gewann das Volk für sich, setzte trotz des Widerstandes der Prediger die Einführung einer neuen Staats- und Sittenordnung durch, errichtete als Vorbereitung auf die Herrschaft Christi ein „Königreich Zion", kündigte sich als den apokalyptischen König des neuen Israel an, führte die Vielweiberei und Gütergemeinschaft ein, schwelgte in Üppigkeit und königlicher Pracht und regierte mit brutaler Willkür. Sein Scharfrichter Bernt Knipperdolling war stets in seiner Begleitung, einer seiner Frauen schlug er selbst das Haupt ab. Die Lebensdauer des neuen Königreiches Zion war allerdings kurz, 1535 eroberte der Bischof von Münster seine Stadt zurück, ließ Johan van Leyden gefangennehmen und grausam hinrichten. Ähnlich erging es in Amsterdam den Schwertläufern und Adamiten, die nackt durch die Straßen rannten und „Wehe" schrien, „Wehe der Welt und den Bösen!" In Groningen predigte Harmen Schoenmaker nicht nur Reformation, sondern auch Revolution. „Tötet sie", rief er seinen Zuhörern zu, „tötet sie, die Mönche, die Papisten, alle Regierungen in der Welt und besonders die, die über uns regiert!" Die Regierung sorgte dafür, daß dem wilden Treiben bald ein Ende gesetzt wurde, verhinderte weitere „Auswanderungen" nach Münster und ließ „Propheten", „Seher" und ihre Anhänger festnehmen, der Tortur unterwerfen und hinrichten.

Wenn auch das religiöse Fieber, das so viele Bürger ihrer Provinzen ergriffen hatte, allmählich wieder abklang, so mehrten sich in beunruhigender Weise die Anzeichen, daß das seit dem „Damenfrieden" bestehende empfindliche Gleichgewicht zwischen Valois und Habsburg langsam wieder ins Wanken geriet. Die steigende Spannung beunruhigte auch Königin Eleonore, die so gern als ausgleichende Vermittlerin zwischen ihrem Gemahl und ihren Geschwistern gewirkt hätte. Sie erneuerte deshalb im Sommer 1535 ihren Vorschlag, mit Maria zusammenzutreffen, entweder in Frankreich oder in den Niederlanden. Man einigte sich schließlich auf Cambrai (die Stadt, in der Margarete von Österreich und Louise von Savoyen 1529 den *Paix des dames* unterzeichnet hatten). Karl hatte diesmal zugestimmt, jegliche *politischen* Gespräche jedoch verboten.

Maria reiste in sehr bescheidener Begleitung nach Cambrai, um den privaten Charakter des Treffens zu betonen, während Eleonore mit königlicher *entourage* erschien. Es wurde tatsächlich nicht über Politik gesprochen, zumindest nicht offiziell, obwohl Maria von Granvelle begleitet war und Eleonore von Philippe Chabot de Brion, Admiral und einflußreicher Berater von König Franz. Die Schwestern hatten einander seit Marias Abreise aus den Niederlanden nach Wien im Frühjahr 1514 nicht gesehen, und die Fülle des Erlebten, das sie zu berichten hatten, bot Stoff genug für unpolitische Gespräche.

Während seine Schwestern in Cambrai mit familiärem Geplauder beschäftigt waren, befand sich der Kaiser auf einer kriegerischen Expedition im Mittelmeer gegen den Korsaren Chaireddin „Barbarossa", einen Vasallen des Sultans. Ausgerüstet mit einer schlagkräftigen Flotte, betrieb Chaireddin Piraterie großen Stils, überfiel und plünderte die Küsten Spaniens, Sardiniens und Neapels und machte Jagd auf Christen, die er in die Sklaverei verschleppte. Schon länger hatte Karl geplant, den Kampf gegen den räuberischen Piraten aufzunehmen, die militärischen und diplomatischen Vorbereitungen des Feldzugs aber mit größter Vorsicht betrieben, da er einen Zusammenstoß mit Frankreich vermeiden wollte, das geheime Verbindungen mit der Hohen Pforte unterhielt. Im Mai vereinigten sich die vor Barcelona zusammengezogenen spanischen und portugiesischen Schiffe mit denen des Genuesen Andrea Doria bei Cagliari auf Sardinien. Am 15. Juni ging die Flotte an der Küste des alten Karthago vor Anker, am 15. Juli fiel die starke Festung Goleta (La Goletta) in der Bucht von Tunis zusammen mit der gesamten Flotte Chaireddins in die Hand der Kaiserlichen. Karl wollte sich mit diesem Erfolg aber nicht zufrieden geben und bestand darauf, den Feldzug fortzusetzen. Trotz fast unerträglicher Strapazen, die der Marsch durch die Wüste mit sich brachte, gelang es dem christlichen Heer, einen Angriff Chaireddins zu Lande abzuschlagen und mit Hilfe von Tausenden Christensklaven, die sich gegen ihre Bedrücker erhoben, auch Tunis zu erobern, während Chaireddin die Flucht ergriff und sich nach Algier in Sicherheit brachte.

Der Sieg von Tunis, an dem er persönlich beteiligt war, gab dem Ansehen des Kaisers im ganzen Abendland eine neue Dimension. In seinen Königreichen Sizilien und Neapel, die er zum erstenmal besuchte, wurde er enthusiastisch als Sieger gegen die Ungläubigen und als Vorkämpfer Europas gegen Afrika begrüßt und gefeiert, Messina errichtete ihm Triumphbögen und in Neapel nahmen die Feste und Turniere kein Ende. Auch im päpstlichen Rom, wo die Erinnerung an die schrecklichen Begleitumstände des *Sacco* mittlerweile verblaßt war, jubelte man ihm zu. Papst Clemens VII., während des *Sacco* Gefangener der kaiserlichen Truppen in der Engelsburg, war im Herbst 1534 gestorben. Als letzte Tat hatte er die Vermählung seiner (entfernten) Nichte Caterina de`Medici mit dem jüngeren Sohn von König Franz arrangiert, dem künftigen König Heinrich II. von Frankreich. Nun trug Paul III. Farnese die Tiara, von dem sich der Kaiser eine für ihn günstigere Vermittlung im Streit mit Frankreich versprach. Der stets labile Friede geriet bereits gegen Ende des Jahres erneut in Gefahr, denn Francesco Sforza starb, ohne mit seiner jungen Gemahlin Christine einen Erben gezeugt zu haben, und ließ sein Herzogtum Mailand als erledigtes Reichslehen zurück. Sofort erhob Franz I. Anspruch auf die Belehnung eines seiner Söhne mit Mailand. Der Kaiser konnte in der Herrschaft eines französischen Prinzen in Mailand nur eine Bedrohung der kaiserlichen Machtstellung in Italien sehen, wollte jedoch einen Krieg mit Frankreich vermeiden. Er ließ Verhandlungen aufnehmen und durch Granvelle eine Denkschrift mit zahlreichen Bedingungen erstellen, unter denen man sich mit der Verleihung Mailands an einen der Söhne des Königs einverstanden erklären könne. Doch Franz wollte endlich wieder einen Erfolg landen und ließ durch seine Truppen – zwar nicht Mailand – aber das benachbarte Herzogtum Savoyen besetzen. Um dieser Aktion den Schein der Rechtmäßigkeit zu verleihen, verkündete er, nicht als Eroberer, sondern als übergangener Erbe zu handeln. Als Sohn Louises von Savoyen, einer Schwester des vorigen Herzogs Philibert (des Gemahls der Margarete von Österreich), hätte er bei dessen Tod (1504) Savoyen erben müssen, nicht aber Charles II., der Halbbruder Louises. Nun floh der Herzog und stellte sich unter den Schutz des Kaisers.

In dieser Situation entschloß sich Karl V. zu einer großangelegten diploma-tischen Demonstration. Für den zweiten Ostertag, den 17. April 1536, lud er die Gesandten der ihm feindlichen Mächte (Frankreich und Venedig) in die *Sala dei Paramenti* im Vatikan, wo sich auch Papst Paul III. mit seinen Kardinälen einfand. Vor diesem Auditorium entwickelte der Kaiser seine Leitgedanken in einem frei gehaltenen, einstündigen Vortrag in spanischer Sprache. Er dankte dem Papst und den Kardinälen für ihre Bereitschaft, zur Erhaltung des Friedens in der Christenheit ein Konzil abzuhalten, und sprach anschließend von seinem Plan, einen neuen Kreuzzug, diesmal gegen die Türken in Algier, vorzubereiten. Hier nun sei ihm König Franz durch seinen Einfall in Savoyen in den Weg getreten. Ausführlich zählte der Kaiser nun die Verträge und Friedensschlüsse auf, durch die er die ständigen Zwistigkeiten mit Frankreich habe beilegen wollen, doch seien sie durch dessen König immer wieder gebrochen worden. Nun habe Franz erneut einen Krieg begonnen. Er, Karl, sei dafür gerüstet, aber er sehe voraus, daß am Ende auch der Sieger zu schwach sein würde, um sich gegen die Türken und die Ketzer zur Wehr zu setzen. Um den Völkern solches Blutvergießen zu ersparen, gebe es als letztes Mittel den Kampf des Kaisers und des Königs von Mann zu Mann. Der Papst möge nun Richter sein zwischen ihm und König Franz und entscheiden, wer von ihnen im Recht sei. Paul III. ließ sich jedoch nicht zur Parteinahme zwingen und wich geschickt aus. Er lehnte den Zweikampf ab, hob den Friedenswillen des Kaisers hervor, anerkannte aber auch die Bereitschaft des französischen Königs zu gütlicher Einigung. Würde sich allerdings in Zukunft einer der Fürsten einem „vernünftigen Frieden" wider-setzen, so werde er sich gegen diesen erklären. Der Eindruck der kaiserlichen

Rede, deren Klugheit und Ernst gerühmt wurden, und ihre moralische Wirkung auf viele der Anwesenden war groß. Kritik rief sie unter den Räten Karls hervor, vor allem Granvelle beurteilte die aus der Gedankenwelt des Mittelalters stammende Herausforderung zum Gottesurteil als nicht mehr zeitgemäß. König Franz fand es nicht der Mühe wert, darauf zu antworten, und hielt weiterhin Savoyen besetzt.

Nun beschloß der Kaiser, militärisch einzugreifen. Im Sommer 1536 ließ er seine Truppen im Rücken der Franzosen, in der Provence, aufmarschieren, doch der Feldzug entwickelte sich zu einem Fehlschlag. Die von den weichenden Franzosen angewandte Taktik der „verbrannten Erde", Hunger und Geldnot zwangen die Kaiserlichen, die vor Marseille in Antonio de Leyva noch dazu ihren fähigsten General verloren, schließlich zum Rückzug.[115]

Auch die Niederlande wurden in diesen Krieg hineingezogen. Am 15. Januar 1537 veranstaltete König Franz vor dem Parlament von Paris eine theatralische Szene und ließ durch den Generalprokurator Klage erheben gegen Kaiser Karl wegen Bruches der Verträge von Madrid und Cambrai durch den gegenwärtigen Krieg (eine unverschämte Verkehrung der Tatsachen). Demgemäß, so hieß es weiter, nehme er Flandern, Artois und Charolais förmlich in den Besitz der Krone zurück. Dieser „Kriegserklärung" folgte der Angriff auf die Niederlande.

Karl hatte seiner Schwester ans Herz gelegt, noch mehr zu tun als das Menschenmögliche – *il faut faire plus que le possible,* um die ihr anvertrauten Provinzen vor dem Zugriff der Franzosen zu schützen. Am 24. März versammelte sie die Generalstaaten, ließ durch den Ratspräsidenten die Politik des Kaisers beredt vertreten, ergriff auch selbst das Wort und erhielt unter dem Druck der Ereignisse eine sehr hohe Bewilligung. Die südlichen Provinzen (weil am gefährdetsten) waren schon vorangegangen, nur Gent zeigte sich widerspenstig und pochte auf alte Rechte.

An der Front reihte sich bald ein Scharmützel an das andere, Siege und Niederlagen wechselten einander ab, und wie immer litt die Landbevölkerung am meisten, deren Felder zertrampelt, deren Höfe eingeäschert und deren Vieh geraubt oder getötet wurde. Maria suchte ihre Generäle anzuspornen, in die Offensive zu gehen und sich nicht in Plänkeleien und Belagerungen zu verzetteln, doch es herrschte keine Eintracht zwischen den Herren, von denen jeder sich auf Kosten des anderen zu profilieren suchte. Maria fühlte sich umgeben von Mißtrauen und Opposition, „vorne und hinten behindert", und ortete bei den Adeligen, die sie hätten unterstützen sollen, nur persönliche Rivalitäten und kleinlichen Eigennutz. Als Vertreterin des Kaisers, der ihren Problemen zu wenig Aufmerksamkeit widmete, als Regentin gegenüber ihren Untertanen, die zu revoltieren drohten, statt Abgaben zu zahlen, als Frau gegenüber den Militärs, die ihre Befehle mißachteten, fühlte sie sich machtlos und auf verlorenem Posten. „Diesen Ländern muß geholfen und Friede muß geschlossen werden", schrieb sie an den Kaiser, „oder wir werden sie verlieren." Sie wiederholte ihre Bitte, von ihrem Posten abgelöst zu werden, da sie nichts erreichen könne und für jegliches Unheil verantwortlich gemacht würde. Doch der Kaiser, seit Dezember 1536 wieder in Spanien, versicherte sie seines ungebrochenen Vertrauens. Nun entschloß sich Maria zu einer letzten Kraftanstrengung. Neue Truppen wurden rekrutiert und in Richtung auf den Hennegau in Marsch gesetzt, als am letzten Tag des April 1537 die unglaubliche Nachricht in Brüssel eintraf, die Franzosen hätten begonnen, sich zurückzuziehen.

Man hielt das französische Manöver allgemein für eine Finte und verstärkte die Verteidigungsmaßnahmen. Maria bereitete sich darauf vor, selbst an die Front zu gehen, und trug von nun an zum Erstaunen ihrer Umgebung über ihrem Witwengewand einen schwarzen Lederkoller mit Ösen, an denen ein Küraß befestigt werden konnte. „Wenn Franz noch zwei Wochen wartet", versicherte sie ihren Generälen, „dann will ich ihm zeigen, zu welchem Zweck Gott einer Frau Stärke verleiht." In den letzten Maitagen begab sie sich mit einer Reiterabteilung in Richtung Süden, und der englische Botschafter berichtete voll Bewunderung nach Hause, den Franzosen wäre ein unsanftes Erwachen sicher, wenn es von der Königin abhänge, der kriegerischesten Frau, *the most bellicose woman*, die er je getroffen habe. Wie gern hätte sie es ihrer Großmutter Isabella von Kastilien gleichgetan, die in voller Rüstung mit ihren Soldaten in die Schlacht geritten war! Doch es kam zu keiner Begegnung des französischen Achilles mit der niederländischen Penthesilea auf dem Schlachtfeld. Franz wurde krank und verließ den Kriegsschauplatz, und die Räte der Regentin erhoben dringenden Einspruch gegen ihr Erscheinen in den vordersten Linien. Trotz einiger bedeutender Erfolge ihrer Truppen, wie der Eroberung von St. Pol, bestärkten die Schrecken und Kosten des Krieges den Friedenswillen Marias. Seit dem Treffen mit Eleonore in Cambrai hatten die Schwestern regelmäßig korrespondiert, und dieser Kontakt führte schließlich (mit Zustimmung des Kaisers) zu Verhandlungen zwischen dem französischen Dauphin Henri und dem Beauftragten Marias, Herrn von Isselstein, im Dörfchen Bomy südlich von Thérouanne. Ein Waffenstillstand für zehn Monate ab dem 30. Juni 1537 wurde unterzeichnet, und Maria atmete auf, auch wenn ihre Generäle murrten und sich beschwerten, sie wäre ihnen mit dieser Feuereinstellung in den (siegreichen) Arm gefallen.[116]

Seit Christines Abreise nach Mailand hatte sich Maria manchmal von deren Schwester Dorothea Gesellschaft leisten lassen, einem fröhlichen, immer gut gelaunten Geschöpf, wie geschaffen dazu, die Grillen der Regentin zu vertreiben. Doch auch Dorothea mußte ihren Platz im Heiratskarussell einnehmen, besonders nach dem Tod von König Friedrich I. von Dänemark, der die dänische Thronfolgefrage wieder aufs Tapet brachte. Auch sie war gezwungen, sich auf Wunsch des Kaisers mit einem ältlichen Gemahl abzufinden, mit dem Pfalzgrafen Friedrich bei Rhein, der im Kampf gegen die Türken vor Wien eine so wenig gute Figur gemacht hatte. Vor Jahren nicht für würdig befunden, des Kaisers Schwester Eleonore zu heiraten, dann als Kandidat für Maria im Gespräch, sollte er nun die Ansprüche seiner Gemahlin auf die dänische Krone vertreten. Aber Friedrich beschränkte sich (wie der Kaiserhof) auf Briefe und Manifeste, und der Sohn Friedrichs I. wurde als Christian III. König von Dänemark.

Wenige Monate nach Dorotheas Hochzeit traf aus Mailand die Nachricht vom Tod Francesco Sforzas ein, der den Streit um Mailand und den Konflikt zwischen dem Kaiser und Franz von Frankreich wieder aufleben ließ. Christine konnte nicht länger in Mailand bleiben und kehrte in die Niederlande zurück, als jugendliche Witwe von vierzehn Jahren, deren blonde Anmut in den dunklen Witwengewändern besonders gut zur Geltung kam. Der Seigneur de Brantôme beschrieb sie als „eine der schönsten und ebenso vollkommensten Fürstinnen. Sie hatte ein sehr schönes und freundliches Gesicht, einen sehr schönen und hohen Wuchs, sie redete vorzüglich, kleidete sich vortrefflich und vor allem besaß sie die schönsten Hände, die man sehen konnte. Zu Pferde hielt sie sich sehr gut und sehr anmutig, sie ging stets mit dem Steigbügel in den Sattel, dessen Gebrauch sie von der Königin Maria, ihrer Tante, gelernt hatte. Sie wollte in dieser Hinsicht ihre Tante nachahmen und stieg nur auf spanische Pferde, auf Berberrosse und auf vorzügliche Andalusier, die den Zeltergang gut konnten. Jene Tante liebte sie sehr und fand sie ihrer Laune entsprechend, ebensosehr wegen der Übungen, die sie liebte, wegen der Jagden und andern Dinge wie wegen ihrer Tüchtigkeiten, die sie an ihr erkannte." Es konnte nicht ausbleiben, daß ein solches Juwel auf dem dynastischen Heiratsmarkt hoch notierte. Wer würde ihr nächster Gemahl werden?

Der erste Bewerber um Christines Hand war gewichtig in doppelter Hinsicht: König Heinrich VIII. von England, mittlerweile zum dritten Mal verwitwet. Seine erste Gemahlin Katharina, die er verstoßen hatte, war in der Verbannung gestorben, vier Monate bevor ihre siegreiche Rivalin Anne Boleyn wegen (angeblicher) Untreue den Gang zum Schafott antreten mußte. Ohne auch nur den geringsten Schicklichkeitsabstand einzuhalten, vermählte sich Heinrich unmittelbar nach Annes Tod mit Jane Seymour, die ihm endlich den ersehnten Thronfolger Edward gebar, aber im Kindbett starb. Der König mußte sich erneut nach einer Königin umsehen. Einige französische Prinzessinnen standen zur Debatte, Marguerite de Valois, Tochter von Franz I., Marie de Guise (sie heiratete James V. von Schottland und wurde die Mutter der Maria Stuart) oder Marie de Vendôme. Ein Bericht John Huttons, des englischen Gesandten am Hof zu Brüssel, lenkte schließlich Heinrichs Aufmerksamkeit auf die verwitwete Herzogin von Mailand. Die Herzogin wäre *an excellent beauty*, schrieb Hutton an Thomas Cromwell, groß für ihr Alter, von sanfter Sprechweise, wobei ein leichtes Lispeln ihren Charme erhöhte, von angenehmem Wesen und, so behaupte man, sowohl Witwe wie Jungfrau. Wenn sie lächle, zeige sie die reizendsten Grübchen, zwei in ihren Wangen und eines im Kinn, nur ihre Gesichtsfarbe wäre nicht rein weiß, sondern etwas bräunlich. Gewöhnlich spreche sie französisch, sie beherrsche aber ebenso gut Italienisch und Deutsch. Sie gehe gern auf die Jagd, liebe das Kartenspiel, könne aber auch mit großer Klugheit über ernste Themen sprechen. Heinrichs Interesse war geweckt, doch er wollte auf Nummer sicher gehen und schickte seinen Hofmaler Hans Holbein an den Brüsseler Hof, mit der Bitte, die Herzogin porträtieren zu dürfen.

Die Regentin zeigte sich ebenso überrascht wie zurückhaltend, gestattete aber eine Sitzung von drei Stunden. Die Skizze, mit der Holbein nach England zurückkehrte, versetzte den König in Begeisterung. Mit ihrer vornehmen Haltung und dem schelmischen Lächeln schien die Herzogin die königliche Würde der Katharina von Aragón mit der Anmut der jungen Anne Boleyn in sich zu vereinen. Heinrich bestellte bei Holbein sofort ein ganzfiguriges Porträt in Lebensgröße und wies seine Diplomaten an, die Verhandlungen fortzuführen. Eine Einladung erging an die Regentin der Niederlande, mit ihrer Nichte ins (damals noch englische) Calais zu kommen, um mit dem König zusammenzutreffen. So weit wollte Maria aber keinesfalls gehen. Sie wußte, daß sich zwischen ihrem Bruder und dem König von Frankreich eine Annäherung anbahnte, die eine englische Heirat weniger wünschenswert erscheinen ließ. Außerdem mochte sie der Gedanke, ihre Nichte mit dem sich den Fünfzig nähernden, schwergewichtigen englischen Blaubart verbunden zu sehen, noch mehr erschrecken als die Vermählung mit dem halb gelähmten Francesco Sforza. So wurde alles auf die übliche lange Bank geschoben, und das Interesse König Heinrichs wachgehalten, ohne irgendwelche Versprechungen zu machen. Außerdem konnte man sich immer noch mit dem Hinweis aus der Affäre ziehen, daß es sich bei Christine um eine Großnichte der ersten Gemahlin Heinrichs handelte (was päpstliche Dispens erfordert hätte, doch mit dem Papst hatte Heinrich ja bekanntlich gebrochen).

Christines Anwesenheit brachte wieder Freude in das Leben der einsamen Regentin. Sie war keine Hofdame, keine Dienerin, keine Untergebene, sie war von *Geblüt*, eine Gleichgestellte, eine mögliche Freundin, trotz Altersunterschied und Respektsabstand. Christine bewohnte ihre eigenen Appartements im Palast und unterhielt mit den Mitteln ihres Mailänder Witwenguts einen eigenen Hofstaat. Nur die Verpflegung war „frei", schrieb der englische Gesandte spöttisch, denn ihre Mahlzeiten nahm Christine zumeist in Gesellschaft ihrer Tante ein. Jetzt, da der Krieg endlich vorbei war, bestand das Leben aus einer fast ununterbrochenen Folge von Jagdunternehmungen. Bei Tagesanbruch traf sich eine fröhliche Gesellschaft im Park hinter dem Herzogsschloß, umgeben von aufgeregt bellenden Hunden und gefolgt von einer Prozession von Dienern, beladen mit allem, was für die *diners champêtres* notwendig war, die an langen, elegant gedeckten Tischen serviert wurden (wenn es das Wetter gestattete). So blieb man den ganzen Tag im Freien und kehrte erst nach Sonnenuntergang im Schein zahlreicher Fackeln wieder zurück. Maria hatte sich immer im Sattel am wohlsten gefühlt und jetzt genoß sie noch die zusätzliche Freude einer Gefährtin, die eine ebenso talentierte und couragierte Reiterin war wie sie selbst. So durchstreiften die beiden königlichen Amazonen unermüdlich die Wälder um Brüssel, und der Ruhm ihrer Reitkunst verbreitete sich in ganz Europa, wie seinerzeit der ihrer Großmutter und Urgroßmutter, der unvergessenen Maria von Burgund. Jeder, der bei der Regentin gut angeschrieben sein wollte, schickte als Geschenk ein feuriges Pferd, ein Paar besonders flinker Hunde oder einen edlen Falken, Geschenke, die Maria gern annahm, ohne sich dadurch auch nur einen Augenblick „bestechen" zu lassen.

Auf Initiative von Papst Paul III. kam es im Mai 1538 tatsächlich zu einer Zusammenkunft der drei mächtigsten Männer der Christenheit in der Nähe von Nizza. Zwar sahen Karl und Franz einander vorerst nicht und verhandelten stets getrennt voneinander mit dem Papst, und das relativ dürftige Ergebnis war auch kein Frieden, sondern nur ein Waffenstillstand auf zehn Jahre (18. Juni 1538). Erst im Juli fand in der kleinen Stadt Aigues-Mortes im Rhônedelta ein persönliches Treffen der beiden Kontrahenten statt (ohne Beteiligung des Papstes). Die Einladung ging von König Franz aus, der den Kaiser zuerst auf seiner Galeere besuchte und dann zum Gegenbesuch im Schloß von Aigues-Mortes empfing. „In Erwägung des guten Willens, den der König an den Tag gelegt", schrieb Karl an Maria, „und des Vertrauens, das er mir bewiesen hat, sowie des Guten, das aus dieser Begegnung hervorgehen könnte … und in Rücksicht auf den Wunsch der Königin, meiner Schwester, entschloß ich mich, hierher zu kommen." Bei der Begrüßung legte Königin Eleonore in einer höfischen Versöhnungsgeste ihren Arm um die beiden Fürsten, und der König nannte den Kaiser seinen „Freund für ewig". Fast euphorisch schrieb Karl an Maria von der „wahren und vollkommenen Freundschaft" mit Franz. Das *gentleman agreement*, das geschlossen wurde, enthielt zwar keine konkreten Abmachungen, aber doch die Zusage des französischen Königs, daß er auf die Protestanten in Deutschland einwirken und sich an dem Türkenkrieg aktiv beteiligen wolle, den die „Heilige Liga" (Karl, Ferdinand, der Papst und Venedig) plante.

Die neue Freundschaft zwischen Habsburg und Valois sollte auch am französischen Hof gefeiert werden. Nach ihrer Rückkehr aus dem Süden erging eine Einladung des französischen Königspaares an die Regentin der Niederlande und ihre Nichte Christine, an einer großen Jagd in den Wäldern von Compiègne bei Paris teilzunehmen. König Franz bot die ganze Pracht seines üppigen Hofes auf, um die Damen aus den Niederlanden festlich zu bewirten und zu unterhalten, die in ihrer schlichten Witwentracht gegenüber den in Samt und Seide prangenden und mit Gold und Juwelen überladenen Französinnen wie arme Verwandte wirkten. Auch die Sitten waren hier natürlich ganz andere als die, die sie gewohnt waren. An der Seite des Königs, dessen Erscheinung immer noch imposant, dessen Gesundheit aber schon lange nicht mehr die beste war, erblickte man nicht nur seine Gemahlin Eleonore, sondern auch seine *maîtresse en titre*, Anne de Pisseleu, die er zur Herzogin von Étampes gemacht hatte. Man nannte sie die „Gelehrteste der Schönen" und die „Schönste der Gelehrten", weil sie nicht nur atemberaubend aussah, sondern auch klug und gebildet war und es verstand, mit der legitimen Gattin gut auszukommen, was allerdings bei *la bonne Éléonore* nicht allzu schwer fiel. Ein ähnlich merkwürdiges Trio bildeten *le beau ténébreux*, der düstere Dauphin Henri, der seiner um zwanzig Jahre älteren Maitresse Diane de Poitiers verfallen war, während seine Gemahlin Caterina de`Medici geduldig und ergeben auf ihre Stunde wartete. Alle glänzten sie in prachtvollen Gewändern und kostbarem Schmuck, tanzten, flirteten und intrigierten und feierten bis tief in die Nacht, was die Regentin der Niederlande auf die Dauer ermüdete und langweilte. *She felt a little troubled in her head*, berichtete der britische Botschafter nach London, der sonst wenig interessante Neuigkeiten hatte, besonders im Hinblick auf die Heiratsangelegenheit.

Der Hofdichter Clément Marot feierte *la Royne de Hongrie, venue en France* in einem weitschweifigen Huldigungsgedicht, aus dem einige Zeilen zitiert seien:

Quand toute France aura faict son devoir	Wenn Frankreich seine Pflicht erfüllt
De ta haultesse en joie recevoir,	In Freuden deine Hoheit zu empfangen,
Chaste Diane, ennemye d`oyseuse	Keusche Diana, des Müßigganges Feindin
Et d`honorable exercice amoureuse,	Und ehrenwerter Übungen der Liebe,
Je, de ma part, le plus petit de tous,	Dann will auch ich, obwohl der Kleinste hier,
M`enhardiray humble salut et doulx	
Te presenter; - - -	

Arriere donc, royne Panthasilée:
Maintenant est ta gloire anichilée,
Car devant Troye allas pour guerroyer;
Marie vient pour guerre fouldroyer.

Es wagen, bescheiden süßen Gruß dir
Anzutragen; - - -
Hinweg also Penthesileia, Königin,
Inzwischen ist dein Ruhm dahin,
Denn kamst nach Troja du, den Kampf
zu wagen,
So kam Marie, dem Kriege abzusagen.

Clément Marot (1497–1544) kreierte den *Style marotique,* ein eigenes Genre mit archaischer Färbung, und war vor allem für seine Chansons, Rondeaux und Sonette (den ersten in Frankreich) berühmt, deren geistreiche Tändelei man schätzte. Seine Karriere begann er als Page der Marguerite de Valois (Schwester von Franz I.), mit welcher er auf sehr vertrautem Fuß gestanden haben soll. Er zog mit dem König nach Italien, wurde mit ihm bei Pavia gefangengenommen und nach seiner Rückkehr nach Frankreich wegen Hinneigung zum Protestantismus ins Gefängnis geworfen. Franz begnadigte ihn und machte ihn zu seinem Kammerdiener und *poète de cour,* doch er war immer wieder Verfolgungen ausgesetzt und führte ein unstetes Leben zwischen Frankreich und Italien, wo er schließlich auch starb. Seine Psalmenübersetzungen (1543 mit Vorrede Calvins gedruckt) gingen in die Gesangbücher der Hugenotten ein.

„Ich bitte Euch noch einmal, *Monseigneur*", schrieb Maria im Januar 1539 an den Kaiser, „mir zu sagen, ob ich diese Verhandlungen weiterhin in die Länge ziehen soll, denn ohne die schamloseste Heuchelei kann ich dies nicht länger tun." Doch der Kaiser schwieg. Im Februar machte der neue englische Botschafter Thomas Wriothesley seinen Antrittsbesuch bei der Herzogin Christine und bewunderte ihre roten Lippen und rosa Wangen in ihrem *marvellous good brownish face* ebenso wie ihre Bildung und ihren Witz. Er hatte auch die Erlaubnis der Regentin, Christine direkt zu fragen, ob sie „geneigt" sei, seinen Herrn zu ehelichen, denn er hätte das Gegenteil gehört. „Was meine Neigung betrifft", antwortete Christine diplomatisch, „was soll ich sagen? Ihr wißt, daß ich mich dem Kaiser zu fügen habe." Aber Wriothesley ließ nicht locker. *Matched to my master,* führte er aus, *you shall be matched with the most gentle Gentleman that liveth; his nature so benign and pleasant, that I think till this day no man hath heard many angry words pass his mouth* – meinem Herrn angetraut, werdet Ihr mit dem gütigsten Ehrenmann verbunden sein, der lebt; mit einer Natur von so milder und angenehmer Art, daß bis zu diesem Tag, so denke ich, kein Mensch viele zornige Worte aus seinem Mund vernommen hat. Wriothesley selbst berichtete, daß Christine das Lachen nur schwer verbeißen konnte und sich benahm, *like one that was tickled* (wie eine, die gekitzelt wurde).

Bei anderer Gelegenheit soll Christine noch gesagt haben, daß sie dem König von England gern einen Kopf anbieten würde, hätte sie deren zwei, doch diese Bemerkung scheint eher in den Bereich des *se non è vero è ben trovato* zu gehören.

Es wurde nichts aus der englischen Hochzeit (nicht zuletzt deshalb, weil der Papst Heinrich VIII. exkommunizierte), zu Christines Glück, ist man versucht zu sagen, obwohl man natürlich nicht weiß, ob sie nicht doch einen *most benign and pleasant Gentleman* aus dem König gemacht hätte. Heinrich wählte nun Anna, die Tochter des Herzogs von Cleve, war jedoch von der „flandrischen Mähre" so enttäuscht, daß er sich nach einem halben Jahr scheiden ließ. Annas Nachfolgerin wurde die Hofdame Catherine Howard, die ihn nun tatsächlich betrog und ihr Vergehen auf dem Schafott büßen mußte. Erst seine sechste Frau überlebte ihn: Catherine Parr, eine fromme Witwe von untadeligem Lebenswandel. Und bis heute lernen englische Schulkinder den alten *nursery rhyme*:

> *Bluff Henry the Eighth to six spouses was wedded:*
> *One died, one survived, two divorced, two beheaded.*[117]

Etwas frei übersetzt:
Sechs Frauen hat der grobe Heinz genommen:
Zwei schied er, zwei verlor'n den Kopf,
Eine starb früh, die letzt' ist ihm entronnen.

IV. SCHICKT SIE INS KLOSTER!

Nicht nur ihrer Nichte zuliebe war Maria gegen die englische Heirat gewesen. Ein eventueller Anspruch Heinrichs VIII. auf die Krone von Dänemark (als Gemahl Christines) hätte auch für die Niederlande unangenehme Folgen haben können. In einer Denkschrift legte Maria deshalb auch ihre Einwände dar, bzw. ihre Forderungen nach Verbriefung der niederländischen Handelsfreiheit in allen Gewässern. In einer zweiten Denkschrift lehnte sie das Ansinnen des Kaisers zur Hilfeleistung gegen Dänemark rundweg ab und unterstrich noch einmal ihre Bedenken gegen den ganzen Plan. König Heinrich würde den gesamten Osthandel, der jetzt nach Holland, Seeland, Brabant und Flandern gehe, nach England ablenken. Außerdem würden es die Ostseestädte niemals dulden, daß ein so mächtiger König wie Heinrich auch noch Dänemark besitze.

Nachdem die englische Sorge sich verflüchtigt hatte, zog eine andere herauf. Wie ihr Bruder Ferdinand entnahm Maria aus allen Briefen des Kaisers während Sommer und Herbst 1538, daß er sich, beflügelt von der Freundschaft mit

König Franz, für einen Türkenfeldzug bisher unerhörten Ausmaßes begeisterte, den er persönlich führen wollte. Sogar das Wort „Konstantinopel" fiel. Wieder verfaßte Maria ein Memorandum, „mahnend, warm und doch großartig besonnen", dessen Ton an den Kanzler Gattinara oder Margarete von Österreich erinnert. „Euere Majestät sind der erste Fürst der Christenheit", schrieb Maria, „aber ein Kampf für diese ist nur dann Eure Pflicht, wenn er mit genügenden Mitteln und mit der Aussicht auf Sieg geführt werden kann. Der Weg in die Levante ist weit, und man muß doppelt gerüstet sein; das ist etwas ganz anderes als Tunis, so nahe vor den Häfen von Sizilien. Und wenn der Türke, anders als Barbarossa, dem Kampf ausweicht, zerstörte Länder ohne Lebensmittel hinterläßt? Erfolge sind hier nicht in raschen Griffen, sondern nur in Jahren zu gewinnen, und das kostet unendlich viel Geld. Was werden denn die anderen dazu beitragen, der Papst, Venedig, oder gar der König von Frankreich? Auf diese unerprobte junge Freundschaft ist noch kein Verlaß, denn das, was er begehrt [Mailand], ist ja noch in Euren Händen. Die Finanzen dieser Reiche sind schlecht; alle Länder, Spanien, Neapel, die Niederlande brauchen Ruhe und Frieden auf mehrere Jahre. Die Niederlande sind ohne den Kaiser verloren, und es ist nichts so sicher, als daß Eure Majestät vor Gott in erster Linie Ihren eigenen Ländern verpflichtet ist." Der Kaiser möge vor allem bedenken, was der Einsatz seiner Person bedeute, was er schutzlos hinterlassen würde, „die Kaiserin, Eure Kinder, Eure Länder und uns alle, nicht zuletzt den christlichen Glauben, der doch nur an Euch hängt. Wie werdet Ihr das vor Gott verantworten?" Den Türken zu besiegen wäre nur möglich, wenn man seine ganze Macht vernichten könnte. „Das aber geht nicht ohne lange Zeit. Und in welcher Lage wären wir, wenn Ihr verlöret oder gar nicht heimkehrtet! O, um Gottes Willen, ich bitte Euch, doch an das zu denken, was Ihr gegen Gott zu tun verpflichtet seid! Ein großer Fürst wie Ihr darf nur siegen, nie besiegt werden. Wartet ein oder ein anderes Jahr, ordnet alle Eure Länder von langer Hand, vor allem Deutschland mit Hilfe Frankreichs, gewinnt die Fürsten, daß sie Euch lieben und dann in dieser großen Sache helfen. Zieht von Spanien quer durch Frankreich, regelt alles mit dem König, dann kommt in die Niederlande und nach Deutschland und von hier nach Italien. Das wäre mein bescheidener Rat."[118]

Der Kaiser hätte dem Rat dieser klugen Realpolitikerin folgen sollen und weniger seinen idealistischen Kreuzzugs- und Universalherrschaftsträumen. Die Reise in die Niederlande mußte er allerdings bald antreten, denn innere Konflikte, ausgehend von seiner Geburtsstadt Gent, verlangten dringend seine Anwesenheit.

„Die große und wunderbare Stadt" auf den dreizehn, von Schelde und Leie gebildeten Inseln war stets eine aufbegehrende, von freiheitlichem Denken geprägte Stadt gewesen. Während das Patriziat meist eine frankophile Haltung einnahm, sich französisch kleidete und französisch sprach, kämpfte die breite Masse für Liberalität, Gleichberechtigung und flämisches Volkstum. Als König Eduard III. von England während seines Kampfes um die französische Krone ein Embargo auf flämische Webwaren erließ, sofern Flandern weiterhin zu Frankreich hielt, kam es wegen der katastrophalen Folgen (die meisten Einwohner lebten von der Tuchindustrie und vom Handel) zu schweren Auseinandersetzungen. Damals trat die erste der großen Tribunengestalten in Gent auf, Jakob van Artevelde, der eine Zusammenarbeit mit König Eduard als einzige Möglichkeit vorschlug und die Stadtregierung an sich riß. Sein Ratskollegium besaß ausgesprochen revolutionären Charakter und bestand aus fünf Volksführern, die aus den Pfarrgemeinden und Handwerkszünften gewählt waren. Es gelang Artevelde, bei Engländern und Franzosen die Neutralität Flanderns durchzusetzen, doch als er später ausschließlich für den englischen König Partei ergriff, kam es zu einem Zwiespalt im eigenen Lager. Die alte Rivalität zwischen den Genter Webern und Walkern brach wieder auf und der „Schwarze Montag" (2. Mai 1345) brachte blutige Unruhen. Artevelde wurde angeklagt, sich zum Diktator aufwerfen zu wollen, und fiel zwei Monate später dem Mordanschlag seines alten Freundes und Mitkämpfers Gerard Denijs zum Opfer. Die Spannungen dauerten an, einmal behielten die Walker die Oberhand, einmal die Weber. Im Laufe eines Konflikts mit dem Grafen Ludwig van Maele wurde Gent belagert und nur durch den Einsatz von Jakobs Sohn Philipp van Artevelde, der am 2. Mai 1382 die gräflichen Söldner in der Nähe von Brügge schlug, vor dem drohenden Hungertod gerettet. Als in der nächsten Schlacht Philipp mit vielen seiner Mitbürger auf dem Schlachtfeld blieb, setzten die Genter unter Jan Ackermans ihren Widerstand bis zum Frieden von 1385 fort. Anläßlich seiner Hochzeit mit der Erbtochter Margareta van Maele, durch die er Flandern gewann, nahm der erste der großen Burgunderherzöge, Philipp der Kühne, den Titel eines Grafen von Flandern an, doch die Genter Bürger weigerten sich, den Valois als Grafen anzuerkennen und Aufstand folgte auf Aufstand. Daran änderte die glänzende Hofkultur der burgundischen Herzöge ebenso wenig wie die blutige Unterdrükkung der aufbegehrenden Bevölkerung. Philipp der Gute lag mit den Gentern drei Jahre wegen der Salz- und Getreidesteuern in Streit, bis es ihm gelang, sie 1453 in der Schlacht von Gavere zu schlagen. Unter seinem Sohn Karl dem Kühnen führten dessen autokratische Neigungen und zentralistische Tendenzen erneut zu Aufständen. Erst als Karls Erbin Maria nach dem Tod des Vaters 1477 (nicht ganz freiwillig) ein *grand privilège* erließ, wurde es ruhiger im Land. Als Maria als Gemahlin Maximilians von Österreich 1482 starb, waren es die Genter, die beim Abschluß des „Vertrags von Arras" mit dem König von Frankreich federführend wirkten, der Maximilian die Vormundschaft über seinen Sohn Philipp entzog und seine dreijährige Tochter Margarete als „Braut" des Dauphins an Frankreich auslieferte. Unter Philipp dem Schönen, der als im Land geborener *prince naturel* einen nicht zu unterschätzenden Bonus mitbrachte, gab es kaum Konflikte, vor allem aber deshalb, weil er sich wenig einmischte und seine Räte regieren ließ. Sein ältester Sohn und Erbe Karl kam am 24. Februar 1500 im Genter *Prinsenhof* zur Welt und wurde in *St. Jean* (heute *St. Baafskathedraal/St. Bavo*) getauft. Gegen ihn, ihren eigenen Sohn, sollten die Genter ihre schwerwiegendste Revolte führen.

Nicht nur der Privilegienstreit, auch wirtschaftliche Dinge spielten eine Rolle, denn das wirtschaftliche Schwergewicht hatte sich von Flandern nach Antwerpen verschoben und den Gentern einen Rückgang der Aufträge, Arbeitslosigkeit und schwindende Finanzkraft der öffentlichen Hand gebracht, mit ein Grund für die Weigerung, während des Konflikts mit Frankreich Geld zu bewilligen. Nun, da wieder Frieden herrschte, erinnerte die Regentin die Stadt an die noch ausstehenden Zahlungen, die andere flandrische Städte bereits geleistet hatten. Als die Genter sich weigerten, der Forderung nachzukommen, beschloß Maria strengere Maßnahmen. Genter Bürger, die sich in anderen Städten aufhielten, wurden unter Arrest gestellt und sollten erst wieder auf freien Fuß gesetzt werden, wenn Gent seine Schulden bezahlt hätte. Beauftragte der Regentin erschienen in Gent, um die Stadtregierung von der Rechtmäßigkeit ihrer Forderungen zu überzeugen. Wie im Fall der Brüsseler Revolte hatte Maria nicht bedacht, welche heftigen Reaktionen ein Angriff auf althergebrachte Privilegien bei den Bürgern auslösen würde. Der Konflikt mit der Regentin setzte sich um in einen Kampf zwischen den Amtseingesessenen und den Radikalen, die der Überzeugung waren, daß die eigene Stadtregierung sie betrogen und den ungeliebten Habsburgern verkauft habe. Das übliche Mißtrauen der kleinen Leute gegen die Geschäftsführung der Herren, die angeblich auf Kosten der Stadt lebten, nahm immer gehässigere Formen an. Der Streit griff auf die Städte und Städtchen der Landschaft über, die nun begannen, die Freiheiten von Gent auch für sich zu beanspruchen. Die Gegensätze trieben zur offenen Revolution und zum Landesverrat, als die Genter Verbindung mit Frankreich suchten, wo sie sich allerdings eine Abfuhr holten. Man behauptete, der Kaiser wisse von alledem nichts, man wollte an den Kaiser appellieren und alles bis zu seiner Ankunft verschieben.

Die Stimmung wurde immer gereizter, und die Radikalen schreckten nicht davor zurück, sich an altangesehenen Ratsmitgliedern zu vergreifen. Der 75jährige Lieven Pijn wurde im großen Saal der Stadtburg, im *Gravesteen,* auf der Folter verhört und zum Tode verurteilt. Er beschämte seine Peiniger nicht nur durch seine Standhaftigkeit, sondern auch durch Worte des Verzeihens, als man ihn zur Richtstätte trug. Als die Menge sein Blut fließen sah, ergriff sie ein fieberhafter Machtrausch, und die Aufpeitscher und Einschreier erinnerten an den Vertrag von Kadzant (1492), durch den schon Maximilian ihre alten Freiheiten beschnitten hatte. Durch seinen Enkel Karl war er 1515 erneut bestätigt worden. Nun fühlten die Rebellen sich mächtig genug, der „habsburgischen Sklaverei" ein Ende zu setzen. Die bewaffneten Gilden verlangten die Zerstörung des *Calfvel,* wie die verhaßte Urkunde genannt wurde. Die Stadtregierung, die nichts getan hatte, um das Leben des Lieven Pijn zu retten, schreckte nun vor der Zerstörung eines Dokuments zurück, das die Unterschrift des Souveräns trug. Aber die revolutionären *Creesers* (Schreier) hielten dagegen, der Kaiser sei damals erst 15 gewesen und hätte gar nicht gewußt, was er unterschrieb. Um die gefährliche Menge zu beruhigen, ließen die Stadträte die Urkunde aus dem Archiv holen. Die *Creesers* stürzten sich darauf, zerfransten und zerschnitten das Pergament, steckten sich die einzelnen Fetzen und Partikel johlend an Kleider und Hüte, schluckten Teile des zertrümmerten Siegels oder zertrampelten sie. GENT IST FREI! brüllte die Menge.

Maria befand sich im holländischen 's Gravenhage, als die neuesten Nachrichten sie erreichten. Sie konsultierte ihre Räte, ergriff Maßnahmen, um die Revolte zu isolieren, und sandte einen Eilboten nach Spanien, um den Kaiser vom Ernst der Situation zu informieren. Während man auf die Instruktionen des Kaisers wartete, legte die Regierung die größte Vorsicht an den Tag, um die Genter nicht weiter zu reizen. Maria berief Vertreter aus anderen flandrischen Gebieten nach Brüssel und erbat ihren Rat, da sie das flandrische Volk besser als alle anderen verstünden. Sie erklärte, sie würde alles tun, was in ihrer Macht stehe, um die Unruhen „mit Milde, Klugheit und Freundschaft" zu beenden, denn sie wisse, es würde Seine Majestät zutiefst betrüben, wenn er Gewalt brauchen und den Guten zusammen mit den Bösen Leid zufügen müsse. Marias Bitte brachte die flämischen Herren in Verlegenheit, denn sie konnten nichts anderes tun, als das Benehmen der Genter zu verurteilen. Und doch war es schwierig für sie, die Regentin zu beraten, es sei denn, sie zu ersuchen, so sanft wie nur möglich vorzugehen. Vielleicht wäre es nützlich, schlugen sie vor, wenn die Regentin persönlich nach Flandern ginge. Als die Nachricht eintraf, daß die Genter Revolutionäre erneut einige Stadträte ins Gefängnis geworfen hatten, behielt Maria ihre versöhnliche Haltung. Sie sandte zwei Mitglieder ihres Rates und den Präsidenten des Großen Rates von Mecheln in die rebellische Stadt, mit der Vollmacht, den Forderungen der *Creesers* nachzugeben, wenn sich diese an die Gesetze hielten. Als die Abgesandten in Gent eintrafen, sahen sie sich mit der Forderung konfrontiert, daß die Bürger nicht nur den Austausch einiger Stadträte verlangten, sondern eine Neuwahl der gesamten Stadtregierung. Selbst die Anführer hatten die Kontrolle über die bewaffneten und erregten Massen verloren, und die einzige Möglichkeit war nachzugeben. Wenn nicht, so wären die Folgen katastrophal: die Zerstörung der Stadt, der Ruin der Bürgerschaft, die Verwüstung des umgebenden Landes. Während Maria und ihre Räte noch an einer negativen Antwort formulierten, erschien ein Eilkurier mit der Botschaft, daß die Abgesandten ihres Lebens nicht länger sicher wären, wenn die Regierung nicht nachgebe. Maria unterzeichnete also den Bescheid, der ihre Vertreter ermächtigte, eine neue Stadtregierung zu bestätigen, doch sie notierte am Ende des Dokuments, daß sie nur unter Zwang zugestimmt habe und um größeres Übel zu verhüten – *par force et pour éviter plus grand mal, ay consenti ceste commission.* Außerdem wurden die Genter informiert, daß sie die volle Verantwortung zu tragen hätten, wenn der Kaiser nicht willens sei, das Übereinkommen zu bestätigen.

Die Neuwahlen brachten neue Unruhen, unterstützt durch revolutionäre Bewegungen in ganz Flandern. Die Bürger griffen zu den Waffen, setzten Magistratspersonen gefangen, verlangten die öffentliche Lesung ihrer alten Privilegien. In Oudenaarde kam es sogar dazu, daß die Vertreter der Regentin, die zur Dämpfung der Aufregung erschienen waren, im Stadtschloß regelrecht belagert wurden, in dem sie Zuflucht gesucht hatten. Diese alarmierenden Neuigkeiten machten der Geduld Marias ein Ende. Sie teilte den Räten und den hastig versammelten Vliesrittern mit, daß sie alle für die Befreiung der bedrohten Regierungsdelegation verantwortlich wären, deren Führer, Philippe de Lalaing, ebenfalls Ordensritter war. Die verfügbaren Truppenkontingente wurden innerhalb von 24 Stunden mobilisiert, keine Minute zu früh, wie sich herausstellte, denn die Belagerer hatten gegenüber dem Schloß bereits eine Kanone in Stellung gebracht. Trotzdem fanden zwischen Belagerten und Belagerern Verhandlungen statt, und Lalaing sandte Botschaft, daß die Situation sich verbessert hätte, der Einsatz von Truppen würde sie wieder verschlechtern. In Kortrijk, Brügge, Ypern und Lille spielten sich ähnliche Szenen ab. Um gegen alles gewappnet zu sein, sandte die Regentin in alle Städte und Dörfer rund um Gent Militärpatrouillen, zumeist nicht stärker als zehn oder zwanzig Mann, aber immer noch stark genug, um den Zorn der Genter zu erregen. In überheblichem Ton forderten sie die Regentin auf, nicht nur die Soldaten abzuziehen und allfällige Wachdienste der Bürgerwehr zu überlassen, sondern auch Flüchtlinge an Gent auszuliefern, die bei ihr Schutz gesucht hatten. Sie wären solcher Kapitalverbrechen schuldig, daß sie der kaiserlichen Protektion nicht würdig seien. Für den Kopf ihrer Botschaft hatten sie keine höflichere Anrede gewählt als *a la royne,* und sie unterzeichneten als „Die Schöffen beider Bänke und die zwei Diakone der Stadt Gent, völlig die Ihren". (Die Schöffen führten die laufenden Geschäfte, sie wurden von den Vertretern der „Drei Glieder", der Bürger, Zünfte und Wollweber gewählt, die gemeinsam in der *Collace,* der Volksversammlung, saßen.) Für die *Creesers* von Gent war es mit der habsburgischen Herrschaft in den Niederlanden aus und vorbei. „Was geht uns die Königin an?" schrien sie. „Schickt sie in ein Kloster! Sie möchte gern alles essen, was wir haben, aber niemand braucht ihrer Vollmacht Glauben zu schenken, denn sie regiert nicht mehr in Flandern, wir Bürger von Gent haben die Regierungsgewalt dem Obersten Richter übertragen!" Es war klar, daß nur mehr der Kaiser persönlich die Situation bereinigen konnte.

Die alarmierenden Nachrichten über den Aufruhr in den Niederlanden trafen Karl V. in tiefer Betrübnis. Trotz immer wieder notwendiger Zeiten der Abwesenheit war er seiner Familie stets innig zugetan gewesen, seinen Kindern Philipp, Maria und Juana (drei waren gestorben) und seiner Gemahlin Isabella, die in seiner Abwesenheit die Regentschaft führte. Doch die zarte Konstitution der Kaiserin zeigte sich den vielen Schwangerschaften und langen Trennungszeiten auf die Dauer nicht gewachsen. Schon länger leidend, sah sie im Frühjahr 1539 erneut einer Niederkunft entgegen. Am 20. April gebar sie in Toledo vorzeitig ein totes Kind, dem sie am 1. Mai in den Tod folgte. „Die Traurigkeit zu beschreiben, die Seine Majestät bei ihrem tragischen Tod fühlte, wird viele Seiten füllen", schrieb Alonso de Santa Cruz in seiner *Crónica del Emperador Carlos V.* Die schöne Portugiesin, deren Briefe sie als einen Menschen von seltener Feinfühligkeit und Charakterstärke ausweisen, blieb die einzige Frau, der sich Karl ein Leben lang verbunden fühlte. „Ich empfinde die Qual und den Kummer, was Ihr Euch bei einem so großen und außerordentlichen Verlust vorstellen könnt", schrieb er an Maria. „Nichts kann mich trösten als der Gedanke an ihre Güte, ihr beispielhaftes Leben als Katholikin und ihren erbaulichen Tod." Neben seiner Schwester war Isabella der einzige Mensch gewesen, dem er je vorbehaltlos vertraut hatte. Nun blieb ihm nur mehr Maria.[119]

Nachdem der Kaiser in der Einsamkeit des Hieronymitenklosters Las Silas bei Toledo langsam seine Fassung wiedergewonnen hatte, begann er, seine Reise in die Niederlande vorzubereiten. Vieles war zu ordnen. „Er sah sich allein", notierte er in seinen Memoiren über sich selbst, „und obwohl er sich sagen mußte, daß der Prinz, sein Sohn, noch zu jung sei, um in seiner Abwesenheit zu regieren, horchte er doch nur auf seine eigene, gute und reine Absicht, das zu tun, was er seinen Untertanen schuldig sei. Auch wollte er gewisse Angelegenheiten durchführen, die er in Deutschland unerledigt gelassen hatte. Seine erste Absicht war, sich in Barcelona einzuschiffen und über Italien zu ziehen, aber da eben damals der König von Frankreich lebhaft in ihn drang, doch durch sein

Königreich zu reisen, wo er ihm jegliche Sicherheit und gute Aufnahme versprach, und der Kaiser sich sagte, daß er bei Ablehnung dieser Einladung großen Kummer und den Eindruck des Mißtrauens errege, so entschied er sich, Spanien zu verlassen, und hier zum ersten Male die Regierung in die Hände seines Sohnes zu legen." Da der Infant Philipp erst zwölf Jahre alt war, konnte es sich natürlich nur um eine nominelle Regierung handeln. Der Regentschaftsrat, mit Kardinal de Tavera an der Spitze, führte die Geschäfte, wie schon zu Lebzeiten der Kaiserin Isabella. Wie immer nahm der Kaiser auch vor dieser Reise Abschied von seiner kranken Mutter Juana in Tordesillas.

Der Kaiser nahm seinen Weg von Toledo über Burgos, San Sebastián, Bayonne und Bordeaux nach Poitiers, dann weiter nach Norden, ins Gebiet der „königlichen Loire", wo ihm Franz I. in Loches am Indre mit großem Gefolge entgegenkam. Vor drei Jahren hatte die französische Propaganda den Kaiser noch beschuldigt, den Tod des Dauphins François (durch Giftmord) auf dem Gewissen zu haben, jetzt wurde er geehrt und gefeiert, wo er erschien. Der König führte ihn in seine schönen Städte, was jedesmal Gelegenheit zu einem prunkvollen Einzug gab, mit Triumphbögen, dröhnenden Salutschüssen und schmetternden Fanfaren, und er ließ ihn seine prächtigen Schlösser bewundern, Blois und Amboise, Chenonceaux und Chambord. „Dieses Schloß ist der Inbegriff dessen, was menschliche Kunst vermag", sagte Karl höflich, obwohl nicht anzunehmen ist, daß ihm die Monstrosität aus weißem Stein mit ihren vierhundertvierzig Zimmern, vierhundertvierzig Kaminen und der berühmten, doppelläufigen Mitteltreppe (die Bauarbeiten waren noch lange nicht abgeschlossen) tatsächlich gefiel. In Amboise, dem Schloß, in dem seine Tante Margarete als *petite reine* Karls VIII. ihre Kindheit und frühe Jugend verbracht hatte, kam es zu einem peinlichen Zwischenfall. König Franz wollte den Einzug des Kaisers bei Dunkelheit besonders festlich inszenieren und ließ einen der Türme, in denen man mit Pferd und Wagen hinauffahren konnte, mit Tapisserien ausschlagen und den Aufgang mit Fackeln taghell erleuchten. Als der Kaiser sich mitten im Turm befand, fingen die Wandteppiche durch die Unachtsamkeit eines Fackelträgers Feuer. Die Pferde scheuten vor Feuer und Rauch, eine Panik brach aus, und fast wäre Karl erstickt. König Franz geriet über den Vorfall außer sich, bezichtigte mehrere Wachen, daran schuld zu sein, und wollte sie hängen lassen, doch der Kaiser bat, ihnen zu verzeihen. „Wir hatten keinen Grund zum Mißtrauen", schrieb er an seinen Bruder Ferdinand und erwähnte auch gelegentlich, König Franz rechne es ihm besonders hoch an, daß er so vertrauensvoll durch sein Land ziehe. Er lobte, daß man ihn zwar mit Geschäften nicht behellige, aber zu viele Turniere und Jagden angesetzt habe. Trotz allen Drängens der französischen Königsfamilie lehnte Karl eine eigene Wiederverheiratung beharrlich ab, da mochte König Franz seine jüngste Tochter Marguerite noch so sehr als *une rose entre les espines et un ange entre les diables* preisen, als „Rose unter Dornen und Engel unter Teufeln". Als Schwiegersohn des Königs von Frankreich konnte er sich wirklich nicht sehen, außerdem fand er sich zu alt: *nous sommes trop âgé, du reste, pour Madame Marguerite.* Die Weihnachtstage verbrachte die Hofgesellschaft im Schloß Fontainebleau bei Paris, am 1. Januar zog der Kaiser unter einem goldenen, mit den Wappen seiner Länder geschmückten Baldachin zu Pferde in Paris ein. Das strenge Schwarz seiner schlichten Kleidung, mit der Ordenskette des Goldenen Vlieses als einzigem Schmuck, stand in auffallendem Kontrast zu Prunk und Luxus seiner Umgebung. Er logierte im *Palais du Louvre* und besuchte am folgenden Tag mit seiner Schwester Eleonore die Messe in der *Sainte Chapelle.* Spiele und Hoffeste von verschwenderischer Pracht demonstrierten *toutes les richesses de France et tout le luxe de la Renaissance.* Sie dauerten bis zur Abreise des Kaisers am 7. Januar. Der König hätte ihn gern bis zur Grenze begleitet, fühlte sich aber so krank, daß er sich von seinen Söhnen Henri und Charles vertreten lassen mußte. In Valenciennes verabschiedete der Kaiser die beiden französischen Prinzen und begrüßte seine Schwester Maria, die ihm entgegengereist war.[120]

V. Gericht über Gent

Am 14. Februar 1540 zog Karl V. mit großem Pomp in Gent ein, begleitet von seiner Schwester Maria, seiner Nichte Christine, dem päpstlichen Legaten und unzähligen Gesandten, Fürsten und Herren aus den Niederlanden, Deutschland und Spanien, aber auch einer beträchtlichen militärischen Eskorte, bestehend aus Kavallerie, Artillerie und 5000 Landsknechten. Der Kaiser nahm Quartier in seinem Geburtshaus, dem *Prinsenhof,* die Truppen wurden über die Stadt verteilt.

Vorerst geschah nichts Beängstigendes. Eine neue Stadtregierung wurde ernannt, von den *Creesers* gefangengesetzte Bürger freigelassen. Die Rebellen begannen sich bereits sicher zu fühlen, ihre Anführer fanden es nicht einmal alle notwendig, sich zu verstecken oder die Flucht zu ergreifen. Doch am 17. Februar wurden die Führer der Erhebung vorgeladen, und auf die Köpfe derer, die entkommen waren, Preise ausgesetzt. Am 24. Februar (seinem Geburtstag) beschied der Kaiser den Rat in den *Prinsenhof,* wo ihm der Generalprokurator von Mecheln die Untaten der Stadt vorhielt: Aufruhr, Willkür und Majestätsverbrechen. Der Rat erbat Bedenkzeit, um eine schriftliche Antwort vorzubereiten, was ihm gewährt wurde. Der Kaiser nützte die Zeit, um sich nach Brüssel zu begeben und dort seinen Bruder Ferdinand abzuholen, der den weiteren Ereignissen in Gent beiwohnte.

Am 3. März begannen die peinlichen Verhöre, denen die Exekutionen an derselben Stelle folgten, an der auch Lieven Pijn hingerichtet worden war. Die Körper der Hingerichteten wurden nach der Gepflogenheit der Zeit außerhalb der Stadttore auf Rädern ausgestellt, ihre Köpfe auf Piken gesteckt, ihr Besitztum konfisziert. Die Stadträte versuchten weitere Hinrichtungen zu verhindern und appellierten an die Milde des Kaisers. Doch Karl teilte ihnen nur kurz mit, daß er ihren Beteuerungen der Reue keinen Glauben schenke, denn er wisse sehr wohl, daß sie die rebellische Gesinnung nach wie vor in ihren Herzen trügen und nur bedauerten, daß ihre Pläne nicht aufgegangen seien. Seine Absicht wäre, solche Aktionen für alle Zeiten unmöglich zu machen.

In höchster Not erbaten die Stadträte eine Audienz bei Maria, an die sie eine ehrerbietige Begrüßungsadresse richteten und die Bitte vortrugen, die Missetaten einiger weniger krimineller Elemente zu verzeihen und für die guten Bürger der Stadt bei ihrem kaiserlichen Bruder Fürsprache einzulegen. Meinten sie wirklich, sie habe bereits vergessen, was ihr die *Creesers* noch vor kurzem in die Ohren geschrien hatten? Marias Antwort fiel dementsprechend kühl und ironisch aus. Zuerst lenkte sie die Aufmerksamkeit der Herren darauf, daß sie sich bereits seit über einem Monat in ihrer Stadt aufhalte, die Worte des Willkommens kämen also etwas verspätet. Bedauerlicherweise hätten sie sich über ihre Regierung in verächtlichen Worten geäußert, doch wollte sie in ihren Gebeten Gott nicht darum bitten, diese beispiellose Beleidigung zu rächen. Ihre Absicht wäre, sich von Milde und Verzeihung leiten zu lassen, wie schon in der Vergangenheit. Dies wäre auch die Absicht Seiner Majestät, des Kaisers, der, wie sie ja wüßten, den weiten Weg von Spanien in die Niederlande gekommen wäre, um die Ordnung in Gent wiederherzustellen.

Am 29. April verlas der Generalprokurator von Mecheln in Anwesenheit des Kaisers und des gesamten Hofes den feierlichen kaiserlichen Spruch über die Stadt:

„Schuldig befunden des Verbrechens der Untreue gegenüber ihrem Herrscher, des Ungehorsams, des Vertragsbruchs, der Rebellion und Majestätsbeleidigung, haben die Gilden und die Verwaltung der Stadt Gent all ihre Privilegien, Rechte, Freiheiten, Bräuche und Gewohnheiten verwirkt ... Wir haben sie ihnen entzogen und entziehen sie ihnen für immer. Folglich werden auch Unsere Erben und Nachfolger auf diese Privilegien keinen Eid mehr ablegen, sondern nur auf die neue Stadtverfassung, die sich in Vorbereitung befindet ... Alle Dokumente über Privilegien sind Uns auszuhändigen ...“ Es folgten lange Ausführungen über Zahlungen zur Wiedergutmachung, Konfiszierung des öffentlichen Eigentums, von Waffen und Munition, selbst der großen Glocke, des „Roland". Die Abtei von *St. Baafs* war in eine Zitadelle zu verwandeln, der Rijtkanal und einige andere Kanäle aufzufüllen, das Material dazu sei aus diversen abzubrechenden alten Toren, Türmen und Mauern zu gewinnen. „Unter diesen Bedingungen sind Wir bereit, der Verwaltung und den Einwohnern der Stadt die oben genannten Verbrechen zu vergeben, mit Ausnahme jener schuldigen Personen, die sich ihrem Urteil durch Flucht entzogen haben, die sich seit Unserer Ankunft schuldig gemacht haben oder des Hochverrats angeklagt sind, über deren Schicksal Wir in Kürze entscheiden werden."

Darüber hinaus verlangte der Kaiser auch noch feierliche Abbitte. Die Vertreter der Stadt, alle in Schwarz, barhaupt und ohne Gürtel, fünfzig *Creesers* in Leinenhemden, barhaupt und barfuß, mit dem ihnen vom Henker angelegten Strick um den Hals, bewegten sich in schweigender Prozession in den inneren Schloßhof des *Prinsenhofs,* wo Kaiser und Regentin, Seite an Seite auf einem Thron sitzend, sie erwarteten. Die Bürger fielen vor dem Thron auf die Knie, und die Formel der Abbitte wurde verlesen. Danach senkte sich Stille über den Hof, es schien, als würde der Kaiser überlegen, ob er Verzeihung gewähren solle. In diese Stille hinein war plötzlich die Stimme der Regentin zu vernehmen. Sie wandte sich an ihren Bruder und erbat ein Generalpardon für alle Bürger und Einwohner seiner guten Stadt Gent, in Erinnerung daran, daß er hier zur Welt gekommen war. Der Kaiser antwortete mit leiser Stimme, daß er ein großmütiger Herrscher sein wolle, mehr von Mitgefühl bewegt als von der Strenge des Gesetzes. Aus diesem Grund gewähre er das erbetene Pardon unter der Bedingung, daß die Stadt sich seinen Anordnungen füge. Er würde dann ein freundlicher Herrscher sein und mit Gottes Hilfe Recht und Ordnung bewahren. Nach diesen Worten erhoben sich die Bürger und verließen den Hof.

Am nächsten Tag wurde die *Concessio Carolina,* das neue fürstliche Statut, verkündet, die politische Selbständigkeit und Autonomie und somit das mittelalterliche Gent begraben. Die Strafen mögen hart erscheinen, doch der Kaiser, in seinem tiefverletzten Souveränitätsgefühl, konnte keine Milde walten lassen. Den Forderungen der Rebellen nachzugeben, hätte für seine Autorität in den Niederlanden fatale Konsequenzen gehabt.

Der Sieg Karls V. über Gent war nicht nur der des Fürsten über eine rebellische Stadt, es war auch der eines neuen Zeitalters, in dem die wirtschaftliche Freiheit und der kapitalistische Handel einen glänzenden Aufstieg erlebten, gegen den sich das städtische Abschließungssystem nicht mehr behaupten konnte. Auch in Gent nahm nun die vom schutzzöllnerischen Geist befreite Industrie einen hohen Aufschwung und bescherte der Stadt eine neue Blütezeit, die schließlich sogar die Besorgnis Antwerpens erregte. Das spektakuläre Scheitern des Genter Aufstandes bezeichnete einen Wendepunkt in der Geschichte der Niederlande. Mit der Städtepolitik und der Einmischung der Zünfte in das öffentliche Leben war es vorbei. Widerstand gegen die monarchische Gewalt sollten in Zukunft lediglich die Ständeversammlungen vertreten.[121]

Der Genter *Prinsenhof*, oder *Hof Ter Walle*, wo sich dies alles zutrug, ein prächtig ausgestatteter, festungsartiger Palast, umgeben von Wassergräben und gepflegten Gärten, Residenz der Maria von Burgund und Ort ihrer Vermählung mit Erzherzog Maximilian, wo der spätere Karl V. am 24. Februar 1500 während eines festlichen Balles in einem bescheidenen Nebenraum zur Welt kam, ist heute verschwunden und nur als Straßenname erhalten geblieben. Auch die Zwingburg, *het Spanjaardskasteel*, wurde im 19. Jahrhundert abgebrochen, nur Reste der alten *St. Baafsabdij* haben sich erhalten. Ihr Name war auf Wunsch des Kaisers auf die Pfarrkirche *St. Jean* übertragen worden (heute *St. Baafs/St. Bavo*, Wahrzeichen der Stadt mit dem berühmten „Genter Altar" der Brüder Van Eyck). Die alte Abtei galt nicht nur als Keimzelle der Stadt, in ihr war auch die Hochzeit Philipps des Kühnen von Burgund mit Margareta van Maele gefeiert worden, durch die Flandern an Burgund kam. Möglicherweise hatte der mit der burgundischen Tradition so innig verbundene Kaiser auch aus diesem Grund auf ein Fortbestehen des Namens Wert gelegt und ihn auf seine Taufkirche übertragen. Als Mahnmal von Zwang und Grausamkeit, als „schmachvolle Kehrseite des burgundischen Glanzes", ist nur mehr *'s Gravesteen* erhalten, die alte Grafenburg, im 12. Jahrhundert auf noch älteren Fundamenten errichtet. Zur Hälfte von Wasser umrundet, erheben sich Torbau und Hauptturm mit Wehrgängen, Rundbastionen und Zinnen grau verwittert über der Stadt, deren gesamte Silhouette man von der obersten Plattform des Hauptturmes aus der Höhe des Taubenflugs, also mitten aus dem Raum erleben kann. Seit dem 14. Jahrhundert diente der *Steen* als Sitz der Schloßvogtei und des „Rats von Flandern". Auch die Gerichtshöfe saßen hier, die an dieser Stelle alles beisammen fanden, was sie brauchten: Keller und Verliese, Kerker und Folterkammern. Vom Tor aus zur Straße zogen sich zwei Barrikaden, ursprünglich um schaulustige Bürger fernzuhalten, später damit dort der Henker seines Amtes walten, Opfer zur Schau stellen, aber auch aufgegriffene Landstreicher mit glühendem Eisen brennen konnte. Auch die Köpfe der Aufständischen von 1539 fielen hier, und an die Schloßtür nagelte man nicht nur die Schwänze und Pfoten erlegten Raubwildes, sondern auch die abgeschlagenen Hände von Bürgern, die einen gräflichen Offizier bei der Dienstausübung tätlich angegriffen hatten. Dem *Steen* gegenüber liegt der *St. Veerleplein*, von dem sich eine Brücke über die Leie spannt, die heute noch *onthoofdingbrug* heißt, „Enthauptungsbrücke". Der Platz diente lange als Richtstätte, wo Verbrecher und Rebellen geköpft, Ketzer und

Hexen verbrannt, Falschmünzer an Händen und Füßen gefesselt und in Kessel mit kochendem Öl oder Wasser geworfen wurden. Bis heute hat die (durch die Jahrhunderte vielfach restaurierte) Grafenburg ihren düsteren Charakter bewahrt, der noch dadurch unterstrichen wird, daß in ihr ein „Strafrechtsmuseum" eingerichtet ist, mit all den Geräten und Werkzeugen, die einmal dazu dienten, Menschen zu quälen und vom Leben zum Tode zu bringen. Neben mittelalterlichen Richtschwertern und Halswürgen, Streckbetten und Stachelgürteln ist auch eine neuzeitliche Todesmaschine zu sehen, eine Guillotine, die 1853 zum letzten Mal in Aktion trat, um die Tat eines Mörders zu sühnen.[122]

Man ist heute schnell bei der Hand mit abfälligen Äußerungen über die grausamen strafrechtlichen Praktiken „finsterer" Zeiten, doch die Frage mag erlaubt sein, wessen Schuld größer ist: die der Menschen des Mittelalters und der frühen Neuzeit, die Vergehen gegen die gottgewollte Ordnung, wie sie sie verstanden, hart bestraften, oder die der Menschen von der „Aufklärung" bis heute, die zwar viel von „Menschenrechten" reden und schreiben, sie aber vielfach mit Füßen treten.

Für Maria war die Rebellion der Genter eine bittere Erfahrung, die sie die Bürde der Regentschaft wieder in ihrer ganzen Schwere empfinden ließ. „Selbst wenn ich jemals in den Besitz all der Fähigkeiten kommen sollte, die nötig sind, um zu regieren, wovon ich weit entfernt bin", schrieb sie in einer späteren Denkschrift an ihren kaiserlichen Bruder, „so habe ich doch genügend Erfahrung, um zu wissen, daß es für eine Frau unmöglich ist, in Friedenszeiten zu regieren. Noch weniger ist es ihr in Zeiten des Krieges möglich, ihre Regentenpflicht zu erfüllen, gegenüber Gott, ihrem Souverän und ihrem eigenen Ehrgefühl. In Friedenszeiten ist es unvermeidbar, mit so vielen Menschen wie nur möglich zusammenzukommen, um die Sympathien der Nobilität ebenso zu gewinnen, wie die der Mittelklasse. Denn diese Länder kennen nicht die Unterwürfigkeit, wie sie in einer Monarchie unerläßlich ist, und doch sind sie weder eine Oligarchie noch eine richtige Republik. Für eine Frau, noch dazu, wenn sie Witwe ist, ist es nicht möglich, so frei mit den Leuten zu verkehren. Aus Gründen der Notwendigkeit habe ich in dieser Hinsicht mehr tun müssen als ich wirklich wollte. Außerdem wird eine Frau niemals so respektiert und gefürchtet wie ein Mann, welche Stellung auch immer sie innehat … Führt man die Regierung dieser Länder in Zeiten des Krieges und kann nicht persönlich am Kampf teilnehmen, so steht man vor einem unlösbaren Problem. Man empfängt alle Schläge, wird für Fehler zur Verantwortung gezogen, die andere gemacht haben, und getadelt, wenn man nicht ausführt, was jeder meint verlangen zu können. Die Beschwerdeführer können im ganzen Land gehört werden, doch die Angeklagte steht allein und kann nicht überall gleichzeitig für sich antworten. Wenn dann die Dinge nicht so laufen wie erwartet, so ist es nicht schwer, die Leute glauben zu machen, daß die Frau, die an der Spitze der Regierung steht, an allem schuld ist, und aus diesem Grund wird sie im Volk gehaßt und verachtet."

Es war eine erschütternde Bilanz, die Maria da zog, und daß sie so aussah, lag nicht nur in den Gegebenheiten, sondern auch in ihrem Wesen begründet. Die Schwester des Kaisers war streng, autoritär und wenig konziliant. Niemals zweifelte sie an ihrem Recht, das kein anderes war als das des Kaisers und Oberhauptes der Dynastie. Es fehlten ihr völlig jene femininen Eigenschaften, die ihre Tante Margarete in so reichem Maß besessen hatte, wie Takt, Flexibilität, Anpassungsfähigkeit, Humor und Charme. Sie besaß Courage und die gleiche leidenschaftliche Zielstrebigkeit, die ihrer Mutter Juana zum Verhängnis geworden war, die ihrer Tante Katharina von Aragón die Kraft gegeben hatte, ihre demütigende Situation als verstoßene Gemahlin in Würde zu ertragen, und ihrer Großmutter Isabella den Mut und die Ausdauer, die schließlich zur *Reconquista* und zur Einigung der spanischen Reiche führte. Die charmante, „österreichische" Liebenswürdigkeit (manchmal auch mit Oberflächlichkeit und Falschheit gleichgesetzt), die ihrem Vater Philipp, ihrer Tante Margarete und ihrem Großvater Maximilian so viele Herzen geöffnet hatte (mitunter auch Geldbörsen), die besaß Maria nicht. Neben Karl, der trotz seiner „Hispanisierung" auf der Iberischen Halbinsel im Herzen „Burgunder" geblieben war, galt sie als die „spanischste" der Geschwister, Stolz und Ehrgefühl waren ihre empfindlichsten Punkte. Was Margarete oft mit einem Lächeln oder einem Scherzwort zurechtgerückt hatte, das verschlimmerte sie durch eine zynische Bemerkung oder einen beißenden Kommentar. Margarete war imstande gewesen zu lachen und zu vergeben. Maria vergaß nichts und vergab niemals. Während Margarete, die geborene Diplomatin, ihre wahren Gefühle hinter höfischer Courtoisie zu verbergen wußte, konnte Maria in einem schwachen Moment flammend erröten oder tödlich erblassen, einen Gegner durch eine schroffe Geste noch mehr herausfordern, statt ihm liebenswürdig zuzulächeln, wie Margarete es getan hätte. Auch die Leutseligkeit, die ihrem Bruder Karl viele Sympathien eintrug, wenn er auf einem Ritt durch die Stadt sein Pferd anhielt, um mit den Bürgern ins Gespräch zu kommen, war Marias Sache nicht. Viele ihrer Untertanen hielten sie für hart und grausam, und sie zeigte in der Tat nicht selten einen Mangel an Sensibilität und Einfühlungsvermögen.

Nicht zum erstenmal empfand Maria die Bürde der Verantwortung als zu schwer und bat ihren Bruder, sie von ihren Schultern zu nehmen. Doch wie immer versicherte sie Karl seines uneingeschränkten Vertrauens, versprach, die Sache zu überdenken und bat sie, bis zu seiner Rückkehr aus dem Reich (nach

Regensburg war ein Reichstag ausgeschrieben) auf ihrem Posten zu verbleiben. Während die Bestrafung der Rebellen noch im Gange war, fanden im Genter *Prinsenhof* auch Besprechungen und Verhandlungen zu anderen Themen statt, über Familienfragen und Heiratsprojekte, die weitere Behandlung der deutschen Angelegenheiten und das Verhältnis zu Frankreich. Das Problem Burgund wurde wieder aufgerührt durch den Vorschlag des Kaisers, seine ältere Tochter Maria mit dem jüngeren Sohn von König Franz, Charles d'Orléans, zu vermählen, und dem jungen Paar die Niederlande und Burgund mit allem Zubehör erblich zu übertragen. Ferdinands ältester Sohn Maximilian, dem Maria eigentlich bestimmt war, solle zum Ausgleich Madame Marguerite heiraten, Schwester des Herzogs von Orléans, die König Franz gerne dem Kaiser selbst gegeben hätte. Von Mailand, dem einzigen Punkt, der Franz wirklich interessierte, war kaum die Rede, und die Enttäuschung auf französischer Seite groß. Der König kam nun auf die alte Forderung zurück, mit Mailand belehnt zu werden, wie einst Ludwig XII. Es zeigte sich immer deutlicher, was die „ewige Freundschaft" der beiden Souveräne wert war (nämlich nicht viel), da sie in den letzten Monaten von ganz verschiedenen Voraussetzungen ausgegangen waren und zu ernstlichem Entgegenkommen keine Neigung verspürten.

Der Traum vom befriedeten Europa, dessen Fürsten in einem gemeinsamen Kreuzzug gegen die Ungläubigen ziehen würden, blieb unerfüllt. Der König von Frankreich nahm sein altes System wieder auf, einen Verbündeten im Rücken des Gegners zu unterstützen, und schloß einen Freundschaftsvertrag mit Herzog Wilhelm von Cleve, gleichzeitig Prätendent von Geldern, da der alte Herzog Karl von Egmont (der langjährige Gegner der Margarete von Österreich) gestorben war. Als Antwort auf diese feindliche Geste belehnte der Kaiser seinen Sohn Philipp am 11. Oktober 1540 mit dem Herzogtum Mailand und kassierte „in Ansehung der Veränderlichkeit aller Dinge" sein politisches Testament von 1539. „Das war Liquidation der Vergangenheit und folgenschwere Vorbereitung der Zukunft, ein Hinüberschieben der Gewichte nach Spanien."[123]

VI. EXTRÈME TRAVAIL

Bevor der Kaiser die Niederlande verließ, begab er sich auf Inspektionstour in den Süden, um die Fortifikationen entlang der französischen Grenze zu besichtigen. Maria begleitete ihn. Am 7. Januar 1541 nahmen die Geschwister in Luxembourg voneinander Abschied.

Der Kaiser hoffte noch immer, einen Ausgleich zwischen Altkirchlichen und Protestanten herbeiführen zu können, doch die Voraussetzungen dafür hatten sich in den letzten Jahren erheblich verschlechtert. Die Spannungen zwischen den Fürsten verschiedener Konfessionen waren schärfer, die Gegensätze härter geworden, nicht zuletzt durch die Tätigkeit des starrsinnigen Reichsvizekanzlers Matthias Held, dessen eigentliche, vom Kaiser gewünschte Mission gewesen wäre, einen Kompromiß vorzubereiten. Auf Initiative Helds, der auch König Ferdinand auf seine Seite ziehen konnte, kam es 1538 zur Gründung der „Katholischen Liga" als Gegenstück zum „Bund von Schmalkalden". Mehr im Sinne Karls V. waren die Religionsgespräche, die 1540 in Leipzig, Hagenau (Elsaß) und Worms stattfanden, bei denen sich die Theologen der beiden Seiten in manchen Punkten entgegenkamen. So versprach sich der Kaiser vom Regensburger Reichstag eine weitere Annäherung der Konfessionen. Die Verhandlungen, an denen er persönlich teilnahm, ließen sich anfangs auch erfolgversprechend an, aber je mehr sie vom Religiös-Dogmatischen ins Politische hinüberglitten, desto mehr verhärteten sich die Positionen. Das von Karl erstrebte Ziel einer *Concordia* erwies sich als unerreichbar, und der Reichstag schloß am 29. Juli 1541 ohne greifbares Ergebnis. Der Kaiser verließ Regensburg in Trauer und Resignation und erwog, was er bisher abgelehnt hatte: eine Gewaltlösung.

Während der Kaiser noch in Regensburg verhandelte, wurde in Brüssel Hochzeit gefeiert. Seine Nichte, die Herzoginwitwe von Mailand, reichte Franz von Lothringen die Hand zum Ehebund, dem älteren Sohn des regierenden Herzogs Anton. Es war der Wunsch des Kaisers gewesen, das wichtige Grenzland zwischen Luxembourg und der Freigrafschaft Burgund (*Franche Comté*) enger an sein Haus und an das Reich zu binden, und Christine fügte sich, wie sie sich schon in die Ehe mit Francesco Sforza gefügt hatte. Sie hatte eine Romanze mit dem „Märchenprinzen" René von Oranien-Nassau hinter sich, doch auch ihr war nicht gestattet worden, was man schon ihrer Tante Eleonore verweigert hatte: eine Neigungsheirat. Trotzdem traf sie es nicht schlecht, denn Franz war jung, nur vier Jahre älter als sie, gebildet und kultiviert, wenn auch kein verwegener Reiter, charmanter Plauderer und unermüdlicher Tänzer wie René. Die Regentin hätte ihre junge Freundin und Jagdgefährtin lieber an ihrem Hof behalten, doch die Tatsache, daß sie sie weder an einen Krüppel noch an einen Blaubart, sondern an einen freundlichen jungen Mann verlor, mag sie getröstet haben.[124]

Auf dem Weg nach Süden machte der Kaiser in Innsbruck Station, um zu rasten, Post zu erledigen und seinen Rat Louis de Praet abzufertigen, der seine Schwester Maria mit umfassenden Informationen über alles Geschehene und seine nächsten Absichten zu versorgen hatte. Er werde zwei Jahre brauchen, kündigte er an, bis er alles geordnet habe und in die Niederlande zurückkehren könne. Bis dahin empfahl er der Regentin die größte Wachsamkeit. Auf einem eigenhändig beschriebenen Zettel mit Zeichnungen von Geschützkalibern gab er Auftrag zum Guß von 24 großen Kanonen und 16 kleinen Feldgeschützen mit Angabe der Gewichte und der Munition. Sie sollten einstweilen in Mecheln bleiben, zur Ergänzung der in Augsburg bereits hergestellten Stücke. Auch den Motiven zu seinem geplanten Zug nach Algier, wo er den Erfolg von Tunis zu wiederholen hoffte, räumte der Kaiser breiten Raum ein. Das Unternehmen sei nur in diesem Augenblick noch möglich, da der König von Frankreich, trotz seiner Kontakte zur Hohen Pforte, es nicht wagen würde, den Krieg zu beginnen, solange der Kaiser noch gegen die Ungläubigen im Kampf liege.

Über den Brenner und durch die Lombardei reiste der Kaiser Richtung Genua, machte aber noch einen Umweg über Lucca, um den Papst zu treffen, den er wie schon so oft für ein Konzil auf dem Boden des Reiches, für eine wirksame Türkenhilfe und für Schutz gegen Frankreich zu gewinnen suchte – ohne irgendwelche bindende Zusage zu erhalten. Der Papst benützte die Gelegenheit lediglich, um farnesische Familienpolitik zu bereden und von dem Zug gegen Algier abzuraten.

Auch aus Ungarn kamen trübe Nachrichten. János Zápolya war am 22. Juli 1540 gestorben, zwei Wochen nachdem ihm seine dritte Gemahlin Isabella von Polen einen Sohn geboren hatte. Jetzt wäre der Moment gewesen, den Teil Ungarns, über den Zápolya mit Hilfe der Türken geherrscht hatte, zurückzuholen, doch die politische und militärische Macht, die König Ferdinand zu mobilisieren imstande war, erwies sich als zu schwach. Die Pforte erkannte *Istfan*, den kleinen Prinzen János Szigmond, sofort als rechtmäßigen König an, und Sultan Süleyman erklärte sich bereit, dessen Interessen zu wahren. Die Forderung Ferdinands, ihm Ungarn zu überlassen, lehnte er entschieden ab. Daraufhin beschloß man in Wien, Buda zu besetzen, um die für ihren Sohn regierende Königinwitwe einer wichtigen Machtposition zu berauben. Der Feldzug begann vielversprechend, Gran, Visegrád und Waitzen wurden genommen, doch Buda widerstand der Belagerung, die im Spätherbst 1540 abgebrochen werden mußte. Im Frühjahr schickte König Ferdinand erneut eine Armee donauabwärts, die unter dem Kommando des verdienstvollen, aber nunmehr bereits alten und kränkelnden Wilhelm von Roggendorf stand. Auf die Nachricht, Sultan Süleyman sei im Anmarsch, gab er die Belagerung auf, seine Truppen ergriffen die Flucht. Süleyman konnte unbehelligt vor Buda sein Lager aufschlagen und lud die führenden ungarischen Herren und den kleinen König, den er „zu küssen wünschte", zu einem üppigen Gelage in sein Prunkzelt. Inzwischen schlichen sich türkische Soldaten in kleinen Gruppen als „Verbündete" in Stadt und Burg. In einem Überraschungsmanöver entwaffneten sie die Besatzung, und die Hauptstadt fiel ohne Blutvergießen in die Hände der Osmanen. Süleyman besetzte nun das ganze Land, bis auf die westlichen und nördlichen Landstriche im Herrschaftsbereich Ferdinands. Am 29. August 1541, dem 15. Jahrestag der Schlacht von Mohács, wurde das ungarische Kernland zwischen Raab und Theiß dem osmanischen Reich einverleibt, und Ungarn für fast 150 Jahre in drei Teile zerstückelt: Ein schmaler Gebietsstreifen im Westen und in Oberungarn verblieb als „Königliches Ungarn" dem Haus Habsburg, mit der neuen Haupt- und Krönungsstadt Preßburg/Pozsony. Die Gebiete östlich der Theiß und Sieben-bürgen, das „Fürstentum der drei Nationen" (Magyaren, Székler, Sachsen), wurden zunächst türkisches Protektorat, dann ein Fürstentum unter türkischer Oberhoheit. Den Mittelteil regierte ein Pascha von Buda aus als osmanische Provinz. Die Türken setzten die Befestigungen instand, verwandelten die Kir-chen in Moscheen, errichteten Türben (Grabmonumente) und prunkvolle Bä-der. Die Palastbauten des Matthias Corvinus in Visegrád und Óbuda verfielen, Zerstörungen durch Kampfhandlungen und Feuersbrünste taten ein übriges. Die letzten Reste der berühmten königlichen Bibliothek *Corviniana* (die schön-sten Stücke hatte Sultan Süleyman schon 1526 mitgenommen) wurden ver-schleppt, verkamen in Staub und Schmutz oder wurden von Ungeziefer zernagt. Die Rückeroberer Budas unter Herzog Karl von Lothringen fanden 1686 nur mehr einen „fürchterlichen Haufen", der mit der *Corviniana* nichts mehr zu tun hatte. Umso erstaunlicher, daß immerhin 194 Codices der einstmals so stolzen Sammlung allen Stürmen entkommen sind. Mehr als 40 „Corvinen" befinden sich in Budapest, 37 in der Österreichischen Nationalbibliothek, der Rest verteilt sich auf 46 Bibliotheken in der ganzen Welt.[125]

Obwohl sich erfahrene Seeleute gegen das Unternehmen in so vorgerückter Jahreszeit aussprachen, zog der Kaiser im Herbst die von Andrea Doria komman-dierte Flotte vor Mallorca zusammen, die spanischen Galeeren unter dem Herzog von Alba nahmen direkten Kurs auf die afrikanische Küste. Karl beharrte eigensin-nig auf der Durchführung seines Planes und vertraute auf sein oft erprobtes Glück, doch „die Natur selbst trat in das Bündnis gegen den Kaiser". Vor Algier wurden 150 Schiffe mitsamt der Besatzung durch einen Orkan vernichtet, bevor sie landen konnten, und in einer Landschlacht konnten sich nur die deutschen Truppen gegen die Türken behaupten, während die Italiener ihr Heil in der Flucht suchten. Hernán Cortés, der Eroberer von Mexico, der sich unter den Spaniern befand, riet zu einem erneuten Angriff, doch der Kaiser befahl den Rückzug und führte die Truppen auf den geretteten Schiffen zurück in den spanischen Hafen Cartagena. In einem Brief an seinen Bruder Ferdinand schilderte er den unglücklichen Verlauf der Operation, ohne die begangenen Fehler zu beschönigen.

In den Niederlanden zeigte sich die innere Lage durch die Unterwerfung von Gent nur scheinbar beruhigt. Flämische Flüchtlinge waren in vielen Orten aufgetaucht, wo sie ihren Haß gegen Habsburg laut hinausposaunten und bei all jenen ein Echo fanden, die aus religiösen, politischen oder wirtschaftlichen Gründen für revolutionäre Parolen ein offenes Ohr hatten und eine offene Hand für die „Handsalben" ausländischer Agenten. Als die Nachricht vom Mißerfolg des Kaisers vor Algier sich in Europa verbreitete, entfesselte die anti-habsburgische Propaganda einen veritablen Nervenkrieg, der in der Sensationsmeldung gipfelte, daß der Kaiser ertrunken und sein Bruder Ferdinand (der an der Expedition gar nicht teilgenommen hatte) ebenfalls umgekommen sei. Die Gerüchte verdichteten sich, daß ein Angriff bevorstünde, doch im Heer der Spione, das die Regentin beschäftigte, war nicht einer, der berichten konnte, von welcher Seite der erste Schlag zu erwarten war: von Dänemark oder von Cleve/ Geldern, die mit Frankreich im Bündnis standen, oder von Frankreich selbst. Während man sich auf die Verteidigung der Grenzen im Westen, Osten und Süden einrichtete, fühlte Maria erneut die Beschränkungen, denen sie als Frau unterworfen war, trotz all ihrem Mut, ihrer Energie und ihrem militärischen Scharfblick. Ihre Truppen litten unter dem Mangel eines wirklich fähigen Befehlshabers, und ihre Umgebung war ihrer Ansicht nach „weniger wert als nichts". Unermüdlich durchquerte sie zu Pferde das Land, um selbst nach dem Rechten zu sehen, als einzige Frau unter Staatsräten, Gouverneuren und Militärs. Zahlreich waren die Spione und Informanten, die unter der Anklage standen, für den Herzog von Geldern zu arbeiten, französische Bestechungsgelder anzunehmen oder schlecht von der Regierung zu sprechen. Sie wurden auf Befehl der Regierung so lange gefoltert, bis sie die Namen ihrer Komplizen preisgegeben und ihre (tatsächlichen oder angeblichen) Pläne enthüllt hatten, um schließlich geviertelt oder gnädig enthauptet zu werden. Die unwahrscheinlichsten Gerüchte machten die Runde, wurden gierig aufgenommen und weitergegeben. War Maarten van Rossem, der gefürchtete Kommandeur der geldernschen Truppen, tatsächlich auf dem Antwerpener Roßmarkt gesehen worden, wo er mit den Genter Verrätern Kontakt aufnahm? Bereiteten Lüttich, Aachen und Köln wirklich eine republikanische Föderation vor? War eine Verschwörung in Luxembourg aufgedeckt worden, die plante, s`Hertogenbosch, Antwerpen und Gent an Maarten van Rossem auszuliefern? Und woher kam der Geldregen, den die Genter Rebellen ausstreuten, zusammen mit Versprechungen, daß der König von Frankreich alle Privilegien der Stadt wiederherstellen würde? Der Wahrheitsgehalt war kaum zu überprüfen und die Aussagen der bedauernswerten Folteropfer erst recht unzuverlässig.

„Seit den Tagen unseres Großvaters, des Kaisers Maximilian, waren die Niederlande nicht in solcher Gefahr", schrieb Maria am 30. Juni 1542 an den Kaiser. Die Küstenlandschaften erwarteten Angriffe von den Dänen, nach der offiziellen Kriegserklärung von Franz I. stieß der Herzog von Vendôme von der Picardie her gegen Artois und Flandern vor, die Herzöge von Orléans und Guise bedrohten die Grenzen Luxembourgs, während der Dauphin an der Pyrenäenfront operierte. Die unmittelbarste Gefahr drohte jedoch von Geldern, von wo sich der Söldnerführer Maarten van Rossem mit einer aus deutschen, dänischen, schwedischen und niederländischen Knechten bestehenden Truppe auf Antwerpen zubewegte. Maria sandte Order an den Prinzen René von Oranien, der mit seinen Truppen bei s'Gravenhage stand, der Stadt zu Hilfe zu kommen. Sie bezeichnete genau die Route, die er nehmen sollte, und dirigierte Schiffe nach Bergen-op-Zoom, damit er van Rossem umgehen und Antwerpen zu Wasser erreichen könne. Doch Oranien hielt dies für eine unnötige Vorsichtsmaßnahme, nahm den Landweg und erlitt eine empfindliche Schlappe bei Hoogstraten. „Wir befänden uns nicht in dieser verzweifelten Situation, wenn man auf meinen Rat gehört hätte", beschwerte sich die Regentin bei einem ihrer Generäle. Doch welcher Kriegsmann wollte schon auf Zivilisten hören, noch dazu, wenn sie weiblichen Geschlechts waren!

Nachdem er alle Dörfer in der Umgebung verbrannt hatte, brach van Rossem die Belagerung von Antwerpen ab und wandte sich gegen Mecheln. Doch hier hatte man die Deiche durchstochen, und eine riesige Wasserfläche schützte die Stadt. An Brüssel vorbei zog das Söldnerheer in Richtung Löwen, das über eine Garnison von höchstens 500 Mann verfügte, dessen Bürger und Studenten jedoch zum Widerstand entschlossen waren. Einige symbolische Schüsse von den Wällen und das Gerücht, man wolle ihm den Weg nach Luxembourg abschneiden, bewog van Rossem, weiterzumarschieren. Auf seinem Weg nach Südosten hinterließ er eine rauchende Spur in Brand gesteckter Dörfer und Bauernhöfe. Vor Yvoix vereinigte er sich mit dem Herzog von Orléans, am 31. August fiel Luxembourg. „Wir haben ein Volk", schrieb Maria am 25. August an den Kaiser, „das nicht bereit ist, zu helfen, und nur über Waffenstillstand oder Frieden mit dem Feind sprechen will. Wir haben deutsche Söldner, die nicht eintreffen. Ich finde es fürchterlich, daß ich in so vielen Punkten Recht bekommen habe … Ich werde jedenfalls probieren, diese zwei Monate so viel [Geld] wie möglich aus dem Land zu ziehen, aber danach sehe ich keine Möglichkeit mehr, das Nötige zu beschaffen. Es liegt nun bei Eurer Majestät, zu beschließen, wie Ihr diese Länder zu verteidigen gedenkt, denn ich fürchte auf die Dauer nichts so sehr wie einen inneren und äußeren Krieg – *une guerre intestine que foraine*."

Als die Verstärkung endlich eingetroffen war und die niederländische Armee sich Richtung Luxembourg in Bewegung setzte, kamen die Operationen der Franzosen plötzlich zum Stehen, was sich weder Zeitgenossen noch spätere

Historiker erklären konnten. Am 9. September gaben sie Luxembourg (bis auf Yvoix) wieder auf, entließen einen Teil der Truppen, und der Herzog von Orléans begab sich ins Roussillon, wo sein Bruder, der Dauphin Henri, Perpignan belagerte, „einzige Schranke und Bollwerk der Spanier". Auch er war nicht erfolgreich. Der Kaiser hatte die Stadt durch den Herzog von Alba so gut rüsten lassen, daß sie eine lange Belagerung ausgehalten hätte, doch die Franzosen gaben schon nach einigen Wochen auf. „So konnte der Kaiser aufatmen. Erst recht die Regentin der Niederlande."[126]

Die mangelhafte Planung und schlechte Koordination der französischen Operationen hatten ihren Grund wahrscheinlich in den Zwistigkeiten des schon recht hinfälligen Königs mit seinen beiden Söhnen und der Rivalität der beiden „regierenden" Mätressen, der Herzogin von Étampes und der Diane de Poitiers, Herzogin von Valentinois. „Es scheint, daß der französische König mehr auf seine Gefühle als auf seinen Verstand hört", bemerkte Maria in einem Brief an den Kaiser ironisch.

Die unerwartete Neuigkeit vom Abzug der Franzosen erreichte die Statthalterin ungefähr zur selben Zeit wie die Nachricht, daß die dänische Flotte, die Holland mit einer Invasion bedroht hatte, von heftigen Stürmen zerstreut worden war. So konnte eine Strafexpedition gegen die Länder des Herzogs von Cleve unternommen werden, die einige Erfolge brachte, bevor man in die Winterquartiere ging. Die Regentin sah in dem Herzog einen Verräter und Rebellen, in seinem *Condottiere* van Rossem einen Räuberhauptmann, und ihr Haß ging so weit, daß sie sich sogar zu einer Handlung hinreißen ließ, die ihrer nicht würdig war. Im Kloster Sainte Waudru in Mons lebte eine Nichte van Rossems, und sie übermittelte dem Herzog von Aarschot den Befehl, sie auszuweisen. *„Madame",* antwortete der Herzog, „ist es nicht ziemlich kleinlich, sich an dieser Dame zu rächen, die seit ihrer frühen Jugend in diesem Kloster lebt? Man hat mir gesagt, sie wäre von untadeligem Benehmen und hervorragender Familie, so daß es unnötig scheint, ihr gegenüber so streng zu sein. Ich bin kein Freund van Rossems und habe Grund genug, ihn zu hassen und zu wünschen, daß er mein Gefangener wäre; aber, *Madame,* man sollte wirklich versuchen, vernünftig zu bleiben." Vernünftig oder nicht – als die Nichte van Rossems schriftlich die Erlaubnis erbat, im Kloster bleiben zu dürfen, wo selbst französische Nonnen nicht behelligt würden, schrieb Maria an den Rand, man möge ihr einen Paß ausstellen, damit sie nach Geldern zurückkehren könne – *fiat ung passeport pour la fille de Johan van Rossem pour se retirer vers Gueldres.*[127]

Die Regentin nützte die Atempause zu finanziellen und politischen Rüstungen, doch noch größere Sorgen als die Beschaffung neuer Mittel machten ihr die Mängel in der Leitung der militärischen Operationen und der politischen Geschäfte im Land selbst. Was schon ihrer Tante Margarete soviel Kummer bereitet hatte, mußte auch Maria erfahren: die Städte wehrten sich gegen eine straffe, landesherrliche Führung ebenso wie die großen Herren, die überdies die Statthalterschaften und die Führung der Aufgebote und Armeen beanspruchten, ohne ihren Aufgaben immer gewachsen zu sein. Neben der offiziellen Korrespondenz gingen auch vertrauliche Botschaften an ihren Bruder, wo sie genaue Rechenschaft ablegte über die Verwendung der Mittel, die Verteilung der Kommandos und die Besetzung der festen Plätze. Aber sie führte auch Klage. Sie habe eigentlich nur an Louis de Praet eine Stütze, und für die Stelle des dringend notwendigen Generalkapitäns kämen zwar die Herren Roeulx und Aarschot in Betracht, aber keiner von beiden genüge auch nur notdürftig. Prinz René von Oranien sei zwar voll des guten Willens, aber zu jung und zu unerfahren. „Ich kann doch nicht mit jedem einzelnen sprechen", schrieb Maria verzweifelt, „nicht selbst an jeder Stelle sein." Nichts war dringender als das persönliche Erscheinen des Kaisers.

Da zeigte sich Aussicht auf Hilfe von Seiten Englands. Heinrich VIII. hatte die gescheiterten Heiratsverhandlungen im Hinblick auf des Kaisers Nichte Christine nicht weiter übel genommen, sich von der „flandrischen Mähre" Anna von Cleve rasch getrennt, die sich nun mit einem Status als *the king's good adopted sister* abfinden mußte, und mit Catherine Howard, *blushing rose without a thorn,* einen kurzen *honeymoon* erlebt, bis doch Dornen zutage traten. Catherine wurde des Ehebruchs angeklagt, in den Tower gebracht und auf demselben Block enthauptet wie sechs Jahre zuvor ihre Cousine Anne Boleyn.

Die ehelichen Kalamitäten hinderten Heinrich nicht daran, in Verhandlungen mit der Regentin der Niederlande einzutreten, wobei sich die (scheinbare) Schwierigkeit ergab, daß der König die Anerkennung des Titels *„Defensor fidei* und Haupt der Kirche von England" forderte. Den Kaiser störte dieses Ansinnen aber keineswegs, er bemerkte lediglich, daß der Titel nicht von ihm stamme, er ihn also weder nehmen noch geben könne. Der König möge sich nennen, wie er wolle, er werde seinerseits nach wie vor schreiben „König von England, etc.". Am 11. Februar 1543 schlossen Kaiser und König also einen Geheimvertrag auf Vergeben und Vergessen und auf gegenseitige Hilfe. König Franz sollte zum Verzicht auf sein Türkenbündnis gezwungen werden, die Verbündeten ihrerseits erhoben ihre alten Ansprüche auf Teile Frankreichs. Die Anerkennung der Erbrechte Marys, Tochter von Heinrichs erster, verstoßener Gemahlin und Cousine des Kaisers, trug dazu bei, Balsam in alte Wunden zu träufeln. Im Hintergrund stand, wie schon oft, die Wiederherstellung geregelter Handelsbeziehungen zwischen England und den Niederlanden

Bevor der Kaiser Mitte Mai Spanien verließ, setzte er seinen mittlerweile sechzehnjährigen Sohn Philipp als Regenten ein und verheiratete ihn mit der gleichaltrigen Infantin Maria von Portugal, seiner Cousine ersten Grades in doppelter Hinsicht: des Kaisers jüngste Schwester Katharina war ihre Mutter, ihr Vater der Bruder der verstorbenen Kaiserin Isabella. Die nahe Verwandtschaft und erbliche Belastung sollten für ihren Sohn Don Carlos fatale Folgen haben.

Der Kaiser übergab Philipp zwei Testamente, eines mit persönlichen und eines mit politischen Instruktionen. Das persönliche Testament zeigt ihn als liebevollen und besorgten Vater, der seinem Sohn Frömmigkeit und Gerechtigkeit ans Herz legt, ihm empfiehlt, niemals etwas im Zorn zu tun, zugänglich und leutselig zu sein, guten Rat zu hören und sich vor Schmeichlern zu hüten „wie vor dem Feuer“. Die frühe Heirat und die Berufung zur Regentschaft greife der Zeit und seiner körperlichen Reife weit vor. Er dürfe nicht glauben, daß das Lernen eine Verlängerung der Kindheit sei, es solle ihn im Gegenteil an Ehre und Ansehen erst recht wachsen lassen. Er werde viele Länder mit verschiedenen Sprachen zu regieren haben, die alle wünschten, ihn zu verstehen und von ihm verstanden zu werden, aus diesem Grund möge er den Wert der Sprachen begreifen, wobei das unentbehrlichste Hilfsmittel das Lateinische, gut aber auch das Französische sei. Für die erste Zeit seiner Ehe empfiehlt der Vater dem Sohn, sein junges und zartes Alter zu bedenken, sich in acht zu nehmen und nicht gleich ohne Maß hinzugeben: „Denn nicht genug mit der Schädigung Eurer Gesundheit, hinterläßt das oft eine solche Schwäche, daß es die Nachkommenschaft gefährdet und ans Leben geht wie bei Eurem Onkel, dem Prinzen Don Juan, durch dessen Tod ich in den Besitz dieser Reiche kam …“ Don Juan war der Bruder der Mutter des Kaisers (also eigentlich ein Großonkel Philipps), der einzige Sohn der großen Isabella und ihres Gemahls Fernando de Aragón. Verheiratet mit Margarete von Österreich (der späteren Statthalterin der Niederlande) starb er schon nach einem halben Jahr an der „Auszehrung“, angeblich wegen zu heftig genossener ehelicher Freuden. Nach seinem Tod erbten seine Schwester Juana und in weiterer Folge deren Sohn Karl die spanischen Reiche.

Den intimen Ermahnungen ließ der Kaiser ein zweites, streng geheimes und nur für Philipp bestimmtes Testament folgen, worin er scharfe Charakteristiken der Minister und Ratgeber gab und Anweisungen, wie der junge Regent mit ihnen umzugehen habe. „Die Fahrt, die ich jetzt unternehme“, fügte er hinzu, „ist die gefährlichste für meine Ehre und für meinen Ruf, für mein Leben und für meine Mittel, die es geben kann, aber da die Dinge liegen, wie sie sind, so muß ich beides wagen …“

Von Palamós, nördlich Barcelona, segelte der Kaiser nach Genua und reiste auf dem Landweg über Pavia und Parma in den kleinen Ort Busseto, um mit dem Papst zusammenzutreffen. Papst Paul III., mittlerweile 75, aber durchtrieben und familienehrgeizig wie eh und je, erwartete ihn im Kreise seiner Familie und zahlreicher (hauptsächlich französischer) Kardinäle. Auch des Kaisers niederländische Tochter Margarita gehörte nun zur Papstfamilie, seit sie nach der Ermordung ihres ersten Gemahls Alessandro de'Medici mit dem Enkel des Papstes, Ottavio Farnese, vermählt worden war. Eine „echte" Farnese wurde sie allerdings nie, zu glühend war ihre Verehrung für den Vater und zu groß ihr Stolz *figlia di Cesare* zu sein. Auf die üblichen scheinheiligen Friedensappelle des Papstes erwiderte der Kaiser heftig, man müsse den Frieden nicht auf seiner Seite suchen, denn er sei der von Frankreich betrogene und angegriffene Teil. Auf die französisch-türkische Allianz anspielend, rief er höhnisch aus: „Ich sehe wohl, wir müssen alle noch Türken werden, aber ich will der letzte sein!" Im übrigen war von Paul III. außer unverbindlichen Versprechungen nichts zu erreichen.

Inzwischen hatte der junge Herzog Wilhelm von Cleve, den die Erfolge seines *Condottiere* van Rossem übermütig gemacht hatten, mit französischem Geld seine Feindseligkeiten gegen die Niederlande wieder aufgenommen. Die geldrischen Söldnerscharen drangen unter Führung van Rossems in Brabant ein, während die Franzosen den Hennegau überfielen. Auf beiden Seiten reihten sich Erfolge und Mißerfolge aneinander, doch lange konnten die Niederlande diesen Zweifrontenkrieg nicht mehr durchstehen. Rastlos und furchtlos, obwohl van Rossems Banden in den nördlichen Provinzen wüteten, ritt die Regentin entlang der Grenze von Ort zu Ort, ungeduldig auf Nachricht wartend, daß ihr kaiserlicher Bruder mit einem Heer im Anmarsch sei. Als sie ihn Anfang September in der Nähe von Roermond endlich begrüßte, konnte sie ihn als Sieger und als Retter des Landes feiern. Von Bonn aus war Karl im August mit einer Armee aus deutschen Knechten und spanischen *tercios* vor Düren gezogen und hatte die stark befestigte Stadt in mehrfachen Stürmen erobert. Darauf ergaben sich auch Jülich, Roermond und Venlo. Der Herzog von Cleve, vom König von Frankreich im Stich gelassen (die versprochenen Hilfstruppen waren nicht gekommen), erschien vor dem Kaiser und bat kniefällig um Vergebung. Geldern und Zutphen wurden nun den habsburgischen Niederlanden angegliedert, der Bedrohung im Norden ein Ende gemacht, die „ewig blutende Wunde des niederländischen Staates" endgültig geschlossen. 1546 heiratete Wilhelm von Cleve Erzherzogin Maria von Österreich und wurde Schwiegersohn König Ferdinands. Was Maarten van Rossem betraf, so waren sich Karl und Maria einig, daß man auf das militärische Talent des „Räuberhauptmanns" nicht verzichten könne. Unter der Bedingung, daß er dem Kaiser ebenso gute Dienste erweisen würde wie dem Herzog von Cleve, wurde ihm gestattet, in kaiserliche Dienste zu treten. Der „schwarze Martin", ein *Condottiere* von echtem Schrot und Korn, ging auf den Handel ein. Er legte ein Treuegelöbnis ab und hielt es sogar.[128]

Die Anwesenheit des Kaisers in den Niederlanden enthob die Regentin zwar der direkten Verantwortung für die Führung des Krieges, aber ihre übrigen Pflichten verminderten sich keineswegs. Karl hatte unmittelbar nach seiner Ankunft einen schweren Anfall seines Gichtleidens erlitten, das ihn in den letzten Jahren mehr und mehr quälte, ohne daß er von seinen schädlichen Ernährungsgewohnheiten abgelassen hätte. Schon zum Frühstück pflegte er zu eisgekühltem Bier Froschschenkel, Sardinen und Aalpastete zu essen, obwohl seine Krankheit eine purinarme Diät verlangt hätte, vor allem ohne Fleisch und Fisch. Schon sein ehemaliger Beichtvater, der Kardinal Loaysa, hatte seine Unmäßigkeit im Essen und Trinken gerügt, doch er predigte tauben Ohren, ebenso wie Karls besorgte Ärzte. Der Kaiser benötigte seine Schwester nicht nur, um sich gelegentlich auf ihren Arm zu stützen, er benötigte sie auch als wichtigste Ratgeberin und persönliche Assistentin, vor der er weder Gedanken noch Überlegungen, weder Ängste noch Zweifel zu verbergen brauchte. Sie war mehr als ein Erster Minister, sie war sein *alter ego,* sein Gewissen, die unermüdlich ausführte, was sie gemeinsam beschlossen hatten, seine Vertreterin, wenn der Schmerz ihn bewegungslos machte, seine besorgte Besucherin am Krankenbett. Mit zunehmendem Alter wurden sie einander immer ähnlicher, nicht nur physiognomisch. Die fast unerträgliche Bürde der Verantwortung und die Einsamkeit, die ihre Stellung mit sich brachte, hatten beiden ihren Stempel aufgedrückt und ihren ererbten Hang zu schwermütigen Verstimmungen verstärkt, ohne daß er sich je in der extremen Form manifestiert hätte wie bei ihrer Mutter. Marias Züge waren im Vergleich zu denen ihrer rundlichen und sanften Schwester Eleonore immer herb gewesen, nun, da sie die Frische der Jugend verloren hatten, wirkten sie ebenso männlich wie die ihres Bruders. Bildliche Darstellungen zeigen ein maskenhaft bleiches Antlitz, das Zeugnis davon ablegt, daß sie daran gewöhnt war, geachtet und gefürchtet, aber nicht geliebt zu werden. Niemand in ihrer Umgebung betrachtete sie als Frau, selbst der geschwätzigste Botschafter fand es nicht der Mühe wert, ihre stets gleiche, düstere Tracht und ihre makellos weiße Witwenhaube zu beschreiben. Nur die französischen Pamphletisten wurden nicht müde, ihr immer wieder „Unkeuschheit" und wechselnde Liebhaber anzudichten, Beschuldigungen, die völlig ins Leere gingen. Selbst in der Anekdotensammlung des Seigneur de Brantôme, der keinen Grund hatte, die Statthalterin der Niederlande zu glorifizieren, wird ihre Lebensführung (wie schon die ihrer Tante) als untadelig beschrieben, als eine „Witwenschaft voll Zucht und Sitte".

Als der Kaiser beschloß, die Herbst-Campagne gegen Frankreich persönlich zu führen, suchte ihn Maria mit allen Mitteln davon abzuhalten. „Nicht wegen der Gefahren des Krieges", schrieb sie ihrem Bruder, „sondern wegen Eurer

Gesundheit und im Hinblick auf den schlechten Zustand, in dem sich Eure Majestät zur Zeit zu befinden scheint." Karl antwortete in leicht ironischem Ton, er hätte gerade von ihr einen solchen Rat nicht erwartet, da er sie als eine Person kenne, die in einer Angelegenheit wie dieser „nicht in solch weiblicher Art" zu reagieren pflege, „wie andere ihres Geschlechtes von zarterer Veranlagung. Aber ich sehe, daß Eure schwesterliche Liebe Eure äußere Erscheinung Lügen straft. Um Euch zu beruhigen, versichere ich Euch, daß ich nichts unternehmen werde, was Ihr selbst nicht an meiner Stelle freudig tun würdet, selbst als Frau." Der nicht unbedingt charmante Hinweis auf ihr unweibliches Äußeres schien Maria wenig gekränkt zu haben, im Gegenteil. Angst und Sorge um den Bruder ließen sie mehr von ihren Gefühlen offenbaren als je zuvor. „Die leidenschaftliche Liebe, die ich für Euch hege", schrieb sie, „erfüllt mich mit der tiefsten Sorge, eine Sorge, die, ich gebe es zu, leichter zu tragen wäre, wenn ich Gelegenheit hätte, das Schicksal zu teilen, das Gott Euch bereitet hat. Wenn ich nicht das Vertrauen in Gott hätte, daß er Euch beschützen wird, dann wäre meine Angst unerträglich. Aber wenn man so mit Liebe erfüllt ist wie ich Euch gegenüber, kann man seine Gefühle nicht immer meistern. Deshalb bitte ich Euch, mir meine Schwäche zu vergeben."[129]

Der Herbst war schon ziemlich weit vorgeschritten, als der Kaiser mit seinem Heer durch den Hennegau über Mons und Le Quesnoy bis Landrecy an der Sambre vorstieß. Die Nachricht, daß ein starkes französisches Entsatzheer herannahte, brachte den Vormarsch zum Stehen. Schließlich standen sich die Kaiserlichen und die Franzosen an den beiden Ufern des Flusses gegenüber, man erwartete eine offene Feldschlacht, ein entscheidendes Kräftemessen der Rivalen, denn nicht nur der Kaiser war bei seinem Heer, auch König Franz. Der venezianische Gesandte meinte, man stehe vor dem größten Ereignis des Jahrhunderts. Die Regentin der Niederlande und Nicolas de Granvelle befürchteten das Schlimmste, weil sie die Franzosen für überlegen und den Kaiser für zu ungestüm hielten, auch Karl nahm die Sache bitter ernst und bereitete sich mit Beichte und Kommunion feierlich auf die große Entscheidung vor. Am 2. November brach er mit seinen Truppen auf, um dem Feind entgegenzuziehen, doch das Jahrhundertereignis fand nicht statt. König Franz räumte während der Nacht kampflos das Feld und entzog sich einem Zusammenstoß. Die Verfolgung brachte wenig Gewinn, die Franzosen behaupteten sich in den besetzten Plätzen, und schließlich zwangen die zunehmenden Winterregen und der Geldmangel den Kaiser zum Rückzug an die Schelde. Die Entscheidung mußte vertagt werden.

Der Kaiser nützte die Winterpause für diplomatische Vorbereitungen, an denen auch seine Schwester unermüdlich arbeitete, und zur Abhaltung eines

Reichstages in Speyer. Er fand bei den Fürsten eine überraschende Bereitschaft, ihn gegen die Türken und gegen Frankreich zu unterstützen, wozu die Bündnispolitik von Franz I. nicht wenig beigetragen hatte. Der Kaiser mußte allerdings gegenüber den protestantischen Fürsten und Städten auch Zugeständnisse machen, versah diese jedoch mit dem Zusatz, daß die Regelung nur bis zu einem „gemeinen christlichen freien Konzil in deutscher Nation" gelten solle. Entrüstet über diese Konzessionen erließ der Papst ein zugleich salbungsvoll wie scharf gehaltenes Tadelsbreve, in dem er Karl mit „gottlosen Herrschern wie Nero, Domitian und dem Staufer Friedrich II." verglich. Während der Kaiser erklären ließ, es sei unter seiner Würde, auf so etwas zu antworten, erhielt er unerwartete Schützenhilfe von seiten Calvins und Luthers. Calvin zeigte in geschliffener Dialektik die historischen und moralischen Schwächen des Breve auf, während Luther in seiner Flugschrift *Wider das Babsttum zu Rom, gestiftet vom Teuffel* wesentlich gröber argumentierte. Auch andere Stimmen erhoben sich, so die des Kurfürsten Joachim II. von Brandenburg, der vom Papst verlangte, daß er dem türkenbündlerischen König von Frankreich endlich den Ehrentitel des *Rex christianissimus* entziehe.

Im Frühsommer 1544 zog der Kaiser seine aus Deutschen, Spaniern, Niederländern und Italienern bestehende Armee vor Metz zusammen und rückte entlang der Marne in Richtung auf Paris vor. Auf stärkeren Widerstand stieß man erst vor St. Dizier, das in planmäßiger Belagerung sturmreif gemacht werden mußte. In einem der Laufgräben wurde Prinz René von Oranien-Nassau von einer feindlichen Kugel verwundet und starb wenige Tage später. Als sich die Spitzen der kaiserlichen Reiterei der französischen Hauptstadt näherten, brach unter der Bevölkerung eine Panik aus. Viele flüchteten und es bedurfte der ganzen Autorität des „im Felde nicht mehr brauchbaren, aber für seine Pariser doch noch eindrucksvollen Königs, um die Gemüter zu beruhigen". Inzwischen hatten aber bereits Friedensverhandlungen begonnen, in die sich auch Königin Eleonore einschaltete, die, wie sie an ihren Bruder schrieb, nichts sehnlicher wünschte als eine friedliche Verständigung der „beiden großen Monarchen". Inzwischen waren die Engländer in Frankreich gelandet und lagen vor Boulogne (das bald darauf fiel), was den Friedenswillen der Franzosen bestärkte. Nach unendlich mühseligen Präliminarien und langwierigen Verhandlungen wurde Ende September in Crépy bei Laon der Friede geschlossen. Der offizielle Vertrag sah im wesentlichen eine Erneuerung der Abmachungen von Nizza vor und enthielt eine Zusage Frankreichs, am Kampf gegen die Türken teilzunehmen. In einem streng geheim gehaltenen Zusatzvertrag verpflichtete sich König Franz außerdem, den Kaiser bei seinen Bemühungen um die Wiederherstellung der Kircheneinheit und die Einberufung eines Konzils zu unterstützen. Auch Heiratspläne kamen wieder ins Gespräch: Charles d'Orléans, jüngerer Sohn von König Franz, sollte entweder die Infantin Maria heiraten (und mit ihr die Niederlande gewinnen) oder Erzherzogin Anna, die Tochter König Ferdinands (und mit ihr Mailand). Doch im Grunde wollte der Kaiser weder seine Tochter noch seine Nichte mit einem Franzosen verheiraten und keines der beiden Gebiete als „Heiratsgut" opfern. Als der Tod des Herzogs von Orléans im nächsten Jahr ihn davon befreite, eine schmerzliche Wahl treffen zu müssen, sah er dies geradezu als Gottesurteil an. „Dieser Tod kam gerade zur rechten Zeit", hielt er in seinen Memoiren fest, „und da es ein natürlicher war, könnte man sagen, Gott habe ihn geschickt, um seine geheimen Pläne zu erfüllen."

Für die Niederlande bedeutete die Einverleibung Gelderns und Zutphens eine Vervollständigung ihres Staatsgebietes, das sich nun auf siebzehn Provinzen erhöht hatte (bis zu den Raubkriegen Ludwigs XIV. erlitten sie keine territorialen Einbußen mehr). Zum Schutz gegen künftige Angriffe Frankreichs wurde das Festungsdreieck Mariembourg, Philippeville und Charlemont an der Südgrenze weiter ausgebaut, auch Antwerpen erhielt eine neue, mit Bastionen versehene Umwallung, die lange als ein Meisterwerk des Festungsbaus galt. Am Ausbau des nach ihr benannten Mariembourg nahm die Regentin persönlichen Anteil und begab sich oft dorthin, um den Fortgang der Bauarbeiten zu inspizieren. *La royne Maria print affection d'y édifier cette nouvelle ville et n'epargna chose aucune pour la beauté et fortification d'icelle* – „die Königin Maria nahm großen Anteil am Bau dieser neuen Stadt und sparte an nichts für ihre Schönheit und Befestigung", schrieb der französische Chronist François de Rabutin einige Jahre später.[130]

Auch der kaiserliche Rat Louis de Praet hielt es geradezu für ein Wunder Gottes, daß alles ein so gutes Ende gefunden hatte und die Niederlande nicht verloren gegangen waren, trotz der Bedrohung von fast allen Seiten, durch Dänemark, Cleve und Frankreich. *Il faut considérer comme un miracle,* schrieb er an den Kaiser, *que les Pays-Bas ne soient pas perdus pour Votre Majesté. Dieu y a travaillé en premier lieu, et après lui, l'extrême travail, soin et dilligence de la reine.* Nach Gott selbst wäre es die bis zum äußersten geleistete Arbeit der Königin [Maria], ihre Sorgfalt und ihre Mühe gewesen, die dieses Wunder vollbracht hätten.

Trotz aller Freude über die Beendigung des Krieges (im beiderseitigen Interesse der Schiffahrt und des Handels hatte man sich in Speyer auch mit dem König von Dänemark verglichen), war man in den Niederlanden doch enttäuscht, daß der Friede von Crépy nicht mehr gebracht hatte, vor allem keine Reparationen von seiten Frankreichs für die Schäden und Verwüstungen im Land. Durch Besteuerung aller lebensnotwendigen Dinge waren die Niederlande das teuerste Land der Welt geworden, überall sah man unbestellte Felder, zerstörte oder verlassene Höfe und in den Städten vernachlässigte Häuser, geschlossene Geschäfte, Bettler an den Kirchenportalen und an allen Ecken der Straßen und Plätze.

Während das Volk unter den Folgen des Krieges litt, stürzte sich der Hof zu Brüssel in eine Serie von Festen, um einen Frieden zu feiern, der zwar dem Kaiser einen respektablen Prestigegewinn gebracht, aber weder Frankreich noch die Niederlande befriedigt hatte. Von seiten des Dauphins Henri war sogar ganz offiziell Protest eingelegt worden. So erschien mit stattlichem Gefolge jetzt nur sein Bruder Charles d'Orléans, begleitet von seiner Stiefmutter Eleonore und der Mätresse seines Vaters, der Herzogin von Étampes, um sich dem Kaiser als präsumptiver Bräutigam einer der habsburgischen Prinzessinnen zu präsentieren. Den Kaiser umgaben seine Schwester Maria, seine österreichischen Neffen, die Erzherzöge Maximilian und Ferdinand, sein Schwiegersohn Ottavio Farnese (zweiter Gemahl seiner natürlichen Tochter Margarete) und zahlreiche geistliche und weltliche Würdenträger, Militärs und Vliesritter. Die französischen Gäste wurden mit großer Pracht empfangen, die Damen des Königs mit kostbaren Geschenken überhäuft, doch sie kehrten ohne bindende Zusagen nach Frankreich zurück. Trotz der glanzvollen Turniere und Jagden, der Spiele, Tänze und üppigen Bankette ein enttäuschender *séjour sans aucune conséquence politique*.

Auch Maria hoffte vergeblich auf die so oft erbetene Entlassung aus der Verantwortung. Den Kaiser riefen dringende Geschäfte ins Reich, in wessen Hände sollte er die Regentschaft der Niederlande legen, wenn nicht in die bewährten seiner Schwester? In Anerkennung der großen Dienste, die sie ihm erwiesen hatte, vor allem während des Krieges, machte er Maria Stadt und Land von Binche und die Herrschaft Turnhout zum Geschenk, mit allen Einkünften und Nutzungsrechten auf Lebenszeit. Außerdem legte er schriftlich das Versprechen ab, die Bürde sechs Monate nach seiner Rückkehr nach Spanien von ihren Schultern zu nehmen. Diese Zeitspanne, so fügte er hinzu, wäre notwendig für seinen Sohn und Nachfolger Philipp, um in die Niederlande zu kommen und die Regentschaft anzutreten. Wann er allerdings nach Spanien zurückkehren würde, stand noch in den Sternen.[131]

VII. KAISER UND REICH

Nun, da mit Frankreich Friede geschlossen war, konnte sich der Kaiser wieder der Frage der kirchlichen Einheit zuwenden, an deren friedliche Lösung er allerdings kaum mehr glaubte. Auch der Papst war für ein gewaltsames Vorgehen gegen die Protestanten, stellte Truppen und Geldmittel in Aussicht und berief sogar endlich das vom Kaiser lange gewünschte Konzil für das Frühjahr 1545 nach Trient ein. Der Kaiser traf militärische und politische Vorbereitungen, versprach aber zugleich den protestantischen Ständen Religionsverhandlungen (sie fanden ohne greifbaren Erfolg im Frühjahr 1544 in Worms statt) und versuchte, einige jüngere deutsche Fürsten und Reichsstädte für sich zu gewinnen. So sagte ihm der Herzog Moritz von Sachsen, dem dafür die Kurwürde seines Vetters Johann Friedrich versprochen wurde, seine Unterwerfung unter das Konzil zu.

Die Zeit bis zu dem für das Frühjahr 1546 nach Regensburg ausgeschriebenen Reichstag benützte der Kaiser für einen Besuch in den Niederlanden, wo er, oft von Krankheit gehindert und festgehalten, zahlreiche Städte besuchte und in Utrecht ein Kapitel des Goldenes Vlieses abhielt. In Maastricht trennte er sich von Maria mit den Worten, „daß er alles tun wolle, um Deutschland Ordnung und Frieden zu geben, aber bis zum äußersten bestrebt, den Weg der Gewalt zu vermeiden". Über Lüttich, Luxembourg und Saarbrücken zog Karl an den Rhein und von Speyer weiter Richtung Donau, eine Fahrt, die er nicht mit Unrecht als gefahrvoll ansah und mit seiner Durchquerung Frankreichs im Winter 1539/40 verglich. Am 10. April, zwei Wochen vor Ostern, zog er in Regensburg ein. Auch dieser letzte Versuch, zu einer gütlichen Einigung zu kommen, oder die Protestanten zumindest hinzuhalten, scheiterte. Die Stimmung war allgemein erregt und gereizt, Altkirchliche und Protestanten boten bereits den Eindruck von zwei großen Heerlagern, und der Verlauf der Dinge schien unaufhaltsam auf eine kriegerische Auseinandersetzung zuzutreiben. „Meine Bemühungen sind gescheitert", schrieb der Kaiser Anfang Juni an Maria, „die abgewichenen Kurfürsten und Fürsten [die Mitglieder des Schmalkaldischen Bundes] haben beschlossen, nicht persönlich zum Reichstag zu kommen, sich vielmehr zu erheben, um die geistlichen Fürsten zunichte zu machen und gegen den römischen König und mich vorzugehen. So sahen wir, mein Bruder und der Herzog von Bayern, daß es nur noch die Gewalt gibt, sie zu vernünftigen Bedingungen zu zwingen. Die Zeit ist günstig … Außerdem haben wir Aussicht auf die päpstliche Hilfe. Schritten wir jetzt nicht ein, so stünden alle Stände Deutschlands in Gefahr, vom Glauben abzufallen, auch die Niederlande. Nachdem ich dieses alles erwogen und wieder erwogen hatte, entschloß ich mich, den Krieg gegen Hessen und Sachsen als Landfriedensbrecher zu beginnen [sie hatten den Herzog von Braunschweig aus seinem Land vertrieben und gefangengesetzt]. Und obwohl dieser Vorwand nicht lange darüber täuschen wird, daß es um die Religion geht, so dient er doch zunächst, die Abgewichenen zu trennen. Im weiteren Verlauf könnte man sehen, wie man alles begründet. Seid versichert, daß ich nichts leichtsinnig unternehme, und wenn sie von außerhalb Deutschlands eingreifen wollten, so würden sie zu spät kommen, ich aber die Niederlande schützen."

Trotz seines Scheiterns fühlte sich der Kaiser in Regensburg so gut wie schon lange nicht. Eine erfolgreiche Kur mit Gujakholz hatte dem Gichtgeplagten große Linderung gebracht, er konnte wieder ein Pferd besteigen und auf die Jagd reiten, man fand ihn erfrischt und verjüngt. Auch eine junge Regensburgerin trug dazu bei, die Stimmung des Kaisers zu heben: Barbara Blomberg, die achtzehnjährige Tochter eines wohlhabenden Gürtlermeisters (der eigentlich Plumberger hieß), blond, hübsch und von fröhlicher Wesensart. Es ist nicht überliefert, wie die Beziehung zwischen dem Kaiser und dem Bürgermädchen verlief, nur, daß sie nicht länger dauerte als der Aufenthalt Karls in Regensburg, wo er in der Herberge „Zum Goldenen Kreuz" im Haus des Patriziers Bernhard Crafft logierte, das noch heute als imponierendes Zeugnis spätgotischer Baukunst den Haidplatz ziert. Barbara gebar ihrem kaiserlichen Liebhaber im nächsten Jahr einen Sohn (den künftigen Türkensieger Don Juan de Austria). Im Jahr vor Regensburg war der Kaiser bereits dreifacher Großvater geworden: am 8. Juli kam in Valladolid Philipps erster Sohn Don Carlos zur Welt, und am 27. August gebar Margarita Farnese in Rom Zwillingsknaben, die auf die Namen des kaiserlichen Großvaters und päpstlichen Urgroßvaters Carlo und Alessandro getauft wurden.

Der Sommer 1546 stand im Zeichen umfangreicher militärischer Vorbereitungen. Die Schmalkaldischen hatten bereits Stellung bezogen, während der Kaiser seine Hauptmacht erst aus Italien und den Niederlanden herbeiführen mußte. Der gegnerische Versuch, seinen Truppen den Weg über die Alpen abzuschneiden, mißlang, am 13. August stießen die päpstlichen Truppen zu ihm. Zwei Wochen später kam es in der Nähe von Ingolstadt zu einem ersten Treffen, in dessen Verlauf die Kaltblütigkeit des Kaisers, die bis zur Unvorsichtigkeit ging, auf seine Soldaten großen Eindruck machte. Auch die Vereinigung mit den von Maria geworbenen Streitkräften aus den Niederlanden fand bald darauf statt, doch zu ernsthaften Auseinandersetzungen kam es nicht, weil sich die protestantischen Führer auf keine gemeinsame Vorgangsweise einigen konnten. Damit war der Kampf um Deutschland längst nicht entschieden und die Erbitterung des Kaisers groß, als der Papst im Januar 1547 unter Glückwünschen für den Erfolg des gemeinsam unternommenen Krieges seine Hilfstruppen zurückrief. Von erneuten Gichtanfällen gequält und fast gelähmt, meinte der Kaiser höhnisch gegenüber dem päpstlichen Nuntius, auf die Frankophilie Pauls III. anspielend, „jungen Leuten möge man die Franzosenkrankheit verzeihen, bei alten Leuten sei sie unerträglich".

Natürlich wußte auch der Papst, daß der Krieg nicht gewonnen war, aber die alten Gegensätze brachen wieder auf, auch die unterschiedlichen Auffassungen von den Zielen des Konzils, das für Karl auch eine Kirchenreform bringen sollte, während der Papst vor allem eine eindeutige Verurteilung der protestantischen Lehre anstrebte.

Im Winterquartier zu Ulm erreichte den Kaiser nicht nur die traurige Nachricht, daß seine Schwägerin Anna nach der Geburt ihres 15. Kindes am 27. Januar in Prag gestorben war. Im Februar 1547 trafen Hilferufe seines Bruders Ferdinand ein, der zusammen mit Herzog Moritz in Kursachsen in eine kritische militärische Situation geraten war. Karl entwarf einen Aufmarschplan, der seine strategische und organisatorische Begabung zeigte, die er schon mehrfach bewiesen hatte, und marschierte über Eger und Plauen dem Kurfürsten Johann Friedrich entgegen. Der Kurfürst hatte die Elbe überschritten und glaubte sich durch den Fluß geschützt genug, doch der Kaiser führte seine Truppen im Schutz des Frühnebels durch eine Furt in der Nähe von Mühlberg und ging am 24. April zum Angriff vor. Nach kurzem, heftigem Kampf, in dem sich die spanischen *tercios* und die ungarischen leichten Reiter besonders auszeichneten, wandte sich der Kurfürst zur Flucht, wurde aber verwundet und gefangengenommen. Er blieb jahrelang in Haft, sein Land und die sächsische Kurwürde erhielt, wie versprochen, sein Vetter Moritz. Tizian porträtierte den Sieger von Mühlberg noch im selben Jahr, auf dem mit Helmbusch und karminroter Schabracke aufgezäumten Rappen, den er in der Schlacht geritten hatte. Im Sattel der Kaiser, in schimmernder, goldverzierter Rüstung, mit Helm, Feldbinde und gesenkter Lanze, das Antlitz ernst und gespannt. Im Hintergrund blutrote Dämmerung und dunkle, hochaufragende Bäume, kein Krieger, kein Toter oder Gefangener – er ganz allein. In Abwandlung von Caesars Spruch soll er nach der Schlacht gesagt haben: „Ich kam, ich sah, und Gott siegte."

Mit den gefangenen Führern des Schmalkaldischen Bundes zog Karl nach Augsburg, wo er am 1. September 1547 den Reichstag eröffnete. Mehrere Vorhaben standen zur Duchführung an: die Gründung eines Reichsbundes und damit die Konstituierung einer neuen Reichsverfassung zur Stärkung der kaiserlichen Macht und die Rückführung des Konzils von Bologna nach Trient, wohin er auch die protestantischen Stände einladen wollte. Damit rief er eine zweifache Gegnerschaft auf den Plan: die protestantischen Fürsten und Städte und den Papst.

In der europäischen Politik hatten zu Beginn des Jahres 1547 zwei Hauptakteure die Bühne verlassen: Im Januar Heinrich VIII., Karls ewig schwankender Bündnispartner, und im März sein „Freund" und Gegenspieler Franz I.[132]

Nach dem Ableben Heinrichs, dem sein unmündiger Sohn Edward auf den Thron folgte, trug sich die römische Kurie nochmals mit dem Gedanken, die katholischen Fürsten in einem Bündnis gegen das abgefallene England zu sam-

Franz I. († 1547), König von Frankreich. ÖNB, Wien

Sultan Süleyman II. der Große (Prächtige) († 1566). KHM, Wien

Papst Paul III. († 1549). Archiv Verlag Styria

Papst Clemens VII. († 1534). Archiv Verlag Styria

Martin Luther 1529. Gemälde von Lukas Cranach. Melanchthon-Museum, Bretten

Erasmus von Rotterdam († 1536) von Albrecht Dürer, 1520. Louvre, Paris

Die „Zauberkammer" zu Binche. Brüssel, Koninklijke Bibliothek

Bauernkirtag in Brabant, nach Pieter Bruegel. Antwerpen, Kupferstichkabinett

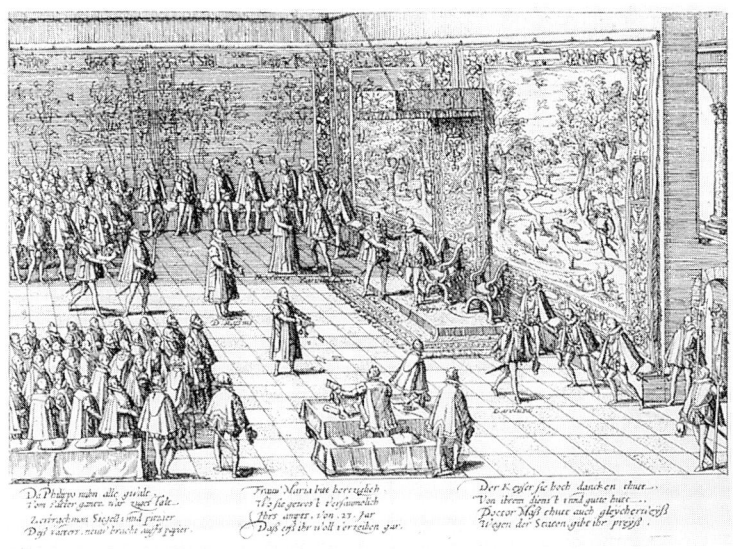

Die Abdankung Kaiser Karls V. (1555). s' Gravenhage, Koninklijke Bibliothek

Die Abdankung Kaiser Karls V. (1555). Brüsseler Tapisserie, 1. Hälfte 17. Jahrhundert.
Musée d'Histoire de Besançon

König Philipp II. von Spanien († 1598). KHM, Wien

Doña Juana von Portugal († 1573), Schwester Philipps II. KHM, Wien

Grabmal Karls V. im Escorial von Pompeo Leoni. Archiv Verlag Styria

Maria von Ungarn 1548. Gemälde von Tizian. Paris, Musée des Arts Decoratifs

meln, doch es kam nicht dazu. Vielmehr verschärfte sich der Konflikt zwischen Kaiser und Papst, als der Sohn Pauls III., Pier Luigi Farnese, Herzog von Parma und Piacenza, einer Adelsverschwörung gegen sein brutales Gewaltregime zum Opfer fiel, und der Papst den Kaiser der Mitwisserschaft beschuldigte. Haß und Eigensinn des Neunundsiebzigjährigen nahmen solche Formen an, daß er Frankreich zu einer Kriegserklärung an Karl zu bewegen suchte und im gleichen Sinne sogar mit der Pforte in Verbindung trat.

Bezüglich der Kirchenfrage strebte der Kaiser in Augsburg ein Interim im Geist des Erasmus von Rotterdam an, mit einer Erklärung, „wie es der Religion halber im heiligen Reich bis zum Austrag des gemeinen Konzils gehalten werden sollte". Er glaubte, dadurch einen stabilen Zustand herstellen zu können, daß er eine gewisse Säkularisation, die Priesterehe und die Kommunion in beiderlei Gestalt zugestand, im übrigen aber die Rückkehr zum katholischen Ritus forderte. Der Kompromißvorschlag fand jedoch auf keiner der beiden Seiten Zustimmung, ebensowenig der zweite Plan des Kaisers, die Gründung des Reichsbundes. Dieser sollte von den kaisertreuen Fürsten und Städten gebildet werden, die Niederlande und Österreich einschließen und über einen gemeinsamen Oberbefehlshaber, eine Bundeskasse und einen Obersten Gerichtshof verfügen. Es war der letzte Versuch einer monarchischen Reichsreform, die nun an dem in den Kämpfen mit Städten, Rittern und Bauern und durch die reformatorische Bewegung erstarkten Landesfürstentum endgültig scheiterte. Während sich England und Frankreich zu starken, zentral gelenkten Nationalstaaten entwickelten, fiel das übernationale Heilige Römische Reich Deutscher Nation dem fürstlichen Partikularismus anheim.

Ein wichtiges Anliegen war auch, die Stellung der Niederlande zu klären. Burgund, Flandern und Artois gehörten als französische Lehen von Haus aus nicht zum Reich, hingegen waren die übrigen Provinzen zwar Teile des Reiches, aber durch ihre Zugehörigkeit zum burgundischen Staatsverband dem Reich entfremdet. Der Kaiser suchte jetzt mit tatkräftiger Unterstützung seiner Schwester Maria nach einer Lösung, die beiden Teilen gerecht werden sollte. Die Rechte und Pflichten der Niederlande wurden schließlich im burgundischen Vertrag vom 26. Juni 1548 im Einvernehmen mit den Reichsständen dahin geklärt, daß fortan alle Teile der Niederlande ausschließlich den „burgundischen Kreis" bilden sollten, eximiert vom Reichskammergericht und den Beschlüssen der Reichstage, aber im Genuß des Reichsschutzes nach außen. Als Gegenleistung waren sie zu Reichsaufgeboten in Truppen oder Geld verpflichtet, besonders im Falle der Türkenhilfe.

Im Herbst 1547 kam auch Maria nach Augsburg, wo sie nicht nur ihre Brüder antraf, sondern auch ihren Neffen Maximilian, Ferdinands ältesten Sohn, und ihre dänischen Nichten Dorothea und Christine. Schon zwei Jahre davor war Christine zum zweiten Mal Witwe geworden und regierte nun das Herzogtum Lothringen für ihren kleinen Sohn Carl. Die Anwesenheit so vieler Familienmitglieder bestimmte den Kaiser dazu, auch seinen Hofmaler Tizian nach Augsburg zu rufen, der, von einigen Gehilfen begleitet, im Januar 1548 eintraf und bis Mitte September blieb. In dieser Zeit entstand das große Porträt Karls V., das heute die Münchener Pinakothek besitzt, das des „weltbeherrschenden Kaisers, der uns gleichwohl ganz schlicht, ganz menschlich nahe ist, einfach in Kleidung und Haltung, ohne jede Pose …" Imposanter und strenger wirkt das Porträt der Königin von Ungarn, das sie in majestätischer Haltung vor einer dunklen Wand zeigt, mit Ausblick auf Teile antiker Säulenarchitektur vor abendlichem Himmel. Wie stets trägt sie ihre dunkle Witwentracht, von der sich nur Haube und Halsbinde, die Spitzenmanschetten des Unterkleides und der Hermelinbesatz des Umhanges hell abheben, die sparsam beringten Hände sind vor der Mitte des Körpers übereinandergelegt. Die physiognomische Ähnlichkeit mit dem Bruder ist auffallend, ebenso auffallend die Verschiedenheit im Ausdruck. Während der Kaiser mit leicht zweifelndem Blick nach rechts auf den Betrachter sieht, die Lippen fast ein Lächeln ahnen lassen, geht Marias Blick am Betrachter vorbei, in gesammelter Energie und in tiefem Ernst. Tizians Original ist leider nicht erhalten geblieben, doch es existiert eine Reihe zeitgenössischer Kopien, die beste besitzt das Pariser *Musée des Arts Decoratifs*. Maria schätzte den großen venezianischen Maler sehr hoch (in ihrem Brüsseler Inventar von 1556 sind 21 Porträts des Meisters angeführt) und sie benützte die Begegnung in Augsburg, um für ihr Schloß Binche die Monumentalgemälde der *Quattro dannati* und ihrer *pene infernali* zu bestellen, vier von Ovid in seinen Metamorphosen beschriebene Frevler der Antike und deren exemplarische Bestrafung: Den thessalischen König Ixion, der seine Hände mit dem Blut eines Verwandten befleckte und versuchte, die Göttermutter Hera zu verführen, worauf ihn Zeus in den Tartaros verbannte und an ein feuriges Flügelrad binden ließ, das sich immerfort drehte; Tantalos, der am Tisch der Götter speisen durfte, es wagte, ihre Allwissenheit zu erproben und zu ewigem Hunger und Durst verurteilt wurde; Sisiphos, den Gründer Korinths, der Zeus verriet und Hades überlistete und dafür in der Unterwelt unablässig einen großen Stein bergan wälzen mußte, der jedesmal kurz vor Erreichen der Höhe wieder herabrollte. Und schließlich Prometheus, den Ur-Rebellen und Vorkämpfer der Menschheit gegen die feindseligen Götter, der an einen Felsen im Kaukasus geschmiedet wurde, wo der Adler des Zeus an seiner Leber fraß. Ein schreckliches und düsteres Bildprogramm, dessen Sinn wohl darin lag, den Betrachtern in antiker Symbolik vor Augen zu führen, daß Freveltaten (gegen Götter *und* Herrscher) furchtbare Strafen nach sich zögen.[133]

Obwohl der Kaiser in den Brüsseler Verträgen von 1522 seinem Bruder die Nachfolge im Reich zugesichert hatte, die durch seine Wahl zum römischen König bestätigt worden war, machte in Augsburg das Gerücht die Runde, Karl beabsichtige, seinen Sohn Philipp nicht nur in Spanien und in den Niederlanden, sondern auch im Reich zum Nachfolger zu machen. Ferdinand beklagte sich bei Maria bitter über dieses Gerücht, das seine Ehre und seine Reputation verletze, „die doch mehr als alles andere einen Menschen präge", doch der Kaiser ließ ihn wissen, er werde niemals etwas so „Unbrüderliches" tun. Scheint es sich hier tatsächlich um ein Gerücht gehandelt zu haben, ausgestreut von Elementen, die daran interessiert waren, einen „Bruderzwist" herbeizureden, so waren die Absichten des Kaisers, die Nachfolge Ferdinands im Reich betreffend, tatsächlich dazu angetan, das zumeist gute Einvernehmen der Brüder zu stören. Der sonderbare Plan sah vor, daß die Kaiserwürde in Zukunft abwechselnd an den spanischen und den österreichischen Zweig des Hauses Habsburg fallen sollte, nach Ferdinand also zuerst an Philipp und dann an Maximilian, obwohl die Prinzen gleichaltrig waren. Der Plan machte böses Blut, vor allem bei Maximilian, der für die spanische Verwandtschaft (seine Frau Maria ausgenommen) ohnedies wenig Sympathie hegte. Er wurde in diesen Augsburger Tagen von 1547/48 auch nicht ausdiskutiert, aber er trübte die Stimmung und machte den Abschied weniger herzlich als sonst.

Maria kehrte schon im Frühjahr 1548 in die Niederlande zurück, die sich seit dem Friedensschluß von Crépy vor vier Jahren in einem Zustand des Aufschwungs befanden, der die Wunden des letzten Krieges langsam vergessen ließ.

Nicht so günstig gestaltete sich die Entwicklung auf dem religiösen Sektor. Die Regentin hatte für die Durchführung der rigorosen kaiserlichen Edikte Sorge zu tragen, die Jahr für Jahr gegen die protestantischen „Abweichler" erlassen wurden, und sogar das Lesen der Schrift in jeder anderen Sprache außer Latein mit der Todesstrafe bedrohten. Auch wenn Maria gelegentlich „Milde" walten ließ und einem Verurteilten gestattete, durch das Schwert zu sterben statt auf dem Scheiterhaufen, so war es doch vor allem sie, die mit der Grausamkeit der Edikte identifiziert wurde, obwohl sie lediglich als ausführendes Organ wirkte. Viele niederländische Familien zogen es nun vor, die Heimat zu verlassen und suchten Asyl in England, wo ihr Fleiß und ihr handwerkliches Geschick Städten wie Norwich oder Colchester zugute kam. Was die englischen Städte durch den Zuzug dieser Handwerker und Kaufleute gewannen, ging den niederländischen verloren, wo leere Wohnhäuser und verlassene Güter zugunsten der Regierung verkauft wurden, und Taglöhner um ihr Brot kamen, weil ihre Arbeitgeber die religiöse Freiheit des Exils der geistigen Knebelung in der Heimat vorzogen.

Was Marias Regentschaft betraf, so stand ihr Wunsch noch immer im Raum, so bald wie möglich von deren Last befreit zu werden. In seinem politischen Testament für seinen Sohn Philipp vom 18. Januar 1548 hatte sich der Kaiser zwar dafür ausgesprochen, es wäre „für die Niederlande das Beste, daß die Königin Maria, die in Krieg und Frieden ausgezeichnete Regentin, sie in der Hand behielte. Aber da sie um ihre Entlastung bitte, könnte man daran denken, diese Länder dem Ehepaar Maximilian und Maria [Karls Tochter] als Regenten zu übergeben. Darin läge freilich die Gefahr, daß Maximilian für sich selber sorgte; deshalb möchte er sich dazu erst entschließen, nachdem Philipp zu diesen Ländern und zu dem Erzherzog in ein persönliches Verhältnis getreten sei."

Um dieses „persönliche Verhältnis" zu ermöglichen, beschloß der Kaiser, Philipp in die Niederlande zu rufen. Auch er war im September 1548 in Brüssel eingetroffen und kündigte den versammelten Generalstaaten die Ankunft seines Sohnes und Erben für das kommende Frühjahr an.

Zuvor mußte noch zum Empfang der verwitweten Königin Eleonore von Frankreich gerüstet werden, die nach einem „überaus unfreundlichen Abschied" in ihre Heimat zurückkehrte. So gut sie sich mit dem frühverstorbenen ersten Dauphin François verstanden hatte, so ablehnend war ihr stets der nunmehrige König Heinrich II. gegenübergetreten. Nun, da sein Vater tot war, konnte er seinen Haß offen zeigen, der im Grunde gegen das Haus Habsburg im allgemeinen und Eleonores Bruder Karl im besonderen gerichtet war, dem er seine spanische Geiselhaft nicht verzeihen konnte. Siebzehn Jahre hatte Eleonore die Krone Frankreichs getragen, an der Seite eines flatterhaften Ehemanns ein untadeliges Leben geführt und sich immer wieder für die Erhaltung des Friedens zwischen den beiden Rivalen eingesetzt, immer wieder versucht, zwischen Gemahl und Bruder zu vermitteln, wobei sie das Kunststück zuwege brachte, keinem gegenüber illoyal zu sein. Nun war sie der würdelosen Behandlung durch den neuen Herrscher schutzlos ausgeliefert. Heinrich II. weigerte sich nicht nur, sich von seiner Stiefmutter offiziell und nach höfischem Gebrauch zu verabschieden, er bewilligte ihr für die Reise nicht einmal die ihr zustehende Eskorte. Von den zahllosen Mitgliedern ihres Hofstaates bewahrten nur drei französische Kavaliere der Königinwitwe die Treue, und das königliche Mißvergnügen übertrug sich selbst auf die Haltung der Bevölkerung, von der sie im Laufe der Reise vielfältige Behinderungen und Kränkungen erdulden mußte. Man ging sogar so weit, gelegentlich ihr Gepäck zu durchwühlen, und Eleonore konnte sich glücklich preisen, daß sie ihre Juwelen und wertvollen Besitztümer auf sicheren Wegen vorausgesandt hatte. Am 5. Dezember traf sie in Brüssel ein, wo man sie ehrenvoll und herzlich empfing und sich alle Mühe gab, sie die erlittenen Kränkungen und Erniedrigungen vergessen zu lassen.

Inzwischen war Erzherzog Maximilian nach Spanien gereist, hatte am 13. September in Valladolid seine Cousine Maria geheiratet und zusammen mit seiner Gemahlin die Regentschaft übernommen, während sein Cousin Philipp sich auf seine Reise ins Reich und in die Niederlande begab. Philipp legte sich auf Anordnung des Kaisers einen burgundischen Hofstaat zu, dessen Titel und Zeremoniell unter Preisgabe der altkastilischen Traditionen in allen Einzelheiten geändert wurden. So fußte das später berühmte (und berüchtigte) „spanische" Hofzeremoniell auf dem burgundischen Erbe.

Philipps Reise über Italien, Tirol, München und Augsburg an den Rhein und in die Niederlande glich mit ihren Ehrenpforten und prunkvollen Empfängen äußerlich dem Triumphzug, den man einst für Karl V. als siegreichem Heimkehrer von Tunis veranstaltet hatte. Doch nun galten sie keinem Sieger, sondern dem unbekannten Erben der Kronen und Länder seines Vaters, einem schmächtigen und unkriegerischen jungen Mann, der all die Ehren und Huldigungen verlegen, steif und ohne Freundlichkeit entgegennahm. Er hatte die Empfehlung seines Vaters, sich leutselig und zugänglich zu geben, gewiß aufmerksam gelesen, doch seine tiefen Minderwertigkeitsgefühle zwangen ihn zu schweigsamer Zurückhaltung, die man für Hochmut hielt.

Im März 1549 holte der Herzog von Aarschot Don Philipp mit großem Gefolge aus Bruchsal am Oberrhein zum Einzug in die Niederlande ab, in Namur begrüßte ihn Emanuel Philibert von Savoyen und im Schloß Tervuren bei Brüssel empfingen ihn seine Tante Maria und seine Cousine Christine von Lothringen. Nach einer Truppenparade und einem Scheingefecht zwischen zwei Reiterschwadronen mit Kanonaden, Aufmärschen und Triumphen, sammelte man sich zur *joyeuse entrée.* Auf einem prachtvollen spanischen Vollblüter, der mehr Bewunderung erregte als sein in leuchtendes Scharlachrot gekleideter Reiter, ritt Don Philipp in das festlich geschmückte Brüssel ein, zwischen dem Herzog von Savoyen und dem Kardinal von Trient, gefolgt von Hernando Alvarez de Toledo, Herzog von Alba, von Antoine Perrenot de Granvelle, Bischof von Arras, den Grafen von Egmont und Hoorn und dem Prinzen Wilhelm von Oranien-Nassau, alle noch ahnungslos über ihre künftige Rolle in der niederländisch-spanischen Tragödie. Vielleicht gab es in der gaffenden Menge noch ein paar Alte, die sich an den Einzug Philipps des Schönen erinnerten, des im Lande geborenen und aufgewachsenen *prince naturel,* dessen Charme und Liebenswürdigkeit ihm alle Herzen gewonnen hatten. Sein Sohn Karl war schon ein weit ernsterer junger Mann gewesen, doch auch ihn betrachteten die Niederländer als *seigneur naturel,* als ihren natürlichen Herrscher. Nun zog ein Fremder in die Hauptstadt ein, der Französisch nur schlecht und Flämisch gar nicht verstand, von dem man sagte, daß er die Lebensweise der Niederländer verachtete, ihre lauten und üppigen Festlichkeiten langweilig fand und ihre Küche abscheulich, daß er das Trinken schlecht vertrug und an kirchlichen Aufzügen weit mehr Vergnügen fand als an ritterlichen Kampfspielen. Die niederländischen Herren, die den Prinzen mit den landesüblichen Gebräuchen in Sport, Spiel und Unterhaltung vertraut machen sollten, mußten bald enttäuscht feststellen, daß Philipp ihre Bemühungen mit wenig Enthusiasmus quittierte. Die Hoffnung des Vaters, daß sein Sohn, den er über alles liebte, mit Land und Leuten verwachsen möchte, trat nicht ein.

Der Kaiser und seine Schwester nahmen persönlich an der Rundreise Philipps durch die niederländischen Provinzen teil, ein überaus anstrengendes Unternehmen, dessen Programm nahezu täglich eine neue *joyeuse entrée* (*blijde inkomst*) vorsah. Unter all den Festlichkeiten, die zu Ehren Don Philipps veranstaltet wurden, nahm jedoch die Festfolge, die ihm seine Tante zwischen dem 22. und 31. August 1549 in ihrem Schloß Binche ausrichtete, einen besonderen Platz ein. Maria hatte auf den Fundamenten eines mittelalterlichen Kastells am Rande der gleichnamigen Stadt durch den Architekten und Bildhauer Jacques Dubreucq einen prachtvollen Palast im Renaissance-Stil errichten und ausschmücken lassen, der von den Zeitgenossen als „Weltwunder" angesehen wurde. Er diente nun als Schauplatz des „Jahrhundertfestes", das auch ihren burgundischen Ahnen, den *Grands ducs d`occident* zur Ehre gereicht hätte. Die Beschreibungen der Spanier Calvete de Estrella und Vicente Alvarez steigerten seinen Ruhm ins Legendäre, und in Spanien wurden die *fiestas de Bains* sprichwörtlich.

Im Turnierhof fanden Schaukämpfe statt, in der *grande salle* Bankette, Tänze und Maskeraden. Eine in der Königlichen Bibliothek zu Brüssel aufbewahrte, kolorierte Federzeichnung zeigt den prächtigen Saal mit seiner gewölbten Kassettendecke, den getäfelten Wänden und den zwischen Pilastern mit antiken Kriegern und Löwenköpfen eingelassenen Gemälden Tizians. An der Stirnseite erhebt sich eine Balustrade vor einem riesigen Marmorkamin, dessen Aufbau ein Medaillon des römischen Kaisers Hadrian schmückt, flankiert von den Wappen des Kaisers und der Königin; darüber ein Fresko von Michiel Coxcie, den Streit zwischen Apollo und Marsyas darstellend (am anderen Ende des Saales als Pendant das Medaillon Julius Caesars mit der Bestrafung des Marsyas). Rechts von der Balustrade haben unter einem aus kostbaren Teppichen zusammengestellten Baldachin der Kaiser, seine beiden Schwestern und Prinz Philipp Platz genommen. Sie wohnen mit den Herren und Damen des Hofstaates einer Maskerade bei, in deren Verlauf sich grotesk kostümierte „Wildemänner" einiger schöner Damen bemächtigen, die von tapferen Rittern befreit werden. Ein zweites Blatt zeigt das Fest in der sogenannten „Zauberkammer": Von einem mit Wolken und Sternbildern bemalten Plafond hängen brennende Öllampen herab, deren Licht sich in seitlich angebrachten, riesigen Spiegeln vervielfältigt. Unter dem Himmel erhebt sich ein von vier Jaspissäulen getragener Aufbau mit einer verborgenen, ingeniösen Mechanik, mit deren Hilfe an unsichtbaren Seilen gedeckte Tafeln aus der Höhe herabschweben. Auf der Zeichnung sind alle drei Tafeln dargestellt, die den Gästen im Laufe des Festes hintereinander präsentiert wurden, mit erlesenen Speisen auf kostbarem Geschirr, Gold- und Silberzierrat, Felsen aus Kandiszucker, Lorbeerbäumen mit vergoldeten Blättern und den Wappen aller habsburgischen Besitzungen. Aus einem aus der Wand gehauenen, mit Korallen und Blumen verzierten Felsen strömen aus vier vergoldeten Schlangenmäulern ausgewählte Weine. Auch die Hofgesellschaft ist zu sehen, der Kaiser, Prinz Philipp und die beiden Königinnen.

Die beiden spanischen Chronisten konnten die Herrlichkeiten zu Binche persönlich in Augenschein nehmen, auch die luxuriösen Räumlichkeiten, die der Kaiser, Prinz Philipp und Königin Eleonore bewohnten, die mit kostbaren Möbeln, Stoffen und Ziergegenständen ausgestattet und deren Wände mit den prachtvollsten Wandteppichen geschmückt waren. Im Gegensatz dazu präsentierte sich das Appartement der Regentin schmucklos und in äußerster Schlichtheit.

Der Höhepunkt der Festlichkeiten fand außerhalb von Binche statt, in Mariemont, Marias nahegelegenem Jagdpavillon. Nach einem opulenten Mahl führte sie ihre Gäste ins Freie vor ein eigens errichtetes Holzkastell, dessen zwölf Fuß hohe Bastionen hinter einem tiefen Graben aufragten. Drei Ritter (die Herren Ahrenberg, Hoogstraten und Hoorn) verteidigten das Kastell und seinen verzauberten Herrn Norabroc erfolgreich gegen jeden Eindringling. Wer im Kampf unterlag, wurde gefangengesetzt. Wie nicht anders zu erwarten, gelang es erst dem Prinzen von Spanien, die drei Ritter zu besiegen, das Zauberschwert zu gewinnen und eine über dem Eingang hängende gläserne Lanze zu zerschmettern. Damit war der Bann gebrochen, Philipp konnte die Gefangenen befreien und dank der *courtoisie* seiner Mitspieler das Schauspiel als unbesiegter „Held" beenden.

Während der Rundreise durch die Niederlande hatte Maria Gelegenheit, den Charakter ihres Neffen zu studieren und den Eindruck, den er bei seinen künftigen Untertanen hinterließ. Mit kritischen Augen bemerkte sie den Kontrast zwischen dem steifen Benehmen des Prinzen und dem trotz aller kaiserlichen Würde stets gewinnenden Wesen seines Vaters. Philipp zog es zumeist vor zu schweigen und überließ es anderen, auf die an ihn gerichteten Begrüßungsansprachen zu antworten. Man hielt ihn für kalt und hochmütig und empfand es als beleidigend, daß er seine niederländische Umgebung kaum zur Kenntnis nahm. Wohin immer sie ihren Neffen begleitete, nach Nordbrabant, nach

Holland und Seeland, nach Utrecht, Zutphen und Geldern, überall war die Reaktion die gleiche: Die Reise, die sich zu einem Triumphzug für das Haus Habsburg hätte gestalten sollen, erzeugte nur eine Atmosphäre der Antipathie zwischen dem Prinzen und der Bevölkerung, die sich hätte leicht gewinnen lassen, wäre ihr Philipp in anderer Weise gegenübergetreten. Doch Philipp glich weder seinem charmanten Großvater *Philippe Le Beau* noch seinem Vater Karl, dem Famianus Strada in seinem Geschichtswerk *De bello belgico* bescheinigte, er wäre leicht zugänglich, anpassungsfähig und trotzdem seiner Majestät immer sicher gewesen; den Deutschen habe er sich als Deutscher, den Spaniern als Spanier, den Niederländern als Niederländer gezeigt. Philipp war *nur* Spanier, besser gesagt: *nur* Kastilier. Ebensowenig wie seine in Tordesillas dahindämmernde Großmutter Juana konnte er sich mit der extrovertierten und genußfreudigen Lebensart der Niederländer anfreunden.

Maria erkannte richtig, daß Philipps Charakter für die Beziehung zwischen ihm und seinen Untertanen nichts Gutes versprach, obwohl sie ihn eigentlich hätte verstehen müssen, denn Leutseligkeit war auch ihre Sache nicht.[134]

Im Frühjahr 1550 begab sich der Kaiser mit Philipp wieder ins Reich, um schon einige Wochen vor Eröffnung des neuen Reichstages in Augsburg mit seinem Bruder Ferdinand zusammenzutreffen und die Diskussion über den Nachfolgeplan erneut aufzunehmen. Ferdinand war inzwischen mißtrauisch geworden und verlangte die Zuziehung Maximilians. Weder Karl noch Maria, die auf Wunsch des Kaisers ebenfalls nach Augsburg gekommen war, konnten ihn davon abbringen. Mitten in den aufreibenden Verhandlungen bedeutete der plötzliche Tod seines langjährigen Beraters Nicholas de Granvelle für den Kaiser einen schweren Verlust, durch den er, wie man sagte, „seine Seele verlor". Granvelles gewandter Sohn Antoine, der Bischof von Arras, mußte in sein Amt erst hineinwachsen (ohne je das Format des Vaters zu erreichen).

Während man auf Maximilian wartete (Maria war in die Niederlande zurückgekehrt), beschäftigten den Kaiser wieder die Sorgen seiner Reiche, die unaufgelösten Reste des Schmalkaldischen Krieges, die Verhandlungen über das Konzil (der neue Papst Julius III. erwies sich zum Glück als kaiserfreundlicher als sein Vorgänger), die unverschämten Raubzüge des Piraten Dragut, eines ehemaligen Galeerensklaven, der die Königreiche Neapel und Sizilien bedrohte, und vor allem die Franzosen, die langsam wieder ihre alten Stellungen gegen den Kaiser bezogen: in Deutschland, in Italien, in der Kurie, an der niederländischen Grenze und im Mittelmeer. Der junge Granvelle und Karl selbst hielten die Regentin der Niederlande auf dem laufenden, der es in dieser Zeit nicht leicht fiel, sich auf die niederländischen Angelegenheiten zu konzentrieren. Granvelle informierte Maria in großer Offenheit über die schwache Position des Kaisers und betonte den Umstand, daß Ferdinand mit der Unterstützung der deutschen Fürsten rechnen konnte, die von der Kandidatur des Spaniers nichts wissen wollten. Sie hielten Philipps Reserviertheit für Ignoranz und ließen sich auch nicht beeinflussen, wenn der Prinz sich manchmal bemühte, charmant und gesprächig zu sein. Dies galt allerdings weniger den Herren als den Damen, besonders seiner Cousine Christine von Lothringen, für die er Feuer und Flamme zu sein schien. Granvelle betrachtete diesen offensichtlichen „Flirt" mit Unbehagen, und Maria stimmte ihm zu, da sie der Meinung war, Philipp müsse sich um die weit wichtigeren dynastischen Dinge kümmern, die auf dem Spiel standen.

Mitte Dezember traf Maximilian in Augsburg ein, doch die Verhandlungen zogen sich hin und kamen zu keinem Ergebnis. Am 16. Dezember schrieb der Kaiser einen bekümmerten Brief an Maria, in dem er ausführte, daß er den Brief nicht selber habe schreiben können, weil ihn die Darstellung aller dieser Dinge viel zu sehr aufgebracht hätte. Der Ärger werde ihn noch töten. Weder der verstorbene König von Frankreich noch der gegenwärtige hätten ihm je so viel Verdruß gemacht wie jetzt der eigene Bruder, dem das offenbar auch gar nicht zu Herzen gehe. (Wie sehr er Ferdinand mit seinem Nachfolgeplan kränkte, schien wieder den Kaiser nicht zu kümmern.) Gott möge ihrem Bruder die bessere Einsicht und ihm Geduld schenken. Von Maria erwarte er, wenn nicht Hilfe, so doch Trost.

Maria ritt also erneut nach Augsburg und bewältigte, nur vom Bischof von Cambrai und drei unerschrockenen Damen ihres Hofstaates begleitet, trotz der winterlichen Verhältnisse die Strecke in zwölf Tagen. Am späten Abend des Neujahrstages 1551 stieg sie vor der kaiserlichen Residenz, dem Fuggerhaus auf dem Weinmarkt, aus dem Sattel. Der Kaiser, den sie kränker und stärker gealtert fand als je zuvor, blühte in ihrer Gegenwart auf und zeigte sich nach Wochen wieder in der Öffentlichkeit. Am Dreikönigsfest speiste er mit seinen Geschwistern, seinem Sohn und seinen Neffen Maximilian und Ferdinand und fand augenscheinlichen Genuß an der Tafelmusik, die von Ferdinands Kapelle veranstaltet wurde.

Die geheimen Familienverhandlungen nahmen nun ihren Fortgang, von denen zahlreiche (zumeist undatierte) intime Aufzeichnungen, Billetts und Notizzettel erhalten geblieben sind, meist von der Hand Marias oder Ferdinands. Sie mündeten schließlich in den mit 9. März 1551 datierten „Hausvertrag", der Karls (von Maria tatkräftig unterstützten) Wünschen Rechnung trug: Ferdinand verpflichtete sich, als Kaiser von den Kurfürsten die Wahl Philipps zum römischen König zu erwirken, womöglich mit der gleichzeitigen Bitte, nach Philipps Krönung Maximilian zu wählen. Philipp übernahm gegenüber Ferdinand die

Beistandspflicht gegen alle Feinde und Rebellen, auch in den Erblanden, ebenso die Hilfeleistung zur Beilegung der Religionssache. Nach seiner Königswahl sollte Philipp außerdem eine Tochter Ferdinands als Gemahlin heimführen (seine Gemahlin Maria von Portugal war kurz nach der Geburt des Don Carlos gestorben). Bei Maximilian begnügte man sich mit einer mündlichen Erklärung des Einverständnisses. Die Frage, ob der Kaiser tatsächlich der unrealistischen Auffassung war, die Kurfürsten würden diesen „Hausvertrag" je akzeptieren, bleibt dahingestellt, er erübrigte sich jedenfalls schon vier Jahre später, als Philipp von sich aus auf die getroffenen Nachfolgebestimmungen Verzicht leistete. Der (unnötige und sinnlose) Streit um die „spanische Sukzession" war zwar damit beendet, doch er trübte weiterhin die internen Beziehungen der Dynastie.[135]

VIII. Campagne des Hasses

Ende April 1551 kehrte Maria in die Niederlande zurück, um die schwere Bürde der Regentschaft erneut auf die Schultern zu nehmen. Höchst beunruhigende Berichte erwarteten sie. Heinrich II. von Frankreich, dessen Agenten in ganz Europa gegen den Kaiser und das Haus Habsburg wühlten und mit Geschenken und Versprechungen Verbündete köderten, während seine Botschafter noch in lieblichen Schalmeientönen von Frieden und Freundschaft sprachen, mobilisierte an der niederländischen Südgrenze. Sein Haß trieb ihn dazu, alles zu tun, um den Kaiser „aus dem Reich zu treiben, ihn zu Lande und auf See zu verfolgen, bis zu seinem letzten Atemzug, zu seiner völligen Auslöschung". Karl hatte den Brief aufgefangen, ohne ihn sonderlich ernst zu nehmen. Umso ernster nahm ihn die Regentin der Niederlande.

Die Fortifikationslinien an der Südgrenze wurden in Verteidigungsbereitschaft gesetzt und zusammen mit den Generälen ein Plan ausgearbeitet, der defensive und offensive Maßnahmen vorsah. An Granvelle schrieb Maria, daß sie den französischen Angriff für das kommende Frühjahr erwarte. Der Kaiser solle unbedingt in Deutschland bleiben, um dem von den Franzosen geschürten Widerstand entgegenzuwirken. Sehr günstig für die habsburgische Sache wäre es auch, einige englische Häfen zur Verfügung zu haben – „durch freundliche Worte oder durch Gewalt". Das würde die französische Flotte davon abhalten, sich in England zu verprovantieren und die niederländische Küste zu bedrohen. Sollte es notwendig sein, wäre es sogar möglich, ganz England zu erobern, mit der Unterstützung, die ihre katholische Nichte Mary Tudor von den zahlreichen Katholiken erhalten würde, die unter den Repressalien der herrschenden protestantischen Clique litten. Maria berührte in ihrem Memorandum auch die delikate Sukzessionsfrage, deren Vertagung sie so lange für vernünftig ansah, als die tiefe Verstimmung gegen die Spanier im Reich anhalte. Würden die Deutschen von Philipps Kandidatur nichts mehr hören, würden sie weit eher geneigt sein, den Kaiser zu unterstützen. Das Reich wäre verloren, schrieb Maria, und sie alle in größter Gefahr, wenn sich die Dinge gegen sie wendeten – *si les affaires nous tombent au ranvers, je tiens l`empire perdu et nous en grand dangier.* Alles hing vom Ausgang des heraufziehenden Krieges ab, den sie schnell und mit aller Kraft führen müßten, denn lange könnten sie sich gegen so viele Feinde nicht behaupten.

Marias Verteidigungsmaßnahmen entlang der Küste und der Südgrenze ihrer Provinzen waren so gut wie beendet, als der Krieg mit Frankreich im Herbst 1551 tatsächlich ausbrach. Die Stadt Antwerpen bürgte für eine hohe Summe (300.000 Pfund), die der Regentin ermöglichte, ihre Truppen zu bezahlen, bis der Kaiser aus Spanien Geld herbeigeschafft hatte. In Erwartung eines Angriffs vom Süden, schritt Maria auch gegen die „Fünfte Kolonne" im Inneren des Landes ein, ließ alle Franzosen ausweisen und die Gastwirte verpflichten, ihre Gäste täglich der Behörde zu melden, damit Spione und Verräter gefaßt werden konnten.

Inzwischen war das Konzil dem Wunsch des Kaisers gemäß zwar nach Trient zurückberufen worden und sah nicht nur vornehme deutsche Prälaten, sondern auch Oratoren protestantischer Fürsten und Städte. Doch für eine Verständigung war es nun zu spät, die Entscheidung über die kirchlichen und politischen Streitfragen lag längst in Deutschland. Dort hatte sich von Niedersachsen bis Magdeburg und von Friesland bis Preußen eine breite Zone des Widerstandes gebildet, ein Fürstenbund fand sich zusammen, dem der Markgraf Hans von Küstrin und die Herzöge Albrecht von Preußen und Johann Albrecht von Brandenburg beitraten. Es gelang ihnen (und den Franzosen) auch Moritz von Sachsen auf ihre Seite zu ziehen. Hauptziele waren die Befreiung der „schmalkaldischen" Gefangenen und die Abschüttelung der, wie sie sich ausdrückten, „viehischen, unerträglichen und ewigen Servitut, wie in Hispania".

Nichts hatte der Kaiser seit Jahren so sehr gefürchtet wie ein Zusammengehen deutscher Fürsten mit Frankreich. Dies geschah nun, als in einem Jagdschloß in der Lochauer Heide, nicht weit von der Stätte seines Triumphes über Johann Friedrich von Sachsen und die Schmalkaldischen, Anfang Oktober 1551 der entscheidende Vertrag zwischen den protestantischen Fürsten und dem französischen Gesandten Jean de Fresse, Bischof von Bayonne, verabredet wurde (Heinrich II. ratifizierte ihn in Chambord). Der Vertrag sah vor, daß Heinrich II., der den Fürsten eine starke finanzielle Unterstützung zusagte, die niederländische Grenzstadt Cambrai sowie die lothringischen Bistümer Metz, Toul und Verdun, deren Sprache französisch war, als „zukünftig" von den zuständigen Reichsstellen zu ernennender Reichsvikar in Besitz nahm. Die Fürsten wollten offenbar nachholen, was sie im Schmalkaldischen Krieg versäumt hatten, eine innere Linie gewinnen, den Kaiser von seinen Verbindungen mit den Niederlanden abschneiden und im Schutze dieses strategischen Planes auf ihn losmarschieren: „Fürter wollen wir rücken nach des Kaisers Person." Das Recht, dem König Reichsstädte zu übergeben, hatten die protestantischen Fürsten natürlich nicht, eine solche Übergabe hätte nur durch Kaiser und Reich erfolgen können. Deshalb versuchten sie auch, der (widerrechtlichen) Besetzung durch den französischen König mit dem „zukünftigen" Titel eines Reichsvikars einen Rechtstitel zu verschaffen. In einem Sendbrief an die Reichsstände nannte sich der katholische Heinrich II. „Rächer der deutschen Freiheit und der gefangenen [protestantischen] Fürsten", doch im eigenen Land erließ er in Chateaubriand ein Edikt, das die Ausrottung der Anhänger des neuen Glaubens ankündigte, sollten sie sich nicht bekehren. In der Doppelzüngigkeit seiner Politik erwies sich Heinrich als gelehriger Schüler Machiavellis, dessen *Principe* 1537 in Rom erschienen war. Sie stand in krassem Gegensatz zur erasmischen Staatsauffassung (niedergelegt in der Karl V. gewidmeten *Institutio principis christiani*).

Karl V. hatte Ende Mai in Augsburg Abschied von seinem Sohn genommen, der nach Spanien zurückkehrte, und blieb den ganzen Sommer über in der Stadt am Lech. Ende August begab er sich nach Innsbruck, wo ihn seine Tochter Maria und sein Neffe Maximilian auf ihrer Rückreise aus Spanien besuchten. Der Kaiser hielt die Nachrichten über ein Zusammengehen deutscher Fürsten mit Frankreich für bloße Gerüchte und schlug die Warnungen Marias und Ferdinands in verachtungsvoller Unterschätzung seiner Gegner in den Wind. Maria schrieb schon Anfang Oktober von den Verhandlungen zwischen Moritz von Sachsen, dem jungen Landgrafen Wilhelm von Hessen und Frankreich, also in denselben Tagen, da die Fürsten mit dem französischen Gesandten zum Abschluß kamen. Die Bitte der Fürsten, den Landgrafen Philipp freizulassen, der immer noch in Mecheln gefangensaß, schlug der Kaiser rundweg ab.

Im Frühjahr 1552 mußte auch der Kaiser erkennen, daß es sich nicht mehr um Gerüchte, sondern um Tatsachen handelte, und die Erhebung der Fürsten gegen seine Person gerichtet war. Als die Truppen der Aufständischen über Augsburg und Ulm nach Tirol vorstießen, erwog er, in die Niederlande zu fliehen, fand aber den Weg am Rhein durch die Franzosen bereits versperrt. So blieb ihm nichts anderes übrig, als über den Brenner nach Süden zu auszuweichen, eine „für den alten Edelmann und Souverän unsagbar bittere Flucht vor dem Feind". Durch das Eisack- und Rienztal zog er über Innichen ins obere

Drautal und weiter nach Lienz und Villach. Inzwischen hatte Kurfürst Moritz für eine überraschende Atempause gesorgt und zu verhandeln begonnen, und zwar mit König Ferdinand, zuerst in Linz, dann in Passau. In seinen Instruktionen für den Bruder, der auf die sofortige Annahme der angebotenen Friedensbedingungen drängte, bewies Karl wieder die gewohnte Festigkeit und Stärke. Er widersetzte sich der geforderten Freilassung des Landgrafen Philipp, ehe nicht bestimmte Voraussetzungen erfüllt seien, verbot die Zulassung französischer Gesandter zu den Verhandlungen und erzwang einige, die Religion betreffende Änderungen im Text des Passauer Vertrages. Nach langem Streit gelang es Moritz, die Kriegsfürsten zur Unterzeichnung des geänderten Vertrages zu überreden. Die „schmalkaldischen" Gefangenen Johann Friedrich von Sachsen und Landgraf Philipp von Hessen wurden freigelassen. Von einem beständigen Religionsfrieden konnte jedoch keine Rede sein.

Inzwischen war es den Franzosen gelungen, teils durch Überraschung, teils durch Betrug die lothringischen Städte einzunehmen, über die von der Regentin Christine erklärte Neutralität setzten sie sich hinweg. Heinrich II., der persönlich in Nancy erschien, tat noch mehr. Er führte den kleinen Herzog mit sich nach Frankreich, wo er eine französische Erziehung genießen und später seine Tochter Claude heiraten sollte. „Nachdem ihr der Sohn genommen wurde, verließ sie [Christine] voller Schmerz Lothringen, denn sie hatte ein sehr stolzes Herz", heißt es bei Brantôme, „wiewohl der König Heinrich sich vor ihr überaus entschuldigte und ihr vorstellte, er wolle ihn als seinen Sohn annehmen. Da sie sah, daß man ihm den Schwachkopf de la Brousse als Erzieher gab und den seinen nahm, suchte die Prinzessin in höchster Verzweiflung den König Heinrich in der großen Galerie in Nancy auf und trat mit einer sehr sicheren Anmut, mit jener großen Schönheit, die sie noch bewundernswerter machte, unerschrocken und ohne ihrer Würde irgend etwas zu vergeben, vor ihn. Tränen in den Augen, die sie noch schöner und reizender machten, stellte sie ihm das Unrecht vor, das er ihr antat, und diese Reden sagte sie so vortrefflich, mit so schönen Begründungen und mit so sanfter Klage, daß der König, an sich gegen die Damen immer sehr höflich, ein überaus großes Mitleid mit ihr empfand." Das Mitleid war allerdings nicht groß genug, um der anmutigen Bittstellerin ihren Sohn zurückzugeben, und die schönen Begründungen halfen wenig, denn der König hatte natürlich noch viel bessere Argumente, warum das Haus Lothringen ihm ewig dankbar sein müsse, wenn er „den kleinen lothringischen Prinzen in seinen Schutz nehme, um ihn noch mehr zu erhöhen als bisher und ihn zu seinem Sohn zu machen". Es erübrigt sich fast, darauf hinzuweisen, daß hinter den blumigen Reden nur kaltes politisches Kalkül stand, denn schon lange und mit Mißfallen hatte man das Schwinden des französischen Einflusses in Lothringen beobachtet. Nun war die Gelegenheit da, das wichtige Grenzland wieder in die Hand zu bekommen, und Heinrich II. nützte sie. In den Niederlanden war Maria wieder unausgesetzt damit beschäftigt, „mehr als das mögliche" zu erreichen. Sie verbrachte Tage und Nächte im Sattel, visitierte Truppen und Befestigungen, konferierte mit ihren Militärs und verhandelte mit den Bankiers. Nur das Haus Fugger, bei dem der Kaiser ohnedies mit astronomischen Summen in der Kreide stand, war bereit, neue Kredite zu gewähren, vorausgesetzt, Seine Majestät würde die Goldsendungen aus der Neuen Welt, die regelmäßig in Spanien eintrafen, nach den Niederlanden umdirigieren. Das spanische Gold konnte jedoch nur mit einer Kriegsflotte eingebracht werden, um gegebenenfalls gegen französische Kaperschiffe geschützt zu sein. Also mußte Maria einen Sonderbeauftragten an Edward VI. von England abfertigen, um den Zweck dieser durch den Kanal segelnden Kriegsflotte zu erklären.

Auch die Franzosen waren nicht untätig. Sie hatten die Stadt Metz durch das rücksichtslose Niederlegen der Vororte und die Erneuerung der Stadtbefestigung zu einer modernen Festung gemacht und somit die Übergänge über Maas und Mosel in der Hand. Nun faßte der Kaiser einen verhängnisvollen Entschluß: Er wollte Metz nehmen und die Franzosen aus Lothringen verjagen, denn, so legte er seiner Schwester die Notwendigkeit des Unternehmens dar, die Franzosen könnten von ihrer gegenwärtigen Position aus bis zum Rhein vordringen, sich damit den Weg nach Deutschland öffnen und ihm die Verbindung von Oberdeutschland in die Niederlande sperren. Maria riet dringend von dem Unternehmen ab, vor allem wegen der vorgeschrittenen Jahreszeit, und empfahl, die Truppen überwintern zu lassen und den Feldzug auf das nächste Frühjahr zu verschieben. Aber wer hört schon auf eine Frau in Kriegssachen? Der Kaiser folgte nicht dem Rat seiner klugen Schwester, sondern verhängnisvollerweise dem seines ersten militärischen Beraters, des Herzogs von Alba, den er aus Spanien hatte kommen lassen. Alba war *für* die Belagerung von Metz und hatte ein gewichtiges Argument ins Treffen zu führen: Der letzte der deutschen Kriegsfürsten, der nach dem Abschluß des Passauer Vertrages noch gegen den Kaiser im Feld und mit Frankreich im Bunde stand, der Markgraf Albrecht Alcibiades von Brandenburg, war bereit, die Fronten zu wechseln. Er stellte zwar erpresserische Bedingungen, auf die der Kaiser nur sehr widerwillig einging, doch, so schrieb er an Maria, „Not kennt kein Gebot" – *nécessité n´a point de loy*.

Erst am 20. November erschien Karl, der krank im luxembourgischen Diedenhofen/Thionville gelegen war, bei seinen Truppen vor Metz. Auf der schmalen, stellenweise steil abfallenden Landzunge zwischen Mosel und Seille gelegen, war die Stadt hinter den breiten Moselarmen im Westen und Nordwesten ebenso uneinnehmbar wie an den Steilabhängen über der Seille nach Osten.

254

Deshalb war die niederländische Armee auf dem rechten Seille- und Moselufer im „Lager der Königin Maria" geblieben, während die Hauptarmee auf der Magnybrücke die Seille überschritten hatte, um Metz von Süden her, zwischen den Flüssen anzugreifen. Nach wochenlangem Geplänkel im Vorgelände setzte man jetzt schwere Artillerie gegen die Bollwerke ein, und es gelang, eine schmale Bresche in die Festungsmauer zu reißen. Als jedoch die Infanterie nachstürmen wollte, stieß sie auf eine zweite Verteidigungslinie, die mit starken Schützeneinheiten besetzt war und jedes weitere Vordringen unmöglich machte. Zu dieser Enttäuschung kamen noch winterliche Nässe und Kälte, was besonders den Italienern und Spaniern schwer zusetzte. Epidemien breiteten sich aus, und auf der kaiserlichen Seite sanken die Hoffnungen. Der Kaiser selbst, im herrschaftlichen Hof de la Horgne untergebracht und von den Niederlanden her üppig verpflegt, wütete wie gewöhnlich gegen seine Gesundheit, so daß ihn nicht nur Witterung und Aufregung, sondern auch seine Krankheit täglich mehr quälten. Sein Kammerdiener van Male jammerte in Briefen an Herrn de Praet über die Schwäche der Ärzte, die Überfürsorge der Königin Maria und die Unsitte des Kaisers, frühmorgens gekühltes Bier zu trinken. Inzwischen gab das Hauptquartier die Hoffnung auf militärische Erfolge langsam auf. „Der Kaiser spricht davon, alles aufzugeben und nach Spanien zu ziehen", schrieb Antoine de Granvelle am 17. Dezember an die Regentin der Niederlande, aber am Weihnachtstag wagte er noch eine letzte Hoffnung: „So oft schon sind in den Angelegenheiten des Kaisers glückliche Wendungen eingetreten, wenn man es am wenigsten erwartete. Gott gebe es!" Gott gab es nicht, das Wunder blieb aus. In den ersten Januartagen 1553 ordnete der Kaiser die Aufhebung der Belagerung an und zog sich nach Diedenhofen zurück. Nicht nur die Gicht quälte ihn, auch Scham und verletzter Stolz über das kostspielige und gänzlich gescheiterte Unternehmen, Reue über die Zugeständnisse, die er den Vertragspartnern von Passau und dem Markgrafen von Brandenburg gemacht hatte.

Die Nachricht von der Niederlage der Kaiserlichen vor Metz versetzte die Niederlande in Panik. Niemand wollte glauben, daß der Kaiser selbst den Abbruch der Belagerung angeordnet hatte, und Gerüchte machten die Runde, er wäre tot. Erst sechs Wochen später konnten sich die Niederländer davon überzeugen, daß er noch am Leben war. Von einem Einzug zu Pferde konnte allerdings nicht die Rede sein, und die Brüsseler, die die Straßen säumten, erkannten ihn kaum in der bleichen und abgezehrten Gestalt, die hinter den Vorhängen der Sänfte zu erahnen war.[136]

Wochen, ja Monate vergingen nun, ohne daß der Kaiser seine Appartements verließ, nur seine Schwester und Granvelle hatten Zutritt zu ihm. Der englische Botschafter meldete nach Hause, der Kaiser habe ihn wissen lassen, daß er mit seiner Schwester Maria reden könne wie mit ihm selbst, so lange er zu krank sei, um Besucher zu empfangen. Doch der Botschafter fügte hinzu, man müsse auch auf Granvelle ein Auge haben und ihn mit Geschenken verwöhnen, denn er mische überall mit, wenn nicht am Anfang, so zumindest in der Mitte oder am Ende. Im übrigen schwirre die Luft von Gerüchten, niemand wisse so recht, wer zur Zeit die Niederlande regiere, noch weniger, wer sie in Zukunft regieren werde. Der spanische Philipp? Der österreichische Max? Wäre vielleicht eine Annäherung an Ferdinand und Maximilian angezeigt, da es doch ziemlich sicher scheine, daß der Kaiser entweder schon tot war oder im Sterben lag? Er wäre bei der Audienz dabeigewesen, die Königin Maria dem Bischof von Norwich gab, und während der Konversation hätte Ihre Majestät plötzlich laut aufgelacht, obwohl nicht der geringste Grund dafür bestand. Ein absichtliches, ein künstliches Lachen, das den Anwesenden, die dem Gespräch nicht folgen konnten, den Eindruck vermitteln sollte, sie hätte Grund zur Fröhlichkeit. Unter den gegebenen Umständen wäre wohl das Gegenteil anzunehmen, meinte der Botschafter.

Neben Granvelle und Karls spanischem Sekretär Erasso war Maria die einzige Person, die wußte, wie es wirklich um den Kaiser stand, und neben allen anderen Sorgen war die um seine Gesundheit nicht die geringste. Trotzdem arbeitete sie unermüdlich an der Verteidigungsbereitschaft der Niederlande und ließ neue Truppen ausheben, um die Verluste von Metz auszugleichen. Obwohl er an einer unheilbaren Wunde litt und in einer Sänfte getragen werden mußte, machte ihr der Graf Adrian de Roeulx den Vorschlag, den Franzosen mit einer neuen *Campagne* noch vor Winterende „den größten Schrecken ihres Lebens" einzujagen. Doch es dauerte bis in den April hinein, bis de Roeulx und die Regentin den Staatsrat überzeugt hatten, daß Angriff die beste Verteidigung und das Gebot der Stunde sei. Schließlich gelang es den niederländischen Truppen, die Schlüsselfestungen Thérouanne und Hesdin zurückzuerobern, und ein französischer Angriff auf das Herz der Niederlande mußte bis auf weiteres nicht mehr befürchtet werden. De Roeulx erlebte diesen Erfolg nicht mehr, und sein Tod beraubte Maria ihres fähigsten und ergebensten Heerführers. Wer sollte nun Oberbefehlshaber werden, da der Kaiser aus Gesundheitsgründen nicht imstande war, das Kommando persönlich zu führen? Die Wahl fiel schließlich auf den erst fünfundzwanzigjährigen Emanuel Philibert von Savoyen, von dem man hoffte, er werde als Prinz von Geblüt die sich ewig in den Haaren liegenden niederländischen Adeligen bei der Stange halten können. Im September fühlte sich der Kaiser genügend erholt, um sich in einer Sänfte zu den Truppen zu begeben, und schlug sein Hauptquartier in Mons auf (Heinrich II. lag vor Cambrai). Zu Marias großer Erleichterung hatte ihr Karl gestattet, ihn zu begleiten, als seine erste Beraterin, Sekretärin und Krankenpflegerin. Doch auf eine Entscheidungsschlacht, die der Kaiser im Sinn hatte, wollte sich der König von Frankreich nicht einlassen und zog sich nach St. Quentin zurück. Die fortgeschrittene Jahreszeit verhinderte weitere militärische Aktionen, eine Ruhepause trat ein.

Inzwischen war eine vom Kaiser gezeichnete, aber zweifellos von Maria inspirierte Instruktion an den Prinzen von Spanien ergangen, die Philipp in die Niederlande rief. Die Situation sei höchst kritisch, hieß es da, und die Königin trotz ihrer Willenskraft und Energie nicht imstande, genügend Autorität auszuüben. Vor allem müsse der Krieg von jemand geführt werden, der persönlich an die Front gehen könne. Die finanzielle Situation sei prekärer denn je, und der Krieg mit Frankreich nicht länger finanzierbar, es sei denn, Philipp bringe die nötigen Mittel von Spanien mit. Aus diesem Grund wäre es auch angezeigt, daß Philipp sich so rasch wie möglich mit der Infantin Maria von Portugal verlobe (Tochter seiner Tante Eleonore aus ihrer Ehe mit Manoel I.), die ihm eine beträchtliche Mitgift einbringen würde. Die Hochzeit solle in den Niederlanden stattfinden, und wenn ihm dort ein Sohn geboren werde, so gäbe es erneut einen *prince naturel,* der eine niederländische Dynastie begründen könne. Ein durchaus kluger und vernünftiger Plan! Doch bevor Philipp noch auf diese Botschaft reagieren konnte, starb am 6. Juli 1553 der noch nicht sechzehnjährige König Edward VI. von England an der Schwindsucht. Die protestantischen Adeligen, die in seinem Namen regiert hatten, proklamierten Lady Jane Grey, eine Großnichte Heinrichs VIII., zur Königin. Doch die Katholiken erwiesen sich als stärker und hoben Mary, die ältere Tochter Heinrichs VIII. aus seiner Ehe mit Katharina von Aragón, auf den Thron, und Lady Jane mußte den Gang zum Schafott antreten. Als die Nachricht von der Thronbesteigung Marys, der Cousine des Kaisers und Marias, in Brüssel eintraf, zweifelte man keinen Augenblick, welcher Kurs nun einzuschlagen war. Für den Kaiser mußte die Mitwirkung bei der Herstellung der Legitimität und der alten Kirche in England ein „berauschender Gedanke" sein. Ein Eilkurier ging nach Spanien zu Philipp, um ihn anzuweisen, die portugiesischen Verhandlungen abzubrechen und sich auf eine englische Hochzeit (mit seiner um elf Jahre älteren Tante!) vorzubereiten. Vor kurzem hatte sich Maria noch einen englischen Hafen für ihre Schiffe gewünscht, nun zeichnete sich die Möglichkeit ab, *ganz* England zu gewinnen, und das ohne Blutvergießen, in der bewährten Manier des *tu felix Austria nube.* Der kaiserliche Gesandte Simon Renard wurde nach London geschickt, um den Boden zu bereiten, und er fand bei Königin Mary, die es genoß, endlich aus ihrer Schattenexistenz herausgetreten zu sein, ein williges Ohr. In großer Feierlichkeit verlobte sie sich am 30. Oktober 1553 in ihrem Kabinett mit dem abwesenden

Infanten, unter Aussetzung des allerheiligsten Altarssakraments und in Gegenwart des kaiserlichen Gesandten. Als Tochter einer spanischen Mutter und als überzeugte Katholikin mag ihr der Sohn des Kaisers und Erbe Spaniens als der von Gott gesandte Gemahl erschienen sein. Auch König Ferdinand hatte sich für seinen jüngeren Sohn um die Hand der englischen Königin bemüht, mußte aber hinter Philipp zurückstehen. Das bekümmerte Erzherzog Ferdinand, der in der schönen Augsburgerin Philippine Welser seine (noch geheime) große Liebe gefunden hatte, weit weniger als seinen Bruder Maximilian, der in einem Brief an seinen Schwager Albrecht von Bayern über den gefügigen Vater seufzte: „Gott geb, daß Seine Majestät sich einmal tapfer gegen die kaiserliche Majestät erzeige und nit so kleinmütig wie bisher. Mich wundert nur, daß Seine Majestät so blind ist und nit merken will, wie untreulich und unbrüderlich die kaiserliche Majestät mit ihm umgehet."

Der kurze Aufenthalt an der Front und die herbstliche Witterung hatten das Leiden des Kaisers verschlimmert, und wieder verdichteten sich die Gerüchte, daß seine Tage gezählt seien. Er selbst beschäftigte sich längst mit dem Plan, der aktiven Politik zu entsagen und sich nach Spanien zurückzuziehen, und hatte davon in den letzten Jahren zu seinen engsten Vertrauten mehrfach gesprochen. Auch in Maria mag bereits der Entschluß gereift sein, ihren Bruder nach Spanien zu begleiten, ebenso in Eleonore, die es vor allem deshalb nach Spanien zog, weil sie dort ihrem einzigen Kind, der Infantin Maria von Portugal, näher sein konnte.

Noch war es längst nicht so weit, und Marias Tage waren angefüllt mit der Sorge um den Bruder, dessen Korrespondenz sie persönlich führte, mit der täglichen Regierungsarbeit und den militärischen Rüstungen für die Fortsetzung des Krieges gegen Frankreich. Auch die englische Hochzeit mußte vorbereitet werden, und Maria übersandte Mary Tudor ein von Tizian gemaltes Porträt Philipps, damit sie sich über die Erscheinung ihres künftigen Gemahls ein Bild machen konnte. Sie gab auch Anweisungen, wie das Gemälde zu betrachten sei, nämlich in vollem Licht und von einiger Entfernung, da man die Ähnlichkeit bei einem Tizian-Porträt aus nächster Nähe nicht so gut erkennen könne. Der kaiserliche Botschafter Simon Renard sollte die Königin allerdings ersuchen, das Gemälde wieder zu retournieren. Da es sich um ein totes Ding handelte, würde sie es nicht mehr benötigen, sobald der lebendige Philipp eingetroffen sei.

Philipp zeigte allerdings wenig Ungeduld, seine Braut kennenzulernen und zur Rettung seiner Erblande in die Niederlande zu kommen, was Maria zu einem ernsten Schreiben veranlaßte, dessen höfliche Phrasen ihren Unmut über sein Zögern kaum verbergen konnten. „Alles ist besser, als zu warten, bis Eure Länder nach und nach verloren gehen", schrieb sie. „Seine Majestät hat beschlossen, daß

Ihr hierher kommen sollt, und deshalb ergreife ich die Gelegenheit, um Euch die verzweifelte Lage unseres Landes in wahren Farben zu beschreiben, um Eure Aufmerksamkeit darauf zu richten. Eure Aufgabe wird nicht geringer werden, sondern im Gegenteil noch wachsen, denn es wird Euch ebenso viel Mühe kosten, zu halten, was Ihr besitzt, als mehr zu erwerben. Ein guter Herrscher weiß, daß es seine Pflicht ist, unausgesetzt für das Wohl seiner Untertanen zu arbeiten, und der Besitz großer Gebiete bedeutet auch große Verantwortung." Aber es wurde Juli, bis Philipp seine spanischen Angelegenheiten geordnet hatte und reisefertig war. Zur Regentin bestellte er seine jüngere Schwester Juana, Witwe des Infanten João Manoel von Portugal und Mutter des portugiesischen Thronerben Dom Sebastião.

Ende Juli fand in Winchester die Hochzeit des ungleichen Paares statt, vom englischen Standpunkt nichts weniger als *a major blunder,* ein gewaltiger (wenn auch verständlicher) Fehler. Seit ihrer Kindheit war Mary von Portugal bis Polen feilgeboten worden, doch wer wollte schon eine Prinzessin zur Frau, deren eigener Vater sie zum „Bastard" degradiert hatte, als er seine erste Ehe für ungültig erklären ließ? Nun hatte sie nicht nur den englischen Thron bestiegen, es war ihr auch gelungen, nach Jahren der Zurücksetzung und Erniedrigung die grandioseste Partie in ganz Europa zu machen. Die Tragik war nur, daß dieser Triumph zu spät kam. Der Erfolg der Verbindung war an die Geburt eines Erben geknüpft, auf den Mary verzweifelt, aber vergeblich hoffte. „Sie besaß die Courage und Hartnäckigkeit aller Tudors, doch was sie nicht besaß, war die bei anderen Tudors so hervorstechende Fähigkeit, hohe Grundsätze einfach über den Haufen zu werfen. Sie war die einzige, der Rechtschaffenheit und echtes Gewissen eigneten. Es ist ihre Tragödie und eine Ironie der Geschichte, daß sie die einzige Tudor war, die scheiterte und ihrem Land unbestreitbaren Schaden zufügte" – soweit die bemerkenswerte Charakteristik des englischen Historikers Christopher Morris. Dieser Schaden ist nicht nur in ihrer spanischen Heirat, sondern auch in ihrer gegenreformatorischen Religionspolitik und in ihrer Außenpolitik begründet, die England Calais kostete, den letzten Stützpunkt auf dem Kontinent. Den Schimpfnamen *Bloody Mary* hat sie allerdings nicht wirklich verdient, denn ihr Vorgehen gegen die Protestanten war um nichts grausamer als das ihrer Nachfolger gegen die Katholiken.[137]

Im Frühjahr 1554 starteten die Franzosen einen Angriff auf breiter Front gegen die Südgrenzen der Niederlande. Subsidien zur Verteidigung waren zwar bewilligt worden, aber teilweise noch nicht eingetroffen oder bereits verbraucht. Armut und Kriegsmüdigkeit machten sich breit, auch in Frankreich, doch als der Kaiser die Bereitschaft zu Waffenstillstandsverhandlungen zu erkennen gab, wies Heinrich II. diese brüsk zurück. Nach umfangreichen Vorbereitungen begann er eine Vernichtungsoffensive, die das Schlimmste befürchten ließ. Maria mobilisierte jeden Mann, der imstande war, Waffen zu tragen, ließ Lebensmittel und Pferde für die Armee requirieren und versetzte Brüssel in Verteidigungszustand. Der Kaiser begab sich nach Namur, wo man den Hauptangriff erwartete. Am 18. Juli beschloß Heinrich II. von Südwesten direkt nach Brüssel vorzustoßen. Drei Tage später erschien er vor Marias Jagdschloß Mariemont, das seine Vorhut bereits in Brand gesetzt hatte. Zusammen mit den Herren seiner Umgebung stürzte er sich persönlich auf den Park und schlug mit seinem Degen Äste von den Bäumen, um mit ihnen die Flammen zu nähren. An der rauchenden Ruine ließ er eine Tafel anbringen, die die „wahnsinnige Königin" daran erinnern sollte, daß ihre Truppen im letzten Feldzug eines *seiner* Schlösser zerstört hatten: *Souviens-toi de Folembray, reine insensée!* Am nächsten Tag ging auch Binche in Flammen auf. Die beweglichen Kunstschätze waren zwar rechtzeitig evakuiert worden, doch das Schloß und die legendären Gärten fielen der französischen Zerstörungswut zum Opfer. „Ich kann davon nur mit Trauer und Mitleid sprechen", schrieb ein französischer Augenzeuge über Heinrichs Campagne des Hasses, „es brach einem das Herz, so viele glänzende Gebäude gemordet und zerstört zu sehen." Heinrichs größter Wunsch, die Königin gefangenzunehmen, ging allerdings nicht in Erfüllung. „Nicht um sie schlecht zu behandeln", meint Brantôme, „wiewohl sie ihm mit ihrem Sengen und Brennen genug Veranlassung dazu gegeben hatte, sondern um des Ruhmes willen, diese große Königin gefangenzuhalten und zu sehen, wie sie sich in der Gefangenschaft benehme und ob sie sich so tapfer und stolz gebärden würde wie in ihrem Heere; denn es gibt ja nichts Stolzeres und Herrlicheres als eine schöne, tapfre und große Dame, wenn sie will und wenn sie Mut hat, wie es bei dieser der Fall war, die an dem Namen, den ihr die Soldaten gegeben hatten, großen Gefallen fand, denn wie sie den Kaiser, ihren Bruder, *el padre de los soldados* nannten, nannten sie sie *la madre,* ebenso wurde einst zur Zeit der Römer Vittoria oder Vittorina in ihren Heeren die Lagermutter genannt … Als das arme Schloß [Binche] seine Pracht verlor und vollständig geplündert, zerstört und geschleift wurde, und seine Gebieterin von der Zerstörung erfuhr, verfiel sie in solche Angst, Wut und Zorn, daß sie sich deswegen lange nicht beruhigen konnte; und als sie eines Tages vorbeikam, wollte sie die Ruine sehen; sie betrachtete sie bekümmert und schwur mit Tränen im Auge, ganz Frankreich solle es bereuen … Ich glaube, wäre nicht der Waffenstillstand dazwischengekommen, ihre Rache wäre groß gewesen; denn sie hatte ein starkes und hartes Herz, das nur schwer weich wurde … Nach dem, was man sagt, wurde sie dafür vom Kaiser desto mehr geliebt." Die Fabulierlust scheint hier mit Brantôme ein wenig durchgegangen zu sein, denn gegenüber Granvelle zeigte Maria eine wesentlich kühlere Reaktion. „Ich danke

Euch für Euren Bericht über die edlen Taten des Königs von Frankreich und seiner Herren", schrieb sie an den Bischof von Arras, der sie über das Schicksal ihrer Besitzungen informiert hatte. „Was mich betrifft, so bin ich stolz, daß es ihm beliebte, mit solch beispiellosem Haß gegen mich zu agieren, und daß er sich in seinem rasenden Zorn zu solch unwürdigen Handlungen erniedrigte. Denn die ganze Welt wird an dieser Tat erkennen, was für eine ergebene und loyale Dienerin Seiner Kaiserlichen Majestät ich bin, und das ist der größte Ruhm, den ich gewinnen kann. Der materielle Schaden läßt mich wirklich kalt. Dasselbe hätte durch Feuer oder durch Verrat geschehen können, und ich bin nicht die Frau, die ihr Herz an solche Dinge hängt und dann ihren Verlust bejammert – es sind vergängliche und veränderbare Dinge, die man gebraucht, wenn man sie hat, und nicht vermissen soll, wenn man sie nicht hat. Das ist der ganze Kummer, den ich fühle."[138]

Heinrich II. beschränkte sich nicht auf die Zerstörung der königlichen Schlösser von Mariemont und Binche, sondern verwüstete den ganzen Hennegau. Man glaubte Brüssel gefährdet und riet dem Kaiser, sich nach Antwerpen zurückzuziehen. In Innsbruck war ihm nichts anderes übriggeblieben, als zu fliehen, jetzt weigerte er sich. Anstatt die Hauptstadt preiszugeben, schlug er sein Hauptquartier in Namur auf und bedrohte mit seinen Truppen die Flanke der französischen Armee. Beim Entsatz von Renty war er in seiner Sänfte dabei. Wieder hoffte er auf eine Entscheidungsschlacht, doch Heinrich II. brach den Feldzug Mitte August ab und trat den Rückzug an, eine breite Spur der Verwüstung hinterlassend, das einzige, was er erreicht hatte.

Ein Versuch der Königin Mary von England, zwischen dem Kaiser und Frankreich in Gravelingen zu vermitteln, scheiterte an den maßlosen Forderungen der Franzosen, die nicht nur Piemont und Savoyen begehrten, sondern auch Asti und Mailand für den (vierjährigen) Herzog Charles d'Orléans und Navarra für Antoine de Bourbon, den Herzog von Vendôme. Wie nicht anders zu erwarten zerschlugen sich die Verhandlungen, und nach einer kurzen Waffenruhe flammten die Kämpfe wieder auf.

Im Oktober traf der Kaiser wieder in Brüssel ein, bezog aber nicht mehr seine Appartements im Herzogspalast. Er richtete sich in einem bescheidenen Haus im Park ein, das Maria einige Jahre zuvor erworben und im letzten Sommer nach seinen Wünschen hatte adaptieren lassen. Hier lebte er zurückgezogen in zwei Räumen, die leichter zu heizen waren als die riesigen Prunkgemächer der Residenz. Wieder lastete die gesamte Verantwortung für die Staatsgeschäfte auf Maria, die sich einem Sturm der Kritik von seiten ihrer niederländischen Generäle stellen mußte, die den geringen Erfolg des Sommerfeldzugs der schwachen Führung des Herzogs von Savoyen in die Schuhe schoben. In den folgenden

Monaten nahmen nicht nur die Unstimmigkeiten zwischen niederländischen und nicht-niederländischen Befehlshabern zu, die Niederländer lagen sich auch untereinander in den Haaren, und ein allgemeiner Verfall der Disziplin griff um sich, dessen die Regentin, trotz all ihrer Anstrengungen nicht Herr werden konnte. Während die Herren einander bekämpften und die Generäle danach strebten, ihre Positionen für die Zukunft sicherzustellen, brachen immer wieder Revolten aus, Revolten gegen die religiösen Repressalien, die unaufhörlichen Kriegssteuern, die Handel und Industrie lähmten, Revolten gegen die fremden Kriegsknechte des Kaisers, die die Bevölkerung terrorisierten.

Die Verfallssymptome machten sich auch in der Kriegführung bemerkbar. Als die Waffenstillstandsverhandlungen ergebnislos abgebrochen wurden, degenerierte der Krieg zu einem unwürdigen Ringen, dessen Hauptwaffen Verrat, Hinterlist und Bestechung waren. Beide Seiten litten unter Geldmangel, Verzweiflung und Kriegsmüdigkeit, doch die Starrheit der eingenommenen Standpunkte ließ die Gegner zu keinem Vergleich kommen.

Inzwischen gab es in dem Neapolitaner Paul IV. Caraffa einen neuen Papst, einen wütenden Ketzer- und Judenverfolger, dazu noch erfüllt von geradezu pathologischem Haß auf die Spanier, „die Brut der Mauren und Juden", aber ohne die Möglichkeit, sich ihrer anders zu erwehren als durch die Franzosen. Er träumte von einer „Befreiung Italiens", schloß einen Geheimvertrag mit dem Kardinal von Lothringen wegen Übertragung Neapels an einen Sohn des französischen Königs, verbündete sich mit Sultan Süleyman II. und verpflichtete lutherische und hugenottische Landsknechte. Als der Kaiser das hörte, sandte er den Herzog von Alba nach Italien und ließ bestellen, wenn die „Tollheit seiner Heiligkeit" nicht aufhöre, so fühle er sich frei vor Gott und der Welt. Trotzdem zogen sich die Feindseligkeiten jahrelang hin, und erst angesichts der Drohung eines neuen *Sacco di Roma* mußte der Papst seinen politischen Bankrott einsehen und die gefestigte spanische Herrschaft in Italien hinnehmen.[139]

Mitten in diesen Stürmen, die den Kaiser an frühere Lebenskämpfe erinnern mochten, traf in Brüssel die Nachricht ein, daß seine Mutter Juana am 13. April 1555 in Tordesillas gestorben war.

Die Königin war schon lange bettlägerig gewesen, ihr Körper nach einer Verbrühung durch heißes Badewasser von Ausschlag und schmerzhaften Schwären bedeckt, die sie nicht behandeln lassen wollte. Im März trat jedoch eine ernste Wendung ein. Als Doña Juana, jüngere Tochter Karls V. und in dieser Zeit Regentin für ihren Bruder Philipp, in Valladolid von der Verschlechterung im Zustand ihrer Großmutter hörte, begab sie sich in Begleitung der besten Ärzte und Heilkundigen nach Tordesillas. Die alte Königin wollte ihre Enkelin aber nicht sehen und drehte ihr Gesicht zur Wand. Doña Juana bat nun den

Jesuitenpater Francisco de Borja, der die Königin in den letzten Jahren immer wieder besucht und ihr Vertrauen gewonnen hatte, auf die Kranke einzuwirken und sie dazu zu bewegen, zu beichten und die Sakramente zu empfangen. Zuerst weigerte sie sich, ließ sich dann aber doch herbei, Pater Franciscos Ermahnungen Gehör zu schenken. Sie bekundete Bedauern über ihre Fehler, beklagte die Verirrungen ihres Geistes und sagte die zwölf Glaubensartikel auf. Trotzdem kamen Pater Francisco Zweifel an der allgemeinen Zurechnungsfähigkeit der Königin, und man kam überein, die Entscheidung in die Hände des berühmten Theologen Domingo de Soto zu legen. Dieser traf am 11. April in Tordesillas ein und unterhielt sich mit der Kranken, zuerst im Beisein von anderen, dann allein. Er kam nach diesen Gesprächen zu der Ansicht, daß die Königin als normal anzusehen wäre, erteilte aber nur die Krankensalbung, möglicherweise deshalb, weil die Kranke nichts mehr bei sich behalten konnte. Juana starb bei vollem Bewußtsein. Mit den Worten „Jesus Christus, steh mir bei" gab sie in den Armen Pater Franciscos ihren Geist auf. Sie war über 75 Jahre alt geworden, von denen sie 46 in Tordesillas verbracht hatte. Ihre sterbliche Hülle wurde zunächst im Kloster Santa Clara beigesetzt, später in den Escorial und von dort nach Granada überführt, da ihr Enkel Philipp der Meinung war, ihre letzte Ruhestätte müsse an der Seite ihres Gemahls sein – eine späte, aber schöne Geste. Dort ruht sie nun zusammen mit Philipp dem Schönen in der Königlichen Kapelle der Kathedrale, nicht weit von ihren Eltern, den Katholischen Königen Isabella und Fernando.

Juana ist als *la loca* in die Geschichte eingegangen, als *Jeanne la folle,* als „Johanna die Wahnsinnige". War sie es wirklich? Über die Jahrhunderte hinweg Diagnosen zu stellen, ist immer schwierig, besonders wenn so viele einander widersprechende Berichte vorliegen wie im Fall Juanas. Aus den erhaltenen Dokumenten lassen sich – je nach Auswahl und Interpretation – die verschiedensten Schlüsse ziehen; demnach ist Juana als geistig völlig gesund, als geistig umnachtet, als Opfer ihrer machtgierigen Familie (zuerst ihres Vaters, dann ihres Gemahls und schließlich ihres Sohnes Karl), ja selbst als Opfer der Inquisition dargestellt worden. Gewißheit, außer der eines zutiefst tragischen und bedauernswerten Schicksals, kann wohl keine mehr erlangt werden.[140]

IX. ABSCHIED VON DER MACHT

Der Tod seiner Mutter hatte den Kaiser tief bewegt und den lange gehegten Wunsch, sich aus der Welt zurückzuziehen, immer dringender werden lassen. Doch vieles war noch zu regeln, zu ordnen und vorzubereiten.

Zum Reichstag nach Augsburg lud Karl V. zwar noch ein, doch persönlich wollte er nicht mehr teilnehmen und übertrug die Ordnung der deutschen Verhältnisse und damit zugleich die Reichsregierung in aller Form seinem Bruder. „Um Euch den Grund aufrichtig, wie es sich unter Brüdern gehört, zu nennen", schrieb er an Ferdinand, „und mit der Bitte, nichts anderes dahinter zu vermuten, ist es nur die Achtung vor der Religion, deretwegen ich jene unüberwindlichen Bedenken habe, zuletzt bei unserem Zusammensein in Villach. Ich habe keinen Zweifel, daß von Eurer Seite, da Ihr ein guter christlicher Fürst seid, darauf geachtet wird, nichts zu bewilligen, was Euer Gewissen belasten könnte oder Ursache zu noch größerer religiöser Zersplitterung gäbe." Um ihm seine Teilnahme zu zeigen, habe er eine Denkschrift aufsetzen lassen über alle Punkte, die den bevorstehenden Reichstag beschäftigen könnten. Diese Schrift, eine Art politisches Testament des Kaisers für Deutschland, enthielt viel scharfe Kritik, an den altkirchlichen Fürsten, die nur an sich selbst dächten, an den geistlichen Fürsten, die jeder Reform abhold seien, an Papst und Kardinälen und ihrer sehr oberflächlich geleiteten Kirchenversammlung. Zu einem Konzil, wie dem von Trient, würden die Lutheraner nie kommen, auch nach Meinung frommer Männer sei es niemals frei gewesen. Von den weltlichen Dingen gelte, daß die Autorität der Stände gewachsen, diejenige des Kaisers gesunken sei. Seine Macht beruhe auf den Erblanden, die wiederum von Franzosen, Türken und Moresken ständig bedroht würden. Auf die Beschwerden der Stände über die Reichsregierung wurde Punkt für Punkt eingegangen, auch die Verschleppung der Geschäfte durch den Kaiser zugegeben. Alle Darlegungen dienten jedoch nur zur Information der kaiserlichen Kommissare, die Ferdinand auf dem Reichstag unterstützen sollten, wobei der Kaiser immer wieder betonte, daß er seinem Bruder alles überlasse. Er für seine Person, schrieb er an Ferdinand, lege feierlich Protest ein gegen alles, „wodurch unsere wahre alte christliche und katholische Religion beleidigt, verletzt, geschwächt oder beschwert würde". Er verbat sich, daß man ihn frage, oder gar Anweisungen einhole für die Behandlung der Religionssache.

Den Kaisertitel behielt Karl V. noch bei, mit Rücksicht auf die dringende Bitte seines Bruders Ferdinand, für den eine „letzte Instanz" wichtig war. Aus diesem Grund erging der „Augsburger Religionsfrieden" vom 25. September 1555 mit der endgültigen Anerkennung der reichsrechtlichen Gleichberechtigung der Augsburgischen Konfession neben der katholischen noch unter dem Namen Kaiser Karls V., obwohl er es gewesen war, der sich sein Leben lang um die Einheit der Christenheit bemüht hatte. Der Grundsatz *cuius regio, eius religio* wurde feierlich verkündet und gestattete jedem Landesfürsten, das Gewissen seiner Untertanen zu vergewaltigen. Ferdinand hatte nachgeben *müssen,* da er auf die Hilfe der protestantischen Fürsten gegen die Türken nicht verzichten

konnte, doch Karl hatte damit, wie mit dem ganzen Reichstagsabschied, inner-
lich nichts mehr zu tun. Er war nicht der Abschluß seiner Regierung, sondern
der Anfang der Regierung Ferdinands I. und damit einer neuen Ära.

Um die gleiche Zeit, als in Augsburg der Religionsfriede beschlossen wurde,
schiffte sich König Philipp in England ein, um dem Ruf seines Vaters in die
Niederlande zu folgen. Wie nicht anders zu erwarten, war die Ehe mit Mary kein
Erfolg geworden. „Was soll der König mit der alten Ziege?" liefen gehässige
Kommentare von spanischer Seite, und der Hofklatsch wußte von Intimitäten
zu berichten, die zwischen *the queen's husband* (er wurde zumeist so genannt,
obwohl er offiziell den Königstitel trug) und manchen Damen des Hofes
bestünden, selbst Bäckerstöchter wären vor ihm nicht sicher. Ein protestantischer Pamphletist schrieb ihm sogar die Bemerkung zu, *the baker's daughter is
better in her gown than Queen Mary without the crown*, wobei dem Pamphletisten
nicht bekannt gewesen sein dürfte, daß Philipp kein Wort Englisch sprach. Bei
offiziellen Anlässen verhielt sich Philipp jedenfalls absolut korrekt und ließ es
gegenüber seiner Gemahlin an Ehrerbietung nicht fehlen, während sie ihn
geradezu anhimmelte. Ihr Wunsch nach einem Kind war so stark, daß sie eine
Zeit lang glaubte, er würde erfüllt, bis sich herausstellte, daß es sich nicht um
eine Schwangerschaft, sondern um ein Unterleibsleiden handelte. Ein Jahr vor
ihrem Tod fand sie der venezianische Botschafter „vorzeitig gealtert, von Sorgen
zerfurcht und mit einer Stimme, fast so rauh wie die eines Mannes". Doch ihre
geistige Regsamkeit hatte nicht nachgelassen, ebensowenig wie ihre Liebe zur
Musik, und sie war nach wie vor „entschlossen und couragiert", mit einer
„wunderbaren Haltung und Würde." Was sie aber geradezu rasend machte, war
die unausweichliche Gewißheit, daß ihre Nachfolgerin Elizabeth heißen würde,
die Tochter der geköpften Anne Boleyn und zumindest in katholischen Augen
ein „Bastard".[141]

„Der König von England traf gestern hier ein", schrieb ein Brüsseler Augenzeuge, „er war in ungewöhnlich heiterer Stimmung und so höflich zu all den
Damen, daß er seinen Hut fast unausgesetzt in der Hand behielt. Die Königin
von Ungarn begrüßte ihn nicht vor der Stadt, weil der Kaiser dies nicht wünschte. Ich habe den Eindruck, daß Seine Majestät nicht wollte, daß der König zuerst
mit der Königin spräche. Ich weiß nicht, ob da nicht etwas Eifersucht im Spiel
ist …" An Gerüchten herrschte kein Mangel und täglich entstanden neue,
wurden gierig aufgenommen, ausgeschmückt und weitergetragen, die absurde-
sten waren wohl die, die wissen wollten, König Philipp trachte seinem Vater
nach dem Leben.

Als feststand, daß der Kaiser der aktiven Politik entsagen und sich von den
Staatsgeschäften zurückziehen würde, ließ auch Maria keinen Zweifel mehr an

ihrem Entschluß, ihre Funktionen niederzulegen, und zwar unwiderruflich. Bruder und Neffe versuchten sie zu überzeugen, daß nur ihr Verbleiben im Amt die Niederlande dem Haus Habsburg erhalten könne, und wiesen darauf hin, sie würde eine große Verantwortung auf sich laden, wenn die Länder durch ihren Abgang ihrem Neffen verlorengingen. Aber dieses Mal blieb Maria fest. Zu oft hatte sie nachgegeben und auf ihrem Posten ausgeharrt, um ihres Bruders willen. Nun, da er ging, wollte sie auch gehen, und sie nahm es auf sich, ihn zu enttäuschen, das erste und einzige Mal. Ihre Beweggründe faßte sie in einem Memorandum zusammen. Sie bat ihn, es mit dem gleichen Vertrauen zur Kenntnis zu nehmen, das sie stets in ihn gesetzt hatte, der für sie – nach Gott selbst – in dieser Welt alles bedeute – *mon tout en ce monde:*

„Da der König, Euer Sohn, Gott sei Dank, in den Niederlanden eingetroffen ist, so betrachte ich meine Entlassung, mit Eurer gnädigen Erlaubnis, als eine unabänderliche Tatsache, und ich bitte Eure Majestät mit der größten Ergebenheit, die mir zur Verfügung steht, mir dies nicht übel zu nehmen und mir trotzdem Eure Zuneigung zu bewahren. Eure Majestät mögen die Liebe und den Gehorsam, die ich Euch gezeigt, als ausreichend betrachten und nicht vergessen, daß ich bis zum heutigen Tag diese Liebe und diesen Gehorsam über mein Gelöbnis gegenüber Gott gestellt habe, daß ich mein Amt nur für eine kurze Zeit ausüben würde. Selbst wenn ich dieses Gelöbnis nicht abgelegt hätte, so könnte ich mich vor Gott nicht rechtfertigen, wenn ich noch länger in meinen Funktionen verbliebe. Sie weiterhin zu bekleiden, ohne allen ihren Anforderungen zu genügen, beunruhigt mein Gewissen. Je mehr Erfahrung ich gewonnen habe, desto mehr mußte ich erkennen, daß ich nicht imstande bin, meine Aufgabe angemessen zu erfüllen. Wer immer für einen Herrscher als Regent tätig ist, muß, so meine ich, mehr von den Geschäften verstehen als die Person, die im eigenen Namen regiert und deshalb nur Gott verantwortlich ist. Tut sie, was in ihrer Macht steht, hat sie ihre Pflicht getan. Aber ein Regent muß nicht nur vor Gott, sondern auch vor seinem Souverän Rechenschaft ablegen und vor dessen Untertanen. Selbst wenn ich alle nötigen Fähigkeiten besäße, um gut zu regieren, und davon bin ich weit entfernt, so hat mich die Erfahrung gelehrt, daß eine Frau für diesen Zweck nicht geeignet ist, weder in Kriegs- noch in Friedenszeiten. Eure Majestät sind selbst in der Lage zu beurteilen, daß ich oft mehr getan habe als für meine Position und meine Stellung als Frau schicklich war, im Eifer Euch zu dienen und meine Aufgabe so gut wie möglich zu erfüllen. Eure Majestät wissen ebenso, welch unbezwingbaren Schwierigkeiten wir gegenübergestanden wären, hätten sich Eure Majestät während des letzten Krieges nicht persönlich im Lande aufgehalten. Schwierigkeiten, die ich nicht hätte beseitigen können, denn als Frau war ich gezwungen, die Führung des Krieges anderen zu überlassen.

Für *Monseigneur,* Euren Sohn, empfinde ich soviel Liebe und Zuneigung, daß ich ihm in jeder Hinsicht, soweit es in meiner Macht steht, nicht weniger freudig dienen würde, wie Eurer Majestät. Doch Eure Majestät werden verstehen, daß es für jemanden wie mich, die ich Euch bis zum Ende gedient habe, schwierig ist, daran zu denken, im Alter das ABC neu zu lernen. Es ist angemessen für eine Frau von fünfzig Jahren, die fünfundzwanzig Jahre mindestens gedient hat, sich für den Rest ihres Lebens mit einem Gott und mit einem Herrn zu begnügen. Darüber hinaus sehe ich in den Niederlanden eine junge Generation, an deren Art und Weise ich mich weder anpassen kann noch will. Loyalität und Respekt gegenüber Gott und dem Souverän haben so sehr abgenommen, und die Zahl ergebener Diener ist so klein (ein Phänomen, das sich nicht nur in diesem Land, sondern fast überall beobachten läßt), daß ich über solche Leute nicht herrschen möchte, selbst wenn ich ein Mann und genügend fähig wäre. Ich nehme so sehr Anstoß an ihnen, daß ich auch als Privatperson nicht von Leuten umgeben sein will, unter denen ich weder meine Pflicht Gott gegenüber noch gegenüber meinem Souverän erfüllen kann. Ich versichere Eure Majestät, und Gott ist mein Zeuge, daß ich das Regieren so sehr verabscheue, daß ich für meinen Lebensunterhalt lieber arbeiten als weiterhin regieren würde. Selbst wenn ich über das schönste und mächtigste Land der Welt herrschte, ich würde wünschen, meine Krone niederzulegen, um den Rest meines Lebens als privates Individuum zu verbringen und Gott so gut wie möglich zu dienen, ohne mich in irgendeiner Weise mit dem öffentlichen Leben zu befassen. So hoffe ich zu leben, wenn Eure Majestät mir die Gunst gewähren, als Lohn für die geleisteten Dienste, obwohl diese nicht so groß waren, wie ich gewünscht hätte. Aber ich habe meine Aufgabe mit einer so völligen Hingabe und Loyalität ausgeführt und mit so grenzenloser Liebe, daß, wären meine Kenntnisse, Kräfte und Fähigkeiten ihr ebenbürtig, keinem Souverän je so hervorragend gedient worden wäre wie Eurer Majestät durch mich.

Ich flehe Eure Majestät an, mir für die Art, in der ich mein Leben als Privatperson einrichten möchte, die Gnade Eurer Zustimmung zu gewähren. Ich könnte in dieser Welt keinen Frieden finden, wenn ich nicht wüßte, ich lebte gemäß dem Wunsch Eurer Majestät. Ihr werdet Euch erinnern, daß ich Euch vor einigen Jahren mitteilte, daß es seit dem Beginn meiner Witwenschaft mein Wunsch gewesen war, nach Spanien zu gehen, um mich der verstorbenen Königin zu widmen, unserer Mutter.

Es war Gottes Wille, diese Aufgabe von mir zu nehmen, doch es bleibt eine zweite. Da die Königin von Frankreich ebenfalls Witwe geblieben ist und wir einander kennengelernt haben, so hat sie mir zu verschiedenen Zeiten versichert, sie würde eher die Möglichkeit aufgeben, in Spanien, in der Nähe ihrer Tochter zu leben (wo sie sich glücklicher fühlen würde als hier), als mich zu verlassen. Wenn ich weder den Wunsch noch die Möglichkeit hätte, nach Spanien zu gehen, so wäre sie entschlossen, dort zu leben, wo ich lebte, und würde ihre eigenen Wünsche hinter meine zurückstellen. Im Hinblick darauf und auf die schwesterliche Liebe, die ich für sie empfinde, würde ich mich selbst für undankbar ansehen, wenn ich ihre bevorzugte Wahl nicht zu der meinen machte. Gehe ich mit ihr nach Spanien, so kommt noch hinzu, daß ich ein dreifach erstrebenswertes Ziel erreiche, abgesehen von der Zufriedenheit, in so angenehmer Gesellschaft zu leben. Vor allem würde ich näher bei Eurer Majestät sein, was die größte Freude ist, die ich mir vorstellen kann. Zum zweiten würde ich mich an einen Ort zurückziehen, der mehr Sicherheit bietet als dieses Land, das sich nahezu ständig im Kriegszustand befindet, und ich würde mehr Frieden haben, da ich imstande wäre, mich von allen Regierungsgeschäften fernzuhalten. Um Eurer Majestät die Wahrheit zu sagen: Ich fürchte, ich würde mehr in sie hineingezogen als ich wünschte, wenn ich in diesem Lande bliebe. Und wenn ich mich weigerte (was ich tun sollte, denn ich bin absolut entschlossen ohne diese Sorgen zu leben), so würde ich nur in Schwierigkeiten geraten, was ich vermeiden könnte, würde ich außer Landes gehen. Andererseits gibt es noch folgenden Punkt. Sollte die Königin, deren Gesundheit nicht gut ist, sterben, so wäre ich allein in einem Land, wo ich niemanden kenne, wo die Lebensweise anders ist als die, an die ich gewöhnt bin, und wo ich mich fremd fühlen würde. Aber die Vorteile sind größer als die Nachteile, besonders deshalb, weil ich nicht so sehr an meinen Gewohnheiten hänge, daß ich mich nicht jedem Land anpassen könnte, so lange es zum Reich Eurer Majestät gehört. Selbst wenn Gott die Königin zuerst zu sich nimmt, so wird dies möglicherweise nicht so bald geschehen, daß ich mich nicht bereits mit dem Land und seiner Art bekanntgemacht habe. Und wenn es zum Schlimmsten kommt, was ich nicht hoffe, wenn es mir nicht möglich wäre, mich an das Leben in Spanien zu gewöhnen, so hätte ich immer noch Zeit, die Entwicklung der Dinge zu beobachten, und könnte in die Niederlande zurückkehren.

Ich habe die Königin von Eurer Absicht informiert, das Land bald zu verlassen, empfahl ihr aber, ihre eigenen Pläne in Absprache mit Eurer Majestät zu machen, um nicht den Vorteil zu versäumen, mit Eurer Majestät nach Spanien zu reisen. Dies würde sie sehr bedauern, denn die Reise wäre dann sehr lang, schwierig, unsicher und viel zu teuer für sie. Um mir zu ermöglichen, meine Pflicht gegenüber Eurer Majestät zu tun und Euch in dem, was Ihr von mir erwartet, nicht zu enttäuschen, vor allem, nichts außer acht zu lassen, so bitte ich Eure Majestät, mich wissen zu lassen, wie ich in dieser Angelegenheit vorgehen soll. Und ich ersuche Eure Majestät, diesen Brief günstig aufzunehmen, denn er ist aus dem Bedürfnis derer diktiert, die zu leben und zu sterben wünscht als Eure ergebenste und gehorsamste Schwester und Dienerin Maria."[142]

Diesen Argumenten konnte sich der Kaiser nicht verschließen. Ende September machte die sensationelle Nachricht die Runde, daß die Regentin ihr Amt niederlegen und das Land verlassen würde. „Wir sind hier ganz und gar sprachlos", schrieb der Staatsrat Filips Nigri an seinen Freund Jean Carette, Präsident der Rechenkammer in Rijsel, „vor allem wegen des Abschieds der Königin von Ungarn, einer Frau von unvergleichlicher Geisteskraft, die beste, die es je gab. Sie hat die meiste Erfahrung und kennt die Geschäfte in den Niederlanden wie kein(e) andere(r). Im Unglück unseres Krieges hatten wir all unsere Hoffnungen nur in sie gesetzt." Auch in der Bevölkerung, wo man immer wieder über die schweren finanziellen Belastungen geklagt hatte, wo man die Regentin als Personifikation der habsburgischen Herrschaft gefürchtet und als gnadenloses Instrument kaiserlichen Willens sogar gehaßt hatte, herrschte Bestürzung über ihren Weggang. Es kam den Bürgern zu Bewußtsein, welch „Fels der Ordnung" sie gewesen war, welch integre Persönlichkeit, welch unangreifbare Autorität und unermüdliche Kämpferin gegen die Feinde des Landes. Der venezianische Botschafter Badoero berichtete über die allgemeine Stimmung an die Signoria und fügte hinzu, „in der gegenwärtigen Situation [eines erneut drohenden Krieges] wären ihre praktische Weisheit und ihre Kenntnisse ganz besonders vonnöten, um das Land zu regieren und zu verteidigen".[143] Jetzt, da sie ging, streute man ihr Rosen.

Am 24. September 1555 informierten die beiden Königinnen, Maria und Eleonore, ihre Damen und Kavaliere, daß sie sich auf eine baldige Abreise vorbereiten sollten, am 1. Oktober entließen sie ihren jeweiligen Hofstaat. Nur wenige Mitglieder sollten sie nach Spanien begleiten. Es wurde also ernst.

Maria erfüllte zum letzten Mal ihre Pflichten als Regentin der Niederlande und traf die nötigen Vorbereitungen für die Abdankungszeremonie im Großen Saal des Herzogspalastes. Am Nachmittag des 25. Oktober füllte eine erlauchte und ernst gestimmte Versammlung den mit kostbaren Tapisserien geschmückten Raum, die Königinnen Eleonore und Maria, Christine von Lothringen, Emanuel Philibert von Savoyen und Erzherzog Ferdinand von Österreich, die Ritter des Vliesordens, die hohe Geistlichkeit, die Generäle, Räte und Provinzstatthalter und jene glücklichen Bürger, denen es gelungen war, einen Platz in den für das Publikum reservierten Reihen zu erlangen. Nicht ein einziger der nahezu tausend Sitze war unbesetzt. Als die Türen aufschwangen, erschien als erster König Philipp und nahm seinen Platz neben der Regentin ein. Dann kam der Kaiser selbst, in schlichtem Schwarz, das seine Blässe noch mehr hervorhob, den einen Arm auf seinen Stock gestützt, den anderen auf die Schulter des jungen Prinzen Wilhelm von Oranien-Nassau. Langsam und mit Mühe bewegte er sich auf die Plattform an der Stirnseite des Saales zu, gefolgt von seinem Sohn, seiner Schwester Maria, den Räten und Vliesrittern.

Der Staatsakt wurde mit einer förmlichen Verkündigung des kaiserlichen Willens eingeleitet, vorgetragen durch den Rat Philibert von Brüssel. Dann erhob sich der Kaiser. Mit einem Stichwortzettel in der Hand gab er einen Rückblick auf sein Leben. Vor vierzig Jahren wäre er in diesem Saal für großjährig erklärt und bald darauf zur Nachfolge seines Großvaters Ferdinand in Spanien und seines Großvaters Maximilian im Reich berufen worden. Er habe die Christenheit zerrissen und seine Reiche umgeben von Feinden gefunden, deren er sich zeitlebens habe erwehren müssen. Neunmal sei er nach Deutschland gezogen, sechsmal nach Spanien, viermal nach Frankreich, zweimal nach Afrika und zweimal nach England. Jetzt rüste er zur letzten Fahrt nach Spanien. Es schmerze ihn tief, daß er den Seinen nicht den Frieden hinterlasse, der stets sein letztes Ziel gewesen sei. Er habe alles eingesetzt, Ruhe, Leben und die Mittel seiner Staaten. Jetzt versagten seine Kräfte, seine Gesundheit sei ruiniert; schon vor der letzten Fahrt ins Reich habe er sich am Ende gefühlt. Aber die unendlichen Sorgen und Unruhen in der Christenheit hätten ihn immer wieder angetrieben, alles aufs Spiel zu setzen, was er habe. Nachdem es dem König von Frankreich und einigen Fürsten mißlungen sei, ihn gefangen zu nehmen, habe er versucht, Metz zurückzugewinnen, mitten im Winter, aber Kälte, Nässe und Schnee hätten das Unternehmen zum Stehen gebracht. Es liege in Gottes Hand, zu nehmen und zu geben. Er danke Gott, daß er ihm so oft geholfen habe. Mit Bewunderung und Respekt gedenke er seiner Schwester, der Regentin Maria, die ihm mit so viel Weisheit und Aufopferung beigestanden sei. Nicht aus selbstsüchtigen Gründen danke er ab, sondern deshalb, weil er sich nicht mehr imstande fühle, die schwere Bürde der Regierung zu tragen. Deshalb wolle er seine Länder an seinen Sohn Philipp geben und das Reich an seinen Bruder Ferdinand. Seinen Sohn ermahne er zum Festhalten am Glauben der Väter und zur Pflege von Frieden und Recht. „Ich weiß, meine Herren", schloß der Kaiser, „daß ich in meinem langen Leben schwerwiegende Fehler gemacht habe, aus Jugend, aus Unwissen, aus Nachlässigkeit, oder wegen anderer Unzulänglichkeiten. Aber ich kann Euch versichern, daß ich niemals bewußt einem meiner Untertanen Unrecht tun wollte. Wenn dies trotzdem geschehen ist, dann nicht mit Absicht, sondern aus Unwissenheit, und ich bitte deshalb um Vergebung." Nach diesen Worten sank er erschöpft in seinen Sessel.

Viele im Saal konnten die Tränen nicht zurückhalten, auch die Königinnen nicht und der Kaiser selbst, der sich dafür entschuldigte. Man war dankbar, daß man sich während der langatmigen und bombastischen Rede des Ständevertreters von Brabant etwas erholen konnte.

Nun beugte Philipp vor seinem Vater das Knie und versuchte, seine Hand zu küssen, doch der Kaiser zog ihn zu sich empor und umarmte ihn. „Mein lieber und eigener Sohn", sagte er leise auf Spanisch, „ich gebe und übertrage Euch alle meine Länder hier, so wie ich sie besitze, mit all ihrem Nutzen und Gewinn und all ihren Einkünften, und empfehle Euch die Religion der heiligen Kirche, eine gute Staatsführung, die Pflege der Gerechtigkeit und die Einheit all dieser Staaten, wie sie bisher bestanden hat." Philipp erwiderte, er habe ihm eine große Bürde auferlegt, „doch habe ich mich Eurer Majestät stets unterworfen und werde durch die Annahme dieser Länder wieder Euren Wunsch erfüllen, mit der Bitte an Eure Majestät, diesen Ländern beizustehen und ihnen Eure Gnade zu schenken."

Der feierliche Moment bewegte den Kaiser zutiefst. „Seid nicht erstaunt", wandte er sich mit belegter Stimme an die Anwesenden, „wenn ich einige Tränen vergieße, nicht nur wegen der Schwäche meines Alters, sondern auch aus Liebe zu Euch." Nun sprach auch König Philipp, bedauerte, daß er sich auf Französisch nicht hinreichend verständlich machen könne, und gab das Wort an den Bischof von Arras weiter. Nach Antoine de Granvelle richtete auch Maria einige Worte an die Versammlung. Sie bedauerte ihre Unzulänglichkeiten, betonte ihren guten Willen und die Hingabe an ihr Amt, das schon seit langem schwer auf ihren Schultern laste. „Wenn ich versagt habe, dann bitte ich Euch flehentlich, mir zu vergeben und meine Fehler meinen geringen Fähigkeiten zuzuschreiben, die ohne Zweifel die Ursache vieler Irrtümer gewesen wären, hätten mich Eure Vorgänger und Ihr selbst nicht mit Rat und Tat unterstützt. Ich werde nicht aufhören, mich in dieser Hinsicht glücklich zu schätzen und danke Euch aus der Tiefe meines Herzens. Ich versichere Euch, daß Ihr auf diese Weise nicht nur Eure Pflicht gegenüber Eurem Souverän und Eurem eigenen Wohlergehen erfüllt, sondern daß Ihr Eure Hilfe jemandem gewährt habt, den die größtmögliche Hingabe an Euch und Euer Wohl erfüllt hat und nach wie vor erfüllt. Meiner Pflicht gemäß war es immer mein Wunsch, jedermann entgegenzukommen und in Frieden und Freundschaft von Euch zu gehen. Ich versichere Euch, daß Ihr mich auch in Zukunft bereit sehen werdet, zu tun, was immer in meiner Macht steht, um Euer Wohlergehen zu fördern."

Als Maria geendet hatte, wandte sich der Kaiser ihr zu und dankte ihr in warmen Worten für die hervorragenden Dienste, die sie ihm in so vielen Jahren erwiesen hatte. „Wo erlebt es die Weltgeschichte sonst, daß eine ganze Generation freiwillig vom Schauplatz abtritt? Und in solcher Form."

Man hat Karl V. mit Columbus verglichen, der einen kürzeren Weg nach Indien suchte und eine neue Welt entdeckte; mit Luther, der die Reinheit des katholischen Glaubens wiederherstellen wollte und eine neue Religion begründete. Ähnlich habe Karl die hochmittelalterliche Idee der Weltmonarchie erneuern wollen und sei in Wirklichkeit der Begründer des spanischen Imperiums und der spanischen Hegemonie in Europa geworden. Was immer er erstrebte, war jedenfalls nicht Welteroberung, sondern höchste Autorität, die Befolgung des Gesetzes seiner „überindividuellen Ehre". In seinem politischen Programm hatte er sich zum Ziel gesetzt, Frieden unter den christlichen Fürsten Europas zu stiften, die Einheit der Kirche wieder herzustellen, gegen die Mißbräuche vorzugehen und schließlich in einem gemeinsamen Kreuzzug christlicher Fürsten die Türken aus Europa zu vertreiben. Daß dieser bedeutendste Habsburger, der letzte Repräsentant eines abendländisch-christlichen Kaisertums, dessen Legitimität auf metaphysischer Grundlage beruhte, trotz glänzender Einzelerfolge in den Hauptanliegen seines Programms scheiterte, macht ihn zur tragischen Figur, nimmt ihm aber nichts von seiner Größe. [144]

Während in den Häfen von Seeland die spanischen und niederländischen Schiffe auf Hochglanz gebracht wurden, die den Kaiser und seine Schwestern nach Spanien bringen sollten, fand Maria Zeit, ihre persönlichen Angelegenheiten zu ordnen. Am 3. Dezember unterzeichnete sie ihr Testament, in dem sie ihren Bruder und ihren Neffen als Alleinerben einsetzte. Ihrer Schwester hinterließ sie ihre Möbel, ihre Teppiche und Tapisserien, ihrer Dienerschaft Kleidung und Gegenstände des täglichen Gebrauches, Gold- und Silbergeschirr ausgenommen. „Seit dem Tod des verewigten Königs, meines Gemahls", schloß Maria das schlichte Dokument, „habe ich ein goldenes Herz nicht mehr abgelegt, das auch er bis zu seinem Tod getragen hat. Ich wünsche, daß dieses Herz, zusammen mit der kleinen Kette, an der es hängt, eingeschmolzen und der Erlös den Armen gegeben wird. Denn im Hinblick auf die Tatsache, daß es zwei Menschen bis zu ihrem letzten Atemzug begleitet hat, die zwar lange Zeit körperlich, niemals aber in Liebe und Zuneigung getrennt waren, so ist es angemessen, daß es vergeht und seine Natur sich wandelt, wie es auch mit den Körpern dieser Liebenden geschehen ist ..." Maria war ihrem Gemahl ein Leben lang treu geblieben, wie sie es sich vorgenommen hatte.

Während die Dienerschaft mit dem Verpacken der Gemälde und Tapisserien, der Möbel und Kunstschätze beschäftigt war, stellten die Schatzmeister fest, daß es an Geld fehlte, um die überfälligen Gehälter der entlassenen Mitglieder des Hofstaates zu bezahlen. Die Abreise mußte verschoben werden, da der Kaiser das Land nicht verlassen wollte, ehe diese persönlichen Schulden getilgt waren. Obwohl er ursprünglich beabsichtigt hatte, die Übergabe seiner iberischen Reiche und der Neuen Indien nach seiner Ankunft in Spanien vorzunehmen, beschloß der Kaiser, dies noch in den Niederlanden zu tun. Am 16. Januar 1556 beschied er seinen Sohn, seine Schwestern und einige Würdenträger und Vliesritter in sein Haus im Park und nahm in ihrer Gegenwart die Übergabe vor. Er knüpfte an den Staatsakt vom 25. Oktober an und betonte jetzt noch mehr seinen Wunsch, ganz dem Dienste Gottes zu leben. Er bekannte sich damit noch einmal deutlich zu der alten Zeit, die Gott besser zu dienen glaubte in der Einsamkeit, als durch den Einsatz im Leben. Er habe nur noch einen Rest des Lebens und diesen lediglich zur Sühne seiner Sünden, zur Entlastung seines Gewissens.

Mit Frankreich wurde am 5. Februar in Vaucelles ein Waffenstillstand auf Grund des *status quo* unterzeichnet, dessen Dauer auf fünf Jahre vorgesehen war. In seinem Haus im Park empfing der Kaiser den Admiral von Frankreich, Gaspard de Coligny, Führer der französischen Delegation, der ihm sein Beglaubigungsschreiben überreichte. Kaum noch imstande, den Faden des Briefes mit seinen kranken Fingern aufzureißen, fand er doch Scherzworte über seine geschwundene Kraft, rühmte sich seiner Abstammung aus dem Haus Valois und gedachte glücklicher Zeiten, vor allem seines triumphalen Einzugs in Neapel nach der Rückkehr von Tunis. „Eigentümlichste Berührung der Zeiten, daß gerade die späteren Führer der Hugenotten und des Freiheitskampfes der Niederlande, Coligny und Oranien, Helden und Opfer zugleich, das Zusammenbrechen der letzten großen Persönlichkeit der alten Generation so unmittelbar erlebten."

Die Übertragung der Souveränität schien in Philipp den Wunsch genährt zu haben, den Reichen, die nun tatsächlich die seinen waren, einen Besuch abzustatten. Seinen Vater bat er, so lange in den Niederlanden zu bleiben und den Gang der Geschäfte zu beobachten. „Ich glaube, daß Seine Majestät die Reise nicht so lange aufschieben kann und mit gutem Grund", schrieb Maria empört über dieses Ansinnen an Granvelle, der sie davon in Kenntnis gesetzt hatte. „Ich weiß nicht, ob es der Ehre und Reputation des Königs dienlich sein wird, wenn er seinen Vater im gegenwärtigen Zustand seiner Gesundheit mit all den Schwierigkeiten ringen läßt, damit er selbst nach Spanien zurückkehren kann. Sollte es möglich sein, Seine Majestät zu überreden, sich weiterhin um seines Sohnes willen mit Staatsgeschäften zu befassen, bevor er sich endgültig zurückzieht, so würde ich es passender finden, wenn dies spanische Geschäfte wären statt niederländische und italienische, die eher den Nachfolgern zukommen als denen, die abgedankt haben. Ich fürchte, daß die Leute, die diesen Rat gaben, eher an ihre eigenen Interessen dachten als an die Ehre, den guten Namen und die Pflichten ihres Herrschers." Die „große Liebe und Zuneigung" Marias für ihren Neffen, von der sie in ihrem Memorandum gesprochen hatte, hielt sich zweifellos in Grenzen.

Der Kaiser blieb noch den ganzen Sommer über in Brüssel, ausgenommen zwei Wochen im Juli, die er auf Schloß Sterrebeek verbrachte, da die Pest die Stadt bedrohte. Er empfing den Besuch seiner Tochter Maria, die auf seinen Wunsch mit ihrem Gemahl Erzherzog Maximilian in die Niederlande gekommen war, um vom Vater Abschied zu nehmen. Karls niederländische Tochter Margarete, seit 1550 Herzogin von Parma, befand sich mit ihrem elfjährigen Sohn Alessandro ebenfalls auf dem Weg in die Niederlande, doch zu ihrem Kummer mußte sie schon unterwegs erfahren, daß der Kaiser bereits abgereist war. „Nichts in der Welt wünschte ich mehr", schrieb sie aus Mailand, „als Euch zu sehen und noch einmal Hände und Füße zu küssen, bevor ich sterbe, da ich sonst nicht zufrieden leben kann. Gott möge mir die Gnade erweisen, Euch noch lange gesund und glücklich zu erhalten." Auch seinen Bruder Ferdinand hätte der Kaiser gern noch einmal gesehen, doch der war wegen eines neuerlichen Vordringens der Türken in seinen Ländern unabkömmlich. So stellte er ihm mit Schreiben vom 12. September 1556, unter Versicherung seiner unveränderlichen brüderlichen Zuneigung, die Kaiserwürde zur Verfügung und riet ihm, sich mit den Kurfürsten über Ort und Zeit der Erhebung zu einigen (es dauerte dann noch mehr als ein Jahr, bis diese die Abdankung annahmen und sich für Ferdinand als Kaiser erklärten).

Am 8. August verließ Karl mit seinen Schwestern Eleonore und Maria und einem stattlichen Gefolge die Hauptstadt, Philipp begleitete ihn bis Gent. Am 15. September ging der Kaiser an Bord der spanischen Galeone *El Espíritu Santo,* während die beiden Königinnen *Le Faucon* bestiegen, das Flaggschiff der niederländischen Flotte. Zwei Tage lang zwang ein steifer Südwest die Schiffe, in der Nähe von Fort Rammekens vor Anker zu bleiben, doch am Nachmittag des 17. September drehte der Wind und die beiden Flotten konnten auslaufen. Als sie den Kanal passierten, erwiesen ihnen einige von Mary Tudor entsandte Schiffe die Reverenz. In Kirchen und Klöstern wurden Messen gelesen, in Städten und Dörfern Prozessionen abgehalten, um für die glückliche Reise des Souveräns zu beten, der seiner Macht freiwillig entsagt hatte, um sich in klösterliche Abgeschiedenheit zurückzuziehen.

Die Gebete wurden erhört. Ganz anders als die ihrer Tante Margarete, deren Schiff auf der Reise nach Spanien in den Stürmen der Biskaya fast untergegangen war, gestaltete sich Marias erste und einzige Seefahrt kurzweilig und friedlich, nur gegen Ende ein wenig durch schlechtes Wetter gestört. Nach elf Tagen konnte der Kapitän des *Faucon* den beiden Königinnen mitteilen, daß die spanische Küste in Sicht war, und Maria erblickte zum ersten Mal das Land ihrer mütterlichen Ahnen, in dem sie hoffte, ein neues Leben zu beginnen.[145]

Als der Kaiser und seine Schwestern in Laredo, östlich von Santander, an Land gingen, mußten sie feststellen, daß man die Anordnungen, die von der Regentin Juana zu ihrem Empfang und zur Weiterrreise getroffen worden waren, noch nicht ausgeführt hatte. Keine Deputation stand bereit, auch keine Wagen und Pferde für das Gepäck. Zum Glück fand sich ein tüchtiger *alcalde de casa y corte* (einer der zwölf Magistrate der Stadt), der in Eile die Weiterbeförderung organisierte. Auch das nötige Geld war noch nicht eingetroffen und Karl fühlte sich enttäuscht. „Seine Majestät ist verdrießlich", notierte sein Sekretär, „wegen des Mangels an ihm erwiesener Sorgfalt dadurch, daß ihm nicht die erwarteten Höflichkeiten und Bequemlichkeiten zuteil werden, und macht scharfe Bemerkungen …"

Am 10. Oktober konnte der Kaiser endlich aufbrechen, seine Schwestern folgten zwei Tage später. Bei Regen und Wind, auf schlechten Wegen und schlecht untergebracht, bewegten sich die Reisezüge über die kantabrischen Kordilleren nach Süden, auf die kastilische Hochebene zu. Das Gefolge des Kaisers war viel kleiner, als die Spanier erwartet hatten, und Don Luis Méndez de Quijada, dem die Leitung der Reise anvertraut war, wunderte sich nicht wenig darüber: „Er kommt ganz allein, ich bin erstaunt zu sehen, wie wenig Menschen er mitbringt. Sie [die Hofleute] sind alle unzufrieden und unwillig und wissen nicht, was aus den wenigen werden soll, die in seiner Umgebung bleiben." Sie wären lieber bei dem Herrscher gewesen, der an der Macht war, als bei dem, der auf den Thron verzichtet hatte. Außer Quijada hatte es kein einziger spanischer Adeliger der Mühe wert gefunden, dem ehemaligen Kaiser und König auf der mühsamen und unbequemen Reise durch Kastilien das Geleit zu geben. Je weiter er jedoch kam, desto zahlreicher wurden die Gaben und Geschenke. In Medina de Pomar, östlich von Vitoria, erwarteten ihn zwei mit Delikatessen beladene Wagen, die seine Tochter Juana geschickt hatte. Sofort ordnete er an, die Behältnisse zu öffnen und stürzte sich auf den Inhalt. Auf seine spanischen Lieblingsgerichte hatte er sich lange gefreut, die Ärzte mochten die Hände ringen, so viel sie wollten.

Feierliche Empfänge verbat sich der Kaiser, konnte aber nicht verhindern, daß auf Anordnung des *Condestable* von Kastilien in Burgos alle Glocken läuteten und alle Fenster illuminiert waren. In der Stadt des legendären Nationalhelden *El Cid* war vor nunmehr fünfzig Jahren Philipp der Schöne gestorben, in der *Casa del Cordón*, wo auch seine Kinder jetzt Quartier nahmen. *Uti flos vernus evanuit*, hatte der Chronist Pedro Mártir damals poetisch geschrieben – einer Frühlingsblume gleich ist er entschwunden.

Auch in Valladolid wollte Karl nicht offiziell empfangen werden, gab schließlich jedoch nach, einerseits, um seinen Schwestern eine Freude zu bereiten, andererseits auf das Argument Quijadas hin, der meinte, das Volk habe ein Recht, seinen alten Herrn zu begrüßen. Schon auf dem Weg von Burgos nach der Hauptstadt waren viele Schaulustige zusammengeströmt, um Karl vorbeiziehen zu sehen, den sie trotz all seiner Siege deshalb für größer hielten, weil er seiner Macht entsagt hatte. In Cabezon, kurz vor Valladolid, erwartete ihn sein elfjähriger Enkel Carlos, der Sohn Philipps aus seiner kurzen Ehe mit der Infantin Maria von Portugal, ein körperlich unansehnlicher und geistig wenig versprechender Knabe. Der venezianische Gesandte Badoero berichtete, der Kaiser habe Don Carlos „prahlerisch" gefunden und zu seiner Schwester Eleonore bemerkt, daß ihm des Prinzen „Benehmen und Temperament" sehr wenig gefielen. „Ich weiß nicht, wozu er in Zukunft fähig sein wird", meinte er.

In Valladolid hatte 1469 die Hochzeit von Fernando de Aragón und Isabella von Kastilien stattgefunden, den späteren *Reyes católicos*. 1506 war hier, arm und vergessen, der Entdecker der „Neuen Indien", Christoph Columbus, gestorben, 1527 in einem Eckzimmer des königlichen Schlosses Philipp II. zur Welt gekommen. Die angenehme Lage an den Flüssen Pisuerga und Esgueva machte die Stadt zu einer bevorzugten Residenz der kastilischen und später der spanischen Könige, bis Philipp II. 1560 Madrid zur Hauptstadt des Reiches erhob. Das alte Valladolid wurde 1561 durch einen Brand zum großen Teil vernichtet, auf Befehl Philipps jedoch wieder aufgebaut und regelmäßig angelegt. Eines der wenigen Gebäude aus alter Zeit ist das 1497 vollendete *Colegio San Gregorio* mit seiner spätgotischen, plateresken Fassade, einer mit Figuren und Ornamenten geschmückten Schauwand von unvergleichlichem Zauber.

Karl und seine Schwestern wurden von Doña Juana und ihrem Hofstaat im königlichen Schloß empfangen, auch die Vertreter des Adels, der hohen Geistlichkeit und die Mitglieder des Rates waren nun zur Stelle und huldigten ihm. Von Staatsangelegenheiten wollte er nichts mehr wissen, sein Hauptinteresse galt den Vorbereitungen für seine Übersiedlung nach Yuste in Estremadura, wo neben dem Hieronymitenkloster San Jerónimo eine Villa für ihn erbaut wurde. Trotz des schlechten Wetters ließ er sich nicht abhalten, die Reise anzutreten, nur die pelzgefütterten Gewänder, die Juana für ihn hatte anfertigen lassen, nahm er dankbar an. In strömendem Regen ging es über Valdestillas und Medina del Campo nach Barco de Ávila. Auf dem Tornavacas-Paß, einer engen Schlucht, die zwischen Berggipfeln fast 1400 m bis zum Almanzor (2500 m) ansteigt, überschritt er die Sierra de Gredos und benützte zwischen Tornavacas und Jarandilla einen noch unwegsameren Übergang, um sich einen Umweg von vier Tagen zu ersparen. Die Bewohner der Bergdörfer mußten ihn meilenweit tragen, weil die Bergpfade für seine Sänfte unpassierbar waren. Trotz all dieser Strapazen konnte Don Luis de Quijada an Karls Sekretär Juan Vásquez schreiben, daß der körperliche Zustand Karls zu keinerlei Besorgnis Anlaß gebe. In Jarandilla nahm er in dem am Abhang der Sierra gelegenen Schloß des Grafen von Oropesa Quartier, von dessen Fenstern und Gärten er bis zum Kloster San Jerónimo de Yuste sehen konnte. Die meisten seiner Bediensteten wurden nun ausbezahlt, und es schmerzte den Kaiser, von ihnen Abschied zu nehmen. Nur zweiundzwanzig Diener blieben zum Dienst als Sekretäre, in der Küche und im Schlafzimmer, unter ihnen viele Niederländer und Burgunder. Auch die kleine Garde von 99 Hellebardieren, die ihn bis nach Jarandilla begleitet hatte, mußte nun entlassen werden. Beim Abschied warfen sie ihre Hellebarden zu Boden, um anzudeuten, nach einem solchen Herrn würden sie keinem andern mehr dienen. Am 3. Februar reiste Karl ab, um fünf Uhr Nachmittag kam er zur Klosterpforte von San Jerónimo, wo ihn die Mönche etwas verlegen mit *Vuestra paternidad* begrüßten, „Eure Väterlichkeit". Nach einem feierlichen Tedeum begab er sich in seinen *palazuelo*.

Wie auch heute noch lag Yuste damals abseits der Hauptverbindungslinien und der großen Städte, aber keineswegs in der „Wildnis", wie es Karls Gefolge erscheinen mochte. Die Zahl der Sonnentage war groß, auch wenn der Winter nicht selten Nebel und Regenstürme brachte. Die bewaldete Landschaft und die kühle Luft aus der Sierra milderten die Sommerhitze. Die im Stil eines italienischen Landsitzes errichtete kaiserliche Villa (der Architekt ist unbekannt) hatte zwei Stockwerke mit je einem Korridor in der Mitte, auf den sich auf jeder Seite zwei Zimmer öffneten. Das Winter-Schlafzimmer im ersten Stock schloß unmittelbar an die Kapelle des Klosters an, so konnte der Kaiser vom Bett aus den Hochaltar sehen und dem Gottesdienst folgen, auch wenn er krank war. Die Zimmer waren keinesfalls mönchisch bescheiden, sondern herrschaftlich eingerichtet, mit kostbaren Möbeln und Teppichen, mit erlesenen Tapisserien und zahlreichen Gemälden, vor allem von Tizian, unter denen das Porträt seiner unvergessenen Gemahlin Isabella einen besonderen Platz einnahm. Auch seine Uhrensammlung, die er besonders liebte, seine Instrumente, Bücher und Karten hatte der Kaiser mitgebracht, seine eigenen Aufzeichnungen und die Bände seiner Itinerare. Die Atmosphäre des Hauses spiegelte die Vielfalt seiner Reiche: die Landschaft spanisch, das Gebäude italienisch, die Einrichtung niederländisch, die wissenschaftlichen Instrumente, vor allem die neuen Nürnberger Taschenuhren deutsch. Nur die „Neuen Indien" hatten keinen Platz in dieser Residenz. Nach Ost und West dehnten sich, morgens und abends der Sonne zugewandt, Terrassen mit Gartenanlagen, auf denen der Kaiser bei gutem Wetter im Freien saß und die Aussicht ins Tal genoß, wo sich üppige Kulturen mit

Mandel-, Orangen- und Zitronenbäumen ausbreiteten. In einem von Feigen-bäumen umstandenen kleinen Teich angelte er Forellen und Schleien.

Außer dem Haushofmeister Don Luis de Quijada dienten dem Kaiser der Baske Martin de Gaztelu und der Niederländer Wilhelm van Male als Sekretäre, Dr. Mathys aus Brügge als Arzt und der Italiener Juanelo als Uhrenbauer. Die Diener eingeschlossen zählte der Hof etwa 50 Personen, die in einem Flügel des Klosters oder in dem nahen Dorf Quacos untergebracht waren. Auch die Ge-mahlin des Don Luis, Doña Magdalena de Ulloa, war nach Quacos gekommen, und mit ihr ein blonder und blauäugiger Knabe, der Jerónimo gerufen wurde und am Hof von Yuste Pagendienste versehen durfte. Es war der zehnjährige Sohn des Kaisers und der Regensburgerin Barbara Blomberg, der künftige Don Juan de Austria.

Wenn der Kaiser allerdings gemeint oder gehofft hatte, seine selbstgewählte Abgeschiedenheit würde ungestört bleiben, so sah er sich bald getäuscht. Zu sehr waren sein Rat und seine Erfahrung noch begehrt, zu sehr beschäftigte ihn selbst noch das Geschehen in der Welt. Nur Besuche verbat er sich und machte lediglich bei seinen Schwestern eine Ausnahme.[146]

Maria und Eleonore, *las reinas,* wie sie überall genannt wurden, verbrachten den Winter in Valladolid, fanden aber bald, daß Landschaft und Klima des kargen kastilischen Hochplateaus nicht ganz ihren Wünschen entsprachen. Be-sonders Marias Liebe zur Jagd ließ sie nach einer grüneren und bewaldeteren Landschaft Ausschau halten. Ihre Wahl fiel auf Guadalajara, nordöstlich von Madrid, doch mit dem Besitzer der in Frage kommenden Residenz mußte erst verhandelt werden. So beschloß Eleonore, sich vorher noch einen langgehegten Herzenswunsch zu erfüllen und ihre einzige Tochter Maria wiederzusehen, die sie in Portugal hatte zurücklassen müssen, als sie nach Frankreich zog, um König Franz zu heiraten. Sie träumte davon, daß Maria nach Spanien kommen und mit ihr zusammenleben würde. Die Infantin, einst für Philipp bestimmt, der sie zugunsten von Mary Tudor aufgeben mußte, eine Schmach, die man in Portugal nicht vergessen hatte, war immer noch unvermählt. König João III., ihr Halbbru-der, wünschte nicht, daß sie Portugal verließ, bevor ein Gemahl für sie gefunden sei. Langwierige Verhandlungen setzten ein, und Karl V. bemühte sich, im Sinne Eleonores zu vermitteln. Der plötzliche Tod König Joãos brachte weitere Verzö-gerungen durch den Streit der Königinwitwe Katharina und ihrer Schwieger-tochter Juana von Spanien, die beide für den dreijährigen Erben Dom Sebastião (Juanas Sohn aus ihrer kurzen Ehe mit dem portugiesischen Thronfolger Dom João Manoel) die Regentschaft führen wollten. Auch hier vermittelte Karl V., in diesem Fall zugunsten seiner Schwester Katharina. Gegen Ende des Sommers machten sich Eleonore und Maria auf die weite und strapaziöse Reise nach

Estremadura, um ihren Bruder zu besuchen und in seiner Nähe den weiteren Verlauf der Verhandlungen abzuwarten.

Sie schlugen ihr Hauptquartier im Schloß des Grafen Oropesa in Jarandilla auf, doch Eleonore nahm den beschwerlichen Weg nach Yuste im Ganzen nur dreimal auf sich. Viel öfter kam Maria, meistens zu Pferd. Was die Zusammenkunft Eleonores mit ihrer Tochter betraf, zeigte man in Lissabon keine besondere Eile. Einmal redete sich die Infantin auf ihre Gesundheit aus, dann wieder auf die schlechte Jahreszeit und ihre Unerfahrenheit im Reisen. Als sich Eleonore schließlich bereit erklärte, die Reisekosten bis in die Grenzstadt Bajadoz zu tragen, und der Infantin freistellte, danach wieder nach Lissabon zurückzukehren, kam endlich eine Zusage. Am 14. Dezember erschienen die Königinnen zur Abschiedsvisite in Yuste, am folgenden Tag brachen sie nach Bajadoz auf.

Des Kaisers Wunsch wäre gewesen, daß ein eindrucksvolles Gefolge sie bis zur Grenze begleitet hätte, doch nur wenige Granden leisteten dem Aufruf Folge, der von der Regentin Juana im Namen König Philipps ergangen war. „Ich hätte meine Gesundheit als Entschuldigung anführen können", schrieb Don Luis de Ávila y Zuñiga, einer der wenigen Getreuen, die erschienen waren. „Ich wäre glücklich gewesen, wenn sie nicht an mich gedacht hätten, aber die Königinnen von Frankreich und Ungarn waren so hartnäckig, daß ich nicht die Kraft hatte zu widerstehen. So habe ich es auf mich genommen, Ihre Majestäten zu begleiten, daß sie wenigstens jemanden bei sich hatten, mit dem sie französisch reden konnten." In Bajadoz mußten die Königinnen dann wochenlang auf die Infantin warten, und als sie endlich erschien, wurde die Wiedersehensfreude durch die Erkenntnis getrübt, daß Doña Maria weder daran dachte, zu ihrer Mutter nach Spanien zu ziehen, noch sie nach Portugal einzuladen. Sie ließ sich zwar von Mutter und Tante reich beschenken, aber nach drei Wochen verabschiedete sie sich und kehrte nach Lissabon zurück.

Nun beschlossen die Königinnen, eine Wallfahrt nach *Nuestra Señora de Guadelupe* zu machen, doch sie kamen nicht weit. Enttäuschung und Abschied hatten Eleonore ihrer letzten Kräfte beraubt. Schon am ersten Reisetag, dem 10. Februar, erlitt sie unterwegs einen Schwächeanfall und wurde fiebernd und nach Atem ringend in ein Bauernhaus gebracht, wo man sie in ihren schweren Reisekleidern in einen Lehnstuhl setzte. Sie war so schwach, daß man nicht wagte, sie zu entkleiden und zu Bett zu bringen. Acht lange Tage starb sie langsam dahin, bei vollem Bewußtsein und trotz ihrer Leiden so ergeben in Gottes Willen, daß ihre bekümmerte Umgebung das Gefühl hatte, dem Hinscheiden einer Heiligen beizuwohnen. „Die Königin von Frankreich hat einen anderen Pfad erwählt", schrieb Don Luis de Ávila nach ihrem Tod, „der Herr möge ihr einen Platz im Himmel geben, denn sie war in der Tat eine Heilige ohne Schuld. Nicht mehr Böses war in ihr als in einer alten Taube …"

Der Tod Eleonores traf Maria tief. Don Luis de Quijada, von Kaiser Karl nach Talaveruela entsandt, wo das traurige Ereignis stattgefunden hatte, fand eine völlig gebrochene Königin, die kaum imstande war, mit ihm zu sprechen. „Die Königin von Ungarn ist so sehr betroffen", schrieb er an Juan Vásquez nach Valladolid, „daß es einem das Herz zerreißt, sie zu sehen." Es hätte jedoch ihrem Charakter und ihrem Pflichtbewußtsein nicht entsprochen, sich allzu lang dem Schmerz und der Trauer hinzugeben. Nachdem sie die vorläufige Beisetzung Eleonores in Mérida veranlaßt hatte, brach sie nach Yuste auf, wo der Kaiser wieder einmal krank darniederlag. Nur von vier Dienern begleitet, traf sie am 3. März 1558 in der kaiserlichen Villa ein und blieb bis zum 16. Gemeinsam beweinten sie den Verlust der Schwester. „Wir waren hinsichtlich unseres Alters nur 15 Monate von einander entfernt", meinte der Kaiser, „und in kürzerer Zeit werde ich wieder mit ihr vereinigt sein." Er hatte Eleonore in seinen Briefen immer mit *ma meilleure soeur* angeredet, Maria war *ma bonne soeur*. Wollte er damit die ältere Schwester ehren oder ausdrücken, daß die Gespielin seiner frühen Kinderjahre seinem Herzen näher stand?

Es wurde aber nicht nur geklagt in diesen Tagen, es wurden auch politische Gespräche geführt. Der Kaiser war durch Berichte seines Sohnes und seiner Tochter stets auf dem laufenden. Die Franzosen hatten die Waffenruhe von Vaucelles gebrochen, waren jedoch am 10. August 1557 bei St. Quentin von Emanuel Philibert von Savoyen und dem Grafen Egmont vernichtend geschlagen worden (Philipp hatte in England ein Hilfskontingent organisiert, an der Schlacht aber nicht persönlich teilgenommen). Daß Philipp diesen Sieg nicht ausnützte und es unterließ, auf Paris zu marschieren, hat ihm heftige Kritik eingetragen, obwohl man zu seiner Verteidigung anführen kann, daß seine Geldmittel knapp bemessen waren, daß der Herbst vor der Tür stand und vor seiner Armee ein Land lag, das mit befestigten Städten gut bestückt war. Mitten im Winter, als Philipp seine Armee zum großen Teil aufgelöst und in die Winterquartiere geschickt hatte, gingen die Franzosen erneut zum Angriff über. Der Herzog von Guise nahm im Handstreich das englische Calais, stieß nach Luxembourg vor und bedrohte die Niederlande von Süden her. Die Lage war mehr als prekär, und Philipp bestürmte seinen Vater, auf seine Schwester Maria einzuwirken und sie zu einer nochmaligen Übernahme der Statthalterschaft in den Niederlanden zu bewegen, damit er selbst nach Spanien reisen könne. Karl setzte Maria auseinander, daß dies für sie und für die Dynastie eine sehr gute Lösung wäre, doch sie wies das Ansinnen weit von sich. Lieber wolle sie nach (West) Indien gehen – *aller aux Indes* – als zurück in die Niederlande. Sie ließ aber durchblicken, daß sie gern ihre Nichte Juana in den Geschäften des Staates beraten würde, und der Kaiser informierte seine Tochter über die Wünsche und Ideen der Tante. Doña Juanas Reaktion war äußerst kühl. Gegenüber Luis de Quijada bekannte sie offen, daß der Charakter der Königin es sicher nicht zulassen würde, sich mit so wenig zu begnügen, und an ihren Vater schrieb sie, es wäre wohl nicht in seinem Sinne, wenn ihre Autorität geschmälert würde. Marias Vorschlag wurde *ad acta* gelegt. Eine ersprießliche Zusammenarbeit zweier so willensstarker Persönlichkeiten wäre auch schwer vorstellbar gewesen.

Eine wichtige Frage war die, wo Maria nun ihren Wohnsitz nehmen würde. Am liebsten hätte sie sich in Guadalajara niedergelassen, wie ursprünglich geplant, als Eleonore noch lebte. Doch da auf Eleonores Einkommen nun nicht mehr zu zählen war, empfahl ihr der Kaiser, einen Ort zu wählen, der ihren bescheideneren Mitteln angepaßt war, und sie entschied sich nach einigem Zögern für Cigalés, nicht weit von Valladolid. Ihren Bruder bat sie, bei seinem Sohn ein gutes Wort einzulegen, damit er ihr zusätzlich zu ihrem Einkommen eine Pension gewähre, die es ihr ermöglichte, in der Nähe von Toledo einige Güter anzukaufen. Von Cigalés aus schrieb sie persönlich an Philipp. Es war nun nicht mehr die Rede davon, die Ländereien zu kaufen, nur von der Nutzung der Einkünfte. Die Gerichtsbarkeit wollte sie allerdings selbst ausüben, um nicht von königlichen Beamten abhängig zu sein. Ihr einziger Wunsch wäre es, bis ans Ende ihrer Tage so zurückgezogen zu leben wie möglich. Um sich zu beschäftigen, habe sie die Absicht, Land zu bewirtschaften und bitte zu diesem Zweck um geeignete Felder. Sie selbst könne dafür nicht bezahlen, denn ihr mageres Einkommen erlaube ihr nicht einmal, ihr Haus zu möblieren. Da sie ihr Leben dem Dienst für ihn und seinen Vater gewidmet habe, sei dies das Geringste, was Philipp für sie tun könne. Mit diesem Brief sandte Maria ihren Kammerherrn, den Seigneur de Bredan, nach Brüssel. Er sollte ihn mit dem König besprechen und, wenn nötig, ihre Interessen persönlich verteidigen.

Nun blieb nichts weiter zu tun, als sich zu gedulden, für Wochen, ja vielleicht für Monate. Maria befand sich in einer Situation, die sie aus den ersten Jahren ihrer Witwenschaft nur zu gut kannte: allein und auf sich gestellt, mit Einkünften, die für einen Lebensstil, wie sie ihn gewöhnt war, nicht ausreichten und ihren Schuldenberg täglich wachsen ließen. Wie die niederländischen Diener, die bei ihr geblieben waren, litt sie unter der gnadenlosen Hitze des kastilischen Sommers, die alles verdorren ließ, und dachte voll Sensucht an die kühlen Wälder von Brabant, die grünen Wiesen und Weiden, die erfrischenden Regengüsse und die wasserreichen Flüsse und Kanäle Flanderns.

Inzwischen hatte König Philipp den Brief seiner Tante erhalten und reichte ihn mit einem persönlichen Kommentar an einen seiner engsten Berater weiter.

„Ihr werdet aus diesem Schreiben ersehen", schrieb er, „daß die Königin sehr gut imstande ist, für sich selbst zu sorgen, und daß sie mit Sicherheit jemanden hat, der sie in ihrem Interesse berät, ohne den Respekt zu beachten, den sie mir schuldet, da sie mich in keiner Weise als ihren Vorgesetzten anerkennt. Ich wünsche aber, daß, abgesehen von Seiner Majestät, dem Kaiser, in meinen Reichen sich niemand als übergeordnet betrachten soll. Ich brauche ihr nicht viel zu antworten, bevor sie ihre Entscheidung getroffen hat. Sagt oder schreibt mir Eure Meinung darüber." Der Berater retournierte den Brief mit folgender Notiz: „Erklärt ihr, wie groß die Notwendigkeit ist. Erinnert sie an die Liebe und Hingabe, die sie immer gezeigt hat. Daß sie keinen größeren Beweis dafür geben kann als durch die Revision ihres Entschlusses, daß sie dadurch Gott besser dienen wird als wenn sie ihrem eigenen Willen folgt. Bietet ihr auf Lebenszeit neue Besitztümer nach ihrem Geschmack. Setzt ihr auseinander, welche Unterstützung ihre Gegenwart für den Regenten des Landes bedeuten würde, selbst wenn sie ein völlig zurückgezogenes Leben führt. Bietet ihr ein großes Einkommen und große Machtfülle und gebt ihr die Hoffnung auf Frieden, der lange Zeit dauern wird, denn die Herrscher sind alle erschöpft."

Philipp befolgte den Rat. Er sandte den Erzbischof von Toledo nach Cigalés, mit einem Schreiben und dem Auftrag, der Königin auch mündlich die Notlage darzulegen, in der sich die Niederlande befänden, und sie dringend zu ersuchen, auf ihren früheren Posten zurückzukehren. Gleichzeitig richtete er nochmals die Bitte an seinen Vater, seinen ganzen persönlichen Einfluß wirken zu lassen, um seine Schwester umzustimmen. „Sie hat hier viel Ansehen", schrieb Philipp, „sie besitzt eine reiche Erfahrung und Kenntnis der Niederlande, sie ist hier sehr geliebt und geehrt, was jetzt allgemein zu erkennen ist, da sie nicht mehr hier ist." Diese Zeilen mögen Philipp schwer genug gefallen sein, wie überhaupt das Eingeständnis, daß er mit der gegebenen Situation nicht fertig wurde. Als Maria Philipps Botschaft erhielt, hatte sie immer noch die Stärke, abzulehnen, und legte ihre Gründe in einem ausführlichen Antwortschreiben dar, das sie am 7. September unterzeichnete. Bevor sie Gelegenheit hatte, es abzuschicken, erhielt sie den Besuch ihrer Nichte Juana, die ihr im Auftrag des Kaisers auseinandersetzte, was für die Dynastie auf dem Spiel stand. „Laßt die Königin wissen", hatte Karl an seine Tochter geschrieben, „sie möge nicht zulassen, daß unsere Dynastie befleckt und entehrt werde, was der Fall wäre, wenn die Ehre und das Erbe unserer Ahnen verloren gingen, für deren Erhaltung sie selbst so viel Mühe aufgewendet hat, zu unserer Schande und zu der des Königs, der ebenso ihr Sohn ist wie meiner. Sagt ihr, daß ich so großes Vertrauen hege in ihre Güte, ihre Liebe und Zuneigung, die sie stets mir und dem König gezeigt hat, daß ich überzeugt bin, daß sie trotz allem, was sie mir oder anderen gegenüber erklärt hat, die große Gefahr sieht, die unser Haus bedroht, und sich entschließt, in die Niederlande zurückzukehren, um sie abzuwenden. Das ist der beste Weg, Gott zu dienen, und der größte Nutzen für alle, vor allem für unser Haus, wofür ihr der König und ich die tiefste Dankbarkeit schulden würden. Setzt ihr auseinander, daß ich ihr diese Bürde nicht auferlegen, sondern selbst auf mich nehmen würde, hätte ich die Gesundheit und die Kraft dies zu tun." In einer eigenhändigen Nachschrift fügte der Kaiser hinzu: „Weist die Königin darauf hin, daß der Untergang, der Verlust der Ehre und der Ruin des Königs und unseres Hauses ebenso in ihrer Hand liegen wie die Mittel, all dies zu verhindern."

Trotz des Drucks, der nun von allen Seiten auf sie ausgeübt wurde, konnte sich Maria nicht entschließen, sofort eine Entscheidung zu fällen und ließ Juana unverrichteter Dinge nach Valladolid zurückkehren. Tagelang rang sie mit sich selbst.

Inzwischen kamen besorgniserregende Nachrichten aus Yuste. Der Kaiser hatte den Sommer über ein mehr oder weniger normales Leben geführt und die Schwankungen seiner Gesundheit mit Gleichmut ertragen. Ein schwerer Gichtanfall Mitte August wurde nicht für besonders auffällig gehalten. Am 30. August nahm er eine Mahlzeit auf der Terrasse ein und klagte kurz darauf über Kopfschmerzen, Schweregefühl, großen Durst und Fieber und fand wenig Ruhe in der Nacht. Am folgenden Tag hatte er abwechselnd Schüttelfrost und Fieber und verlor zeitweise das Bewußtsein. Ein schwerer grippaler Infekt oder ein Anfall von Malaria? Eine genaue Diagnose läßt die Überlieferung nicht zu. Bis zuletzt bewegte ihn die Frage der Religion, und die Nachricht, daß selbst in Spanien kleine protestantische Gemeinden entdeckt worden waren, erschütterte ihn zutiefst. In dem an seinen Sohn gerichteten letzten Kodizill seines letzten Testaments befahl er Philipp, „daß die Ketzer vernichtet und bestraft werden mit allem nur möglichen Nachdruck der Gewalt, ohne Ausnahme und ohne Barmherzigkeit ... zu meiner größten Entlastung und Beruhigung." Als eine Besserung seines Zustandes eintrat, ließ der Kaiser eine Totenfeier für seine Eltern und Großeltern abhalten, die später zu einer Vorwegnahme seiner eigenen Totenfeier umgedeutet wurde, „mit all ihren schauerlichen und unsinnigen Ausgestaltungen".

Die Nachricht von der Erkrankung ihres Bruders beendete Marias Kampf mit sich selbst. Sie sandte ihren Arzt nach Yuste und ritt nach Valladolid. Dort teilte sie ihrer Nichte Juana mit, daß sie bereit sei, in die Niederlande zurückzukehren, wenn auch nicht als Regentin. An Philipp schrieb sie, daß sie sich entschlossen habe, ihren alten Körper – *son vieux corps* – wieder in den Dienst der Familie zu stellen.

Noch am selben Tag machte sich ein Bote nach Yuste auf, um den Kaiser über den Entschluß seiner Schwester zu informieren. Als er im kaiserlichen *palazuelo* eintraf, fand er einen Sterbenden. Die Zusage Marias war Karls letzte Freude. Am 19. September empfing er die Sterbesakramente, am 20. trat er bei vollem Bewußtsein an die Schwelle des Todes. Er bat die Mönche, die um sein Bett standen, laut Psalmen zu lesen, fühlte sich selbst den Puls und fand ihn sehr schwach. Als die letzten Augenblicke herankamen, ließ er sich das kleine Kruzifix reichen, das schon seine Gemahlin Isabella im Tod umklammert hatte. Er starb in der zweiten Stunde des 21. September 1558. Sein letztes Wort war: Jesus.

Während in Laredo schon die Flotte bereitlag, die sie in die Niederlande bringen sollte, war Maria unter dem Schmerz über Karls Tod zusammengebrochen und erlitt während der ersten Oktoberwochen im königlichen Palast zu Valladolid zwei so schwere Herzattacken, daß die Ärzte um ihr Leben fürchteten. Doch ihr unbeugsamer Wille, den letzten Wunsch ihres Bruders zu erfüllen, ließ sie ihre Schwäche überwinden. Sie fühlte sich sogar erholt genug, um nach Cigalés zurückzukehren und die letzten Vorbereitungen für die Reise zu treffen. Dort fand sie die Regentin Juana nach einem neuerlichen Anfall geschwächt und erschöpft, aber nach wie vor gewillt, die Reise anzutreten.

Am Morgen des 18. Oktober erwachte Maria aus einem erfrischenden Schlaf. Sie fühlte sich erholt und gut gelaunt, zum erstenmal seit Karls Tod. Juana war erstaunt, und die Ärzte erklärten, sie sei nun außer Gefahr. Eine kräftige Brühe wurde für sie bereitet, die sie im Bett zu sich nahm, während Juana ihr Gesellschaft leistete. Plötzlich befiel sie ein Zittern, sie rang nach Atem und sank in die Kissen zurück. Um vier Uhr Nachmittag war der Puls kaum mehr spürbar, fünf Stunden später stand Doña Juana an ihrem Totenbett.[147]

Maria hatte gehalten, was sie ihren Brüdern schon 1530 in Augsburg versprochen hatte: *servir et obeir jusques à la mort* – dienen und gehorchen bis zum Tod.

In ihrem Testament hatte Maria ihren Neffen Philipp zum Universalerben eingesetzt, ihre Nichte Juana erhielt die „beweglichen" Besitztümer, Teppiche und Möbel, Bücher, Musikinstrumente und Handschriften. Vieles davon gelangte später nach Portugal und ging im Laufe der Zeit verloren. Auch über den Verbleib ihrer Papiere ist nichts bekannt. Der belgische Forscher J. P. Gachard fand im *Archivo General de Simancas* lediglich den Hinweis auf zwei *escritorios* (Schreibtische), in die ihre Schriften „hineingestopft" waren und deren Schlüssel sich Philipp in die Niederlande schicken ließ. Über ihr weiteres Schicksal ist nichts überliefert. Auch Marias Hofstaat wurde in ihrem Testament bedacht. Die Gardisten bekamen ihre Pferde und Wagen, die Hofdamen ihre Garderobe und die Dienstleute den Hausrat, soweit er nicht unter die für Juana bestimmten Dinge fiel. Ihre ungarischen Besitztümer übertrug sie ihrem österreichischen

Neffen Ferdinand. Was mit dem goldenen Herz geschehen sollte, das sie in Erinnerung an ihren Gemahl stets getragen hatte, wurde schon gesagt.

Ihrem letzten Willen gemäß wurde Maria im Rahmen einer schlichten Feier vorläufig beigesetzt (in San Benito de Valladolid sagen die einen, in Santa Clara de Tordesillas sagen die anderen Quellen), bis sich die Möglichkeit einer gemeinsamen Ruhestätte mit ihrer Schwester Eleonore finden würde. Bis dahin sollten noch mehr als zwanzig Jahre vergehen.

„In der Überlegung", heißt es am Ende der Gründungsurkunde von König Philipps Klosterburg *El Escorial*, „daß der Kaiser und König, Unser Herr und Vater, nachdem er zu Unseren Gunsten auf seine Reiche verzichtet und sich in das Kloster des heiligen Hieronymus von Yuste zurückgezogen, so oft den Wunsch geäußert hatte, zusammen mit der Kaiserin und Königin, Unserer Herrin und Mutter, in einem guten Grabe beigesetzt zu sein; und nachdem auch Wir selbst entschieden haben, daß, wenn Gott sich Unser auf Erden genug bedient haben wird und Uns von hinnen ruft, Unser Körper an derselben Stelle beigesetzt werden soll – so gründen und bauen Wir nun das Kloster des heiligen Laurentius, des Königlichen, in der Nähe des Dorfes *El Escorial*." Vor der Schlacht von St. Quentin am 10. August 1557, dem Gedenktag des Heiligen, hatte König Philipp das Gelübde getan, im Falle eines Sieges San Lorenzo eine Kirche zu weihen. So entstand auf einem 1100 Meter hohen Plateau am Abhang der Sierra de Guadarrama unweit von Madrid die gewaltige Klosterburg, Heimstätte der spanischen Hieronymiten-Mönche, Philipps eigentliche Residenz und Kanzlei und Pantheon der habsburgischen Dynastie in Spanien. Im Chor der Klosterkirche sind in den Oratorien beiderseits des Altares die Familien Karls V. und Philipps II. zu sehen, lebensgroß und lebensecht, als mit Goldbronze überzogene Steinstatuen von Pompeo Leoni, die Gewänder mit Schmucksteinen besetzt. Auf der rechten Seite Philipp II. mit seinen Gemahlinnen Maria von Portugal, Isabella von Valois, Anna von Österreich (die in England bestattete Mary Tudor fehlt) und Don Carlos, auf der linken Seite Karl V. mit seiner Gemahlin Isabella von Portugal, seiner älteren Tochter Maria und seinen Schwestern Eleonore und Maria. In der Krypta unter dem Hochaltar ruhen ihre sterblichen Überreste, die Philipp nach der Fertigstellung in den *Escorial* überführen ließ.[148]

Bei der offiziellen Trauerfeier für die verstorbene Regentin am Brüsseler Hof hielt François Richardot, Suffraganbischof von Arras, die übliche weitschweifige und panegyrische Trauerrede, die zusammen mit den Trauerreden für Karl V. und Mary von England ein Jahr später in Antwerpen im Druck erschien. Allein der *Sermon Funèbre fait aus Obseques de la Roine Marie Douairiere de Hongrie* umfaßt 15 Druckseiten und behandelt in ausgreifender humanistischer Rhetorik das private, das öffentliche und das religiöse Leben der Verstorbenen, „den drei prächtigen Häusern gleich, die der große Salomo errichten ließ". Ausgehend von großen Gestalten des Alten Testaments, Männern wie Josua und David, Frauen wie Debora, Judit und Ester, schlägt Richardot die Brücke zu jenen Persönlichkeiten, deren eine „die Ehre der Männer seines Jahrhunderts, die andere die Perle und der Phönix der Damen ihrer Zeit" gewesen seien, nämlich zu Karl V. und dessen Schwester Maria, der verwitweten Königin von Ungarn. In ihrer Jugend keusch wie Lukretia, in ihrer Ehe dem Gemahl ergeben wie Portia dem Brutus und Sara dem Abraham, habe sie gegenüber den Barbaren ähnliche Tugenden gezeigt wie Judit, als Regentin der Niederlande wie die biblische Debora drei Qualitäten in sich vereint, die der Richterin, der Herrscherin und der Heerführerin. In ihrem religiösen Leben sei der einzige und wahre Glaube stets an erster Stelle gestanden. So könne er zusammenfassend nur noch einmal auf die Integrität dieser tugendreichen Königin hinweisen, die sie in allen Stadien ihres Lebens bewiesen habe, in Jungfernschaft, Ehe und Witwenschaft, als eine wahre *virago* und Minerva verdiene sie es, in der Sammlung des Plutarch an bedeutender Stelle zu stehen.[149]

Wer ime in seinem leben kain gedächtnus macht, der hat nach seinem tod kain gedächtnus und desselben menschen wird mit dem glockendon vergessen, sprach Marias Großvater Maximilian durch den Mund seines „Weißkunig". Wie sieht es mit dem *gedächtnus* seiner Enkelin aus? In der Geschichtsschreibung standen ihre Person und ihr Wirken lange Zeit im Schatten ihrer Tante Margarete und ihres Bruders Karl und wurden ziemlich stiefmütterlich behandelt. Dazu kam, daß es ihrer herben und introvertierten Natur an Charisma fehlte, an gewinnendem Zauber, der Zeitgenossen und Nachwelt für sie hätte einnehmen können. Man achtete und fürchtete sie zu Lebzeiten, nach ihrem Tod vergaß man auf sie. Nur die Mitglieder ihrer Familie, ihr frühverstorbener Gemahl und ihre Geschwister wußten, daß unter dem Panzer ihrer zur Schau getragenen Unnahbarkeit ein fühlendes Herz schlug. Ihr zur Lebensmaxime erhobenes Prinzip des *servir et obeir jusques à la mort* ließ sie die eigene Person immer zurückstellen, im Dienst für ihre Brüder, im Dienst für die Dynastie, im Dienst für die ihr anvertrauten Provinzen. Niemals kam sie auf die Idee, etwas für *sich* zu tun, *sich* in den Vordergrund zu spielen, *ihre* Verdienste hervorzuheben. Sie verfaßte keine Memoiren oder poetischen Werke, sie ließ sich kein Grabmonument errichten, ihre als Wunderwerke gepriesenen Schlösser, auch nicht zum eigenen, sondern zum Ruhm der Dynastie erbaut, sanken in Schutt und Asche, ihre Sammlungen wurden zerstreut und gingen zum großen Teil verloren. Keine

Stadt setzte ihr ein Denkmal. Trotz ihrer hohen Intelligenz und ihrer außerge-
wöhnlichen Begabung für Realpolitik, Kriegführung und Finanzen erlaubte es
ihre Stellung nicht, in die große Politik gestaltend einzugreifen. Die ihr zugewie-
sene Rolle war die höchst undankbare der Stellvertreterin, deren kluge Ratschläge zwar mitunter angenommen wurden, die aber oft Befehle auszuführen hatte,
die ihrer eigenen Einsicht zuwiderliefen. Die Unzufriedenheit der Bevölkerung,
die sich manchmal bis zum Haß steigerte, konzentrierte sich auf *sie,* während die
Beliebtheit des zumeist abwesenden Landesfürsten unverändert blieb: „Man
empfängt alle Schläge, wird für Fehler zur Verantwortung gezogen, die andere
gemacht haben, und getadelt, wenn man nicht ausführt, was jeder meint, verlangen zu können." Trotzdem blieb ihre Loyalität unerschütterlich, und das vorbe-
haltlose Vertrauen, das ihr Bruder Karl in sie setzte, wurde niemals enttäuscht.
Hätte sie in *eigener* Verantwortung regieren können wie ihre Großmutter Isabella von Kastilien (der sie in vielem glich), sie wäre als eine große Herrscherin in
die Geschichte eingegangen. So liegt ihre Größe in der Selbstbescheidung und
der hingebungsvollen Erfüllung der ihr auferlegten Pflichten.

Der indische Dichter und Philosoph Rabindranath Tagore, einem anderen
Kulturkreis und einer viel späteren Zeit entstammend, drückte dies so aus: *Ich
schlief und träumte, das Leben wäre Freude. Ich erwachte und sah, das Leben war
Pflicht. Ich arbeitete und siehe: Die Pflicht war Freude.*

XI. Hof und Hofkultur

Residenz und Hofstaat

Als Maria von Ungarn in die Niederlande kam, um die Regentschaft zu übernehmen, wählte sie den Palast der Herzöge von Brabant auf dem Coudenberg in
Brüssel zur Residenz. Anders als ihre Tante Margarete, die das bescheidenere und
ruhigere Mecheln vorzog, wollte sie in großem Stil repräsentieren. Das Palais
Margaretes, das noch erhalten ist und heute der Rechtsprechung dient, verkaufte
sie 1547 an die Stadt Mecheln, die Einrichtung und die Kunstsammlungen ließ
sie nach Brüssel, Binche und Mariemont bringen. Bei Marias Wahl mag auch
eine Rolle gespielt haben, daß der Herzogspalast Residenz ihres Bruders war,
wenn er sich in Brüssel aufhielt, gar nicht zu reden von der prachtvollen Umgebung mit den sich nach Süden dehnenden Wäldern (*Zonienwoud*) und ihren
vielfältigen Jagdmöglichkeiten. Auch die Sommerresidenzen und Jagdpavillons
von Tervuren, Groenendaal und Bosvoorde mit ihren Jagdreservaten waren von
Brüssel aus leicht zu erreichen.

Da der alte Herzogspalast 1731 einem Brand zum Opfer fiel, kann man sich nur an Hand von Gemälden, Stichen und Zeichnungen ein Bild von ihm machen. Hauptresidenz der Herzöge von Brabant seit dem 14. Jahrhundert, war er von Philipp dem Guten und Karl dem Kühnen vergrößert und ausgebaut worden, auch der Große Saal, in dem die Abdankung Karls V. stattfand, stammte aus der Zeit der Burgunderherzöge. Während Marias Regentschaft fanden verschiedene Erweiterungsbauten statt, so wurde ein neuer Flügel mit einer mit Arkaden versehenen Prunkgalerie nach der Parkseite hin angebaut, und die alte Kapelle aus dem 14. Jahrhundert durch eine neue im Renaissance-Stil ersetzt. Die Gebäude waren um einen großen Hof herum angeordnet, mit einem Eingangstor von der Stadtseite her. Wer von dort den Palast betrat, sah auf der gegenüberliegenden Seite das Hofgebäude, zu dem eine monumentale Renaissancetreppe emporführte, geschmückt mit dem Bildnis Karls V. in kaiserlichem Ornat, flankiert von zwei Skulpturengruppen, die Taten des Herkules darstellten. Der Palast war zugleich Residenz und Verwaltungszentrum und enthielt nicht nur die Wohn- und Arbeitsräume des Kaisers, der Regentin und ihres jeweiligen Hofstaates, sondern auch die Büros und Amtsräume der Administration.

Der Hofstaat Marias umfaßte mehr als 150 Personen, dazu kamen noch Dienerschaft und Bewachungspersonal. Die Kosten der Hofhaltung mußte sie mit der vom Kaiser bewilligten Apanage bestreiten, die lange Zeit wegen der Einkalkulierung ihrer (höchst unsicheren) ungarischen Einkünfte sehr knapp bemessen war (s. S. 185). Neben den Lebenshaltungskosten mußten auch große Beträge für die Leibgarde, die aus einem Offizier und 24 Bogenschützen bestand, und die Hofkapelle aufgewendet werden, ferner für Geschenke und Feste, für Reisen und Feierlichkeiten. Eine wichtige Rolle spielten Etikette und Zeremoniell, die Mitglieder des Hofstaates hatten sich an strenge, schriftlich festgelegte Regeln zu halten, die alle drei Monate öffentlich verlesen wurden.

Hofsprache war, wie seit jeher am burgundischen Hof, Französisch, doch die Sprachreinheit hatte durch das Eindringen fremder Elemente gelitten, man sprach nicht mehr das klassische Französisch der Statthalterin Margarete, die ihre Jugend in Frankreich verbracht hatte. Außerdem unterbrachen die ständigen Kriege mit Frankreich immer wieder den französisch-niederländischen Kulturaustausch. Mit der Blüte der frankophonen Nationalliteratur, wie sie noch zu Margaretes Zeit bestanden hatte (Hauptvertreter Jean Lemaire de Belges), war es vorbei. Trotzdem setzte sich das Französische als Verkehrssprache immer mehr durch, auch im Geschäftsleben und Handelswesen. In der Umgangssprache wurden Französisch und *dietsch*, die Sprache des Volkes, der flämischen und brabantischen Bauern, nicht nur nebeneinander verwendet, sondern auch miteinander vermengt. Eine „Nationalitätenfrage" kannte man nicht, *Dietsche* und

Walsche lebten noch einträchtig nebeneinander und Gott hielt seine Hand über sie, ganz im Sinne des Dichters und Chronisten Jean Molinet, der geschrieben hatte: *Dieu qui garde soir et main / Et Francigene et Germain.*

Der Hof war in vier Abteilungen geteilt, in die „Kapelle", die „Kammer", das „Haus" und die „Ställe". In der „Kapelle" waren mehr als 20 Menschen beschäftigt: ein erster und zweiter Almosenier, ein Kaplan, verschiedene Priester, von denen einige auch Sänger waren, ein Schreiber mit Hilfskraft, ein Bläser, Sänger und Chorknaben. Im Zentrum des Hofzeremoniells stand die tägliche Meßfeier, der die Regentin in Begleitung ihres Hofstaates beiwohnte, ebenso wie der Vesper oder der Abendmesse vor großen Festtagen. Neben den auch heute noch in katholischen Ländern gehaltenen Feiertagen wurden die Feste der Heiligen Johannes und Andreas, Petrus und Paulus, sowie Katharina und Barbara in besonderer Weise begangen.

Die privaten Appartements der Regentin mit ihrer männlichen und weiblichen Dienerschaft gehörten zur „Kammer". Das Personal hatte Kleidung, Kost und Wohnung frei und erhielt darüber hinaus wahrscheinlich auch ein jährliches „Taschengeld". An der Spitze der weiblichen Dienerschaft stand die jeweilige Hofmeisterin, unterstützt von zwei Hofdamen, denen noch ein Kammerdiener, sieben weibliche und vier männliche Bedienstete zur Verfügung standen. Die drei Damen beaufsichtigten sämtliche weiblichen Mitglieder des Hofstaates, vor allem die *filles d'honneur,* junge Mädchen von Adel, die am Hof ihre Erziehung vervollständigten. Drei Kammermädchen und drei Putzfrauen hielten die Räume sauber. Die *lavandière du corps* half der Regentin bei der Körperpflege, die drei ersten Hofdamen beim Ankleiden. Die Hofmeisterin schlief im Zimmer ihrer Herrin. Ein Kammerherr mußte zusammen mit einem Assistenten dafür Sorge tragen, daß ohne ihre Zustimmung keine Herren die Damenzimmer betreten konnten, was nur dem Hofzwerg gestattet war. Ein Arzt und ein Chirurg wachten über die Gesundheit der Regentin, zwei Kammerdiener und zwei Hilfskräfte betreuten das Tafelsilber, das Leinenzeug und die Vorratskästen.

Das „Haus" war die umfangreichste Abteilung, da auch die Räumlichkeiten für Gäste und die Tafeldienste dazuzählten. Die täglichen Mahlzeiten und die Bedienung verliefen streng nach Protokoll, jeder hatte seinen festen Platz, sein vorgeschriebenes Menu und seine festgelegte Portion. Dafür benötigte man ein umfangreiches Küchenpersonal, das in drei Hauptgruppen Brotkammer und Weinkeller, die eigentliche Küche und den Tafeldienst besorgte. Organisation und Leitung oblag dem Obersthofmeister und seinen Helfern, die Einnahmen und Ausgaben der einzelnen Hofabteilungen täglich kontrollierten.

In den „Ställen" arbeiteten ein Hufschmied, ein Sattelmacher, vier Stallknechte, ein Maultiertreiber mit Knecht, zwei Wagenmeister und ein Führer für die Packpferde, die Oberaufsicht führte der Oberstallmeister. Außer den 24 Bogenschützen der Leibgarde standen der Regentin noch vier Pagen samt Gouverneur zur Verfügung und vier Lakaien, die sie nicht nur auf ihren Reisen, sondern auch auf der Jagd begleiteten.

Das Palasttor wurde von einem Portier und seinem Diener bewacht. Um neun Uhr abends begab sich jedermann in seine Schlafräume, eine Stunde später mußte es ruhig sein. Alle anderen Räumlichkeiten, Nischen und verborgenen Ecken wurden einer gründlichen Kontrolle unterzogen, sämtliche Türen inspiziert und alle Personen aufgefordert, den Palast zu verlassen, die außerhalb ihre Quartiere hatten. Danach wurde am Eingang noch dreimal geklopft und sodann das Tor geschlossen, bis es um fünf Uhr morgens wieder geöffnet wurde, wenn der Tag am Hof seinen Anfang nahm.

Die Organisation des Hofes war bis ins kleinste Detail geregelt und basierte auf den Hofordonnanzen aus der Zeit Philipps des Schönen und seiner Schwester Margarete. Zwischen 1496 und 1555 gab es im Hofleben wenig Veränderungen. Die letzte (und einzige erhaltene) „Hofordnung der Königin" trägt das Datum des 28. November 1555, als sie die Regentschaft bereits zurückgelegt hatte. Auf diese Weise wollte sie die Übergabe an ihren Nachfolger erleichtern und die Existenz jener Diener sicherstellen, die sie nicht nach Spanien mitnehmen konnte. Wie schon erwähnt, mußte die Übersiedlung nach Spanien verschoben werden, da es an Geld fehlte, die noch ausständigen Gehälter zu bezahlen. Marias Schatzmeister Jean de Gyn notierte fast täglich neben dem Datum, wo die Königin dinierte, soupierte und schlief, was die Ausgaben der vier Abteilungen waren, ob der Hof in Brüssel blieb oder auf Reisen ging, welche Feste gefeiert wurden und wer zu Gast war. Jedes Detail wurde festgehalten. So ist aus dieser Quelle zu erfahren, daß zwei Bastardtöchter Kaiser Maximilians, Dorothea und Anna, als Ehrenjungfern am Hof lebten, und daß für die Brautkleidung von Isabella, einer weiteren natürlichen Tochter des Kaisers, viel Geld für kostbare Stoffe, Spitzen und Stickereien ausgegeben wurde. Die Aufzeichnungen des Schatzmeisters berichten auch über die Kosten von Jagd und Falknerei, den im Freien gehaltenen *diners champêtres*, den Ausgaben für Musiker, Künstler und Kunstankäufe, für Reisen und Empfänge, für Almosen und Opfergaben, für Entschädigungen und Geschenke.

Das „Haus" enthielt auch Unterabteilungen, so etwa das *bureau*, eine Art Verwaltungs- und Personalbüro, wo auch rechtliche Dinge geregelt wurden (schwere Vergehen ausgenommen). Neuankömmlinge mußten auf die Regentin einen Eid ablegen, der im Büro registriert wurde. Trotz ständiger Kontrolle war nicht zu vermeiden, daß viele Dinge „verschwanden", obwohl es streng verboten war, Lebensmittel, Wäsche oder andere Dinge weiterzugeben.

Der Tag begann um fünf Uhr, das Frühstück wurde gewöhnlich in den eigenen Räumlichkeiten eingenommen. Das *diner* war im Winter um zehn, im Sommer um elf Uhr angesetzt und dauerte ungefähr zwei Stunden. Am Vormittag befaßte sich die Regentin mit den Regierungsgeschäften, wenn es not tat auch nachmittags von drei bis fünf. Gespeist wurde in Gruppen nach strengen Etikette-Regeln. Die Tafel, an der man aß, war der Gradmesser für den Rang, den man am Hof bekleidete. Nach der Mahlzeit nahm das Personal seine üblichen Tätigkeiten wieder auf, während der Adel sich zur Konversation in die Damenräume begab. Nach der Vesper konnte ein kleiner Imbiß genommen werden, danach war es Zeit für das *souper* und anschließend für geselliges Zusammensein von adeligen Damen und Herren. Die Jungfrauen saßen auf einer langen Bank, und die Herren standen gemäß der Rangordnung daneben. Die Damen mußten sitzend konversieren oder sich einem Spiel widmen, niemand durfte sich absondern. Es wurde musiziert und rezitiert, gelegentlich auch Komödien und Schwänke aufgeführt. Wer wollte, konnte vor dem Schlafengehen noch eine kleine Mahlzeit zu sich nehmen.

Über die Tafelsitten am Hof Maria von Ungarns ist nicht viel bekannt, doch kann angenommen werden, daß sie sich von denen ihrer Vorgängerin wenig unterschieden. Gespeist wurde in der *salle*, wo für jede Mahlzeit zwei Tafeln aufgeschlagen und mit weißen Damasttüchern bedeckt wurden. Die Tafeln waren schlicht gedeckt, eine dicke Schnitte altbackenen Brotes diente als Teller, Gabeln waren noch nicht in Gebrauch, nur Löffel und Messer. Das wichtigste Möbelstück im Speisesaal war das Buffet, auf dem auch die Getränke standen, Wein für die Damen, die ausländischen Gäste, die Edelleute und den diensttuenden Kaplan. Die anderen Herren tranken Bier, vor allem Gerstenbier. Wasser wurde nur zum Waschen der Hände gebraucht, was sehr wichtig war, da man ja teilweise noch mit den Fingern aß.

Zahlreiche Gerichte kamen auf den Tisch, aus denen gewählt werden konnte: Gekochtes von Rind und Schaf, Gebratenes von Kalb und Schwein, Ziege und Lamm, verschiedene Arten von Geflügel, Fisch und Wild, Pasteten und Haschees. Als Beilagen wurden Reis und Gemüse serviert (die Kartoffel aus den „Neuen Indien" hatte sich in Europa noch nicht verbreitet), zum Nachtisch Süßspeisen, Käse und Früchte. Sehr üppig war der Gebrauch von Kräutern und Gewürzen. Im eigenen Garten wurden Safran, Minze, Ingwer, Kümmel und Senfsamen gezogen, sowie Zwiebeln und Knoblauch, Porree und Schnittlauch. Aus dem Fernen Osten kamen Pfeffer und Zimt, Gewürznelken und Muskatnüsse. Auch verschiedene Farbstoffe wurden gebraucht, um die Gerichte aufzuputzen, da das Äußerliche ebenso wichtig war wie der Geschmack.

War schon der tägliche Aufwand bei den Mahlzeiten sehr groß, so wurde er bei großen Festen noch bei weitem übertroffen, etwa 1541 bei der Hochzeit Christines von Dänemark mit Franz von Lothringen, wo ein riesiges Bankett im Schloßpark auf dem Coudenberg stattfand, oder bei den Festen, die Maria von Ungarn 1549 in Binche und Mariemont für ihren Bruder Karl und seinen Sohn Philipp veranstaltete (s. S. 246).[150]

Die Jagd

An den Fürstenhöfen Europas galt die Jagd als höchster und edelster Zeitvertreib, erst recht am Hof einer so passionierten Jägerin wie Maria von Ungarn. Die Jagdsaison dauerte von Ende Juli bis zum Beginn des Februar, außerhalb dieser Zeit war es streng verboten zu jagen. Am liebsten jagte Maria in Binche, im *Zonienwoud* bei Brüssel, in den Jagdreservaten von Tervuren, Groenendaal und Bosvoorde, wenn ihr die Staatsgeschäfte wenig Zeit ließen auch im Schloßpark auf dem Coudenberg. Gemäß ihrer Jagdordonnanz aus dem Jahr 1543 waren 25 Leute ständig mit den Jagdangelegenheiten befaßt, wobei besonders für die Pflege der Hunde viel Aufwand nötig war. Nach der Jagd wurden sie gewaschen und geputzt, gekämmt und gebürstet, bekamen gutes Futter und schliefen auf Bänken mit Stroh, das jeden Tag gewechselt wurde. In der kalten Jahreszeit wurden ihre Käfige geheizt. Sie führten ein Luxusleben, um das sie so mancher Landstreicher oder ausgeraubte Bauer glühend beneidet hätte. Gute Jagdhunde waren eine Kostbarkeit, die man von weither kommen ließ. Im April 1532 meldete Maria dem Kaiser, daß für ihn zwei schottische Windhunde angekommen seien, allerdings in so schlechtem Zustand, daß sie sie bis auf weiteres bei sich behalten wolle, um sie aufzupäppeln. In mehreren Briefen berichtete sie über die körperliche Entwicklung der Tiere, bis der Kaiser auf die Übersendung drängte, da sein Hund schon sehr betagt sei. Auf dem Wiener Porträt von Jakob Seisenegger ist Karl zusammen mit seinem Lieblingshund zu sehen (eine Kopie von der Hand Tizians befindet sich im Madrider Prado). Windhunde waren so kostbar, daß man ihnen eigene Koller anmessen ließ, um sie vor dem Biß der Wildschweine zu schützen. Wie die Falken waren auch sie beliebte Präsente unter Herrschern, in Zeiten guten Einvernehmens bekam die Regentin der Niederlande einige Male besonders schöne weiße Exemplare von Franz I. von Frankreich geschenkt.

Marias reiterliche und jagdliche Qualitäten waren schon in ihrer Jugendzeit berühmt gewesen, nun hatte sie die Möglichkeit, ihrer Passion in großem Stil nachzugehen, und übernahm ab 1544 sogar das Amt des Oberjagdmeisters von Brabant. Ihre Gewohnheit, zumeist im Herrensitz zu reiten, trug ihr den Beinamen *la mâle chasseresse* ein, die „männlichen Jägerin". Nie fühlte sie sich besser, als wenn sie sich in den Sattel schwingen und an der Spitze ihres Gefolges dahingaloppieren konnte. Reiten und Jagen verschafften ihr Entspannung, ließen sie ihre Sorgen und trüben Stimmungen vergessen und gaben ihr Lebensfreude – *joie de vivre.*

Große Reputation genoß auch Marias Falknerei, und zahlreich waren die Anfragen bezüglich der Ausbildung von Falknern und die Bitten um abgerichtete Vögel. Sie besaß die verschiedensten Sorten von Falken: Wachtelfalken aus Sizilien, Gierfalken aus Norwegen, Bergfalken, Lerchenfalken und Blaufußfalken aus Süddeutschland und aus Ungarn. Mit Franz I. von Frankreich, der 300 Falken besaß, die von einem Oberfalkenmeister, 15 Edelleuten und 50 Falkonieren betreut wurden, konnte sie sich allerdings nicht messen – einem König standen andere Ressourcen zur Verfügung. Seit jeher war die Falkenjagd ein Privileg des Adels, schon Karl der Große regelte sie durch Gesetze und verbot sie allen Unfreien. Kaiser Friedrich Barbarossa richtete selbst Falken ab, und sein Enkel Friedrich II. schrieb das berühmte Buch *De arte venandi cum avibus,* „Über die Kunst mit Vögeln zu jagen". Das Abrichten der Jagdfalken war mühsam, langwierig und eine große Qual für die Tiere, die man durch Hunger und Schlaflosigkeit gefügig machte. Vorzugsweise „gebeizt" wurde der Fischreiher. Die berittene Jagdgesellschaft ließ durch Stöberhunde mit Röhricht bestandene Weiher und Gewässer absuchen. Wenn die Hunde einen Reiher auftaten, wurde dem auf der Faust des Jägers sitzenden Jagdfalken die Kappe abgehoben. Sobald der Falke die Beute gewahrte, warf ihn der Jäger auf sie. Der Reiher versuchte nun, dem Falken durch schraubenförmiges Höhersteigen zu entgehen. Gelang es dem Falken, ihn zu übersteigen, stieß er auf den Reiher und brachte ihn zu Boden. Es kam aber auch vor, daß der Reiher den herabschießenden Falken auf den ihm entgegengestreckten Schnabel spießte.

Schon in Ungarn, wo die Falknerei auf eine lange Tradition zurückblickte, konnte sich Maria gründliche Kenntnisse aneignen und gewiß kannte sie auch die „Handschrift für die Falknerey", die ihr Großvater Maximilian verfaßt hatte. In Brabant fand sie dann ein Gebiet, wo diese Kunst seit jeher blühte: In der hügeligen, spärlich bewaldeten Kempischen Heide, die in der Flugroute der Falken lag, hatte man schon im 10. Jahrhundert eine spezielle Fangtechnik entwickelt, und die Herrschaft Turnhout lieferte jahrhundertelang hervorragende Jagdvögel. In Turnhout befand sich auch der *Valkhof,* ein Gerichtshof für Falkoniere aus allen Provinzen. 1546 erhielt Maria Stadt, Schloß und Herrschaft von ihrem kaiserlichen Bruder zum Geschenk, zusammen mit der Gerichtsbarkeit, die sie auch ausübte. Ein Fresko an der Wand des Gerichtssaals im Schloß zeigt sie als Richterin. 1533 wollte die Stadt Brüssel der Regentin eine besondere

Freude machen und schenkte ihr einen weißen Gierfalken, für den sie 366 rheinische Gulden bezahlen mußte. Man kannte ihre Vorlieben, und wer immer sie mit einem Geschenk erfreuen wollte, wählte entweder einen Hund, ein Pferd oder einen Falken. Die Tapisserien-Serie „Die Jagden Maximilians" (nach Entwürfen von Bernard van Orley, heute im Pariser Louvre) zeigt Maria im „Monat Juli" als Oberjagdmeister bei der Hirschjagd in einem prächtigen Jagdanzug, im „Monat April" bei der Falkenjagd in einem eleganten Reitkleid, den Falken auf der Faust. Die reich gestickte Satteldecke zeigt ihre Devise SPERO – ich hoffe.[151]

Die Musik

Neben der Jagd war Marias zweite Passion die Musik, *kurtzweil, das ist waidwerg und musica,* steht schon in ihrem Memorandum von 1528. Sie besaß eine umfangreiche Sammlung von Musikinstrumenten, von der im Archiv von Simancas nur die Inventarliste ihres Sekretärs Rogier Pathie erhalten ist: fünf Violen da braccio, 20 Violen da gamba, zehn Posaunen aus Messing, von denen einige mit Silber abgesetzt waren, 61 verschiedene Flöten, darunter sechs aus Elfenbein und sieben deutsche Querflöten, 52 Cornettos, darunter elfenbeinerne mit silbernen Ringen, maurische Trompeten aus vergoldetem Messing und Zinken aus Deutschland, 16 Schalmeien, elf Krummhörner, sieben Bordones, zwei Fagotte, ein Kontrafagott, vier Clavichorde, ein Dulzian, vier Lauten und ein „Einhorn-Horn".

Schon als Kind von vier Jahren war Maria in Mecheln von Hendrik Bredemers auf dem Clavichord unterwiesen worden, später lernte sie noch andere Instrumente zu spielen und erhielt Unterricht in Theorie und Komposition. Es ist anzunehmen, daß in Innsbruck Paul Hofhaimer ihr Lehrer gewesen ist, der berühmteste Organist seiner Zeit, den Kaiser Maximilian anläßlich der Doppelhochzeit von 1515 in den Adelsstand erhob. Nicht gesichert ist, ob Ludwig Senfl seine Hochzeitsmotette 1515 oder für die eigentliche Hochzeit 1522 schrieb, das Doppelakrostichon weist jedenfalls darauf hin, daß es um die Verbindung von Ludwig und Maria ging.

Es ist weiter nicht verwunderlich, daß Maria für ihre eigene Hofkapelle am ungarischen Hof einen Kapellmeister von Format suchte. Ihre Wahl fiel auf einen der bedeutendsten deutschen Komponisten der Zeit, den schlesischen Kleriker Thomas Stoltzer, der sich mit der Hochzeitsmotette *Beati omnes* über Psalm 127 empfohlen hatte, und daraufhin von der Breslauer Domkirche als *magister capellae* an den „frivolen" Hof von Buda berufen wurde. Das junge Königspaar liebte Musik und Tanz (Ludwig war ein talentierter Lautenist), und der Hofkaplan notierte indigniert in seiner Chronik, daß der König ein lockerer Vogel sei, ein „Tanzkönig", der sein Königreich verschleudere. Seine Frau habe in ihrem Gefolge eine Menge „Gauner" mitgebracht, die „tanzten, musizierten und mit den Dienstmägden der Königin herumhurten …" (s. S. 90). Stoltzer sympathisierte mit dem Protestantismus, und der Auftrag der Königin, Motetten über Psalmen in Luthers Verdeutschung zu schreiben, mag ihm sehr entsprochen haben. „So hat mein allergnädigste fraw", notierte Stoltzer, „mir den psalm Noli Emulari [Erzürne dich nicht über die Bösen, Ps. 37] durch Luthern verteutscht zu componieren auffgelegt." Die monumentale, siebenteilige Motette ist die erste mehrstimmige Vertonung eines nichtlateinischen geistlichen Textes in der Musikgeschichte. Vier Jahre wirkte Stoltzer am ungarischen Hof, bis er 1526 einem Unglücksfall zum Opfer fiel (er ertrank in der Donau), wenige Monate vor dem tragischen Tod König Ludwigs nach der Schlacht von Mohács.

Als Maria 1531 die Regentschaft in den Niederlanden übernahm, machte sie sich wieder an die Zusammenstellung einer eigenen Hofkapelle. Sie war wesentlich umfangreicher als die ihrer Tante Margarete und bestand im Kern aus 14 erwachsenen Sängern und Instrumentalisten und sechs Chorknaben. Die Sänger waren zumeist Niederländer, während die Instrumentalisten oft aus dem Ausland kamen, wie die beiden Cornettisten aus Mailand, die Brüder Ludovico (genannt Muscadel) und Antonio Visconte. Einer oder mehrere Gambisten waren immer fest engagiert, ebenso ein Lautenspieler und ein Organist. Die Kapelle begleitete die Regentin auf ihren Reisen, gab aber auch selbständige „Gastspiele", so 1540 in 's-Hertogenbosch, wo der Bürgermeister von Antwerpen einen Besuch machte, *metter capellen en de sangeren van de coninginne*. Die Musiker hatten am Hof auch andere Aufgaben wahrzunehmen, das Kopieren von Noten, den Ankauf von Instrumenten (z. B. ein Clavichord und ein Spinett zum persönlichen Gebrauch der Regentin) oder die Einstellung neuer Mitglieder für die Kapelle. So stieg der oben erwähnte Rogier Pathie vom Organisten zum Administrator und wichtigsten musikalischen Berater Marias auf.

Wahrscheinlich war es auch Pathie, der den Komponisten, Musikalienhändler und Musikdrucker Tielman Susato aus Antwerpen bei Maria einführte, der im Juli 1543 ein Druckprivileg erhielt. Er druckte nicht nur *Sacrae cantiones*, sondern auch Alben mit weltlichen Chansons, wie sie schon am Hof der Margarete von Österreich bei intimen musikalischen Abenden gern vorgetragen wurden. Im November 1543 gab er sein *Premier livre des chansons* heraus, das neben eigenen Kompositionen auch solche von Clemens non Papa, Thomas Crequillon und Rogier Pathie enthielt. Der große Erfolg bewog Susato, noch dreizehn weitere Chansonsammlungen folgen zu lassen. Die Sammlung *Vingt et six chansons musicales* ist Maria von Ungarn gewidmet und zeigt die Übergabe des

Werks an die *Tres illustre et tres vertueuse Dame, Dame Marie Royne et Douaigiere D'Hongrie etc.* durch den Autor, mit einer gereimten Widmung.

Auf dem Gebiet der geistlichen Musik und der Meßkomposition wechselten Gregorianische Gesänge mit solchen in „moderner" Mehrstimmigkeit. Für das Aufführen von Motetten in der Kirche war eine spezielle Erlaubnis nötig, ein *mandatum Regiae Maiestatis*. Da sie kein Teil der Liturgie waren, durften sie nur außerhalb der Meßfeier aufgeführt werden.

Bei besonderen Anlässen kamen sogenannte „Staatsmotetten" zur Aufführung, wie die Motette *Felix es regno Francisce,* die Antwort von Marias Hofkapellmeister Benedictus Appenzeller auf die Nr. VI der *Cantiques de la Paix* von Clement Marot (1540), die der Regentin der Niederlande gewidmet war. Von Appenzeller sind keine genauen Lebensdaten bekannt, wahrscheinlich stammte er aus Oudenaarde, wo zu Beginn des 16. Jahrhunderts der Name Appenzeller mehrfach nachgewiesen ist. Sein Amt als *maistre des enffans de cheur* trat er wohl als Nachfolger von Jean Goossens an (1539). Neben Tänzen und Chansons schrieb er auch Klagegesänge auf den Tod von Josquin Desprez (*Musae Jovis ter maximi*) und Erasmus von Rotterdam (*Plangite Pierides*).

Viele Namen von Musikern, die im Laufe der Zeit dem habsburgischen Hof verbunden waren, sind im Archiv der *Illustre-Lieve-Vrouwe-Broederschap* in `s-Hertogenbosch zu finden, so Pierre de la Rue, Lieblingskomponist der Margarete von Österreich, Clemens non Papa, Hendrik Bredemers, Marias erster Musiklehrer, und Benedictus Appenzeller. Das Motto der Bruderschaft, *Sicut lilium inter spinas,* wurde von Rogier Pathie als Motettentext verwendet, möglicherweise anläßlich eines Besuches der Regentin in Den Bosch. Die Inventare von Marias Musikbibliothek (Handschriften und Druckwerke) nennen weiters Josquin Desprez, Jehan Mouton, Nicolas Gombert, Pierre de Manchicourt, Johannes Ockeghem, Thomas Crequillon und Adrian Willaert und viele andere – durchwegs die besten ihrer Zeit. Sieben Codices befinden sich heute in der Bibliothek des Klosters Montserrat und enthalten vor allem Meßkompositionen, darunter allein zwölf von Pierre de Manchicourt. In den Niederlanden ist aus Marias Musikbibliothek nur ein vierstimmiger Kanon erhalten geblieben, den Benedictus Appenzeller auf den Text *Sancta Maria succure miseris* komponiert hat.

Ein bedeutender Musiker und eine schillernde Persönlichkeit war Pieter Maessins (um 1505–1563) aus Gent, der schon am Hof Margaretes von Österreich als Kapellknabe wirkte. Nach dem Stimmwechsel und einigen Studienjahren verschrieb er sich dem Kriegsdienst, beteiligte sich 1529 an der Verteidigung Wiens gegen die Türken und nahm an einigen Kriegszügen Karls V. teil. 1538 beendete er seine Militärlaufbahn, empfing die niederen Weihen und wurde

1540 Sangmeister von *Onze-liewe-Frouw* zu Kortrijk, doch wiederholte Exzesse (darunter ein Duell) führten schon drei Jahre später zu seiner Kündigung. Maria von Ungarn setzte sich für den Gestrauchelten ein und verschaffte ihm die Stelle eines Vizekapellmeisters am Hof ihres Bruders Ferdinand in Wien. Zu Beginn des Jahres 1546 wurde er als Nachfolger Arnold von Brucks Hofkapellmeister, eine Stelle, die er bis zu seinem Tod bekleidete. Maessins wird es vor allem zugeschrieben, die Hofkapelle Ferdinands zu einer Hochburg niederländischer Musiker und zu einem der ersten Klangkörper Europas gemacht zu haben, auch Jacob Vaet, der spätere Hofkapellmeister Maximilians II. soll mit ihm aus den Niederlanden nach Wien gekommen sein. 1553 wurde Maessins zum Ritter geschlagen und schließlich aufgrund seiner künstlerischen und organisatorischen Verdienste in den erblichen Adelsstand erhoben.[152]

Die Bibliothek

„Maria, der Kaisers Schwester", schrieb Erasmus von Rotterdam am 24. März 1529 an Jean Vergara, „findet ihr Vergnügen an lateinischen Handschriften … Die Rollen wurden umgekehrt; die Männer sind unbelesen, und die Frauen vertiefen sich in Bücher." Im Gegensatz zur Männerwelt im allgemeinen, die mit gelehrten Frauen nichts zu tun haben wollte, empfand Erasmus große Bewunderung für sie und setzte ihnen in seinen *Colloquia familiaria* („Vertraute Gespräche", 1526) ein Denkmal. Im *Colloquium abbatis et eruditae* ist das Gespräch eines Abtes mit einer gelehrten Frau wiedergegeben, in dem die kluge Frau eindeutig den Sieg über den dümmlichen und borniertem Kirchenmann davonträgt. Man hat sicher nicht zu Unrecht vermutet, daß neben Margaret Roper, der Tochter des Thomas Morus, oder Caritas Pirckheimer, der Schwester des Nürnberger Humanisten, auch Margarete von Österreich, Marias Tante und Vorgängerin, hier als Vorbilder gewirkt haben.

Margarete vererbte ihre Handschriften und Druckwerke ihrem Neffen Karl, der sie seiner Schwester Maria überließ. Die Bibliothek blieb zum größten Teil im Palais zu Mecheln, wo sie von Margaretes Bibliothekar Etienne Luillier weiter betreut wurde. Nach dem Verkauf des Gebäudes an die Stadt Mecheln (1547) ließ Maria die kostbarsten Stücke nach Binche und Mariemont bringen (von dort wurden sie 1554 vor den französischen Brandstiftern nach Bergen in Sicherheit gebracht), der Rest kam nach Brüssel und Turnhout und wurde durch laufende Ankäufe ergänzt und weiter ausgebaut. Bei der Übersiedlung nach Spanien (1556) nahm Maria Bücher und Handschriften mit, doch einiges verblieb in Turnhout, vor allem Bestände aus Margaretes Bibliothek. Ungeklärt ist, warum Maria das berühmte Missale des Attavante aus dem Besitz des

Matthias Corvinus (Florenz, 1485), eines der wenigen Exemplare aus der *Corviniana*, die sie auf ihrer Flucht mitnehmen konnte, in den Niederlanden zurückließ. Bis ins 18. Jahrhundert haben die Statthalter auf diesen kostbaren Codex ihren Eid abgelegt.

In ihrem Testament setzte Maria Philipp zum Universalerben ein, den Genuß ihres beweglichen Besitzes erhielt jedoch dessen Schwester Juana. Unmittelbar nach seiner Ankunft in Spanien (1559) ließ Philipp ein Kodizill an das Testament anfügen, das sämtliche beweglichen Güter der Verstorbenen auflistete, vor allem die Kunstwerke, Musikinstrumente, Partituren und Bücher. Im Bibliotheksinventar trägt fast jedes Blatt den Hinweis „der König", woraus zu schließen ist, daß Philipp die meisten Handschriften und Druckwerke aus der Bibliothek seiner Tante mit Beschlag belegte. 1555 hatte der spanische Humanist und königliche Historiograph Juan Paez de Castro an Kaiser Karl ein „Memorandum über den Aufbau einer Bibliothek" überreicht. Philipp ließ die Vorschläge de Castros in Spanien in die Tat umsetzen und legte mit den Beständen aus Margaretes und Marias Sammlungen den Grundstein zur Königlich spanischen Bibliothek.

Nach Themen geordnet enthält das Inventar folgende Werke (die Handschriften eingeschlossen):
Geschichte (inbegriffen Kirchengeschichte): 113
Theologie, kirchliche Exegese, Moraltheologie und Philosophie: 73
Wissenschaften (Architektur, Geograpie und Landbau): 65
Geistliche Texte (Meß- und Gebetbücher): 19
Traktate gegen die Protestanten und andere Abtrünnige: 5
Literatur und Philologie: 17
Gesetzgebung und Diplomatie: 19
Kriegskunst: 12

Unter den griechischen Autoren (zumeist in lateinischer oder französischer Übersetzung) finden sich Aristoteles, Demosthenes, Cassius Dio, Hippokrates, Homer, Herodot, Plotin, Plato, Plutarch, Ptolemaios, Strabo und Thukidides, unter den lateinischen Klassikern Caesar, Cicero, Eutrop, Marc Aurel, Ovid, Plinius, Sallust, Tacitus, Livius und Vergil, auch zeitgenössische lateinische Autoren, wie der Geograph Petrus Apianus und die Historiker Paulus Jovius oder Lambertus Hortensius. Neben dem Lateinischen muß Maria auch einige Kenntnis des Griechischen besessen haben, denn die Bibliothek enthielt ein griechisch-lateinisches Wörterbuch, ein griechisches Evangeliar und eine Anzahl griechischer Texte mit lateinischer Übersetzung.

Maria ließ sich von überall Bücher kommen, aus Paris, aus Lyon, aus Basel und natürlich aus Antwerpen, wo ihr Sekretär, der Humanist Lieven Aelgot

(„Panagathos"), einmal nicht weniger als sechs Bibeln für ihre Schwester Eleonore besorgen mußte, eine „große" und fünf „kleine". Manche Ankäufe stammen aus den allerletzten Jahren ihrer Regentschaft, so die *Neuf livres des histoires d'Hérodote*, das erste, zweite und zehnte Buch der *Republique de Platon*, *Les problèmes de médecine* von Alexander Aphrodisias, die *Histoire des oiseaux* von Pierre Belon, die *Historia Francorum* von Paulus Emilius und zwei Werke von Guillaume de Choul, *De la discipline militaire* (Des Romains) und *De la religion des anciens Romains* – sie zeigen das weite Spektrum ihrer Interessen.

Besondere Wertschätzung brachte Maria dem Werk des Erasmus entgegen, von dem sie nicht nur die neunteilige Ausgabe der *Opera omnia* besaß, sondern noch sieben andere Druckwerke, neben der ihr gewidmeten Schrift *De vidua christiana* noch das *Novum Testamentum*, die *Paraphrasis in epistola Pauli*, die *Paraphrasis in Evangelium Joannis* und das *Commentarium in nucem Ovidii*. Die gegenseitige Hochachtung, die der humanistische Gelehrte und die gebildete Königin füreinander empfanden, spricht aus den erhaltenen Briefen und aus den Bemerkungen, die Erasmus in Briefen an andere machte. 1528 berichtete Marias Hofprediger Johannes Henckel Erasmus über den „bescheidenen und frommen" Hof der jungen Königin-Witwe, die „ständig von Büchern umgeben" sei, und regte ihn zu seiner Schrift *De vidua christiana* an (s. S. 139).

Nach Marias Tod kam die Bibliothek aus ihrer Residenz Cigalès zuerst in das königliche Schloß von Madrid, einige Codices, Handschriften und Drucke widmete Philipp II. später der Bibliothek im *Escorial*, wo ein Teil beim großen Brand von 1671 vernichtet wurde – *habent sua fata libelli*.

Das Ex-libris der Maria von Ungarn, das ihr gekröntes Wappen mit zwei Frauenfiguren als Wappenträgerinnen zeigt, ist wahrscheinlich erst nach ihrem Tod auf Initiative des königlichen Bibliothekars Viglius van Aytta entstanden, der im Auftrag Philipps II. die auf verschiedenen Schlössern verstreuten Bestände sammelte und zur Königlichen Bibliothek vereinte. Als sorgfältiger Bibliothekar wollte er zwischen dem „burgundischen" Grundstock, der bis auf Philipp den Guten zurückging, und den Beständen, die er aus dem Besitz der Königin auf Turnhout übernahm, einen Unterschied machen. Da weder die Handschriften und Drucke im *Escorial* noch die Originaleinbände der Codices auf dem Montserrat das Ex-libris aufweisen, ist wohl anzunehmen, daß es in den Niederlanden erst postum angebracht wurde.[153]

Kunst und Künstler

Unter den großen Kunstfreunden und Kunstmäzenen des Hauses Habsburg nimmt Maria von Ungarn eine wichtige Stellung ein, auch wenn sich ihre Sammlung auf Grund geringerer Mittel gegenüber denen Philipps II. und Rudolfs II. wesentlich bescheidener ausnimmt, die Bildteppiche ausgenommen, von denen sie eine der bedeutendsten Kollektionen in ganz Europa besaß, die zweitgrößte nach König Franz von Frankreich. In den ersten Jahren ihrer Statthalterschaft ergingen noch wenige Aufträge von seiten Marias an Künstler und Kunsthandwerker. Die Hinterlassenschaft ihrer Tante und Vorgängerin Margarete von Österreich reichte aus, um die Brüsseler Residenz auszustatten, auch waren die Mittel, die ihr zur Verfügung standen, noch relativ bescheiden. Durch den Ausbau des Herzogspalastes und später durch die Errichtung der Schlösser in Binche und Mariemont wuchs der Bedarf an Kunstwerken und Dekorationsobjekten, wobei die Bildteppiche einen besonderen Platz einnahmen.

Bei den Künstlern ist zwischen solchen, die nur gelegentlich für den Hof arbeiteten, und eigentlichen „Hofkünstlern" zu unterscheiden. Ein Hofkünstler erhielt einen Patentbrief, der seine Rechte und Pflichten genau umschrieb, und mußte einen Eid ablegen. Er unterstand der Jurisdiktion des Hofes (außer in Erbangelegenheiten), war von Abgaben und militärischen Verpflichtungen freigestellt und mußte nicht Mitglied einer Gilde sein. Das ersparte ihm einerseits viel Geld, hatte aber den Nachteil, daß er seine Werke nicht im freien Verkauf anbieten konnte. Er erhielt ein festes Gehalt und später eine Pension, die auch auf seine Witwe übergehen konnte. Gelegentlich wurde er durch außerordentliche Geschenke belohnt. Wenn ein Werk nicht zeitgerecht fertig wurde, konnte das eine Verminderung seiner Bezüge zur Folge haben, auch unerlaubte Abwesenheit fiel unter Strafe. Wenn ein Künstler im Auftrag des Fürsten auf Reisen ging, erhielt er Reise- und Taggeld, mitunter auch ein Reitpferd. Er mußte nicht im Palast wohnen, aber in der Nähe und immer erreichbar sein. Auch wenn sich die Hofkünstler oft beklagten, daß sie unzureichend bezahlt würden, so war eine solche Stellung doch sehr begehrt und der gesellschaftliche Status wesentlich höher als jener der Gildenmitglieder. Nicht fest angestellte Künstler konnten ebenfalls mit dem Ehrentitel eines Hofkünstlers ausgezeichnet werden.

Maria übernahm nicht nur die Kunstsammlung ihrer Tante Margarete, die so bedeutende Werke enthielt wie das Hochzeitsporträt des Kaufmannsehepaars Arnolfini von Jan van Eyck, sie nahm auch deren Hofmaler Bernard van Orley (ca. 1488–1541), der wegen lutherischer Sympathien in Ungnade gefallen war, wieder in Dienst. Er schuf in ihrem Auftrag zahlreiche Familienporträts, darunter auch postume ihres Gemahls Ludwig von Ungarn. Daneben entwarf Orley Kartons für Wandteppiche, von denen die Serien „Die Schlacht bei Pavia" (ein Geschenk der Generalstände an den Kaiser, heute im *Museo di Capodimonte* in Neapel) und „Die Jagden Maximilians" (heute im Pariser Louvre) die berühmtesten sind. Der bedeutendste Auftrag, den Orley vom Hof erhielt, betraf die monumentalen Glasfenster in der Kathedrale *St-Michiel-et-Ste-Gudule*, für die er die Entwürfe lieferte und deren Herstellung er überwachte (nach seinem Tod führte Michiel Coxcie das Werk zu Ende), eine repräsentative Porträtgalerie des Hauses Habsburg und den ihm durch Heirat verbundenen Fürstlichkeiten.

Jan Cornelisz Vermeyen (1500–1559), der auch schon für Margarete von Österreich gearbeitet hatte, trat zuerst in den Dienst Marias, dann in den Karls V., den er auf verschiedenen Reisen begleitete, unter anderem nach Tunis, führte aber auch Aufträge für Mitglieder des Hofstaates aus. Eines seiner Hauptwerke, das Triptychon mit der Auferweckung des Lazarus (1548) entstand im Auftrag von Jean Micault, eines hohen kaiserlichen Beamten, der sich mit seiner Gemahlin auf den Seitenflügeln darstellen ließ.

Auch Pieter Coecke van Aelst (1502–1550) arbeitete sowohl für Karl V. als für Maria von Ungarn. Er war einer der bedeutendsten Entwerfer von Wandteppichen, erstellte aber auch Vorlagen für Bildhauer. Das Bildnis Karls V. an der großen Treppe im Palast zu Brüssel (Bildhauer: Jean Guigot) geht auf einen Entwurf Coeckes zurück, möglicherweise auch die beiden Herkules-Gruppen. 1539 brachte er eine niederländische Bearbeitung des berühmten Werkes *De architectura* von Vitruvius Pollio auf den Markt. Im Auftrag der Regentin übersetzte er die Architektur-Traktate des Italieners Sebastiano Serlio, die bei der Verbreitung von Renaissancemotiven in der niederländischen Kunst eine wichtige Rolle spielten.

Der bedeutendste niederländische Hofmaler nach Bernard van Orley war Michiel Coxcie (1499–1592), der vor allem als Porträtmaler, aber auch als Gestalter von Kartons für die Fenster von *St-Michiel-et-Ste-Gudule* tätig war und großen Anteil an der Dekoration des Schlosses zu Binche hatte. Bevor er an den Hof kam, hatte Coxcie einige Jahre in Rom verbracht, sein Monumentalgemälde „David enthauptet Goliath" (heute im *Escorial*) zeigt sehr deutlich den Einfluß der italienischen Hochrenaissance.

Einen wesentlichen Teil der Kunstsammlung der Maria von Ungarn stellte die Porträtgalerie dar, die im Palast zu Brüssel untergebracht war. Maria liebte es, die Häupter ihrer Lieben um sich zu scharen, wenn auch nur in Form von bemalter Leinwand. Gleich zu Beginn ihrer Statthalterschaft erbat sie von Ferdinand Porträts ihrer Brüder – *pour plus grande consolation que soie sy tres elongée de mes deux amoureulx.* Wenn sie schon getrennt wären, so sollten wenigstens die Bilder sie trösten.

Aus dieser Galerie nahm sie zahlreiche Werke nach Spanien mit, allein zwanzig von der Hand Tizians und zehn von Antonis Mor. Die Porträts zeigten in der Hauptsache Familienmitglieder, aber auch andere Fürstlichkeiten und bedeutende Zeitgenossen, wie Johann Friedrich von Sachsen von Tizian und Antoine de Granvelle von Antonis Mor (beide heute in Wien). Granvelle war selbst ein großer Kunstfreund und Kunstkenner, viele Künstler kamen auf seine Empfehlung hin an den Brüsseler Hof. Das Palais, das er sich um die Jahrhundertmitte errichten ließ, gilt als erster Schloßbau im Stil der italienischen Hochrenaissance auf niederländischem Boden.

Unbestreitbarer Favorit als Hofporträtist war der Hauptmeister der venezianischen Malerschule Tiziano Vecellio (um 1488–1576), den Karl V. 1530 in Bologna zum Hofmaler ernannte und in den Ritterstand erhob. Das ganzfigurige Porträt mit Hund (1532, heute im *Escorial,* die Vorlage von Jakob Seisenegger befindet sich in Wien), das Reiterbildnis (1548, heute im *Escorial)* und das Bildnis im Lehnstuhl (1548, heute in München) sind die bekanntesten seiner erhaltenen Kaiserporträts. Anläßlich des Reichstages hielt sich Tizian auf Wunsch des Kaisers von Januar bis September 1548 in Augsburg auf und porträtierte mit Unterstützung einiger Assistenten die anwesenden Mitglieder der Familie Habsburg, auch Maria und Ferdinand (nur in Kopien erhalten, die Originale gingen verloren). Der Typus des Staatsporträts als Kniestück mit dem Porträtierten im Dreiviertelprofil wurde von den niederländischen Porträtmalern weitergeführt, so von Antonis Mor van Dashorst (um 1516– um 1575), von dem sich ein Porträt der Königin Katharina von Portugal, der jüngsten Schwester Karls und Marias, im *Museo del Prado* befindet und eines der Königin Eleonore von Frankreich im *Monasterio de las Descalzas Reales,* beide aus dem Besitz Marias.

Tizian erhielt in Augsburg auch den Auftrag, die *Quattro Dannati* für den großen Saal von Binche zu malen (s. S. 242), von denen nur „Ixion" und „Sisiphos" erhalten sind (im Prado zu Madrid). Von dem ebenfalls von Maria in Auftrag gegebenen Gemälde *Noli me tangere* (Maria Magdalena begegnet dem Auferstandenen) ist nur mehr der Christuskopf im Original bewahrt geblieben, doch gibt eine Kopie von Alonso Sánchez Coello einen guten Eindruck der Gesamtkomposition (*El Escorial*).

Für Karl V. schuf Tizian zwischen 1551 und 1554 das Monumentalgemälde „Gloria" (auch „Triumph der Heiligen Dreifaltigkeit"), auf dem er in demütig betender Haltung zusammen mit seiner Gemahlin Isabella und seinen Kindern Philipp, Maria und Juana mitten unter den Heiligen und Seligen zu sehen ist.

Das Bild war dem Kaiser besonders lieb, er nahm es nach Spanien mit und ließ es über dem Altar der Klosterkirche von *San Jerónimo de Yuste* anbringen. Philipp II. ließ es später durch eine Kopie ersetzen, das Original befindet sich heute im *Prado.*

Nicht nur zeitgenössische Kunst wurde am Brüsseler Hof geschätzt, auch die großen Meister der südniederländischen Schule des 15. Jahrhunderts fanden Beachtung. So schmückte den Altar der Kapelle zu Binche die berühmte „Kreuzabnahme" des Rogier van der Weyden, die Maria von der Löwener Gilde der Bogenschützen erworben hatte. Im Austausch für das Bild erhielt die Kirche *Onze-Lieve-Vrouwe van Ginderbuiten* einen Geldbetrag, eine neue Orgel und eine Kopie der „Kreuzabnahme" von der Hand Michiel Coxcies. Die Erwerbung der *Madonna Van der Paele* des Jan van Eyck scheiterte am standhaften Widerstand der Kirchenleitung an der *Sint-Donaaskerk te Brugge* (die Madonna befindet sich heute im Brügger Stadtmuseum). Auch die Genter weigerten sich, den Altar der Brüder van Eyck in der *Sint-Baafskerk* an Philipp II. zu verkaufen, der sich schließlich mit einer Kopie begnügte, die wieder Michiel Coxcie anfertigte. Van der Weydens „Kreuzabnahme" ist heute kostbarer Besitz des *Prado.*

Neben den Malern arbeiteten auch Bildhauer und Architekten für den Hof, so der Lothringer Jean Mone aus Metz (um 1485–1550), der den Hochaltar für die neue Hofkapelle im Brüsseler Palast schuf (heute in *St-Michiel-et-Ste-Gudule*). Jacques Dubroeucq (um 1505–1584) aus Bergen im Hennegau hielt sich längere Zeit in Rom auf, wo er Architektur und Bildhauerei studierte. Er entwarf den Plan für Marias Schloß in Binche und war an der Innendekoration maßgeblich beteiligt. Im letzten Dezennium ihrer Regentschaft beschäftigte sie in zunehmendem Maß auch italienische Künstler, so den Mailänder Bildhauer Leone Leoni (1509–1590) und seinen Sohn Pompeo, die neben Porträtbüsten und Medaillons auch zahlreiche Kopien nach antiken Bildwerken anfertigten. Von Leone Leonis Hand sind Büsten Marias, eine aus Marmor (heute im *Prado*) und eine aus Bronze (heute in Wien) sowie ein lebensgroßes Bronzestandbild *(Prado)* erhalten. Es zeigt die Regentin in ihrer üblichen, schlichten Witwentracht, in den übereinandergelegten Händen hält sie sinnigerweise ein Buch.

Auch die Gold- und Silberschmiede hatten über Auftragsmangel nicht zu klagen. Aus den Hofrechnungen geht hervor, daß für goldenes und silbernes Tafel- und Ziergerät astronomische Beträge ausgegeben wurden, doch ist kein einziges Exemplar aus dem Besitz der Maria von Ungarn bewahrt geblieben.

Den größten Anteil an erhaltenen Kunstschätzen machen die Tapisserien aus, von denen Maria allein 254 nach Spanien mitnahm. Viele blieben erhalten und bilden heute den Stolz des *Patrimonio Nacional de Madrid.*

Die Kunst des Wirkens von Bildteppichen hatte schon unter den Burgunderherzögen geblüht, in Arras und Tournai waren erste Manufakturen entstanden. Im 16. Jahrhundert entwickelte sich Brüssel zum Zentrum der Tapisserienherstellung und bildete einen Renaissance-Typus des Wirkteppichs aus, der im 17. Jahrhundert mit den Stilmitteln des Barock weitergepflegt wurde. In Brüssel waren zeitweise mehr als tausend Wirkereibetriebe tätig, die nicht nur Teppiche in alle Länder Europas lieferten, sondern auch Wirker. 1601 gründeten zwei Niederländer in Paris eine Bildteppichmanufaktur, die später in die Werkstatt der Färberfamilie Gobelin übersiedelte und als *Manufacture des Gobelins* die Vormachtstellung des französischen „Gobelins" begründete. In Frankreich dürfen nur Erzeugnisse dieser Manufaktur den Namen „Gobelin" führen (alle anderen Wirkteppiche heißen *tapisseries*), während die Bezeichnung im deutschen Sprachraum für alle mit der Hand gewirkten Bildteppiche üblich ist. Schon 1528 verfügte die Stadt Brüssel, daß Bildteppiche ein Stadtzeichen des Herkunftsortes tragen mußten, um sie von anderen Erzeugnissen abzugrenzen, etwa den künstlerisch und technisch weniger anspruchsvollen aus Oudenaarde. 1544 erließ Karl V. eine noch strengere Regelung, die nun für alle Provinzen galt. Die Bildprogramme bestanden aus biblischen und historischen, aus mythologischen und allegorischen, aber auch aus zeitgeschichtlichen Folgen. Charakteristisch für Brüsseler Tapisserien ist die breite Bordüre mit Blumen, Früchten oder Grotesken, einem antiken Ornamentmotiv, das von der Renaissance wiederentdeckt und in der Barockzeit noch üppiger und großformatiger gestaltet wurde. Bildteppiche hatten nicht nur dekorative Funktion, sie stellten auch ein beachtliches Statussymbol dar, einerseits durch die gewählten Bildprogramme, andererseits durch die Kostbarkeit der Materialien und die Pracht ihrer Farben. Man verwendete beste Seide aus Granada, feinste Wolle aus Lyon sowie Gold- und Silberfäden, die nach Gewicht und Menge pro Wandteppich zugeteilt wurden.

Das Inventar der Bildteppiche, die Maria nach Spanien mitnahm, zeigt ein reiches Spektrum antiker und biblischer Thematik: die Taten des Herkules und des Aeneas, des großen Alexander, des Scipio Africanus und des Coriolan, Geschichten von Göttern und Heroen, von Nymphen und Göttinnen, von Adam und Eva, von Moses, von Ester und Tobias und von Paulus. Eine Serie mit den „Sieben Hauptsünden" schmückte ursprünglich den Großen Saal von Binche. Auf zwölf Teppichen war die „Eroberung von Tunis durch Karl V." dargestellt, deren Kartons sich heute in Wien befinden. Entwürfe wurden oft von Atelier zu Atelier weitergegeben und wieder verwendet, so daß die „erste Auflage" einer Serie nicht immer zweifelsfrei festzustellen ist. Vor allem die „Moses"-, „Tobias"-, „Hauptsünden"– und „Hercules"-Serien wurden immer wieder „neuaufgelegt", so daß sich Exemplare nicht nur im *Patrimonio Nacional* zu Madrid, sondern auch in den umfangreichen Sammlungen von Wandteppichen in Wien und in München finden.

Während die großen Wirkereibetriebe alle in Brüssel konzentriert waren, befand sich der Verkauf der Bildteppiche in den Händen kapitalkräftiger Handelsherren in Antwerpen. Sie trugen das finanzielle Risiko und koordinierten die Produktion. Nach Antwerpen kamen die Vertreter europäischer Fürstenhäuser, um dort ihre Einkäufe zu machen. Auch die Regentin der Niederlande scheint manches auf dem „freien Markt" erworben zu haben.

Bei Hofaufträgen wurden die Entwürfe nach den Wünschen und Vorstellungen der Auftraggeber durch die Hofkünstler erstellt, so bei der Serie „Die Jagden Maximilians" durch Bernard van Orley. Die Kartons für die „Eroberung von Tunis" entwarf Jan Cornelisz Vermeyen, der den Kaiser auf seiner Campagne begleitet und die Ereignisse als Augenzeuge miterlebt und skizziert hatte. Auf der „Einnahme von Goleta" ist er als zeichnender „Kriegsberichterstatter" mitten unter dem Kriegsvolk zu sehen. Der Auftrag ging vom Kaiser aus, doch die Oberaufsicht über das gigantische Projekt führte Maria, die ihren Bruder über den Fortgang der Arbeit brieflich auf dem laufenden hielt. 1548 begann in der Brüsseler Manufaktur von Willem de Pannemaker, der sich als bevorzugter Weber Karls V. *tapissier de sa majesté* nennen durfte, die Arbeit. Pannemaker war vertraglich verpflichtet, an jeder in Angriff genommenen Tapisserie gleichzeitig sieben Weber zu beschäftigen, die täglich und unaufhörlich zu arbeiten hatten, damit die Teppiche so schnell wie möglich fertig würden. Er nahm dann so viele zusätzliche Arbeitskräfte auf, daß er gegen alle Zunftregeln verstieß und sich dadurch den Neid und die Verärgerung der übrigen Manufakturbesitzer zuzog, bis der Kaiser mittels Erlaß verfügte, daß jegliche Aktionen gegen Pannemaker zu unterlassen seien. Sechs Jahre nach Unterzeichnung des Vertrages waren die zwölf riesigen Tapisserien mit einer Höhe von 5,25 und Längen von 7 bis 9,80 Meter fertiggestellt. Am 21. April 1554 bestätigten vier bekannte Geschworene und Doyens der Brüsseler Weberzunft, die zwölf Tapisserien des Willem de Pannemaker, darstellend den Feldzug nach Tunis und die siegreiche Eroberung, genauestens überprüft und als tadellos gewebt befunden zu haben. Am 3. Juli brachte Pannemaker die neuen Teppiche persönlich nach England, wo sie bei der Vermählung Don Philipps mit Mary Tudor verwendet wurden. Am 15. September schaffte sie Pannemaker wieder in die Niederlande zurück, wo sie von Dezember 1554 bis Januar 1555 in Antwerpen blieben und während des Generalkapitels des Ordens vom Goldenen Vlies die Kathedrale schmückten. 1556 wurden sie nach Spanien verschifft, von den zwölf Stücken der *editio princeps* sind heute noch zehn erhalten.

Die Geschichte der Kartons des Tunisfeldzuges und vor allem ihr Weg nach Wien ist nicht ganz geklärt. 1595 schienen sie in einem Nachlaßinventar des verstorbenen Statthalters Erzherzog Ernst auf (zweiter Sohn Kaiser Maximilians II.), 1712 befanden sie sich bereits in Wien, wo im Auftrag Kaiser Karls VI. zwischen der kaiserlichen Hofkammer und Jodocus de Vos, *tappezereifabrikanten und kaufmann in der statt Brüssel,* ein Vertrag abgeschlossen wurde. Demgemäß sollte der Weber nach den alten Vorlagen eine neue Serie herstellen, *nachdem man ihme dise abriß wolleingemachter consigniret und darzu einen wagen, damit er solche nacher Brüssel und wiederumb anhero zuruckh führen khönne.* Da die Manufaktur mit Aufträgen prominenter Besteller überhäuft war (Vos arbeitete auch für den Herzog von Marlborough, für August den Starken von Sachsen-Polen und für den Kurfürsten Max Emanuel von Bayern), dauerte es bis zur Fertigstellung der Tunis-Serie neun Jahre. Alle zehn Teppiche befinden sich heute in der Tapisseriensammlung des Kunsthistorischen Museums in Wien.[154]

Zusammenfassend kann über das Mäzenat der Maria von Ungarn gesagt werden, daß die bildenden Künste nach ihrem Verständnis vor allem der Repräsentation zu dienen hatten, der Darstellung von Macht und Pracht, von Würde und Verherrlichung des Herrscherhauses und seines universalen Anspruchs. Dabei verfügte sie über einen sicheren Geschmack, legte Wert auf höchste Qualität und befand sich stets auf der Höhe ihrer Zeit. In ihrer privaten Sphäre zog sie eine einfachere Umgebung vor, was sowohl in der Einrichtung ihrer Appartements (in Brüssel, Binche und Mariemont) wie auch in ihrer Kleidung zum Ausdruck kam. Selbst die „repräsentative" Bronzestatue des Leone Leoni zeigt sie in ihrer üblichen, schlichten Witwentracht, die sie nur ablegte, wenn sie auf die Jagd ritt.

QUELLEN UND LITERATUR

Ackerl, Isabella: König Matthias Corvinus, Ein Ungar, der in Wien regierte, Wien 1985.

Ackerl, Isabella: Die Chronik der Stadt Wien, Wien 1988.

Albéri, E.: Relazioni degli Ambasciatori Veneti al Senato, Florenz 1839–1841.

Ankwicz-Kleehoven, H.: Der Wiener Humanist Johannes Cuspinian. Graz-Köln 1959.

Bak, János M./Király, Béla K. (Hg): From Hunyadi to Rákóczi, War and Society in Late Medieval and Early Modern Hungary, in: War and Society in Eastern Central Europe, Vol. III, Brooklyn, N. Y. 1982.

Bauer, W. (Hg.): Die Korrespondenz Ferdinands I., I: Familienkorrepondenz bis 1526. Veröffentlichungen der Kommission für Neuere Geschichte Österreichs, 11, Wien 1912.

Bauer, W./ Lacroix, R. (Hg.): Die Korrespondenz Ferdinands I., II/1, 1527–1528; II/2, 1529–1530, Veröffentlichungen der Kommission für Neuere Geschichte Österreichs, 30 u. 31, Wien 1937 u. 1938.

Baumann, Uwe: Heinrich VIII., Reinbek bei Hamburg 1991.

Böhme, Franz Magnus: Altdeutsches Liederbuch, Leipzig 1877.

Bolte, Johannes: Königin Maria von Ungarn und die ihr zugeeigneten Lieder, in: Zeitschrift für deutsches Altertum, 35, Leipzig 1891.

Brandi, Karl: Kaiser Karl V., München 1937.

Brantôme, Seigneur de (Pierre de Bourdeille): Das Leben der galanten Damen, übers. v. Georg v. Harsdoerffer, 2 Bde., Frankfurt am Main 1981.

Brouwer, Johan: Johanna die Wahnsinnige, München 1978.

Burgführer Tata, Budapest 1989.

De Boom, Ghislaine: Éléonore d'Autriche, Bruxelles 1943.

De Boom, Ghislaine: Marie de Hongrie, Bruxelles 1956.

Dehio-Handbuch Wien, 1954.

De Jongh, Jane: Mary of Hungary, London 1959.

Dietrich, Margret: Chelidonius' Spiel „Voluptatis cum Virtute disceptatio", in: Maske und Kothurn, 5 (1959).

Domke, Helmut: Burgund, München 1966.

Domke, Helmut: Spaniens Norden, München 1993.

Domke, Helmut: Flandern, München 1964.

Duda, Sybille/Pusch, Luise F. (Hg.): Wahnsinnsfrauen, Frankfurt am Main 1992.

Erasmus von Rotterdam: Colloquia familiaria/Vertraute Gespräche, lateinisch u. deutsch v. Herbert Rädle, Stuttgart 1976.

Erasmus von Rotterdam: Fürstenerziehung, lateinisch und deutsch, hg. u. übers. v. Anton J. Gail, Paderborn 1968.

Faber, Gustav: Spaniens Mitte, München 1982.

Fernández Alvarez, Manuel: Imperator Mundi, Karl V., Kaiser des Heiligen Römischen Reiches Deutscher Nation, Zürich 1977.

Fraknói, W.: Ungarn vor der Schlacht von Mohács, Budapest 1886.

Fraser, Antonia: The Six Wives of Henry VIII, London 1993.

Fraser, Antonia: The Warrior Queens, London 1988.

Gatt, Anneliese: Der Innsbrucker Hof zur Zeit Kaiser Maximilians I., Diss., Innsbruck 1943.

Giardini, Cesare: Don Carlos, Infant von Spanien, München 1994.

Gorter-van Royen, Laetitia V. G.: Karl V., Maria von Ungarn und Ferdinand von Österreich. Funktionalität des dynastischen Systems Karls V. an Hand der Geschehnisse im Jahre 1532, ungedr. Diplomarbeit, Wien 1984.

Gorter-van Royen, Laetitia V. G.: Maria van Hongarije, regentes der Nederlanden, Een politieke analyse op basis vanhaar regentschapsordonnanties es haar correspondentie met Karel V., Diss., Leiden, Hilversum 1995.

Gorys, Erhard: Tschechoslowakei, Köln 1990.

Grant Michael/Hazel John: Lexikon der antiken Mythen und Gestalten, München 1976.

Grimme, Ernst Günther: Belgien – Spiegelbild Europas, Köln 1990.

Grote, Hermann: Stammtafeln, Leipzig 1877.

Grote, Ludwig: „Hier bin ich ein Herr" – Dürer in Venedig, München 1956.

Guerdan, René: Franz I., König der Renaissance, Frankfurt am Main 1978.

Habsburg, Otto von: Karl V., Kaiser für Europa, Wien 1990.

Hamann, Brigitte: Die Habsburger, Ein biograpisches Lexikon, Wien 1988.

Hausmann, Wilfried: Das Tal der Loire, Köln 1984.

Heiss, Gernot: Königin Maria von Ungarn und Böhmen (1505–1558). Ihr Leben und ihre wirtschaftlichen Interessen in Österreich, Ungarn und Böhmen, Diss., Wien 1971.

Herberstein, S. von: Selbstbiographie 1486–1533, in: Österreichische Geschichtsquellen, I, Wien 1855.

Herzogenberg, Johanna Baronin von: Prag, München 1966

Hispania-Austria, die Katholischen Könige, Maximilian I. und die Anfänge der Casa de Austria in Spanien. Katalog der Ausstellung in Schloß Ambras, Innsbruck 1992.

Huizinga, Johan: Burgund, Darmstadt 1952.

Huizinga, Johan: Erasmus, Reinbek bei Hamburg 1993.

Keilhauer, Anneliese: Ungarn, Kultur und Kunst im Land der Magyaren, Köln 1991.

King, Margret L.: Frauen in der Renaissance, München 1993.

Kircher, Nora: Die Donau in Mythen, Märchen und Erzählungen, München 1988.

Knaurs Kulturführer, Deutschland, München 1976.

Knaurs Kulturführer, Wachau – Nibelungengau – Waldviertel, München 1985.

Koller, Gerda: Die Hochzeit Ferdinands I. in Linz, in: Linz aktiv, 24 (1967).

Kühnel, Harry: Die Hofburg, Wien-Hamburg 1971.

Kühner, Hans: Das Imperium der Päpste, Frankfurt am Main 1980.

Kunz, Wolfgang: Morgen Augsburg, Literarisches Porträt einer Stadt, München 1993.

Le Glay, M.: Correspondance de l`empereur Maximilien Ier et de Marguerite d'Autriche sa fille, Gouvernante des Pays Bas, 2 Bde., Paris 1845.

Leithe-Jasper, Manfred: Antiquitäten-Lexikon, Hamburg 1980.

Leithe-Jasper, Manfred (Hg.): Zu Gast in der Kunstkammer, Katalog der Ausstellung, Wien 1991.

Leitner, Thea: Habsburgs verkaufte Töchter, Wien 1987.

Libal, Wolfgang: Ungarn, München 1985.

Liliencron, Rochus von: Die historischen Volkslieder der Deutschen, Bd. 3, Leipzig 1867.

Lilje, Hanns: Luther, Reinbek bei Hamburg 1965.

Loesche, Georg: Die evangelischen Fürstinnen im Hause Habsburg, Leipzig 1903.

Luchner, Laurin: Tirol von Kufstein bis Landeck, München 1987.

Luther, Martin: Vier tröstliche Psalmen an die Königin von Ungarn, in: Kritische Gesamtausgabe, Bd. 19, Weimar 1897.

Maier, Dieter/Lessing, Erich: Die Donau, Erlangen 1993.

Marot, Clément: Oeuvres complètes, Paris 1879.

Matthias Corvinus und die Renaissance in Ungarn. Katalog der Ausstellung auf der Schallaburg 1982.

Meißinger, Otto: Die historische Donauschiffahrt, Holzschiffe und Flöße, Melk 1990.

Meyers Großes Konversations-Lexikon, Leipzig und Wien, 1904.

Molinet, Jean: Croniques, Bd. 1–5, Paris 1827–1828.

Morris, Christopher: The Tudors, in: The British Monarchy, Bd. 3, Glasgow 1976.

Nette, Herbert: Karl V., Reinbek bei Hamburg 1979.

Oberhammer, Vinzenz: Die Bronzestatuen am Maximiliansgrabmal in Innbruck, Innsbruck 1955.

Oberleitner, K.: Österreichs Finanzen und Kriegswesen unter Ferdinand I., in: Archiv für Kunde Österreichischer Geschichtsquellen, XXII, Wien 1860.

Oláh, Nicolaus (Miklós): Codex Epistolaris MDXXVI–MDXXXVIII, in: Monumenta Hungariae historica, ser. dipl., XXV, Budapest 1876.

Ortvay, Theodor: Geschichte der Stadt Preßburg, 7 Bde., Preßburg 1892–1912.

Ortvay, Theodor: Maria von Habsburg, die Gattin König Ludwigs II. von Ungarn, in: Ungarische Rundschau für historische und soziale Wissenschaften, Bd. 2, München-Leipzig 1913.

Ortvay, Tivadár: Mária, II. Lajos Magyar Király Neje (1505–1558), Budapest 1914.

Pastor, L. (Hg.): Die Reise des Kardinals Luigi d'Aragona durch Deutschland, die Niederlande, Frankreich und Oberitalien, 1517–1518, beschrieben von Antonio de Beatis, Freiburg i. Breisgau 1905.

Pérez, Joseph: Ferdinand und Isabella, München 1989.

Pesendorfer, Franz: Lothringen und seine Herzöge, Graz-Wien-Köln 1994.

Pierson, Peter: Philipp II., Vom Scheitern der Macht, Graz-Wien-Köln 1985.

Pirenne, Henri: Geschichte Belgiens, Bd. 3, Gotha 1907.

Poiret, Marie-Françoise: Le Monastère de Brou, Le chef-d'oeuvre d'une fille d'empereur, Paris 1994.

Propyläen Weltgeschichte, Eine Universalgeschichte, hg. von Golo Mann und August Nitschke, Frankfurt am Main-Berlin, 1991.

Reifenscheid, Richard: Die Habsburger in Lebensbildern, Graz-Wien-Köln 1982.

Ridley, Jasper: Heinrich VIII., München 1993.

Schubert, Eva/Kohler, Alfred (Hg.): Tiroler Ausstellungsstraßen, Maximilian I., Mailand 1996.

Schwarzenberg, Karl Fürst: Die Sankt Wenzels-Krone, Wien 1982.

Simányi, Tibor: Er schuf das Reich, Ferdinand von Habsburg, Wien-München 1987.

Sokop, Brigitte: Stammtafeln europäischer Herrscherhäuser, Wien-Köln-Graz 1976.

Spruyt, Bart Jan: Mary of Hungary and Religious Reform, in: The English Historical Review, No. 431, April 1994.

Stoegmann, K.: Über die Briefe des Andrea da Burgo, in: Sitzungsberichte der kaiserlichen Akademie der Wissenschaften, Phil.-Hist. Classe 24 (1857).

Stadtchronik Wien, 2000 Jahre in Daten, Dokumenten und Bildern, Wien-München 1986.

Stangerup, Helle: Prinzessin Christine, Düsseldorf und Wien 1994.

Stein, Werner: Der große Kulturfahrplan, Die wichtigsten Daten der Weltgeschichte, München-Berlin 1993.

Stemmler, Theo: Heinrich VIII., Ansichten eines Königs, Frankfurt am Main-Leipzig 1991.

Stenzel, Gerhard: Niederösterreich, Geschichte und Kultur in Bildern und Dokumenten, Salzburg 1982.

Stracke, W.: Die Anfänge der Königin Maria von Ungarn, späteren Statthalterin Karls V. in den Niederlanden, Diss., Göttingen 1940.

Sutter-Fichtner, Paula: Ferdinand I., Wider Türkennot und Glaubensspaltung, Graz-Wien-Köln 1986.

Tamussino, Ursula: Kinder der Liebe, Berühmte Bastarde, Wien 1994.

Tamussino, Ursula: Margarete von Österreich, Diplomatin der Renaissance, Graz-Wien-Köln 1995.

Tiroler Tageszeitung, Sonderbeilage vom 31. Mai 1996/Nr. 125.

Tischer, Sabine: Tizian und Maria von Ungarn, Diss., Tübingen 1992, Wien-Frankfurt 1994.

Van den Boogert, Bob/Kerkhoff Jacqueline/ Koldeweij, A. M. (Hg.): Maria van Hongarije, Koningin tussen keizers en kunstenaars, Tentoonstellingscatalogus Rijksmuseum Het Catharijneconvent, Utrecht, en het Noordbrabants Museum, 's-Hertogenbosch 1993.

Wackernagel, Carl Ed. Ph.: Das deutsche Kirchenlied, Bd. 3, Leipzig 1864–1877.

Wagener, Hans: Erläuterungen und Dokumente zu Goethes Egmont, Stuttgart 1974.

Wandruszka, Adam: Das Haus Habsburg, Geschichte einer europäischen Dynastie, Freiburg i. Br. 1968.

Weiss, M. Ch. (Hg.): Papiers d'État du Cardinal de Granvelle, 9 Bde., Paris 1841–1843.

Wien 1529, Die erste Türkenbelagerung, Katalog der Ausstellung im Historischen Museum der Stadt Wien, 1979/80.

Wiesflecker, Hermann: Maximilian I., 5 Bde., Wien 1971–1986.

Wiesflecker, Hermann: Kaiser Maximilian, einbändige Ausgabe, Wien und München 1991.

Wolfram, Herwig/Thomas, Christiane (Hg.): Die Korrespondenz Ferdinands I., III, 1531 und 1532, Kommission für Neuere Geschichte Österreichs, 58, Wien 1985

Zimmermann, Heinrich: Geschichte der Stadt Wien, Wien 1900.

Bei Originalzitaten wurde die originale Rechtschreibung beibehalten; Übersetzungen stammen, wenn nicht anders angegeben, von der Autorin.

ZEITTAFEL

1496	21. August:	Hochzeit Philipps des Schönen mit Juana von Kastilien in Lier
1498	15. November:	* Erzherzogin Eleonore in Brüssel
1500	24. Februar:	* Karl (V.) in Gent
1501	18. Juli:	* Erzherzogin Isabella in Brüssel
		November: Philipp und Juana reisen nach Spanien
1503	10. März:	*Ferdinand (I.) in Alcalá de Henares
1504	26. November:	† Isabella von Kastilien
		Erzherzog Philipp nimmt den Titel eines Königs von Kastilien an
1505	17. September:	* Erzherzogin Maria in Brüssel
1506	Januar:	Reise Philipps und Juanas nach Spanien
		Beginn des Neubaus der Peterskirche, Finanzierung u. a. durch den Ablaßhandel
		Leonardo malt die „Mona Lisa"
	20. März:	Geheimer Doppelheirats- und Erbvertrag zwischen König Maximilian und König Wladislaw II. Jagiello (Wiener Neustadt)
	21. Mai:	† Christoph Columbus in Valladolid
	1. Juli:	* Ludwig von Ungarn in Ofen/Buda, Tod seiner Mutter Anne de Foix
	25. September:	† Philipp in Burgos, Fernando de Aragón fordert und erhält die Regentschaft für Karl auf Grund der Regierungsunfähigkeit Juanas
1507	14. Januar:	* Erzherzogin Katharina (nachgeborene Tochter Philipps des Schönen) in Torquemada
	18. März:	König Maximilian überträgt seiner Tochter Margarete die Statthalterschaft in den Niederlanden und die Vormundschaft über die Kinder Philipps
1508		Maximilian nimmt mit Genehmigung von Papst Julius II. den Titel „Erwählter Römischer Kaiser" an
		Michelangelo beginnt mit den Fresken in der Sixtinischen Kapelle
		Dezember: Frieden von Cambrai zwischen Kaiser Maximilian und Ludwig XII. von Frankreich
1509		† Heinrich VII. von England, Heinrich VIII. König, Hochzeit mit Katharina de Aragón
		Erasmus von Rotterdam: „Lob der Torheit"

1510		† Bianca Maria Sforza (zweite Gemahlin Maximilians)
1511		Kopernikus: „Commentariolus" (Grundlage des heliozentrischen Weltbildes)
1513	5. April:	Liga von Mecheln gegen Frankreich (Papst, Maximilian, Heinrich VIII., Fernando de Aragón)
		† Julius II. della Rovere, Leo X. Medici Papst
1514	Mai:	Erzherzogin Maria reist von Mecheln nach Wien
1515	1. Januar:	† Ludwig XII., Franz I. König von Frankreich
	5. Januar:	Großjährigkeitserklärung Erzherzog Karls
		Ende der ersten Statthalterschaft Margaretes
	16. Juli:	Kaiser Maximilian empfängt die „Könige des Ostens" bei Trautmannsdorf a. d. Leitha
	17.–29. Juli:	„Wiener Kongreß"
	22. Juli:	Doppelhochzeit in St. Stephan (Maria und Ludwig, Anna und Maximilian als Stellvertreter für einen seiner Enkel)
	12. August:	Erzherzogin Isabella heiratet König Christian II. von Dänemark
	13./14. September:	Franz I. besiegt die Eidgenossen bei Marignano
1516	23. Januar:	† Fernando de Aragón, Karl (I.) König von Spanien
	13. März:	† Wladislaw II. von Ungarn, Ludwig II. König
		Abreise der Königinnen Maria und Anna nach Innsbruck
1517	Januar:	Maximilian in den Niederlanden
		Ankunft der Königinnen in Innsbruck
		Reise König Karls von den Niederlanden nach Spanien
		Beginn der zweiten Statthalterschaft Margaretes
	31. Oktober:	Wittenberg: Veröffentlichung der Thesen Martin Luthers
1518	Januar bis Mai:	Maximilian in Innsbruck (Ausschußlandtag)
	Juni bis Oktober:	Reichstag zu Augsburg; Albrecht Dürer zeichnet Maximilian
	September bis Oktober:	Maximilian in Innsbruck
	November:	Abreise Maximilians
1519	12. Januar:	† Maximilian in Wels
	3. Februar:	Beisetzung Maximilians in Wr. Neustadt
	28. Juni:	Königswahl Karls V. in Frankfurt
1520		Beginn der ersten Weltumsegelung durch Fernão de Magalhães
		Luther verbrennt die päpstliche Bulle und veröffentlicht seine drei großen Reformationsschriften
	22. Oktober:	Krönung Karls V. in Aachen
		† Selim I. „der Strenge", Süleyman II. „der Große" Sultan des osmanischen Reiches
		* Pieter Brueghel d. Ä., † Raffael
1521	Januar bis Mai:	Reichstag zu Worms, Rede Luthers vor Karl V.
		Reichsacht über Luther; Luther beginnt auf der Wartburg mit der Bibelübersetzung
		Erzherzog Ferdinand erhält die landesherrlichen Rechte an den fünf österreichischen Herzogtümern
	14. Mai:	Abreise der Königinnen Maria und Anna aus Innsbruck

26. Mai:	Hochzeit Ferdinands und Annas in Linz
	Abreise Marias nach Ungarn (zu Schiff auf der Donau)
11. Juli:	Ankunft Marias in Buda
29. August:	Eroberung Belgrads durch die Türken
10. Dezember:	Ludwig II. leistet in Stuhlweißenburg den Ständen den Eid und erhält die Regierungsgewalt
11. Dezember:	Krönung Marias in Stuhlweißenburg
	Nach der Vernichtung des Aztekenreiches wird Hernán Cortez Statthalter in Mexico

1522 13. Januar: Hochzeit Ludwigs II. und Marias in der Liebfrauenkirche zu Buda
                    Reise nach Böhmen und Mähren
     29. Mai: Krönung Marias im Veitsdom zu Prag
                    Reise Karls V. nach Spanien in Begleitung von Erzherzogin Eleonore
                    † Leo X., Hadrian VI. Floriszoon Papst

1523 27. April: Rückkehr Ludwigs und Marias nach Buda
                    † Hadrian VI., Clemens VII. Medici Papst
                    Hans Sachs: „Die Wittenbergisch Nachtigall" (Gedicht auf Martin Luther)
     Oktober: Ludwig und Maria treffen in Wr. Neustadt Ferdinand und Anna

1524   Beginn des Bauernkriegs in Deutschland
                    † Vasco da Gama, Entdecker des Seeweges nach Indien (um Afrika)

1525   Luther: „Wider die räuberischen und mörderischen Rotten der Bauern"
     24. Februar: Sieg der Kaiserlichen über die Franzosen bei Pavia, Gefangennahme Franz I.
     April bis Juni: Niederwerfung der Bauernaufstände in Deutschland durch die Fürsten
                    Erzherzogin Katharina verläßt Tordesillas, um König João III. von Portugal zu heiraten
                    Albrecht von Brandenburg, ehem. Hochmeister des Deutschen Ritterordens, verwandelt den preußischen Ordensstaat in ein protestantisches Herzogtum Preußen
                    * Giovanni Pierluigi Palestrina

1526 14. Januar: Vertrag von Madrid zwischen Karl V. und Franz I.
     10. März: Hochzeit Karls V. mit Isabella von Portugal (Tochter Manoels I. von Portugal)
     23. April: Aufbruch des osmanischen Heeres unter Sultan Süleyman
     20. Juli: König Ludwig II. verläßt Buda, um sich zur Armee zu begeben
      4. August: Fall Peterwardeins
     23. August: Ankunft des osmanischen Heeres vor Mohács
     29. August: Vernichtung des ungarischen Heeres, Ludwig II. kommt auf der Flucht ums Leben

	31. August:	Maria verläßt Buda und flieht Richtung Preßburg (Ankunft am 3. September)
	22. Oktober:	Wahl Erzherzog Ferdinands zum König von Böhmen
	10./11. November:	Wahl und Krönung János Zápolyas in Stuhlweißenburg
	17. Dezember:	Wahl Ferdinands zum König von Ungarn in Preßburg
1527	24. Februar:	Krönung Ferdinands zum König von Böhmen
	6. Mai:	Beginn des „Sacco di Roma"
	21. Mai:	* Philipp (II.) in Valladolid
	31. Juli:	* Maximilian (II.) in Wien
		Ferdinand rückt mit seinen Truppen in Ungarn ein (Rückzug Zápolyas)
	20. August:	Einzug Ferdinands in Buda
	1. November:	Martin Luther widmet der Königinwitwe von Ungarn „Vier tröstliche Psalmen"
	3. November:	Krönung Ferdinands in Stuhlweißenburg in Anwesenheit Annas und Marias
1528		Bruch des Vertrags von Madrid durch Franz I., Kriegserklärung an Karl V.
		† Albrecht Dürer
		Die Kaiserlichen schlagen die Franzosen in Ober- und Unteritalien
		Blutige Streitigkeiten in Ungarn zwischen den Anhängern Ferdinands von Habsburg und János Zápolyas
1529	10. Mai:	Sultan Süleyman bricht von Istanbul aus zum „Heiligen Krieg" gegen die Ungläubigen auf
	März bis April:	Reichstag zu Speyer, Erneuerung des Wormser Edikts gegen die Reformation, Protest der evangelischen Stände („Protestanten")
	5. August:	„Damenfrieden von Cambrai" (Margarete von Österreich und Louise von Savoyen) zwischen Karl V. und Franz I.
	28. August:	Linz: Manifest König Ferdinands an die „gesamte Christenheit" mit der Bitte um Hilfe gegen die Türken
		Sultan Süleyman empfängt auf dem Schlachtfeld von Mohács János Zápolya
	25. September:	Die Türken vor Wien
	9., 11. und	
	14. Oktober:	Die Türken versuchen vergeblich, die Stadt zu erstürmen
	15. Oktober:	Abbruch der Belagerung und Abzug
		Ferdinands Truppen besetzen einige westungarische Städte
1530	24. Februar:	Krönung Karls V. durch Papst Clemens VII. in Bologna (letzte Krönung eines Imperator electus durch den Papst)
	4. Mai:	† Niklas Graf Salm
	4. Juni:	Innsbruck: Zusammentreffen der Geschwister Karl, Ferdinand und Maria
	5. Juni:	† Mercurino di Gattinara
	25. Juni:	Philipp Melanchthon legt Karl V. in Augsburg die „Confessio Augustana" vor

		Hochzeit von Franz I. mit Eleonore, der verwitweten Königin von Portugal
	30. November:	† Margarete von Österreich in Mecheln, vorläufige Beisetzung im Kloster der Annonciaden zu Brügge (Überführung nach Brou/Bourg en Bresse 1532)
1531	3. Januar:	Karl V. ersucht Maria von Ungarn per Handschreiben, die Statthalterschaft in den Niederlanden zu übernehmen
	5. Januar:	Wahl Ferdinands zum deutschen König
	11. Januar:	Krönung Ferdinands I. in der Pfalzkapelle zu Aachen
	10. Februar:	Maria reist von Krems über Linz, Regensburg und Frankfurt in die Niederlande
	27. Februar:	Die protestierenden Fürsten und Städte schließen den Bund von Schmalkalden
	5. Juli:	Karl V. stellt der Ständeversammlung in Brüssel seine Schwester Maria als neue Statthalterin vor
		Erscheinen des „Halleyschen" Kometen
1532		Machiavellis „Il Principe" erscheint im Druck
		* Orlando di Lasso
		„Peinliche Halsgerichtsordnung" (Carolina) Karls V., enthält Anfänge einer gerichtlichen Medizin, sieht aber auch Folter zur Erzwingung von Geständnissen vor
	Juni:	Neuerliches Vorrücken der Türken in Richtung auf die österreichischen Länder
		Karl und Ferdinand bemühen sich am Reichstag zu Regensburg um Türkenhilfe
		Revolte in Brüssel, Maria zieht sich nach Binche und Mons zurück
	Juli/August:	Religionsfriede, Aufbruch der Reichstruppen donauabwärts
	7.–28. August:	Belagerung von Güns durch die Türken, Abbruch der Belagerung und Rückzug der Türken
	23. September:	Karl und Ferdinand ziehen als „Sieger" in Wien ein
1533		Maria kehrt nach Brüssel zurück
	11. März:	Christine von Dänemark verläßt Brüssel, um in Mailand Herzog Francesco Sforza zu heiraten
		Heinrich VIII. heiratet Anne Boleyn
		* Elisabeth (I.), * Wilhelm von Nassau-Oranien
		Francisco Pizarro vollendet in Peru die Zerstörung des Inka-Reiches
1534		François Rabelais: „Gargantua und Pantagruel"
		Heinrich VIII. trennt sich von Rom und begründet die Anglikanische Staatskirche
		Reich der „Wiedertäufer" in Münster (Johan van Leyden)
		† Clemens VII., Paul III. Farnese Papst
		† Francesco Sforza
		Franz I. erhebt Anspruch auf Mailand und besetzt Savoyen
1535		Karl V. siegt vor Tunis (Erstürmung von Goleta am 15. Juli)

		Rückeroberung von Münster, Hinrichtung Johans van Leyden
		† Thomas Morus (wegen Eidesverweigerung auf Heinrich VIII. hingerichtet)
		Zusammentreffen der Schwestern Eleonore und Maria in Cambrai
1536		† Katharina von Aragón (erste Gemahlin Heinrichs VIII.)
		† Anne Boleyn (zweite Gemahlin Heinrichs VIII. hingerichtet)
		Hochzeit Heinrichs VIII. mit Jane Seymour
		† Erasmus von Rotterdam
		Erfolgloser Feldzug Karls V. in der Provence
1537		* Edward (VI.), † Jane Seymour
		Angriff von Franz I. auf die Niederlande
		Rückzug der Franzosen, Waffenstillstand von Bomy (30. Juni)
		Beginn der Genter Rebellion
1538	18. Juni:	Über Vermittlung Papst Pauls III. Waffenstillstand von Nizza zwischen Karl V. und Franz I.
	Juli:	Treffen der Monarchen in Aigues-Mortes
	September:	Maria von Ungarn und Christine von Mailand als Gäste von Franz I. und Eleonore in Compiègne
		Johannes Calvin wegen unbequemer Sittenstrenge aus Genf ausgewiesen
		† Albrecht Altdorfer
1539	1. Mai:	† Kaiserin Isabella in Toledo
		Reise Karls V. von Spanien über Frankreich in die Niederlande
1540		* Pierre Bourdeille, Seigneur de Brantôme
	14. Februar:	Einzug Karls V. in Gent
		Gericht über die Rebellen
	30. April:	Verkündung der „Concessio Carolina", des neuen fürstlichen Statuts
	10. Juli:	Christine von Mailand heiratet in Brüssel Franz von Lothringen
	29. Juli:	Reichstag zu Regensburg schließt ohne greifbares Ergebnis in der Konfessionsfrage
	11. Oktober:	Belehnung Don Philipps mit dem Herzogtum Mailand
		Heinrich VIII. heiratet Anna von Cleve, Scheidung, heiratet Catherine Howard
1541		† Francisco Pizarro (ermordet)
	29. August:	Türken besetzen Ofen/Buda (bis 1699 türkisch)
		Karl V. scheitert vor Algier
		Ignatius von Loyola erster General der Jesuiten
		* El Greco
		† Paracelsus
		† Catherine Howard (hingerichtet)
1542		Bedrohung der Niederlande durch Frankreich, Dänemark und Cleve/Geldern
		Maarten van Rossem zieht sengend und brennend durch Brabant
		Ende August: Fall Luxembourgs

	September:	Rückzug der Franzosen
	November:	Niederlage der Schotten gegen die Engländer bei Solway Moss
	7. Dezember:	* Maria Stuart
	16. Dezember:	† James V., Maria Stuart Königin der Schotten
1543		Geheimvertrag zwischen Karl V. und Heinrich VIII.
	August:	Karl V. besiegt Wilhelm von Cleve, Geldern und Zutphen an die Niederlande
		Benvenuto Cellini: Goldenes Salzfaß für Franz I. (heute in Wien)
		Heinrich VIII. heiratet Catherine Parr
	Oktober/November:	Offensive gegen Frankreich, Rückzug der Franzosen
	15. November:	Philipp (II.) heiratet Maria von Portugal
1544		Neuerliche Offensive Karls V., Landung der Engländer in Boulogne
		Friede von Crépy zwischen Karl V. und Franz I.
		Vergleich mit dem König von Dänemark auf dem Reichstag zu Speyer
		* Torquato Tasso
1545		Calvin: Genfer Katechismus
		Luther: „Wider das Bapsttum zu Rom, gestifftet vom Teuffel", „Biblia Deudsch" (ganze Bibel letzter Hand)
	8. Juli:	Valladolid: * Don Carlos, † Maria von Portugal
		Beginn des Konzils zu Trient
1546		Reichstag zu Regensburg, letzter Versuch einer gütlichen Einigung mit den Protestanten scheitert, Karl V. verhängt die Reichsacht über Kursachsen und Hessen
		Beginn des „Schmalkaldischen Krieges" zwischen Karl V. und den evangelischen Fürsten
		† Martin Luther
		Michelangelo: Erster Entwurf für die Kuppel von St. Peter
1547		† Königin Anna, Gemahlin König Ferdinands
		† Heinrich VIII., Edward VI. König
		† Franz I., Heinrich II. König
	24. Februar:	Regensburg: * Don Juan de Austria (besiegt 1571 die Türken bei Lepanto)
	24. April:	Sieg Karls V. bei Mühlberg über die Schmalkaldischen, Gefangennahme der Führer
		Reichstag zu Augsburg
1548		Tizian in Augsburg (porträtiert alle anwesenden Habsburger) „Augsburger Interim"
		Burgundischer Vertrag (Rechtliche Stellung der Niederlande festgelegt)
		Beginn der Diskussion um die „spanische Sukzession" im Reich
	September:	Karl V. in Brüssel
	13. September:	Erzherzog Maximilian heiratet in Valladolid Doña Maria
	Dezember:	Empfang der Königinwitwe Eleonore von Frankreich

1549	März:	Don Philipp trifft in den Niederlanden ein
	22.–31. August:	Festlichkeiten in Binche und Mariemont zu Ehren Don Philipps
1550		† Paul III., Julius III. Ciocci del Monte Papst
		Giorgio Vasari: „Leben einiger berühmter Maler, Bildhauer und Baumeister"
		Adam Riese: „Rechnung nach der Lenge auff der Linihen und Feder"
1551	9. März:	Augsburg: „Hausvertrag" zwischen Karl V. und Ferdinand I. bezüglich der Nachfolge im Reich
	Oktober:	Vertrag zwischen den protestantischen Reichsfürsten und Heinrich II. von Frankreich
1552		Verrat des Kurfürsten Moritz von Sachsen, Flucht des Kaisers aus Innsbruck
		Heinrich II. nimmt die lothringischen Städte Metz, Toul und Verdun in Besitz und führt den minderjährigen Herzog Carl zur „Erziehung" nach Frankreich
		„Passauer Vertrag" zwischen den protestantischen Fürsten und Ferdinand I.
	November:	Karl V. vor Metz
1553	Januar:	Karl V. gibt die Belagerung auf und kehrt in die Niederlande zurück
		† Edward VI., Mary Tudor Königin („die Katholische" oder „die Blutige")
1554		Frühjahrsoffensive der Franzosen gegen die Niederlande
	Juli:	Heinrich II. beteiligt sich persönlich an der Zerstörung von Marias Schlössern
		Karl V. erhebt seinen Sohn Philipp zum König von Neapel
		Hochzeit König Philipps mit Mary Tudor in Winchester
1555	13. April:	† Juana von Kastilien in Tordesillas
	25. September:	„Augsburger Religionsfrieden"
	25. Oktober:	Karl V. dankt ab, Maria von Ungarn legt die Statthalterschaft nieder
		Ferdinand I. Nachfolger im Reich, Philipp II. Nachfolger in Spanien, Westindien, Neapel, Sizilien, Mailand und den Niederlanden
		† Julius III. und Marcellus II. Cervini, Paul IV. Caraffa Papst
		Palestrina: Missa Papae Marcelli
1556	5. Februar:	Vaucelles: Waffenstillstand mit Frankreich
	8. August:	Karl V. und seine Schwestern Eleonore und Maria verlassen Brüssel
	28. August:	Ankunft in Laredo
	10. Oktober:	Weiterreise nach Valladolid
1557	3. Februar:	Einzug Karls V. in sein Landhaus in Yuste
	10. August:	St. Quentin: Sieg der niederländisch-spanischen Armee über die Franzosen
	14. Dezember:	Letzter gemeinsamer Besuch Eleonores und Marias in Yuste

	15. Dezember:	Aufbruch der Königinnen nach Bajadoz
1558	18. Februar:	† Königin Eleonore in Talaveruela
	3.–16. März:	Letzter Besuch Marias in Yuste
	August:	Maria erklärt sich bereit, in die Niederlande zurückzukehren
	21. September:	† Karl V. in Yuste
	18. Oktober:	† Maria von Ungarn in Cigalés

ANMERKUNGEN

1   Johan Brouwer, Johanna die Wahnsinnige, S. 78 ff.
2   Ebenda, S. 86 f.
3   Jean Molinet, Chroniques, Bd. 5, S. 260 f.; Jane de Jongh, Mary of Hungary, S. 17 f.
4   de Jongh, Mary, S. 13 f.
5   Ursula Tamussino, Margarete von Österreich, S. 127.
6   Ebenda, S. 147 ff.
7   Hermann Wiesflecker, Maximilian I., einbändige Ausgabe, S. 125 f. (ab nun EA).
8   Hermann Wiesflecker, Kaiser Maximilian I., Bd. III, S. 321 ff.
9   Hans Ankwicz-Kleehoven, Der Wiener Humanist Johannes Cuspinian, S. 47 ff.
10 de Jongh, Mary, S. 31 ff.
11 Heinrich Zimmermann, Geschichte der Stadt Wien, Bd. II, S. 125; de Jongh, Mary, S. 34 ff.
12 Isabella Ackerl, Chronik der Stadt Wien, S. 54 ff.; Renata Kassal-Mikula, Architektur, Plastik und
    Malerei in Wien zur Zeit der ersten Türkenbelagerung, in: Wien 1529, Katalog der Ausstellung,
    Wien 1979/80, S. 47 f.
13 de Jongh, Mary, S. 35 f.
14 Ankwicz-Kleehoven, Cuspinian, S. 78 ff.
15 Margret Dietrich, Chelidonius' Spiel: „Voluptatis cum virtute disceptatio", Wien 1515, Versuch
    einer Rekonstruktion der Inszenierung, in: Maske und Kothurn 1959, Heft 5. Bezüglich des
    Datums nennt Margret Dietrich „einen der Tage zwischen dem 23. und 25. Februar 1515", da
    Kardinal Lang am 23. Februar in Wien eintraf und am 25. Februar wieder abreiste. Laut Ankwicz-
    Kleehoven (S. 80) setzte Lang seine Reise aber erst am 27. März fort, außerdem muß sich der
    Geburtstag Erzherzog Karls als besonders geeignet angeboten haben, noch dazu, wo er kurz davor
    zum Herzog proklamiert worden war, was Dietrich nicht erwähnt. Nach Spanien reiste Karl erst
    1517 (nicht 1515).
16 Wiesflecker, Maximilian, Bd. IV, S. 181 ff. (nach zeitgenössischen Berichten wie dem „Diarium" des
    Johannes Cuspinianus und dem Tagebuch des Danziger Bürgermeisters Eberhard Ferber).
17 Kassal-Mikula, in: Wien 1529, S. 47.
18 Ebenda, S. 195 ff.
19 M. Le Glay, Correspondance de l'empereur Maximilien Ier et de Marguerite d`Autriche sa fille,
    Gouvernante des Pays Bas, Bd. 2, S. 319 f., de Jongh, Mary, S. 35.
20 de Jongh, Mary, S. 44; Tamussino, Margarete, S. 196 f.; Gernot Heiß, Königin Maria von Ungarn
    und Böhmen, S. 6 f.
21 Anneliese Gatt, Der Innsbrucker Hof zur Zeit Kaiser Maximilians I. 1493 – 1519, S. 157 f.; Ludwig
    Grote, „Hier bin ich ein Herr" – Dürer in Venedig, S. 8.
22 Laurin Luchner, Tirol von Kufstein bis Landeck; Eva Schubert/Alfred Kohler (Hg.), Tiroler Aus-
    stellungsstraßen Maximilian I.; Wiesflecker, Maximilian, Bd. I , S. 363 ff.
23 Schubert/Kohler, Tiroler Ausstellungsstraßen; Maximilian I.; Sonderbeilage der Tiroler Tageszei-
    tung, 31. Mai 1996/Nr. 125.
24 Gatt, Innsbrucker Hof, S. 1 ff.

[25] Ebenda, Anhang II, S. 195 ff., nach Codex 2470 des damaligen Reichsgauarchivs Innsbruck, fol. 28–33 (1943).

[26] Laetitia V. G. Gorter-van Royen, Maria van Hongarije, S. 60; Schubert/Kohler, Tiroler Ausstellungsstraßen, S. 76 f.

[27] Urkunden und Regesten aus dem k. k. H. H. u. St. A., zit. bei de Jongh, Mary, S. 45 f.

[28] Pastor L. (Hg.), Die Reise des Kardinals Luigi d'Aragona durch Deutschland, die Niederlande, Frankreich und Oberitalien, 1517–18, beschrieben von Antonio de Beatis, S. 31; zit. bei de Jongh, Mary, S. 47.

[29] Wiesflecker, Maximilian, IV, S. 305 ff.; Heiß, Maria, S. 10 f.

[30] Wiesflecker, Maximilian, Bd. IV, S. 385 ff.; Zusammenfassung bei Tamussino, Margarete, S. 206 ff.

[31] Wiesflecker, Maximilian, Bd. IV, S. 420 ff.; Zusammenfassung. s. o.

[32] W. Bauer (Hg.), Die Korrespondenz Ferdinands I. bis 1526, Veröffentlichungen der Kommission für Neuere Geschichte Österreichs, 11, S. 10.

[33] Le Glay, Correspondance Bd. II, S. 413.

[34] Heiß, Maria, S. 15, Anm. 1 u. 2 (Eh. Margarete an Nassau; Regiment in Innsbruck an Franz v. Castalto, Missiven an Kaiser Karl).

[35] Tamussino, Margarete, S. 216 ff.

[36] Tibor Simányi, Er schuf das Reich Ferdinand von Habsburg, S. 49 f.; bei den „langwierigen Verhandlungen" handelte es sich um ein kompliziertes Hin- und Her, das bei Heiß genau nachzulesen ist (S. 14 f.).

[37] Heiß, Maria, S. 17 ff.; Bob van den Boogert/Jaqueline Kerkhoff; Maria von Hongarije; S. 50 f. (Porträts von Hans Maler), de Jongh, Mary, S. 55 ff.

[38] Simányi, Ferdinand, S. 55 f.; Gerda Koller, Die Hochzeit Ferdinands I. in Linz, in: Linz aktiv, 24 (1967), S. 19–26.

[39] de Jongh, Mary, S. 60 f.

[40] Otto Meißinger, Die historische Donauschiffahrt, S. 12 ff.; Gerhard Stenzel, Niederösterreich, S. 50 ff.

[41] Edward Brown (1786), zit. in: Nora Kircher (Hg.), Die Donau in Mythen, Märchen und Erzählungen, S. 152 f.

[42] Meißinger, Donauschiffahrt, S. 9 f; Dieter Maier/Erich Lessing, Die Donau, S. 86 f.

[43] Erhard Gorys, Tschechoslowakei, S. 296 ff.; Meyers Großes Konversations-Lexikon (1907).

[44] Maier/Lessing, S. 163 f.; Wolfgang Libal, Ungarn, S. 20 ff.

[45] Libal, Ungarn, S. 21 u. 94 ff.

[46] Heiß, Maria, S. 26 f.; de Jongh, Mary, S. 63 f.; Libal, Ungarn, S. 93 f.; Isabella Ackerl, König Matthias Corvinus, S. 103 f.

[47] Heiß, Maria, S. 27 f.; de Jongh, Mary, S. 65 ff.

[48] Sämtl. Zitate bei de Jongh, Mary, S. 65 ff.

[49] Ebenda, S. 68 ff.

[50] Heiß, Maria, S. 28 ff.; de Jongh, Mary, S. 71 f.; van den Boogert/Kerkhoff, Katalog, S. 54 f.

[51] de Jongh, Mary, S. 74 f.; Gorter-van Royen, Maria, S. 69; Wiesflecker, EA, S. 142.

[52] Heiß, Maria, S. 31.

[53] Gorter-van Royen, Maria, S. 79 f.

[54] Johanna Baronin Herzogenberg, Prag, S. 56 ff.

[55] de Jongh, Mary, S. 75 f.; Heiß, Maria, S. 32 ff.; Karl Fürst Schwarzenberg, Die Sankt Wenzels-Krone, S. 62.

[56] Instruktionen Ludwigs für Jakob Piso und Nikolaus Gerendy an Sigismund von Polen, zit. bei Heiß, Maria, S. 41 ff.

[57] Heiß, Maria, S. 45 ff.

[58] Ebenda, S. 51 ff.

[59] Burgführer Tata; Gorter-van Royen, Maria, S. 299.

[60] de Jongh, Mary, S. 78 ff.; Gorter-van Royen, Maria, S. 76 f.; van den Boogert/Kerkhoff, Katalog, S. 58 ff.

61 de Jongh, Mary, S. 83 ff.; W. Fraknói, Ungarn vor der Schlacht von Mohács, S. 121; Bart Jan Spruyt, Mary of Hungary and Religious Reform, in: The English Historical Review, No. 431, April 1994.

62 Heiß, Maria, S. 57 ff.; Simányi, Ferdinand, S. 123.

63 Heiß, Maria, S. 68 ff.; de Jongh, Mary, S. 89 ff.

64 Heiß, Maria, S. 110 ff.; de Jongh, Mary, S. 97 f.; Simányi, Ferdinand, S. 130 ff.

65 László M. Alföldi, The Battle of Mohács, 1526, in: From Hunyadi to Rákóczi, War and Society in late Medieval and early Modern Hungary, ed. by János M. Bak and Béla K. Király; Heiß, Maria, S. 113 f.; Zitate aus dem „Lied von Mohács" bei Simányi, Ferdinand, S. 151 f.

66 Libal, Ungarn, S. 282 f.; Anneliese Keilhauer, Ungarn, S. 312.

67 Heiß, Maria, S. 115 f.; de Jongh, Mary, S. 102 ff.; Libal, Ungarn, S. 284 u. 35; Marias Brief an Lamberg und der Bericht über die Türkengreuel im Original im Archiv für Kunde österr. Geschichtsquellen, Bd. XXII, S. 124 f.; Bericht des Feldhauptmanns bei Simányi, Ferdinand, S. 182 f.

68 Bauer/Lacroix, Korrespondenz I, S. 444.

69 de Jongh, Mary, S. 109 f.

70 Ebenda, S. 111 f.; Simányi, Ferdinand, S. 184.

71 Simányi, Ferdinand, S. 186 ff.

72 Ebenda.

73 Bauer/Lacroix, Korrespondenz, II, S. 9.

74 Ebenda, S. 22.

75 Heiß, Maria, S. 174 f.; Simányi, Ferdinand, S. 192 f.

76 Heiß, Maria, S. 178; Bauer/Lacroix, Korrespondenz II, S. 115.

77 Heiß, Maria, S. 178 f.; Simányi, Ferdinand, S. 194 f.

78 Bauer/Lacroix, Korrespondenz II, S. 165 u. 359 f.

79 Alle Briefzitate bei Bauer/Lacroix, Korrespondenz II.

80 Rochus von Liliencron, Die historischen Volkslieder der Deutschen vom 13.–16. Jh., S. 566 f.

81 Franz Magnus Böhme, Altdeutsches Liederbuch, S. 490.

82 Ebenda, S. 748.

83 Martin Luther, Kritische Gesamtausgabe, Bd. 19, S. 435 f.; Zitate der Psalmen nach Luthers Übersetzung.

84 Bauer/Lacroix, Korrespondenz II, S. 57 ff.; de Jongh, Mary, S. 121 ff.; Georg Loesche, Die evangelischen Fürstinnen im Hause Habsburg, S. 16 f.

85 Floridus Röhrig, Die Kirche am Beginn des 16. Jahrhunderts, in: Wien 1529, S. 59 f.; Stenzel, Niederösterreich, S. 156 f.

86 de Jongh, Mary, S. 123 f.

87 Ebenda, S. 125; van den Boogert/Kerkhoff, S. 109; Johan Huizinga, Erasmus, S. 214.

88 de Jongh, Mary, S. 127 ff.; Tamussino, Margarete, S. 135; Bauer/Lacroix, Korrespondenz II, S. 188 ff.

89 Zitat Ferdinand in: Richard Reifenscheid, Die Habsburger in Lebensbildern, S. 128.

90 Simányi, Ferdinand, S. 203 ff.; Günter Düriegl, Die erste Türkenbelagerung, in: Wien 1529, S. 7 ff.

91 Düriegel, Die erste Türkenbelagerung; Karl Teply, Wien in der türkischen Sage und Legende; Hans Bisanz, Wien 1529 – Vom Ereignis zum Mythos, alle in: Wien 1529; Stenzel, Niederösterreich, S. 160 f.; Dehio-Handbuch Wien, S. 75.

92 Heiß, Maria, S. 190 ff.; de Jongh, Mary, S. 132 f.; Bauer/Lacroix, Korrespondenz II, S. 518 ff.

93 Brandi, Kaiser Karl V., S. 252; Tamussino, Margarete, S. 196, 291 f. u. 204; Jasper Ridley, Heinrich VIII., S 138 f.; Theo Stemmler, Heinrich VIII., S. 22 f.

94 Tamussino, Margarete, S. 262 f.; Herbert Nette, Karl V., S. 74 f.; Wolfgang Kunz, Morgen Augsburg, Literarisches Porträt einer Stadt, S. 102 u. 214; Knaurs Kulturführer Deutschland.

95 Nette, Karl V., S. 73 f.; van den Boogert/Kerkhoff, Katalog; Korrespondenz II, S. 93 ff.

96 Nette, Karl V., S. 75; Brandi, Karl V., S. 261 f.

97 Heiß, Maria, S. 200 f.; Maria an Margarete, 7. Sept. 1530, HHStA Wien, zit. bei Gorter-van Royen, Maria, S. 116; Tamussino, Margarete, S. 10 u. 266 f.

[98] de Jongh, Mary, S. 135 f.; Bauer/Lacroix, Korrespondenz II, S. 633 ff.

[99] Brandi, Karl V., S. 263 ff.; Simányi, Ferdinand, S. 226 f.

[100] Knaurs Kulturführer, Wachau, S. 97 ff.

[101] Original im HHStA Wien, abgedr. in: K. Lanz (Hg.), Correspondenz des Kaisers Karl V., Bd. I (1513–1532), S. 416 ff.; Auszüge in englischer u. niederländischer Übersetzung bei de Jongh, Mary, S. 140 ff.; Gorter-van Royen, Maria, S. 117 f.

[102] Original im HHStA Wien (Belgien PA 24, fol. 122); Maria an Karl, Ende August 1555, zit. bei Heiß, Maria, S. 204.

[103] Heiß, Maria, S. 204 ff.; Gorter-van Royen, Maria, S. 123 f.

[104] de Jongh, Mary, S. 144 ff.; Tamussino, Margarete, S. 236 f.; Herwig Wolfram/Christiane Thomas (Hg.), Die Korrespondenz Ferdinands I., III, S. 121.

[105] Ernst Günther Grimme, Belgien, S. 77 ff.

[106] Henri Pirenne, Geschichte Belgiens, Bd. 3, S. 360 f.; Helmut Domke, Burgund, S. 342 ff.; Tamussino, Margarete, S. 54 u. 266.

[107] Tamussino, Margarete, S. 169 f.; Margret L. King, Frauen in der Renaissance, S. 188 f.; Pierre de Bourdeille, Seigneur de Brantôme, Das Leben der galanten Damen, Bd. II, S. 177 f.; Gorter-van Royen, Maria, S. 64 f.

[108] de Jongh, Mary, S. 150; Gorter-van Royen, Maria, S. 122.

[109] de Jongh, Mary, S. 152 f.; Gorter-van Royen, Maria, S. 124, 188 u. 210 f.; Heiss, Maria, S . 208; Tamussino, Kinder der Liebe, S. 84 f.; eine detaillierte Darstellung der Entwicklung des niederländischen Regentschaftssystems bei Gorter-van Royen, über die wirtschaftlichen Interessen und Besitzungen der Königin Maria von Ungarn in Österreich, Ungarn und Böhmen bei Heiss; Briefzitat aus einem Schreiben Karls an Ferdinand, in: Wolfram/Thomas, Korrespondenz, S. XXVI.

[110] de Jongh, Mary, S. 157.

[111] Ebenda, S. 158 f.

[112] Brandi, Karl V., S. 268 f.; de Jongh, Mary, S. 160 f.; Simányi, Ferdinand, S. 238 ff.; Wolfram/Thomas, S. 642.

[113] Harry Kühnel, Die Hofburg, S. 31 f.

[114] de Jongh, Mary, S. 158 ff.; Brandi, Karl V., S. 285 f.; Helle Stangerup, Prinzessin Christine, S. 64 ff.

[115] de Jongh, Mary, S. 172 ff.; Otto Habsburg, Karl V., S. 210 u. 232 f.; René Guerdan, Franz I., S. 293 f.; Nette, Karl V., S. 79 ff.

[116] de Jongh, Mary, S. 176 ff.; Brandi, Karl V., S. 320 f.

[117] de Jongh, Mary, S. 181 ff.; Brandi, Karl V., S. 323 f.; Nette, Karl V., S. 90; Antonia Fraser, The Six Wives of Henry VIII, S. 282 f. u. 288 ff.; Uwe Baumann, Heinrich VIII., S. 7.

[118] Brandi, Karl V., S. 344 ff.

[119] de Jongh, Mary, S. 188 ff.; Helmut Domke, Flandern, S. 216 f.; Brandi, Karl V., S. 344 ff.

[120] Brandi, Karl V., S. 351 f.; Manuel Fernández Alvarez, Imperator Mundi, S. 133 f.; Wilfried Hausmann, Das Tal der Loire, S. 130; Ghislaine de Boom, Éléonore d'Autriche, S. 165 f.

[121] de Jongh, Mary, S. 195 ff.; Brandi, Karl V., S. 358 f.; Pirenne, Belgien, S. 148 ff.

[122] Domke, Flandern, S. 198 f.; Grimme, Belgien, S. 151 f.

[123] Brandi, Karl V., S. 359 ff.; de Jongh, Mary, S. 202 ff.

[124] Stangerup, Christine, S. 143 ff.; de Jongh, Mary, S. 208 f.

[125] Brandi, Karl V., S. 377 f.; Simányi, Ferdinand, S. 264 f.; Ackerl, Chronik, S. 109.

[126] Brandi, Karl V., S. 396 f.; de Jongh, Mary, S. 206 f.; Guerdan, Franz I., S. 319 f.

[127] de Jongh, Mary, S. 211 f.; Gorter-van Royen, Maria, S. 264.

[128] Brandi, Karl V., S. 398 ff.; Fraser, S. 331; Nette, Karl V., S. 99 ff.; Tamussino, Kinder der Liebe, S. 102.

[129] de Jongh, Mary, S. 214.

[130] Brandi, Karl V., S. 422 ff.; Nette, Karl V., S. 104 f.; Fernández Alvárez, S. 151; van den Boogert/Kerkhoff, Katalog, S. 137; Pirenne, Belgien, S. 166.

[131] de Jongh, S. 217 f.

[132] Brandi, Karl V., S. 436 ff.; Nette, Karl V., S. 406 ff.; Habsburg, Karl V., S. 272.

[133] Brandi, Karl V., S. 480 f.; Nette, Karl V., S. 112 f.; van den Boogert/Kerkhoff, Katalog, S. 329; Sabine Tischer, Tizian und Maria von Ungarn, S. 42 ff.

[134] Brandi, Karl V., S. 485 f.; Sutter-Fichtner, Ferdinand I., S. 168 f.; de Jongh, Mary, S. 226 ff.; Famianus Strada, De bello Belgico, zit. in: Erläuterungen und Dokumente zu Goethes Egmont, hg. v. Hans Wagener, S. 40; de Boom, Éléonore, S. 211 f.

[135] Brandi, Karl V., S. 495 f.; Sutter-Fichtner, Ferdinand I., S. 170 ff.; de Jongh, Mary, S. 228 ff.; van den Boogert/Kerkhoff, Katalog, S. 310 f.

[136] Brandi, Karl V., S. 500 ff.; de Jongh, Mary, S. 242 ff.; Brantôme, Leben II, S. 184 f.; Franz Pesendorfer, Lothringen und seine Herzöge, S. 107 ff.

[137] Brandi, Karl V., S. 524 f.; de Jongh, Mary, S. 250 f.; Christopher Morris, The Tudors, in: The British Monarchy, S. 117 f.; Fernández Alvarez, Imperator mundi, S. 192 f.

[138] de Jongh, Mary, S. 256 f.; Brantôme, Leben II, S. 180 f.

[139] Brandi, Karl V., S. 526 f.; de Jongh, Mary, S. 259 f.; Fernández Alvarez, Imperator mundi, S. 193; Hans Kühner, Das Imperium der Päpste, S. 269 f.

[140] Brouwer, Johanna, S. 190 f.; Tamussino, Margarete, S. 122.

[141] Brandi, Karl V., S. 518 f.; Nette, Karl V., S. 123; Habsburg, Karl V., S. 313; Morris, Tudors, S. 128 ff.

[142] de Jongh, Mary, S. 262 ff.; Gorter-van Royen, Maria, S. 307 ff.

[143] Gorter-van Royen, Maria, S. 313 f.

[144] Brandi, Karl V., S. 528 f.; de Jongh, Mary, S. 266 ff.; Nette, Karl V., S. 136 f.; Adam Wandruszka, Das Haus Habsburg, S. 111.

[145] Brandi, Karl V., S. 529 f.; de Jongh, Mary, S. 273 ff.; Fernández Alvarez, Imperator mundi, S. 200 f., Tamussino, Kinder der Liebe, S. 114.

[146] Brandi, Karl V., S. 531 f.; Fernández Alvarez, Imperator mundi, S. 200 f.; Helmut Domke, Spaniens Norden, S. 213 f .

[147] Brandi, Karl V., S. 533 ff.; Fernández Alvarez, Imperator mundi, S. 213 ff.; de Jongh, Mary, S. 281 ff.; Nette, Karl V., S. 130 f.; van den Boogert/Kerkhoff, Katalog, S. 212 f.; Peter Pierson, Philipp II. S. 33 f.

[148] Van den Boogert/Kerkhoff, Katalog, S. 216; Gustav Faber, Spaniens Mitte, S. 204 ff.

[149] Im französischen Original abgedruckt bei Gorter-van Royen, Maria, S. 340 ff.

[150] Het hof van Maria van Hongarije in de Nederlanden, in: van den Boogert/Kerkhoff, Katalog, S. 162 ff.; Erasmus von Rotterdam, Colloquia familiaria.

[151] Ebenda, S. 173 f.

[152] Muziek aan het hof van Maria van Hongarije, ebenda, S. 175 f.; Rudolf Flotzinger/Gernot Gruber, Musikgeschichte Österreichs, Bd. 1.

[153] De Librije van Maria van Hongarije, In: van den Boogert/Kerkhoff, Katalog, S. 179 ff.

[154] Hof en Hofcultuur, in: van den Boogert/Kerkhoff, Katalog, S. 162 ff.; Macht en Pracht, ebenda, S. 269 ff.; Maria an Ferdinand, 1.3.1532, in: Wolfram/Thomas, Korrespondenz, S. 515; Manfred Leithe-Jasper (Hg.), Zu Gast in der Kunstkammer, S. 141 ff.; Pirenne, Belgien, S. 360 ff.; Johan Huizinga, Burgund, S. 17 u. 36.

DANKSAGUNG

Dank gilt wieder meinen treuen Leserinnen Dr. Friederike Grasemann und Christine Majr, Dr. Éva Fülöp vom Kuny Domokos Múzeum (Vármúzeum) in Tata, Judit Sipos und Elisabeth Pulpan.

REGISTER

Aarschot, Marquis von, Truppenführer 194, 229f., 245

Achmed Pascha, Statthalter von Ägypten 96

Ackermans, Jan 211

Adalbert von Prag, hl. (um 956–997), Bischof
von Prag 72

Adrian von Utrecht s. Hadrian VI.

Aelgot, Lieven, Humanist 298

Agricola, Johannes (1499–1566), deutscher
evangelischer Theologe 162

Ahrenberg, Herr von 247

Alba, Fernando Alvarez de Toledo (um 1508–
1582), Herzog von, spanischer Feldmarschall
und Staatsmann 226, 229, 245, 254

Albrecht I. (um 1253–1308), römisch-
deutscher König 63

Albrecht II. (1490–1545), Markgraf von
Brandenburg 92, 94

Albrecht V. (1528–1579), Herzog von Bayern
258

Albrecht (1490–1586), Herzog von Preußen
251

Albrecht Alcibiades (1522–1557), Markgraf von
Brandenburg 254

Aleander, Hieronymus (1480–1542), päpstlicher Legat 175

Alessandro de'Medici (um 1511–1537), Herzog
von Florenz 185, 232

Alexander VI. (1430–1503), Papst 15

Alessandro Farnese (1545–1592), Herzog von
Parma 239, 274

Alvarez Vicente, spanischer Chronist 246

Andechs, Grafen von 41

Andreas II. (1176–1235), König von Ungarn
73, 118

Andreas III. (1270–1301), König von Ungarn
63, 68

Anjou, französisches Herrschergeschlecht 74

Anna, natürliche Tochter Kaiser Maximilians I.
290

Anna Jagiello (1503–1547), Gemahlin Kaiser
Ferdinands I. 16, 18f., 26, 30–34, 36–38,

41, 43, 45, 47ff., 52ff., 57ff., 115, 120, 123,
125ff., 144, 155, 157, 161, 178, 184, 240

Anna von Cleve (1515–1557), Gemahlin
Heinrichs VIII. von England 209, 230

Anna (1549–1580), Gemahlin Philipps II. von
Spanien 285

Anna (1528–1590), Gemahlin Albrechts V. von
Bayern 155, 236

Anne de Bretagne (1476–1514), Gemahlin
Karls VIII. von Frankreich und Ludwigs XII.
von Frankreich 11, 20

Anne de Foix (1484–1506), Gemahlin
Wladislaws II. (IV.) von Ungarn und
Böhmen 15ff., 80

Anne de Beaujeu (1461–1522), Regentin für
Karl VIII. von Frankreich 12

Antoine von Bourbon (1518–1562), Herzog
von Vendôme 261

Anton († 1544), Herzog von Lothringen 224

Aphrodisias, Alexander, Mediziner 299

Apianus, Petrus (1495–1552), deutscher
Geograph 298

Appenzeller, Benedictus (genannt 1535–1551),
Hofkapellmeister 296

Aragona d', Luigi, Kardinal 48

Árpád († 907), Großfürst von Ungarn 71f.

Arpaden, ungarische Dynastie 78

Arras, Bischof von 10

Artevelde, Jakob van († 1345), Genter Aufständischer 211

Artevelde, Philipp van († 1382), Aufständischer 211

Attavante (1452–nach 1517), italienischer
Miniaturist 111, 297

Attila († 453), König der Hunnen 70, 73

August der Starke (1670–1733), Kurfürst von
Sachsen 306

Avalos, Loys de, spanischer Kommandant 150

Ávila y Zuñiga, Luis de 279

Aytta, Viglius van († 1577), Bibliothekar 299

Badoero, venezianischer Botschafter 269, 276

Bakic, Pavle († 1537), Militär `149, 154

Bakócz, Tamás (1442–1521), ungarischer
  Kardinal 31, 33f., 67
Balbi, Hieronymus, Humanist 80, 92
Barth, Hans, Wittenberger Drucker 135
Bartholinus, Riccardo, Humanist 33
Báthory, István († 1530), Palatin von Ungarn
  80, 82, 87, 96, 98f., 103, 107, 116, 120
Batthyány, Ferenc (1497–1566), Palatin, Ban
  von Kroatien 74, 116, 122
Beatis, Antonio de, Chronist 49
Beatrice d'Este (1475–1497), Gemahlin von
  Lodovico Il Moro von Mailand 198
Beatrix (1457–1508), Gemahlin von Matthias
  Corvinus 15, 69, 80
Beaumont, Ana de, Hofdame 11
Beg Mohamed, türkischer Militär 149
Beheim, Bernhard, Kammergraf 173
Béla III. (1148–1196), König von Ungarn 67
Béla IV. (1206–1270), König von Ungarn 65,
  73
Belon, Pierre (1517–1564), Naturforscher 299
Bergen, Heinrich von, Bischof von Cambrai 249
Beuckelszoon, Jan s. Johan von Leyden
Bianca Maria Sforza (1472–1510), 2. Gemahlin
  Kaiser Maximilians I. 36, 40–44, 48, 56ff.,
  144
Blomberg, Barbara, Geliebte Kaiser Karls V.
  239, 278
Bleda, Bruder Attilas 73
Blois, Guillaume de, Stallmeister 183
Böhme, Franz Magnus (1827–1898), Volks-
  liedersammler 133
Boleyn, Anne (1507–1536), Gemahlin
  Heinrichs VIII. von England 141, 159f.,
  204f., 230, 265
Bona Sforza (1494–1557), Herzogin von
  Mailand, Gemahlin Sigismunds I. von Polen
  36
Bonfini, Antonio (um 1427–um 1502),
  italienischer Humanist und Geschichtsschrei-
  ber 89
Borja, Francisco de, Jesuitenpater 263
Bornemisza, János († 1527), Burghauptmann
  von Buda und Preßburg 86, 103, 116, 122,
  127, 149
Boussu, Seigneur de († 1579), Gesandter 171f.
Brant, Sebastian (1457/58–1521), deutscher
  Dichter 27

Brantôme, Pierre de Bourdeille (um 1540 bis
  1614), französischer Schriftsteller 181f., 204,
  233, 253, 260
Bredan, Seigneur de, Kammerherr 171, 281
Bredemers, Hendrik († 1522), Organist 294, 296
Breslaw, großmährischer Fürst 65
Brodarics, István (um 1470–1539), ungarischer
  Kanzler 103, 113, 116
Brousse, de la, Erzieher 253
Bruck, Arnold von (1490–1554), Hof-
  kapellmeister Kaiser Ferdinands I. 297
Bruegel, Pieter (1525/30–1569), flämischer
  Maler 178
Bulliaux, Hugues de, Oberstallmeister 25
Burgio, Antonio, päpstlicher Nuntius 90f., 93,
  95–100f., 103, 113
Burgo, Andrea da († 1532), Diplomat 59, 74,
  78f., 82, 86ff., 95

Caesar, Gaius Julius (100–44 v. Chr.), römi-
  scher Feldherr und Staatsmann 240, 246,
  298
Cajetan, Thomas (1469–1534), Kardinal 50
Calvete de Estrella, Juan Christobal, spanischer
  Maler und Chronist 246
Calvin, Johannes (1509–1564), französisch-
  schweizerischer Reformator 94, 208, 235
Cambrai, Bischof von s. Bergen, Heinrich von
Campeggio, Lorenzo (1474–1539), päpstlicher
  Legat 97f., 158
Capua, Bischof von 96
Carette, Jean, Präsident der Rechenkammer
  269
Carl III. (1543–1608), Herzog von Lothringen
  242, 253
Carlo Farnese (* 1545), Sohn Margaretes von
  Parma 239
Castalto, Franz von, Gesandter 56
Caterina de Medici (1519–1589), Gemahlin
  Heinrichs II. von Frankreich 200, 207
Catherinus, Ambrosius, Dominikaner 137
Celtis, Konrad (1459–1508), deutscher
  Humanist 18, 23
Cerf, Hofdame 20
Cerkes, Dayi († 1529), türkischer Herrführer
  153
Chabot de Brion, Philippe, französischer
  Admiral 199

Chaireddin, Barbarossa (1467–1546), Großadmiral der türkischen Flotte 200
Chapuys, Eustache, Gesandter 159
Charles II., Herzog von Savoyen 201
Charles, Herzog von Orléans 217, 223, 228f., 236f.
Charles IX. von Orléans (1550–1574), König von Frankreich 261
Charles le Téméraire s. Karl der Kühne
Chelidonius, Benedikt († 1521), Mönch und Dichter 27
Chièvres, Madame de 184
Chilimarus, Johannes, Lehrer 27
Choul, Guillaume de 299
Christian II. (1481–1559), König von Dänemark 25, 36, 134, 158ff., 178, 187ff., 191
Christian III. (1503–1559), König von Dänemark 204
Christine von Dänemark (1521–1590), Gemahlin 1. Franz' II. Sforza von Mailand und 2. Franz' I. von Lothringen 158f., 195–198, 200, 203–209, 217, 224, 230, 242, 245, 249, 253, 269, 292
Christoph von Augsburg, Fürstbischof 119
Cicero, Marcus Tullius (106–43 v. Chr.), römischer Staatsmann und Philosoph 298
Cilli, Grafen von 21
Claude (1547–1575), Tochter Heinrichs II. von Frankreich 253
Clemens VII. (1478–1534), Papst 95, 97, 100f., 156, 162, 169, 176, 185, 200
Clemens non Papa, Jacobus (1510/15–1555), franko-flämischer Komponist 295f.
Cles, Bernhard von († 1539), Bischof von Trient 59
Cobos, Francisco de los († 1547), Staatssekretär 158
Coecke van Aelst, Pieter (1502–1550), Maler 301
Coligny, Gaspard de (1519–1572), Admiral von Frankreich 273
Columbus, Christoph (1451–1506), genuesischer Seefahrer 271, 276
Contarini, Gasparo (1483–1542), venezianischer Gesandter 49, 76
Cordatus, Conrad (1480/83–1546), Humanist und Hofprediger 93, 134
Cortés, Hernán (1485–1547), spanischer Conquistador 226

Corvini, römisches Patriziergeschlecht 73
Coxcie, Michiel (1499–1592), flämischer Maler 246, 301, 303
Crafft, Bernhard, Regensburger Patrizier 239
Crequillon, Thomas († um 1557), Komponist 295f.
Cromwell, Thomas (um 1485–1540), Earl of Essex, englischer Staatsmann 195, 205
Croy, Anne de, Gemahlin von Charles de Croy 80
Croy, Antoine de, Seigneur de Sempy, Oberkammerherr 183
Croy, Charles de, Seigneur de Chimay, Gouverneur 11, 80, 183
Croy, Guillaume de (1458–1521), Seigneur de Chievres, Statthalter der Niederlande 9, 11, 13, 157, 184
Cuspinianus, Johannes (Johann Spießheimer) (1473–1529), deutscher Humanist und Diplomat 18f., 23, 26, 28f., 31, 33f., 52, 82

Demosthenes (384–322 v. Chr.), griechischer Redner und Staatsmann 298
Denijs, Gerard, Aufständischer 211
Desprez, Josquin (um 1440–1521), niederländischer Komponist 296
Domitian (51–96), römischer Kaiser 235
Don Carlos (1545–1568), Infant von Spanien 231, 239, 250, 276, 285
Don Juan de Austria (1547–1578), natürlicher Sohn Kaiser Karls V. 144, 239, 278
Doria, Andrea (1466–1560), italienischer Seeheld und Staatsmann 192, 200, 226
Dorothea, natürliche Tochter Kaiser Maximilians I. 290
Dorothea von Dänemark (1520–1580), Gemahlin Friedrichs II. von der Pfalz 158f., 188, 195, 203f., 242
Dragut (1485–1565), Kapitän der türkischen Flotte 248
Dschelalzade, Mustapha, türkischer Geschichtsschreiber 89, 101
Du Bellay, französischer Geschäftsträger 190
Dubroeucq, Jacques (um 1505–1584), Architekt und Bildhauer 303
Dürer, Albrecht (1471–1528), deutscher Maler und Zeichner 29, 38, 41, 51

Eduard III. (1312–1377), König von England
211

Edward VI. (1537–1553), König von England
160, 204, 240, 254, 257

Egmond, Floris van († 1539), Graf von Buren
20f.

Egmont, Karl von (1467–1538), Herzog von
Geldern 21, 223

Egmont, Johann Graf von 184

Egmont, Lamorall Graf von (1523–1568) 245

Eleonore (1436–1467), Infantin von Portugal,
Gemahlin Kaiser Friedrichs III. 15

Eleonore (1498–1558), Infantin von Spanien,
Gemahlin 1. Manoels I. von Portugal und 2.
Franz' I. von Frankreich 9, 35f., 156f., 165,
178, 181, 194, 199, 203f., 206f., 217, 224,
233, 237, 244, 247, 257f., 267ff., 272ff.,
275f., 278–281, 285, 299, 302

Elisabeth (1526–1545), Gemahlin Sigismunds
II. August von Polen 155

Elizabeth I. (1533–1603), Königin von
England 160, 265

Emanuel Philibert (1528–1580), Herzog von
Savoyen 245, 256, 261, 269, 280

Emilius, Paulus 299

Emmerich, Sohn Stephans I. von Ungarn 72

Erasmus von Rotterdam (1469–1536),
niederländischer Theologe und Humanist
91ff., 98, 137, 139f., 175f., 241, 296f., 299

Erasso, Francisco de, Sekretär Kaiser Karls V. 256

Erdödy, Simon, Bischof von Agram 80

Ernst (1553–1595), Statthalter der Niederlande
305

Esterházy, ungarische Magnatenfamilie 89

Étampes, Herzogin von s. Pisseleu, Anne de

Eutrop, römischer Geschichtsschreiber des 4.
Jahrhunderts 298

Eyck, Jan van (um 1390–1441), niederländischer Maler 300, 303

Fabri, Johannes (1478–1541), Bischof von
Wien 162

Ferdinand I. (1503–1564), römisch-deutscher
Kaiser 9, 16, 32f., 37, 53–56, 75, 77, 82f.,
85f., 88, 91, 94f., 97, 99, 101, 112, 115–
128, 135–138, 140–147, 149f., 153ff., 157,
159–161, 163, 165, 167–170, 172, 174,
176, 178, 184ff., 190ff., 207, 209, 216, 218,
224–227, 232, 240f., 243, 248ff., 252f.,
256, 258, 264f., 270, 274, 286, 297, 301f.

Ferdinand II. (1529–1595), Erzherzog von
Österreich–Tirol 53, 155, 237, 249, 258,
269, 285

Fernando V. der Katholische (1452–1516),
König von Kastilien und Léon, als Fernando
II. König von Aragón 9, 14, 37, 54, 58,
231, 263, 270, 276

Ferucci da Fiesole, Andrea (1465–1526),
florentinischer Bildhauer 68

Flagy de, Reisemarschall 20

Francesco II. Sforza (1492–1535), Herzog von
Mailand 195–198, 200, 204f., 224

François, Sohn von Franz I. von Frankreich
216, 244

Françoise de Luxembourg 184

Frankopan, Krsto (1482–1527), kroatischer
Graf und Oberbefehlshaber 17

Franz I. (1517–1545), Herzog von Lothringen
224, 292

Franz I. (1494–1547), König von Frankreich
28, 34, 36, 51, 55, 85, 97, 101, 118, 141,
143f., 146, 154, 156, 167, 174, 178, 198–
208, 210, 215ff., 223, 225, 227–230, 232,
234ff., 240, 249, 278, 292f., 300

Franz II./I. (1768–1835), Kaiser von Österreich
144

Fresse, Jean de, Bischof von Bayonne 251

Friedrich I. Barbarossa (um 1125–1190),
römisch-deutscher Kaiser 56, 62, 67, 293

Friedrich II. der Staufer (1194–1250), römisch-
deutscher Kaiser 235, 293

Friedrich IV. (1382–1439), Herzog von Tirol
41

Friedrich III. (1415–1493), römisch-deutscher
Kaiser 14f., 22f., 58

Friedrich III. der Weise (1463–1525), Kurfürst
von Sachsen 50, 55, 92

Friedrich I. von Holstein (1471–1533), König
von Dänemark 187ff., 191, 204

Friedrich II. der Weise (1482–1556), Kurfürst
von der Pfalz 36, 146, 150, 153f., 165, 190,
204

Frundsberg, Georg von (1473–1528), Söldnerführer 154

Fugger, Augsburger Kaufmannsfamilie 28, 40,
82, 98, 161, 169, 176, 254

Fugger, Jakob II. der Reiche (1459–1525), Augsburger Kaufherr 28, 51, 82, 161
Fugger, Ulrich (1441–1510), Augsburger Kaufherr 161
Fülöp, Eva, Museumsdirektorin 89
Fürstenberg, Friedrich II. († 1559), Graf von 119

Gachard, J. P., belgischer Forscher 284
Gattinara, Mercurio di (1465–1530), spanischer Großkanzler und Kardinal 157f., 210
Gaztelu, Martin de, Sekretär Kaiser Karls V. 278
Georg (1484–1543), Markgraf von Brandenburg 59, 77f., 82, 84, 87, 90, 92, 98, 134
Georg von Österreich (um 1505–1557), natürlicher Sohn Kaiser Maximilians I. 189
Gerhard (Gellért), hl. († 1046), Dominikaner 73
Géza (um 943–997), Fürst von Ungarn 67, 72
Gheynst, Johanna van der, Geliebte Kaiser Karls V. 184
Gisela von Bayern (985–1033), Gemahlin Stephans I. von Ungarn 72
Gobelin, Färberfamilie 304
Gombert, Nicolas (nach 1490–1556), niederländischer Komponist 296
Goosens, Jean, Hofkapellmeister 296
Gorter-van Royen, Laetitia, Historikerin 89
Görz, Grafen von 39
Goszthony, János, Hofmeister 87
Gotthard, Maler 38
Gozzo, Kremser Bürger 170
Granvelle, Antoine Perrenot de (1517–1586), Kardinal und spanischer Minister, Bischof von Arras 245, 248f., 250, 255f., 260f., 271, 273, 302
Granvelle, Nicholas Perrenot de (1486–1550), Staatssekretär 158, 180, 183, 199, 201f., 234, 248
Gregor VII. (1019/30–1085), Papst 72
Grey, Jane (1537–1554), Königin von England 257
Grillparzer, Franz (1791–1872), österreichischer Dichter 68
Grynaeus, Simon (1493–1541), Humanist 92
Guidoto, Vincenzo, venezianischer Gesandter 98

Guigot, Jean, Bildhauer 301
Guise, François I. de Lorraine (1519–1563), Herzog von Guise 280
Gyn, Jean de, Schatzmeister 290

Habordanecz, Johann, Gesandter 145
Hadrian (76–138), römischer Kaiser 70, 246
Hadrian VI. (1459–1523), Papst 55f., 82, 88, 136, 157, 162, 176
Hag, Graf zum, Gesandter 18
Hans, Markgraf von Küstrin 251
Heine, Heinrich (1797–1856), deutscher Dichter 39
Heinrich II. (973–1024), Kaiser 72
Heinrich II. Jasomirgott (um 1107–1177), Herzog von Österreich 62
Heinrich VII. Tudor (1457–1509), König von England 11, 141
Heinrich VIII. (1491–1547), König von England 37, 51, 55, 95, 101, 139, 141, 159, 164, 167, 204f., 208f., 230, 240, 257
Heinrich II. (1519–1559), König von Frankreich 200, 203, 207, 217, 229, 237, 244, 249–254, 256f., 259ff.
Heinrich von Nassau († 1538), Truppenführer 190
Held, Matthias, Reichsvizekanzler 224
Henckel, Johannes, Hofprediger 93, 98, 116, 138f., 162f., 173, 299
Herberstein, Sigismund Freiherr von (1486–1566), Diplomat 49, 76, 86f., 91, 95
Herodot (nach 490–430 v. Chr.), griechischer Geschichtsschreiber 298
Heß, Andreas, Buchdrucker 73
Hess, Johannes, Hofprediger 93, 134
Heuss, Theodor (1884–1963), deutscher Politiker und Publizist 72
Hippokrates (um 460–370 v. Chr.), griechischer Arzt 298
Höchstetter, Glashüttenbesitzer 40
Hoffmann, Melchior, Kürschner und Prediger 198
Hofhaimer, Paul (1459–1537), österreichischer Organist und Komponist 27, 33, 294
Holbein, Hans (1497/98–1543), deutscher Maler 205
Homer, griechischer Dichter des 8. Jahrhunderts v. Chr. 298

Hoogstraaten, Antoine de Lalaing Graf von
(† 1584), Berater Margaretes von Österreich
166, 189, 247

Hoorn, Philippe II. de Montmorency (1524–
1568), Graf von 245, 247

Hortensius, Lambertus († 1574), Historiker
298

Howard, Catherine (1521–1542), Gemahlin
Heinrichs VIII. von England 209, 230

Hubmayr, Balthasar, Pfarrer zu Regensburg
138

Huizinga, Johan (1872–1945), Historiker 167

Hulst, Franz van der, Rat im Brabanter
Gerichtshof 176

Hunyadi, ungarisches Herrschergeschlecht 73

Hunyadi, János (um 1385–1456), ungarischer
Reichsverweser und Herrführer 104

Hus, Jan (1369–1415), tschechischer Reformator 92

Hutton, John, englischer Gesandter 195, 205ff.

Ibrahim Pascha (1494–1536), Großwesir 101,
104, 110, 149, 152, 191

Isabella von Kastilien (1451–1504), Königin
von Kastilien 10, 12, 14, 203, 222, 231,
263, 276, 287

Isabella, natürliche Tochter Kaiser Maximilians
I. 290

Isabella (1501–1526), Infantin von Spanien,
Gemahlin Christians II. von Dänemark 9,
13, 25, 36, 54, 134, 158f., 178, 187, 195

Isabella von Portugal (1503–1539), Gemahlin
Kaiser Karls V. 101, 144, 157, 160, 178,
186, 188, 197, 215f., 231, 277, 284f., 302

Isabella von Polen (1519–1559), 3. Gemahlin
Janós Zápolyas 225

Isabella von Valois (1545–1568), Gemahlin
Philipps II. von Spanien 285

Isselstein, Herr von, Gesandter 203

Iwanzi, János 122

Jagiellonen, polnische Dynastie 15, 32

James V. (1512–1542), König von Schottland
141, 143, 205

János Szigmond (1540–1571), Sohn von János
Zápolya, Fürst von Siebenbürgen 225

Jeanne d'Arc (1410/12–1431), französische
Nationalheldin 179

Joachim II. (1505–1571), Kurfürst von
Brandenburg 235

João III. (1502–1557), König von Portugal
101, 157, 178, 188, 278

João Manoel (1537–1554), Infant von Portugal
259, 278

Johan (1520–1532), Sohn Christians II. von
Dänemark 158f., 187, 190f., 195

Johan von Leyden (1509–1536), niederländischer Täufer 198f.

Johann II. der Gute (1319–1364), König von
Frankreich 179

Johann Ohnefurcht (1371–1419), Herzog von
Burgund 179

Johann I. (1468–1532), Kurfürst von Sachsen
169

Johann Friedrich (1503–1554), Kurfürst von
Sachsen 169, 238, 240, 251, 253, 302

Johannes Hunyadi Corvinus, natürlicher Sohn
Matthias' Corvinus 69

Josler, Oswald, Tanzmeister 48

Jovius, Paulus, Historiker 298

Juan de Aragón y Castilla (1478–1497), Infant
von Spanien 11, 143, 231

Juana (Johanna die Wahnsinnige) (1479–
1555), Königin von Kastilien 9ff., 37, 157f.,
173, 178, 197, 216, 222, 231, 233, 248,
262f., 267

Juana (1537–1573), Gemahlin von João
Manoel, Infant von Portugal 215, 259, 262,
275f., 278f., 281–284, 302

Juanelo, italienischer Uhrenbauer 278

Julianus (Gyula) († nach 1237), Dominikaner
73

Julius III. (1487–1555), Papst 248

Jurisić, Niklas, Feldhauptmann und Diplomat
191

Kanizai, Dorottya, Gattin Imre Perényis 67,
110

Karl I. der Große (742–814), römisch-
deutscher Kaiser 51, 56, 62, 70f., 170, 293

Karl IV. von Luxemburg (1316–1378),
römisch-deutscher Kaiser 169

Karl der Kühne (1433–1477), Herzog von
Burgund 11f., 179, 211, 288

Karl VIII. (1470–1498), König von Frankreich
11f., 20, 216

Karl V. (1500–1558), römisch-deutscher Kaiser 9, 13f., 27, 32f., 35ff., 48, 50f., 53–59, 75, 80ff., 85, 91, 95, 97, 101, 117–120, 125, 136ff., 141, 144, 146, 154, 156–160, 162, 164–197, 199–204, 206–210, 212–227, 230–258, 260–288, 292f., 296, 298, 300–305

Karl II. (1540–1590), Erzherzog von Innerösterreich 297

Karl V. (1643–1690), Herzog von Lothringen, kaiserlicher General 226

Karl VI. (1685–1740), römisch-deutscher Kaiser 144, 305

Karl von Geldern s. Egmont, Karl von

Karl Robert (1277–1343), König von Ungarn und Neapel 68

Karolinger, fränkische Dynastie 53

Kasimir, Herzog von Teschen 19

Kasimir (1481–1527), Markgraf von Brandenburg 51, 83, 123

Katharina von Aragón (1485–1536), Gemahlin Heinrichs VIII. von England 139, 141, 159f., 204f., 222, 257

Katharina (1507–1578), Infantin von Spanien, Gemahlin Joãos III. von Portugal 10, 13, 157, 178, 188, 231, 278, 302

Katzianer, Hans (1490–1539), Heerführer 154, 190

Kemalpaszade, türkischer Dichter 108

Kleiner, Salomon (1700/03–1761), Kupferstecher 31

Knab, Jörg, Küchenmeister 43f.

Knipperdolling, Bernt, Scharfrichter 199

Kölderer, Jörg († 1540), österreichischer Maler 42

Konrad III. (1093–1152), deutscher König 62

Krell, Hans († um 1586), deutscher Maler 94

Krisicki, Andreas, polnischer Bischof 95

Kurszán († 902/04), religiöses Oberhaupt der Magyaren 71

Ladislaus IV. (1262–1290), König von Ungarn 65

Ladislaus Postumus (1440–1457), König von Böhmen und Ungarn, Herzog von Österreich 32

Lalaing, Philippe de, Rat 214

Lamberg, Johann Freiherr von, Gesandter 112, 115, 141f., 149

Lang, Matthäus (1468–1540), Kardinal, Erzbischof von Salzburg 26–30, 50, 59

Lannoy, Philippe de, Seigneur de Molembaix, Obersthofmeister 183

Lasky, Hieronymus, polnischer Berater 144, 190

Lemaire de Belges, Jean (1473–vor 1525), französischer Dichter 288

Leo X. (1475–1521), Papst 50, 55, 95, 138, 159, 175

Leonardo da Vinci (1452–1519), italienischer Maler, Bildhauer, Schriftsteller 198

Leoni, Leone (1509–1590), italienischer Bildhauer 303, 306

Leoni, Pompeo (um 1533–1608), italienischer Bildhauer und Medailleur 285, 303

Leopold I. (1640–1705), römisch-deutscher Kaiser 144

Leyva, Antonio (um 1480–1536), spanischer Heerführer 190, 202

Livius, Titus (59 v. Chr.–17. n. Chr.), römischer Geschichtsschreiber 298

Loaysa, Garcia (um 1480–1546), Kardinal 164f., 182, 233

Locher, Jakob (um 1471–1528), deutscher Humanist 27

Lodovico il Moro Sforza (1451–1508), Herzog von Mailand 198

Losenstein, Sebastian von, Adeliger 59

Louise von Savoyen (1476–1531), Mutter von Franz I. von Frankreich 146, 156, 199, 201

Ludwig I. der Große (1326–1382), König von Ungarn und Polen 17, 68

Ludwig VII. (1120–1180), König von Frankreich 62

Ludwig XI. (1423–1483), König von Frankreich 179

Ludwig XII. (1462–1515), König von Frankreich 15, 223

Ludwig II. (1506–1526), König von Ungarn 17ff., 25, 28–33, 35, 37, 49, 55–59, 66f., 74–103, 105–109, 111, 113–117, 121, 126–131, 134, 147, 178, 182, 184, 272, 286, 294f., 300

Ludwig XIV. (1638–1715), König von Frankreich 236

Luillier, Etienne, Bibliothekar 297

Luitpold († 907), Markgraf 71

Luther, Martin (1483–1546), deutscher
Reformator 50f., 55f., 86f., 90, 92ff., 133–
138, 146, 159f., 162ff., 172, 175f., 235,
271, 295

Machiavelli, Niccoló (1469–1527), italienischer
Schriftsteller 39, 252

Madeleine de France, Gemahlin von James V.
von Schottland 143

Maele, Ludwig Graf von 211

Maessins, Pieter (um 1505–1563), Genter
Musiker 296f.

Male, Wilhelm von, Kammerdiener Kaiser
Karls V. 255, 278

Maler, Hans (genannt 1510), österreichischer
Maler 57

Manchicourt, Pierre de (um 1510–1564),
Komponist 296

Manoel I. (1469–1521), König von Portugal
36, 257

Marc Aurel (121–180), römischer Kaiser 61,
298

Margareta von Maele (1350–1405), Gemahlin
Philipps II. des Kühnen von Burgund 179,
211, 220

Margarete Maultasch (1318–1369), Gräfin von
Tirol 41

Margarete von Flandern s. Margarete von
Maele

Margarete von York (1446–1503), 3. Gemahlin
Karls des Kühnen von Burgund 11

Margarete von Österreich (1480–1530),
Erzherzogin, Statthalterin der Niederlande
11–15, 18, 20ff., 25, 35f., 53–56, 58, 141,
143f., 146, 156–159, 165–168, 170f., 173–
181, 183f., 187, 196, 199, 201, 210, 212,
216, 222, 230f., 274, 286ff., 290f., 295f.,
297f., 300

Margarete von Parma (1522–1586), natürliche
Tochter Kaiser Karls V. 144, 184f., 195,
232, 237, 239, 274

Margarita Farnese s. Margarete von
Parma

Marguerite de Valois (1523–1574), Tocher
Franz’ I. von Frankreich 205, 208, 217, 223

Maria von Burgund (1457–1482), Gemahlin
Kaiser Maximilians I. 9, 11f., 14, 25, 32,
41f., 48, 144, 167, 177ff., 182, 206, 211,
220

Maria von Portugal (1527–1545), Gemahlin
Philipps II. von Spanien 178, 231, 250,
257, 276, 285

Maria (1531–1581), Gemahlin Wilhelms von
Cleve 232, 297, 302

Maria von Portugal, Tochter Eleonores und
Manoels I. von Portugal 258, 278f.

Maria Stuart (1542–1587), Königin von
Schottland 143, 205

Maria (1528–1603), Gemahlin Kaiser Maximilians II. 157, 215, 223, 236, 243ff., 252,
274, 285

Maria Theresia (1717–1780), österreichische
Herrscherin 144

Marie de Guise (1515–1560), Gemahlin von
James V. von Schottland 143, 205

Marie de Vendôme 205

Marlborough, John Churchill (1650–1722),
Herzog von, englischer Feldherr und
Politiker 306

Marnix, Jean de (1537–1568), Sekretär 55

Marot, Clément (1496–1544), französischer
Dichter 207f., 296

Mártir, Pedro, Chronist 275

Mary I. Tudor (1516–1558), Königin von
England 160, 230, 250, 257ff., 261, 265,
274, 285, 305

Massaro, Francesco, venezianischer Gesandter
76f., 81, 87

Mathys, Arzt Kaiser Karls V. 278

Mathys, Jan, Bäcker und Prediger 198

Matthias Corvinus (1440/43–1490), König von
Ungarn 15, 22, 66, 68f., 73–78, 80, 89,
104ff., 226, 298

Max II. Emanuel (1662–1726), Kurfürst von
Bayern 306

Maximilian I. (1459–1519), römisch-deutscher
Kaiser 9–12, 14–23, 25f., 28–45, 48–56,
58, 66, 76, 81, 91, 94, 115f., 123, 125, 137,
144, 154, 158, 161, 167, 170, 178ff., 184,
189, 211–213, 220, 222, 227, 270, 286,
290, 293f.

Maximilian II. (1527–1576), römisch-deutscher
Kaiser 123, 150, 155, 223, 237, 241, 243ff.,
248ff., 252, 256, 258, 274, 297, 305

Mehmed II. († 1481), osmanischer Sultan 104

Melanchthon, Philipp (1497–1560), deutscher
Humanist und Reformator 92, 162f.
Méndez de Quijada, Luis Don 275–278, 280f.
Merian, Matthäus (1593–1650), Schweizer
Kupferstecher 161
Meyerbeer, Giacomo (1791–1864), deutscher
Komponist 199
Micault, Jean, kaiserlicher Beamter 301
Molinet (1435–1507), französischer Dichter
und Chronist 289
Mone, Jean (um 1485–1550), lothringischer
Bildhauer 303
Mor, Antonis (um 1516–um 1575), niederlän-
discher Maler 301f.
More, László 74
Moritz (1521–1553), Herzog und Kurfürst von
Sachsen 238, 240, 251ff.
Morris, Christopher, englischer Historiker 259
Morus, Thomas (1477/78–1535), englischer
Staatsmann und Humanist 176, 297
Mouton, Jehan (um 1458–1522), Komponist
296
Münsterberg, Karl Herzog von, Statthalter von
Böhmen 90
Müntzer, Thomas (um 1490–1525), protestan-
tischer Theologe 138

Nádasdy, Tamás, Gesandter, Schatzmeister
101, 128
Nagy, Mihály, Soldat 112
Nero (37–68), römischer Kaiser 235
Neuburg, Johann von, Prediger 173
Nigri, Filips, Staatsrat 269
Norwich, Bischof von 256

Ockeghem, Johannes (um 1425–1505),
flämischer Komponist 296
Öder, Wolfgang, Befehlshaber 149
Oláh, Miklós (1493–1568), Erzbischof von
Gran 68f., 92, 116, 128, 139, 184, 194f.
Orio, Lorenzo, venezianischer Gesandter 81f.,
91
Orley, Barend van (um 1488–1541), niederlän-
discher Maler 186, 294, 300f., 305
Oropesa, Graf von 277, 279
Ottavio, Farnese (1524–1586), Herzog von
Parma 232, 237
Otto I. (912–973), Kaiser 62, 71f.

Otto III. von Niederbayern (1261–1312),
König von Ungarn 68
Otto von Freising († 1158), Chronist 62
Ottokar II. Premysl (um 1230–1278), König
von Böhmen 21, 65
Ottonen, deutsche Dynastie 53
Ovid (43. v. Chr.–17/18 n. Chr.), römischer
Dichter 242, 298

Pace, Richard, englischer Gesandter 37
Paez de Castro, Juan, spanischer Humanist 298
Pannemaker, Willem de, Tapisseur 305
Parr, Catherine (1512–1548), Gemahlin
Heinrichs VIII. von England 209
Parra, de la, spanischer Hofarzt 9
Pathie, Rogier, Komponist 294ff.
Paul III. (1468–1549), Papst 200f., 206f., 225,
231f., 235, 237, 239ff.
Paul IV. (1476–1559), Papst 262
Perényi, Imre († 1519), Palatin 67, 110
Perényi, Péter (1502–1548), Graf von
Temesvár 96
Pernstein, Adalbert von, Adeliger 85
Peutinger, Konrad (1465–1547), deutscher
Humanist 23
Pfeffinger, Degenhard, sächsischer Rat 50
Philibert II. (1475/80–1504), Herzog von
Savoyen 11f., 143, 166f., 178, 201
Philibert, Rat in Brüssel 270
Philipp II. der Kühne (1342–1404), Herzog
von Burgund 178, 182, 211, 220
Philipp III. der Gute (1396–1467), Herzog von
Burgund 179, 211, 288, 299
Philipp I. der Schöne (1478–1506), König von
Kastilien 9ff., 32, 42, 58, 125, 158, 178,
180, 212, 222, 245, 248, 263, 275, 290
Philipp von der Pfalz (1503–1548), Pfalzgraf
150, 153, 156
Philipp I. (1504–1567), Landgraf von Hessen
252f.
Philipp II. (1527–1598), König von Spanien
144, 157, 160, 178, 187, 215f., 223, 230f.,
237, 239, 243–251, 256–259, 262f., 265ff.,
270–274, 276, 278–285, 292, 298ff., 302f.,
305
Piccolomini, Enea Silvio de s. Pius II.
Pier Luigi Farnese (1503–1547), Herzog von
Parma 241

Pijn, Lieven 212f., 218
Pilgram, Anton (um 1460–1515), deutscher Bildhauer und Baumeister 23
Pirckheimer, Caritas (1467–1532), Äbtissin, Humanistin 297
Piso, Jacobus († 1527), Humanist 80, 92, 116
Pisseleu, Anne de, Herzogin von Étampes, Mätresse Franz' I. von Frankreich 207, 229, 237
Pius II. (1405–1464), Papst 23, 161
Planitz, Hans von der, Diplomat 92
Plato (428/27–348/47 v. Chr.), griechischer Philosoph 298
Plinius der Jüngere (61/62–113), römischer Politiker und Schriftsteller 298
Plotin (um 205–270), griechischer Philosoph 298
Plutarch (um 45–um 125), griechischer Philosoph 298
Poitiers, Diane de, Herzogin von Valentinois, Mätresse Heinrichs II. von Frankreich 207, 229
Poitiers, Marguerite de, Wiegefrau 11, 20
Polhaim, Cyriak von, Gesandter 82f.
Praet, Louis de, Diplomat 183, 224, 230, 236, 255
Pribina († 860/61), Slawenfürst 70
Ptolemaios, Claudius (um 100–nach 160), alexandrinischer Astronom, Mathematiker und Geograph 298
Puchaim, Wolfgang 184
Puchsbaum, Hans († 1454), deutscher Baumeister 66

Rabutin, François de, französischer Chronist 236
Rauber, Christoph (1466–1536), Fürstbischof von Laibach 120
Rauscher, Hans, Haushofmeister 38
Rehazy, Lukács 74
Reisch, Gregor (um 1470–1525), Kartäuserprior 53
Renard, Simon, Gesandter 257f.
René de Bresse († 1525), Halbbruder Philiberts II. von Savoyen 11
René (1519–1544), Graf von Nassau, Prinz von Oranien 224, 228, 230, 235

Revellis, Johann von († 1530), Bischof von Wien 137
Richard I. Löwenherz (1157–1199), König von England 65
Richardot, François, Suffraganbischof von Arras 285f.
Ried, Benedikt (um 1454–1534), böhmischer Baumeister 83
Rincon, Antoine, französischer Gesandter 144
Roeulx, Adrian de († 1553), Graf, Truppenführer 190, 230, 256
Roggendorf, Wilhelm Freiherr von, Gesandter 57, 184, 225
Roggendorf, Wolfgang Freiherr zu, Kommandant 154
Roper, Margaret, Tochter von Thomas Morus 297
Rosental (Rozmitál), Leo von, Oberstburggraf von Prag 83, 85f.
Rosimbos, François, Ratgeber Marias von Ungarn 165f.
Rossem, Maarten van, Kommandeur 227ff., 232
Rudolf I. von Habsburg (1218–1291), römisch-deutscher König 65
Rudolf II. (1552–1612), römisch-deutscher Kaiser 300
Rue, Pierre de la (um 1460–1518), Komponist 296

Salamanca, Gabriel von († 1544), Berater Kaiser Ferdinands I. 86, 95
Sallust (86–34 v. Chr.), römischer Historiker 298
Salm, Elisabeth, Gräfin 184
Salm, Niklas Graf (1459–1530), kaiserlicher General 103, 115f., 124, 150f., 154, 184
Salm, Niklas Graf 27, 116, 184
Sánchez Coello, Alonso (1531/32–1588), spanischer Maler 302
Santa Cruz, Alonso de, Chronist 215
Sárkány, Ambrus Graf, Hofrichter 57, 59, 67, 98
Sarolta von Siebenbürgen (954–nach 988), Gemahlin Gézas von Ungarn 72
Sattler, Hans († 1524), Hofmusiker 48
Saurer, Laurenz, österreichischer Vizedom 19
Schnaitpeck, Johannes, Freiherr von Schönkirch 95, 97f.

Schoenmaker, Harmen, Prediger 199
Schottenmeister (um 1470), unbekannter Maler 23
Schreibersdorfer, Leopold 184
Schrofenstein, Christoph von, Bischof von Brixen 38
Schweinpeckh, Hanns 78
Sebastião (1554–1578), Infant von Portugal 259, 278
Seisenegger, Jakob (1505–1667), österreichischer Maler 292, 302
Selim I. (1470–1520), Sultan des osmanischen Reiches 19, 50
Senfl, Ludwig (um 1486–1552/53), Komponist 294
Serlio, Sebastiano (1475–1554), italienischer Architekturschriftsteller und Baumeister 301
Serntheim, Cyprian von, Kanzler 19, 37
Sesselschreiber, Gilg (1460/65–1520), deutscher Maler und Gießer 42
Seymour, Jane (1509–1537), Gemahlin Heinrichs VIII. von England 204
Sforza, italienische Adelsfamilie 198
Siebenbürger, Martin († 1522), Bürgermeister von Wien 137
Sigismund (1368–1437), Kaiser 66, 68, 73f.
Sigismund I. (1467–1548), König von Polen 18f., 26, 28–35, 84, 88–91, 94f., 97, 99, 117, 119, 122, 144
Sigmund der Münzreiche (1427–1496), Herzog von Tirol 40–43, 57
Simányi, Tibor, Historiker 148
Slatkonia, Georg von († 1522), Bischof von Wien 30, 33, 137
Soto, Domingo de, Theologe 263
Speratus, Paul (1484–1551), deutscher Humanist 137
Stabius, Johannes (um 1460–1522), österreichischer Humanist 23
Stampa, Massimiliano Graf 196
Staufer, schwäbische Dynastie 53
Stephan I. der Heilige (um 975–1038), König von Ungarn 65, 67, 72, 80, 115, 117, 126
Stoltzer, Thomas (1480/85–1526), deutscher Komponist, Hofkapellmeister 294f.
Strabo (um 63 v. Chr.–nach 26 n. Chr.), griechischer Geograph 298
Strada, Famianus, Historiker 248

Strigel, Bernhard (um 1460–1528), deutscher Maler 32
Süleyman II. (1494–1566), osmanischer Sultan 34, 75, 84, 95, 100–103, 105–108, 110f., 117, 144–150, 152f., 190, 192, 200, 225f., 262
Sunthaym, Ladislaus (um 1440–1513), deutscher Genealoge und Topograph 23
Susanne (1502–1543), Gemahlin Kasimirs von Brandenburg 51
Susato, Tielman, Musikalienhändler 295
Sylvester II. (940/50–1003), Papst 67, 72
Szalaházy, Bischof von Veszprém 103
Szalay, János, Burghauptmann von Preßburg 122, 149
Szálkay, László (1475–1526), Bischof von Gran 74, 87, 92f., 95, 97ff., 103
Szatmáry, György (1457–1524), Bischof von Fünfkirchen, Humanist 59
Szerémi, György, Hofkaplan 90
Szerencsés, Imre, Vizeschatzmeister 97, 103
Szydlowiecki, Christoph, polnischer Gesandter und Kanzler 26, 94f.

Tacitus, Publius Cornelius (um 55–nach 115), römischer Geschichtsschreiber 298
Tagore, Rabindranath (1861–1941), indischer Dichter und Philosoph 287
Tänzl, Veit Jakob (um 1465–1530), Bergwerksunternehmer 40
Tauber, Kaspar († 1524), Wiedertäufer 137
Tavera de, Kardinal 216
Tétény, ungarischer Heerführer, Fürst 72
Thukidides (um 460–nach 400 v. Chr.), griechischer Geschichtsschreiber 298
Thurzó, ungarische Magnatenfamilie 82
Thurzó, Alexius (1490–1543), Schatzmeister Ludwigs II. von Ungarn 87, 92, 98f., 103, 111, 116, 122
Thurzó, Johannes der Ältere, Kammergraf 92
Thurzó, Johannes der Jüngere 92
Thurzó, Stanislaus 92
Tizian (um 1477–1576), italienischer Maler 240, 242, 246, 258, 292, 301f.
Toledo, Erzbischof von 282
Tomori, Pál, Erzbischof von Kalocsa und Feldhauptmann 103, 106ff., 131
Trajan (53–117), römischer Kaiser 61, 70

Treu, Wolfgang, Wiener Bürgermeister 150
Tudor, englische Dynastie 141

Ulloa, Magdalena, Gattin Don Luis Quijadas 278
Ulrich von Augsburg, hl. (890–973), Bischof von Augsburg 72, 161
Ungnad, Margarethe von, Hofmeisterin 173
Ursinus, Kaspar Velius (1493–1539), Humanist 92, 126

Vadian, Joachim (1483–1551), Schweizer Humanist 137
Vaet, Jacob (1529–1567), niederländischer Hofkapellmeister Maximilians II. 297
Vajda, Stephan, Historiker 107
Valois, französische Dynastie 179, 199, 207, 211, 273
Varday, Pál, Erzbischof von Gran 124, 127
Vásquez, Juan, Sekretär Kaiser Karls V. 277, 280
Vasto, Marchese del, italienischer Heerführer 190
Verböczy, István (1458–1541), Jurist 96, 98f., 117, 137
Vergara, Jean 297
Vergil (70–19 v. Chr.), römischer Dichter 298
Vermeyen, Jan Cornelisz (um 1500–1559), niederländischer Maler 301, 305
Villeroy, französischer Marschall 177
Visconte, Antonio, Cornettist 295
Visconte, Ludovico (Muscadel), Cornettist 295
Vitéz, János (1408–1472), Erzbischof von Gran 66
Vitruvius Pollio, römischer Architektur-theoretiker und Baumeister des 1. Jahrhunderts v. Chr. 301
Vos, Jodocus de, Tapisseur 305

Wachter, Georg, Nürnberger Drucker 132
Waldner, Kaplan 53
Weiss, Adam, Chronist 163
Weixelberger, Sigismund, Gesandter 145

Welser, Familie 40, 176
Welser, Philippine (1527–1580), Gattin Erzherzog Ferdinands II. von Tirol 258
Weyden, Rogier van der (1399/40–1464), flämischer Maler 303
Willaert, Adrian (1480/90–1562), flämischer Komponist 296
Wilhelm IV. (1493–1550), Herzog von Bayern 83
Wilhelm I. (1533–1584), Prinz von Oranien und Graf von Nassau 245, 270, 273
Wilhelm IV. (1532–1592), Landgraf von Hessen 252
Wilhelm (1516–1592), Herzog von Cleve 223, 232
Willems, Duveke († 1517), Mätresse Christians II. von Dänemark 158
Willems, Siegebrit, Vertraute Christians II. von Dänemark 158
Wladislaw II. Jagiello (1456–1516), König von Ungarn und Böhmen 15–19, 25f., 28–34, 37, 66, 75f., 80–84, 105
Wolfgang, hl. († 994), deutscher Missionar und Bischof 62, 72
Wolsey, Thomas (um 1475–1530), englischer Kardinal und Staatsmann 160
Wriothesley, Thomas, englischer Botschafter 208

Zápolya, Barbara von (1495–1515), Gemahlin Sigismunds I. von Polen 18, 34f.
Zápolya, György, Bruder von Janós Zápolya 104, 107ff., 131
Zápolya, Janós (1487–1540), ungarischer Gegenkönig Ferdinands I. 16–19, 28, 34, 37, 49, 77, 86f., 96, 98f., 104, 106f., 109, 111, 116f., 120–126, 130, 144–148, 154, 168, 190, 192, 225
Zelking, Wilhelm von, Hofmeister 173
Zetritz, Ulrich, Kämmerer Ludwigs II. von Ungarn 113f.
Zwingli, Ulrich (1484–1431), Reformator 146

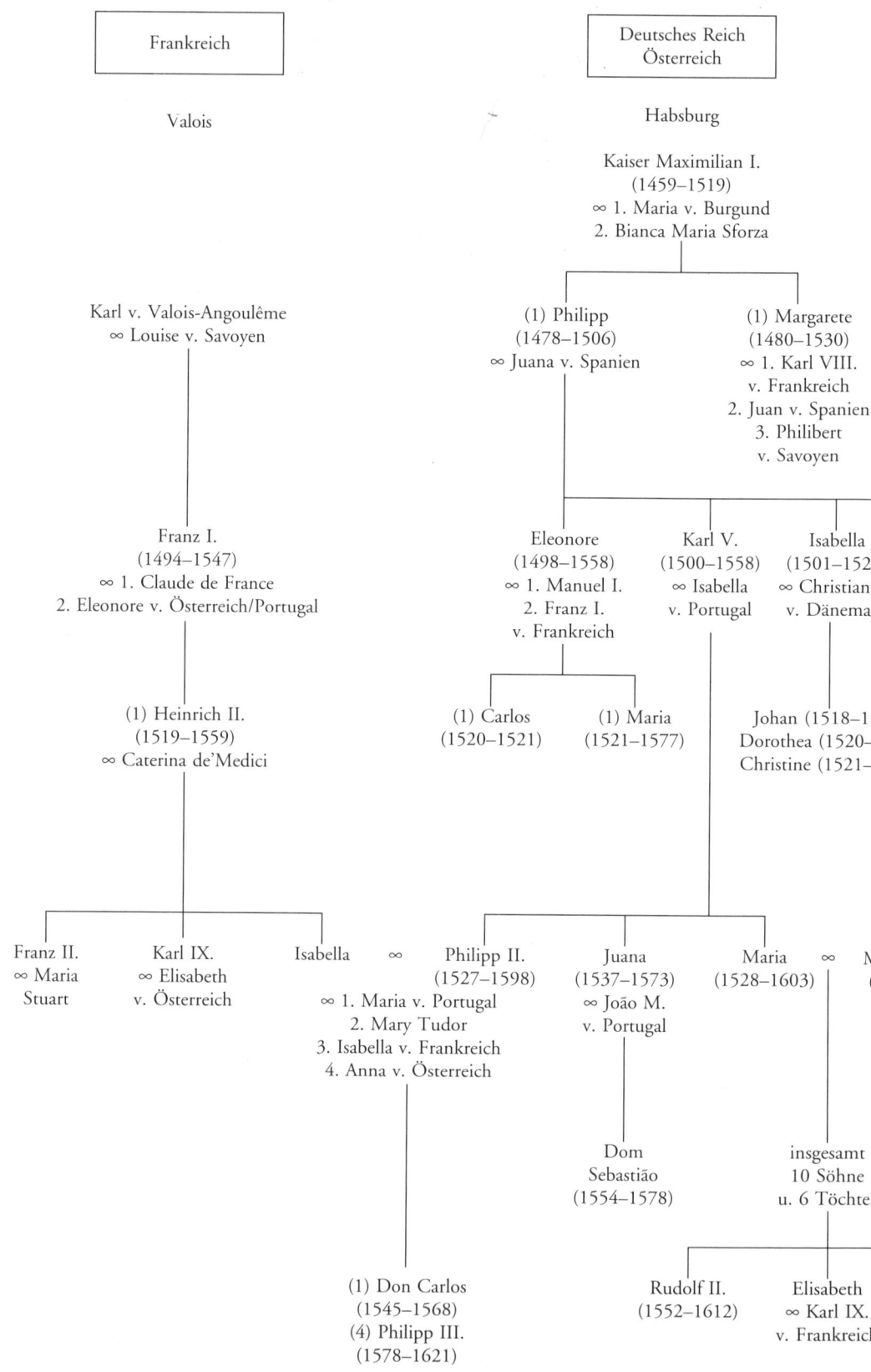

Frankreich

Deutsches Reich
Österreich

Valois

Habsburg

Kaiser Maximilian I.
(1459–1519)
∞ 1. Maria v. Burgund
2. Bianca Maria Sforza

Karl v. Valois-Angoulême
∞ Louise v. Savoyen

(1) Philipp
(1478–1506)
∞ Juana v. Spanien

(1) Margarete
(1480–1530)
∞ 1. Karl VIII.
v. Frankreich
2. Juan v. Spanien
3. Philibert
v. Savoyen

Franz I.
(1494–1547)
∞ 1. Claude de France
2. Eleonore v. Österreich/Portugal

Eleonore
(1498–1558)
∞ 1. Manuel I.
2. Franz I.
v. Frankreich

Karl V.
(1500–1558)
∞ Isabella
v. Portugal

Isabella
(1501–1525)
∞ Christian II.
v. Dänemark

(1) Heinrich II.
(1519–1559)
∞ Caterina de'Medici

(1) Carlos
(1520–1521)

(1) Maria
(1521–1577)

Johan (1518–1532
Dorothea (1520–15
Christine (1521–15

Franz II.
∞ Maria
Stuart

Karl IX.
∞ Elisabeth
v. Österreich

Isabella   ∞

Philipp II.
(1527–1598)
∞ 1. Maria v. Portugal
2. Mary Tudor
3. Isabella v. Frankreich
4. Anna v. Österreich

Juana
(1537–1573)
∞ João M.
v. Portugal

Maria
(1528–1603)   ∞   Ma
(15

insgesamt
10 Söhne
u. 6 Töchter

Dom
Sebastião
(1554–1578)

(1) Don Carlos
(1545–1568)
(4) Philipp III.
(1578–1621)

Rudolf II.
(1552–1612)

Elisabeth
∞ Karl IX.
v. Frankreich